Michael H. Kater
Kultur unterm Hakenkreuz

Michael H. Kater

Kultur unterm Hakenkreuz

*Aus dem Englischen übersetzt
von Michael Haupt*

Die englische Originalausgabe ist 2019 bei Yale University Press unter dem Titel
Culture in Nazi Germany erschienen.

© 2019 by Michael H. Kater

Die Deutsche Nationalbibliothek verzeichnet diese Publikation
in der Deutschen Nationalbibliografie;
detaillierte bibliografische Daten sind im Internet über www.dnb.de abrufbar.
Das Werk ist in allen seinen Teilen urheberrechtlich geschützt.
Jede Verwertung ist ohne Zustimmung des Verlages unzulässig.
Das gilt insbesondere für Vervielfältigungen, Übersetzungen, Mikroverfilmungen und
die Einspeicherung in und Verarbeitung durch elektronische Systeme.

wbg Theiss ist ein Imprint der wbg.

© der deutschen Ausgabe 2021 by wbg (Wissenschaftliche Buchgesellschaft), Darmstadt
Die Herausgabe des Werkes wurde durch die Vereinsmitglieder der wbg ermöglicht.
Lektorat: Andrea Böltken, Berlin
Satz: Arnold & Domnick, Leipzig
Einbandgestaltung: Harald Braun, Helmstedt
Einbandabbildung: »Adolf Hitler« (1933). Gemälde von B. von Jacobs.
© Heritage-Images/Art Media/akg-images
Gedruckt auf säurefreiem und alterungsbeständigem Papier
Printed in Europe

Besuchen Sie uns im Internet: www.wbg-wissenverbindet.de

ISBN 978-3-8062-4186-0

Elektronisch sind folgende Ausgaben erhältlich:
eBook (PDF): 978-3-8062-4201-0
eBook (epub): 978-3-8062-4202-7

Für Georgia

Inhalt

Vorwort	8
1. Die Zerschlagung der Moderne	**13**
Die Weimarer Kultur wird gesäubert	22
Der Expressionismusstreit	45
»Entartete« Kunst und Musik werden ausgestellt	58
2. Nationalsozialistische Vorkriegskultur	**72**
Das Propagandaministerium und die Kultur	79
Literatur	84
Presse und Rundfunk	97
Film und Bühne	105
Musik	119
Bildende Kunst und Architektur	133
Zwischenbilanz	145
3. Juden im NS-Kulturbetrieb	**153**
Antijüdische Maßnahmen	159
Der Jüdische Kulturbund	164
Antisemitismus in der NS-Kunst	176
Menschliche Tragödien	192
4. Der Krieg in der Öffentlichkeit: Propaganda und Kultur	**201**
Die Funktion von Filmen: Orientierung, Indoktrinierung, Ablenkung	215
Die Kunst der Kommunikation: Rundfunk, Presse, Wochenschau	227
Musik und Theater im Dienste des Kriegs	241
Buch und Schwert	253
Kunst und Architektur	264
Die Kultur an die Front!	275

5. Künstler im Exil 286
Politische, wirtschaftliche und psychologische Hindernisse 291
Falsche Flüchtlinge? 310
Der Fall Thomas Mann 321

6. Mai 1945: Stunde null? 340
Die Abwertung der Kultur im NS-Staat 345
Keine Stunde null 349
Erfundenes Märtyrertum 359
Die »inneren Emigranten« 364
Erheuchelter Widerstand 367

Schlussbemerkung: Kultur in drei Tyranneien 375

Anhang 387
Abkürzungen 389
Anmerkungen 391
Archive 454
Literatur 456
Personenregister 521
Bildnachweis 533

Vorwort

Revolutionen beschränken sich niemals auf das rein politische Gebiet; sie greifen von da über auf alle anderen Bezirke menschlichen Zusammenlebens. Wirtschaft und Kultur, Wissenschaft und Kunst bleiben davon nicht verschont.

Joseph Goebbels, November 1931

Dieses Buch handelt von der Geschichte der Kultur im sogenannten Dritten Reich. Ich gehe darin insbesondere der Frage nach, wie einzelne Kultursparten für die Kontrolle der Massen dienstbar gemacht und von 1938 an auf das Ziel des Regimes verpflichtet wurden, Europa, wenn nicht die Welt, zu unterwerfen. Doch geht es mir auch darum zu zeigen, wie sich die Arbeitsweise des Totalitarismus auf die Künste und die Künstler selbst auswirkte.

Die Beziehungen zwischen Kultur und Diktatur sind vielschichtig – und ob Kultur in einem diktatorischen System überhaupt möglich ist, bleibt eine offene Frage. Wenn die Kultur mit der Kraft ihrer Ästhetik, Formensprache und Ethik zum Widerspruch gegen vorherrschende gesellschaftliche und politische Normen drängt oder gar ungelöste Spannungen thematisiert, wird sie in einer Diktatur nicht bestehen können. Als Hitler Anfang 1933 an die Macht kam, erstickten er und seine Gefolgsleute jeglichen ästhetischen Pluralismus im Keim; weder Kunst noch Literatur gelangten während der NS-Herrschaft erneut zu Eigenständigkeit und Originalität. Allerdings gab es konzertierte Bemühungen, eine nationalsozialistische Ästhetik zu entwickeln – und zwar im Zusammenspiel mit der zunehmenden Kontrolle des Alltagslebens in Deutschland und den Kriegszielen der Nazis. Obwohl wir im Großen und Ganzen schon wissen, dass die Kultur von diversen NS-Institutionen unter Leitung des Propagandaministeriums den totalitären Zwecken nutzbar gemacht wurde, lohnt sich ein Blick auf die Details. Denn in der genaueren Auseinandersetzung damit, wie die NS-Kultur aufgebaut (und anderes beseitigt) wurde und wie diese Entwicklungen mit den umfassenden politischen Zielen – Vernichtung der Juden, Verfolgung politischer Gegner, Streben nach territorialer Hegemonie – in Einklang gebracht wurden, lernen wir viel über das Wesen und die innere Funktionsweise des nationalsozialistischen Staates. Darum geht es in diesem Buch.

Den Anfang macht das Argument, dass erst Bestehendes ausgelöscht werden musste, ehe eine neue Nazi-Kultur sich durchsetzen konnte. Das betraf hauptsächlich die künstlerischen und intellektuellen Errungenschaften, die den Nazis am verhasstesten waren, also jene der Weimarer Republik, die sich durch ästhetische und politische Moderne auszeichneten. Die polizeilichen Kontrollmaßnahmen, die Hitler zu politischen und gesellschaftlichen »Säuberungen« nutzte, wurden auch gegen die moderne Kunst und ihre Schöpfer in Anschlag gebracht. Wir werden sehen, mit welchen Maßnahmen die Nazis noch gegen die moderne Kunst vorgingen und was sie an deren Stelle setzten. Wir werden außerdem sehen, inwieweit die modernen Künstler diesem Angriff widerstehen konnten und wann sie, wenn überhaupt, ihre Niederlage einräumen mussten.

Im zweiten Kapitel geht es darum, wie die neue Nazi-Kultur vor dem Krieg in die Muster der totalitären Regierungsweise eingepasst wurde. Ob Musik, Film, Rundfunk, Presse, bildende Kunst und Architektur, Theater und Literatur – alle Kunstgattungen dienten den Inhalten, mit denen vor allem Hitlers Spießgeselle Propagandaminister Joseph Goebbels die Massen einzuschüchtern oder aufzupeitschen und schließlich für Hitlers und sein tyrannisches Regime zu kontrollieren suchte. Äußerst geschickt schuf er für diese Kunstgattungen bereits im Herbst 1933 ein geschmeidiges Organisationssystem von schließlich sechs Kulturkammern, die er persönlich beaufsichtigte und nach seinem Willen manipulieren konnte. In dem Kapitel wird untersucht, wie diese unterschiedlichen Elemente von Kultur politisch und gesellschaftlich eingesetzt wurden, wie wirksam die Kontrolle funktionierte und was in diesem Prozess mit den Kulturmedien und den schöpferisch Tätigen geschah.

In den Kapiteln drei und vier geht es um Juden im nationalsozialistischen Kulturbetrieb sowie um die Frage, wie sich die Funktion der Kultur im Krieg veränderte. Wir wissen heute, dass Hitler eines seiner Hauptziele bereits am

Vorabend des Zweiten Weltkrieges erreicht hatte: den Ausschluss der Juden aus der deutschen »Volksgemeinschaft«. Weniger allerdings ist bekannt über die Bedeutung von Juden für die kulturellen Entwicklungen in der Weimarer Republik und darüber, wie man nach der Machtergreifung mit diesen Menschen umging. Ich zeige, in welchem Ausmaß die NS-Kultur dazu benutzt wurde, die totale Ausmerzung der Juden voranzutreiben, und nach der Lektüre sollte man besser einschätzen können, wie die Künste dem Antisemitismus im neuen Regime zum Ausdruck verhalfen. Dabei treten viele menschliche Tragödien zutage. Der Krieg selbst stellte die Künste, gleichviel ob neuerer oder älterer Provenienz, ganz offen in den Dienst der totalitären politischen Ordnung. Sie waren schon seit 1938 darauf ausgerichtet worden. Wir werden sehen, welche besonderen Eigenschaften der Künste dafür nutzbar gemacht wurden und wie die Künstler selbst davon betroffen waren. Wir werden auch sehen, wie sich der Kriegsdienst der Kultur für Volk und Führerschaft auf das Ergebnis des Konflikts auswirkte.

Bekanntlich fand die deutsche Kultur, ob traditionell oder modern, nach 1933 zum Teil im Ausland ihre Fortsetzung, wo Gegner des Nationalsozialismus Fuß zu fassen versuchten. Im fünften Kapitel geht es um diese Bemühungen sowie um Kontinuitäten zwischen der als »deutsch« bezeichneten Kunst und jener des Exils, wobei der Beginn des Zweiten Weltkrieges möglicherweise eine Zäsur darstellt. Viele Exilierte haben beschrieben, wie tiefgreifend sich das Leben und eigene Schaffen in der Emigration veränderten. In dieser Hinsicht ist der Fall des Nobelpreisträgers Thomas Mann, der seine Arbeit im Exil fast unverändert fortsetzen konnte, ungewöhnlich und bedarf deshalb besonderer Aufmerksamkeit. Warum war Mann, der das Trauma des Exils bewältigen und literarisch produktiv bleiben konnte, nach dem Krieg in Deutschland nicht willkommen? Und warum wollte auch er selbst nicht in jene Gesellschaft zurückkehren, deren Mitglied er einst gewesen war?

Im sechsten Kapitel befasse ich mich mit der Frage, auf welche Weise die Schicht der kreativ Tätigen nach 1945 in einem Deutschland, das sich von der NS-Vergangenheit lösen wollte, die wahre Kultur wiederzubeleben suchte. Ich werde zeigen, wie diese Versuche durch ehemalige NS-Funktionäre, die im Kulturbetrieb überwintert hatten, behindert und verzögert wurden, indem sie frische Initiativen für die neue Demokratie sabotierten. Wenig hilfreich, sondern eher hinderlich waren auch politische Wendehälse.

Dieses Buch handelt nicht nur, wie (notgedrungen) unvollständig auch immer, von der Geschichte der Kultur im nationalsozialistischen Deutschland, sondern es erzählt auch die Geschichte des Dritten Reiches aus einer neuen Perspektive: jener der Kultur, ihrer Protagonisten und Kritiker. Es baut auf bereits veröffentlichten Studien zur Kultur in Deutschland aus meiner Feder auf, darunter einige mit dem Schwerpunkt Musik, doch den entscheidenden Anstoß gab das bahnbrechende Miller-Symposion über die Künste im Dritten Reich. Die Veranstaltung, organisiert von Francis R. Nicosia und Jonathan Huener, fand im Frühjahr 2004 an der Universität Vermont statt.[2] Den beiden gebührt noch heute das Lob dafür, neue Fragen gestellt und die Teilnehmer – darunter mich – dazu ermutigt zu haben, genauer hinzuschauen und mögliche Antworten zu formulieren.

Bisher gibt es, von Ausnahmen abgesehen, keine in einem Band zusammengefasste Geschichte der Kultur im NS-Staat.[3] Einen frühen Meilenstein stellt Joseph Wulfs fünfbändiges Werk dar. Jeder Band befasst sich mit einem anderen Aspekt der Kultur im Dritten Reich. Es handelt sich dabei um eine von Wulf bearbeitete Sammlung von Primärquellen, zumeist Zeitungs- und Zeitschriftenartikel, nicht um eine übergreifende Analyse. Des Weiteren gibt es einige wichtige, bisweilen sogar bahnbrechende Untersuchungen zu Teilgebieten. Herausragende Interpretationen zum Film im Dritten Reich findet man bei Eric Rentschler, David Hull und David Welch, jüngst auch eine von Bill Niven vorgelegte Arbeit. Untersuchungen zur Presse liefert Bernd Sösemann, die Literatur wurde kundig von Ralf Schnell und die Musik von Fred K. Prieberg, Erik Levi und Pamela M. Potter analysiert.[4] Für die bildenden Künste sind die Schriften von Jonathan Petropoulos seit Langem maßgebend, und er wie auch Pamela Potter haben in jüngerer Zeit wichtige Monographien publiziert, die, jede auf ihre Art, einer umfassenderen Darstellung der Künste unter Hitler nahekommen.[5]

Die Arbeit an diesem Buch geht zum Teil auf eine Zeit zurück, als die Unterstützung durch den mit meiner Professur verbundenen Forschungsfonds der York University begann (eine Unterstützung, die ich auch heute noch genieße). Hinzu kam die Förderung durch vier große Stiftungen. Zuerst gab es, in den siebziger Jahren, ein Guggenheim-Stipendium. Dann gewährte mir die Canada Council Killam Foundation (Ottawa) zwei Mal ein Senior-Killam-Stipendium, sodass ich für insgesamt vier Jahre von meinen

Lehrverpflichtungen befreit war. Drittens unterstützte mich der Social Sciences and Humanities Research Council of Canada (SSHRC) in Ottawa über Jahrzehnte hinweg viele Male durch Forschungsfinanzierung. Und schließlich verlieh mir die Bonner Alexander von Humboldt-Stiftung einen Konrad-Adenauer-Forschungspreis, der meine Arbeit über die neunziger Jahre hinaus unterstützte. Allen diesen Institutionen, ohne deren Hilfe dieses Buch nicht hätte geschrieben werden können, bin ich von Herzen dankbar. Die jüngste Forschungsarbeit in Kanada wurde durch das Fernleihesystem der York University ermöglicht, wo ich zu meinem Glück von vier versierten Bibliothekarinnen – Gladys Fung, Mary Lehane, Samantha McWilliams und Sandra Snell – unterstützt wurde. Wie schon zuvor haben sie mir nicht nur in ihrer Eigenschaft als fähige Bibliothekarinnen geholfen, sondern auch als Forschungsassistentinnen, die mir Zugang zu Quellen verschafften, die ich für nicht erreichbar gehalten hatte.

Mit Freunden wie William E. Seidelman, Herman Schornstein und Kevin Cook führten meine Frau Barbara und ich zahllose Diskussionen über Problemfelder und konfrontative Situationen, die vielleicht Parallelen zur heutigen Zeit aufweisen, da die Weltpolitik sich erneut in Richtung autoritärer Herrschaft zu bewegen scheint. Das schafft ein politisches Klima, in dem Übergriffe auf Kultur, die samt ihren Manifestationen immer als autonom und unangreifbar verstanden werden sollte, nur allzu leicht geschehen. Nicht zuletzt mit diesen Gedanken im Hinterkopf wurden Teile meines Manuskripts von klugen Kollegen – Peter Loewenberg, Hans R. Vaget und Claudio Duran – sorgfältig geprüft. Jeder las ein Kapitel und gab mir ein konstruktives Feedback, wofür ich äußerst dankbar bin. Alex Ross las das gesamte Manuskript, und seine hilfreichen Vorschläge schätze ich sehr. Ein großes Dankeschön geht schließlich an Heather McCallum, Marika Lysandrou, Rachael Lonsdale und Clarissa Sutherland von der Yale University Press. Heather stand mir immer zur Seite – mit großzügigen, aber strikten Vorgaben, während Marika, Rachael und Clarissa mit ihrer Erfahrung dazu beitrugen, aus dem Manuskript ein Buch zu machen. Etwaige Fehler gehen ganz allein auf mein Konto.

Kapitel 1
Die Zerschlagung der Moderne

Nach ihrer Machtübernahme am 30. Januar 1933 gingen die Nationalsozialisten überall in Deutschland systematisch daran, der Kunst die Moderne auszutreiben. Sie wollten Platz für ihre eigene Art von Kultur schaffen. Geplant hatten sie dies schon seit Jahren. Sie wünschten sich eine deutsche Kultur, in der sich die zentralen Werte der NS-Ideologie niederschlagen sollten: gegenständlich, nicht abstrakt, klar und sauber, nicht krumm und schief, inspiriert von den vermeintlichen Tugenden der »nordischen Rasse«. Die natürliche Schönheit der Landschaft war rühmend hervorzuheben gegen die Hässlichkeit von Industriestädten; die Kultur sollte Stärke und Selbstvertrauen eines »reinrassigen« germanischen Volkes verströmen, scharf abgegrenzt gegen fremde und insbesondere jüdische Einflüsse. Diese Kultur galt es größtenteils neu zu erschaffen; was in der Vergangenheit als nützlich sich erwiesen hatte, mochte geschickt integriert werden, sofern die Traditionen der Vorfahren für die aufstrebende Generation als dienlich erachtet wurden.

Doch zunächst musste jene moderne Kunst getilgt werden, die für das kulturelle Leben der Weimarer Republik (1918–1933) charakteristisch war, auch wenn deren Schöpfer nur eine Minderheit darstellten. Ihre oft kühnen Bestrebungen ließen sich nicht zuletzt als Reaktion auf die Schrecken des Ersten Weltkriegs verstehen, für den die alte Ordnung unter Kaiser Wilhelm II. und den spießbürgerlichen Eliten verantwortlich gemacht wurde. Parallel zur modernen Kunst entstand daher auf politischer Ebene eine demokratische Republik, die in gewissem Sinne ebenso ein Experiment war wie die Kultur. Manche modernen Kunstformen wie der Expressionismus in der Malerei oder die Opern *Elektra* und *Salome* eines Richard Strauss stammten allerdings schon aus der Vorkriegszeit, und längst nicht alle Vertreter der Moderne waren republikanisch oder politisch links eingestellt.[1] Umgekehrt setzten auch der Konvention verpflichtete Künstler durchaus Vertrauen in eine neue, demokratische Regierungsform.

Nach dem Waffenstillstand vom November 1918 waren, so Peter Gay, »alle oder doch fast alle Künstler von dem quasi-religiösen Eifer ergriffen, alles neu zu machen«.[2] Waghalsige Experimente sollte es geben, mit neuen Formen und Inhalten, sei es bezogen auf Kunstobjekte oder Verfahrensweisen. Künstler wie Bertolt Brecht, Kurt Weill, Alban Berg, Paul Hindemith und Walter Gropius fanden in der »Novembergruppe« zusammen und verkündeten im Dezember 1918: »Die Zukunft der Kunst und der Ernst der jetzigen Stunde zwingt uns Revolutionäre des Geistes (Expressionisten, Kubisten, Futuristen) zu Einigung und engem Zusammenschluss.«[3]

Im Gefolge kam es schon kurz nach Ausrufung der Republik 1918 zur künstlerischen Herrschaft der Bauhaus-Bewegung. Die Kunstschule sollte der Weimarer Ära in kultureller Hinsicht ihren Stempel aufdrücken. Unter der Leitung von Walter Gropius konzentrierten sich die Künstler und Künstlerinnen am Bauhaus auf neue Formen in Gestaltung und Malerei, zunächst ab April 1919 in Weimar selbst, dann ab 1925 in Dessau, wo die Architektur in den Mittelpunkt rückte. Das dort errichtete Schulgebäude verkörperte mit seinen klaren, rechtwinkligen Linien und dem Flachdach geradezu lehrbuchhaft Gropius' Ideen.[4]

Im Spätsommer 1923, noch in Weimar, veranstaltete das Bauhaus eine Ausstellung mit Vertretern praktisch jeder wichtigen künstlerischen Disziplin. Die Musik und journalistische Musikkritik repräsentierte Hans Heinz Stuckenschmidt, ein Anhänger der Zwölftonmusik, die zu jener Zeit mit Arnold Schönberg als ihrem Pionier entstand. Stuckenschmidt beteiligte sich in Weimar an einem »Musikalischen Cabaret«, für das er eine von Dada inspirierte, avantgardistische Partitur geschrieben hatte. Hermann Scherchen, der neben Otto Klemperer progressivste Dirigent der Weimarer Zeit, leistete ebenso einen Beitrag dazu wie Paul Hindemith, der seinen kurz zuvor komponierten Liedzyklus *Marienleben* – Ausdruck seiner neuen Vorliebe für die Polyphonie – zur Erstaufführung brachte. Auch Ernst Krenek, dessen Jazzoper *Jonny spielt auf* 1927 die deutschen Opernbühnen erobern sollte, ließ sich sehen.[5]

Das Bauhaus hatte eine eigene Jazzkapelle, und Jazz, der, aus den USA kommend, bereits in England und Frankreich Furore gemacht hatte, wurde auch in Deutschland ein Hit. Dass das – für dieses Land – typisch überbetonte Schlagzeugspiel an Marschmusik erinnerte, änderte daran nichts. Gespielt wurde Jazz in den Zwanzigern in den Großstädten, hauptsächlich in Berlin, von deutschen Combos in darauf spezialisierten Klubs wie dem Rio Rita oder dem Moka Efti, aber auch in großen Musik- und Varieté-Theatern wie der Scala oder dem Wintergarten, die Adolf Hitler und sein Propagandafachmann Joseph Goebbels bisweilen ebenfalls aufsuchten (allerdings wegen der Operetten, die dort zur Aufführung kamen). Schließlich gab es Jazz in Cabarets, wo Stars und Sternchen aus Film und Operette, etwa die junge Trude Hesterberg, auftraten. Auch im Film konnte man Jazz hören, so zum Beispiel im ersten bedeutenden deutschen Tonfilm *Der blaue Engel* (1930), für den der Jazzpianist Friedrich Hollaender die Musik geschrieben hatte. Hollaender sollte später in Hollywood Karriere machen; Marlene Dietrich wiederum, die mit diesem Film berühmt wurde, hatte in Weimar Geige studiert, als das Bauhaus dort seinen Anfang nahm.[6]

Filmschaffende als solche waren zwar nicht auf der Bauhaus-Ausstellung von 1923 vertreten, aber einige der Künstler waren an Film oder Fotografie interessiert, etwa der Maler und Designer László Moholy-Nagy, zu dessen neu entwickelten Techniken die Herstellung von Fotogrammen gehörte, die entstehen, wenn man Objekte direkt auf einem unbelichteten Film platziert, der dann belichtet wird. Drei herausragende Filme aus der Zeit der Weimarer Republik sind bis heute als Großkunstwerke der Avantgarde berühmt: *Das Cabinet des Dr. Caligari* (1920), *Metropolis* (1927) und *Mädchen in Uniform* (1931). Die Handlung im *Cabinet des Dr. Caligari* spielte in Räumen mit verzerrter Optik: Der Hintergrund war verwinkelt, es gab schräge Wände und schiefe Decken. Die Protagonisten wirkten zwielichtig, waren moralisch gut oder böse oder beides zugleich; der Zuschauer war verwirrt, überall lauerte der Horror. Auch in Fritz Langs *Metropolis* spielte der Gegensatz von Gut und Böse eine wichtige Rolle; hier schlüpfte ein böser Roboter namens Maria in die Rolle eines an Körper und Seele schönen Mädchens, das ebenfalls Maria hieß. Die Handlung von *Mädchen in Uniform* enthält Andeutungen lesbischer Liebe, ein Zeugnis für die vergleichsweise tolerante Haltung der Republik in Fragen der Sexualität. Zugleich kritisiert der Film kaum verhohlen die autoritär-hierarchischen Verhältnisse an Privatschulen als hartnäckige Überbleibsel einer vergangenen Zeit.[7]

Unter den Malern, die an der Ausstellung von 1923 teilnahmen, waren auch die Bauhaus-Künstler Wassily Kandinsky und Paul Klee. Kandinsky hatte schon um 1910 die ersten abstrakten Bilder gemalt und schuf in Weimar 1923 unter anderem ein Ölgemälde mit dem Titel *Auf Weiß II:* Vor einem abstrakten Hintergrund aus gelben und rötlichen Dreiecken, einem schwarzen Kreis und weiteren geometrischen Gebilden auf weißer Leinwand kreuzen sich zwei schwarze, lanzenförmige Spitzen. Klee malte etwas weniger geometrisch und abstrakt, aber häufig kleinformatig. Sein 1921 entstandenes Bild *Der Angler* ist fein ziseliert; die Figur steht auf einem dünnen Brett über dem Wasser und handhabt, vor einem zartblauen und weißen Hintergrund, elegant eine Angelschnur.[8]

Ein früher Theaterfachmann am Bauhaus war Lothar Schreyer. Der vielseitige Gelehrte, der nicht nur malte, Prosa verfasste und eine Kunstzeitschrift herausgab, sondern zudem an der Universität Heidelberg in Jura promoviert hatte, schrieb und inszenierte ein *Mondspiel*, das Anfang der zwanziger Jahre in Weimar auf die Bühne kam, aber leider nur wenig Aufmerksamkeit erregte. Oskar Schlemmers *Triadischem Ballett* war später mehr Erfolg beschieden. (Schlemmer war, wie Klee und Kandinsky, Maler am Bauhaus.) In Berlin spielte nach wie vor Max Reinhardt eine wichtige Rolle, obwohl er als Theaterdirektor bereits vor dem Weltkrieg den ersten Höhepunkt erreicht hatte. Nun war er vorwiegend als Lehrer tätig. Seine berühmtesten Kollegen als Dramaturgen waren Leopold Jessner und Erwin Piscator, beides entschiedene Sozialisten, die wie der marxistische Stückeschreiber Bertolt Brecht die Notwendigkeit betonten, dass das Theater den Massen – und damit der Gesellschaft – dienen müsse.[9] Als Schauspieler machte Mitte der zwanziger Jahre Gustaf Gründgens von sich reden. Androgyn und bisexuell, war er kurzzeitig mit der gleichfalls bisexuellen Erika Mann verheiratet. Die Tochter Thomas Manns verhalf ihm zu Auftritten im Kabarett, während er als Bühnenschauspieler lautstark für das revolutionäre Theater eintrat. Er brillierte als Mephisto in Goethes *Faust* sowie in Stücken der neuen expressionistischen Dramatiker Frank Wedekind, Carl Sternheim und Georg Kaiser. 1928 sollte Max Reinhardt Gründgens nach Berlin holen.[10]

Zwar gab es unter den Multitalenten am Bauhaus einige, die Lyrik und Prosa verfassten, doch die herausragendsten Schriftsteller der Weimarer Republik waren Gerhart Hauptmann und Thomas Mann. Dem neuen Weimarer »Sturm und Drang« standen beide, da sie intellektuell und ästhetisch eher in der Vorkriegszeit verankert waren, allerdings fern. Typischer für den neuen Geist waren der sozialistisch inspirierte Bertolt Brecht und Alfred Döblin, ein jüdischer Arzt in Berlin, der sich, mit tiefem Verständnis und Mitgefühl für die gesellschaftlich Abgehängten, der Mittellosen annahm. Franz Biberkopf, der Protagonist seines 1929 erschienenen Romans *Berlin Alexanderplatz*, kommt aus dem Gefängnis mit dem festen Entschluss, nunmehr den geraden Weg zu gehen, gerät aber durch seine Umgebung erneut in Schwierigkeiten. Döblin veranschaulicht in seinem Buch die Notwendigkeit gesellschaftlicher Veränderung ebenso wie jene individueller Anteilnahme. Er warnt aber auch vor dem aufstrebenden Nationalsozialismus.[11]

An gesellschaftlicher Veränderung, ganz zu schweigen von den damit verbundenen politischen Risiken, waren die Nationalsozialisten in den zwanziger Jahren nicht besonders interessiert. Über eine nennenswerte kulturelle Agenda verfügten sie in der ersten Hälfte des Jahrzehnts erst recht nicht. Noch waren sie vorwiegend damit beschäftigt, sich politisch zu etablieren, was aufgrund ihrer regionalen Beschränktheit – sie waren hauptsächlich in Bayern präsent –, Hitlers fehlgeschlagenem Münchner Putschversuch vom November 1923 und seiner bis Weihnachten 1924 währenden Festungshaft in Landsberg an Grenzen stieß. Nach seiner Freilassung war Hitler vollauf mit dem Aufbau neuer Außenposten in ganz Deutschland beschäftigt und damit, Unterstützung in der Bevölkerung zu finden, beides immer wieder erschwert durch Auftrittsverbote in den deutschen Ländern.

Erst 1927 ließ sich ein erstes Interesse für kulturelle Angelegenheiten erkennen. Auf dem Parteitag im August in Nürnberg verkündete Hitler einige undurchsichtige Richtlinien für eine – aus seiner Sicht – kulturelle Erneuerung.[12] Das waren weder Pläne für einen »Kulturstaat«, noch verband sich damit, wie jüngst behauptet wurde, die Ansicht, Politik sei als »höchste Form der Kultur« zu verstehen.[13] Dafür gibt es auch in der weiteren Entwicklung bis und nach 1933 keine Anhaltspunkte; die Kultur war der Propaganda untergeordnet und hatte ihr zu dienen; die Formulierung »Politik als Kulturform« ist in diesem Kontext nur ein Ausdruck ohne Bedeutung. Aber Alfred Rosenberg, ein früher Mitstreiter Hitlers aus der Münchner Zeit, der sich zum Chefideologen der Bewegung aufgeschwungen hatte, griff den Hinweis vom Parteitag auf und gründete den Kampfbund für deutsche Kultur (KfdK).

Er wurde hauptsächlich von politisch rechtsgerichteten Angehörigen der kulturellen Elite wie dem Münchner Publizisten Hugo Bruckmann und seiner Ehefrau Elsa sowie von Winifred Wagner (Richard Wagners Schwiegertochter) in Bayreuth unterstützt. 1928 folgte die Gründung als Verein, für den im Mai desselben Jahres weitere Gründungsmitglieder geworben wurden. In einem von Alfred Rosenberg verfassten Manifest rief dieser seine Anhänger dazu auf, gegen die zeitgenössische Literatur und die liberale, zumeist großstädtische (jüdische) Presse wie etwa die *Frankfurter Zeitung* vorzugehen. Implizit wurden auch die moderne Musik, Architektur, Malerei und Plastik als Ausdrucksformen des Expressionismus in diesen Angriff eingeschlossen.[14] Schon bald gründeten sich Ortsgruppen des Kampfbunds, so auch in der Goethe-Stadt Weimar unter Leitung des NSDAP-Mitglieds und völkischen Journalisten Hans Severus Ziegler. In seiner Gründungsansprache machte Ziegler sofort deutlich, wer als einer der Hauptfeinde des Nationalsozialismus zu gelten habe: Sein Vortrag trug den Titel »Der Bolschewismus bedroht die deutsche Kultur«.[15]

1929 begann der Kampfbund, mit Verleumdungen Front gegen Errungenschaften der Weimarer Republik zu machen. Mittlerweile zeigte sich die Avantgarde auf vielen Gebieten: Da gab es die satirischen Gemälde von George Grosz und Otto Dix, das Bauhaus in Dessau, in Berlin wurde die *Dreigroschenoper* von Brecht und Weill gegeben, und die Weintraub Syncopators verdrehten der Stadt mit Jazzmusik den Kopf. Einer der bösartigsten Vertreter des Kampfbunds war jetzt der Gropius-Rivale und Architekt Paul Schultze-Naumburg, der für eine traditionelle Architektur eintrat. Er bevorzugte Häuser mit Giebel- statt Flachdach und mit reicher, ornamentaler Innenausstattung wie in den alten Ozeandampfern. Er entwickelte sich zum ersten Verfechter einer völkischen Kunst im nationalsozialistischen Sinne und war viel auf Vortragsreisen unterwegs. 1932 verglich er in einer Broschüre Werke der modernen Malerei mit Erzeugnissen von Psychiatriepatienten. Im selben Jahr organisierte er in München eine öffentliche Ausstellung zu einem ähnlichen Thema.[16] Im Frühjahr 1932 geißelte der rechtsnationale Autor Hans Friedrich Blunck außerdem in einem Vortrag vor Universitätsstudenten die vulgäre Erotik, die der modernen Kunst und manierierten Musik der Weimarer Epoche innewohne.[17] Als die Republik ihrem Ende entgegenging, hatten die Nationalsozialisten bereits schwarze

Listen vorbereitet. Schauspieler, die sie für Juden oder Marxisten hielten – darunter Fritz Kortner, Heinrich George und Gustaf Gründgens – sollten von Intendanten und Filmgesellschaften fortan boykottiert werden.[18] Gegen »Jazzband, Niggersong und Negerplastik«, außerdem »fremdrassige Erotik« sowie »bolschewistische Agitation« seien sie in der Weimarer Zeit zu Felde gezogen, fassten rechtsnationale Autoren, darunter Rosenbergs Marionette Walter Stang, ihren Kampf gegen das, was sie als Auswüchse der republikanischen Avantgarde betrachteten, zu Beginn von Hitlers Herrschaft zusammen.[19]

Schon im Januar 1930 waren die Nationalsozialisten nach Landtagswahlen in Thüringen mit seiner Hauptstadt Weimar in einer Koalitionsregierung an die Macht gekommen. Hitler gelang es, einem seiner Vertrauten, dem Juristen Wilhelm Frick, mit zwei Ministerposten – Inneres und Volksbildung – im Kabinett eine Vormachtstellung zu sichern. Frick machte sich sofort an eine regelrechte Säuberung der thüringischen Kultureinrichtungen. Nicht zuletzt dank dieser Razzien und weiterer Veränderungen politischer und wirtschaftlicher Art, die die Nationalsozialisten in Thüringen durchsetzen konnten, experimentierten sie hier erstmals mit der Manipulation von Demokratie; denn sie betrachteten sich durchaus zu Recht als die Sieger in einem verfassungsmäßig einwandfreien Wahlvorgang. Das machte sie allerdings nur gefährlicher, weil sie unter dem Deckmantel der Legalität umso unheilvoller wirken konnten. Für die Weimarer Kultur der Moderne lief das auf Zerstörung hinaus. Hans Severus Ziegler, zunächst Ministerialreferent für Theater und Kunst im thüringischen Volksbildungsministerium, wusste seine Befugnisse zu nutzen. 1933 wurde er gar zum Staatskommissar für die Landestheater und zum Generalintendanten des Nationaltheaters Weimar ernannt. Die Inszenierung moderner Stücke war nun ebenso verboten wie die Aufführung von Jazz und atonaler Musik oder der Besuch von Kabaretts und gewagten Varieté-Darbietungen. Als Schultze-Naumburg das, was vom Bauhaus noch übrig war, übernahm, ließ er Wandgemälde und Fresken Oskar Schlemmers im und am Dessauer Werkstattgebäude zerstören. Siebzig expressionistische Gemälde, darunter Werke von Kandinsky und Klee, wurden aus den Ausstellungsräumen des herzoglichen Museums entfernt. Filme wurden vor ihrer Aufführung sämtlich zensiert, insbesondere solche, die auch nur einen Hauch von Erotik enthielten.[20]

Wer nicht der »Bewegung« angehörte, dem missfielen die Störaktionen und Schändungen durch NSDAP-Anhänger, die sich angesichts wachsender Arbeitslosigkeit in den späten zwanziger Jahren um die Partei scharten und zunehmend radikalisierten. Insbesondere, wer der Moderne aufgeschlossen gegenüberstand und zum Beispiel die Filme von Fritz Lang oder einen klugen Kommentar in einer bürgerlich-liberalen Zeitung schätzte, rümpfte die Nase. Vermutlich wären die nationalsozialistischen Kulturvermittler erfolgreicher gewesen, wenn sie nicht nihilistische Zerstörung betrieben, sondern in Kunst und Kultur Neues hervorgebracht hätten, auf einer Linie mit ihrer Ideologie und unleugbar originell sowie leicht zu konsumieren. Aber das gelang ihnen von Anfang an nicht: Zeugnisse einer eigenen NS-Kultur waren rar gesät und zudem von armseliger Qualität. So gab es keinen von einer NS-nahen Filmgesellschaft produzierten Streifen, der das Heldentum brauner Straßenkämpfer gefeiert hätte, und nur wenige, gegen Ende der Weimarer Republik erschienene Romane schilderten das Erstarken der Partei während dieser Zeit.[21] Stattdessen sahen die Nationalsozialisten sich gezwungen, auf traditionelle Kulturprodukte zurückzugreifen. Diese seien, erklärten sie, ungerechtfertigterweise vernachlässigt worden und müssten nun endlich die verdiente Beachtung finden. Verwendbares Material entdeckten sie in der konventionellen deutschen Kunst zumeist des 19. Jahrhunderts, in der Wohlfühlarchitektur à la Schultze-Naumburg und Romanen über deutsche Idole des Ersten Weltkriegs. Da die Nationalsozialisten davon nur wenig als Eigenprodukt ausgeben konnten, behaupteten sie eben, dass jede neue politische Bewegung Vorläufer brauche und dass in ihrem Fall der inhärente Zweck dieser früheren Kulturgüter darin liege, NS-eigenen Hervorbringungen den Weg zu ebnen. Tatsächlich waren die meisten späteren Produkte synkretisch und gründeten auf einer gegenständliche Darstellungsweisen bevorzugenden, reaktionären Kultur.

Für seine anfänglich zumeist aus der konservativen Bildungsschicht stammenden Anhänger stellte der Kampfbund nach und nach ein konventionelles Kulturprogramm auf die Beine. In seiner Zeitschrift, der *Deutschen Kultur-Wacht*, wurde die Leserschaft mit »einer Mischung aus ernsthaften Beiträgen zum Thema Kultur und völkischen Traktaten« unterhalten.[22] Schultze-Naumburg forderte eine »rassische Erneuerung« der Kunst mittels Rückkehr zu völkischen Quellen und organisierte Ausstellungen mit Bildern deutscher

Künstler aus dem 19. Jahrhundert (u. a. Wilhelm Leibl, Franz Defregger und Hans Thoma), aber auch mit Werken der deutschen Renaissance.[23] Besonders eifrig war der Kampfbund, wenn es um die Unterstützung nationalsozialistisch eingestellter Musiker ging, die aus dem einen oder anderen Grund die Moderne ablehnten. Ein Beispiel ist der Geiger Gustav Havemann, der mit dem international bekannten Havemann-Quartett Schönberg und Hindemith gespielt hatte, 1932 jedoch in die NSDAP eintrat und die Leitung des Kampfbund-Orchesters übernahm. Von da an diente er den Nazis treu ergeben, indem er nur noch traditionelle Werke zur Aufführung brachte.[24] Andere Musiker, die nun Karriere machten, waren die Komponisten Max Trapp und Paul Graener, eher unbedeutend in der deutschen Musikwelt, aber einflussreich als Lehrer an der Akademie der Künste und am Stern'schen Konservatorium.[25]

Streng beobachtet durch die Leiter des Kampfbunds, wo nicht gar durch Hitler und Goebbels selbst, entfalteten sich am äußersten rechten Rand des politischen Spektrums künstlerische Aktivitäten von Film bis Kunstkritik, aber stets der Tradition verhaftet. So drehte etwa der Südtiroler Luis Trenker, Weltkriegsveteran und Skilehrer mit Naturburschen-Charme, gegen Ende der zwanziger Jahre Filme über die Naturschönheit der Alpen, wenn er sich nicht gerade mit einer jungen, bergbesessenen Schauspielerin namens Leni Riefenstahl zum Rendezvous traf. Trenkers Filme appellierten an das deutsche Nationalgefühl: Sie zeigten die Verwurzelung der Menschen in den Gebirgstälern, feierten die Eroberung von Alpengipfeln und beschworen dabei die grenzüberschreitende Einheit von Bayern, österreichischen Tirolern und den deutschsprachigen Anverwandten im italienischen Alto Adige.[26] Hier war bereits ein stark nationalistischer, gar chauvinistischer Subtext am Werk. Gegen Ende der Weimarer Republik wurden mehr kitschige Romane über das Landleben als je zuvor veröffentlicht, in denen Deutschland als Heimat einfacher, aber treu-biederer Bauern geschildert wurde.[27] Schultze-Naumburg wagte in riskanten Analysen den Vergleich zwischen Kunstwerken der Moderne und einem deutschen Klassiker, dem Bamberger Reiter, einem bei autoritären Nationalisten besonders beliebten Standbild. Hans Friedrich Blunck pries deutschen Volkstanz und deutsches Volkslied und hoffte auf eine Wiedergeburt teutonischer Stammeswerte und darauf, dass sie unter Hitler in eine angemessene Form gegossen werden würden.[28]

Die Weimarer Kultur wird gesäubert

Ende Februar 1933 erhielt der Schauspieler Hans Otto, zu der Zeit beschäftigt am Preußischen Staatstheater in Berlin, die Mitteilung seiner Kündigung. Nach über 100 Bühnenauftritten in der Spielzeit 1932/33 gab er nun Ende Mai zum letzten Mal den Kaiser in Goethes *Faust II*. Angebote von Theatern in Wien und Zürich schlug er aus, weil er dem Druck der Nazis nicht weichen wollte. Stattdessen ging er in den Untergrund, wurde aber Mitte November in einem Café am Viktoria-Luise-Platz von SA-Leuten verhaftet, im SA-Quartier, später im Gestapo-Hauptquartier und in der Voßkaserne, dem Sitz der NSDAP-Gauleitung, bis zur Bewusstlosigkeit misshandelt und dann aus dem Fenster gestürzt. Am 23. November starb er in einem Berliner Krankenhaus.[29]

Der junge, gut aussehende und enorm populäre Hans Otto war ein typischer Vertreter jener Weimarer Kultur, die die Nationalsozialisten zerstören wollten. Er hatte in klassischen Stücken ebenso geglänzt wie in modernen Schauspielen von Wedekind oder Strindberg. Aber er war auch Mitglied der Kommunistischen Partei. Jan Petersen war ebenfalls Kommunist; er arbeitete von Berlin aus als Journalist. Zu seinem Glück wurde er nicht aufgegriffen und konnte ein Buch über das proletarische Leben in der letzten Phase der Weimarer Republik schreiben, das die Nazis nicht verschonte. Das Manuskript wurde in einen Kuchen eingebacken und von dem als Skitouristen verkleideten Petersen Weihnachten 1934 über die Grenze zur Tschechoslowakei geschmuggelt. Das Buch konnte im Ausland veröffentlicht werden, und Petersen gelang Mitte der dreißiger Jahre die Flucht über die Schweiz nach Großbritannien.[30]

Ein weiterer kommunistischer Schauspieler war Wolfgang Langhoff aus Düsseldorf. Der 32-Jährige verbrachte die meiste Zeit des Jahres 1933 in den Konzentrationslagern (KZ) Papenburg-Börgermoor und Lichtenburg. In Papenburg schrieb er mit am Text für das Moorsoldaten-Lied, das mit seinem trotzigen Refrain – *Wir sind die Moorsoldaten/und ziehen mit dem Spaten/ins Moor* – von vielen zukünftigen KZ-Häftlingen gesungen werden würde. 1934 wurde Langhoff aus der Haft entlassen und floh in die Schweiz, wo der junge Mann mit den, wie Thomas Mann notierte, »ausgeschlagenen Zähnen« in einem Transitlager auf die Familie des Autors traf.[31]

Andere in der Weimarer Republik bekannte Künstler konnten Deutschland leichter verlassen, weil sie nicht zur Linken gehörten. Der Dirigent Erich Kleiber zum Beispiel, Österreicher und ein Liebhaber der Musik Alban Bergs, wurde 1935 vertrieben. Dabei war seine Haltung gegenüber dem Nationalsozialismus durchaus zwiespältig. Denn zunächst hatte er, zusammen mit Wilhelm Furtwängler, als Mitglied eines NS-Gremiums für Filmzensur Hermann Göring unterstützt. Im Juni/Juli 1934, während des sogenannten Röhm-Putsches, soll Kleiber im engen Freundeskreis auf Sylt die Hoffnung geäußert haben, dass Hitler,»dem Erretter Deutschlands«, nichts geschehen sei. Dennoch musste er aufgrund seiner Förderung der Avantgarde-Musik scließlich ins Exil gehen und fand Zuflucht in Argentinien.[32]

Manche flohen in den Suizid. Der 1880 geborene Maler Ernst Ludwig Kirchner, zunächst beeinflusst von Kandinsky und französischen Neo-Impressionisten, hatte 1905 zusammen mit Erich Heckel und Karl Schmidt-Rottluff die Dresdner Künstlervereinigung *Die Brücke* gegründet. Das Jahr 1911 verbrachte er in Berlin; Straßen- sowie Zirkus- und Varietészenen bestimmten nun seine Bilder. Durch die Gesellschaft, in der er sich befand – hauptsächlich Prostituierte –, geriet er an Morphium und trank schließlich einen Liter Absinth am Tag. Er meldete sich als Freiwilliger im Ersten Weltkrieg und erlitt einen Nervenzusammenbruch. Bis 1917 hielt er sich in einem Sanatorium in Davos auf und blieb anschließend in der Schweiz. Aber der Hauptabsatzmarkt für seine Bilder war nach wie vor Deutschland, und Kirchner betrachtete sich selbst als deutschen Patrioten. Dass die Nationalsozialisten seine Kunst bei ihrem Machtantritt als »entartet« ablehnten, verwirrte und ärgerte ihn. Doch auch seine Bilder hingen im Juli 1937 in der NS-Ausstellung »Entartete Kunst«, und aus der Preußischen Akademie der Künste wurde er ausgeschlossen. Kirchner verzweifelte an seinen Süchten, der Abwertung seiner Bilder und der politischen Stimmung in Deutschland nach dem »Anschluss« Österreichs. Im Juni 1938 erschoss er sich in der Nähe seines Hauses bei Davos.[33]

Ungeachtet ihrer politischen Haltung galten Kirchner und seine künstlerisch ebenso modernistischen Gefährten den meisten NS-Politikern seit dem Januar 1933 als Verfechter einer Kultur, die ausgelöscht werden musste. Entschiedener noch als in der ausgehenden Weimarer Republik setzten diese Politiker die kulturellen Strömungen der Moderne, die im Gefolge des

Ersten Weltkriegs hervorgebrochen waren, in Beziehung zur deutschen Niederlage, zur vermeintlichen Vorherrschaft von Juden als Künstlern oder Kulturmanagern, zu linker und anarchistischer Politik und einer ästhetischen Verzerrung von Form und Inhalt. »Verdrehte« Sexualität, abweichendes Verhalten, Atonalität, »Nigger-Jazz«, unanständige Tanzstile, Zuhälter und Huren, Bilder von Krüppeln und Bettlern – für die NS-Kritiker waren all das Phänomene einer »Asphaltkultur«.

Was als Dada, Kubismus, Expressionismus oder *L'art pour l'art* bezeichnet wurde, galt ihnen als wertloses Treibgut der Großstadt, ohne organische Verbindung zur Sittlichkeit des Landes. Die Kultur sei in Deutschland in den Bann fremdländischer Einflüsse geraten und dadurch »undeutsch« geworden. Das Individuum zähle mehr als die Gemeinschaft, verstanden als eine nationale Gemeinschaft, die sich durch die »Blutsreinheit« ihrer Mitglieder auszeichne. »Kranke und Irre gehören nicht auf eine Bühne«, wetterte Propagandaminister Goebbels. Der Expressionismus müsse bekämpft werden, weil er, so der Kunstrezensent Karl Hans Bühner, »das Schrille, das Unharmonische und das Kranke« anziehe.[34]

Viele »Maßnahmen« gegen Kunst und Künstler wurden gerade in der Frühzeit des Regimes spontan von paramilitärischen Gruppierungen wie der SA, der SS oder der Veteranenorganisation Stahlhelm ergriffen, die auf die Rückendeckung der neuen Herrscher zählen konnten. Andere Maßnahmen wiederum beruhten auf Gesetzen wie etwa der Reichstagsbrandverordnung vom 28. Februar und dem Ermächtigungsgesetz vom 23. März 1933. Beide hatten ihre Grundlage in der Notverordnung (Artikel 48) der Weimarer Verfassung, die noch nicht außer Kraft gesetzt war.[35] Auch wurden Sondergesetze die Kultur betreffend erlassen, darunter das Schriftleitergesetz vom 4. Oktober 1933, das die freie Tätigkeit von Redakteuren aufs Äußerste einschränkte und die Gleichschaltung der Presse beförderte.[36] Aber als flexibelstes und regelrechtes Totschlaginstrument in der Hand der neuen Zensoren erwies sich das Gesetz zur Wiederherstellung des Berufsbeamtentums, das am 7. April 1933 verkündet wurde. Paragraf 4 sah vor, dass Personen von zweifelhafter politischer Überzeugung, die nicht rückhaltlos den neuen Staat unterstützten, aus dem Dienst entlassen werden konnten und nur noch drei Monate lang Anspruch auf ihre Bezüge hatten. Paragraf 3 nahm auf dieselbe Weise Juden ins Visier, während laut Paragraf 2 Beamte, die nicht über die

Die Weimarer Kultur wird gesäubert 25

entsprechende Vorbildung oder Eignung verfügten, zu entlassen seien.[37] Das Gesetz verfolgte den Zweck, Beamte und Beschäftigte im öffentlichen Dienst ohne Rücksicht auf deren hergebrachte Ansprüche auf lebenslange Anstellung bzw. Pensionsbezüge auszuschalten. Es war daher höchst geeignet, um »verdächtige« Künstler aus öffentlichen Einrichtungen zu drängen, sei es auf städtischer, regionaler oder nationaler Ebene – das galt etwa für Opernsänger, die an der Preußischen Staatsoper in Berlin arbeiteten, ebenso wie für Schauspieler an Stadttheatern in Hamburg und Düsseldorf. Doch das Gesetz zielte nicht nur auf den öffentlichen Dienst; es ließ sich auch gegen Vereinigungen wie Lehrerverbände oder Ärztebünde in Anschlag bringen. Im Kultursektor konnte sich letztlich jede NS-Gruppierung mit modernefeindlichen Einstellungen dieses Gesetzes bedienen, um unliebsame Kollegen loszuwerden.

Der Ausschluss aus der Preußischen Akademie der Künste in Berlin, einem Symbol des Weimarer Kulturlebens, sollte die Betroffenen außerdem in den Augen aller anderen Mitglieder, gleich welcher Kunstgattung, diskreditieren. Ein frühes Opfer war Heinrich Mann, der Präsident der Sektion Dichtkunst. Ihn setzte Akademiepräsident Max von Schillings am 15. Februar 1933 vor die Tür.[38] Der Komponist Arnold Schönberg, ein Kollege Max von Schillings', der seit 1925 an der Akademie gelehrt hatte, wurde im März ausgeschlossen, nachdem von Schillings erklärt hatte, der »jüdische Einfluss« in der Akademie müsse beseitigt werden. Er floh mit Frau und Kind nach Frankreich und kam am 17. Mai in Paris an.[39] Ebenfalls im Mai erklärte Max Liebermann, Ehrenpräsident der Akademie und Jude, seinen Rücktritt und sein gänzliches Ausscheiden aus der Akademie. In einem von der Presse veröffentlichten Schreiben begründete Deutschlands bedeutendster Impressionist seinen Schritt so: Er habe sein ganzes Leben der deutschen Kunst gewidmet, und Kunst habe »weder mit Politik noch mit Abstammung etwas zu tun«.[40] In den folgenden Monaten und Jahren wurden jüdische, linke oder ausgesprochen modernistische Künstler entweder direkt entlassen oder, wie der Bildhauer Ernst Barlach, unter Druck gesetzt, »freiwillig« zurückzutreten.[41] Protest kam nur von der hochgeschätzten Schriftstellerin Ricarda Huch, die zwar politisch eher rechts der Mitte stand, aber für Toleranz eintrat. Sie ließ von Schillings wissen, dass sie »verschiedene der inzwischen von der neuen Regierung vorgenommenen Handlungen« ablehne, darunter die Aufforderung an die Akademiemitglieder, eine Loyalitätserklärung gegenüber dem Regime zu unterzeichnen. Ricarda Huch ging richtig davon aus, dass ihr Protest den sofortigen Bruch mit der Akademie zur Folge haben würde. Sie zog sich ins Privatleben zurück.[42]

Wenden wir uns nun den einzelnen Kunstgattungen zu. Allein die deutschen Bühnen – ohne Berücksichtigung der Filmindustrie – verloren in den ersten Monaten der NS-Herrschaft zehn Prozent ihres Vorkriegspersonals und ein Drittel der Intendanten, von denen viele Juden waren. In München wurde der umtriebige Intendant Otto Falckenberg, der Stücke von Brecht und anderen modernen Autoren aufgeführt hatte, von der Geheimpolizei inhaftiert, nach kurzer Zeit aber wieder freigelassen.[43] Falckenberg hatte gerade jene Genres in den Mittelpunkt gerückt, die jetzt tabu waren: den Naturalismus der Jahrhundertwende und anschließend den Expressionismus, der noch vor Ausbruch des Ersten Weltkriegs seinen Anfang genommen hatte. Die naturalistischen und expressionistischen Dramen setzten sich mit der Psychologie von Individuen in ihren zwischenmenschlichen, oftmals konfliktreichen Beziehungen auseinander, während die Nationalsozialisten eine in »rassisch« bestimmten Gemeinschaften positiv-dynamisch verlaufende Handlung bevorzugten. Zu den naturalistischen Autoren, deren Werke während der Weimarer Republik fast die Hälfte des Repertoires ausgemacht hatten und jetzt offiziell verbannt wurden, gehörten Hermann Sudermann, Arthur Schnitzler, Frank Wedekind, Walter Hasenclever, Ernst Toller und Carl Zuckmayer.[44] Georg Kaiser, der produktivste expressionistische Dramatiker der zwanziger Jahre, brachte sein neuestes Stück *Der Silbersee*, ein quasi-sozialistisches Lehrstück, Ende Februar 1933 gleichzeitig an drei Theatern – in Magdeburg, Leipzig und Erfurt – zur Premiere. Die Musik stammte von Kurt Weill. In Magdeburg spielte der Kommunist Ernst Busch die Hauptrolle. Der Stahlhelm und NSDAP-Funktionäre erklärten die Aufführung für verboten und erwirkten die vorzeitige Absetzung des Stücks. Ähnliches geschah in Erfurt und in Leipzig, wo der jüdische Komponist Gustav Brecher die Aufführung musikalisch leitete. Brecher musste später fliehen und nahm sich 1940 im belgischen Ostende das Leben.[45]

Viele deutsche Bühnenschauspieler waren auch im Film tätig, wo ebenso Verbote ausgesprochen wurden. Wer in einschlägigen Filmen der Weimarer Zeit gespielt hatte, verlor seine Stellung, so wie die vormals beliebte Hertha

Thiele, die in dem linken, expressionistischen Klassiker *Kuhle Wampe oder Wem gehört die Welt?* von 1932 mitgewirkt hatte. Mitautor des Drehbuches war Bertolt Brecht, die männliche Hauptrolle spielte Ernst Busch. Nachdem Thiele es abgelehnt hatte, in einem Film Erna Jänicke zu verkörpern, die Freundin des 1930 von Mitgliedern des Rotfrontkämpferbunds umgebrachten SA-Manns und NS-Helden Horst Wessel, erhielt sie Berufsverbot und ging in die Schweiz. Nicht nur *Kuhle Wampe,* auch viele weitere in der Republik produzierte Filme wurden verboten; entweder galten Thema oder Stil als inakzeptabel oder führende Beteiligte als Juden. Fritz Langs *Das Testament des Dr. Mabuse* (1933) wurde beispielsweise abgelehnt, weil es den Zensoren zu expressionistisch war, ganz abgesehen davon, dass Langs »Ahnenreihe« nicht überzeugte. Nach dem Januar 1933 wurden diverse Sondergesetze zur Ermöglichung von Verboten erlassen. Das wichtigste war das Lichtspielgesetz vom 16. Februar 1934, das eine allumfassende Filmzensur vorsah.[46]

In einem kulturellen Milieu, das auf einer Skala von eins bis zehn Richard Wagner auf die Zehn und Jazz sowie atonale Musik auf die Eins setzte, standen die Überlebenschancen für traditionelle Musik gut, für die meisten Werke der Moderne dagegen schlecht. Das galt insbesondere für konsequent atonale Kompositionen wie die von Schönberg und dessen Schüler Alban Berg. Die Nationalsozialisten begingen allerdings den Fehler, die Atonalität mit jeglicher Form von »Katzenmusik« in einen Topf zu werfen, worunter sie nicht nur Jazz, sondern auch moderne, wenngleich nicht zwölftönig komponierte Stücke wie die von Paul Hindemith oder Hermann Reutter verstanden. Noch im Januar 1938 sprach sich Goebbels wegen dessen vermeintlich atonaler Kompositionen gegen Reutters Anstellung im Frankfurter Konservatorium aus, die Bernhard Rust, Minister für Wissenschaft, Erziehung und Volksbildung, ins Auge gefasst hatte. (Der Konflikt zwischen zwei Ministern war typisch für die heterogenen Regierungsstrukturen im sogenannten Dritten Reich. Im Kulturbereich war zumeist Goebbels der Sieger; auf diese ungewöhnliche Kompetenzenkonstellation in Hitlers Regierungsmodell werden wir in Kapitel 2 näher eingehen.)[47] Was Berg betraf, so stießen sich die Nazis nicht nur an der Atonalität seiner Oper *Wozzeck,* sondern auch an deren gesellschaftlicher Botschaft, in der sich humanitäre Impulse der Nachkriegszeit widerspiegelten. Ablehnung erfuhr auch Bergs andere Oper, *Lulu,* die Geschichte einer sexuell freizügigen Frau. Aufgrund einer Berliner Aufführung von Orchester-Auszügen musste Erich Kleiber, ursprünglich kein Gegner der Nationalsozialisten, Deutschland verlassen. Auch andere Musiker wichen gezwungenermaßen ins Ausland aus, während weitere, nachdem sie ihre Anstellung bei einem Opernhaus oder einem Orchester verloren hatten, sich irgendwie durchzuschlagen suchten. Zu Ersteren gehörten Paul Hindemith und Vladimir Vogel, ein moderner, aber nicht atonaler Komponist, der jedoch als solcher gebrandmarkt wurde. Alban Berg starb am Weihnachtsabend 1935 in seiner Heimatstadt Wien an einer durch einen Bienenstich ausgelösten Infektion.[48]

Eine letzte Opernaufführung à la Weimar gab es am 12. Februar in der Berliner Staatsoper. Monatelange Proben waren ihr vorausgegangen, und ihre Schöpfer gehörten sämtlich der Avantgarde an: Regisseur war Jürgen Fehling, das Dirigat hatte Otto Klemperer, das Bühnenbild stammte von Oskar Strnad. Gegeben wurde Wagners *Tannhäuser*, dessen in Teilen surreale Interpretation sich gegen Bayreuth und den von Wagners farblosem Sohn Siegfried dort gepflegten, von den Nationalsozialisten geschätzten Stil richtete. Aber Klemperer und Strnad waren Juden und beide verließen das Land. Klemperer ging in die USA und Strnad in seine Heimat Österreich, wo er 1935 starb. Fehling dagegen blieb in Berlin und arrangierte sich mit dem Regime.[49]

Musik wurde dem Publikum nach wie vor häufig über den Rundfunk zu Gehör gebracht. Dessen Struktur und Inhalt wurden nun gravierenden Änderungen unterworfen. Bis zu ihrer Machtergreifung hatten die Nationalsozialisten den Wert des Radios als Propagandainstrument noch nicht in vollem Umfang realisiert, und zwar aus zwei Gründen: Zum einen hatte Hitler nach seiner Haft in Landsberg 1924 nur begrenzte Möglichkeiten zur öffentlichen Ansprache, weil die Genehmigung seiner Auftritte den Zensurbehörden der jeweiligen deutschen Länder oblag. Einer Präsenz im Radio war das nicht förderlich. Zum anderen war der Rundfunk eine Schöpfung der Weimarer Republik und in Funktion und Idee daher aufs Engste mit ihr verbunden, weshalb Propagandaexperten der NSDAP wie Goebbels ihm mit Misstrauen begegneten.[50]

Das änderte sich mit der Machtergreifung. In einer am 18. August 1933 gehaltenen Rede versicherte Goebbels seinen Gefolgsleuten, das Radio sei ein ausgezeichnetes Instrument zu politischer Kontrolle und müsse daher in den Dienst des »Führerprinzips« gestellt werden. Doch zuvor seien die Missbräuchlichkeiten des alten Personals – Korruption, Pfründenwirtschaft, aufgeblähte Gehälter – zu beseitigen, von inhaltlichen Änderungen gar nicht zu reden.[51] Die nun einsetzenden Säuberungen zielten vor allem auf das Führungspersonal, darunter die Intendanten fast aller lokalen Sender der früheren deutschlandweiten Reichs-Rundfunk-Gesellschaft (RRG). Einige von ihnen wie der Begründer des deutschen Rundfunks Hans Bredow wurden nach der Entlassung vor Gericht gestellt; andere wählten den Freitod.[52] Ernst Hardt, der den Westdeutschen Rundfunk in Köln leitete, hatte schon als Intendant des Nationaltheaters in Weimar Erfahrungen mit Angriffen von rechts gesammelt. Wie viele seiner Kollegen war er ein aufrechter Sozialdemokrat. Obwohl seine Gefängnishaft in Köln nur ein paar Tage währte, stand er danach mittellos da und suchte Zuflucht bei seiner verheirateten Tochter in Berlin.[53]

Goebbels, der seit seiner Ernennung zum Minister für Volksaufklärung und Propaganda im März 1933 durch Hitler offiziell für alle Aspekte des Rundfunks Verantwortung trug, sorgte neben den personellen Säuberungen auch im Programm für Veränderungen. Zunächst nahm er sich die moderne Musik vor: »Niggerjazz« erhielt Sendeverbot. Darunter fielen Stücke von jüdischen oder – in NS-Diktion – halb-jüdischen Komponisten ebenso wie einige ausländische Kompositionen. Stattdessen sollte die Musik »deutscher Komponisten« in den Vordergrund rücken. Insbesondere die Werke Beethovens galten als starkes Gegengift »zum Dissonanzensport, zur Unzucht der Harmonie und zum Chaos der Form«.[54]

Mit einer Mischung aus paramilitärischen Gewaltmaßnahmen und gesetzlichen Regelungen wurde außerdem die Presse in die Knie gezwungen. Zuerst nahm man die linksorientierten Zeitungen aufs Korn: den *Vorwärts* der SPD und die *Rote Fahne* der KPD. Die gewaltsamen Ausschreitungen erhielten durch ein Notstandsgesetz vom 4. Februar 1933 den Anschein von Legalität, und im März waren alle linken Presseorgane ausgeschaltet.[55] In kurzer Folge fielen auch viele Zeitungen und Zeitschriften der bürgerlichen Mitte dem Regime zum Opfer, ebenso die konfessionellen Blätter. Sie wurden direkt verboten, mussten fusionieren oder wurden auf Linie gebracht. Hatte es im Januar 1933 noch mehr als 3000 Zeitungen gegeben, waren es vier Jahre später nur noch an die 2000. In vielen Fällen wurden nicht nur die Beschäftigten der alten Redaktionen entlassen oder inhaftiert, sondern auch

Gebäude und andere Vermögenswerte konfisziert oder von Unternehmen der Partei für Summen erworben, die weit unter dem Marktpreis lagen. Auf die Notverordnungen vom Frühling und Frühsommer folgte am 4. Oktober das sogenannte Schriftleitergesetz, in dessen Paragraf 5 Entlassungskriterien formuliert waren: ein nicht-»arischer« Stammbaum sowie Defizite mit Blick auf »die Aufgabe der geistigen Einwirkung auf die Öffentlichkeit«.[56]

Einige Fallbeispiele zeigen das Ausmaß der Umwälzungen und Gewalt gegen Presseorgane und des damit verursachten menschlichen Leids. Die SA stürmte den Hauptsitz der sozialdemokratischen *Münchener Post*, schlug alles kurz und klein und verhaftete alle, denen die Flucht nicht gelungen war. Auch die ebenfalls in München ansässige katholische Wochenzeitung *Der gerade Weg*, die schon vor 1933 in Gegnerschaft zu den Nationalsozialisten gestanden hatte, wurde heimgesucht und der Herausgeber, Franz Gerlach, gleich vor Ort schwer misshandelt und später in Dachau ermordet. In den Räumen der bildungsbürgerlichen *Frankfurter Zeitung*, einer Hauptvertreterin liberal-konservativer Anschauungen in der Weimarer Republik und berühmt für ihr Feuilleton, tauchten bereits am 31. März 1933 Polizisten auf und verhafteten einige Redakteure. Dadurch wurden die (zu der Zeit noch jüdischen) Eigner eingeschüchtert, und die *Frankfurter Zeitung* geriet zum Paradeblatt der Nationalsozialisten. Die *Neue Badische Landeszeitung* aus Mannheim wurde am 1. März 1934 verboten, wahrscheinlich aufgrund einer Denunziation durch einen den Nazis nahestehenden Mitarbeiter. Der leitende Redakteur, Heinrich Rumpf, versuchte noch eine Zeit lang, in einer Leihbibliothek zu arbeiten, beging dann aber Suizid.[57]

Für die Künste galten andere Bedingungen als für Presse und Rundfunk, weil die Kunstschaffenden als Individuen unabhängiger waren. In der Architektur zum Beispiel konnten nur Architekten entlassen werden, die institutionell gebunden waren: in der Verwaltung, in Lehreinrichtungen, in staatlichen oder regimeeigenen Unternehmen. Selbstständig Tätige bezogen ihr Einkommen aus Aufträgen und konnten in Deutschland bleiben, sofern sie nicht als Juden oder Linke verfemt wurden. Ein nationalsozialistischer Architekturstil hatte sich noch nicht herausgebildet, sodass es in dieser Hinsicht erst einmal keine Diskriminierungen gab.

Eine Ausnahme bildete der zutiefst mit der Weimarer Republik verknüpfte Bauhaus-Stil, der sofort nach der Machtergreifung in Ungnade fiel.

Bauhaus-Gründer Walter Gropius, Mies van der Rohe und andere Architekten aus dem berühmten »Ring« – der sich dem Neuen Bauen verschrieben hatte – wurden kaltgestellt. Dem Bauhaus als Teil dieser Bewegung wurde die Bevorzugung des Flachdachs gegenüber dem traditionellen deutschen Giebelhaus vorgehalten. Das Flachdach aber sei technisch schwierig und ästhetisch misslungen, mit der Betonung der Horizontalen statt – wie in der Gotik – der Vertikalen sei der Bauhaus-Stil nicht deutsch, sondern »bolschewistisch«, passend zur Weimarer »Asphaltkultur«.[58] Im Großen und Ganzen wollten die NS-Ideologen zum Historismus der Vorkriegszeit zurückkehren, wobei die Betonung eher auf ländlichen denn auf urbanen Stilformen lag.[59]

In der Weimarer Republik hatte der Verband Deutscher Architekten (VDA) nahezu eine Monopolstellung innegehabt; 1933 nun wurde er von einer Gruppe Nationalsozialisten um den ehemaligen Architekten Alfred Rosenberg infiltriert, nicht zuletzt, um unerwünschte Kollegen loszuwerden, darunter einige »Ring«-Architekten wie Gropius' Freund Erich Mendelsohn. Noch im selben Jahr wurde der VDA in die von Goebbels neu gegründete Reichskulturkammer (RKK) integriert.[60] Im April 1933 fiel, was vom Weimarer Bauhaus nach Berlin gerettet worden war, den NS-Zensoren zum Opfer; die Schule wurde aufgrund des entschiedenen Vorgehens Rosenbergs, Chefideologe der NSDAP und aufgeblasener Obskurant, geschlossen. Vom Bauhaus beeinflusste Architekten verloren ihre Stellung: Fritz Wichert an der Städelschule in Frankfurt/M., Hans Scharoun und Adolf Rading, »deren Entwürfe für die Wohnungsbauentwicklung zu den radikalsten gehörten, die während der Weimarer Zeit gebaut wurden«; beide waren Mitglied der Akademie für Kunst und Kunstgewerbe in Breslau. Hans Poelzig büßte seinen Posten als Direktor der Vereinigten Staatsschulen für Freie und Angewandte Kunst in Berlin ein, und Robert Vorhoelzer durfte nicht mehr an der Technischen Hochschule München lehren. Indes konnten die weniger prominenten Adepten je nach Grad ihrer Anpassung an die Erfordernisse des Regimes ihre Jobs als Lehrkräfte oder anderweitig im Staatsdienst Beschäftigte zumeist behalten. Gropius und sein Nachfolger Mies van der Rohe mühten sich, trotz ihrer Bauhaus-Aura Arbeit als selbstständige Berater zu erhalten. Sie boten ihre Dienste für Ausstellungen an, die vom Regime gefördert wurden, und Gropius entwarf 1934 für eine Veranstaltung sogar hakenkreuzgeschmückte Fahnenreihen, »wodurch er sich eindeutig dem NS-Regime anzudienen suchte«. Doch noch im selben Jahr wurde seine finanzielle Lage so schwierig, dass er in der Hoffnung auf bessere Zeiten nach Großbritannien ging. 1937, mittlerweile an der Universität Harvard, bestand er allerdings nach wie vor darauf, er sei kein Einwanderer, sondern da, um »der deutschen Kunst zu dienen«. Mies van der Rohe machte in Deutschland ähnlich enttäuschende Erfahrungen und folgte Gropius 1938 in die USA, während ihr Mentor Peter Behrens in Deutschland blieb, im Dienst des sogenannten Dritten Reiches.[61]

Malerei und Bildhauerei gerieten unter den Nationalsozialisten indes in viel höherem Maße ins Kreuzfeuer der Kritik als die Architektur, die, unabhängig vom Design, letztlich immerhin einen praktischen Nutzen hatte. Die bildnerische Avantgardekunst der Nachkriegszeit wurde von Kritikern im Gefolge von Rosenberg und Goebbels schlechtgemacht, die sich ihrerseits auf Urteile von Hitler bezogen (der die Aufnahmeprüfung an der Wiener Kunstakademie nicht bestanden hatte). Bereits Mitte der zwanziger Jahre hatte er »Kubismus und Dadaismus« in *Mein Kampf* dem »Bolschewismus der Kunst« zugerechnet. In seinen öffentlichen Hauptreden zwischen 1933 und 1937 wiederholte er diese Phrasen fast wörtlich, ohne sie jemals genauer auszuführen; nie ließ er erkennen, dass ihm die Unterschiede zwischen den neuen Kunstrichtungen – Dadaismus oder Kubismus, Impressionismus oder Expressionismus – geläufig gewesen wären. Unvermeidlich und höchst vereinfachend sah er in all dem nur Entartung, die er mit körperlicher und geistiger Krankheit und »den Juden« in Verbindung brachte.[62] Entsprechend behauptete Rosenbergs Sykophant Robert Scholz 1933, dass Karl Hofer, Paul Klee und ihre Freunde durch ihre Beschäftigung mit Expressionismus und Kubismus das »Gift des künstlerischen Nihilismus« nach Deutschland gebracht hätten. 1934 zeigte der NS-Kunstpropagandist Wolfgang Willrich Reproduktionen von Werken Noldes und Barlachs, um daran »die Entartung zu Missgestalt und Gemeinheit« zu demonstrieren.[63] Das oftmals schwer verständliche Geschreibsel der NS-Zensoren lässt immerhin erkennen, dass sie die naturfremde Farbgebung der modernen Kunst ebenso hassten wie deren ungegenständliche bis abstrakte Formen.

Auf der Grundlage dieser Ideologie gingen die Nationalsozialisten zweigleisig gegen die moderne Kunst vor: Sie entzogen unerwünschte *objets d'art* dem Blick der Öffentlichkeit, um sie ihr dann in eigens inszenierten Schreckensausstellungen so zu präsentieren, dass diese sich davon abwenden sollte. Im Juni 1933 empfing Hitler höchstpersönlich eine Gruppe von Gegnern der Moderne – darunter der Hauptfeind des Bauhauses, der Architekt Schultze-Naumburg –, die ihm eine Reihe von Fotos moderner Kunst vorlegten. 500 Gemälde der Avantgarde ließ er daraufhin aus der Neuen Abteilung der Nationalgalerie, der weltweit ersten öffentlichen Sammlung moderner Kunst im Berliner Kronprinzenpalais, entfernen. Im Oktober 1936 verfügte er die dauerhafte Schließung der Abteilung. Danach wurden regionale Galerien, hauptsächlich von Gefolgsleuten Rosenbergs, geschlossen oder in ihren Beständen ausgedünnt. In München riss 1935 der bayrische Innenminister und Gauleiter Adolf Wagner Bilder einer Ausstellung Berliner Künstler von der Wand. In Essen entfernte Klaus Graf von Baudissin Bilder des gebürtigen Russen Kandinsky, den Baudissin einen »Entwurzelten« nannte, aus dem Folkwang-Museum, zu dessen Direktor er gerade ernannt worden war. Den Anfang der Schandschauen machte Mannheim 1933 – die Ausstellung wanderte dann weiter nach München und Erlangen. Vergleichbare folgten in Karlsruhe, Stuttgart, Chemnitz und insbesondere der Kunstmetropole Dresden. Hier war Hitler so beeindruckt von dem, was er als entartete Kunst ansah, dass er befahl, daraus eine Wanderausstellung zu machen, die in ganz Deutschland gezeigt werden sollte. Institutionell wurden diese frühen Aktivitäten von Rosenbergs Kampfbund für deutsche Kultur ebenso unterstützt wie vom Deutschen Kunstverein, einer Neugründung von NS-Fanatikern unter Leitung der obskuren Malerin Bettina Feistel-Rohmeder.[64]

Gleich nach der Machtergreifung setzten die Nazis in der deutschen Kunstwelt eine Welle von Entlassungen in Gang, die sich über Jahre hinziehen sollte. Einer der Ersten, der gehen musste, war der künstlerische Mentor der Weimarer Republik, Reichskunstwart Edwin Redslob, zu dessen Aufgaben die Ausrichtung von Staatsbegräbnissen ebenso gehört hatte wie die Gestaltung von Münzen und Briefmarken. Vor die Tür gesetzt wurden ferner Direktoren von Museen und Galerien, etwa Gustav F. Hartlaub in Mannheim oder Carl Georg Heise in Lübeck. Ihre Lehramt verloren: Karl Hofer in Berlin, Willi Baumeister in Frankfurt/M. und der Bildhauer Gerhard Marcks, der früher, ebenso wie Paul Klee, am Bauhaus tätig gewesen war; Klee musste seinen Posten an der Düsseldorfer Kunstakademie aufgeben und ging Ende 1933 in die heimatliche Schweiz zurück.[65]

Manchen von Klees Kollegen war so ein Ausweg nicht vergönnt. Ihre Versuche, nach dem Rauswurf beruflich wieder Fuß zu fassen, liefen zumeist ebenfalls ins Leere. Diese Fälle verdienen eine nähere Betrachtung. Da ist zunächst Otto Dix, der erst Expressionist gewesen und dann zur Neuen Sachlichkeit übergegangen war, die in gewisser Weise eine Fortschreibung des Expressionismus darstellte wie auch eine Reaktion darauf. Denn die Künstler suchten nun der Wirklichkeit wie in einer detaillierten Fotografie nachzueifern, während der Expressionismus auf exaltierte Farben und Formen gesetzt hatte.[66] Auf die Spitze getriebener Realismus und Sozialkritik, diese Kennzeichen der Neuen Sachlichkeit führten dazu, dass Dix' Darstellungen des Bordelllebens von bigotten NS-Fanatikern als »Unflätigkeiten unterster Geschmacksstufe« bezeichnet wurden. Am 8. April 1933 wurde Dix, bis dahin Professor an der Kunstakademie zu Dresden, von der sächsischen Regierung im Rahmen der neuen Gesetzgebung zum Berufsbeamtentum entlassen. Er zog an den Bodensee und wohnte eine Zeit lang im Schloss seines Schwagers. Er litt unter Geldnot und war von allen Ausstellungen des Jahres 1934 ausgeschlossen. Bis 1945 musste er sich mit kleineren lokalen Privataufträgen durchschlagen.[67] Auch Max Beckmann, der an der Frankfurter Städelschule unterrichtete, verlor seine Professur schon Anfang 1933. Zunächst versuchte er in Berlin zu überleben, floh aber im Juli 1937, als Hunderte seiner Bilder in der Münchner Ausstellung »Entartete Kunst« zu sehen waren, nach Amsterdam und von dort weiter nach New York. 1935 hatte der NS-affine Kunsthistoriker Carl Linfert, der den Fanatiker Rosenberg nicht mochte, sich bemüht, Beckmanns Haut zu retten, indem er ihn öffentlich als dem Expressionismus fernstehend bezeichnete – selbst aus heutiger Sicht ein wenig überzeugender Ansatz.[68] Im April 1933 wurde Oskar Schlemmer entlassen. Vergeblich waren alle Versuche, die Stellung am mittlerweile nach Berlin übergesiedelten Bauhaus zu behalten. In materieller Not und mit dem Willen zur Anpassung beharrte er in einem Brief an Goebbels darauf, er sei »jener Typ Künstler, den der Nationalsozialismus brauche«. An Baudissin schrieb er, unter Verwendung ästhetischer Termini des Bauhauses: »Ist denn der Nationalsozialismus nicht auch eine Form-Idee? Ein ganzes Reich soll doch geformt werden, neu geformt!« Und in dieser Neuformung sah er auch einen Platz für sich selbst.[69]

Ferner setzten die Nationalsozialisten dem Einfluss von Büchern aus der Weimarer Zeit durch Zensurmaßnahmen, Druckverbote und spektakuläre, deutschlandweite Verbrennungsaktionen ein Ende. Schriftsteller der Moderne mit Lehrverpflichtungen an Universitäten oder Schulen waren ohnehin rar gesät; weniger prominente konnten sich anpassen, indem sie ihre Manuskripte umschrieben. Die unnachsichtige Behandlung einiger berühmter freigeistiger Autoren sollte allen, die abweichende Vorstellungen hatten, als Warnung dienen. Ein Beispiel ist Thomas Mann, der zum Zeitpunkt der Machtergreifung auf einer Vortragstour im Ausland unterwegs war und erst nach dem Ende des Zweiten Weltkriegs aus Anlass eines Besuchs nach Deutschland zurückkehrte. Im Dezember 1936 wurden ihm die Staatsbürgerschaft und die Ehrendoktorwürde der Universität Bonn aberkannt. Heinrich, der ältere Bruder, war schon im Februar 1933 nach Frankreich geflohen; ihm hatte das Regime noch im August jenes Jahres demonstrativ die Staatsbürgerschaft entzogen.[70]

NS-Literaturkritiker sahen die Vernichtung von Werken kommunistischer und sozialdemokratischer, aber auch christlicher (lutherischer) Autoren vor, desgleichen Bücher über Frauenemanzipation, Pazifismus, Sexualität und ähnliche Themen. Die Bücher zu Sachthemen umfassten nahezu die gesamte Literatur der Weimarer Avantgarde; hinzu kamen Werke von Juden und international bekannten Autoren wie dem französischen Kommunisten Henri Barbusse und dem US-amerikanischen Sozialkritiker Upton Sinclair. Diverse Partei- und Regierungsorganisationen hatten, bisweilen längst vor dem Januar 1933, schwarze Listen erstellt, aufgrund deren renommierte Verlage wie die Deutsche Verlags-Anstalt (DVA), Rowohlt und Propyläen nun die Produktion solcher Bücher einstellen mussten, welche von den Nationalsozialisten als naturalistisch, expressionistisch, dadaistisch oder der Neuen Sachlichkeit verpflichtet abgelehnt wurden. Öffentliche Bibliotheken und Leihbüchereien mussten sich von umfangreichen Beständen trennen. Bereits im Dezember 1933 waren über tausend Titel verboten oder aus dem Verkehr gezogen worden – eine Zahl, die in den folgenden Jahren noch anwachsen sollte.[71]

Bei den Bücherverbrennungen ging es hauptsächlich um die Bestände der öffentlichen Büchereien und der Universitätsbibliotheken. Offenkundig auf Betreiben Goebbels', der darin von Hitler unterstützt wurde, fanden an den meisten deutschen Universitäten Autodafés statt. Auf Grundlage der schwarzen Listen und mit Hilfe von Kampfbund und Kripo suchten Mitglieder der

Deutschen Studentenschaft (DSt) – des Dachverbands der deutschen Studenten – indexierte Bücher von bereits verbotenen Autoren heraus. Auch Schulbüchereien wurden durchforstet, außerdem sollten Privathaushalte ihre Sammlungen durchsehen. Nach wochenlanger Vorbereitung wurden die Scheiterhaufen am 10. Mai 1933 in Anwesenheit von Mitgliedern von Partei, SA und SS entzündet. Professoren in vollem Ornat gingen den Studenten zur Hand: Ernst Bertram in Köln, Hans Naumann in Bonn und in München Universitätsrektor Leo von Zumbusch. In Frankfurt wurden die Bücher auf einem von Ochsen gezogenen Düngerwagen herbeigeschafft, in Mannheim war es ein Schinderkarren. In Würzburg wurden mindestens 280 Bücher vernichtet, eine Größenordnung, die auch für andere Universitätsstädte zugetroffen haben dürfte. In Göttingen krönte ein Leninporträt den Bücherstapel, auf anderen wurde die Fahne der Weimarer Republik drapiert.[72]

In Berlin verlangte die Inszenierung die Anwesenheit des Propagandaministers. Auf dem Kaiser-Franz-Joseph-Platz – gemeinhin Opernplatz – zwischen Staatsoper und Friedrich-Wilhelm-Universität hielt Goebbels von einem offenen Wagen aus eine Rede zum Motto der »Aktion wider den undeutschen Geist«. Er polemisierte gegen das, was er für jüdischen Intellektualismus und den Materialismus des November 1918 hielt, und forderte die Studenten auf, den »geistigen Dreck« der Vergangenheit in die Flammen zu werfen. Dann landeten die Werke von Sigmund Freud, Karl Marx, Heinrich Mann, Carl von Ossietzky, Erich Maria Remarque und anderen prominenten Autoren, auch solchen aus dem 19. Jahrhundert, jeweils mit einem »Feuerspruch« versehen, auf dem Scheiterhaufen.[73]

Neue Kontrollen

Die Tilgung der Weimarer Republik aus den Kultureinrichtungen war eine Sache, eine andere war es, diesen Bereich vor künftigen missliebigen Entwicklungen zu bewahren. So, wie die Nationalsozialisten gleich nach der Machtergreifung die Gesetzgebung der Weimarer Republik zur Festigung ihrer Diktatur genutzt hatten, so gingen sie auch im Kulturleben vor. Sie schufen neue Gesetze auf Grundlage der alten oder erließen gänzlich neue, die für ihre Bedürfnisse maßgeschneidert waren.

Eines der ersten dieser Gesetze datiert vom 14. Juli 1933 und sollte die deutsche Filmindustrie organisatorisch und thematisch den eigenen Wünschen unterwerfen. Es sah die Einrichtung einer »vorläufigen« Reichsfilmkammer für alle Filmschaffenden vor,[74] außerdem die Vorlage jedes neuen Filmskripts zwecks Autorisierung und die Überprüfung von Regisseuren und Schauspielern auf politische Unbedenklichkeit. Ein Film, der diesem Verfahren zum Opfer fiel, war *Horst Wessel*, der am 9. Oktober 1933, dem Tag der geplanten Premiere in Berlin, verboten wurde. Der Film war als Hohelied auf den zum Märtyrer erhobenen SA-Mann Horst Wessel gedacht, der im Januar 1930 von Kommunisten in Berlin umgebracht worden war. Verboten wurde er, weil er, so die Begründung, »weder der Gestalt Horst Wessels noch der nat.-soz. Bewegung als Trägerin des Staates gerecht« werde. Nach Überarbeitung und vielen Schnitten wurde der Film unter dem Titel *Hans Westmar* – nunmehr von den Zensoren für gut befunden – erneut herausgebracht und feierte am 13. Dezember Premiere.[75]

Am 16. Februar 1934 wurde das Lichtspielgesetz verabschiedet. Nun war es möglich, den Weimarer Filmkanon zu »bereinigen« und die Eingriffsmöglichkeiten der NS-Zensur auszuweiten. Um ideologisch einwandfreie Filme auf die Leinwand zu bringen, wurde das Amt eines Reichsfilmdramaturgen geschaffen, dessen Aufgabe es war, für die Kontrolle der Filmskripte wie auch für die Prüfung eines fertigen Films zu sorgen. Weil die Arbeitsweise sich als mühselig und zeitraubend herausstellte, übertrug Hitler persönlich im Juni 1935 Goebbels die Oberaufsicht über die Arbeit des Dramaturgen, ein Privileg, das nach der Verstaatlichung der Filmindustrie 1936 noch ausgebaut wurde. Nun konnten Filme aus dem Verkehr gezogen werden, wenn sie nationalsozialistisches oder künstlerisches Empfinden verletzten – zwei ziemlich dehnbare Kategorien.[76] Man weiß nicht genau, wie viele neu produzierte Filme zensiert wurden und dann grünes Licht erhielten; der Filmwissenschaftler Gerd Albrecht listet für das Jahr 1933 dreizehn, für 1937 vierzehn und für 1941 dreiundzwanzig Filme auf.[77]

Neu war auch das Schriftleitergesetz vom 4. Oktober 1933 zur Säuberung des Pressewesens. Die Qualifikationen eines Redakteurs (Schriftleiters) liefen von nun an darauf hinaus, den strikten Gehorsam gegenüber den inhaltlichen Vorgaben des Regimes sicherzustellen. »Schriftleiter«, heißt es in § 13 des Gesetzes, »haben die Aufgabe, die Gegenstände, die sie behandeln, wahrhaft darzustellen und nach ihrem besten Wissen zu beurteilen.« Unausgesprochen war klar, dass »wahrhaft« bedeutete, sich an die geltenden Normen zu halten, und einem Redakteur nützte das beste Wissen und Gewissen nichts, wenn es den herrschenden Interessen zuwiderlief.[78] Das Gesetz verwandelte die ursprünglich individuellen Freiheiten unabhängiger Redakteure und Journalisten in Dienstbarkeit gegenüber politischen Herrschaftsträgern wie Goebbels. Um die Kontrolle zu erleichtern, musste nun jeder Beitrag namentlich gekennzeichnet sein; Anonymität war nicht gestattet.[79] Nationalsozialistische Pressefachleute begrüßten diese Maßnahmen. Emil Dovifat, Professor an der Berliner Universität, forderte, von nun an müsse der Wille der obersten Führung mit der öffentlichen Meinung verschmolzen werden, damit diese die der Ersteren wiedergebe; so werde »zum Nutzen der Nation« eine Einheit geschmiedet. »Im Dritten Reich gehört der Journalismus als freier Beruf der Vergangenheit an«, resümierte Guido Enderis in der *New York Times*. »Stattdessen entsteht eine Art Personalunion zwischen dem einzelnen Zeitungsmitarbeiter und dem Staat, wobei der Beruf selbst in strenge Regeln und Regulierungen gezwängt wird.«[80]

Mit dem Verbot kritischer Analyse wurden die Lenkungsbestrebungen am 6. November 1936 weiter verschärft. Analyse und Kritik – die Kennzeichen der Weimarer Geisteswelt schlechthin – galt es nun zu unterbinden. Die neue flächendeckende Maßnahme, von der überwiegend die Feuilletons der Zeitungen, aber auch der Rundfunk betroffen waren, verordnete Goebbels in seiner Zuständigkeit als Propagandaminister.[81] Von nun an durften nur ausgesuchte NS-Autoren Bücher, Filme, Theateraufführungen, Kunstwerke und Ähnliches besprechen. Weil all dies nunmehr ohnehin von nationalsozialistischem Geist beseelt sein sollte, gab es per definitionem nichts zu kritisieren. So wurde aus dem »Kunstkritiker« der »Kunstbetrachter«, der die vorbestimmten Gegenstände nur noch zustimmend beschreiben durfte, statt sie analytisch zu zergliedern, wollte er nicht in den Ruch der Regimekritik geraten. Wer sich in der NS-Ideologie auskannte, brauchte nun nicht mehr viel Talent, um voranzukommen.[82] Das SS-Blatt *Das Schwarze Korps* hielt die neue Verordnung für ideal in einer Situation, in der man »das Kunstwerk als Totalität betrachtet«; so könne niemand sein Expertenwissen durch Analyse missbrauchen.[83] Rudolf Kircher, Chefkorrespondent der einstmals renommierten *Frankfurter Zeitung*, bemerkte beifällig, dass ein

Autor sich künftig »in den Dienst einer bewussten Kulturpolitik« zu stellen habe, die »als ein entscheidender Teil der Arbeit des Nationalsozialismus am Staat und im Staat gedacht ist«.[84]

Wer Bücher schrieb, der wurde warnend auf die schwarzen Listen hingewiesen, die fortwährend erneuert und deren Kriterien ständig ausgeweitet wurden. Abgesehen von Goebbels und seinen Spürhunden verfügte auch die Kripo über die Möglichkeit, bei entsprechender Verfügung sogar Privatbibliotheken zu durchsuchen und zu beschlagnahmen. Und so übten Autorinnen und Autoren im Bewusstsein bedrohlicher Beispiele Selbstzensur, bevor sie ihr Manuskript bei den zuständigen Instanzen einreichten, damit es geprüft, registriert und für unbedenklich befunden werde.[85] Während Goebbels und die Polizeikräfte des Innenministeriums in dieser Frage immer enger zusammenarbeiteten, wollte auch Rosenberg, der mit dem Propagandaminister ständig wetteiferte, ein Stück vom Kuchen. Doch sein im Juni 1934 parteiintern eingerichtetes Amt für Schrifttumspflege, mit dem er Kontrolle über Autoren und Verleger auszuüben trachtete, blieb letztlich machtlos. So, wie der Kampfbund für deutsche Kultur 1935 angesichts Goebbels' stetiger Machtzuwächse zur Bedeutungslosigkeit verkommen war, so wurde auch das Zensuramt von Rosenbergs Rivalen in den Schatten gestellt und entfaltete nur im beschränkten Rahmen der Partei eine gewisse Wirkung.[86]

Am 5. Mai 1934 hatte Goebbels sich mit einem Gesetz zur Regulierung des Bühnenwesens den Zugriff auf eine weitere Kulturgattung gesichert. Alle Angelegenheiten des Theaters, der Oper und der Operette fielen nun unter die Jurisdiktion des Propagandaministers (ausgenommen waren die preußischen Staatsbühnen sowie die Staatsorchester von Berlin, Kassel und Wiesbaden, die weiterhin Hermann Göring als Preußischem Ministerpräsidenten unterstanden). Die Paragrafen 3 und 4 des neuen Theatergesetzes regelten die Aufsicht über die Eigner und Direktoren deutscher Bühnen, privater wie staatlicher, während Paragraf 5 bestimmte, welche (neuen) Stücke – Tragödie, Komödie oder Oper – zur Aufführung geeignet waren.[87] Ausführendes Organ mit der Macht, Stücke zu akzeptieren oder abzulehnen, war der sogenannte Reichsdramaturg. Rainer Schlösser, Weltkriegsveteran und promovierter Literaturwissenschaftler, versah dieses Amt bis 1945. (Er wurde von der Roten Armee verhaftet und noch im selben Jahr hingerichtet.) Alle Theater mussten ihre Aufführungsvorschläge bei Schlösser einreichen, dessen Urteile so beschaffen waren, dass die Bühnenautoren, Komponisten und Librettisten schon bald wie die Buchautoren Selbstzensur übten, um Schwierigkeiten zu vermeiden.[88]

Es ist bereits geschildert worden, wie das Propagandaministerium viele Facetten der Kulturverwaltung zu bündeln und entsprechende Gesetze auf den Weg zu bringen vermochte. Im Hinblick auf die Personalpolitik wurde eine solche Klammer schon am 22. September 1933 geschaffen, als Goebbels' Ministerium durch das Reichskulturkammergesetz die zentrale Koordination von Künstlern, Schriftstellern und Journalisten, verteilt auf berufsspezifische Einzelkammern, übertragen wurde. Diese Kammern schufen eine horizontale Ordnung in Übereinstimmung mit dem für faschistische Regimes typischen Korporationsprinzip, das Benito Mussolini schon Anfang der zwanziger Jahre durch Einführung von (syndikalistischen) Kammern umgesetzt hatte, um Klassenkämpfe zu vermeiden. Mit dem Reichskulturkammergesetz wurden sechs Kammern ins Leben gerufen, jeweils eine für Schriftsteller, Journalisten, Rundfunkmitarbeiter, Theaterleute, Musiker und bildende Künstler (die vorläufige Filmkammer von 14. Juli wurde später in die Kulturkammer integriert, die Rundfunkkammer aufgelöst).[89] Der Historiker Alan Steinweis sieht in der Verbindung zweier Interessengruppen mögliche Vorteile für beide: »Indem Goebbels die Bereitschaft des Regimes bekundete, Staatstreue mit der Aussicht auf materiellen Gewinn und Spielraum für berufliche Autonomie zu belohnen, konnte er die Kooperation von konservativen (oder unpolitischen) Kräften gewinnen, die keiner NS-Organisation angehörten, aber glaubten, dass ein auf sich selbst regulierenden Körperschaften beruhendes Kammersystem beruflichen Vorhaben zuträglich sei, die in den wirtschaftlich schwierigen Jahren der Weimarer Republik unerfüllt geblieben waren.«[90] Als die Mitgliedschaft in diesen Kammern verpflichtend wurde, oblag »arischen« Deutschen – jüdische Deutsche wurden nach und nach ausgeschlossen – die Entscheidung, ob sie mit dem Regime gemäß den immer enger gefassten Richtlinien zusammenarbeiteten. Verstießen sie dagegen wie der Romanautor Jochen Klepper, Mitglied der Reichsschrifttumskammer (RSK), konnten sie stärker überwacht oder mit einem Schreibverbot belegt werden, das zum Ausschluss führte. So erging es Klepper, der, im Grunde ein konservativer Patriot, das Verbrechen begangen hatte, sich nicht von seiner jüdischen Frau zu trennen. Als deren Tochter aus erster Ehe auf dem Höhepunkt des Zweiten Weltkriegs in den Osten deportiert werden sollte, ging die ganze Familie, ehe die SS sie holen konnte, im Dezember 1942 in den Freitod.[91]

Ein beredtes Beispiel dafür, welche Rolle die Reichskulturkammer in der Musik spielte, bietet die Affäre Hindemith. Hindemith hatte jüdische Verwandte, war in der Vergangenheit mit prominenten jüdischen Musikern wie dem Cellisten Emanuel Feuermann aufgetreten und hatte Musik an der Grenze zur Avantgarde komponiert. Damit hatte er sich die Ablehnung Hitlers und die Feindschaft von Rosenbergs Kohorten eingehandelt. Dabei war Hindemith anfänglich von der Möglichkeit, im Dritten Reich Neues zu wagen, durchaus angetan, und Sympathisanten aus Goebbels' Umkreis sahen ihn, ungeachtet seiner Nähe zur Moderne, in der Rolle eines nationalen Erneuerers. So wurde er im Februar 1934 eingeladen, in den Präsidialrat der Reichsmusikkammer (RMK) einzutreten. Seine Entscheidung wurde ihm durch die Tatsache erleichtert, dass Richard Strauss bereits das Präsidentenamt der RMK und der Dirigent Wilhelm Furtwängler das seines Stellvertreters übernommen hatten. Im März 1934 führte Hindemith eine sinfonische Version seiner im Entstehen begriffenen Oper *Mathis der Maler* auf; Furtwängler stand am Dirigentenpult. Das Ereignis wurde auch in NS-Kreisen positiv aufgenommen. Aber Rosenberg und Hitler blieben bei ihrer Gegnerschaft, die sich nun insbesondere gegen die geplante Premiere der Oper richtete. Um Hindemith beizustehen, veröffentlichte Furtwängler einen lobenden Artikel, in dem er dessen frühere Nähe zur Avantgarde zu entschuldigen und ihn als unpolitisch darzustellen suchte. Das fasste Goebbels, der Präsident der übergeordneten Reichskulturkammer, als Störfeuer auf und wandte sich nun offen gegen Furtwängler und Hindemith, die daraufhin von ihren Posten an der Berliner Hochschule für Musik zurücktraten. Zudem verloren sie ihre Stellung in der RMK; Furtwängler war zeitweilig dem NS-Regime entfremdet. Ohne offizielle Anbindung an die RKK sah die Zukunft für die beiden Musiker düster aus.[92]

Neben der Reichskulturkammer bediente sich das Regime der Berufsverbände, um die Künstler auf Linie zu bringen. Der Reichsverband der Deutschen Presse (RDP) beispielsweise übte die berufsspezifische Rechtsprechung für alle im Zeitungsbereich Tätigen aus (die Mitgliedschaft war verpflichtend). Die quasi-rechtliche Basis dafür bot das Schriftleitergesetz vom Oktober 1933. Im Rahmen dieser Zuständigkeit konnte der Verband einen Journalisten vor ein Berufstribunal zitieren, wenn die Annahme bestand, er habe sich gegen die ästhetischen oder politischen Richtlinien des Regimes vergangen. Wie ein Fall in Franken aus dem Jahr 1936 zeigt, konnten verdächtigte Journalisten auf diese Weise monatelang von launenhaften Vorgesetzten in Schach gehalten werden.[93]

Außerdem wurden einige Sektoren ständig und engmaschig überwacht. Das passierte indirekt bei der Filmproduktion und direkt bei Presse und Rundfunk, galten diese beiden doch als entscheidend für die öffentliche Meinungsbildung und insofern als politisch besonders bedeutsam. Das Rundfunkprogramm wurde wöchentlich, mitunter täglich umgebaut.[94] Für die Presse hatte Goebbels regelmäßige Konferenzen in Berlin angesetzt, an denen Vertreter der wichtigsten deutschen Zeitungen teilzunehmen hatten. Goebbels' Helfershelfer verordneten der Presse Richtlinien, die von den Herausgebern aufs Wort befolgt und geheim gehalten werden mussten. So erhielten sie im Dezember 1935 die Weisung, bei der Zubereitung von Weihnachtsgebäck das Wort Butter nicht zu erwähnen, um nicht den Eindruck landwirtschaftlicher Produktionsfülle hervorzurufen. Ebenfalls in diesem Dezember sollte die Aufmerksamkeit der Leserschaft auf eine von Goebbels gerade veröffentlichte Sammlung seiner Reden gelenkt werden. Im September 1936 musste der 60. Geburtstag des NS-Komponisten Georg Vollerthun verschwiegen werden, weil er des Vergehens der Homosexualität beschuldigt wurde. Diese und alle anderen Informationen oblagen der Geheimhaltung; bei Verstößen drohten schwere Strafen. Als herauskam, dass der junge Journalist Walter Schwerdtfeger solche Instruktionen mehrere Monate lang an ausländische Kollegen weitergeleitet hatte, wurde er 1935 angeklagt und zu einer langen Zuchthausstrafe verurteilt.[95]

Der Regierungsstil aus Gesetzgebung und willkürlichen Entscheidungen hoch- und höchstrangiger politischer Führungsebenen, der das sogenannte Dritte Reich prägte, führte zu einer oft undurchsichtigen Mischung aus amtlichen Verordnungen und privaten Anweisungen von Staats- und Parteigranden. Mit Blick auf die Kultur war die eigenmächtige persönliche Anordnung während der ganzen Dauer der Diktatur maßgeblicher als das geschriebene Gesetz, was die Freiheit der Künstler ebenso einschränkte wie die Qualität ihrer Werke. Bisweilen hing die Existenz eines solchen Werkes von der Laune eines selbst ernannten Zensors oder einem in der Regulierung von Einzelfällen sich ergehenden Hitler ab.

Diese Zensoren konnten sich durch Anhäufung von Macht zu kleinen Potentaten mausern. Der Langweiler Rosenberg brachte es indes lediglich zum Reichsleiter in der Partei und war demzufolge jenen Parteifunktionären unterlegen, die zusätzlich Regierungsämter innehatten, sei es im Reich oder auf regionaler Ebene. So war Hermann Göring beispielsweise Ministerpräsident von Preußen, Reichsminister für Luftfahrt und Beauftragter für den Vierjahresplan, Goebbels Propagandaminister und Gauleiter von Berlin. Dennoch gelang es Rosenberg hier und da, unter Ausnutzung diverser Möglichkeiten seines Parteiamts, als Zensor sogar Goebbels auszustechen. So vermochte er Rudolf Wagner-Régenys Oper *Die Bürger von Calais*, die unter der musikalischen Leitung Herbert von Karajans an der Berliner Staatsoper aufgeführt wurde, vom Spielplan zu verbannen, obwohl die Spielstätte zu Görings Machtbereich zählte. Grund dafür war ein Libretto des aus Weimarer Zeiten bekannten Caspar Neher, demzufolge es in der Bürgerschaft von Calais eine »unterdrückte Gruppe von Menschen« gab, »die verzweifelt um Frieden verhandeln«. Hinzu kam Nehers düsteres Bühnenbild. Beides ließ sich im Januar 1939, als NS-Deutschland sich auf den Krieg vorbereitete, als schlechtes Vorzeichen werten. Außerdem beruhte das Libretto auf einem Stück von Georg Kaiser, und die Musik erinnerte an die von Kurt Weill.[96]

Nicht nur ein Reichsleiter konnte sich derart einmischen, auch einem Gauleiter mochte dies gelingen. So verbot der Münchner Gauleiter Adolf Wagner, der schon mehrfach in den städtischen Kunstbetrieb eingegriffen hatte, am Karfreitag 1940 eine Aufführung von Schillers Drama *Maria Stuart* mit der abstrusen Begründung, dass ein pro-katholisches Stück die Gefühle der Protestanten verletzen würde. »Der nationalsozialistische Staat ist an den kirchlichen Dingen beider Konfessionen desinteressiert.« Tatsächlich hatte Wagner seinen persönlichen Geschmack durchsetzen und Schillers Klassiker ein für alle Mal von der Bühne verjagen wollen. Immerhin setzte sich Wagner in diesem Fall über Goebbels' Reichsdramaturgen Schlösser hinweg.[97]

Normalerweise hatte Göring in seinem preußischen Machtbereich mehr zu sagen als Rosenberg und konnte es sogar mit Gauleiter Goebbels aufnehmen. Als 1939 eine Berliner Bühnenproduktion von Shakespeares

Richard II. für die Reichstheaterwoche in Wien vorgesehen war, was das Propagandaministerium verhindern wollte, legte er denn auch erfolgreich Protest ein. Die Aufführung war von seinen Schützlingen am Staatstheater, Gustaf Gründgens und Jürgen Fehling, auf die Bühne gebracht worden, Gründgens sollte die Hauptrolle spielen, und Görings Frau, die ehemalige Schauspielerin Emmy Sonnemann, setzte sich dafür ein. Goebbels unternahm nichts weiter.[98] Ein anderer Fall aus dem Jahr 1939 wendete sich zu Goebbels' Gunsten. Göring beschwerte sich bei Hitler über Werner Egks Oper *Peer Gynt* – vielleicht sah er sich als fetten Troll karikiert, vermutlich gefiel ihm auch die grellfarbene Musik nicht. Hitler aber war von der Oper hingerissen, verwarf die Beschwerde und setzte sich persönlich für Egks Fortkommen ein; er verschaffte ihm sogar eine Stellung als Abteilungsleiter in Goebbels' Reichsmusikkammer.[99]

Im Juni 1933 hatte Hitler dem Propagandaministerium über die normalen Regularien hinaus Aufsichtsbefugnisse aus anderen Ministerien übertragen. Bestimmte Prärogativen zur Kunst übernahm Goebbels vom Außenministerium und die Überwachung von Rundfunk und Presse vom Innenministerium.[100] Derart gerüstet, konnte sich der Propagandaminister bei Bedarf über das Regelwerk hinwegsetzen und die Kulturproduktion in jeglicher Form und auf jegliche Manier nach Lust und Laune überwachen. Für gewöhnlich konzentrierte er sich auf die Beurteilung von Filmen; er besaß Vorführräume in seinem Büro und seinen zwei Wohnsitzen. Gern erörterte er Filmprojekte bereits im Vorfeld mit Regisseuren und Schauspielern, etwa mit Jenny Jugo im März 1935, als es um die Verfilmung von Shaws *Pygmalion* ging. Hoffte er auf substanzielle Verbesserungen, legte er einen Film mitunter für einige Zeit auf Eis wie im Fall von *Land der Liebe*. Von April bis Juni 1937 mussten die Produzenten auf das Placet warten. Wie viele Filme Goebbels – jenseits des üblichen Prozederes – persönlich einer Prüfung unterzog, ist nicht bekannt; Experten schätzen, dass bis 1942/43 etwa zwei Drittel der gesamten Filmproduktion von ihm gesichtet wurde, danach weniger als die Hälfte. Doch selbst das ist, angesichts seiner vielen anderen Pflichten, eine erstaunliche Menge.[101]

Hitler war ebenfalls kinointeressiert; in der Reichskanzlei wie in seinem privaten Landsitz, dem Berghof auf dem Obersalzberg bei Berchtesgaden, gab es Vorführräume. Häufig schaute er sich zusammen mit Goebbels Filme –

nicht nur zu Prüfzwecken – an, gewöhnlich aber privatim in kleinem Kreis.[102] Dabei entschied er sich auch zu Verboten: *Weiße Sklaven* (1936) mit Camilla Horn in der Hauptrolle etwa berührte das Thema Bolschewismus,[103] *Das Leben kann so schön sein* (1938) konnte als Kritik an der Sozialpolitik des Regimes aufgefasst werden. Es ging um die Geschichte eines frisch verheirateten Paars, das allen Schwierigkeiten zum Trotz das Leben meistern will. Der junge Protagonist rennt sich die Hacken ab, um Versicherungen zu verkaufen, während seine schwangere Frau mit Heimarbeit das Einkommen aufzubessern sucht. Doch gelingt es ihnen in ihrer schäbigen Ein-Zimmer-Mietwohnung nicht, ihre Situation in den Griff zu bekommen. Die Botschaft des Films: Ein mittelloses junges Ehepaar kann sich ein Kind kaum leisten. Hitler begriff die Aussage sehr wohl, bekam einen Wutanfall und untersagte den Film. Für ein vermeintlich nach Lebensraum dürstendes Volk war schon aus demografischem Kalkül der Gedanke, Kinder seien unerwünscht, unmöglich.[104]

Doch Hitlers eigentliches filmisches Interesse richtete sich auf die Wochenschauen. Sie verkörperten aus seiner Sicht den Wesenskern des Mediums: als ideales Instrument zu politischer Steuerung. Regelmäßig unterrichtete er Goebbels über seine Einschätzung, verfügte Schnitte oder Änderungen. Häufiger als bei Spielfilmen war Hitler dazu bereit, Entscheidungen von Goebbels zu revidieren. Schon lange vor Kriegsbeginn beharrte er darauf, die Wochenschau müsse das Heroische betonen, Marschkolonnen von Soldaten zeigen – ein sicheres Zeichen dafür, dass Hitler schon Jahre im Voraus wusste, wohin seine Politik führen sollte. Ziel war der Angriffskrieg, in dessen Verlauf auch die Kunst, die jetzt seiner Kontrolle unterstand, sich würde wandeln müssen.[105]

Der Expressionismusstreit

1912, im Alter von 26 Jahren, nahm Gottfried Benn, Sohn eines ostelbischen Geistlichen, seinen Abschied vom Militär. Der junge Arzt trat in Berlin eine Stelle als Pathologe an und veröffentlichte noch im selben Jahr sein erstes Buch, einen schmalen Gedichtband mit dem Titel *Morgue* – Eindrücke, die er bei seinen Autopsien gewonnen hatte. Der Umschlag zeigt ein Geige spielendes Skelett bei einem nackten Mädchen, das sich zurücklehnt. Das vierte Gedicht (mit dem Titel *Negerbraut*) beginnt: »Dann lag, auf Kissen dunklen

Bluts gebettet/der blonde Nacken einer weißen Frau./Die Sonne wütete in ihrem Haar/und leckte ihr die hellen Schenkel lang/.../Ein Nigger neben ihr: durch Pferdehufschlag/Augen und Stirn zerfetzt. Der bohrte/zwei Zehen seines schmutzigen linken Fußes/ins Innere ihres kleinen weißen Ohrs./...«[106] Das Buch mit dem Anspruch, »die Banalität der menschlichen Existenz und ihres körperlichen Verfalls« zu untersuchen, ging mit seiner neuartigen, direkten Sprache gleich in den Kanon des literarischen Expressionismus ein. Der folgende Band, *Söhne*, war der jüdischen Dichterin Else Lasker-Schüler gewidmet, mit der Benn ein Liebesverhältnis hatte.

Im Ersten Weltkrieg trat Benn erneut in den Militärdienst ein und wurde in Brüssel als Feldarzt eingesetzt. Zu der Zeit entstanden seine sogenannten *Rönne*-Novellen, dessen sexbesessener Protagonist Rönne auf Benn selbst verweist. 1917 zurück in Berlin, ließ er sich als Hautarzt nieder. Er veröffentlichte die Prosasammlung *Gehirne* und den Gedichtband *Fleisch*. Beide spiegeln mit ihrer nihilistischen Menschheitsverachtung Benns Reaktion auf die Grausamkeiten des Krieges wider, darin den Bildern von Grosz und Dix ähnlich, die sich ebenfalls als zynische Antwort auf das Kriegsgeschehen und die Auswüchse nach dem Waffenstillstand vom November 1918 auffassen lassen. Für das weltliche Oratorium *Das Unaufhörliche* zu der Musik von Hindemith – einem Vertreter der Neuen Sachlichkeit – verfasste Benn den Text. Das 1931 uraufgeführte Werk galt allgemein als definitiv nihilistisch. 1932 wurde Benn in die Preußische Akademie der Künste aufgenommen und blieb, im Gegensatz zu Ricarda Huch und anderen, auch nach der Machtergreifung Mitglied. Im Februar 1933 übernahm er sogar kommissarisch den Vorsitz der Sektion der Dichtung.[107]

Die Weimarer Republik, erklärte Benn im Frühjahr 1933 im Rundfunk, habe ihn enttäuscht, weil die Demokratie entartet sei und eine korrupte liberale Intelligenzia mehr Interesse an Grundstücken in Ascona gezeigt habe als daran, den heimischen Boden mit der eigenen Hände Arbeit zu bestellen. Im Gegensatz dazu sei die Jugend, die jetzt das neue Reich unterstütze, lebenskräftig, Vorläuferin einer neuen biologischen Rasse, einer »Herrenrasse«, die bereits Nietzsche vorhergesagt habe. Diese Jugend ziehe der Intellektualität der Stadt die organische Ordnung des Landes vor. Sie sei Beschützerin der weißen Rasse und verteidige ihre Werte gegen niedere Arten wie jene schwarzen Kolonialtruppen, die sich im Dienst der französischen Besatzungsarmee in Deutschland herumgetrieben hätten. Die neue Form der Herrschaft finde schon jetzt die Unterstützung der unteren Klassen und mache damit die Kommunisten und Sozialisten alten Schlages überflüssig. Hitlers populistische, direkte Demokratie verdiene daher, wie der neue Staat, den er aufbaue, Beistand.[108]

Im November veröffentlichte Benn allerdings unter dem Titel »Bekenntnis zum Expressionismus« einen Artikel, in dem er die kritische Haltung des NS-Regimes gegenüber dieser Kunstform bedauerte und betonte, er selbst halte weiterhin daran fest. Der Expressionismus sei eine europäische Bewegung hauptsächlich der Jahre 1910 bis 1925 gewesen, der Spanier wie Pablo Picasso ebenso angehört hätten wie der Franzose Georges Braque, der Rumäne Constantin Brancusi und der Russe Wassily Kandinsky. In Deutschland sei Hindemith ihr Vertreter, in Italien seien es Gian Francesco Malipiero und Filippo Tommaso Marinetti, der Begründer des Futurismus, den Mussolini als Element des Faschismus akzeptiert habe. In der etwas ferneren Vergangenheit hätten Nietzsche, Hölderlin und Goethe zu den Vorläufern gehört und, nicht zuletzt, Richard Wagner. Der Expressionismus sei deshalb politisch von Bedeutung für das nationalsozialistische Zeitalter, weil ihm eine »anti-liberale Funktion des Geistes« eigen sei; eine »Verhöhnung des Volkes«, fügte Benn eilends hinzu, sei diese Kunstform keineswegs. Nach dem Ersten Weltkrieg habe ein »Destruktionismus« Fuß gefasst, dem der Expressionismus mit einem »jedes Chaos ausschließenden formalen Absolutismus« entgegengetreten sei.[109]

Benn bekannte sich also zum Faschismus und verteidigte zugleich eine Kunstrichtung, von der er wusste, dass die meisten NS-Größen sie ablehnten. Auf diese Weise versuchte er sich an der Quadratur des Kreises – was für ihn nicht gut ausgehen sollte. Sein furchtloser Hinweis auf die europäische Universalität des Expressionismus sowie die Erwähnung von Nicht-»Ariern« wie Sigmund Freud und Marcel Proust als dessen Verfechtern rief feindselige Reaktionen hervor. Man beschuldigte ihn, Jude zu sein – was er öffentlich dementierte. Ferner sang er in weiteren Artikeln das Loblied des neuen Regimes und scheute dabei auch vor rassistisch-eugenischen Begrifflichkeiten nicht zurück, deren Verwendung er als Arzt für legitim hielt. Aber als 1936 eine bis 1911 zurückreichende Sammlung seiner früheren Gedichte erschien, fuhr die SS-Zeitung *Das Schwarze Korps* schwere Geschütze gegen Benn auf und warf seinen Gedichten Obszönität vor. Benn, nunmehr Persona non grata, zog sich erneut in die Armee zurück und arbeitete wieder als Stabsarzt. Im März 1938 wurde er aus der Reichsschrifttumskammer ausgeschlossen.[110] So hatte der Versuch eines Nationalsozialisten, den Expressionismus für das NS-Regime zu verwerten, ein unrühmliches Ende gefunden.[111] Aber es war nicht der einzige Versuch dieser Art.

Unter den Künstlern der expressionistischen Avantgarde nach dem Ersten Weltkrieg ragten neben Benn der Bildhauer Ernst Barlach und der Maler Emil Nolde hervor. Wie Benn galten sie den Nationalsozialisten als beispielhaft für die Moderne in der Kunst und damit als mögliche Zielscheibe der Verfolgung. Aber in ihren Haltungen und Lebenswegen unterschieden sie sich voneinander und von Benn; dasselbe gilt für ihr jeweiliges Schicksal.

Barlach war 1870 als Sohn eines Landarztes in einer kleinen Stadt in Holstein geboren worden. Er studierte in Hamburg und Dresden, seit Mitte der 1890er Jahre in Paris. Auf einer Reise durch das zaristische Russland entwickelte er 1906 ein Talent für die Wahrnehmung menschlicher Ausdrucksformen, das zu seinem Markenzeichen werden sollte. Im Jahr darauf schloss er sich wie viele andere bildende Künstler in Deutschland der Berliner Secession an. Er heiratete nie, wurde aber 1906 Vater eines Sohnes. Die Mutter, Näherin, galt als eine Frau weit unter seinem Stand. 1907 wurde er literarisch tätig, zumeist mit Bühnenwerken. 1910 zog er in die mecklenburgische Kleinstadt Güstrow. Hier entwickelte er den Stil, mit dem er sich als expressionistischer Maler und Bildhauer einen Namen machen sollte: Er nahm den menschlichen Torso gegenüber Händen und Gesicht zurück, womit er die innere Verfassung der Figur zeigen wollte. An den Barlach'schen Figuren wirkten Hände und Gesicht stets übertrieben. Nach einem kurzen Kriegsdienst in Sonderburg nahe der dänischen Grenze wandte er sich erneut biblischen Motiven zu, an denen er bereits gearbeitet hatte. 1919 wurde er Mitglied der Preußischen Akademie der Künste, der bekannte (jüdische) Kunsthändler und Galerist Paul Cassirer kümmerte sich als sein Hauptagent um den Verkauf seiner graphischen Arbeiten und Dramen. 1924 erhielt Barlach den Kleist-Preis für Literatur, seit 1926 wurde er mit der Gestaltung von Gedenkmonumenten für die Kriegsopfer betraut. Bis 1933 schuf er bedeutende bildhauerische Werke, darunter das schon bald berühmte Ehrenmal im Magdeburger Dom, und 1928 Skulpturen in Kiel, die schon damals von fanatischen Nationalisten angegriffen wurden.[112]

Nach der Machtergreifung geriet Barlach durch Rosenberg-Anhänger unter Beschuss: Seine Skulpturen verströmten grüblerischen Individualismus, so der Vorwurf, wohingegen die deutschen Männer und Frauen im Dienst für »Führer« und Vaterland aufgingen.[113] Als der Kunsthändler Alfred Flechtheim seine Düsseldorfer Galerie im März an die Nationalsozialisten abtreten musste, verlor Barlach auch noch seinen derzeitigen Agenten. Er verkaufte weniger, Verträge wurden nicht eingehalten und man schuldete ihm Geld. Schon bald war er in finanziellen Schwierigkeiten, geriet mit Steuer- und Hypothekenzahlungen in Rückstand. Wie Benn wurde er bezichtigt, Jude zu sein, sah sich aber, anders als der Dichter, außerstande, öffentlich dagegen vorzugehen. Er wusste, dass unorthodoxe radikale Studenten vom NS-Studentenbund (NSDStB) sich für ihn aussprachen, maß dem aber realistischerweise keine Bedeutung bei.[114]

Im Februar 1934 griff Heinrich Hildebrandt, der Gauleiter von Mecklenburg, Barlach in einer Rede heftig an. Der Mann sei zwar vielleicht ein Künstler, aber dem deutschen Wesen fremd. »Der Künstlerstand hat die Pflicht, den deutschen Menschen zu verstehen in seiner einfachen Echtheit, so, wie er von Gott geschaffen ist ... Der deutsche Mensch kennt nicht den Bauern als einen faul auf die Erde gestreckten Menschen, sondern als den harten, selbstbewussten Mann, der gewillt ist, alle Schwierigkeiten zu überwinden, der mit brutaler Faust, mit dem Schwert in der Hand sich den Weg bahnt.«[115] Nur noch wenige Nationalsozialisten waren bereit, ihn zu unterstützen, und Rosenberg krakeelte lautstark wie eh und je gegen ihn. Mit Barlachs Gesundheit ging es bergab.[116] In der Hoffnung auf Nachsicht seitens der Herrschenden unterschrieb er zusammen mit weiteren Künstlern und Intellektuellen im Sommer einen »Aufruf der Kulturschaffenden«, Hitler die Loyalität zu bekunden. Halbherzig schrieb er im September an einen Freund, er rate allen jungen Menschen, sich der NSDAP anzuschließen, weil dafür nur »das beste Blut, die besten Charaktereigenschaften gut genug« seien.[117] Im März 1935 war er auch als Dramatiker nicht mehr gefragt.[118]

1936 stellte sich Goebbels – einst ein Bewunderer – offen gegen Barlach, nachdem Rosenberg, wie es schien, den Expressionismusstreit in ideologischer Hinsicht für sich entschieden hatte. Als die bayerische Polizei im März ein Buch mit Zeichnungen des Künstlers verbot und 3149 bereits gedruckte Exemplare im Lager von Barlachs Verleger Reinhard Piper in München beschlagnahmte, schrieb Barlach an Goebbels und bat ihn zu intervenieren: »Der künstlerische Wert oder Unwert meiner Arbeiten steht außerhalb der von der politischen Polizei zu treffenden Entscheidungen.« Goebbels tat nichts, sondern vermerkte, höchstwahrscheinlich in einem Akt des Selbstbetrugs, in seinem Tagebuch: »Das ist keine Kunst mehr. Das ist Destruktion, ungekonnte Mache. Scheußlich! Dieses Gift darf nicht ins Volk hinein.«[119]

In den folgenden Monaten wurden Werke Barlachs aus laufenden Ausstellungen entfernt, er selbst schuf weniger, verkaufte weniger und versank in der Güstrower Einsamkeit. Als Freunde waren ihm nur noch seine Lebensgefährtin Marga Böhmer und gelegentlich deren Ex-Gatte, der Kunsthändler Bernhard Böhmer, geblieben. Der stand zwar dem Nationalsozialismus nahe, tat aber sein Bestes, um Barlach im Umgang mit der Obrigkeit beizustehen. Obwohl die Nationalsozialisten gegen seine Kunstwerke vorgingen und er an Ausstellungen nicht mehr teilnehmen durfte, wurde ihm doch nie, wovor er sich fürchtete, seine Berufstätigkeit als Künstler untersagt. Aber er verbitterte und wollte auch keine Besucher mehr empfangen. Dann wurde das bedeutende Ehrenmal aus dem Magdeburger Dom entfernt, der Auftakt zu einer Reihe weiterer derartiger Aktionen – allein im Jahr 1937 wurden 317 seiner Skulpturen beschlagnahmt. Darüber hinaus sollte die deutsche Öffentlichkeit anlässlich der Ausstellung »Entartete Kunst« die Ablehnung seiner Werke bekunden. Einsam und verlassen, starb Ernst Barlach am 24. Oktober 1938 im Alter von 68 Jahren.[120]

Ähnlich wie Barlach wurde Emil Nolde nach 1945 zum Opfer nationalsozialistischer Kulturpolitik erklärt. Aber Barlach hatte der Politik – ob in Kaiserreich, Weimarer Republik oder Drittem Reich – immer gleichgültig gegenübergestanden, während Nolde sich wie Benn schon früh als Nazi verstand, auch wenn es später Schwierigkeiten gab. Es war daher unangemessen, ihn als den unerschrockenen Widerstandskämpfer Max Ludwig Nansen aus Rugbüll darzustellen, wie es Siegfried Lenz in seinem 1968 erschienenen Roman *Deutschstunde* tat. (Auch andere Autoren vertraten die Legende vom verfolgten Künstler.) Nicht zuletzt Noldes autobiographische Schriften haben solchen Entstellungen den Weg geebnet.[121]

Nolde bewegte sich im Dritten Reich zwischen Beifallsbekundungen und Niederlagen, wobei Letztere langsam, aber sicher die Oberhand gewannen. Geboren wurde der Maler 1867 als Hans Emil Hansen im schleswigschen

Dorf Nolde; die Eltern waren Bauern. Als Kind eines Deutschen und einer Dänin gehörte er zur dänischen Minderheit, die für die Zugehörigkeit zum Deutschen Reich eintrat. Nolde wurde zunächst Schnitzer und Zeichner. 1892 begann er in der Schweiz mit der Darstellung von Bergmotiven in Aquarelltechnik. 1899 wies Franz von Stuck seine Bewerbung für die Münchener Kunstakademie ab (acht Jahre später sollte Adolf Hitler von der Wiener Akademie eine Abfuhr erhalten). Nun ging Nolde nach Paris, um an der privaten Académie Julian in Paris zu studieren, die den traditionellen Stil lehrte und den Impressionismus ablehnte. 1901 wurde er Mitglied der Berliner Secession und gewann damit Anschluss an die Moderne. Zwei Jahre später war sein Malstil durch leuchtende Farben und große Intensität geprägt. Bei einer Ausstellung in Dresden lernte Emil Nolde (wie er sich jetzt nannte) 1906 Künstler der Vereinigung *Die Brücke* kennen, was seinen Stil noch einmal grundlegend veränderte: hin zum Expressiven, zu einfachen Umrissen und einer Betonung der Form. 1911 lehnte die Secession Noldes Bilder ab, die mittlerweile vielfach biblische Motive zeigten. Das führte zu einer Auseinandersetzung mit Max Liebermann, Deutschlands führendem Impressionisten, und zu Noldes Ausschluss aus der Secession. Der Streit mit Liebermann, der damals die Secession leitete, wie auch mit dem Kunsthändler Paul Cassirer – beides Juden – war sehr wahrscheinlich der Grund für Noldes folgenden Judenhass sowie für seine endgültige Ablehnung des Impressionismus, den er als französisch und entartet bezeichnete. Womöglich aus dieser Gefühlslage heraus wurde Nolde schon 1920 Sympathisant und bald Mitglied der antisemitischen und fremdenfeindlichen NSDAP. 1926 zog er ins nordfriesische Seebüll, 1931 wurde er Mitglied der Preußischen Akademie der Künste. Die Machtergreifung begrüßte er mit Begeisterung.[122]

Zu Beginn der NS-Herrschaft wollte Goebbels Nolde als Vertreter einer Kunstrichtung, in der viele einen »Nordischen Expressionismus« erblickten, zum Direktor einer Berliner Kunstakademie machen. Aber Hitler hatte in Goebbels' Räumlichkeiten ein Gemälde von Nolde entdeckt und ihm befohlen, es zu entfernen. Hitlers künstlerische Auffassung war rein traditionalistisch; er hasste Nolde wegen der Konzentration auf neutestamentliche Themen und der Verzerrungen von Form und Farbe in seinem Werk.[123] Nolde aber sprach sich bei jeder Gelegenheit, bei der er im Propagandaministerium zu der neuen Position befragt wurde, für eine Neuordnung der deutschen Kunstwelt aus und denunzierte seinen Konkurrenten um die Stelle, den einstigen Mitstreiter von der *Brücke* Max Pechstein, als »Juden« – eine falsche Anschuldigung.[124] In den folgenden Monaten und Jahren kämpfte Nolde, sehr wahrscheinlich in Kenntnis von Hitlers Ablehnung und Goebbels' Schwanken, hart für seine Anerkennung in der NS-Bewegung. Von früher her gab es immer noch Menschen, die ihn unterstützten, so etwa Erna Hanfstaengl aus der einflussreichen Kunstverlegerfamilie, die Hitler gleich nach dem fehlgeschlagenen Putschversuch von 1923 geschützt hatte. In ihrer privaten Galerie am Münchner Karlsplatz stellte Erna Hanfstaengl diverse Gemälde von Nolde aus, denn theoretisch kämen dort alle wichtigen Nazis einmal vorbei. Sie platzierte auch einige Aquarelle in der Münchner Wohnung ihres Bruders Ernst (»Putzi«) Hanfstaengl, damit dessen Freund Hitler sie dort sah.[125] Im November 1933 bat Erna ihre enge Freundin Marga Himmler, sich bei ihrem Mann Heinrich dafür einzusetzen, dass Nolde zu einem Bankett zum Gedenken an den Putsch von 1923 eingeladen wurde. Bei der Feier saß Nolde neben dem SA-Führer Ernst Röhm, einem Schrank von Mann. Kurz danach äußerte er sich in seinem Tagebuch lobend über Hitler. Der Führer verfolge, meinte er, große und edle Absichten, sei aber von dunklen Gestalten in einem künstlich geschaffenen kulturellen Nebel umgeben. Der könne sich aber in naher Zukunft lichten und der Sonne weichen.[126]

Mag Nolde in diesem Zusammenhang auch an sich gedacht haben, so wurde er enttäuscht. Selbst wenn er, wie Barlach, noch Bewunderer unter den Nationalsozialisten besaß und, wie dieser, 1934 den »Aufruf der Kulturschaffenden« unterschrieben hatte, gab es von Rosenberg beeinflusste und Hitler ergebene Kräfte, die sich zunehmend gegen ihn wandten.[127] In Theodor Fritschs einflussreichem *Handbuch der Judenfrage* wurde Nolde 1935 mit jüdischen Malern in einem Atemzug genannt: Er sei genau so schuldig wie sie an der Verbreitung des Expressionismus und habe die Grenzen der Ästhetik sogar noch weiter ausgelotet als sie.[128] Rosenbergs Gefolgsmann, der Maler und Kritiker Wolfgang Willrich, schrieb 1937, dass Nolde zwar politisch akzeptabel sein mochte, doch »sein Schaffen und seine Phantasie ist [sic] krank«; damit liege er ganz auf der Linie des Kunstbolschewismus.[129] Zu eben dieser Zeit wurde Nolde aufgefordert, die Preußische Akademie der Künste zu verlassen. Nur nach heftigem Protest, bei dem er voller Stolz auf seine Parteimitgliedschaft verwies, konnte er seine Mitgliedschaft vorerst behalten. Doch bis zum Juli, als die Ausstellung »Entartete Kunst« eröffnet wurde, waren 1052 Werke Noldes aus der Öffentlichkeit entfernt worden, mehr als von jedem anderen Künstler.[130]

Obwohl Nolde im Laufe der Zeit einige der beschlagnahmten Bilder zurückerhielt, besserte sich seine Lage insgesamt nicht. Im August 1941 wurde er aus der Reichskunstkammer ausgeschlossen und drei Monate später offiziell mit dem Verbot belegt, Bilder zu malen und die Gemälde zu verkaufen.[131] Zwar hat Nolde diese Ungerechtigkeit nach dem Krieg dramatisiert, doch durfte er privatim durchaus weiter malen, nur eben nicht verkaufen. Nachdem ein Treffen mit Gauleiter Baldur von Schirach in Wien, das der Filmstar Mathias Wieman, ein Nolde-Bewunderer, 1942 arrangiert hatte, ergebnislos geblieben war, malte Nolde für sich in der Einsamkeit seines norddeutschen Dorfes. Noch 1944 schrieb seine dänische Frau Ada Briefe an hochgestellte Persönlichkeiten in Partei und Regierung, wobei sie Noldes Patriotismus und seine Parteimitgliedschaft hervorhob.

Zu Beginn der nationalsozialistischen Herrschaft hatte sich Nolde, wie Benn, im Lager einer ganzen Reihe von Nationalsozialisten gesehen, die den Expressionismus für eine perfekte Verkörperung des neuen, faschistischen Geistes hielten. Zu dieser Gruppe gehörten Studenten, Künstler, Intellektuelle, auch Politiker wie beispielsweise Goebbels, der in seiner Jugend als Mann von Geist und Geschmack an der Moderne durchaus Gefallen gefunden hatte. Zwar begegnete er führenden Expressionisten wie Georg Kaiser mit Ablehnung, doch enthielt sein eigenes Stück *Der Wanderer* (1927), das frohlockend mit der Vorhersage eines »Neuen Reiches« endete, expressionistische Elemente, wie Kritiker damals anmerkten. Helmut Heiber, Goebbels' erster seriöser Biograph, entdeckte in *Michael*, dem zwischen 1923 und 1929 geschriebenen Roman des jungen Mannes, »expressionistische Liebeslyrik«. Zwar war Goebbels' Geschmack in Sachen Musik, wie aus seinen Tagebüchern hervorgeht, eher traditionell; er schätzte die Werke von Beethoven, Richard Strauss und, wenn auch weniger, Richard Wagner – aber in den bildenden Künsten bewunderte er die Arbeiten von Barlach und Nolde.[132]

Das einstweilige Fortbestehen des Expressionismus im Dritten Reich kann auf dreierlei Weise erklärt werden: erstens als Reaktion auf präexistente Kunstformen, zweitens waren die Nazis unfähig, auf die Schnelle selbst etwas ideologisch Angemessenes zu produzieren, und drittens stand die Kunst auch in der letzten, umkämpften Phase der Weimarer Republik der Politik indifferent gegenüber. Soll heißen: Die Kunstschaffenden der Moderne waren in der Weimarer Zeit zwar vielfach, aber nicht notwendigerweise links; sie konnten auch neutral sein (wie Barlach) oder konservativ bis rechtsextrem (wie Benn und Nolde).[133]

Entschieden wurde das Schicksal des Expressionismus vor dem Hintergrund des institutionellen Gerangels zwischen Rosenberg und Goebbels. Am 29. Juni 1933 organisierten NS-Studentenführer an der Berliner Universität – nur Wochen nach der Bücherverbrennung – eine öffentliche Veranstaltung unter dem Motto »Jugend kämpft für deutsche Kunst«. Höchstwahrscheinlich hatten sie sich von einem seinem Inhalt nach intellektuellen Artikel inspirieren lassen, der Mitte März in der Berliner *Deutschen Allgemeinen Zeitung (DAZ)* erschienen war und gegen Rosenberg polemisierte. Der Verfasser hieß Bruno E. Werner, war 36 Jahre alt und Doktor der Philosophie aus Leipzig. Er stand zwar politisch rechts, war aber ein früher Bewunderer der Bauhaus-Bewegung. Werner sah in der »neuen Kunst« die Vorreiterin der nationalen Revolution, habe sie doch schon vor 25 Jahren gegen das liberale 19. Jahrhundert und das französische Modell des Expressionismus gekämpft. Zu jener Zeit hätten Maler der *Brücke* und des *Blauen Reiters* – vor allem Nolde, Barlach, Pechstein, Franz Marc, Paul Klee und Lyonel Feininger – zur Avantgarde gehört.[134] Rosenberg konterte mit einem Artikel im *Völkischen Beobachter*: Zwar hätten Barlach und Nolde Talent, doch sei insbesondere Noldes Werk »negroid, pietätlos, roh und bar jeder echten innern Formkunst« und manches von Barlach »halbidiotisch«.[135] Am 29. Juni schlugen sich die (im NSDStB organisierten) Studenten im Bündnis mit Goebbels' Ministerium gleichwohl auf Werners Seite und brachten eigene Argumente vor – gegen Rosenberg und für Expressionisten wie Nolde und Barlach.[136] »Sie glaubten«, so fasst Peter Paret ihre Ansichten treffend zusammen, »an die mythische Kraft des deutschen Blutes, an die Wesensbindung zwischen dem deutschen Volk und dem deutschen Künstler, der der Rasse diene, dessen Arbeit vielleicht nicht notwendigerweise formal oder thematisch, aber im Geiste jene nordischen, arischen Werte verkörpere, die Deutschland in Jahrhunderten voller Täuschungen und Betrügereien aufrechterhalten hätten und denen nun durch Hitler politische Macht und neues Leben eingeflößt werde.« Antisemitisch müsse man sein, meinten die

Studenten, denn Juden hätten den Impressionismus nach Deutschland gebracht, und der Expressionismus sei ein Gegengift.[137]

Im Herbst eskalierte der Streit. Hans Weidemann, der Leiter der Berliner Studentengruppe und selbst Maler, gründete eine neue Zeitschrift mit dem Titel *Kunst der Nation*. Ziel war die Förderung eines »Nordischen Expressionismus«, weshalb Werke von Nolde, Barlach, Käthe Kollwitz und anderen abgebildet wurden. Derart ermutigt, zeigte Museumsdirektor Alois Schardt im Oktober auf der Galerie des Berliner Kronprinzenpalais eine Ausstellung mit expressionistischen Gemälden, die im Einführungsvortrag sogar zur deutschen Kunst des Bronzezeitalters in Beziehung gesetzt wurden. Im Monat darauf erschien Benns Aufsatz »Bekenntnis zum Expressionismus«. Auf dem Reichsparteitag im September hatte Hitler die moderne Kunst allerdings insgesamt als »kubistisch-dadaistischen Primitivitätskult« abgestempelt. Es dauerte nur einige Wochen, da verlor Schardt seinen Posten und floh schließlich in die USA. Die Zukunft der neuen Zeitschrift stand in den Sternen.[138]

1934 beschleunigte sich der Niedergang des studentischen Engagements für den Expressionismus. Anfang des Jahres erschien ein Buch des NS-nahen Kunsthistorikers Kurt Karl Eberlein. Unter dem Titel *Was ist deutsch in der deutschen Kunst?* vertrat Eberlein die Ansicht, die gerade stattfindende Schlacht werde »gegen das Undeutsche, Fremde, Blutferne, gegen das Romanische, Französische, Slawisch-russische, gegen alles Anationale, Antinationale, Internationale in der deutschen Kunst« ausgetragen. Er frage sich, ob es »sehr leicht« sei, »zu behaupten, dass doch das Deutsche in diesen ›Expressionisten‹-Bildern auch erkennbar sei«. Ihm wurde zwar widersprochen, allerdings recht kleinlaut. Wilhelm Pinder, Nationalsozialist, aber eine international anerkannte Autorität, hielt Eberleins Aussagen für »ein Vernichtungsurteil über die Expressionisten«, erläuterte das allerdings nicht näher.[139] Auch andere gemäßigt fortschrittliche Kunsthistoriker wie Winfried Wendland und Hans Weigert versuchten sich in der Verteidigung der umstrittenen Kunstform. Weigert meinte, »das Erbe des besten Expressionismus« sei bewahrenswert, doch waren die Versuche mutlos, und die Autoren schrieben im Schatten von Rosenberg.[140]

Dessen Position hatte Hitler persönlich am 24. Januar 1934 aufgewertet, als er den Chefideologen der Partei zum Beauftragten für die Überwachung der gesamten geistigen und weltanschaulichen Schulung der NSDAP machte.[141] Obwohl dies nur ein Partei-, kein Regierungsamt war, konnte Rosenberg sich umfassende Vorrechte sichern und so in alle Winkel des öffentlichen Lebens eingreifen. Soweit es die Kultur betraf, gelang es ihm sogar, eine Art Gleichgewicht mit den Amtsbefugnissen von Goebbels und Göring herzustellen. Nun schlug er zu und warf den Studenten vor, von jüdischen Kunsthändlern dazu verführt worden zu sein, »eine Linie von Grünewald über Caspar David Friedrich zu – Nolde und Genossen« zu ziehen, womit sie das Ziel verfolgten, das »Untermenschentum« der Expressionisten hoffähig zu machen.[142] Auch der sogenannte Röhm-Putsch Ende Juni kam Rosenberg zugute, da Hitler im September erneut seine Entschlossenheit bekundete, die Kunst von »diesen Scharlatanen« zu säubern.[143]

1935 musste *Kunst der Nation* das Erscheinen einstellen. Weidemanns Mitstreiter Otto Andreas Schreiber und Fritz Hippler waren bereits aus dem NSDStB geworfen worden und suchten nun im sich stetig weiter verzweigenden Netzwerk der Goebbels'schen Operationen eine Stellung. Dessen vergleichsweise fortschrittlichen Bestrebungen wurde zwar sowohl von Hitlers ästhetischem Traditionalismus als auch von Rosenbergs Ehrgeiz Einhalt geboten. Aber Goebbels' Machtbefugnisse erweiterten sich mit dem Ausbau der ihm unterstehenden Institutionen: des Propagandaministeriums und der (nominell zum Ministerium gehörenden) Reichskulturkammer mit ihren vielen Unterkammern. Damit konnte er Rosenbergs neue Dienststelle ausstechen; dessen Kampfbund jedenfalls verschwand in der Versenkung, und die Nachfolgeorganisation namens Nationalsozialistische Kulturgemeinde (NSKG) verlor ihre Macht, als sie in den Umkreis von Robert Leys Deutscher Arbeitsfront (DAF) geriet, der übergreifenden NS-Organisation, die nach der Machtergreifung die unabhängigen Gewerkschaften ersetzen sollte.[144] Im Mai hielt Goebbels in Weimar eine Rede, in der er sich einerseits gegen ehrgeizige Reaktionäre wandte (und so indirekt die Avantgarde zu schützen schien), andererseits »kulturbolschewistische Versuche, die sich des Nationalsozialismus bedienen«, um öffentliche Anerkennung zu gewinnen, aufs Korn nahm (womit er den Traditionalisten entgegenkam).[145]

Es folgten weitere Polemiken, in denen die Antimodernisten die Zähne zeigten.[146] Am 18. Juli 1937 schließlich führte Hitler selbst den entscheidenden Schlag, als er in einer Rede zur Eröffnung der Großen Deutschen Kunstausstellung der Avantgarde den Todesstoß versetzte: »Bis zum Machtantritt des Nationalsozialismus hat es in Deutschland eine sogenannte ›moderne‹ Kunst gegeben, d. h. also, wie es schon im Wesen dieses Wortes liegt, fast jedes Jahr eine andere. Das nationalsozialistische Deutschland aber will wieder eine ›deutsche Kunst‹, und diese soll und wird wie alle schöpferischen Werte eines Volkes eine ewige sein.«[147]

Die Protagonisten des Expressionismus kämpften um ihr künstlerisches oder gar physisches Überleben. Ihre angeblich subversive Kunst indes offenbarte sich hier und da bis 1937 und sogar darüber hinaus. Bereits 1933 hatte sich Schreiber, mit Goebbels' Billigung, bei Robert Ley in Sicherheit gebracht. Der Führer der DAF war ideologisch weniger festgelegt als Goebbels oder Rosenberg. Er baute gerade seine Organisation *Kraft durch Freude* (KdF) auf, und dort richtete Schreiber eine Abteilung für Bildende Kunst ein. In den folgenden zehn Jahren sorgte sie dafür, dass die Arbeiten von Expressionisten wie Pechstein, Marc und Schmitt-Rottluff landesweit in Fabriken gezeigt wurden, bis die Niederlage von Stalingrad im Winter 1942/43 alles veränderte.[148]

Ebenfalls 1933 erblickten wenigstens zwei den Nationalsozialismus verherrlichende Kunstwerke das Licht der Öffentlichkeit, die den Stempel des Expressionismus trugen. Da war zum einen das Bühnenstück *Schlageter* von Hanns Johst, das am 20. April, Hitlers Geburtstag, in Berlin Premiere feierte. Johst war schon seit dem Ersten Weltkrieg als Expressionist hervorgetreten; er kannte und bewunderte Gottfried Benn. Den Text seines Dramas schrieb er gegen Ende der Weimarer Republik. Das Modernistische zeigte sich besonders am Ende des Stücks, als der nationalistische Märtyrer Albert Leo Schlageter, angeklagt und verurteilt wegen Sabotage, Aug in Aug mit dem französischen Hinrichtungskommando ausruft: »Ein letztes Wort! Ein Wunsch! Befehl! Deutschland!!! Erwache! Entflamme!! Entbrenne! Brenn ungeheuer!!«[149]

Zum anderen gab es den Film *Hitlerjunge Quex*, vielleicht der nationalsozialistischste Film überhaupt. Er feierte den Märtyrertod von Herbert Norkus, der im Januar 1932 von kommunistischen Jugendlichen umgebracht worden war. Ironischerweise zeigte er sich Filmen aus der Weimarer Zeit verpflichtet. Ein aufmerksamer Beobachter musste vor allem Anklänge an *Kuhle Wampe* (1932), *Die Dreigroschenoper* (1931) und *Mutter Krausens Fahrt ins Glück* (1929) bemerken.¹⁵⁰ Alle spektakulären Stücke – insbesondere die vom NS geförderten Thingspiele –, die zwischen 1933 und 1936 ihre Blütezeit erlebten, wiesen Ähnlichkeiten mit expressionistischen Bühnenwerken und den Arbeiterdramen auf, ein Faktor, der später zu ihrem Niedergang beitrug.¹⁵¹

1937 sorgte Hitler höchstpersönlich für einen grundlegenden Wandel in der deutschen Kunstwelt. Aber das Gebäude, in dem er diesen Wandel verkündete, das neue, monumentale, neo-klassizistische Haus der Deutschen Kunst in München, hatte ein Flachdach und war von schlichter, funktionaler Bauweise, die Beobachter an das Bauhaus erinnerte. Die Historikerin Barbara Miller Lane bemerkt: »Das massiv Blockförmige und die glatten Oberflächen, die frei sind von allen Verzierungen mit Ausnahme minimaler Vorsprünge an Basis und Gesims sowie die horizontale Ausrichtung des Gebäudes künden von den Anleihen bei den Radikalen der zwanziger Jahre.« Und in der von Hitler nach der Rede eröffneten Großen Deutschen Kunstausstellung fanden sich *objets d'art*, die von eben jenem modernen Stil beeinflusst waren, den Hitler jetzt verächtlich machte.¹⁵² Ebenfalls 1937 führte der Regisseur Jürgen Fehling (nach NS-Terminologie ein »Vierteljude«) im Preußischen Staatstheater in Berlin Shakespeares *Richard III.* auf. Fehling, der Barlach bewunderte und selbst durch die Schule des Expressionismus gegangen war, wies Werner Krauß, der den Tyrannen spielte, an, sich dem Charakter Joseph Goebbels' anzuverwandeln – düster, bedrohlich ruhig und mit Hinkefuß. Das Bühnenbild war karg und gleichfalls düster, mit kaum mehr ausgestattet als mit den an das Bauhaus erinnernden Sitzmöbeln aus Stahlrohr.¹⁵³ Fehling wagte einen Drahtseilakt, blieb aber unbehelligt.

»Entartete« Kunst und Musik werden ausgestellt

In der Ausstellung »Entartete Kunst«, die am 19. Juli 1937 in München eröffnet wurde, war Emil Nolde mit mehr als 50 Arbeiten vertreten, Ernst Ludwig Kirchner mit 32, nachdem bereits mehr als 600 seiner Gemälde aus öffentlichen Museen entfernt und beschlagnahmt worden waren. Von Barlach waren die Bronzeplastik *Die Wiedervereinigung* und das verbotene Buch mit Zeichnungen zu sehen, ausgestellt in einem Glaskasten mit anderen verbotenen Objekten und etikettiert als »Kulturschänder«. Barlach beschwerte sich darüber, dass aus dem Buch einige Seiten herausgeschnitten und separat zur Schau gestellt worden waren – das hielt er für unfair, weil sie nicht das ganze Buch repräsentierten.[154]

Die treibende Kraft hinter dieser Ausstellung war Joseph Goebbels, der schon seit einiger Zeit hatte erkennen müssen, dass Rosenberg mit seinen erzreaktionären, modernefeindlichen Ideen ihn in Hitlers Anwesenheit ausstach. Was die Kunst anbetraf, stimmte Hitler mit Rosenbergs Vorstellungen überein, auch wenn er dessen pompöses Gehabe verachtet haben mochte. Um nicht ins Hintertreffen zu geraten, musste Goebbels zumindest den Eindruck erwecken, diesen kulturpolitischen Kurs mitzumachen, während er zugleich seine eigenen, viel wirksameren administrativen Instrumente in Stellung brachte. So riss er in der ersten Hälfte des Jahres 1937 die Initiative wieder an sich und ließ sich von Hitler dazu autorisieren, eine Ausstellung mit »entarteter Kunst« auf den Weg zu bringen. Vorbilder waren die früheren Schandschauen in Karlsruhe, Stuttgart und Nürnberg. Goebbels sah in dem Projekt ein geeignetes politisches Manöver, um Rosenberg kaltzustellen. Am 30. Juni gab er Adolf Ziegler, dem Präsidenten der Reichskammer der bildenden Künste in der – sicher beim Propagandaministerium angesiedelten – RKK, den Auftrag, entsprechende Objekte zusammenzustellen.[155]

In seiner Eröffnungsrede zur Ausstellung bekannte Ziegler, dass das eine Mammutaufgabe gewesen sei, weil er dazu »fast sämtliche deutsche Museen« habe besuchen müssen.[156] Zur Unterstützung hatte er eine aus fünf Mitgliedern bestehende Kommission gebildet, der außer ihm selbst unter anderen der ehrgeizige Graf Baudissin vom Essener Folkwang-Museum und der Kunstpolitiker Wolfgang Willrich angehörten. Letzterer hatte mit *Säuberung des deutschen Kunsttempels* gerade erst eine giftige Hetzschrift verfasst. Angeblich in Hitlers Auftrag wollte die Kommission Werke beschlagnahmen, die nach 1910 entstanden waren – dem Jahr, in welchem Kandinsky das erste abstrakte Gemälde überhaupt ausgestellt und Herwarth Walden die Maßstäbe setzende expressionistische Zeitschrift *Der Sturm* gegründet hatte.[157] Die hauptsächlich betroffenen Museen standen in Frankfurt, Dresden, Düsseldorf und Berlin. (Bernhard Rust, der rechtlich zuständige Minister für Wissenschaft, Erziehung und Volksbildung, gab nur zögernd seine Zustimmung.) Die Kommission konfiszierte etwa 5000 Gemälde und 12 000

Drucke; schließlich wurden rund 500 Kunstwerke von insgesamt 112 missliebigen Künstlern für die Ausstellung ausgewählt. Die Werke fielen, grob gesprochen, unter die Stilrichtungen Expressionismus, Verismus und Dadaismus – die Hauptströmungen der Moderne, die sich durchaus überschneiden konnten. Legendäre Kunstbewegungen wie *Die Brücke* und *Der blaue Reiter* waren betroffen, führende deutsche Künstler wie Kirchner, Pechstein und Beckmann die unmittelbaren Opfer. Aber Ziegler richtete sein Augenmerk auch auf die Werke ausländischer Maler wie Picasso, Matisse, Munch und Chagall, um deren Renommee ebenfalls in den Schmutz zu ziehen.[158]

Nachdem Hitler und Goebbels drei Tage zuvor die Objekte begutachtet hatten, wurde die Ausstellung am Montag, dem 19. Juli 1937, im Münchner Archäologischen Institut eröffnet. Die gesamte deutsche Presse, auch die ehemals bürgerlichen Blätter, die nun den Propaganda-Richtlinien vom November 1936 unterlagen, schäumte vor Entsetzen. »Eisenbahnzüge voll Schmutz« hätten sich in die Museumsräume ergossen, schrieb die einst ehrenwerte *Deutsche Allgemeine Zeitung*; »Magazine und Keller haben sich geöffnet, um ihren Unrat auszuspeien«, ließ der *Münsterische Anzeiger* in schrillem Ton verlauten.[159] Das NS-Organ *National-Zeitung* aus Essen, Graf Baudissins Hochburg, gab ironischerweise unwillentlich die ursprünglichen Intentionen der Expressionisten wieder, als es konstatierte, dass deren Bilder den Betrachter »durch ihre Farben buchstäblich anschreien und durch die Verzerrung der Linien, durch die Dekadenz des Ausdrucks uns mit Schrecken erfüllen«.[160] Die Organisatoren hatten ihr Bestes getan, um die Gemälde auf möglichst unvorteilhafte Weise zu präsentieren, indem sie sie schief und zu dicht, teilweise bis auf den Boden herab hängten, in roh zusammengezimmerten Holzrahmen[161] – und »in schlechtem Licht«, wie Nolde festhielt. »Grelle, rote Zettel mit boshaften Sprüchen« hätten überall herumgehangen.[162] Perfiderweise war hier und da der Preis angegeben, den eine öffentliche Institution für den Ankauf – aus Steuermitteln – ausgegeben hatte: Abertausende an Mark, was die Betrachter schockieren sollte. Ungesagt blieb dabei, dass es sich um Beträge aus der Inflationszeit handelte, als man mit 10 000 (Papier-)Mark nicht einmal einen Laib Brot kaufen konnte.[163]

Auf jeden Fall war die Ausstellung populär.[164] Bevor sie auf Tour ging, hatten über zwei Millionen Männer und Frauen – Minderjährigen war der Zutritt verboten – überwiegend zustimmend die »Entartete Kunst« besucht.

Der Eintritt war frei.¹⁶⁵ Eigentlich sollte sie bis Ende September dauern, wurde dann aber bis Ende November verlängert.¹⁶⁶ Die Wirkung dieser entwürdigenden Zurschaustellung auf die betroffenen Künstler war natürlich verheerend, auch wenn einige, etwa die Erben des Bildhauers Wilhelm Lehmbruck, die Exponate nach einiger Zeit zurückerhielten.¹⁶⁷ Karl Hofer indes trauerte noch Ende 1943 sechzig Gemälden allein aus seinem Berliner Atelier nach.¹⁶⁸

Als die Ausstellung auf Deutschlandreise ging, wurde ihr zur Einführung eine vom Propagandamuseum autorisierte Broschüre beigegeben. Ein gewisser Fritz Kaiser aus München¹⁶⁹ erläuterte darin die Kriterien, nach denen die Exponate zu »Gruppen« zusammengestellt worden waren. Die erste Gruppe stand unter dem Motto Form und Farbe – zentrale Thematiken der expressionistischen Kunst. Hier monierte Kaiser die »absolute Dummheit der Stoffwahl« und die »bewusste Verachtung aller handwerklichen Grundlagen«.¹⁷⁰ In der zweiten Gruppe hielt Kaiser Künstlern wie Nolde und Barlach vor, sie hätten religiöse Gefühle verletzt – angesichts des Umstands, dass der totalitäre Staat im gleichen Zeitraum beide christlichen Kirchen bekämpfte, ein lächerliches Argument.¹⁷¹ Mit der dritten Gruppe unternahm es Kaiser, den »politischen Hintergrund« der Ausstellung zu beleuchten – »künstlerische Anarchie« habe hier das Zepter geschwungen, und das Ziel sei »Klassenkampf im Sinne des Bolschewismus«.¹⁷² Als wenn alle Avantgardekünstler in der Weimarer Republik linksextrem gewesen wären! Pazifistische Tendenzen bildeten den Schwerpunkt der vierten Gruppe; hier sah der Betrachter von Otto Dix und George Grosz gemalte Kriegskrüppel.¹⁷³ Gruppe fünf präsentierte Kunstwerke als Bordellmalereien; von den Künstlern hieß es: »Die Menschheit setzt sich für sie aus Dirnen und Zuhältern zusammen.« Hier waren Überschneidungen mit der dritten Gruppe nicht zu verkennen.¹⁷⁴ Die Gruppen sechs und sieben warfen Licht auf die Bedeutung der »Rasse« insbesondere in Verbindung mit Fragen der Eugenik: Das geistige Ideal der modernen Kunst seien »der Idiot, der Kretin und der Paralytiker« gewesen. Gleichermaßen wurden Darstellungen von »Negern und Südseeinsulanern« à la Gauguin verurteilt.¹⁷⁵ In der achten Gruppe war der Betrachter mit der sogenannten Judenfrage konfrontiert; beispielhaft dafür standen die Bilder jüdischer Künstler wie Otto Freundlich und Ludwig Meidner (in Kaisers Broschüre auf S. 21 dargestellt).¹⁷⁶ (Bei der hastigen

Planung der Ausstellung hatten die Organisatoren übersehen, dass es kaum deutsche Juden in den bildenden Künsten gab, weshalb sie Ausländer wie Chagall einbezogen. Ansonsten musste der sprichwörtliche jüdische Kunsthändler als Schreckgespenst herhalten. Max Liebermann, der 1935 gestorben war, blieb verschont, vielleicht wegen seiner allzu großen Berühmtheit.) Die neunte Gruppe schließlich, die letzte, sah ihr Angriffsziel im Begriff der Abstraktion in Form von »Ismen«, demonstriert an Werken des Bauhausnahen Johannes Molzahn und des Dadaisten Kurt Schwitters.[177] Die Broschüre brachte dann einen Auszug aus Hitlers Eröffnungsrede im Haus der Deutschen Kunst, die er einige Stunden vor Beginn der Ausstellung »Entartete Kunst« gehalten hatte.[178] Zum Ende gab es einen Vergleich zwischen zwei modernen Graphiken mit der Zeichnung eines Psychiatriepatienten; Grundlage hierfür bildeten offensichtlich Schultze-Naumburgs Beispiele von 1932. Welche Graphik von den dreien, lautete die Rätselfrage, ist die Arbeit des Dilettanten? »Die rechte obere! Die beiden anderen dagegen wurden einst als meisterliche Graphiken Kokoschkas bezeichnet.«[179]

Dass es »Gruppen« gab, in denen Juden und Marxisten angeprangert wurden, war für die Zeitgenossen keine Überraschung. Aber die Fokussierung auf die Kranken, insbesondere die geistig Erkrankten, war eine relativ neue Wendung in dieser »deutschen« Kultur, auch wenn Schultze-Naumburg und Hitler öffentlich bereits häufiger die Verbindung zwischen moderner Kunst und Geisteskrankheit betont hatten. Adolf Ziegler kam in seiner Eröffnungsrede darauf zu sprechen, und die Zeitungen lieferten pflichtschuldigst entsprechende Kommentare ab. Das *Hamburger Tageblatt* vermerkte voller Abscheu »krankhafte Erscheinungen und Scheußlichkeiten«.[180] Schon seit Mitte 1937 war das Regime mit Vorbereitungen für das beschäftigt, was es dann »Euthanasie« nennen sollte: die zwangsweise Tötung von Patienten in psychiatrischen Einrichtungen, an die die Bevölkerung sich gewöhnen sollte. Bereits jetzt wurden die sogenannten Rheinlandbastarde sterilisiert – Kinder unerwünschter Verbindungen zwischen deutschen Frauen und, wie man annahm, farbigen Soldaten aus den französischen Kolonien, die als Angehörige der Besatzungstruppen nach dem Ersten Weltkrieg im Rheinland stationiert waren.[181] Ein Gelehrter, dem die Beziehung zwischen moderner Kunst und Geisteskrankheit einleuchtete, war Professor Carl Schneider, der an der Universität Heidelberg die angegliederte psychiatrische Klinik leitete. 1939 – die

Ausstellung war noch auf Deutschlandtour – behauptete er in einem Vortrag zum Thema, die verfemte Kunst sei wahrhaft krank. Schneider unterstützte die »Euthanasie«-Politik des Regimes und brachte sich nach dem Krieg in einem amerikanischen Militärgefängnis um.[182]

Die Ausstellung »Entartete Kunst« wanderte von München nach Berlin, dann weiter nach Leipzig, Düsseldorf, Salzburg, Hamburg und machte sogar in kleineren Orten wie Weimar halt. In Berlin wurden zusätzlich Werke von Heidelberger Psychiatriepatienten gezeigt, um das Publikum mittels Vergleichen zu Hohn und Spott anzuregen. In Düsseldorf sollen Schätzungen zufolge bis Mitte Juli 1938 einige Hunderttausend Besucher die Exponate gesehen haben, und selbst in Kleinstädten wie Stettin hatte man bis Anfang 1939 rund 75 000 Personen gezählt.[183] Als die Tour 1941 wegen des Krieges abgebrochen wurde, hatten auch in anderen Gemeinden mehrere Hunderttausend Besucher die Ausstellung gesehen. Abgesehen von der denunziatorischen hatte die Ausstellung auch eine abschreckende Funktion: Niemals mehr sollte entartete Kunst eine »gesunde« deutsche Kultur korrumpieren.[184]

Zu diesem Zweck wurde die Gesetzgebung kontinuierlich um neue Möglichkeiten für Beschlagnahme und Boykott erweitert. Noch im August 1937 beauftragte Göring in seiner Funktion als Preußischer Ministerpräsident Erziehungsminister Rust damit, alle Museen nach Überbleibseln unerwünschter Kunst abzusuchen; daraufhin habe deren »Ausmerzung« in Preußen zu erfolgen.[185] Im Januar 1938 arbeitete Goebbels an einem umfassenderen Gesetz für das ganze Reich, das es den Behörden ermöglichen sollte, alle derartigen Werke ohne Entschädigung zu beschlagnahmen, seien sie in Privat- oder Staatsbesitz. Das Gesetz wurde, mit Rückendeckung Hitlers, am 31. Mai verkündet.[186] Drei Jahre später verdoppelte Ziegler seine Bemühungen, gegen jeden vorzugehen, der »Werke der Verfallskunst erzeugt oder solche als Künstler oder Händler verbreitet«.[187]

Was aber geschah mit all den beschlagnahmten Bildern, Skulpturen und Graphiken? Zumeist wurden sie ins Ausland verkauft, oftmals mit Gewinn für hochrangige Nazis wie Göring oder Hitler, und häufig genug erwarben Schweizer Kunsthändler Werke zu Niedrigpreisen – aus Motiven, die alles andere als altruistisch waren. Jedenfalls brachten sie so die ersehnten Devisen ins Reich. Göring, der aus einer Familie der oberen Mittelschicht mit entsprechendem Kunstgeschmack stammte, soll sich viele Stücke für den privaten Genuss gesichert haben, während er andere, die er nicht schätzte, verkaufte und das Geld in die eigene Tasche steckte. Unveräußerliche Stücke wurden – wie die Bücher ein paar Jahre zuvor – verbrannt. Was die Nationalsozialisten als Gewinn für das Reich ansahen, sollte sich als beklagenswerter Verlust für die zivilisierte Welt erweisen.[188]

Die Ausstellung »Entartete Kunst« diente als direktes Vorbild für ein weiteres, vergleichbares Ereignis: Im Mai und Juni 1938 wurde in Düsseldorf, der Stadt Robert Schumanns (dessen gelegentliches Misstrauen gegenüber Juden die Nationalsozialisten gern für Propagandazwecke nutzten), eine Ausstellung »Entartete Musik« gezeigt.[189] Mit Goebbels' Zustimmung übernahmen zwei Männer aus seinem engeren Umfeld die Organisation: Hans Severus Ziegler und Heinz Drewes. Ziegler hatte bereits als Intendant des Nationaltheaters Weimar in Thüringen die NS-Kulturpolitik umgesetzt. Geboren 1893 in Eisenach als Sohn eines Bankiers mit internationalen Verbindungen, studierte er in Cambridge und an deutschen Universitäten. Den Doktorgrad erwarb er mit einer literaturwissenschaftlichen Arbeit. (Ironischerweise war Ziegler über seine Mutter mit der New Yorker Musikgesellschaft Schirmer verbunden, die nach Arnold Schönbergs erzwungener Emigration viele seiner Werke publizierte – während Ziegler nicht müde wurde, über den Komponisten und seine Musik herzuziehen.) Für Wilhelm Frick, damals nationalsozialistischer Innenminister in Thüringen, entwarf er den berüchtigten Text »Wider die Negerkultur«, der erahnen ließ, welche Einschränkungen drei Jahre später im ganzen Reich Realität werden sollten. Nach Hitlers Machtergreifung wurde Ziegler zum Staatskommissar für die thüringischen Landestheater ernannt. 1935 folgte eine zeitweilige Suspendierung; man verdächtigte ihn der Homosexualität. Er konnte sich reinwaschen, nur um danach umso eifriger ans Werk zu gehen. Er schloss sich nun eng an Goebbels an und wurde von diesem 1937 in den Reichskultursenat befördert.[190]

Anfang 1938 tat Ziegler sich mit dem Dirigenten Heinz Drewes zusammen, der ebenfalls von Thüringen aus im NS-Kulturbetrieb Karriere machte. Drewes stammte aus Westdeutschland, war aber Kapellmeister in Altenburg geworden, was er dem zehn Jahre älteren Ziegler verdankte. 1930 hatte er eben dort eine Ortsgruppe des Kampfbunds für deutsche Kultur gegründet. 1937 war Drewes Generalintendant in Altenburg und wurde von Goebbels zum Leiter der neu gegründeten Abteilung für Musik im

Propagandaministerium berufen, wo er die Aufgabe hatte, Kompositionen daraufhin zu überprüfen, ob sie »der deutschen Nation schaden könnten«.[191] Im Frühjahr 1938 organisierte Drewes im Auftrag des Propagandaministeriums die Reichsmusiktage in Düsseldorf. Es überrascht nicht, dass Ziegler mit seinem Ehrgeiz und ideologischen Eiferertum dieses Ereignis noch mit einer Ausstellung über »entartete Musik« ergänzte. Goebbels hatte nicht darum gebeten, die Veranstaltung aber auch nicht verboten; es solle jedoch kein Aufhebens davon gemacht werden.[192] Ziegler hatte eine rigorose ideologische Ausbildung durchlaufen und seine Ansichten über Musik waren so fanatisch wie festgelegt. Der Verfasser verschiedener Traktate zum Thema Kultur hatte sich dem »völkischen« Charakter der Kunst verschrieben, den er im Februar 1937 in einer Rede in Danzig als das Gegengift zur Moderne schlechthin bezeichnete. Deutsche Volkslieder seien der Inbegriff von »Einfachheit und elementarer Größe in der Kunst«. Sie würden »allen intellektuellen Konstruktivismus« besiegen und die Spuren »letzter kulturbolschewistischer Reste, die gerade auf dem Gebiet der Musik und der bildenden Künste noch am deutlichsten spürbar sind«, beseitigen. »Tonal oder atonal bedeutet ›Sein oder Nichtsein‹ deutschen Musikwesens und ist eine Weltanschauungsfrage.« Die Einheit von Melodie, Harmonie und Rhythmus war für Ziegler das archetypische Wesenselement der Musik, wie sie im Volkslied und als »Künder deutscher Seele« erklinge. Die von Hindemith, Strawinsky und dieser ganzen Bewegung aufgeworfenen Probleme müssten ein für alle Mal gelöst werden, und Ziegler wusste, wie: »Eine Parallelausstellung zur Münchener Ausstellung ›Entartete Kunst‹ für alle musikalischen und Opern-Experimente der letzten drei Jahrzehnte, durch Schallplatten aller Art verlebendigt, würde vielen Augen und Ohren für die infernalischen bolschewistischen Versuche öffnen, Gemüt, Gefühl und Sinne des deutschen Menschen zu zerstören.«[193]

Die Reichsmusiktage, das offizielle Hauptereignis in Düsseldorf, fanden vom 22. bis zum 29. Mai statt. Die Eröffnungsrede hielt mit dem Komponisten Paul Graener einer der stellvertretenden Präsidenten der Reichsmusikkammer. Da auf dem Musikfest die vom Regime nicht nur geduldete, sondern explizit erwünschte Musik präsentiert werden sollte, erlebte Graeners eigenes neues Werk – *Feierliche Stunde* – unter Leitung des Düsseldorfer Generalmusikdirektors Hugo Balzer seine Premiere als erstrangiges Beispiel für diese Musik. Erstrangig waren weder Komponist noch Dirigent, ihr Wirken allerdings brachte die spezifischen Qualitäten der zeitgenössischen Musik im NS-Staat zum Ausdruck. Objektiv gesehen war das Programm, abgesehen von Größen wie Beethoven, Richard Strauss und Hans Pfitzner, reines Mittelmaß, umrahmt und nahezu dominiert von randständigen Aufführungen: Militärmärsche wurden gespielt, der Reichsarbeitsdienst (RAD) brachte Marschmusik zu Gehör, das Reichssinfonieorchester gab Kostproben seines Könnens. Der NSDStB unterhielt ein Musikzeltlager, und die Hitlerjugend (HJ) sorgte für Frühstücksmusik. Offene Chöre wechselten sich ab mit Kammermusik und der Premiere der *Ostmark-Ouverture* von Otto Blesch, einem bis dato unbekannten Komponisten. (Seltsamerweise feierte auch das Stück *Violinmusik* des Dresdner Chorleiters Boris Blacher Premiere. Beeinflusst von Milhaud, Satie und Strawinsky, hatte Blacher Musik mit unkonventionellen Rhythmen und jazzigem Stil komponiert. Obwohl nach den Nürnberger Rassegesetzen von 1935 »Vierteljude«, durfte er noch komponieren und aufgeführt werden.) Politische Aktivitäten gab es auch: Am 26. Mai veranstaltete man um halb vier in der Früh einen Ehrenmarsch zum Schlageter-Denkmal – Schlageter war von den Franzosen in der nahe gelegenen Golzheimer Heide erschossen worden.[194] Goebbels höchstselbst schloss die Veranstaltung mit einer weiteren politischen Erklärung: Die Musik, die »deutscheste« aller Künste, sei vom internationalen Judentum fast ausgerottet worden. Erst der Nationalsozialismus habe dies in den letzten Jahren grundlegend verändert, denn er »fegte die pathologischen Erscheinungen des musikalischen jüdischen Intellektualismus weg«.[195]

Abgesehen von einer eher nebensächlichen musikologischen Tagung zum »Problem Musik und Rasse« bot die von Ziegler gestaltete Exposition, die den Besuchern am 24. Mai zugänglich gemacht wurde, eine willkommene Abwechslung von den langweiligen Darbietungen im Hauptprogramm.[196] Viele dürften die von Ziegler aufgestellten Hörkabinen als Hauptattraktion betrachtet haben. Im Inneren der Kabinen konnte man einen Knopf drücken, um die Musik eines verfemten Komponisten – Weill, Schönberg, Krenek usw. – zu hören. Drückte man mehrere Knöpfe (bis zu acht waren möglich) gleichzeitig, erklang jene Kakophonie, die die Nationalsozialisten für typisch atonal hielten. Hätte man allerdings Mozart, Beethoven und Wagner simultan gespielt, wäre der Effekt kaum anders gewesen.[197]

»Entartete« Kunst und Musik werden ausgestellt 67

Der Nachkriegserinnerung des NS-Musikkritikers Karl Laux zufolge wurden überdies »Portraits, theoretische Schriften, Notenbeispiele und Libretti, Plakate und Bühnenbilder zu musikdramatischen Werken« ausgestellt.[198] Auf Wandplakaten seien »grundsätzliche Anschauungen der neuen deutschen Musikpolitik« verkündet worden,[199] von Postern hätten die Porträts verfemter Komponisten herabgeblickt, zumeist mit einer herabwürdigenden Legende versehen. Unter einem Gemälde, das den russischen Edelmann Igor Strawinsky zeigte, sei beispielsweise die »Rassereinheit« seines Stammbaums bezweifelt worden. Die Köpfe der jüdischen Operettenkomponisten Leo Fall und Oscar Straus wurden dem Publikum nur als Karikatur präsentiert.[200] Zu einer Fotografie des Zwölfton-Komponisten Anton Webern hieß es, mit seiner Art, Noten aufs Papier zu setzen, habe er sogar seinen »Dresseur« Arnold Schönberg übertroffen. Webern war vertreten, obwohl er nach dem sogenannten Anschluss Österreichs seine Tochter zur Hitlerjugend geschickt hatte, wo sie einen österreichischen SA-Mann kennenlernte, den sie dann heiratete.[201] Auch den Schriften von Komponisten spielte Ziegler übel mit. Schönbergs 1910 erschienene *Harmonielehre* wurde als Grundlage der Zwölftonmusik verurteilt, obwohl er diese erst danach entwickelte.[202] Und Hindemiths erst kurz zuvor (1937) erschienener *Unterweisung im Tonsatz* wurde eine gleichermaßen schädliche Funktion zugeschrieben.[203] Unter einer Porträtfotografie von Schönberg aus dem Jahre 1924 las man einen angeblich von einem jüdischen Musikkritiker stammenden Slogan, dem zufolge Schönberg ein Meister der Hysterie und Schöpfer eines »Heers der Krämpfe« sei. Hindemith war auf einem Foto mit seiner Frau zu sehen, »einer Tochter des jüdischen Frankfurter Opernkapellmeisters Ludwig Rottenberg«; dass ihre Mutter nicht jüdisch war, blieb unerwähnt. Überzeugender wurde der Eindruck vermittelt, durch den Ziegler überhaupt erst motiviert worden war, dass nämlich »entartete Musik« und »entartete Kunst« zwei Seiten einer Medaille seien: Paul Klees Bild *Musikalische Komödie* war ebenso zu sehen wie, noch plausibler für den behaupteten Zusammenhang, Karl Hofers *Jazzband*.[204]

Der Erfolg der Musik-Ausstellung, die vorzeitig bereits am 14. Juni schloss, blieb weit hinter dem der Münchner Kunst-Ausstellung vom Vorjahr zurück, obwohl Ziegler einen sorgfältig gestalteten Führer herausgegeben hatte.[205] Darin waren seine Eröffnungsrede abgedruckt, außerdem einige der prominenteren Exponate wie etwa Schönbergs Porträt, aber auch Bilder von Kurt Weill, Ernst Toch und Franz Schreker – sämtlich bekannte, zumeist jüdische moderne Komponisten. In seinem Artikel wiederholte Ziegler die Hauptthemen früherer Arbeiten und bläute seiner Leserschaft erneut ein, dass die Juden aus der deutschen Kultur entfernt werden müssten und »Kunstbolschewismus« die beispielhafte Verkörperung musikalischer Geistesgestörtheit sei. Ziegler hatte sich bei seinen Weimarer Musikerkumpeln Rat geholt und gab sich nun als beschlagener Musikologe, wenn er behauptete, die Qualität einer Opernmusik lasse sich anhand des Librettos beurteilen – ein offensichtlicher Angriff auf die *Dreigroschenoper* von Brecht und Weill, die ebenfalls in der Ausstellung verunglimpft wurde. Dann gab Ziegler eine Definition von Musik mittels eines organischen Gesetzes, das angeblich dem Dreiklang zugrunde liege: »Das Geheimnis aller Erkenntnis liegt ja schließlich in der Einfachheit: wenn die größten Meister der Musik und aus dem ganz offenbar germanischen Element des Dreiklangs empfunden und geschaffen haben, dann haben wir ein Recht, diejenigen als Dilettanten und Scharlatane zu brandmarken, die diese Klanggrundsätze über den Haufen schmeißen und durch irgendwelche Klangkombinationen verbessern oder erweitern, in Wirklichkeit entwerten wollen.« Er ereiferte sich über Schönbergs »Atonalität« im Gegensatz zur »Reinheit des deutschen Genies Beethoven« und monierte »die Entartung nach dem Einbruch des brutalen Jazz-Rhythmus und Jazz-Klanges in die germanische Musikwelt«. Man könne nicht, schloss er, die große tonale Entwicklung von eintausend Jahren für einen Irrtum halten, sondern müsse die Meisterwerke dieser wunderbaren Epoche einschließlich der letzten Jahrzehnte als Krönung des abendländischen Geistes betrachten. Wer also »die Grenzen in der Klangkombination dauernd verschieben will, löst unsere arische Tonordnung auf«.[206]

Da die Ausstellung in Düsseldorf nur wenig Begeisterung ausgelöst hatte, wurde sie zunächst auf Eis gelegt. Erst im Frühjahr 1939 ging sie nach Weimar, für Ziegler eine Art Heimspiel, und wurde dort im Landesmuseum mit der »Entarteten Kunst« zusammen gezeigt. Ziegler sorgte auch für eine Aufführung von Franz Lehárs *Das Land des Lächelns*, um die »Entartung« dieser Operette im Besonderen und des Genres im Allgemeinen zu demonstrieren. (Zu ebenjener Zeit vegetierte der jüdische Librettist Fritz Löhner-Beda im nahe gelegenen KZ Buchenwald dahin, wo er bald darauf ermordet wurde.) Ziegler war allerdings entgangen, dass Hitler Léhars Werke mochte – alle. Derartiger Dilettantismus trug vielleicht dazu bei, dass Ziegler aus der Ausstellung keine Dauereinrichtung machen konnte. Immerhin wurde sie im Mai noch in Wien gezeigt. Weitere Präsentationen verhinderte der Krieg.[207]

Goebbels' Reichsmusiktage sollten indes noch nicht in der Versenkung verschwinden. Mochte die Qualität des ersten Versuchs auch bedenklich sein, so fühlten sich 1938 Musiker aller Couleur doch inspiriert genug, um für das Folgejahr Vorschläge einzusenden. 1121 Partituren gingen bei den Organisatoren ein, darunter 36 Opern, 431 Sinfonien, Werke für Chor und instrumentelle Begleitung, außerdem eine erkleckliche Anzahl von Kammermusikstücken.[208] Waren die Bewerber alle mittelmäßig? Natürlich gab es unter ihnen keine Juden, und niemand hatte Werke im Zwölfton- oder Jazz-Stil vorgeschlagen. So gesehen, dürfte die Ausstellung »Entartete Musik« Früchte getragen haben. Aber abgesehen von derart begrenzten Zwecken ist sie deshalb in die Geschichte eingegangen, weil sie jeglicher Debatte über Moderne in der Kunst im Reich ein Ende bereitete.

Die Kunst- wie die Musik-Ausstellung stehen für Versuche der NS-Institutionen, die Moderne auszuradieren, sofern es ihren Vertretern nicht gelungen war, sich in das Dritte Reich zu integrieren. Mit Hitlers Rede, in der er im Juli 1937, dem Eröffnungsmonat der Ausstellung »Entartete Kunst«, allen seiner Ansicht nach ästhetischen Verirrungen endgültig eine Absage erteilt hatte, war die Moderne ganz offiziell beendet. Die Musik-Ausstellung diente der Bestätigung dieser Entscheidung, auch wenn die Bewegung in bestimmten Ausprägungen isoliert und häufig unter der Hand trotzdem weitergehen sollte – denn kein von menschlicher Regung motivierter Trend lässt sich einfach auslöschen, nicht einmal in einer höchst repressiven Diktatur.[209]

Die Beseitigung jener ästhetischen Wertesysteme, die als Kennzeichen der Weimarer Republik galten, betraf Formen und Gestalten, Farben und Klänge, Experimente, Freiheit und Toleranz – alles Merkmale einer offenen, auf Inklusion bedachten Gesellschaft im Gegensatz zu den Beschränkungen der auf Ausschluss gerichteten faschistischen Gemeinschaft mit ihren kleinkarierten, vorurteilsbeladenen Vorstellungen. Es gibt eindeutige Parallelen zwischen dem politischen Aufstieg der Nationalsozialisten und der Zunahme ihrer modernefeindlichen Gesinnung: Mit ihrem Stimmenzuwachs bei den Reichstagswahlen vom September 1930 nahm ihre Kampagne gegen republikanische moderne Künstler an Fahrt auf – zu deren Schaden. Nach der Machtergreifung fielen alle Schranken. Die Gewalt, die die SA auf der Straße entfachte, wurde mit fragwürdigen Gesetzeswerken verschränkt, was die zerstörerische Dynamik beschleunigte. Und so wurde das Gesetz zur Wiederherstellung des Berufsbeamtentums vom 7. April 1933 schon früh auch gegen Künstler der Moderne in Anschlag gebracht, sei es, um sie mundtot zu machen, sei es, um sie und ihre Werke gänzlich aus Meisterklassen und Kunstakademien zu verbannen. Ergänzend sorgten neue Statuten für die Einführung von Zensur (mit Selbstzensur im Gefolge), etwa Goebbels' Verbot der Kunstkritik im November 1936. Zwei Jahre später ließ er das Gesetz zur entschädigungslosen Beschlagnahmung von Kunstwerken aus privatem wie staatlichem Besitz folgen. In eben diesem Jahr starb Barlach an gebrochenem Herzen. Zu dieser Zeit hatte das sogenannte Dritte Reich als politisches Konstrukt den Zenit seines Erfolgs erreicht. Es verfügte über die uneingeschränkte Macht, jedes Hindernis auf dem Weg zu »rassischer« Konsolidierung und kriegerischer Aggression zu beseitigen. In diesem Jahr – 1938 – zeigte das Regime, wozu es fähig war, als es, genau zwei Wochen nach Barlachs Tod, Synagogen niederbrannte, jüdische Männer und Frauen gnadenlos verfolgte und zu Tausenden in die KZs schickte, Hunderte von ihnen tötete. Saßen 1933 etwa 4000 Personen – Juden und Nicht-Juden – in deutschen Lagern, waren es Ende 1938 bereits 54 000.[210] Es dürfte kein Zufall sein, dass Juden in der Zeit vor der Machtergreifung großen Anteil am Aufstieg der Moderne gehabt hatten.

Bei der Zerschlagung des Bestehenden und der folgenden Einführung von Ersatzkonstruktionen sind die nationalsozialistischen Führer häufig scheinbar widersprüchlichen Impulsen gefolgt, die heute Fragen aufwerfen. Wie lässt sich beispielsweise die Sympathie verstehen, die 1933 Ernst Barlach von NSDStB-Studenten entgegengebracht wurde, wenn im selben Jahr Studenten einer anderen Gruppierung die landesweite Bücherverbrennung organisierten?[211] Beide Gruppen waren durch und durch nazifiziert, und doch begegnete die eine der Moderne mit Wohlwollen, die andere mit Feindschaft. Und in beiden Gruppen gab es Mitglieder, die zu einer Zeit Verständnis für die Moderne zeigten und sie zu einer anderen verdammten. Rätsel geben auch die Beziehungen zwischen NS-Größen in ihrer Einstellung zur

Moderne – pro oder contra – auf, wobei eine Fraktion den Sieg davontrug: die Rosenberg'sche über die Goebbels'sche. Obwohl ursprünglich ein Sympathisant des Expressionismus, musste Goebbels im Streit um Hindemith und schließlich 1937 bei der Entscheidung über die Zukunft der Moderne im Dritten Reich zurückstecken. Hatte sich der geistreiche Propagandaminister im alltäglichen Umgang mit dem geistlosen Parteiphilosophen Rosenberg zwischen 1925 und 1938 nicht immer als deutlich überlegen erwiesen? Bei näherer Betrachtung entdeckt man, dass in beiden Fällen Hitler selbst den Ausschlag gab – zugunsten Rosenbergs. Das verweist auf Besonderheiten in den Führungsmustern des Regimes, die der genaueren Untersuchung bedürfen.

Kapitel 2
Nationalsozialistische Vorkriegskultur

Bevor wir das Wesen der NS-Kultur vor dem Krieg bestimmen, müssen einige Fragen hinsichtlich der Natur des Dritten Reiches geklärt werden. Zum einen sollten die Regierungs- und Verwaltungsstrukturen klarer definiert werden, innerhalb derer die Nationalsozialisten in die Kultur eingriffen, indem sie entweder ästhetische Maßstäbe wiederbelebten oder neue einführten. Zum anderen wäre es von Nutzen, mehr über Hitlers eigene Rolle zu wissen: Wie interessiert war er an kulturellen Angelegenheiten, und wie groß war sein Einfluss auf Veränderungen?

Die internationale Debatte um die Struktur des sogenannten Dritten Reichs und Hitlers Rolle darin begann vor gut 50 Jahren und ist als gedankliche Grundierung bis heute von Bedeutung. In den sechziger Jahren kennzeichnete Karl Dietrich Bracher den nationalsozialistischen Staat als autoritäres System; Partei und Staat seien Instrumente der »totalitären Herrschaft« gewesen, die Hitler aus einer Position der »Allmacht« heraus miteinander verbunden habe. »Die nationalsozialistische Doktrin«, schrieb Bracher, »bemächtigte sich der Kultur und der Werte der deutschen Gesellschaft.«[1] Diese Theorie der Alleinherrschaft fand Unterstützung durch Eberhard Jäckel, der Hitler als die zentrale, treibende Kraft in der Diktatur ansah, deren Verwirklichung sich logisch aus zwei starken persönlichen Impulsen Hitlers im Gefolge des Jahres 1919 ergeben habe: dem Wunsch nach Eroberung von »Lebensraum« für die »Volksgenossen« (nach der notwendigen Revision des Versailler Vertrags) und nach physischer Vernichtung der Juden.[2]

Gegen diese monolithischen Ansätze entwickelte Hans Mommsen in den siebziger Jahren eine differenziertere Interpretation, die soziale, wirtschaftliche und psychologische Faktoren, ja, sogar den Zufall für die Entstehung der Diktatur berücksichtigte. Bereits Mitte der sechziger Jahre hatte Mommsen Hitler als »schwachen Diktator« bezeichnet, was er in den frühen achtziger Jahren durch den Aufweis divergierender Strukturen ausführte: Es gab Rivalitäten zwischen Staatsapparat und Partei, bei denen Ämter einander auszustechen suchten und Beamte alle möglichen Anstrengungen unternahmen, um Konkurrenten aus dem Felde zu schlagen.[3] Mommsen schilderte miteinander konkurrierende Führungsstrukturen auf unterschiedlichen Ebenen ohne klare hierarchische Abgrenzungen, mangelhafte bis fehlende Koordination und Situationen der Entscheidungslosigkeit, in denen es Hitler nicht gelang, seine Machtbefugnisse als »Führer« durchzusetzen. Es gab, so Mommsen, eine »Polykratie der Ressorts«, die für ein regierungseigenes Chaos sorgte, verschärft noch durch Hitler, der gewöhnlich keine endgültigen Entscheidungen fällte. Dieses System reproduzierte sich, bis es einen Punkt kumulativer Radikalisierung überschritten hatte. Wenn Hitler überhaupt einmal in regierungs- oder verwaltungsbezogene Vorgänge eingriff, schrieb Mommsen, ging es ihm in der Regel darum, Einhalt zu gebieten. Allerdings konnte er auch Initiativen in Gang setzen, um dann zu beobachten, wie das Chaos sich entwickelte. Seine eigene Position indes durfte dadurch nicht gefährdet werden.[4] Wie aber konnte, fragte der Bracher-Schüler Manfred Funke, in einem derart selbstzerstörerischen System die »politische Energie« gewonnen und bewahrt werden, die notwendig war, um die Nation voranzubringen?[5]

In jüngerer Zeit hat Ian Kershaw eine Synthese zwischen dem »intentionalistischen« Ansatz von Bracher und Jäckel und der »funktionalistischen« Schule von Mommsen entwickelt. In seiner früheren Forschung hatte Kershaw sich auf den von ihm so genannten Hitler-Mythos konzentriert und war zu der Auffassung gelangt, dass die führenden Nationalsozialisten im Staats- und Parteiapparat ihre Arbeit so einrichteten, dass dem Anschein nach jeder, gleichgültig welcher Agenda er folgte, »dem Führer entgegen arbeitete«. In einem 1987 erschienenen Buch erklärte Kershaw den Führermythos zu einem funktionalen Herrschaftselement, vergleichbar einer Aura, die Hitler »zu den beschränkten selbstsüchtigen und materiellen Interessen auf Distanz hielt«, die für die Staatsbeamten und Parteifunktionäre typisch waren und von Mommsen bereits geschildert worden waren. Diese Aura, die insbesondere Goebbels im Rahmen seiner Propagandaarbeit fabrizierte, habe mit ihrer radikalisierenden Dynamik bis weit in den Krieg hinein aufrechterhalten werden können. Und so habe Hitler, keineswegs ein

»schwacher Diktator«, um 1935 in seinem Reich als starker Mann gegolten, der die Wirtschaft wieder in Schwung und die unbeherrschte SA unter Kontrolle gebracht, die geheiligten Traditionen der beiden christlichen Kirchen geschützt, in der Außenpolitik deutsche Rechte verteidigt, militärische Führungskraft gezeigt und sich nicht zuletzt gegen die vermeintliche Bedrohung durch Juden und Kommunisten behauptet habe. Korruption und Amtsvergehen in der Staats- und Parteibürokratie seien in der Bevölkerung als etwas betrachtet worden, das Hitler, hätte er davon gewusst, unterbunden hätte. Hitlers mutmaßliche Stärke, argumentierte Kershaw, wurde angesichts der relativen Schwäche seiner Untergebenen von den gewöhnlichen Deutschen akzeptiert, da viele noch glaubten, dass rein theoretisch ein persönlicher Appell an den Führer außerhalb der vorgeschriebenen Dienstwege möglich wäre. Eine solche Interpretation der NS-Herrschaft zeichnete also das Bild eines starken Diktators, der zumindest bei jener Mehrheit als stark galt, die Goebbels zum Glauben an den »Hitlermythos« hatte bewegen können. Zusätzliche Stärke gewann Hitler, indem er am Mythenbau mitwirkte. »In dem von ihm gezeichneten öffentlichen Bild konnte sich Hitler im Dritten Reich in einer positiven Rolle darstellen, indem er beschränkte Interessen und Beschwerden durch das alles überwölbende Ideal nationaler Einheit transzendierte. Ermöglicht wurde dies durch die notwendige Distanz zum ›Konfliktbereich‹ der Tagespolitik, so dass er von den unpopuläreren Aspekten des Nationalsozialismus unberührt blieb.«[6]

In seiner beeindruckenden zweibändigen Hitler-Biographie arbeitete Kershaw Ende der neunziger Jahre den »Führermythos« und seine Funktionen noch weiter aus. Die Choreographie in Hitlers Führerstaat sah vor, dass die Akteure, die schon Mommsen und seine Vorgänger erkannt hatten – Regierungsbeamte, Parteifunktionäre und Hitler selbst – nach einem einmal erprobten und dann beliebig oft wiederholten Muster zusammenwirkten. Kershaw erklärt: »Hitlers personalisierte Herrschaftsform ermutigte seine Anhänger zu radikalen Initiativen von unten und bot solchen Initiativen Rückendeckung, solange sie mit seinen grob definierten Zielen auf einer Linie lagen. Dadurch wurde auf allen Ebenen des Regimes eine scharfe Konkurrenz gefördert – zwischen verschiedenen Ämtern ebenso wie zwischen einzelnen Beamten oder Funktionären innerhalb dieser Ämter. Wer im darwinistischen Dschungel des Dritten Reiches befördert werden und zu einer

Machtposition gelangen wollte, mußte den ›Führerwillen‹ erahnen und, ohne auf Anweisungen zu warten, die Initiative ergreifen, um das voranzutreiben, was den Zielen und Wünschen Hitlers dienlich erschien.« In einem derart personalisierten, auf Hitler zugeschnittenen Herrschaftssystem, erreichte derjenige am ehesten sein Ziel, der den sichersten und direktesten Zugang zum »Führer« hatte.[7] So ließ sich auch ein privates Vorgehen gewöhnlicher »Volksgenossen«, etwa eine Denunziation bei der Gestapo, ungeachtet der Motive der Denunzianten als vorauseilender Gehorsam verstehen.[8] »Sie halfen dadurch, eine unaufhaltbare Radikalisierung voranzutreiben, die zur allmählichen Herausbildung konkreter, in der ›Mission‹ des Führers verkörperter, politischer Ziele führte.«[9] (Diese Radikalisierung zeigte sich im Krieg in verschiedenen Extremen: in den frühen Blitzsiegen, der von den Nazis gewollten Grausamkeit des Ostfeldzugs, Hitlers erratischen Entscheidungen als oberster Befehlshaber, der widerwärtigen Brutalität im Umgang mit sowjetischen Kriegsgefangenen, dem zunehmenden Terror im Justiz- und KZ-System und vor allem in der Verfolgung der Juden.) Kershaw gelang die Synthese: Er berücksichtigte das Umfeld und die Akteure unterhalb der Führungsspitze, setzte aber Hitler erneut in den Mittelpunkt des Narrativs über das politische Handeln im Dritten Reich. In letzter Instanz, so bekräftigte auch Volker Ullrich in seiner Hitler-Biographie, beanspruchte der Führer das »alleinige Recht« der Entscheidung bei »grundlegenden Problemen«.[10]

Anhand von Kershaws Modell kann die Frage nach Hitlers Rolle dort, wo die Kultur betroffen war, neu gestellt werden. Vor ihrer Beantwortung gilt es jedoch zuerst festzulegen, nach welchen Kriterien Hitler als Kulturmensch beurteilt werden soll. Ferner wollen wir uns vergewissern, welche kulturellen Leistungen das NS-Regime wenigstens in der Zeit vor dem Krieg aus eigener Kraft zu vollbringen imstande war. Von getreuen Anhängern, aber auch von einigen Historikern ist Hitler als Genie bezeichnet worden. Wir müssen fragen, ob sich das auf seine frühe Rolle als Künstler und seine spätere Beschäftigung mit Kunst und Kultur, wie sie im Dritten Reich beobachtet werden konnte, beziehen lässt.

Wenn Hitler Genie besaß, dann nur in der Politik. Entscheidend dafür war sein intuitiver Umgang mit den Menschen, deren Gefühle er fast absolut zu beherrschen verstand. »Hitler war mit Instinkt gesegnet, er erschnüffelte die Menschen wie ein Hund.« So hörte ich es von Otto Strasser, dem Kampfgenossen Hitlers aus den späten zwanziger Jahren, im Frühjahr 1978, ein paar Monate vor seinem Tod.[11] Goebbels, der damals mit Otto und dessen Bruder Georg eng zusammenarbeitete, ihnen sogar untergeordnet war, hat, wie seine Tagebücher verraten, offensichtlich ebenfalls an die intuitiven Fähigkeiten des Führers geglaubt. Hitlers »große Begabung war allein die Politik«, schreibt Ullrich. »In seiner Fähigkeit, Situationen blitzschnell zu analysieren und auszunutzen, war er nicht nur den Rivalen in der NSDAP, sondern auch den Politikern der deutschen Mainstream-Parteien überlegen. Nur so lässt sich erklären, warum er aus allen innerparteilichen Krisen, die es bis 1933 gab, als Sieger hervorgehen konnte.«[12]

Abgesehen von diesem außerordentlichen Talent für Politik verfügte Hitler noch über andere Begabungen, wenn auch nicht im selben Ausmaß. Er war überdurchschnittlich intelligent und verfügte über ein beeindruckendes Gedächtnis, allerdings nur auf Gebieten, die er interessehalber pflegte (so wie er nur Gefolgsleute tolerierte, die erkennbar »dem Führer entgegen arbeiteten«). Im Frühsommer 1939 erinnerte sich der Musikliebhaber Hitler beispielsweise daran, wie er »am 29. Juni 1932 im Konzertsaal des Bayrischen Hofes« in München den Bass-Bariton Hans Hotter die beiden Arien des Hans Sachs aus Wagners *Die Meistersinger von Nürnberg* singen hörte.[13] Zahllos sind die Gelegenheiten, bei denen Hitler winzige Details militärischer Ausrüstungsgegenstände oder Automobile memorierte; seit dem Ersten Weltkrieg erweiterte er seine militärischen Kenntnisse ständig. Zudem war er ein fanatischer Liebhaber von Autos, der Mercedes bevorzugte (und später alles, was Ferdinand Porsche vorschlug).[14] Ganz so neu war das indes nicht, hatte doch Kaiser Wilhelm II. seine Zeitgenossen auf ähnliche Weise in Erstaunen versetzt, gleichfalls durch militärisches Wissen, insbesondere die Marine betreffend. Aber Hitler war auch mit den Grundlagen von Carl von Clausewitz' philosophisch inspirierter Militärtheorie vertraut und kannte manches auswendig, wenngleich Clausewitz' Einsichten für Strategien des 20. Jahrhunderts nicht mehr recht brauchbar waren.[15]

Tiefere Einsichten in Bildung und Gelehrsamkeit blieben Hitler verschlossen; eingedenk seines fehlgeschlagenen Ausbildungsgangs hasste er Lehrer und Universitätsprofessoren (was erklären mag, weshalb er später, scheinbar paradoxerweise, viele Professoren selbst ernannte, nur um diese

Lakaien später mit Verachtung zu strafen). Als Autodidakt konnte er sich seine Wissensgebiete selbst wählen, aber die Wirtschaft gehörte nicht dazu, auch wenn er während seiner gesamten politischen Laufbahn immer wieder Halbwahrheiten von sich gab.[16] Der Harvard-Absolvent Ernst Hanfstaengl (seit 1919 mit Hitler befreundet, NSDAP-Mitglied, Geschäftsmann und Hobbypianist) entdeckte in Hitlers erster bescheidener Wohnung in München eine bemerkenswerte Bibliothek mit Büchern über Geschichte, Geographie, auch Philosophie, etwa Werke Schopenhauers. Vieles fand sich später in Form von Zweitexemplaren in Hitlers komfortabler Landsberger Gefängniszelle. Sein historisches Interesse bezog sich, was nicht überrascht, neben der griechischen und römischen Antike vor allem auf die deutsche Geschichte und hier besonders auf den Lebensweg des Preußenkönigs Friedrich II. Seine »rassenkundliche« Bildung fußte auf Houston Stewart Chamberlain, Paul de Lagarde und Hans F. K. Günther. Die Belletristik war in seinem Münchner Schlafzimmer nicht vertreten, aber er war mit einigen modernen Dramen, etwa von Wedekind und Ibsen, vertraut (Letzteres sicherlich, weil sein zeitweiliger Mentor, Dietrich Eckart, *Peer Gynt* übersetzt hatte). Ansonsten bevorzugte er Detektivgeschichten und leichtere Sachen, populäre und satirische Geschichten à la Ludwig Thoma und – seit seiner Jugend – die Wildwestromane von Karl May.[17]

Hitler bewunderte Schauspieler und liebte es, sich Filme anzuschauen, vor allem die Höhepunkte aus Produktionen der konservativen Ufa, die zum Konzern des Magnaten Alfred Hugenberg gehörte. Zu seinen Lieblingen unter deutschen Filmstars zählte zum Beispiel Henny Porten; aber auch gewisse amerikanische Filme fanden sein Gefallen, und er war, wie Goebbels, ein großer Fan von Greta Garbo. Bis zum Kriegsbeginn ließ er sich privat regelmäßig Filme vorführen, und zwar, wie im vorigen Kapitel erläutert, häufig mit Blick auf Propagandazwecke. Nach einiger Zeit konnten viele deutsche Filmstars Hitler ihren Freund nennen.[18] Im Theater war Hitler zwar seltener zu finden, gleichwohl schätzte er die Bühne. Er verfolgte aufmerksam die schauspielerische Darbietung bei seinen Lieblingsoperetten und sah gern seine Lieblingsschauspieler wie Emil Jannings, wo immer sie gerade auftraten: in München, Berlin oder Weimar. Die Schauspielerei war ihm wichtig, und er selbst beherrschte sie – für politische Zwecke – in durchaus beachtlicher Weise, wenn er zu den Massen sprach. Noch in den ersten Jahren seiner Herrschaft übte er vor einem Spiegel Haltungen und Gesten ein und verfeinerte sein Auftreten als Redner.[19]

Hitlers Liebe zur Musik konzentrierte sich in erster Linie auf Wagner, dessen Opern er während seiner Jugend in Linz und Wien erstmals gehört hatte. Seine Kenntnisse sollte er später in München und anderswo noch vertiefen. Schon 1919/20 hatte er Ernst Hanfstaengl vorgeführt, dass er Arien summen oder pfeifen konnte: aus den *Meistersingern*, *Lohengrin* und (wie Thomas Mann, der aber das Klavierspiel bevorzugte) *Tristan und Isolde*. Gleichzeitig mochte er, der aus bescheidenen Verhältnissen kam, die leichte Muse wie den *Badenweiler Marsch*, zudem Operetten, besonders Franz Lehárs *Die lustige Witwe* und Johann Strauss' *Die Fledermaus*. (Er nahm Lehár, trotz dessen jüdischer Frau, bis zum Ende des Regimes in Schutz.)[20] In der Titelrolle des Danilo (Tenor) aus der *Lustigen Witwe* gefiel ihm der beliebte und umschwärmte holländische Sänger Johannes Heesters am besten.

Später scheint Hitler auch die Musik Anton Bruckners geschätzt zu haben (eine Neigung, die er höchstwahrscheinlich überbetonte, weil der Komponist ebenfalls aus Linz stammte), doch nie all jene Komponisten, die ihm Goebbels ans Herz legen wollte: Schubert, Brahms, Mozart, nicht einmal den Heros Beethoven.[21] Alles in allem hatte Hitler »kaum wirkliches Interesse an oder Verständnis für Musik«.[22]

Hitler liebte Wagner nicht zuletzt deshalb, weil dessen Opernkompositionen als »Gesamtkunstwerk« dem Diktator Anknüpfungspunkte für seine Karriere als Demagoge boten: ein handlungsstarkes Drama, das seinem Faible für Pathos und Ideologie entgegenkam, eine Bühne für Gesang und Schauspiel oder Reden an das Volk, und eine Szenerie, die durch Farbigkeit und Form Eindruck schinden konnte. Solche visuellen Effekte passten zu Hitlers eigenen Vorlieben: Malerei und Architektur. Seine oft bekundete Selbsteinschätzung als Künstler leitete sich von den eher anspruchslosen Versuchen als Maler im Wien seiner Jugendjahre und dann in München her, bis er sich mit Beginn des Ersten Weltkriegs der bayerischen Armee anschloss. Seine malerischen Fähigkeiten gingen über Dilettantismus nicht hinaus; zwei Mal wurde seine Bewerbung von der Wiener Kunstakademie abgelehnt. Aus solchen Unterfangen einen Geniekult abzuleiten – wie Hitler es tat –, hieße, die Tatsachen außer Acht zu lassen.[23] Das gilt gleichermaßen für die Architektur: Hitlers Interesse daran hing mit Gebäudeskizzen zusammen, die er in

Wien und als Soldat an der Westfront in Belgien und Frankreich angefertigt hatte; später kam noch die Beschäftigung mit Innenarchitektur hinzu. Hitlers gelegentlich, vor allem während des Zweiten Weltkriegs geäußerte Bemerkungen, er wünsche sich nichts sehnlicher, als zum Künstlerleben zurückzukehren, waren Selbsttäuschung und zielten darauf, Geniekult-Gläubige zu beeindrucken.[24]

Auf jeden Fall steht Hitlers künstlerisches Schaffen in keinem Zusammenhang mit den neuen Bewegungen der Moderne, die sich gegen Ende des 19. Jahrhunderts in Deutschland und Österreich entwickelten. Die Wiener und die Berliner Secession ließen ihn kalt; er blieb dem Geschmack der Spätromantik verhaftet, wie er von deutschen und österreichischen Künstlern – Adolph von Menzel, Hans Makart, Anselm Feuerbach, Carl Spitzweg, Arnold Böcklin, Eberhard von Grützner und anderen – praktiziert wurde. In der Architektur bewunderte er den Neoklassizismus eines Karl Friedrich Schinkel und Gottfried Semper, dem er mit immer neuen Skizzen nachzueifern trachtete. Während seiner Herrschaft bevorzugte und unterstützte Hitler Künstler, die im Sinne dieser Meister malten.[25] Doch welche Bedeutung hatte Hitlers von kleinbürgerlichem Geschmack geprägte Interesse an bildender Kunst, Musik, Theater und Film für die Kultur als Ganzes im sogenannten Dritten Reich?

Das Propagandaministerium und die Kultur

Es war an einem Morgen Ende Oktober 1938 im Weimarer Hotel Elephant, als sich der Wiener Dichter Josef Weinheber aus den Reihen seiner 250 Landsleute erhob und, beflügelt vom Inhalt zweier Flaschen Wein, zum Lesepult an der Stirnseite des Saals schritt, um zu Ehren des großen – und von den Nationalsozialisten hochgeschätzten – Dichters Friedrich Hölderlin eine schwungvolle Rede zu halten. Kurz zuvor war Österreich ans Deutsche Reich »angeschlossen« worden, und Weinheber zog samt Freunden nach der Besichtigung von Weimars klassischen Schätzen stolzgeschwellt und dankbar am Abend zum Vortrag von Dr. Goebbels, der die Abschlussrede zum politisch arrangierten ersten Treffen deutscher Dichter hielt (weitere sollten folgen). Befeuert von weiterem Weingenuss, unterbrach Weinheber den

Minister mehrfach durch »Heil Hitler«-Rufe, was den ministeriellen Redefluss ins Stocken brachte. Da man wusste, wie sehr Hitler und Weinheber einander zugetan waren, näherten sich schließlich zwei baumlange SS-Männer und überredeten den Dichter sanft, sich in sein treppaufwärts gelegenes Gästezimmer zurückzuziehen, sodass Goebbels seine Rede nunmehr ungestört fortsetzen konnte. Weinheber, ein schwerer Alkoholiker, schied 1945, als die Rote Armee auf Wien zumarschierte, freiwillig aus dem Leben.[26]

Die Anwesenheit prominenter Autoren aus der neuen »Ostmark« und dem frisch besetzten Sudetenland war für Goebbels wichtig, um die Bedeutung der NS-Politik im Allgemeinen und die Prärogative dieser Politik über die Dichtung im Besonderen zu erläutern. Jegliche Kultur, gab Goebbels zu verstehen, müsse in Zeiten nationaler Alarmbereitschaft dem Staate dienen und in dessen totalitäre Struktur eingebunden sein. Daran wollte er die deutschen Schriftsteller, wie alle Künstler im Reich, erinnern. Solche Forderungen formulierte er nicht zum ersten Mal, da er aber wusste, dass sich das Reich auf Expansionskurs befand und er sich einem ungewöhnlich aufmerksamen Publikum gegenübersah, ergriff er die Gelegenheit, die Intellektuellen und Künstler aufs Neue zu mobilisieren.[27]

Goebbels sprach hier in seiner Eigenschaft als Minister für Volksaufklärung und Propaganda. Diese Doppelbenennung des Ministeriums war nicht das Resultat einer zufälligen Laune, sondern ein sorgsam überlegter Schachzug: Es ging um die Lenkung der Bevölkerung durch Verabreichung von Botschaften, die je nach den Erfordernissen des Tages und ausschließlich im Interesse des politischen Führungspersonals lanciert und manipuliert wurden. Das Konzept lässt sich schon in Hitlers *Mein Kampf* finden, und er selbst ernannte Goebbels im März 1933 zum Minister. Ende Juni führte Hitler aus, dass Goebbels für »alle Aufgaben der geistigen Einwirkung auf die Nation, der Werbung für Staat, Kultur und Wirtschaft« verantwortlich sei.[28] Daraus leitete Goebbels den Auftrag ab, Kultur als Propagandainstrument zu definieren, betrachtet als eine Art Lebenselixier für die rassisch verfasste »Volksgemeinschaft« und schließlich als deren Ausdruck. »Das Wesen der Propaganda«, betonte Goebbels, »ist deshalb unentwegt die Einfachheit und die Wiederholung.« In diesem Rahmen bewegte sich der Propagandagehalt je nach politischem Bedarf zwischen Wahrheiten, Halbwahrheiten und direkten Lügen. Als Minister hob Goebbels immer wieder den inneren Zusammenhang zwischen Kultur, Propaganda und Politik hervor. Seine Mitarbeiter im Ministerium ergingen sich fortwährend in diesbezüglichen Lippenbekenntnissen, und Beamte in jedem Winkel des Reichs beteten sie nach.[29] Ein wichtiger Aspekt dieser Bemühungen war des Ausbau des bereits existierenden »Führermythos«; das begann mit volkstümlichen, auch filmischen Kulturveranstaltungen und gipfelte in staatlich geförderten, absurden hagiographischen Hymnen.[30]

In diesem Kosmos konnte es kein *L'art pour l'art* geben: Kunst war nicht um ihrer selbst willen da. Als »Vorkämpfer nationaler Kultur«, so Goebbels, konnte der künstlerische Ausdruck viele Formen annehmen, und den Kunstschaffenden kamen viele Rollen zu, solange sie dem Staat dienten.[31] Erstens sollte die Kunst, was nicht verwundert, die Haltung der Bevölkerung zum Regime so beeinflussen, dass diese der vorherrschenden Politik bereitwillig zustimmte. Laut George L. Mosse bestand »die zentrale Aufgabe der Kultur im Dritten Reich [darin], die Weltanschauung der Nationalsozialisten zu verbreiten«.[32] Dazu war es zum Beispiel erforderlich, für die Akzeptanz rassischer Normierungen zu sorgen, etwa durch die Darstellung blonder, blauäugiger »Arier« in Gemälden. Wer sich dieser Beeinflussung verweigerte, wurde als abweichend gebrandmarkt und entweder auf Linie gebracht oder aus der sogenannten Volksgemeinschaft entfernt. Zweitens ging es um – populäre oder anspruchsvolle – Unterhaltung, um die Leute bei Laune zu halten und ihre Aufmerksamkeit von Alltagsproblemen wie der Arbeitslosigkeit in der Frühzeit des Regimes oder dem Mangel an Kartoffeln und Schuhleder auf dem Höhepunkt des Krieges abzulenken. Daher war kein Genre und kein noch so unschuldiges Produkt künstlerischen Schaffens bar eines politischen Wertes – und alles unterlag der Zensur. Drittens galt es, ausländische Regierungen zu beeindrucken, um dem NS-Regime Glaubwürdigkeit als Anwalt der Zivilisation zu verschaffen. So entschloss sich Hitler beispielsweise, Richard Strauss auch nach 1935 nicht auf die schwarze Liste zu setzen, obwohl er dazu Anlass gegeben hatte. Während des Krieges trat die Aufgabe, das Ausland zu beeindrucken, hinter die Einflussnahme auf bestimmte Gruppen in den besetzten Gebieten zurück. Die Flamen in Belgien etwa wurden mit Nachdruck an das gemeinsame »germanische« Erbe erinnert.[33] Schon diese drei Aufgaben verdeutlichen, dass man nach dem Krieg mit Recht behaupten konnte, dass Kulturschaffende die NS-Herrschaft durch ihre Komplizenschaft legitimiert und verklärt hatten – was der prominente Schauspieler Bernhard Minetti, der von der Vergabe von Film- und Bühnenrollen erheblich profitiert hatte, bestritt.[34]

Nicht jede Kunstgattung galt als für die politischen Erfordernisse gleichermaßen geeignet. Hier trug der Film den Sieg davon. Es würde, so die Einschätzung, vergleichsweise einfach sein, NS-konforme Bilder auf die Leinwand zu bannen und in Filmgeschichten Nazilegenden zu erfinden. Dergestalt erklärte Goebbels schon bald nach der Machtergreifung den Film zum erstrangigen »Führungsmittel des Staates«, in dem sich politische Ideen ästhetisch umsetzen ließen. Zu solchen Ideen zählten beispielsweise die Straßenkämpfe zwischen Nationalsozialisten und Kommunisten gegen Ende der Weimarer Republik, bewegend aufbereitet als Geschichtsfilm, oder das Ideal einer gesunden, eugenisch tadellosen Familie, denn »die Keimzelle des Staates ist die Familie«. Scheinbar harmlose Unterhaltungsfilme, Komödien etwa, würden den sogenannten Volksgenossen das »Ausruhen in den Kampfpausen« ermöglichen, damit sie als treue Mitglieder der Rassengemeinschaft weitermachen könnten.[35]

Das nächstbeste Medium, und mit dem Film verwandt, war die Bühne. Sie müsse den politischen Zielen erst angepasst werden, damit sich »politisches Selbstbewusstsein am Theater« entwickeln könne, wie der gefeierte Bühnenautor Hanns Johst meinte. Das Theater müsse dazu beitragen, den deutschen Menschen zu formen, »einen Menschen nationalsozialistischer Gesinnung und Haltungen«, orientiert an den Germanen der Edda-Sage, deren Praktiken als beispielhaft galten. Rasse, Kult, Heldentum und insbesondere die Opferbereitschaft des Einzelnen für die Gemeinschaft – das alles seien Themen für die Tragödie im neu zu entwickelnden Drama. Die Individualität sollte nicht zuletzt im Schauspielbetrieb durch die Abschaffung des überkommenen Starsystems geopfert werden. Oberstes Darstellungsziel des neuen Theaters war das »Ringen um die großen Fragen des deutschen Daseins«.[36]

In den bildenden Künsten trat das Rassemotiv ebenfalls zutage. Die Maler sollten »rassisch« perfekte deutsche Menschen zeigen, damit das Volk die Vorzüge der Eugenik zu schätzen lernte. Außerdem konnten Bilder Erwartungen wecken und Wünsche befördern, etwa Liebe zur Natur, zur »Scholle« und zur Besiedlung des europäischen Ostens. Territoriale Bräuche und nationale Legenden waren ebenfalls angemessene Themen, denn »der Liebhaber der Geschichte und des völkischen Lebens wird dabei auf seine Rechnung kommen«.[37] Hauptzweck der mit der Malerei verwandten Architektur sollte die Hervorhebung des Monumentalen in der Staatsidee des Nationalsozialismus sein, eine weitere Variante des Heldenthemas.[38]

Die Literatur diente vergleichbaren Zwecken: Bücher konnten beispielhafte Darstellungen rassisch erwünschten Verhaltens bieten. An die Stelle des Expressionismus und Naturalismus vergangener Zeiten sollte ein »völkischer« oder »heroischer« Realismus treten, gegründet in »Blut und Boden« und der germanischen Vergangenheit. Vermeintliche Existenzfragen Deutschlands hatten in Roman und Novelle im Zentrum zu stehen: die Liebe zum Land und zum Siedlertum, familiäre Werte, wie sie die Deutsche Frau verkörperte – das ewige Sinnbild für Tugend, Bescheidenheit und Fleiß, die Hüterin des Blutes, immer bereit, den kampfbereiten männlichen Beschützer zu unterstützen.[39] Für derlei war der historische Roman das geeignete Genre, der von den prähistorischen Wikingern erzählte, von Hermann dem Cherusker, der die Römer besiegte, und von Widukind, der Karl dem Großen Widerstand leistete. Erzählen ließ sich auch von den Bauernkriegen, von Heinrich dem Löwen, Baron vom Stein, deutschen Erfindern und Gelehrten und natürlich vom Ersten Weltkrieg und dem »Dolchstoß« des Jahres 1918.[40]

Und wie mochte die Musik zur politischen Kultur der nächsten tausend Jahre beitragen? Musik ist, so der *New Yorker*-Kritiker Alex Ross, »immer in der Welt, ist weder schuldig noch unschuldig, sondern Gegenstand der ständig sich wandelnden menschlichen Landschaft, in der sie sich bewegt«.[41] Folgt daraus politische Neutralität? Ihrer Struktur nach ist Musik – so viel ist klar – am wenigsten zu ideologischer Kommunikation geeignet, es sei denn, es handelt sich um ein Opernlibretto oder einen Liedtext. Nur in dieser Hinsicht konnten Komponisten und Dichter zusammenwirken. So musste Friedrich W. Herzog, ein Gefolgsmann Alfred Rosenbergs, hohl klingen, wenn er eine Musik forderte, »die erfüllt ist von der Ausdrucksgewalt der nationalsozialistischen Idee. Als revolutionäre Musik wird sie dem Fortschritt dienen, als nationale Musik wird sie neu sein, und als sozialistische Musik wird sie in das Herz eines jeden Volksgenossen, ohne Rücksicht auf Alter, Stand und Geschlecht, dringen und verstanden werden.«[42] Der vorsichtigere Goebbels war indes nicht bereit, die Musik in die patriotische Pflicht zu nehmen, sondern wollte nur, dass die Welt das Monopol der *deutschen* Musik anerkannte.[43]

Aber die Musik konnte Gefühle beeinflussen und hatte damit, etwa bei politischen Veranstaltungen oder im Radio, durchaus emotionalen Wert.[44]

Rechnet man auch Radio und Presse zu den Kulturgattungen, eröffneten sie den direktesten propagandistischen Zugang zu den Massen. Sofern die NS-Führer sich nach der Machtergreifung als Revolutionäre empfanden, betrachteten sie den Rundfunk als revolutionären Akt *par excellence*. Und sofern sie sich als modern empfanden, war das Radio die Innovation ihrer Wahl – das Instrument ideologischer Indoktrination und Kontrolle schlechthin, einsetzbar für Ansprachen und andere nicht-musikalische Sendungen wie Hörspiele und Reportagen zu aktuellen Ereignissen. Überdies konnte Musik, wie der Film, Hitlers Untertanen aufmuntern und für künftige Schlachten stählen, dasselbe galt für entsprechend zugeschnittene Wortbeiträge: Quiz, Humor, bunt Gemischtes und natürlich Sportreportagen. Im Unterschied zu Drama und Oper – der Unterhaltung für die Oberschichten – und dem Film – der hauptsächlich die Unterschichten amüsierte – war das Radio ein *klassenüberschreitendes* Medium.[45]

Und schließlich die Presse. Angesichts einer weitgehend alphabetisierten deutschen Bevölkerung übertraf die Reichweite der Printmedien die des Radios, zumal sich einzelne gesellschaftliche Gruppierungen damit noch treffsicherer ansprechen ließen und letztlich fast jede Zielgruppe erreicht werden konnte. Die Bandbreite war groß, reichte von Parteizeitungen mit deftigen Slogans bis zu elegant formulierten politischen Herleitungen, deren Logik auch den Hochgebildeten einleuchten sollte. Die Presse konnte Kunst abbilden, Kapitel aus der hohen Literatur oder scheinbar Unverfängliches mit einer verborgenen ideologischen Bedeutung bringen. Zudem zeigte der Nürnberger Gauleiter Julius Streicher mit seinem rüden antisemitischen Kampfblatt *Der Stürmer* schon früh, wie man mit hämischen Karikaturen von deutschen Juden Hass säte.[46]

Literatur

2009 äußerte sich der amerikanische Kultur- und Literaturhistoriker Sander L. Gilman zur NS-Literatur dahingehend, dass »es einfach uninteressant sei, sich mit der massenhaften Literatur der NS-Zeit zu beschäftigen«.[47] Schriftsteller wie Josef Magnus Wehner, Hans Zöberlein oder Kurt Eggers »repräsentieren nicht die ›wahre‹ Literatur im Deutschland der Jahre 1933 bis 1945«. Gilman begründete seine Ansicht nicht, dachte aber allem Anschein nach an gravierende Mängel in Form und Inhalt – an eine Literatur, die nicht der hauptsächlichen Tradition deutscher Belletristik im 19. und 20. Jahrhundert entsprach. Doch abgesehen davon war Literatur, was deutsche Schriftsteller an Prosa oder Poesie hervorbrachten; ob es gut oder schlecht war, steht auf einem anderen Blatt. Was damals von NS-Autoren oder von Schriftstellern, die ganz oder nur zeitweise im Dritten Reich lebten, zu Papier gebracht wurde, war genuin deutsche Literatur, gleichgültig, ob abgeleitet oder originell oder eine Mischung aus beidem.

Zugegebenermaßen gab es bis mindestens 1940 keine Literatur, die im zeitgenössischen, nationalsozialistischen Milieu spielte.[48] Romanautoren fühlten sich den ständig im Fluss befindlichen Ereignissen zu nahe, um eine maßvoll-objektive Haltung einnehmen zu können, und wenn sie, um dem Zeitgeschehen auf der Spur zu bleiben, von Heiklem oder Negativem wie dem »Röhm-Putsch« oder Konzentrationslagern berichten wollten, wussten sie um die Zensur. So tauchten nationalsozialistische Symbole, Persönlichkeiten oder Geschehnisse in erzählerischen Handlungen auf, die vor 1933 spielten. Darüber konnten Schriftsteller aus sicherer Distanz und Perspektive berichten. In Romanen über die sogenannte Kampfzeit der NSDAP – 1919 bis 1933 –, in denen die Weimarer Republik den historischen Rahmen bildet, taucht häufig Hitler auf, gefolgt von Goebbels und Horst Wessel: Personal von hohem Wiedererkennungswert und Charisma.[49]

Romane mit historischem Ausgangspunkt und post-industriellem Szenario begannen zumeist während des Ersten Weltkriegs, begaben sich dann in die Welt der zwischen 1919 und 1925 operierenden Freikorps und behandelten bestimmte Problemfelder der Weimarer Republik. Hans Zöberlein, Edwin Erich Dwinger und Werner Beumelburg spezialisierten sich auf solche Geschichten. Mehr oder weniger deutlich stellten sie die Weltkriegskämpfer über die Freikorps mit den Männern aus SA oder SS in eine Linie. Einige ihrer Romane waren schon in den zwanziger Jahren veröffentlicht worden und erlebten nach der Machtergreifung höchst erfolgreiche Neuauflagen. All dies qualifiziert sie als NS-Literatur. Dass diese Autoren wie andere ihrer Sorte selbst Soldat gewesen waren, verlieh ihren Arbeiten einen hohen Grad an Authentizität.[50]

Zu den Hinweisen, dass die Autoren faschistisch waren, zählen zum Ersten die Kriegsverherrlichung im Interesse der als patriotisch (lies: chauvinistisch) verstandenen deutschen Sache, zum Zweiten die Konstruktion einer Situation von Befehl und Gehorsam, in der eine autoritäre Führungspersönlichkeit ganz oben steht, und zum Dritten die Schilderung eines Individuums, etwa eines Soldaten, in dieser Kommandokette, das nur als Teil einer größeren Gemeinschaft, zum Beispiel eines militärischen Zugs, Bedeutung erlangt. Das ist schon ein Vorgeschmack auf die »Volksgemeinschaft«. Für Ernst Jünger war der Krieg von erhabener, moralisierender Wirkung, denn hier »begegnete der deutsche Mensch einer stärkeren Macht: er begegnete sich selbst«.[51] Edith Gräfin Salburg glorifizierte den Tod auf dem Feld als »Heldentod im höchsten Sinn«, für den Soldaten bedeute er »das Hinauswachsen über die eigene Persönlichkeit, das Sichselbstvergessen im Dienste des Ganzen«.[52] Dwinger erinnerte sich an das Gefühl der Gemeinschaft mit den zum Tode verdammten studentischen Freiwilligen, die im November 1914 in der berühmten Schlacht von Langemarck fielen, und er sowie Beumelburg, Heinrich Zerkaulen und Heinz Steguweit schilderten Szenen erbärmlichen Gehorsams der Soldaten gegenüber ihren Vorgesetzten.[53] In Literatur umgesetzt wurden neben den Ereignissen des Ersten Weltkriegs auch der als Schmach empfundene Versailler Friedensvertrag sowie die Legende vom »Dolchstoß« der Heimatfront in den Rücken der Armee.[54]

Die sogenannten Freikorps, kleine paramilitärische Gruppen, geführt von schlachterprobten Kommandanten, die zumeist den mittleren Rängen entstammten, formierten sich schon Anfang 1919, kurz nach der Auflösung der kaiserlichen Armee. Anfänglich wurden die Freikorps von der jungen Weimarer Republik als Polizeikräfte eingesetzt, aber seit 1920 kämpften sie, unabhängig und illegal, vor allem im Osten, und zwar gegen Bolschewiki, Balten und Polen, die, so hieß es, im Verein mit den Westalliierten deutschen Boden okkupierten. Hypernationalistische Freikorps ergriffen früh Partei für Hitler und seine Bewegung; bisweilen hatten sie Hakenkreuze auf ihre Stahlhelme gemalt. In seiner Pathographie der Freikorps hat Klaus Theweleit ein scharf umrissenes Bild gezeichnet, wobei er vor allem die Obsession der Männer mit Grausamkeit hervorhob; »Blut« stand für sie einerseits im Zusammenhang mit Verwundung und Tod, andererseits mit Lebenskraft und Rassegemeinschaft. Bei den Frauen unterschieden sie die »weißen Schwestern«, die Krankenschwestern, die als Mütter und Schwestern zu verteidigen waren, von den »roten Schwestern«, den kommunistischen Frontkämpferinnen – Huren, die (mit dem phallischen Gewehr) erschossen werden mussten.[55]

Das Wesen dieser Freikorps erfasste Zöberlein in seinem Roman *Der Befehl des Gewissens* (1937). Dort geben die Truppen ihrer Enttäuschung darüber Ausdruck, von der republikanischen Regierung nach dem Waffenstillstand vom November 1918, dessen Bestimmungen ihre Illegalität vorsah, verraten worden zu sein. Nun warteten sie auf einen Führer, der diesen Zustand beenden würde. In Dwingers Roman *Die letzten Reiter* (1935) erklärt Hauptmann Wollmeier seinen Kameraden, warum er sich schon früh der NS-Bewegung angeschlossen hat. Und in *Rebellen um Ehre* (1939) erläuterte der Autor, Herbert Volck, das Ethos der Freikorps, als die Truppen in Litauen dem »asiatischen Bolschewismus« gegenüberstanden: »Soldaten kann jeder gute Offizier kommandieren, Herzen führen nicht jeder. Wer nur befiehlt, ohne dass seine eigene Todesbereitschaft herauszufühlen ist, für den werden die Freiwilligen bald Verweigerer.«[56]

Einige Freikorps, wie das von Albert Leo Schlageter geführte, verübten Sabotageakte gegen die Franzosen im besetzten Rheinland.[57] Diese Männer und ihre Taten wurden in der nun auftauchenden neonationalistischen Literatur heldenhaft verklärt.[58] Weiter geschürt wurden antifranzösische Ressentiments von Romanen, die sich mit der (angeblichen) Vergewaltigung deutscher Frauen durch Angehörige französischer Kolonialtruppen im Rheinland beschäftigten. Die so Beschuldigten wurden als »Neger« beschimpft (tatsächlich handelte es sich um Araber aus dem Maghreb und Indonesier).[59]

Die Verlierer des Ersten Weltkriegs und die Freikorps richteten ihre ganze Wut gegen die Weimarer Republik, die den Versailler Vertrag und die Besetzung des Rheinlands hingenommen hatte – und die Populärliteratur im Dritten Reich zeugte davon. Die Zustände in der Weimarer Republik wurden auf schrille Weise detailreich karikiert, zuvörderst die »Asphaltkultur«, angeblich ein besonders negatives Merkmal der Weimarer Zeit. Herbert Volck äußerte sich kritisch über »Kaffeehäuser, Bars, Bodegas, für den Abend Tanzdielen, Luxuskabaretts«, des Weiteren über »die neuen Negertänze, die plärrende Jazzmusik, die neue Mode«.[60] Zöberlein richtete anklagend den Finger auf »Kellner im schwarzen Frack«, die »frechen Augen geschminkter

Halbweltdamen« und die Versorgung der gut Betuchten mit »französischem Sekt«.[61] Zu dieser Subkultur zählte man außerdem »entartete« Bücher (und Filme) von so gottverlassenen Liberalen wie Erich Maria Remarque, dessen Roman *Im Westen nichts Neues* offen pazifistisch war.[62] Ernst Wiechert beklagte denn auch die »verschwommene Humanität« der Weimarer Zeit, und Ernst Jünger machte diese Ära verantwortlich für die »optische Täuschung« der Massen durch das allgemeine Wahlrecht.[63] Durch »Feindblockade« und Inflation verursachte wirtschaftliche Erschütterungen, durch von den »Novemberverbrechern« heraufbeschworenes Unheil sei die vormals so wohlgeordnete Gesellschaft aus den Fugen geraten, und nun bewege sich ein Heer von Kriegskrüppeln auf den Straßen, während Akademiker, Kriegshelden, Ladenbesitzer und ungelernte Arbeiter ohne Job dastünden.[64] Neben den Juden galten die Kommunisten und ihre paramilitärischen Einheiten, die verhassten Rotfrontkämpfer, als Hauptschuldige am Desaster; dennoch wurden viele Mitglieder der Rotfront als potenzielle oder tatsächliche Überläufer zum Nationalsozialismus beschrieben.[65]

Die in diesen Romanen gegen Weimar gerichteten Ressentiments lösten antidemokratische Stimmungen aus und fanden ihren Höhepunkt im schließlich durch Hitler verkörperten Autoritarismus. In Ernst Wiecherts Roman *Das einfache Leben* (1939) zieht sich Thomas von Orla, ehemals Kapitän der kaiserlichen Marine, aus der Großstadt in einen einsamen Winkel Ostpreußens zurück. Als einzige Autorität akzeptiert er einen General im Ruhestand, der sich so knapp ausdrückt wie Friedrich der Große. Orla selbst wiederum ist die Autorität für Bildermann, einen ehemaligen Matrosen, der ihm, ohne zu fragen, in die Einsamkeit gefolgt ist, als wäre der Erste Weltkrieg noch nicht vorbei.[66] Ernst Jünger geht in seinem Essay *Die totale Mobilmachung* (1934) davon aus, dass infolge einer den Individuen auferlegten »unbarmherzigen Disziplin« eine totale Mobilmachung der Massen möglich sei, die nicht durch die Demokratie, sondern die Erfordernisse autoritärer Herrschaft bestimmt wird.[67] In seinem Roman *Der Großtyrann und das Gericht* (1935) zeichnet Werner Bergengruen das Bild eines allmächtigen Herrschers zur Zeit der Renaissance, der in seinem Garten einen Mönch tötet, um dann die Suche nach dem Mörder anzuordnen. Mit Psychoterror bringt er seine Untertanen dazu, schon bald in jedem Nachbarn den Mörder zu sehen. Nach und nach verklärt der Autor den Großtyrannen, einen Herrscher, der durch reinen Befehl regiert, als käme es ihm natürlicherweise zu, der Gesetze schafft ohne Begründung, der die Infrastruktur seines Herrschaftsgebiets nach Belieben verändert. Er liebt es, Riesenbauten zu errichten, ganz wie Hitler. Am Ende erklärt der Tyrann vor einem von ihm selbst zusammengerufenen Gericht, dass »die Tötung des Fra Agostino ... außerhalb der Gerichtsbarkeit« stehe – eine zeitnahe Verteidigung der Vorgänge um den »Röhm-Putsch«, der gerade vermeintlich niedergeschlagen worden war. Bergengruens abschließende Interpretation des Herrschers taugte zur Erklärung historischer Tyrannen, las sich aber keineswegs zufällig auch wie eine Rechtfertigung Hitlers. Vom Großtyrannen heißt es, »dass er zu handeln hat einzig nach den Grundsätzen seiner Wesenheit, nicht aber nach Richtmaßen, die außerhalb seiner entstanden sind«.[68] Rosenbergs *Völkischer Beobachter* feierte das Buch als »Führerroman der Renaissancezeit«.[69]

Das war die post-industrielle Literatur. Die vorindustriell orientierte Prosa und Poesie beschäftigte sich mit der »rassischen« Abkunft der Deutschen im Wege der »Ahnenpflege«. Es ging darum, die Wurzeln der deutschen Bevölkerung möglichst weit zurückzuverfolgen, um glaubhaft behaupten zu können, es führe eine ununterbrochene Linie von den frühen Germanen und ihrer Kultur zum jetzigen Volk. Da solch eine Linie aufgrund der Vermischung der Germanen mit anderen Ethnien und der Schwierigkeit, die frühe Stammesgeschichte angemessen zu rekonstruieren, bestenfalls lückenhaft war, enthielten »historische« Romane üblicherweise mehr fiktive Elemente, als wissenschaftlich vertretbar war. Die »Ahnenpflege« war tatsächlich nur unkritische Ahnenverehrung, die den altgermanischen Stämmen Eigenschaften zuschrieb, welche sie in Wahrheit nie besessen hatten, die jedoch der nationalsozialistischen Weltanschauung zupass kamen. An die Stelle von Tatsachen trat die Fiktion.[70]

Ein beliebtes Genre in diesem Bereich waren Romane um die Sagenwelt der Wikinger, wie Werner Jansen, Will Vesper und Hans Friedrich Blunck sie schrieben. Der Arzt und SS-Standartenführer Jansen war ein rabiater Antisemit; sein Roman *Die Insel Heldentum* (1936) schilderte Stammesfehden von äußerster Brutalität und handelte vom Niedergang der Wikinger auf Island. Mochten sie auch töricht und tollkühn sein, gehorchten sie doch den Gesetzen ihres Blutes und wussten, dass »der Einzelne nichts, die Sippe alles« galt.[71] Für den NS-Literaturkritiker Norbert Langer reflektierte der

Roman Gesetze des Denkens und Fühlens.[72] Walter Best erklärte ihn in *Das Schwarze Korps* zur Pflichtlektüre für jeden SS-Mann, weil Jansen zeigen könne, dass »der geschichtliche Ablauf unserer Vergangenheit nur dann einen Sinn auch in Tod und Untergang hat, wenn die Erben dieser Geschichte die Lehren daraus zu ziehen vermögen«.[73] Will Vespers Helden waren Isländer, Islandreisende oder Menschen, die mit germanischen Göttern in Kontakt kamen.[74] Hans Friedrich Blunck, 1933 Nachfolger Heinrich Manns als Vorsitzender der Sektion für Dichtung in der Preußischen Akademie der Künste, schilderte im Roman *König Geiserich* (1936) die idealen Eigenschaften früher germanischer Führer. König Geiserich, eine historische Figur (389–477), war bei Blunck mit selbstloser Liebe zu seinem Volk, staatsmännischer Weisheit sowie moralischer und physischer Stärke ausgestattet. Geiserich führte die Vandalen durch Spanien nach Nordafrika, um dann bei Karthago zu regieren. Nebenbei unternahm er Feldzüge, die u. a. zur Plünderung Roms führten. Er blieb die ganze Zeit unverheiratet, um seinem Volk besser dienen zu können – ein unübersehbares Kompliment an Hitler.[75]

Solche Phantasien über Blut und Sippe konnten auch zu einer anderen Zeit spielen und sich zum Beispiel mit germanischen Bräuchen im Früh- oder Hochmittelalter beschäftigen. Josefa Berens-Totenohls Roman *Der Femhof* spielt um 1350 im Westfälischen. Auf dem Femhof bewahrt Magdlene, Tochter und einziges Kind eines wohlhabenden Bauern namens Wulf, Vorläufer von NS-Erbhofbauern, das Blut und die Tradition ihrer Vorfahren. Sie verliebt sich in einen Landarbeiter, der einmal im Versuch, seinen rechtmäßigen Besitz zu wahren, einen Mann tötete. Magdlenes Vater ist gegen die Verbindung und ersticht den Freier, nachdem ein Femegericht ihn zum Tode verurteilt hat.[76] Angeblich hat die Feme das Gerichtsbarkeitssystem der germanischen Stämme konstituiert; wohl nicht zufällig wurde sie von illegalen Freikorpskämpfern in den zwanziger Jahren wiederbelebt. Sie sprachen das Urteil und vollstreckten es gegen Verräter in ihrer Mitte. (Martin Bormann und Rudolf Höß, der erste Kommandant von Auschwitz, wurden während der Weimarer Republik wegen Fememorden zu Gefängnisstrafen verurteilt.) Im Roman gibt es trotz des Todes des jungen Mannes Nachkommenschaft für die Familie Wulf, hat er doch mit Magdlene gegen den Willen des Vaters geschlafen, und so trägt sie das Kind nach seinem Tod aus. Die Autorin zeigt damit den Nutzen der Feme und den Vorrang einer ununterbrochenen Blutsverwandtschaft von urfernen Zeiten an bis zur zukünftigen Genealogie der Familie Wulf auf, die im Folgeroman – *Frau Magdlene* – geschildert wird. Ihre Botschaft lautet, dass man die Bräuche der Gemeinschaft übertreten kann und infolgedessen bestraft werden muss, dass aber die Langlebigkeit der Sippe höher steht als das individuelle Glück.[77] Das Buch war im Dritten Reich höchst erfolgreich, mehr als eine Viertelmillion Exemplare wurden verkauft.[78]

Mit dem außerehelichen Beischlaf und der unehelichen Geburt von Bauer Wulfs Enkel werden Themen eingeführt, die den Großteil der völkischen Literatur vor der nationalsozialistischen Herrschaft und währenddessen bestimmen, unabhängig davon, ob sie in grauer Vorzeit oder in der Gegenwart spielen. Die typische Literatur der NS-Zeit handelt von Wikingern, Germanen und Genealogien.[79] Ferner geht es um Frauenbilder, Eugenik, Rassenbewusstsein bis hin zur Fremdenfeindlichkeit, Liebe zum Landleben, Besiedlung (Osteuropas), Handwerk und einen damit einhergehenden Hass auf die Stadt und ihre Eigenschaften. Lässt man ästhetische Erwägungen beiseite (Saul Friedländer hat die ganze Melange zutreffend als »Kitsch« bezeichnet), ergibt sich ein Muster aus männlich dominierten archaischen Strukturen und anti-intellektuellen Impulsen, eine antimoderne, von verschwommenen Gefühlen regierte Welt.[80]

Vielfach war die NS-Literatur von biopolitischen, organologischen Obsessionen beherrscht. In der germanozentrischen Welt dieser Autoren galt die Mutter, wie im Beispiel von Magdlene Wulf, als Quell alles lebenswerten Lebens. In der NS-Ideologie wie in der entsprechenden Literatur war Mutterschaft die Hauptaufgabe der Frau. Danach kam ihre Rolle als Gehilfin des Mannes, als eugenische und erotische Partnerin. Schilderungen verehrungswürdiger Mütter finden sich in vielen NS-Romanen, besonders in Walter Bauers *Das Herz der Erde* (1933), in dem der Autor allein das Klischee pflegt.[81] Bauer schilderte die Mutter in den höchsten Tönen einer alles Erlaubte überschreitenden Gefühligkeit. In einer quasi-masturbatorischen Szene entkleidet sich die schwangere Alma und, von »Nachtluft umweht«, spürt sie »die Kraft ihres Leibes«. Einige Seiten später heißt es: »Ich habe dich erkannt, Mutter. Sollten ihre Brüste nicht mehr seinem Durste dienen? Sie war seine Mutter.« Dann wieder sieht Alma sich in einem Ladenfenster und findet sich

»stark, braun, mütterlich gesund«.[82] Auch andere Romane huldigten dem Mutterkult, ja, der Fruchtbarkeit an sich. Jansen hat dafür die Isländer vorgesehen, Steguweit den Weltkrieg, als Deutschland selbst die Mutter war, Otto Paust zeichnet die Freikorps als mütterlich, während Karl Benno von Mechow, Hans Carossa und Ernst Wiechert dafür das Land wählen.[83] Der SA-Barde Heinrich Anacker fasste das Thema für die Nationalisten in einem Gedicht zusammen, in dem eine Mutter drei Söhne geboren hatte, damit sie für Deutschland sterben konnten, und Hans-Jürgen Nierentz empfahl, ebenfalls in einem Gedicht, zimperlichen Frauen, ruhig auf die Geburt ihres Kindes zu warten.[84]

In gewissen Szenarien, in denen das Mädchen, die Mutter (für völkische Eugenikanhänger nur ein Gebärgefäß) als erotisches Lustobjekt hätte fungieren können, wichen die Autoren häufig der Versuchung aus, um nicht, wie die Naturalisten oder Expressionisten – Hauptmann und Halbe, Schnitzler und Wedekind – der Pornographie bezichtigt zu werden.[85] Vielmehr wurden Freundinnen und sogar Ehefrauen als »Kameraden«, pragmatische Gehilfinnen des Mannes, dargestellt.[86] Oder es gab die Möglichkeit, sie zu infantilisieren und dadurch zu marginalisieren, damit sie die organische Hierarchie mit der Vorherrschaft des Mannes nicht gefährden konnten.[87]

Die Gesetze der Eugenik mussten beachtet werden, sonst waren die natürlichen Folgen solcher Vernachlässigung unabwendbar. Idealerweise sollten Männer wie Frauen für die Volksgemeinschaft ein Vorbild an genetischer Gesundheit sein und den (auch außer-)ehelichen Geschlechtsverkehr meiden, wenn erbliche Belastungen vorlagen. In Betina Ewerbecks Roman *Angela Koldewey* (1939) ist dies das Schicksal des Malers Martin, den die Medizinstudentin Angela nicht heiraten kann, weil es in seiner Familie eine Erbkrankheit gibt.[88] (Ewerbeck war die Ehefrau des führenden SS-Arztes Kurt Blome, der später im Nürnberger Ärzteprozess zu den Angeklagten gehörte.) Edwin Erich Dwinger ließ einen seiner Freikorpsanführer predigen: »Mit der Verhätschelung der Armen beginnt das Ungesunde, mit der Bevorzugung der Kranken der Selbstmord!«[89] Mit getragenem Ernst schilderte Friedrich Griese in seinem Roman *Die Weißköpfe* (1939) den Umgang mit einem behindert geborenen Kind in den alten Zeiten: »Das Kind sei hinausgetragen und an einer verschwiegenen Stelle im Wald niedergelegt worden, zuweilen habe man es ertränkt oder lebendig begraben, um einen schnelleren Tod herbeizuführen.«[90] Das Veröffentlichungsjahr der Bücher von Ewerbeck und Griese fällt mit dem Beginn der NS-Euthanasiekampagne zusammen, die behinderte Kinder als »lebensunwertes Leben« zum Tode verdammte.[91]

Auch Rassereinheit war ein Thema für die eugenischen Eiferer. In der erstickenden Atmosphäre der Xenophobie gerieten die Juden, als potenzielle »Rassenschänder«, als Erste zur Zielscheibe, vor allem die nach dem Ersten Weltkrieg vermehrt eingewanderten Ostjuden, obwohl die Assimilierten weiterhin die überwiegende Mehrheit der jüdischen Bevölkerung bildeten. Danach kamen die Schwarzen und schließlich die Sinti und Roma (»Zigeuner«).[92] Hitlers zeitweiliger Mentor Dietrich Eckart wurde gefeiert, weil er, so glaubte man, die »jüdische Frage« in den Mittelpunkt der nationalen Aufmerksamkeit gerückt habe. In Romanen wurde Juden häufig angelastet, sie hätten das deutsche Volk und insbesondere das Heer nach dem November 1918 betrogen. Die Folge, so wurde insinuiert, seien die Verstrickung der Juden in alle möglichen Korruptionsnetzwerke und, damit einhergehend, sexuelle Übergriffe auf »arische« Frauen.[93] Auch die Jazzbegeisterung der zwanziger Jahre war völkischen Autoren zufolge das Ergebnis jüdischer Manipulation der von »Negern« erfundenen Jazzmusik.[94]

Die Angst der Nationalisten vor Menschen dunkler Hautfarbe hielt sich vor und nach 1933 zwar in Grenzen, weil es nur wenige davon – als Zeugnis von Deutschlands kolonialer Vergangenheit – im Lande gab. Dennoch fehlten sie nicht im Katalog der völkischen Phobien und waren dergestalt Gegenstand eugenischer Besorgnisse. Vor allem der Schriftsteller Hans Grimm, einst Korrespondent in (Deutsch-)Südwestafrika, fachte den Hass auf Schwarze an, als er in seinen Büchern vor »Rassenvermischung« warnte. Das begann mit *Volk ohne Raum*, zuerst veröffentlicht 1926 und mit über 300 000 verkauften Exemplaren ein Bestseller im sogenannten Dritten Reich. Es folgten Geschichten wie in *Lüderitzland* (1936), in denen er die Deutschen in Südwestafrika (dem heutigen Namibia) verherrlichte, die Hereros, die Opfer des ersten deutschen Genozids (1903/04), dagegen verunglimpfte. »Kaffern« röchen schlecht, meinte Grimm, und die Mädchen, sexuell zügellos, seien fortwährend darauf aus, weiße Männer zu verführen. Auch Hanns Johst warnte vor »schwarz-weißen Mesalliancen« wie in Marseille, wo 1936 »achtzehntausend Mischlinge ... zur Schule angemeldet« worden seien.[95]

Lektüre über angeblich feindselige Nachbarländer, allen voran über den geheimnisvollen Riesen Sowjetunion, nicht zuletzt, weil dort, so hieß es, Juden lauerten, die im Hintergrund die Strippen zögen, wurde zum beliebten Zeitvertreib. Angeblich konspirierten die Juden dort mit den herrschenden Kommunisten, um deutsche Minderheiten zu unterdrücken – anständige Bauern, die sich unter Katharina der Großen oder später auf der Krim und im Kaukasus niedergelassen hatten. Deutsche, nicht Russen oder ukrainische Kulaken waren in diesen Darstellungen die Opfer der vom Kreml inszenierten Hungersnöte, an denen Millionen starben. Zudem würden die Deutschen dort von wilden Bergvölkern gejagt. Waren die Russen keine Juden, dann eben hässliche und grässliche Tataren ohne Sitte und Anstand, dem Wodka verfallen.[96] Als sich 1938 die Sudetenkrise entwickelte, kamen außerdem Romane über die deutschen Minderheiten in der Tschechoslowakei auf den Markt, in denen die Tschechen als gerissene Schurken dargestellt wurden.[97] So wurde psychologisch vorbereitet, womit Hitler dann sein Streben nach Raum im Osten für die »Volksgemeinschaft« rechtfertigen sollte.

In seinen Büchern polemisierte Grimm auch gegen Briten und Franzosen, in denen er hauptsächlich skrupellose Händler und rücksichtslose Kolonisatoren sah. Ähnlich, wenn auch weniger auf die Kolonien bezogen, verfuhr Karl Aloys Schenzinger im Roman *Anilin* (1937), in dem deutsche Wissenschaftler als Erfinder gegen unfaire englische Konkurrenten kämpfen.[98] Wenn es in Romanen gegen Briten und Franzosen ging, drehte es sich hinsichtlich der Ersteren meist um Handelsprobleme, in Bezug auf die Letzteren um Intellekt und Moral: Das von den Franzosen mit der Aufklärung ausgerufene Zeitalter der Vernunft werde durch die in Paris zu beobachtenden Orgien und Perversionen korrumpiert.[99]

Durch diese ganze Literatur zieht sich ein dünner Faden an Anti-Intellektualität, der mit der Irrationalität der NS-Ideologie selbst korrespondiert. »Denken« sei »ein Strudel«, sagt der Graf zu Kapitän von Orla in Wiecherts *Das einfache Leben*, nachdem Orla versucht hatte, »die Wunder des Universums« ausfindig zu machen.[100] Von Mechow bezweifelte eine »gelehrte Schulphilosophie vom Schreibtisch«, und in Tüdel Wellers Roman *Rabauken* (1938) wird jedes Gespräch über Freud und Psychoanalyse von Juden geführt.[101] In Will Vespers *Geschichten von Liebe, Traum und Tod* (1937) ist »tüchtiges, ehrliches Wissen« mehr wert als eine akademische Karriere.[102]

Der Intellektuelle war in der Großstadt zu Hause, darum brachten die Schriftsteller im Dritten Reich dem Urbanen ganz besondere Verachtung entgegen, während sie das Landleben verherrlichten. Für diese Neoromantiker war die Stadt ein Prisma, das in Verdichtung alles Schlechte zeigte, dem ihre Ablehnung galt. Die Häuser der Stadt waren laut Wiechert wie »Gräber in einem toten Land«.[103] Er verwarf, wie ein ihm Gleichgesinnter richtig bemerkte, alles, was nicht Natur war, während alles, was von ihr stammte, vollkommen war.[104] Für Autoren wie Will Vesper, Fritz Stelzner und Kuni Tremel-Eggert war die Stadt anonym und seelenlos.[105] Bordelle und verbotener Sex seien kein Umfeld für das Gebären und Aufziehen von Kindern. Die Stadt sei voll von Juden und den eitlen Vergnügungen, die Korruption und Raub boten. Dort konnten aus ihrer Sicht nur Kommunisten leben.[106]

Was aber blühte auf dem Lande im Gegensatz zur anonymen Industriestadt? Natürlich das Bauerntum, darüber hinaus aber die alten Handelsgeschäfte und Handwerke, all das, was Frauen und Männer mit ihren Händen verrichteten. Viele Romane und auch Gedichte feierten die Tugenden des Handwerkers und Kunsthandwerkers; dem zugrunde lag Hitlers Maxime, »Arbeiter der Stirn und der Faust« seien einander gleichwertig. In Ernst Wiecherts ostpreußischer Abgeschiedenheit sieht Kapitän von Orla seinen Lebensinhalt darin, fischen zu gehen, im Wald zu roden und Zimmermannsarbeit zu verrichten.[107] Ähnlich heben andere Schriftsteller Arbeiten wie Sattlerei, Maurerei und Blechschmiederei hervor.[108] Heinz Steguweit jubelte dichterisch: »Der Schreiner sprach zum Dichter stolz:/Wir sind von gleichen Sorten;/ich schaff mit Säge, Hobel, Holz,/mit Hammer, Nagel oder Bolz –/Du schreinerst fein mit Worten.«[109]

Die Glorifizierung der Handarbeit entsprach der Verherrlichung von Ländlichkeit, Dörflichkeit und heimatlicher Scholle durch NS-Schriftsteller. Das Ländlichkeitsideal war nicht den Vorstellungen Hitlers entsprungen, sondern einem frühen Gefolgsmann, dem Agrarpolitiker Richard Walther Darré; allerdings benutzten Hitler und Goebbels dieses Ideal, um die Massen in den ländlichen Gebieten anzusprechen.[110] Auch literarisch ging die Idolisierung des Landlebens bereits auf vorindustrielle Zeiten zurück, wobei alle anschließend durch die industrielle Revolution verursachten Veränderungen standhaft geleugnet wurden. Schon im späten 19. Jahrhundert hatten sich der Bayer Ludwig Thoma und der Steiermärker Peter Rosegger als die unbestrittenen Vorkämpfer des Ländlichen hervorgetan. Thoma gehörte zu Goebbels' Lieblingsschriftstellern.[111]

Die Ländlichkeit wird in den Büchern deutscher Schriftsteller zwischen 1933 und 1939 sehr holzschnittartig gezeichnet: Zumeist geht es um das Alltagsleben des Bauern, um seinen Acker und dessen Früchte, um die Arbeitstiere (Traktoren fehlen), Vieh, das versorgt oder verkauft werden muss. Die (erweiterte) Familie, die ihn unterstützt und die zu ernähren er die Verantwortung trägt, besteht aus seiner Ehefrau, den Kindern (vorzugsweise Söhnen als Erben), manchmal auch Schwägern und Enkeln und, mangels Maschinerie, dem mit auf dem Hof lebenden Knecht. Die Menschen sind archaisiert dargestellt und sprechen den lokalen Dialekt, lesen kaum und ernähren sich von einfacher Kost. Sie gehen im Sonntagsstaat in die Kirche, treffen sich, um in gemeinsamer Runde Bier oder Wein zu trinken oder wichtige Familienfeste zu feiern. Die Ehefrauen leben zumeist unterm Joch, die Töchter erst recht; häufig werden sie gegen ihren Willen verheiratet; Bekannt- und Freundschaften gibt es wenige, dafür sind sie umso enger. Wie im Mittelalter lasten uralte Flüche, böse Vorahnungen schwelen, vor allem, wenn Untaten verübt worden sind. Die Vorsehung spielt ihre Rolle – eine Macht, auf die Hitler sich gerne berief. Naturkatastrophen werden tapfer bewältigt, wobei das Überleben nicht immer gesichert ist. Aber der Bauer und die Seinen halten auf der von ihnen bewahrten Scholle stand, wenn die patriarchale Daseinsweise ernsthaft und bisweilen unwiderruflich bedroht wird – vor allem durch Einflüsse einer nahe gelegenen Stadt. Aber alles in allem sind diese ländlichen Szenerien in ihrem So-Sein festgeschrieben, gegen die Dynamik der Stadt, der Modernität.[112]

In seinem Gedicht »Flieg, deutsche Fahne, flieg!« fing Hans-Jürgen Nierentz die Fetischisierung von »Blut und Boden« ein, als dieses Konzept zum literarischen Inventar avancierte. Das Gedicht zog die Verbindung zwischen der bäuerlichen Liebe zur Scholle und dem Blut, das er möglicherweise vergießen müsse, wenn er sich aufmachte zur Eroberung von »Lebensraum im Osten«. Das Gedicht sprach vom Führer, der bereit sei, Bauern mit ihren Hacken und Spaten durch deutsche Lande zu leiten, die vor Soldaten bereits nur so strotzten.[113] Das Gedicht wies mit offener Militanz schon 1936 auf den Angriff hin, der drei Jahre später auf den Osten erfolgen sollte. 1938 veröffentlichte Hans Friedrich Blunck seinen Roman über den Deutschordensritter

Walter von Plettenberg, der den russischen Großfürsten Iwan III. in der Schlacht besiegte[114] – ein Jahr, bevor Hitler in Polen einmarschierte, und drei Jahre vor dem Überfall auf die Sowjetunion.

Presse und Rundfunk

Praktisch keine Zeitung oder Zeitschrift konnte nach der Machtergreifung irgendetwas ungeprüft veröffentlichen, mochte der Inhalt auch noch so trivial sein. Einige Autoren arbeiteten für die Presse, manche sogar als fest Angestellte. Zu diesen gehörte Friedrich Sieburg, der, geboren 1893, schon als 26-Jähriger im Ersten Weltkrieg sich als Flieger betätigt und dann in Berlin seine schriftstellerische Karriere begonnen hatte. Mitte der zwanziger Jahre arbeitete er für die liberal-konservative *Frankfurter Zeitung* und zu Beginn der NS-Herrschaft war er ihr Korrespondent in Paris. Er selbst tendierte zur politischen Rechten und verteidigte den Nationalsozialismus gegenüber ausländischen Kritikern so überzeugend, dass Berlin ihn 1939 in den Auswärtigen Dienst berief.[115] Seinem Konservatismus hatte Sieburg nicht nur in Artikeln für die *Frankfurter Zeitung*, sondern auch in einigen Büchern Ausdruck verliehen. So erklärte er, Humanismus und Liberalismus seien mit der französischen Aufklärung verbunden und für das »neue Deutschland« nicht geeignet.[116] Oder er pries den portugiesischen Diktator Salazar als Führerpersönlichkeit ersten Ranges. Er zog Parallelen zu Hitler, indem er den früheren Professor für Wirtschaftswissenschaften als anspruchslosen, bescheidenen Menschen beschrieb, der nicht aus persönlichem Ehrgeiz, sondern aus Notwendigkeit zum autokratischen Herrscher seines Landes geworden sei. Seinen Kampf gegen den Kommunismus rechnete Sieburg ihm hoch an; Salazar müsse allerdings auf dem Weg in eine vielversprechende Zukunft noch eine Lösung für das »Rassenproblem« finden. Denn der portugiesische Eroberer Alfonso de Albuquerque habe zu Beginn des 16. Jahrhunderts den schweren Fehler begangen, die Heirat von Seeleuten und Siedlern mit farbigen Eingeborenen in den neu erworbenen Kolonien zu fördern. Die Ergebnisse könne man, so Sieburg, heute noch auf den Straßen portugiesischer Städte sehen.[117]

Sieburg und seine Kollegen in den deutschen Zeitungen ließen sich vom im Oktober 1933 verabschiedeten Schriftleitergesetz ebenso leiten wie von den regelmäßigen Direktiven aus dem Propagandaministerium. Eine neue Institution, das Deutsche Nachrichtenbüro (DNB), sorgte des Weiteren für die politisch genehme Steuerung des Informationsflusses mittels einer restlos gleichgeschalteten Presse.[118] Die Nachrichten waren häufig geschönt oder gänzlich erfunden, und was Berlin veröffentlicht sehen wollte, wurde den Redaktionen diktiert. Ein Beispiel dafür ist eine Richtlinie vom Dezember 1935, frisch veröffentlichte Goebbels-Reden positiv zu rezensieren, weil das Buch auf dem freien Markt bis dato wenig Resonanz gefunden hatte.[119] Als 1937 die Stadt Guernica im Spanischen Bürgerkrieg von der deutschen Legion Condor bombardiert worden war, erfuhr die deutsche Öffentlichkeit, spanische Flugzeuge seien dafür verantwortlich.[120] Im Herbst 1938 verschärften die Deutschen im Kampf um das Sudetenland das Vorgehen gegen die Tschechoslowakei. Als dabei der sudetendeutsche Politiker Wilhelm Baierle ermordet wurde, erhielten die deutschen Zeitungen die Anweisung, darüber auf der Titelseite zu berichten und die wahrscheinliche Komplizenschaft deutscher Emigranten ins Spiel zu bringen (die ja niemals eine Gelegenheit auslassen würden, NS-Politiker zu verleumden).[121]

Wie gut diese Anweisungen in der Alltagspraxis funktionierten, zeigt eine Bemerkung in Goebbels' Tagebuch. Am 10. November 1938, einen Tag nach den vom Propagandaministerium reichsweit initiierten antisemitischen Pogromen, sollten die Zeitungen die Ereignisse herunterspielen. Stattdessen, überlegte Goebbels, könnten sie schreiben, dass hier und dort Fenster eingeschlagen worden seien und »Synagogen sich selbst entzündet« hätten oder »sonstwie in Flammen aufgegangen« seien. Auf der Titelseite solle gar nicht oder nur sehr zurückhaltend und ohne Fotos berichtet werden. Kommentare dürften sein, sollten sich aber auf »eine begreifliche Empörung der Bevölkerung« und darauf konzentrieren, dass »eine spontane Antwort auf die Ermordung des Gesandschaftsrates« Ernst vom Rath in Paris gegeben worden sei. Goebbels' Anordnungen wurden befolgt, und er notierte erfreut: »Die deutsche Presse leistet prachtvolle Hilfestellung. Sie weiß, worum es geht.«[122]

Haben sich aber alle Zeitungen im Dritten Reich diesen Anordnungen in gleichem Maße unterworfen? Es gibt Hinweise darauf, dass die *Frankfurter Zeitung* dazu am wenigsten bereit war. Sie besaß eine lange bürgerlich-liberale Tradition, war für manche Schriftsteller und Redakteure der

Rettungsanker, weil sie der Zensur eine Zeit lang Widerstand leistete, zudem hielt Goebbels es für angebracht, für das Ausland ein Organ von traditionellem Anstrich als Aushängeschild zu behalten.[123] Sieburg etwa gab sich eher erzkonservativ als nazistisch, und zwei wichtige Redakteure hatten allen Grund, den Nationalsozialisten zu misstrauen: Benno Reifenberg hatte einen jüdischen Elternteil und Dolf Sternberger eine jüdische Frau.[124] Vormals hatte die Zeitung deutschen Juden gehört und über eine bedeutsame Anzahl jüdischer Beiträger verfügt. Erst als die prominenten Autoren Walter Benjamin und Siegfried Kracauer nicht mehr für die *Frankfurter Zeitung* arbeiteten, erlaubte Goebbels das weitere Erscheinen. Gegen Hitler allerdings, der die Zeitung immer verabscheut hatte, kam auch er nicht an: 1943 wurde sie verboten.[125]

Es gab noch einige – weniger widerstandsfähige– bürgerliche Zeitungen, die in Städten wie Köln, Hamburg und Berlin weiter erscheinen durften: die *Deutsche Allgemeine Zeitung*, die *Berliner Zeitung* und die *Neue Rundschau*.[126] Wie weit diese Zeitungen bereits, freiwillig oder erzwungen, der NS-Ideologie erlegen waren, zeigt sich u. a. daran, dass Organe wie die *Deutsche Allgemeine Zeitung* im Juli 1937 die Ausstellung »Entartete Kunst« positiv besprachen oder die *Frankfurter Zeitung* Hitlers Einmarsch in Österreich im Frühjahr 1938 feierte.[127] Sie druckte als erste Zeitung Hitlers bombastische Proklamation, um dann den »Anschluss« in einem langen Artikel zu würdigen, dessen Höhepunkt diese Sätze bildeten: »Ohne große Umschweife, mit ebenso großer Offenheit wie Entschlossenheit zeigt die Proklamation des Führers und Reichskanzlers, was in der letzten Nacht in Österreich vorgegangen ist. Die getroffenen Entscheidungen haben sich in der Sicherheit des Handelns vollzogen, die den Weg einer ruhigen und geordneten Lösung nicht verließ.«[128] Am 20. April 1939, Hitlers 50. Geburtstag, verglich Sternberger des »Führers« historische Größe mit der von Caesar, Barbarossa und Napoleon.[129] Weitere positive Artikel zu Hitler gossen Öl ins Feuer der Aggression gegen Polen.[130]

Da die Nationalsozialisten viel Wert darauf legten, im Volk verwurzelt zu sein, vor allem im Landvolk, brachten sie auch auf dem Land und in der Provinz die Zeitungen auf Linie (oder eliminierten sie ganz).[131] Um sie schwach und abhängig zu halten, durften nicht mehr sie, sondern nur noch die Parteipresse Verlautbarungen der Regierung veröffentlichen. Außerdem musste sich das Regime mit kleinen bis mittelgroßen katholischen Blättern ins Benehmen setzen, was trotz des im September 1933 mit dem Papst geschlossenen Konkordats ein heikles Problem blieb.[132]

Doch insgesamt war die Presse ein ideales Medium für Goebbels' Propagandazwecke. Zum einen konnte er die Bevölkerung per Mitteilung administrativer Verfügungen oder durch speziell zugeschnittene Nachrichten kontrollieren, zum anderen sie unterhalten und so dem Regime gewogen halten. Folglich wurden auch Handels-, Familien- und Hobbyzeitschriften in den Dienst des Staates gestellt. Im März 1938 würdigten beispielsweise nicht nur ein Technikerjournal, sondern auch das illustrierte Familienmagazin *Der Rundblick* und die *Schlesischen Monatshefte* den »Anschluss« Österreichs. Eine Imkerzeitschrift setzte »Ein Volk! Ein Reich! Ein Führer!« auf die Titelseite und erklärte das Ereignis dann zum »Wendepunkt auch der deutschen Imkergeschichte«.[133]

Die NSDAP verbot viele Zeitungen und erwarb viele, sicherte aber ihren eigenen Blättern eine bevorzugte Position. Die drei wichtigsten waren der *Völkische Beobachter, Der Angriff* und *Das Schwarze Korps*. Nach dem Modell des *Völkischen Beobachters* gab es überdies regionale Ableger wie den *Westdeutschen Beobachter* in Köln. Der *Völkische Beobachter*, gegründet in der Frühzeit der Bewegung mit erst Dietrich Eckart und dann Alfred Rosenberg als Hauptschriftleitern, wurde als das offizielle Parteiorgan der NSDAP schließlich von Hitler herausgegeben.[134] Er erschien täglich in zwei Hauptausgaben – Berlin und München – und druckte Parteikommuniqués sowie Berichte aus dem Alltag aus nationalsozialistischer Perspektive. Er war ein totalitäres Instrument zur Deutung der Welt nach totalitären Kriterien und zugeschnitten auf die totalitäre Herrschaft. Jedes Parteimitglied sollte die Zeitung abonnieren, und auch Nicht-Mitglieder taten gut daran, um keinen Verdacht zu erregen. Der Inhalt war einfach und massenwirksam aufbereitet, ebenso die Sprache. Auch im Feuilleton wurde die NS-Ideologie verbreitet: Die Aufklärung war, als französische Erfindung, verabscheuungswürdig, die schönste Musik war die romantische – und hier war Deutschland meisterlich –, der Expressionismus dagegen war »entartet«. Insgesamt schlug sich im *Völkischen Beobachter* die Phantasielosigkeit des Chefideologen Alfred Rosenberg nieder, der das Blatt bis zum Ende 1945 verantwortete.[135] Im Februar 1932 betrug die verkaufte Tagesauflage 41 000 Exemplare und stieg danach immens.[136]

Die Wochenzeitung *Der Angriff* hatte Goebbels 1927 in seiner Funktion als Gauleiter Berlins gegründet. 1929 erschien *Der Angriff* zwei Mal wöchentlich, danach wieder im Wochentakt. In der Weimarer Zeit war das Blatt häufig verboten; es brachte, inhaltlich und formal auf die SA ausgerichtet, vorwiegend Lokalnachrichten. »Knapp, klar, scharf und radikal redigiert und dem Berliner Geist angepasst«, so Goebbels, richte es sich an die arbeitende Bevölkerung. 1928 wurden 30 000 Exemplare verkauft, 1934 mehr als das Doppelte. Der Ton war sehr viel rüder als im *Völkischen Beobachter,* und das Blatt konzentrierte sich stärker auf die angeblich von den Juden ausgehenden Übel.[137] *Das Schwarze Korps* war die Zeitung der SS und unterstand nicht Goebbels, sondern Himmler. Propagandistisch war sie folgenreicher als der *Angriff,* weil die Journalisten dort gebildeter waren und das Blatt daher besser gemacht. Außerhalb der SS war es nicht so verbreitet wie der *Angriff,* aber man konnte es ohne Schwierigkeiten abonnieren oder am Kiosk kaufen. Die Artikel waren häufig geistreich und die Fotografien ansprechend. Es war ein Blatt für die Gebildeteren unter den überzeugten Nazis. Was im Reiche Himmlers vor sich ging, kam nicht zur Sprache, denn das unterlag für gewöhnlich strengster Geheimhaltung. Nur sehr selten ging es um Wesen und Ziele der nationalsozialistischen Herrschaft hinsichtlich der totalitären Beschränkungen und imperialistischen Ambitionen, und wenn, dann nur verbrämt.[138] Ein gutes Beispiel dafür ist eine Reportage über KZs. Offensichtlich machte man sich Sorgen wegen Berichten jüdischer Exilanten, und so versuchte *Das Schwarze Korps,* die Dinge geradezurücken. So hieß es dann 1936 in Heft Nr. 7 über die Insassen eines KZ: »Es ist dies eine Kollektion von Rasseschändern, Notzüchtern, sexuell Entarteten, Gewohnheitsverbrechern, die den größten Teil ihres Lebens hinter Zuchthausmauern verbrachten, und anderen Individuen, die sich durch ihr Verhalten außerhalb der Volksgemeinschaft gestellt haben.« Die Zeitung bot jedem interessierten Land diese »reichhaltige Kollektion von notorischen Verbrechern und erklärten Feinden jeder Ordnung« als Gabe an.[139] Zu den letzterwähnten »Feinden« gehörten auch politische Gefangene, die das Blatt allerdings nicht eigens erwähnte.

Obwohl die Presse den politischen Zielen des NS-Staats insgesamt gleichgeschaltet diente, blieb sie strukturell dezentralisiert. Im Gegensatz dazu wurde der Rundfunk bereits 1933 zentralisiert, ein Vorgang, der sich mit fortschreitender Dauer des Regimes noch verschärfte. Denn der Rundfunk galt als noch wirksameres Propagandainstrument als die Presse, ließen sich damit doch auch wenig gebildete Bevölkerungskreise erreichen. Das hatte schon die autoritäre Regierung unter Franz von Papens erkannt und den Rundfunk 1932 verstaatlicht. Sobald die NS-Führung das Potenzial des Rundfunks als »kulturelle SS des Dritten Reiches« erfasste, übernahm die ihrerseits 1933 in das Propagandaministerium integrierte Reichs-Rundfunk-Gesellschaft sämtliche vorhandenen Radiostationen. Die beim Rundfunk Beschäftigten wurden noch im Herbst 1933 der Rundfunkkammer der RKK eingegliedert.[140] Seine propagandistische Feuertaufe erlebte der Rundfunk Anfang Februar 1933, als Hitler und Goebbels im Berliner Sportpalast um Stimmen für die Reichstagswahl vom 5. März warben, die dem Ermächtigungsgesetz vom 23. März den Weg ebnen sollte. Zu zwanzig bis dreißig Millionen Deutschen zu sprechen, die an den Lautsprechern lauschten, sei »zweifellos ein großer Erfolg für Hitler. Welch ein Instrument der Massenpropaganda ist heute der Rundfunk!«, schwärmte der Schriftsteller Erich Ebermayer.[141]

Zur sinnvollen Verbreitung des Rundfunks musste Goebbels ein Gleichgewicht zwischen Risiken und Chancen ermitteln. In einem totalitären System hieß das abzuschätzen, wie viele Hörer ein Interesse an ausländischen Sendern haben könnten und wie viele nicht. Solange die Ruhe im Innern trotz negativer Berichte über Deutschland von jüdischen Emigranten und Auslandsjournalisten gewahrt werden konnte, hielt Goebbels den Empfang ausländischer Sender nicht für bedrohlich. Um auf Nummer sicher zu gehen, ließ er indes schon bald nach der Machtergreifung einen Volksempfänger (VE) entwickeln, der zwar leistungsfähig genug war, um zentral ausgestrahlte deutsche Sender und deren politische Botschaften zu empfangen, aber zu schwach für den Empfang ausländischer Sender. Der Volksempfänger trug schon bald die Bezeichnung VE 301 und erinnerte die Hörer so an den Tag von Hitlers Machtergreifung (den 30. Januar). Er war für den vergleichsweise moderaten Preis von 76 Reichsmark zu erwerben und damit für die breite Bevölkerung erschwinglich. Da auch die wirtschaftlich schwächeren Gesellschaftsschichten sich so ein Gerät leisten konnten, stieg die Zahl der Rundfunkhörer von knapp über vier Millionen Anfang 1933 auf fast vierzehn Millionen Ende 1939. Somit besaßen zu Beginn des Zweiten Weltkriegs

70 Prozent der deutschen Haushalte ein Radiogerät – international ein Spitzenwert.[142]

Trotzdem waren immer genügend leistungsstärkere Geräte in Umlauf, dass sich irgendwo eine Gelegenheit fand, Auslandssender zu hören. Bereits 1937 waren über 30 Prozent aller Geräte Mehrfach-Überlagerungsempfänger (*multi-circuit superhets*),[143] mit denen man nicht nur den regionalen deutschen Mittelwellensendern und, auf der Langwelle, dem Deutschlandsender, sondern auch der BBC mit ihrem großartigen Nachrichtendienst, Radio Beromünster aus Zürich mit seinen neutral gehaltenen, nüchternen Sendungen und Radio Luxemburg mit seinem modernen Jazzprogramm lauschen konnte. Goebbels, der sich im April 1937 darüber beklagte, dass die deutschen Rundfunkprogramme an Beliebtheit verloren hätten, sah sein sorgfältig ausbalanciertes Gleichgewicht zwischen technischem Zugang zu deutschen Nachrichtenkanälen und dem Aussperren von sogenannter Feindpropaganda in Gefahr, denn »die Hörer hören ausländische Sender«.[144]

Goebbels jonglierte mit vielen Bällen, ohne jemals das intendierte Ziel zu erreichen: die Hörerschaft geneigt zu machen, der schärfsten Propaganda ebenso zuzuhören wie der gut dosierten beruhigenden Unterhaltung. Unterhalb dieser umfassenden Zielsetzung ging es pragmatischer zu: Es musste ein Ausgleich geschaffen werden zwischen Wort- und Musikbeiträgen und im Weiteren zwischen ernster und leichter Musik sowie zwischen Nachrichten und Reportagen einerseits, Hörspielen, Kinder- und Quizsendungen andererseits.

Goebbels' Jonglierkünste entwickelten sich erst mit der Zeit; die Anfänge seit 1934 waren von tastenden Versuchen mit zweifelhafter Gesamtwirkung gekennzeichnet. Im Jahr der Machtergreifung wurde das Radio noch so begeistert wie grobschlächtig eingesetzt, zur Übertragung politischer Nachrichten, öffentlicher Reden – vor allem von Hitler und Goebbels – sowie öffentlicher Ereignisse. Um dies und mehr zu hören, mussten sich die Menschen dort, wo Radiogeräte in Privatbesitz noch rar waren, in Rathäusern oder Parteilokalen zusammenfinden und regungslos lauschen. Wichtige Tage im Parteikalender, an denen eine hohe Beteiligung der Bevölkerung erwartet wurde, waren die Machtergreifung (30. Januar), »Führers« Geburtstag (20. April), der Tag der Arbeit (1. Mai), die Reichsparteitage (jeden September) und der Gedenktag an den Putschversuch von 1923 (9. November).

1933 wurde durchgängig Militärmusik gespielt, vor allem Hitlers Lieblingsstück, der *Badenweiler Marsch*. Auch war das Stiefelknallen marschierender SA-Truppen zu hören – ein Tribut an Hitlers paramilitärische Gruppierungen, die anfänglich die regulären Polizeikräfte beim Einkassieren von »Volksfeinden« unterstützten.[145]

Nach einem Jahr an der Macht sah die NS-Führung ein, dass zu viel Politik in einem Medium wie dem Rundfunk das Besitz- und Bildungsbürgertum abstieß, das für die neue Politik häufig erst noch gewonnen werden musste, von dessen Fähigkeiten in Verwaltung und akademischen Berufen man jedoch abhing. Auch konnte nur ein einigermaßen anspruchsvolles Programm bei potenziell freundlichen Nachbarn wie Frankreich und Großbritannien, die vor den Kopf zu stoßen Hitler zunächst keinen Grund hatte, einen guten Eindruck hinterlassen. Um also die Qualität des Rundfunks insgesamt zu verbessern, machte sich Goebbels zu Beginn des Jahres 1934 an eine Reform. Er schränkte die ungeschlachten politischen Beiträge ein und begann stattdessen einen Feldzug für die klassische Musik. Im Februar fing es mit einem Beethoven-Zyklus an; dem folgten Werke von Bach, Händel, Mozart und Bruckner. Im Sommer gab es einen besonderen Zyklus zu Wagner, verwoben mit Wortbeiträgen von dessen Schwiegersohn Houston Stewart Chamberlain.[146] Es half, dass gerade zu dieser Zeit Richard Strauss Präsident der Reichsmusikkammer war. Auch seine Werke wurden großzügig im Rundfunk aufgeführt, dazu die Arbeiten der nächsten beiden herausragenden zeitgenössischen Komponisten: Hans Pfitzner und, mit einigem Abstand, Paul Graener.[147]

Allerdings war Goebbels' Programmpolitik alles andere als aus einem Guss, weil er Schwierigkeiten hatte, das ideale Gleichgewicht zu finden. Zum einen wandelte sich die Politik ständig, zum anderen war er sich nicht immer ganz sicher, was die Menschen wirklich hören wollten. Folglich mangelte es seinen Direktiven an Schlüssigkeit. So wollte er 1934 das Programm lockerer gestalten und zugleich seine Qualität verbessern, was zu den erwähnten Musik-Zyklen führte, aber auch, im Dezember 1934, zur Etablierung einer Studio-Jazzband namens »Die Goldene Sieben«. Während London und Paris beeindruckt gewesen sein dürften, gab es in Deutschland Proteste, sowohl aus der Bevölkerung als auch von NS-Hardlinern, und so verschwand im Herbst 1935 mit der Goldenen Sieben der Jazz wieder aus dem Programm.[148]

Goebbels, weiterhin davon überzeugt, dass auch die Musik eine politische Funktion hatte, ordnete nun an, dass auf Kosten der ernsten mehr leichte Musik gesendet werden sollte, während er zugleich den Anteil der Wortbeiträge zurückfuhr.[149] Aber Mitte 1938 – Radio München sendete stundenlang leichte Unterhaltungs- und nur 40 Minuten Kammermusik –, änderte Goebbels wiederum plötzlich die Richtung und forderte »mehr ernste, weniger reine Unterhaltungsmusik. Übertragungen von Symphonien«, ein »seriöses Programm«.[150] Grund dafür dürften der »Anschluss« Österreichs sowie die greifbaren Spannungen anlässlich der Sudetenkrise gewesen sein. Etwas später bestand das Programm aus über 68 Prozent Musik und 16 Prozent Wortbeiträgen zum Tagesgeschehen.[151] Dann schlug Goebbels wieder einen neuen Kurs ein und forderte im Juli 1939, als die Aufrüstung in vollem Gange war, die Ausweitung des Unterhaltungsprogramms.[152] Die Nationalsozialisten, lässt sich vermuten, spürten, dass ein weiterer Weltkrieg in der Bevölkerung auf wenig Gegenliebe stoßen würde, weshalb sie die Menschen schon im Vorwege zu beruhigen suchten.

Film und Bühne

Der Film wandte sich mit bewegten Bildern *und* Ton an das Publikum. Worin bestand der Wesensunterschied zum Radio? Das Produkt – der vermarktbare Film – war raumzeitlich auf Zelluloid gebannt und konnte mehr als einmal gezeigt werden. Weil er eine Geschichte erzählte, war er, wie es schien, von höherem Unterhaltungswert als die Propaganda, die dahinter zurückstand. So ausschließlich galt das jedoch nicht, weil ein Film auch dann propagandistische Wirkung zeitigen konnte, wenn er ideologisch ausgerichtete Bilder präsentierte und auf hinterhältige Weise verdeckte politische oder soziale Botschaften als Nebenprodukte der Haupthandlung vermittelte. Kracauer behauptete also 1947 zu Recht, dass »alle Nazifilme mehr oder weniger Propagandafilme waren – sogar die reinen Unterhaltungsfilme, die mit Politik anscheinend nichts zu tun haben«.[153]

In den ersten Monaten nach der Machtergreifung versuchte Goebbels, den in der Krise steckenden deutschen Film organisatorisch und finanziell in den Griff zu bekommen, von den seiner Auffassung nach vorhandenen ästhetischen und ideologischen Mängeln gar nicht zu reden. Ökonomisch war die Filmindustrie infolge der anhaltenden Wirtschaftskrise und dem zum Ende der Weimarer Republik hin erlittenen Qualitätsverlust im Januar 1933 so gut wie bankrott. Goebbels nahm institutionelle Veränderungen vor, die im Herbst 1933 in der Schaffung einer Reichsfilmkammer innerhalb der RKK gipfelten. Begleitet wurde die Zentralisierung von einer finanziellen Stabilisierung, wozu auch die Erhöhung der Eintrittspreise von bisher 10 auf 60 Pfennig, dann einer Mark gehörte, sodass Kinobesitzer wieder die Gewinnzone erreichten. Immerhin konnte die Filmindustrie von 1932 bis 1936 einen Gewinn von 90 Millionen Mark realisieren; fast 28 Millionen davon erhielten die Verleiher.[154] Ferner wuchs die Zahl der Kinobesucher zwischen 1933 und 1939 von 245 auf 624 Millionen und entsprechend die Zahl der Kinos von etwa 5000 auf 7000.[155]

Weil etwas Revolutionäres so schnell nicht zu haben war, folgte der Film in der Anfangszeit der NS-Diktatur in Form und Inhalt Mustern, die sich bereits in der Weimarer Republik bewährt hatten; harmlose Filme aus dieser Zeit, die nach der Machtergreifung fertiggestellt worden waren, durften gezeigt werden, während die problematischen verboten wurden. Die bewährten Genres jedoch – große Kostümfilme, historische Filme, Operetten, Melodramen und Komödien – wurden weiterhin von der 1917 gegründeten Ufa produziert, die seit 1927 dem Medienkonzern Alfred Hugenbergs angehörte. Sie besaß ein Quasi-Monopol, bis unter der Schirmherrschaft von Goebbels neuere oder kleinere Firmen Fuß gefasst hatten: Tobis, Berlin-Film, Wien-Film, Bavaria und Terra. 1933 produzierte die Ufa den Film *Viktor und Viktoria*, eine Komödie mit Renate Müller in der weiblichen Titelrolle. Sie wurde Hitlers Lieblingsschauspielerin, starb jedoch schon 1937, angeblich durch Suizid, weil die Gestapo Behauptungen zufolge sie und ihren jüdischen Liebhaber verfolgt hatte. Eine weitere Produktion war *Ein Lied für Dich* (1933), ein Operettenfilm mit dem (»halb-jüdischen«) Tenor Jan Kiepura in der Hauptrolle. Regie führte Joe May, ein Jude, der danach Deutschland verließ und nach Hollywood ging, wo seine Karriere jedoch im Misserfolg endete. 1934 kam *Maskerade* in die Kinos, ein reich ausgestatteter österreichischer Kostümfilm unter der Regie von Willi Forst. Die weibliche Hauptrolle spielte Olga Tschechowa, und die Kostüme entwarf Oskar Strnad (ebenfalls Jude).[156] Die meisten Schauspielerinnen und Schauspieler, die zwischen 1933 und 1939 in deutschen Filmen auftraten, hatten ihre Karriere in der Weimarer Republik begonnen, und nur wenige von ihnen bekannten sich zum Nationalsozialismus.[157] Zu diesen gehörte Jenny Jugo, die Hauptdarstellerin in *Ein Lied für Dich*; sie war häufig zu Gast bei Familie Goebbels und auch bei Hitler, ebenso wie Olga Tschechowa, eine Nichte Anton Tschechows. Zu denen, die schon vor der Machtergreifung Nationalsozialisten gewesen waren, gehörten der junge Schauspieler Veit Harlan und höchstwahrscheinlich Luise Ullrich, Mathias Wieman und Paul Hartmann.

Nach der Machtergreifung gehören viele zum engeren Bekanntenkreis von Goebbels und Hitler, wie etwa Anny Ondra, die Ehefrau von Max Schmeling. Die beiden wohnten neben den Goebbels auf der Halbinsel Schwanenwerder im Wannsee. Heute liegen die wahren Überzeugungen der Stars, wie sich den detaillierten Eintragungen in des Propagandaministers Tagebüchern entnehmen lässt, offen zutage, während die jeweiligen Memoiren mindestens apologetisch gefärbt sind. Nach dem Zweiten Weltkrieg behaupteten sie, als Künstler das Privileg des Unpolitischen gehabt zu haben oder, wichtiger noch, als Künstler zwangsläufig neutral geblieben zu sein, um besser in die Rolle eines Heiligen oder Schurken, eines Kommunisten oder Nationalsozialisten schlüpfen zu können.[158]

Das war eine lahme Ausrede angesichts der Tatsache, dass viele Schauspieler sich bereits in der Weimarer Republik politisch exponiert hatten und dies auf die eine oder andere Weise auch im sogenannten Dritten Reich tun würden. Exemplarisch dafür ist Heinrich George, der im ersten wirklich bemerkenswerten Nazifilm, *Hitlerjunge Quex* (1933), einen kommunistischen Vater spielte, der allmählich seinen Weg zum Nationalsozialismus findet, den sein Sohn Rudi schon seit Längerem beschreitet. In der Weimarer Zeit war George überzeugter Marxist gewesen und hatte auf der schwarzen Liste der Nationalsozialisten gestanden; unter Hitler setzte er seine Karriere als in der Wolle gefärbter Nationalsozialist fort.[159]

Während die Partei nach der Machtergreifung ihre rituellen Botschaften über die Ätherwellen dröhnen ließ, beeilte sich die Filmindustrie, dem mit Filmen nachzueifern. Schließlich wollte man sich loyal zeigen. Nach zumindest einem misslungenen Versuch war das erste bemerkenswerte Beispiel für eine Reihe von Filmen über die NSDAP *SA-Mann Brand*, der am 14. Juni im Berliner Ufa-Palast Premiere hatte; Hitler war in der zweiten

Vorstellung zugegen. Der Film bediente ein Muster, das bereits aus Romanen über die »Kampfzeit« der Partei bekannt war: Vor der Machtergreifung kämpften Nationalsozialisten, zumeist SA-Männer, heldenhaft in der großen Stadt gegen Rotfront-Angehörige, wobei Juden, häufig in der Uniform sowjetischer, von Moskau ausgesandter Kommissare als schurkische Drahtzieher hinter den Kulissen wirkten. Immerhin konnten einzelne Marxisten, da sie über innere Werte verfügten und nur verführt worden waren, auf die richtige – Hitlers – Seite gezogen werden, häufig im Rahmen einer Liebesgeschichte oder eines Generationenkonflikts. Letzteres war ein Motiv, das die HJ in den Vordergrund rückte. Für den Film *SA-Mann Brand* griff man auf Schauspieler zurück, die schon in der Weimarer Republik aktiv gewesen waren: Heinz Klingenberg hatte mit der linksgerichteten Hertha Thiele zusammengearbeitet, Otto Wernicke und Wera Liessem hatten im – mittlerweile verbotenen – Film *Das Testament des Dr. Mabuse* von Fritz Lang mitgewirkt. Wernicke war in der Rolle des sozialdemokratischen Vaters von Brand zu sehen, der sich, wie dessen künftige Geliebte, gespielt von Wera Liessem, den Nationalsozialisten anschließt. Wie in all diesen Filmen spielt ein Hitlerjunge eine tragende Rolle; entweder er oder der SA-Mann wird den Opfertod für die nationalsozialistische Sache sterben.[160]

Die literarische Vorlage für *Hitlerjunge Quex* war ein erfolgreicher Roman von Karl Aloys Schenzinger, der gerade rechtzeitig, 1932, erschienen war.[161] Er feierte den Märtyrertod von Herbert Norkus, den Rotfrontkämpfer im Januar 1932 in Berlin umgebracht hatten. Der Film wurde im September 1933 in München in Anwesenheit des Führers uraufgeführt.[162] Auch hier spielte neben dem Generationenkonflikt das Konversionsmotiv eine wichtige Rolle: Ehemalige Kommunisten konnten also im Dritten Reich, sofern sie nicht in einem KZ landeten, durchaus auf die nationalsozialistische Seite, ehemals kommunistische Jugendliche in Baldur von Schirachs HJ eine Heimat finden.[163] Auch das Motiv »Land vs. Stadt« wurde hervorgehoben, außerdem, wie in *SA-Mann Brand*, das Thema »politische Erziehung«. Die Wirkung beider Filme wurde 1934 an einer zufällig zusammengestellten Gruppe von Jugendlichen getestet. Nicht zufällig erwiesen sich Brand und Heini Völker (»Quex« war sein Spitzname) als beispielhaft für Jungen wie für Mädchen, bei jenen, um den Kampfesmut zu stärken, bei diesen, um junge Frauen zu willigen Helferinnen des Mannes zu erziehen – ein Thema auch vieler NS-

Romane. Eine 16 Jahre alte Verkäuferin reagierte mit den Worten, es sei schwierig, diese Filme zu vergessen, »weil wir bestrebt sind, den deutschen Männern das gleich zu tun«.[164] An einem Sonntagmorgen in Berlin bekamen 70 000 Mitglieder der HJ, Jungen und Mädchen, den Film zu sehen.[165]

Der Film *Hans Westmar*, im Dezember 1933 in den Kinos, erwies sich als kompletter Misserfolg. Insgesamt betrachtete Goebbels die SA-Filme nicht als Musterbeispiele für weitere Nazi-Geschichten auf Zelluloid; seine Einstellung dazu war so negativ wie zu den frühen Radioprogrammen. Zwar lobte Rosenbergs *Völkischer Beobachter*, der Film *SA-Mann Brand* sei »ein gelungener Versuch«, die Sympathien der Bevölkerung zu gewinnen, Goebbels aber fürchtete, dass andere NS-Institutionen in solchen Produktionen eine naive und grobschlächtige Aufarbeitung der »Kampfzeit« der Bewegung ohne wirklichen Bezug zur Realität sehen würden.[166] Schlimmer noch, das ganze Genre sei »Konjunkturkitsch«. Zwar forderte er auch weiterhin die filmische Darstellung politischer Botschaften, aber auf kinematographisch höherem Niveau.[167] SA-Männer sollten, wie er 1933 bemerkte, nicht im Film oder auf der Bühne marschieren, sondern auf der Straße.[168] Einige Monate später sprach er sich erneut gegen »Kitsch« in der Filmindustrie aus und forderte »mehr Kunst«.[169]

Ende 1934 wurde ein Film fertiggestellt, der ästhetische Qualität mit wirkungsvoller Propaganda für das Regime verband. Allerdings kam *Triumph des Willens*, der 1935 in den Kinos gezeigt wurde, nicht aus Goebbels' Haus. Es war kein Spiel-, sondern ein Dokumentarfilm, der einzig durch seine Bilder und die Hintergrundmusik wirkte. Regie führte, im Auftrag Hitlers, die ehemalige Tänzerin und Schauspielerin Leni Riefenstahl, damals 32 Jahre alt. Die NS-Presse lobte den Film in höchsten Tönen, und Goebbels musste eingestehen, dass es sich in jeder Hinsicht um ein Meisterwerk handelte. Wie seine Tagebücher zeigen, bedauerte er sehr, Leni Riefenstahl nicht in seinem Machtbereich zu haben.[170] Der Film feierte Hitlers Aufstieg zur Macht und, zwischen den Zeilen, die erfolgreiche Unterdrückung eines angeblich geplanten Putsches von Hitlers langjährigem Kampfkomplizen, dem SA-Führer Ernst Röhm.[171] Aufgrund diverser Eigenheiten ist der Film bis heute ein Klassiker geblieben, nicht zuletzt durch die einfallsreiche Weise, mit der Wagner-Themen in die vom begabten Komponisten Herbert Windt komponierte Hintergrundmusik eingearbeitet sind.[172] Die amerikanische Medienkritikerin

Susan Sontag hielt sich zwar 1975 mit einer Gesamtwürdigung für Riefenstahl zurück, äußerte sich aber zu der brillanten Kameraführung: »In *Triumph des Willens* ist das Dokument (das Bild) nicht mehr nur einfach die Aufzeichnung der Realität, vielmehr wird ›Realität‹ konstruiert, um dem Bild zu dienen.«[173] Auch in ihrem Film über die Olympischen Spiele in Berlin war Riefenstahl innovativ, und Goebbels konnte erkennen, was »Kunst« im Film bedeuten konnte. Gleichwohl blieb *Olympia* (1938) hinter dem Erfolg des Vorgängers zurück.[174]

Der Schlag gegen Röhm entzog weiteren SA-Filmen den Boden und gab Goebbels so die Gelegenheit, sich von reinen Parteiinhalten abzuwenden, um andere Themen zu finden, in denen sich, wenn auch nicht wie bei Riefenstahl, Popularität mit politischer Propaganda und gelungener Ästhetik (in jeweils wechselnder Gewichtung) verbinden ließ. Der in allen drei Bereichen erfolgreichste Film dürfte zweifellos *Der Herrscher* von 1937, unter der Regie von Veit Harlan und mit Emil Jannings in der Titelrolle, gewesen sein. Allein schon durch Jannings war der Erfolg gesichert. Anlässlich eines kurzzeitigen Engagements in Hollywood hatte er 1928 als erster Schauspieler überhaupt den Oscar erhalten und war 1929, als sein deutscher Akzent mit dem neu entstehenden Tonfilm nicht vereinbar war, nach Deutschland zurückgekehrt, um im Dritten Reich als hellster Stern am Zelluloidhimmel zu strahlen. *Der Herrscher* beruhte auf Motiven eines Stücks von Gerhart Hauptmann und war ein Lobgesang auf einen Industriemagnaten, der als Witwer seine Familie tyrannisiert, welche nach seinem Tod – oder bei vorheriger Entmündigung – ein Vermögen zu erben hofft. Der Industrielle aber verliebt sich in seine Sekretärin und vermacht seine Fabrik dem Staat.[175] Die Parallelen zwischen ihm und Hitler sind augenfällig: Schließlich haben beide, so hat es den Anschein, nur das Wohl der Gemeinschaft im Auge.[176] Hatten die für den Film Verantwortlichen hier im vorauseilenden Gehorsam gehandelt? Goebbels jedenfalls bekannte bei der Endabnahme, er bewundere den Film sehr, und fühlte sich erwartbar geschmeichelt, als Hitler das genauso sah.[177]

Es gab noch einige weitere Filme mit propagandistischem Inhalt. *Der Herrscher* beschäftigte sich mit innerdeutschen Verhältnissen, andere Streifen widmeten sich, was ebenso wichtig war, dem äußeren Feind. Bereits 1933 war *Flüchtlinge* in die Kinos gekommen, der das Elend der Wolgadeutschen in der Sowjetunion dramatisierte. Derartiger Unterdrückung, so wollten die Nazis damit beweisen, sehe sich eine reine ethnische Minderheit – die Deutschen – durch die Sowjetführer ausgesetzt; zudem gab der durch und durch »arische« Hans Albers, wie Jannings im *Herrscher*, eine charismatische Führungsfigur ab.[178] Um die Botschaft in den Köpfen zu verankern, folgte Anfang 1935 der Film *Friesennot*, der ebenfalls die Wolgadeutschen als Opfer thematisierte. Während des Zweiten Weltkriegs, als zu den Wolgadeutschen neue deutsche Siedler auf der Krim stoßen sollten, wurde dem Film »eine durchgreifende politische und erzieherische Wirkung« bescheinigt.[179] 1935 hatte Hitler die Wiederbewaffnung verkündet, und 1938 wurde *Pour le mérite* fertiggestellt, ein Film über desillusionierte Piloten des Ersten Weltkriegs, die nach der Machtergreifung sehnsüchtig die Wiedergeburt der Luftwaffe erwarten, um die deutschen Grenzen verteidigen zu können.[180]

Gerade gegen Ende der Friedensperiode kamen einige Filme in die Kinos, bei denen sich Propaganda in einer scheinbar harmlosen Handlung verbarg – eine Kunst, welche die deutschen Filmemacher damals offenbar zu beherrschen gelernt hatten. Dieser Trend fiel mit dem Aufstieg der schwedischen Schauspielerin Zarah Leander zusammen, die der neue Stern am deutschen Filmhimmel wurde, ein Ersatz für Marlene Dietrich, die sich weigerte, aus den USA nach Deutschland zurückzukehren. In einer Zeit zunehmender internationaler Spannungen musste die Unterhaltungsindustrie selbst attraktiven und privilegierten Frauen einen verantwortlichen Platz in der Volksgemeinschaft zuweisen, um ihnen zu bedeuten, dass Emanzipation oder Privatvergnügen à la Weimar der Vergangenheit angehörten. In physischer Hinsicht hatte Zarah Leander, eine Brünette, gewisse Ähnlichkeit mit der erfolgreichen Filmschaffenden Leni Riefenstahl, die seit 1936 allerdings in den Hintergrund rückte.[181]

In den neuen Filmen agierten die Frauen zunehmend als Helferinnen des Mannes, als Sexualpartnerinnen einzig mit dem Ziel der Mutterschaft und als Hausfrauen am heimischen Herd – nicht als Berufstätige oder als Gespielinnen. 1937 nahm Zarah Leander in Babelsberg ihre Arbeit auf. In *La Habanera*, dem ersten von drei Filmen, in denen sie auftrat, spielte sie eine junge Schwedin, die Don Pedro, den Gouverneur von Puerto Rico, heiratet, die Insel aber nach dessen Tod mit ihrem kleinen Sohn und dem schwedischen Liebhaber wieder verlässt. Der Liebhaber, ein Arzt, erinnert sie an ihre

Heimat im schneereichen europäischen Norden. Dort gehört sie samt Sohn hin, nicht in die schwüle Karibik.[182] Ähnlich geht es zu in *Heimat* (1938). Hier spielt Zarah Leander eine berühmte Sängerin, die aus den USA in die deutsche Provinz zurückkehrt, um in einer Kirche Bachs Matthäus-Passion zu singen und sich hinterher mit ihrem Vater, einem Oberst a. D., zu versöhnen. Sie hat ein Kind, eine außereheliche Tochter, gezeugt von einem deutschen Vater vor langer Zeit, die nun auch ins Vaterland zurückkehrt. Der Film beschwört zum einen, ganz nach NS-Geschmack, den vermeintlichen »Ruf des Blutes«, zum anderen die Überlegenheit der deutschen Musik – Bach ist zu wertvoll für das kulturlose Amerika.[183]

1938 gab es noch zwei weitere Filme, in denen Frauen auf ihren Platz verwiesen wurden. In *Die vier Gesellen* spielt Ingrid Bergman – ihre einzige Rolle in einem deutschen Film – eine Geschäftsfrau, die gerade noch rechtzeitig erkennt, dass ihre wahre Bestimmung nicht in einem Büro, sondern an der Seite des entschlossenen Mannes zu finden ist, den sie liebt. Kompromisse werden lächerlich gemacht.[184] In *Die Frau am Scheidewege* ergibt sich eine Ärztin in jeder Hinsicht einem männlichen Kollegen als Assistentin und Ehefrau.[185] Und in *Frau am Steuer* werden 1939 die ehelichen Beziehungen dergestalt geradegerückt, dass Mann und Ehefrau erwiesenermaßen nicht miteinander in einem Büro arbeiten können, sondern die Frau in den Haushalt gehört.[186] Während des Krieges sollte Hitler die Frauen auch dann noch zu Hause lassen, als Albert Speer und Goebbels es für angeraten hielten, sie in der Rüstungsindustrie zu beschäftigen.

Der für seine erotischen Eskapaden berüchtigte Propagandaminister war der autokratische Herrscher über die Filmwelt, in der er die Gunst von rollenversessenen Schauspielerinnen auf der »Besetzungscouch« zu erlangen suchte. Im Dezember 1938, als Hitler Goebbels' Affäre mit der tschechischen Filmschauspielerin Lída Baarová beendet hatte, verglich der ewig neiderfüllte Alfred Rosenberg Goebbels' Verhalten mit dem von jüdischen Filmmagnaten der Vergangenheit, »die ihre Angestellten sexuell zwangen«.[187] Es dürfte ein geringer Trost für den prüden Parteiideologen gewesen sein zu erfahren, dass Goebbels in seiner Funktion als oberster Bühnenwächter sexuell weniger Erfolg beschieden war. Hier wurde konventioneller gearbeitet als am Filmset, und die Darsteller, darunter einige Filmschauspieler, waren teils längst etabliert und daher nicht so leicht zu korrumpieren. Goebbels' Herrschaft stieß in diesem Bereich ohnehin an Grenzen; Theater, die dem Preußischen Ministerpräsidenten Hermann Göring unterstanden – allen voran das Staatstheater in Berlin –, sowie einige weitere unter Rosenbergs Ägide waren seinem Zugriff entzogen.

Auch wenn die Theaterbühnen für Goebbels daher weniger interessant waren, mussten auch sie sich den neuen Vorgaben fügen. Wie die Filmindustrie und besonders das Kinowesen waren sie 1933 in schlechter finanzieller Verfassung. In den letzten Jahren der Weimarer Republik hatte die Regierung Brüning die Subventionen für die Staatstheater zusammengestrichen, sodass diese – wie die privaten Bühnen – aufgrund der Weltwirtschaftskrise ihr Personal nicht mehr bezahlen konnten. Auch die Lizenzzahlungen von Verlagen blieben aus, und so litten Schauspieler, Intendanten und Bühnenarbeiter unter kargen Entlohnungen oder wurden entlassen. Diese Misere währte, wie die allgemeine Arbeitslosigkeit, weit über 1933 hinaus.[188]

Nach der Machtergreifung besserte sich gleichwohl die Lage. Eingedenk der Versprechungen zur Wertschätzung deutscher Kultur und in Übereinstimmung mit Goebbels' Propagandazielen erhielten die Theater mehr Geld. Zudem wurden neue Bühnen gebaut und Reichstheatertage und -wochen eingeführt, um in der Öffentlichkeit (zum Beispiel bei der HJ) größeres Interesse zu wecken.[189] Auch insolvente Privattheater wurden konsolidiert und mit Staatsgeldern refinanziert, wobei hier und da jüdische Besitzer vertrieben wurden; so musste etwa Max Reinhardt seine fünf Berliner Theater aufgeben.[190] In der Hauptstadt wurden vier prominente Theater unter ebenso prominenter Leitung als tonangebend auserkoren, darunter Görings Preußisches Staatstheater.[191] Darüber hinaus benutzten Parteiführer ihre eigenen Organisationen, um die Theater mit neuen Besucherströmen zu füllen. Rosenberg setzte dafür seinen *Kampfbund für deutsche Kultur* und dessen Nachfolgerin, die *Nationalsozialistische Kulturgemeinde* ein, Robert Ley die vom Staat subventionierte Freizeiteinrichtung *Kraft durch Freude* der *Deutschen Arbeitsfront*. 1934 konnte Ley anderthalb Millionen Besucher (auf freiwilliger Basis oder nicht) mobilisieren, 1938 waren es bereits siebeneinhalb Millionen.[192]

Wie im Falle der Literatur entstammten viele Schauspiele, die nun als der neuen Zeit angemessen empfunden wurden, der »Kampfzeit« und hatten damals praktisch keine Chance, aufgeführt zu werden. Als sie nun von ihren Autoren – arm an Talent, aber reich an Bekenntnisfreude – angeboten wurden, hielten Theaterdirektoren und -kritiker bis hinauf zu Goebbels die Sachen noch immer für überflüssig und ignorierten sie.[193] Eine ganze Reihe wurde trotzdem aufgeführt, häufig durch neu berufene NS-Gläubige, weil der Autor Beziehungen oder das Stück eine nützliche politische Botschaft hatte oder weil das Propagandaministerium die breite Masse via Unterhaltung bei der Stange halten wollte.[194] Auch drängten bislang unbekannte Schauspieler ins Rampenlicht, und die Korruption blühte: Kaum war der drittklassige Schauspieler Otto Laubinger im Herbst 1933 zum Präsidenten der neuen Reichstheaterkammer in der RKK aufgestiegen, bestand er auch schon darauf, dass eine seiner jungen Freundinnen eine Rolle erhielt.[195]

Die erwähnten Theaterstücke – Komödien wie Tragödien – waren allesamt mittelmäßig, dafür aber propagandistisch-hinterhältig, weil sie, wie die Romane und die meisten Filme, nationalsozialistische Klischees bedienten: Der Mythos von der bäuerlichen Scholle fand Ausdruck in Bauern, die ihr Land und Erntegut gegen plündernde Soldaten (etwa im Dreißigjährigen Krieg) verteidigen, in einer norddeutschen Deichgemeinschaft, die den heldenhaft-todgeweihten Kampf gegen eine Sturmflut führt, oder im Widerstand gegen einen ausbeuterischen Grafen (in vorindustrieller Zeit). Unerlässlich für diese Mikrogemeinschaften war das Eingreifen eines starken Führers.[196]

Die Tapferkeit deutscher Soldaten im Ersten Weltkrieg wurde am Beispiel des Todes studentischer Freiwilliger bei Langemarck 1914 gewürdigt, Sowjetrevolutionäre und schwarze Soldaten aus den Kolonien dagegen waren des Teufels. Dasselbe galt für Kriegsgewinnler, den Waffenstillstand vom November 1918 und den Versailler Vertrag vom Sommer 1919.[197] Deutsche in ostpreußischen Gebieten, die seit 1918 Polen begehrte, wurden gefeiert, die Polen verächtlich gemacht.

Ebenso verfuhr man mit der Tschechoslowakei.[198] Die Stadt wurde ab-, das Landleben aufgewertet; Ahnenverehrung stand hoch im Kurs.[199] Moderne Entwicklungen wie Frauenrechte wurden bespöttelt, die »rassisch« und sozial homogene »Volksgemeinschaft« dagegen mit Beifall bedacht.[200] Antisemitische Ausfälle und solche gegen Sinti und Roma durchzogen viele dieser Stücke.[201] Die Verlage zeigten sie zwar unter eher langweilig erscheinenden Titeln an, doch ist dem heutigen Beobachter klar, dass die Schauspiele keineswegs harmlos waren.[202]

Einige Schauspiele waren inhaltlich nicht nationalsozialistisch, konnten aber ungehindert aufgeführt werden, weil die Autoren Nationalsozialisten waren. Insbesondere galt dies für Goebbels' Drama *Der Wanderer* von 1927, das im Mai 1933 in Leipzig aufgeführt wurde. Sein Protagonist, der »Wanderer« ist »ein hellsichtiger Deuter alles Geschehens« (also ein Doppelgänger Hitlers), der von »dem Dichter« begleitet wird. Die *Leipziger Neuesten Nachrichten* (eine gleichgeschaltete Zeitung) wies auf die »politischen und propagandistischen Absichten« hin, über den Erfolg ist nichts bekannt.[203] Ein früher Parteigänger Hitlers war dessen väterlicher Freund Dietrich Eckart, der kurz nach dem Münchner Putschversuch von 1923 an den Folgen seines Alkoholismus starb. Von ihm verfasste Dramen wurden bald nach der Machtergreifung aufgeführt, einige davon zum ersten Mal. Sein bekanntestes und noch vor dem Ersten Weltkrieg sehr erfolgreiches Stück *Peer Gynt* (1912, nach Henrik Ibsen) trug expressionistische Züge und wurde nach 1933 häufig von regimeeigenen Bühnen gespielt, wozu insbesondere der ihm innewohnende Antisemitismus beitrug.[204] Ein eher zweitrangiger Parteitroll war Rosenbergs Adjutant Thilo von Trotha, einer der Hoffnungsträger der Bewegung, der seine Machtposition dazu nutzte, seine Stücke – *Engelbrecht*, *Gudrun* und *Princess Plumpudding* – zur Aufführung zu bringen. Von Trotha entstammte einer baltischen Baronatsfamilie und war von der Thematik des Nordischen besessen. In diesem Zusammenhang hatte er Richtlinien für die neue deutsche Bühne formuliert: »Die Auswahl der Schauspieler wird nach rassischen und weltanschaulichen Grundsätzen getroffen.« Die Schauspieler sollten eine eugenisch beeinflusste Haltung zu ihren Rollen haben, gutaussehend sowie jung und gesund sein.[205] 1938 starb Trotha im Alter von 34 Jahren bei einem Autounfall.

Ein paar waschechte nationalsozialistische Dramatiker waren nicht ohne Talent und hätten vielleicht auch unter anderen Bedingungen reüssiert. An vorderster Stelle ist dabei Hanns Johst zu nennen, der sich in der Weimarer Republik mit expressionistischen Dichtungen einen Namen gemacht hatte. Sein Schauspiel *Schlageter* von 1933 zeugte immer noch von diesem Einfluss. »Wenn ich Kultur höre ... entsichere ich meinen Browning!« – dieser Satz wird häufig Göring zugeschrieben, stammt aber aus *Schlageter* und wird dort von dem Freund des Protagonisten, dem Freikorpskämpfer Friedrich Thiemann, gerufen. Es ist ein zutiefst expressionistischer Satz![206] Neben dem

Hitler gewidmeten *Schlageter* wurde nur noch ein weiteres Johst-Stück im Dritten Reich aufgeführt, *Thomas Paine*. Es war häufig auf der Bühne zu sehen und wurde von erstklassigen Künstlern wie Gründgens, Minetti und Fehling gespielt. Johsts Beziehung zum Regime verbesserte sich dadurch weiter.[207] Es war nicht von Bedeutung, dass die ursprüngliche Fassung, sehr expressionistisch gehalten und einen Führer feiernd, bereits 1927 veröffentlicht worden war und Johst sie nur den neuen Umständen entsprechend angepasst hatte. Schon bald war er gut Freund mit Goebbels, Himmler und Hitler (wenn nicht mit Göring) und schrieb fortan nichts Ernstzunehmendes mehr außer ein paar Gedichten und Traktaten, die seinem Ego und dem seiner Wohltäter schmeichelten. Schon bald zum SS-Gruppenführer befördert, wurde aus dem Dichter ein Pamphleteschreiber.[208]

Einer von Johsts Bewunderern war Josef Magnus Wehner, der wie Gerhard Schumann und Eberhard Wolfgang Möller als Hoffnungsträger einer nationalsozialistisch inspirierten Dichtung galt. Alle drei gehörten der NSDAP an, die beiden Letzteren zudem der SS. Wehner, Jahrgang 1891 und Kriegsveteran, hatte mit seinem anti-pazifistischen Roman *Sieben vor Verdun* (1930) Ruhm geerntet. Es war ein Buch im Geiste des kriegsverherrlichenden Werks von Heinrich Zerkaulen und erlebte im Dritten Reich viele Auflagen. In München war Wehner als Theaterkritiker und Theoretiker nicht ohne Einfluss.[209] Gerhard Schumann (geb. 1911), ein junges Talent, das bereits 1936 einen Staatspreis erhielt, zeichnete zwei Jahre darauf in seinem Schauspiel *Die Entscheidung* die Moral von Freikorpskämpfern als Antithese zur angeblichen Intrigenwirtschaft in der Weimarer Republik. Sein Protagonist, ein ehemaliger kaiserlicher Oberst, wird 1920 von kommunistischen Aufständischen umgebracht.[210] Wie der fünf Jahre ältere Eberhard Wolfgang Möller war Schumann im Propagandaministerium tätig. Möller, Gewinner des Nationalen Buchpreises, verfasste u. a. das Schauspiel *Der Untergang Karthagos* (1938). Das mit expressionistischen Anklängen durchsetzte Stück schildert die Phönizier im Moment der Bereitschaft, sich den römischen Invasoren zu ergeben. Die Phönizier tragen »jüdische« Züge, und ihr Stadtstaat soll als Korruptionsnest an Weimar erinnern.[211]

Besonderes Lob erhielt Möller als Autor des Thingspiels *Das Frankenburger Würfelspiel*, das 1936 auf der Dietrich-Eckart-Freilichtbühne Premiere feierte. Diese Bühne war der letzte Außenposten der 1934 gegründeten

Thingspielbewegung, die das Ziel hatte, bei ihren Aufführungen das Publikum als »Volksgemeinschaft« *in nuce* in die Handlung mit einzubeziehen. Das Thingspiel enthielt Elemente des altgriechischen Theaters und besaß Wurzeln in der deutschen Jugendbewegung, vor allem aber in einer älteren nationalistischen Theaterreform durch die völkischen Dramenschreiber Adolf Bartels, Ernst Wachler und Friedrich Lienhard, die schon in der wilhelminischen Epoche mit Bühnenexperimenten anhand von klassischen Stücken, aufgeführt unter freiem Himmel, begonnen, damit jedoch keine dauerhaften Erfolge erzielt hatten.[212] Thingstätten waren altgermanische Gerichtsstätten; die Nationalsozialisten nahmen an, dass dort auch gemeinschaftliche Theateraufführungen stattgefunden hatten.[213]

Für 1934 hatten überzeugte Nationalsozialisten deutschlandweit Thingspiele vorgesehen, als theatralische Reminiszenzen an die frühe Bewegung, unter Beteiligung des Publikums und in naturnaher Umgebung, am Stadtrand oder außerhalb, wie auf Heidelbergs Heiligem Berg. Thingspiele waren als nordisches chorisches Theater konzipiert; es sollte hymnisch, mythisch und kultisch zugehen. Großgruppen von Schauspielern sangen, dirigiert von Chorleitern, einstimmig. SA- und HJ-Angehörige zogen, begleitet von Fanfarenmusik, in großer Zahl auf und sollten so an die offiziellen Parteiveranstaltungen wie den jährlich im September stattfindenden Parteitag erinnern oder an die Partei- und Olympiafilme von Leni Riefenstahl, wenn auch in kleinerem Maßstab und schlechter choreographiert.[214] Diese Großveranstaltungen eröffneten arbeitslosen Schauspielern, die nun vor Zehntausenden Zuschauern auftreten konnten, neue Beschäftigungschancen.[215]

Das letzte – und wahrscheinlich erfolgreichste – der offiziell veranstalteten Thingspiele, das *Frankenburger Würfelspiel*, fand im Sommer 1936 in Berlin statt.[216] Möller beschwor eine mittelalterliche Gerichtsverhandlung gegen verräterische Bauern in Süddeutschland herauf, denen man schließlich erlaubt, um ihr Leben zu würfeln. Am Ende taucht ein schwarzer Ritter auf, der nicht die Bauern für schuldig erklärt, sondern ihre Feudalherren. Die »Volksgenossen« konnten in dem Ritter unschwer eine Inkarnation des »Führers« ausmachen.[217]

Als im Sommer 1936 ausländisches Publikum die Olympischen Spiele besuchte, aber mit einem Thing-Spektakel nichts anfangen konnte, hatte Goebbels bereits das Ende der Bewegung verkündet, und zwar schon im September

1935, ein gutes Jahr nach dem »Röhm-Putsch«, den Hitler zum Anlass nahm, jeder weiteren Revolution von unten eine Absage zu erteilen. Insofern hatte das Thingspiel ausgedient. Tatsächlich hatte es die Zustände in der Weimarer Republik kritisiert, und diese galten ja nun als erledigt.[218] Außerdem hatte es hier und da Kritik aus der Partei gegeben. So wurde moniert, dass die Handlungen nicht originär entwickelt worden seien, sondern auf Hörspielfassungen beruhten. Offensichtlich wusste niemand, wie für dieses neue, ideologische Genre ein Stück zu schreiben sei. Dann wieder war bei Aufführungen die Hintergrundmusik zu laut, sodass der Chor unterging, oder die riesigen Lautsprecher waren nicht richtig eingestellt.[219] Auch das Wetter hatte nicht immer gute Miene zum Thingspiel gemacht. So war es kein Wunder, dass die Deutschen, sofern sie nicht zum massenhaften Erscheinen gezwungen waren, die Lust an diesen Spielen mit ihrer »statischen und deklamatorischen Handlung« verloren. Der Bau von Spielstätten kam auch nicht recht voran. Hatte man Anfang 1934 noch 400 Stätten geplant, so standen zwei Jahre später gerade mal 14.[220] Alles in allem hatte sich das Thingspiel als Fehlschlag erwiesen, und nach seinem Ableben sprach kein Mensch mehr davon.

Wie erging es im Vergleich dazu dem traditionellen Theater? Im Juni 1935 erklärte Goebbels öffentlich, es sei manchmal besser, »das gute und anerkannte Alte zu pflegen, als sich dem schlechten Neuen zu widmen, nur weil das Neue neu ist«.[221] Im Theater brauchte Goebbels auch weiterhin die Klassiker, um einen wichtigen Teil der Bevölkerung – das Bildungsbürgertum – dauerhaft zu binden. Mittels der Klassiker konnte er das tun, was der berühmte Schauspieler Bernhard Minetti später bestritt: »Wir hätten«, formulierte er den Vorwurf, »die Diktatur durch Kunst legitimiert und verklärt, hätten der politischen Unkultur ein kulturelles Gesicht gegeben«.[222] Goebbels selbst mag vielleicht populäre Schriftsteller wie Ludwig Thoma, dessen Komödie *Moral* er Ende 1936 an der Berliner Volksbühne inszenieren ließ, geschätzt haben, doch wusste er um die Notwendigkeit, die deutschen Klassiker, vor allem Schiller und Goethe, aber gelegentlich auch Naturalisten wie Hauptmann und Max Halbe nicht zu vernachlässigen. Immer möglich war natürlich Shakespeare, dessen Beliebtheit so groß war, dass selbst im 19. Jahrhundert die deutsche Elite ihn als »germanisch« für sich beanspruchte.[223] Außerdem war es, gerade zu Beginn der NS-Diktatur, notwendig, wichtige ausländische Regierungen, vor allem in London und Paris, zu beeindrucken.

Und so wollte das Propagandaministerium die Klassiker zwar aufgeführt wissen, jedoch in neuem Geist und Stil. Wie das zu erreichen sein sollte, war nicht ganz klar, aber auf jeden Fall mussten naturalistische und expressionistische Inszenierungen à la Weimar vermieden werden, und auf der Bühne durfte das »Führerprinzip« nicht infrage gestellt werden. Dramaturgen und Regisseure waren also angehalten, eine überzeugende Version des »Führers« auf die Bühne zu bringen. Zudem sollte eine Aufpolierung des Starsystems das Ensemble als Miniaturausgabe der »Volksgemeinschaft« sichtbar werden lassen.[224]

Die Klassiker kamen mithin weiter zur Aufführung, und zwar fast so häufig wie in der Weimarer Republik. Etwa 20 Prozent der Stücke stammten entweder aus Schillers Feder – der die Liste anführte – oder aus jener Shakespeares und Goethes, dessen Kosmopolitentum führenden Nationalsozialisten indes ein Dorn im Auge war.[225] Theater in Berlin, Dresden, Weimar und Koblenz demonstrierten die dauerhafte Bedeutung von Dramatikern der präfaschistischen Zeit, indem sie die Klassiker würdigten.[226] Die Werke der neuen Generation von NS-Autoren fristeten lediglich ein Schattendasein, was für die erwiesene Qualität der Tradition ebenso sprach wie gegen die vor Ideologie triefenden Eiferer.

Musik

Die Nationalsozialisten hassten Jazz. Rosenberg sprach von »Niggerstep«, und Goebbels beharrte darauf, dass die »Melodie« die Quelle aller Musik sei.[227] Um Jazz aus dem Kulturbetrieb in Deutschland zu entfernen, wollten sie ihn unmodern machen, obwohl sie ganz genau wussten, dass Jazz, der als elitär galt, ohnehin nur eine kleine Minderheit sozialer Aufsteiger und einige Jugendliche aus gehobenem Elternhaus (potenzielle künftige Führungspersönlichkeiten) ansprach. Im Oktober 1935 wurde Jazz im Rundfunk, wo er häufig in gewöhnliche Tanzmusik eingebettet war, verboten; schwieriger war es, dergleichen in der Öffentlichkeit durchzusetzen, obwohl Jazzmusiker im Umfeld von Berliner Edelclubs bereits belästigt worden waren. Die Goldene Sieben war bereits von der Bildfläche verschwunden; nun sollten Bigbands (eigentlich Tanzorchester) wie jene von Barnabas von Géczy oder

Oskar Joost ihre Musik von Jazzspezifika wie verminderten Blue Notes und stark synkopierten Rhythmen säubern und auf einfachere, altmodische melodische und rhythmische Strukturen zurückgreifen. Zudem wurde im März 1936 ein deutschlandweiter Senderwettbewerb zur Ermittlung der für das Reich idealen deutschen Jazzband organisiert. Damals galt selbst das von Fritz Weber geleitete Orchester, die erste Wahl von Radio Hamburg, den Sachbearbeitern im Propagandaministerium noch als zu jazzig, weshalb Radio Frankfurts Kandidat, eine vom völlig unbekannten Willi Burkart geleitete Tanzkapelle, zum Sieger erklärt wurde. Während der populäre Weber überall in Deutschland vor vollen Häusern spielte, wurden Burkart und seine Musiker von Jazzliebhabern durchweg abgelehnt, sodass das Propagandaministerium seine Schlappe eingestehen musste.[228] Ein zweiter, 1937 gestarteter Versuch, Oskar Joosts entjazztes Orchester zur Musterkapelle zu erklären, schlug fehl, weil der den Nationalsozialisten ergebene Leiter zu selbstgefällig war und Goebbels' Ministerialverwaltung die Sache verpfuschte.[229]

Schließlich entwickelte Wilhelm Hartseil vom Sender Leipzig, ein fanatischer SA-Mann, einen Plan, die Jazzmusik durch den Gesellschaftstanz zurückzudrängen. Es sollten, begleitet von geeigneten Orchestern und mit Unterstützung professioneller Tanzlehrer, neu komponierte Tanzstücke öffentlich aufgeführt und zugleich der aus den USA importierte Lindy Hop oder Swing durch deutsche Neuschöpfungen ersetzt werden. Die Sendereihe lief von Januar bis Herbst 1938, wurde aber nur in Sachsen wirklich bekannt. Verschiedene Orchester wurden vom Sender eingeladen und Hörer aufgefordert, ihre Kommentare zu der selbst nach bescheidenen Maßstäben äußerst banalen Musik abzugeben. Für Hartseil zählten vor allem die Briefe, die ihm bestätigten, dass »jüdischer« und »Nigger«-Jazz schrecklich seien und dass man nun auf echte deutsche Alternativen, auf neue Lieder und Tänze wie etwa den »Eisenbahntanz« zurückgreifen könnte. Hartseil präsentierte die Zuschriften nach eigenem Gutdünken seinen Vorgesetzten, die ihm jedoch eine Abfuhr erteilten.[230] Danach gab es in den Monaten vor dem Krieg noch einige Wiederbelebungsversuche durch SA- und HJ-Musiker, jedoch ebenfalls ohne Erfolg.[231] Den Nationalsozialisten war es trotz aller Bemühungen letztlich nicht gelungen, einen deutschen Ersatz für den Jazz zu finden, der nun in den Untergrund ging, wo er die Niederlage von 1945 überlebte.

Willi Stech, der erste Pianist der Goldenen Sieben, war als einziges Bandmitglied offenkundig Nationalsozialist. Seine Spielweise beeinflusste das nicht: Nach allem, was man weiß, spielte er genauso jazzig wie andere Studiomusiker. Das bestätigt frühere Erkenntnisse, denen zufolge die politische Überzeugung eines Musikers im Dritten Reich keinen Einfluss auf seine Darbietungen hatte. Auch ein Anhänger des NS-Regimes machte nicht notwendigerweise »Nazimusik«, ein Begriff, der, wie wir bereits sahen, fast unmöglich definiert werden kann. Dennoch stellt sich die Frage, welchen anderweitigen Einfluss die Parteizugehörigkeit eines Musikers auf seine künstlerischen Darbietungen haben mochte. Ist es denkbar, dass nicht sein Können, sondern seine politische Überzeugung den Ausschlag für ein Engagement gab? Oder gab es Nationalsozialisten in der Musikszene, die hochqualifiziert waren und auch in jedem anderen politischen System Hervorragendes geleistet hätten?

In dieser Hinsicht gab es im Dritten Reich mehr als nur ein Szenario; eindeutige Profile lassen sich bei Musikerbiographien nicht zeichnen. Eine nach dem Zufallsprinzip zusammengestellte Gruppe von Musikern, die unter jedem Regime erfolgreich gewesen wären, umfasst Günther Ramin, Li Stadelmann, Tiana Lemnitz, Maria Ivogün, Michael Raucheisen und Elisabeth Schwarzkopf. Da sie bereits in der Weimarer Republik Karriere gemacht hatten, brauchten sie den Nationalsozialismus nicht für ihren Erfolg. Das gilt jedenfalls für den Kirchenorganisten Günther Ramin (geb. 1898), der bereits im Alter von 20 Jahren an der berühmten Leipziger Thomaskirche spielte und mit 23 Professor war. Vielleicht verleitete ihn sein Ehrgeiz dazu, sich NS-Politikern anzudienen; jedenfalls arbeitete er schon früh mit Rosenbergs NSKG zusammen und spielte im April 1935 auf Görings Hochzeit (mit der Schauspielerin Emmy Sonnemann), ebenso auf dem Reichsparteitag 1936. Auf einer Tour durch die USA 1933 machte er sich über die Klagen jüdischer Emigranten lustig.[232]

Die zwei Jahre jüngere Cembalistin Li Stadelmann war bereits gegen Ende der Weimarer Republik eine erfolgreiche Kammermusikerin, allerdings besessen von Angst vor der Konkurrenz durch begabte Juden. Immerhin vertraute sie darauf, dass mit Hitler »nun unsere deutschen Meister deutsche Ausdeuter finden werden«. Sie hegte ganz sicher nationalsozialistische Überzeugungen, weil sie zur Vorhut jener gehörte, die – für die NS-Musikszene typisch – Bach zur Kultfigur erhoben und seine Musik wiederbeleben wollten.[233] Ähnlich verlief die Karriere der Sopranistin Tiana Lemnitz (geb. 1897), die nach Engagements in Aachen, Hannover und Dresden 1934 zum Ensemble der Berliner Staatsoper gehörte und für ihre brillante Partie der Eva in Wagners *Die Meistersinger von Nürnberg* berühmt wurde. Hitler hörte sie häufig und war begeistert; 1937 ernannte er die Parteigenossin zur Kammersängerin.[234] Lemnitz' Kollegin Maria Ivogün war schon mit Anfang zwanzig, kurz vor dem Ersten Weltkrieg, von Bruno Walter entdeckt worden. Richard Strauss schätzte sie sehr, und sie machte als Zerbinetta in seiner Oper *Ariadne auf Naxos* 1924 in Covent Garden Furore. Auch Hitler hatte sie noch vor der Machtergreifung hoch gelobt; damals war sie gerade aus dem Opern- ins Liederfach übergewechselt. Begleitet wurde sie von ihrem Ehemann, Michael Raucheisen, einem eingefleischten Nationalsozialisten. Das Multitalent Raucheisen – neben dem Klavier beherrschte er Flöte und Geige – war in den zwanziger Jahren mit dem (»halbjüdischen«) Geiger Fritz Kreisler international auf Tour gewesen – 1945 sollte nur der englische Pianist und Liedbegleiter Gerald Moore ihm ebenbürtig sein. Im Dritten Reich waren Ivogün und Raucheisen gern gesehene Partygäste bei Hitler und insbesondere Goebbels.[235] Ivogüns Starschülerin wiederum war Elisabeth Schwarzkopf (geb. 1915), die 1992 zur Dame of the British Empire erhoben wurde und 2006 in Österreich starb. Ihre Karriere verlief steil nach oben. Bereits mit Anfang zwanzig trat sie am Deutschen Opernhaus in Berlin auf, war aber auch leitend in der NS-Studentenschaft tätig. Ihre Laufbahn führte sie nach Wien, wo sie unter Karl Böhm reüssierte und Zugang zu höchsten NS-Kreisen erhielt. Sie wurde schließlich die Geliebte des SS-Obergruppenführers Hugo Jury, seines Zeichens Gauleiter von Niederdonau und Kulturliebhaber, und stand bei Kriegsende an der Schwelle zu einer noch bedeutenderen Karriere als internationaler Opernstar.[236] Aus dem Rückblick lässt sich sagen, dass Schwarzkopf diese Höhen auch ohne die Nazis erklommen hätte. Nazi oder nicht: Das musikalische Können jedes Einzelnen der hier Genannten sprach für sich.

Es gab allerdings Musiker, deren Kunst litt, weil sie sich mit der Ideologie oder Politik der Nationalsozialisten einließen. So ging es dem Geiger Gustav Havemann. Er hätte besser daran getan, sich völlig auf seine Karriere zu konzentrieren, wie er es in der Weimarer Republik als Professor und Primarius eines renommierten Streichquartetts getan hatte. Aber 1932 setzte er auf die Nationalsozialisten, wurde Funktionär des KfdK und übernahm dessen Sinfonieorchester, das aus arbeitslosen Musikern bestand. In Goebbels' Reichsmusikkammer in leitender Position tätig, vernachlässigte er sein Geigenspiel, um stattdessen als mittelmäßiger, aber gut bezahlter Dirigent aufzutreten. Aber der Liebhaber von Frauen und Alkohol stolperte 1935 über die Hindemith-Affäre. Er stand auf der Seite des Komponisten – an sich ein Zeichen von Integrität – und verlor mit 53 Jahren seinen Posten in der RMK. Er nahm zwar seine Tätigkeit als Geiger wieder auf, war aber nur noch ein Schatten seiner selbst.[237] Auch der vier Jahre jüngere Robert Heger verriet seine Muse, zwar nicht als Dirigent (da war er passabel), aber als Komponist mit seiner Oper *Der verlorene Sohn*, die 1936 in Dresden Premiere hatte. Alle seine Opern (fünf insgesamt) waren im Geist der spätromantischen Tradition komponiert, schreibt Erik Levi, »ohne künstlerische Originalität zu erreichen«. Was ihn jedoch als Musiker kompromittierte, war die erwähnte Oper, mit der er Flüchtlingen aus ehemals deutschen Gebieten ein Denkmal errichten wollte – seine eigene Familie war aus Straßburg von den Franzosen vertrieben worden, viele seiner Zeitgenossen mussten das nun zu Polen gehörende Westpreußen verlassen.[238]

Zu Beginn des sogenannten Dritten Reiches wurde Rosalind von Schirach (geb. 1898) noch als »Idealerscheinung des nordisch-arischen Sängerinnentyps« gepriesen. Und man mag ihr verzeihen, dass sie 1935 vom Berliner Opernhaus an die anspruchsvollere Staatsoper wechselte; schließlich war die Tochter eines Theaterintendanten auch die Schwester des Reichsjugendführers Baldur von Schirach. Unter Musikern hatte sie sich allerdings weniger als Sängerin denn als NS-Aktivistin einen Namen gemacht, eifrig damit beschäftigt, seit ihrem Debüt am Opernhaus 1930 dort eine NS-Betriebsorganisation aufzubauen. Unterstützung fand sie bei ihrem Liebhaber Gerhard Hüsch (geb. 1901), der, ein ausgezeichneter Bariton, bereits 1934 vom Opernhaus an die Staatsoper gewechselt war und sich danach als Interpret von NS-Liedern wie »Das Hakenkreuz« und »Deutschland erwache!« hervortat.[239]

Zum Inbegriff einer kompromittierten Künstlerin wurde die Pianistin Elly Ney. Das 1882 geborene Wunderkind hatte 1901 den Mendelssohn-Preis gewonnen und bis 1930, vor allem auf Konzerttouren in den USA, Karriere gemacht. Doch entwickelte sie, wie Stadelmann, eine Abneigung gegen jüdische Kollegen, die auf Erfahrungen mit ihrem Lehrer Isodor Seiss zurückging. An dessen Geruch schon habe sie »das Artfremde« erkannt. Als sie Anfang 1933 gebeten wurde, in Hamburg bei einem Konzert für den jungen Rudolf Serkin einzuspringen, der als Jude bereits Auftrittsverbot hatte, betrachtete sie das als Beleidigung. Sie wurde Mitglied diverser NS-Organisationen und trat besonders gern bei der HJ auf, wo sie erst gewundene ideologische Einführungsvorträge hielt und dann hauptsächlich Beethoven spielte. Den Zenit ihrer Laufbahn hatte die temperamentvolle Frau mit dem beethovenähnlichen Haarschopf allerdings längst überschritten; sie wurde hauptsächlich wegen ihrer Treue zum Regime unterstützt.[240]

Ob Musiker nun dem Regime nahestanden oder nicht, sie gaben nur die Musik wieder, die für sie geschrieben worden war, und die war nicht politisch gefärbt. Bei den Komponisten sieht das etwas anders aus. Unter den Jüngeren, den um die Jahrhundertwende Geborenen, neigten die einigermaßen Prominenten nach 1933 in ihrem musikalischen Schaffen zu Abenteuerlust wie auch zu Anpassungseifer an das neue Regime. Eine Gruppe umfasst Komponisten, deren Musik zwar innovativ, aber nicht so bedeutungsvoll war, dass sie nach 1945 in Erinnerung geblieben wäre. Eine zweite Gruppe war in dieser Hinsicht erfolgreicher, wenngleich nur drei Namen hier Erwähnung finden können, da auch sie mittlerweile fast vergessen sind. Die Ausnahme bildet Carl Orff, der durch eine einzige Komposition auf Opernbühnen und in Konzerthallen bis heute präsent ist.

Zu ersten Gruppe gehört Hugo Distler, der als 25-Jähriger im Mai 1933 in die NSDAP eintrat und 1937 Lehrer an der Hochschule für Musik in Stuttgart wurde. Er war, wie Hindemith Ende der zwanziger Jahre, begeistert von neobarocken Kompositionsformen, experimentierte mit Pentatonik und Ganzton-Leitern. Das brachte ihn an die Grenzen konventioneller Harmonik, auch wenn er die Zweite Wiener Schule (mit ihrem Hauptvertreter Arnold Schönberg) als »naturwidrig« bezeichnete. Er hoffte auf eine Erneuerung der protestantischen Kirchenmusik. Zu diesem Zweck arrangierte er sich – ausgerechnet – (wie andere Komponisten in dieser Gruppe) mit dem Nationalsozialismus. Er sprach von der »Größe der vaterländischen Ereignisse« seit 1933, unterrichtete begeistert HJ-Mitglieder und war als Gastdirigent für Robert Leys NS-Betriebsorganisation (NSBO) in der Deutschen

Arbeitsfront tätig – dieselbe Truppe, für die sich auch Schirach und Hirsch ins Zeug gelegt hatten. Außerdem komponierte er feierliche Gesänge zum Gedenken an Hitlers Machtergreifung und schrieb Lieder für HJ-Liederbücher.[241]

Distlers älterer Kollege Johann Nepomuk David bekannte sich offen zu Einflüssen der Zweiten Wiener Schule sowie von Ravel und Strawinsky. Er gab ebenfalls Unterricht für die HJ und schrieb ein Stück, das auf einem Ausspruch Hitlers beruhte. Es sollte »Hingabe« an das Volk ausdrücken und wurde von ihm auf dem Campus seines Konservatoriums uraufgeführt.[242] Beeindruckt von der strengen Struktur eines älteren musikalischen Genres suchte Ernst Pepping, geboren 1901, nach neuen Formen zwischen postromantischer Tonalität und Moderne. »Beide, Kunst wie Politik der Gegenwart, sind vom gleichen Willen beseelt«, verkündete er: »Sammlung der zerstreuten Teile, Bildung einer neuen Gemeinschaft«.[243]

Am ehesten erinnert man sich aus dieser Gruppe vielleicht an Wolfgang Fortner, wenn auch nur als Lehrer des berühmten Avantgarde-Komponisten Hans Werner Henze. Fortner, geboren 1907, war ein Wunderkind. Anfangs von Bach beeindruckt, wandte er sich neugierig dem Studium von Strawinsky und dem Zwölftonkomponisten Anton Webern zu. Als Lehrer in Heidelberg leitete er regelmäßig das HJ-Orchester, während er sich mit Schönbergs Zwölftonreihe erst nach 1945 ernsthaft auseinandersetzte.[244]

Die zweite Gruppe umfasst bekanntere Namen; hier sind vor allem Rudolf Wagner-Régeny, Werner Egk und Carl Orff zu nennen. Wagner-Régeny, Jahrgang 1903, in seinem Musikschaffen im Wesentlichen traditionell, sah seine erste Oper, *Der Günstling*, 1935 dank kräftiger Unterstützung durch Rosenbergs NSKG uraufgeführt. Danach akzeptierte er ein offizielles Angebot, für Shakespeares *Sommernachtstraum* eine Partitur zu komponieren, welche Mendelssohn-Bartholdys »jüdische« Begleitmusik ersetzen sollte. 1941 ging er von Berlin nach Wien, wo er zum Schützling des mittlerweile zum dortigen Gauleiter avancierten Baldur von Schirach wurde. In gewisser Weise war Wagner-Régeny allerdings Modernist – weniger in seinem eigenen musikalischen Schaffen als in der Übernahme von Librettos und Bühnenarbeiten Caspar Nehers (eines Freundes von Bertolt Brecht und Kurt Weill). Seine Versuche, sich den Nazis anzudienen, fanden ihren Höhepunkt in der Oper *Das Opfer* von 1941, nach einem Text von Eberhard Wolfgang

Möller. Die Handlung: Eine »arische« Frau namens Agnetha geht aufgrund von »Rassenschande« in den Tod, um so dem Schicksal zu entrinnen, Mutter eines »Bastards« zu werden.[245]

Seinerzeit bekannter als Wagner-Régeny war Werner Egk, der vor 1933 deutlich hörbar von Schönberg, dem Avantgarde-Dirigenten Hermann Scherchen und besonders Strawinsky beeinflusst war. Aus diesem Grund war sein Verhältnis zu den NS-Kulturverwaltern während der ersten Jahre des Regimes, als er in München arbeitete, angespannt. Doch dann wurde 1935 seine Oper *Die Zaubergeige* uraufgeführt, ein pointiert anti-intellektuelles Werk, das dem Land den Vorzug vor der Stadt gab; der Wucherer Guldensack ist leicht als verabscheuungswürdiger Jude zu erkennen. Egk erntete nun viel Beifall und einen zweifelhaften Geldpreis für ein Orchesterballett, das 1936 anlässlich der Olympischen Spiele in Berlin aufgeführt wurde. 1939 erhielt er anlässlich der Reichsmusiktage in Düsseldorf einen weiteren Preis für die Oper *Peer Gynt*, die auch Hitler gefiel. Ob Egk nun überzeugter NS-Anhänger war oder nicht: Sein größtes Zugeständnis an das Regime machte er, als er 1941 die Leitung der Fachschaft Komponisten in der RMK übernahm. Nun verurteilte er ganz offiziell »die Zeit der Atonalität«, obwohl er selbst einen kantigen – wenn auch nicht zwölftonigen – Musikstil pflegte, über dessen Schwerfälligkeit Kollegen sich bisweilen mokierten.[246]

Carl Orff, wie Hindemith 1895 geboren, war eine Zeit lang Egks Lehrer. Auch Orff hatte sich von Scherchen und Strawinsky beeindrucken lassen und kurzfristig mit Brecht zusammengearbeitet. Der Beschäftigung mit Strawinsky verdankte Orff sein ausgeprägtes Empfinden für Rhythmus, das denn auch in seiner ersten substanziellen Komposition, den *Carmina Burana* (1937), zum Tragen kam. Sie sollte sein einziges Meisterwerk bleiben und ihm, vielleicht nicht zufällig, den Ruf eintragen, der einzige Komponist im Dritten Reich gewesen zu sein, dessen Musik, so der Musikologe Richard Taruskin von der Universität Berkeley, »im internationalen Repertoire überlebt hat«. 1997 fand im Guggenheim-Museum eine internationale Konferenz statt, an der ich teilnahm. Dort erklärte Taruskin, er habe »kein Problem damit, die *Carmina Burana* als Nazi-Musik zu bezeichnen«.[247] Diese Äußerung verwies einmal mehr auf das bereits angesprochene komplexe Problem, das Wesen des Nationalsozialismus in der Musik zu bestimmen. Im strengen Sinne bestand Orffs »Modernismus«, was sein Hauptwerk wie auch einiges

Folgende betrifft, nicht aus Elementen, die die Nationalsozialisten ablehnten – wie Zwölftonigkeit oder Jazz (verminderte Noten) –, sondern aus Charakteristika, die in nationalsozialistischen Seh- und Hörgewohnheiten ihren Widerhall fanden und zudem propagandistisch nutzbar waren. Orffs Musik war von sinnlicher, physischer Direktheit, geprägt von Ostinato-Rhythmen, melodischer Sparsamkeit, rudimentärer Diatonik, Wiederholung und Monophonie. Sie sollte als Quell neuer Volksmusik und einfach zu spielender Hausmusik dienen. All das glich einer im Wesentlichen nationalsozialistischen Ästhetik, die sich in der NS-Musik ebenso finden ließ wie in Literatur oder Malerei. Es ist daher nicht verwunderlich, dass Orff – spät, aber nicht zu spät – vom Regime für seine Arbeit reich entlohnt wurde, zunächst mit einem Geldpreis für seine Musik zum *Mittsommernachtstraum* (1939), von 1942 an mit einer üppigen Pfründe des Gauleiters von Schirach.[248]

Praktisch alle bislang erwähnten Komponisten und ganz sicher alle Musiker waren zu dieser oder jener Zeit in offiziellen NS-Funktionen tätig: Sie schrieben oder spielten Stücke für NS-Formationen oder anlässlich von Feierlichkeiten des Regimes. Waren sie dadurch Nationalsozialisten und ihre Musik politisch gefärbt? Ersteres kann, wie im Fall von Egk, bezweifelt, aber nicht ausgeschlossen werden, doch gibt es eine dünne Trennlinie zwischen Opportunismus und Überzeugung. Die zweite Möglichkeit ist eindeutiger, vor allem dann, wenn Stücke, wie im Falle der Ersatzmusiken von Wagner-Régeny und Orff für den *Sommernachtstraum*, für spezifisch nationalsozialistische Zwecke komponiert wurden.

Anerkannte Musiker stellten ihre Kunst nach der Machtergreifung wiederholt in den Dienst des Nationalsozialismus. Berüchtigt waren etwa die Konzerte der Berliner Philharmoniker zu den jährlichen Reichsparteitagen sowie (seit 1936) zu Hitlers Geburtstagsfeiern, und zwar unter den Stardirigenten Karl Böhm, Hans Knappertsbusch und Wilhelm Furtwängler.[249] Bei der Gründungsfeier der Reichskulturkammer im November 1933 sorgten Furtwängler und der Bariton Heinrich Schlusnus für den musikalischen Rahmen.[250] Selbst bei weniger wichtigen Gelegenheiten, zum Beispiel als KdF-Chef Robert Ley im November 1936 eine Rede hielt, verlieh ein philharmonisches Orchester zusammen mit dem Wagnersänger Rudolf Bockelmann dem Ereignis durch eine Darbietung von Hugo Wolfs Vertonung des Goethe-Gedichts »Beherzigung« Glanz.[251]

Natürlich gab es auch musikalische Einrichtungen, die ausschließlich dem NS-Staat dienten, allen voran das 1932 gegründete NS-Reichs-Symphonie-Orchester, dessen Mitglieder in SA-braunen Smokings auftraten. Es litt nicht an Beschäftigungsmangel und trat nicht nur, wie ursprünglich vorgesehen, in der Provinz auf, sondern gab zwischen 1933 und 1939 nahezu täglich Konzerte – auf Reichsparteitagen und vielen anderen Festveranstaltungen der Nationalsozialisten.[252] Komponisten wie Cesar Bresgen, der an einem HJ-Konservatorium in Salzburg beschäftigt war, und Bruno Stürmer, in ähnlicher Funktion in Kassel, schrieben fast ausschließlich für NS-Veranstaltungen, zu denen ihre Werke auch aufgeführt wurden. Georg Blumensaat wiederum hatte sich auf Kompositionen für Thingspiele spezialisiert.[253]

Ferner gab es Wettbewerbe für ehrgeizige junge Talente mit dem Ziel, NS-inspirierte Musik zu komponieren. Dazu gehörte die Umwandlung politischer Lieder in volksliedähnliche Melodien, die so allgemein verbreitet sein sollten, dass Volksgenossen sie auf der Straße pfeifen konnten. So war es für das »Horst-Wessel-Lied« vorgesehen, das Wessel kurz vor seinem Tod komponiert hatte und das vor allem durch das einleitende »Die Fahne hoch!« bekannt ist. Durch häufige Wiedergabe und endlose Wiederholungen sollte es ins allgemeine Bewusstsein eindringen, ebenso wie das Liedchen »Es zog ein Hitlermann hinaus«.[254] Offenbar war die Komposition neuer völkischer Lieder für die Volksgemeinschaft so wichtig, dass Hitler selbst, in einem seltenen Anfall von Mikro-Management, das Tempo bestimmte, in dem das »Horst-Wessel-Lied« zu singen sei, oder einen Preis für neue Kompositionen aussetzte.[255] Tatsächlich kamen neue »Volkslieder« dabei heraus wie »Hohe Nacht der klaren Sterne«, das der HJ-Barde Hans Baumann 1936 als Ersatz für das beliebte Weihnachtslied »Stille Nacht« hervorbrachte.[256] Offenbar war der Versuch keineswegs erfolglos; Baumanns Komposition wurde von vielen Deutschen noch lange nach Kriegsende intoniert.[257]

Auch ältere, traditioneller orientierte Komponisten dienten sich dem Regime an, vor allem, wenn sie nach der Machtergreifung ihre Zeit für gekommen hielten. Ein Beispiel ist der 1872 geborene Neoromantiker Paul Graener, der auf den ersten Düsseldorfer Reichsmusiktagen 1938 als Komponist wie auch als Festredner auftrat.[258] Nach Jahren der, wie er es sah, Vernachlässigung wurde nun sein Werk gepriesen: Es handele sich um einen

»von lauteren Kräften des Deutschtums gespeisten Strom seines Schaffens«. Zuvor jedoch hatte der Autodidakt in Deutschland, aber auch in England als Dirigent in einem Varieté am Londoner Haymarket schwere Zeiten durchgemacht.[259] Seine beiden Hauptwerke, die Opern *Don Juans letztes Abenteuer* (1914) und *Hanneles Himmelfahrt* (1927) hatten in der Weimarer Republik nur wenig Aufmerksamkeit erregt, weil es ihm, so Erik Levi, nicht gelungen war, eine »individuelle Identität« nach Art seiner Zeitgenossen Strauss, Pfitzner oder Max Reger zu entwickeln. 1932 baute er in Berlin den Kampfbund für deutsche Kultur mit auf und wurde später Egks Vorgänger als Leiter, dann Vizepräsident der Fachschaft Komposition in der Reichsmusikkammer. Mit dem Amt kam das Selbstbewusstsein: Graener, eingeschworener Feind jeder Art von Modernismus, konnte im Dritten Reich seine Werke nun sehr viel häufiger aufführen lassen. Zumindest im Radio rangierten nur Strauss und Pfitzner vor ihm.[260]

Max Trapp (geb. 1887) wiederum komponierte vor allem Orchesterwerke und Kammermusik. Mitte der zwanziger Jahre hatte er bereits sieben Sinfonien und ein Violinkonzert vollendet. Sie zeigten den Einfluss von Brahms und dem frühen Strauss, waren mithin der Spätromantik verpflichtet. 1922, als Schönberg die Musik durch das Zwölftonsystem revolutionierte, insistierte Trapp auf dem Melodischen – für Goebbels, der später die Melodie zum Urquell aller Musik erklärte, reinster Fanfarenklang.[261] Um mehr Anerkennung als Komponist zu finden, schloss sich Trapp 1932 dem Berliner KfdK an und wurde 1934 Mitglied der mittlerweile gleichgeschalteten Preußischen Akademie der Künste. Wilhelm Furtwängler, ein Opportunist, der allen Regimes diente, sofern sich Geld verdienen und Frauen verführen ließen, dirigierte 1935 die Uraufführung von Trapps Konzert für Orchester (op. 32). Drei Jahre danach kam auf den Düsseldorfer Reichsmusiktagen ein Cellokonzert Trapps zur Aufführung. Gegen Ende der nationalsozialistischen Herrschaft hatte er vielfach Ehrungen empfangen und seine Werke häufiger aufgeführt gesehen, als es einem mittelmäßigen Komponisten in einer freien Gesellschaft zugestanden worden wäre.[262]

Am festesten im Sattel saßen im Dritten Reich die Komponisten Richard Strauss und Hans Pfitzner. Auch sie dienten dem Regime, Strauss mehr noch als Pfitzner. Strauss war nach Auffassung des Berliner Musikwissenschaftlers Albrecht Riethmüller der oberste Musiker im Reich, auch wenn er 1935 offiziell in Ungnade fiel. 1936 spielte er Hitler privatim eine individuell ausgearbeitete »Olympische Hymne« vor, die dann zu den Spielen Premiere feierte. 1938 dirigierte er auf den Düsseldorfer Reichsmusiktagen sein *Festliches Präludium*, wie er es schon 1933 anlässlich der Eröffnung der Reichsmusikkammer getan hatte.[263] Die Nazis benötigten ihn als kulturelles Aushängeschild, etwa als seine Oper *Elektra* zusammen mit der Ouvertüre zu *Le furie d'Arlecchino* des italienischen Faschisten Adriano Lualdi im Mai 1937 in Dresden gespielt wurde.[264] (Lualdi war der wohl orthodoxeste und erbarmungsloseste Faschist in der italienischen Musikwelt.)[265] Pfitzners ungeheuerlichstes Geschenk an die Machthaber war zu Kriegszeiten die Komposition einer musikalischen Hommage an Hans Frank, den gnadenlos antisemitischen Generalgouverneur der von der Wehrmacht besetzten Teile Polens.[266] Strauss wie Pfitzner hatten Gründe für ihr Verhalten. Ersterer biederte sich an, weil seine Schwiegertochter jüdisch und er zudem an der Aufrechterhaltung seines kommerziellen Erfolgs interessiert war. Der taktlose Pfitzner, für Jens Malte Fischer »ein geborener Antisemit«, glaubte, dass die Nationalsozialisten ihm etwas schuldeten, und schenkte, selbstverliebt, wie er war, seine Aufmerksamkeit nur jenen NS-Größen, die ihm ihre Verehrung bekundet hatten.[267]

Strauss und Pfitzner beherrschen die Opern- und Konzertbühnen im Dritten Reich. Strauss war in dieser Zeit überaus kreativ: Er schrieb fünf Opern, dazu Orchesterwerke und trat auch als Dirigent auf. Doch in mancher Hinsicht hatte er seinen Zenit schon überschritten. Pfitzner, weniger fruchtbar, komponierte einige Instrumentalstücke, beschränkte sich aber zumeist darauf, als Gastdirigent zu fungieren.[268] Abgesehen von den Aktivitäten dieser beiden Musikikonen im Dritten Reich betonte die Allgegenwart ihrer früheren Kompositionen für Opernhaus und Konzertsaal die Bedeutung von Werken, die vor 1933 und oft noch vor 1900 im traditionellen Stil geschaffen worden waren. Damit konnten jüngere Komponisten, die nach 1933 neue oder »nationalsozialistische« Musik zu schreiben suchten, nicht konkurrieren.

Jenseits ästhetischer Erwägungen verbesserte die Zunahme konventioneller Musikstücke die Chancen auf Beschäftigung von Bühnenpersonal in Stadt und Provinz – im Effekt ähnlich wie das Thingspiel für die Theaterlandschaft.[269] Allein durch Aufführungen im Rahmen von Robert Leys

»Kraft durch Freude«-Programm vervielfachte sich die Zahl der Konzerte von 1934 bis 1938 um mehr als das Vierfache, die der Opernaufführungen sogar um das Dreizehnfache. Tausende bislang beschäftigungslose Arbeitnehmer in der Musikindustrie standen wieder in Lohn und Brot.[270]

Die Programme des Berliner Philharmonischen Orchesters und der drei Opernhäuser wichen nur unerheblich von jenem Repertoire ab, das bereits in der Weimarer Republik geboten wurde. Vor allem äußerte sich das »im Festhalten an einem Kanon besonders gern und häufig gespielter Stücke, in dem deutsche Sinfonien des 19. Jahrhunderts und italienische Opern vorherrschten«, so die Musikwissenschaftlerin Pamela Potter.[271] Erwähnenswert sind in diesem Zusammenhang Bach, Beethoven und Bruckner, denn ihr Werk gewährleistete angeblich, dass die deutsche Musik »so ganz anders ist als alle Musik der Welt«. Diese Behauptung des NS-freundlichen Dichters Rudolf G. Binding ließ sich am besten an Bach festmachen, der, als größter Komponist der Welt und Deutscher, implizit mit dem »Führer« gleichzusetzen sei. Bach gehörte daher in die Reihe jener Ahnen, deren Verehrung das Regime damals institutionalisierte. Sein Hauptinstrument, die Orgel, galt den Nationalsozialisten als Königin der Musikinstrumente (Günther Ramin spielte sie königlich für Hitler und auch für Göring, der selbst eine Hausorgel sein Eigen nannte). Bachs Kompositionen wiederum waren in Linearität und Kontrapunktik so transparent, dass sie als das genaue Gegenteil von »Atonalität« verstanden wurden. Beethoven rangierte an zweiter Stelle, vor allem wegen des heroischen Elements in seinen Stücken. Weil Wagner Sonderstatus genoss, stand Bruckner in der Geschmacksliste des Regimes an dritter Stelle, auch wenn Werke anderer traditioneller Komponisten häufiger aufgeführt wurden. Bruckners Bevorzugung hatte keine musikalischen Gründe, sondern folgte der Logik der Ahnenverehrung, bei der Linz als Bezugspunkt diente. Obwohl es also im Wesentlichen um territoriale Landsmannschaftlichkeit ging, tönte Hitler, Bruckner sei der größte Organist aller Zeiten gewesen.[272]

Auf dem Gebiet der Oper bevorzugten die Nazis Wagner, Verdi, Puccini, Mozart, Lortzing und Strauss, wenn auch nicht unbedingt in dieser Reihenfolge und überall.[273] Hinsichtlich Theater- und Orchestermusik gab es im Repertoire kaum Veränderungen gegenüber der Weimarer Zeit. Auf den bedeutendsten Bühnen wurden – für die Oberschicht – große Opern gegeben, in der Provinz eher Operetten. So bot Görings Berliner Staatstheater beispielsweise allein in der Woche vom 12. bis 19. März 1939 drei Mal Strauss, zwei Mal Wagner und jeweils ein Mal Lortzing und Puccini, während das Jahresrepertoire in der Koblenzer Gegend 1937/38 aus Mozart, Gluck, Puccini, Tschaikowsky, Donizetti und Pergolesi/Strawinsky sowie einer vergleichbaren Anzahl leichterer Werke bestand.[274]

Und immer wieder tauchte Franz Léhars *Lustige Witwe*, Hitlers Lieblingsstück, in den Programmen auf. Vielleicht handelte es sich hier um einen weiteren Fall von vorauseilendem Gehorsam, diesmal in der Kultur und als gleichsam osmotisch vermittelter Auftrag.

Wagner wurde im Dritten Reich gespielt, aber natürlich nicht, weil seine Musik, wie Theodor W. Adorno 1945 behauptete, *ipso facto* »faschistisch« war. Denn tatsächlich ist sie dies nicht. Ebenso wenig passt die Zuschreibung »Fahrstuhlmusik zum Völkermord«, wie Alex Ross mahnend anmerkte.[275] Vielmehr war es Hitlers schon lange gehegte Vorliebe für Wagner, die dafür sorgte, dass ein solides Repertoire an Wagner-Opern gegeben wurde – obwohl Verdi-Opern bis 1939 weiterhin an erster Stelle standen – und die Bayreuther Festspiele auch in unsicheren Zeiten gesichert blieben. Zwar waren Wagner-Aufführungen bei Feierlichkeiten von Partei und Staat unerlässlich, doch NS-Größen wie Rosenberg schätzten die Musik überhaupt nicht, Goebbels konnte sie (trotz des heuchlerischen Lobs in den Tagebüchern) kaum ertragen, Göring ließ sie kalt, und Parteifunktionäre aller Ränge schnarchten sich durch die Aufführung, was Hitler peinlich berührt registrierte.[276]

Die Bayreuther Festspiele fanden 1933 im Juli statt; zuvor hatten Winifred Wagner und ihr Stab befürchtet, dass fehlende Finanzmittel zum Ausfall führen würden, denn die Deflationspolitik der Regierung Brüning hatte das Unternehmen praktisch in den Bankrott getrieben. Zwar hatten Hitler sowie Partei und Staat schließlich umfangreiche Subventionen bewilligt, doch kam weniger Publikum als sonst. Viele der einstigen Gönner galten jetzt als Volksfeinde und blieben dem Ereignis fern: Juden, Homosexuelle, Liberale, Linke sowie – wegen Grenzstreitigkeiten – Gäste aus Österreich. Die Festspiele schlossen mit finanziellem Verlust. Hitler – ein moderater Neuerer nach Ansicht Hans R. Vagets – hatte dem progressiven Kreis um Winifred Wagner, dem Intendanten Heinz Tietjen und dem Bühnenbildner Emil Preetorius, die sich an neuen Ideen versucht hatten, seine Unterstützung angedeihen lassen. Wie Leni Riefenstahl wurde auch Bayreuth nicht der Reichskulturkammer unterstellt. Hitler behielt die Kontrolle; die meisten Eintrittskarten wurden von Parteiformationen gekauft.

Bayreuth bot Hitler die Gelegenheit, die Festspiele (und die Familie Wagner) für eigene politische Zwecke zu nutzen, etwa um Staatsgäste aus Großbritannien, Japan und Italien zu beeindrucken. Im Juli 1937 wurden außerdem 2600 Sudetendeutsche mit Sonderzügen aus der Tschechoslowakei nach Bayreuth gekarrt. Seit Kriegsbeginn im September 1939 dienten die Festspiele auf dem Grünen Hügel mit kostenlosen Aufführungen für Kriegsverwundete und Beschäftigte der Rüstungsindustrie im Wesentlichen propagandistischen und militärpolitischen Zwecken.[277]

Bildende Kunst und Architektur

In Demokratien, auch solchen, die es nur dem Namen nach sind, hängen Porträts von königlichen Hoheiten und Präsidenten an den Wänden öffentlicher Gebäude, um die Loyalität der Gesellschaft gegenüber dem Staat zu festigen. In einer echten Diktatur geht es nicht ohne einen Führerkult, der dem Alleinherrscher weiteren Status verleiht. Die bildende Kunst hat daher dem totalitären Staat von allen Künsten offenbar den größten Dienst erwiesen. Das jedenfalls geht aus einer Untersuchung über freischaffende Künstler in der NS-Zeit hervor. So mochten Schriftsteller den »Führer« zwar in Romanen über die »Kampfzeit« glorifizieren, aber wie viele Deutsche diese Bücher lesen würden, blieb offen.

In der Musik entstanden an die 20 000 Kompositionen mit politischen Anknüpfungspunkten, die meist von krassen Dilettanten stammten und nie öffentlich zur Kenntnis genommen wurden. Zudem verbat sich Hitler, der sich um seiner charismatischen Wirkung willen gern zurückzog, 1935 persönliche Widmungen. Eine »Führer«-Kantate, die ins Standardrepertoire hätte eingehen können, ist nicht bekannt.[278] Gelungene Porträts von Nazigrößen, allen voran von Hitler selbst, ließen sich hingegen ausstellen oder reproduzieren, und man konnte sich ihrer Eindrücklichkeit so wenig entziehen wie dem öffentlich dargebotenen Hitlergruß.

Es gab Gemälde von Göring, Goebbels, Rosenberg und Hess, am meisten aber von Hitler selbst. Die zwei beeindruckendsten Bildnisse stammen von Fritz Erler und Heinrich Knirr. Beide zeigen den Führer in der Parteiuniform, aufrecht stehend mit herrischem Blick und entschlossener Miene. Erler malte ihn in klassischer SA-Uniform, die Mütze in der Hand, vor der Kolossalstatue eines Kriegers, der in der linken Faust ein Schwert hält und auf dessen rechter Handfläche ein Falke sitzt. Knirrs Hitler steht, bekleidet mit einem Überzieher, vor einem grünen Wald (ein beliebtes Motiv der Neoromantiker), trägt eine Armbinde mit Hakenkreuz und ein Eisernes Kreuz aus dem Weltkrieg. Hitler blickt staatsmännischer und weniger drohend drein. Das Bild hing, zusammen mit elf weiteren Hitlerporträts, in der Großen Deutschen Kunstausstellung von 1937.[279] Ein Gemälde aus dieser Sammlung, auf dessen Hängung Hitler bestanden hatte, wurde zu einem regelrechten Eckstein der Hitler-Ikonographie: das Bild von Hermann Otto Hoyer mit dem Titel »Am Anfang war das Wort«. Hier hält Hitler vor einer kleinen Gruppe in einem niedrigen, recht dunklen Raum im bayrischen Oberstdorf eine flammende Rede. Der angehende Politiker wirbt – historisch korrekt – in den frühen zwanziger Jahren für die im Entstehen begriffene NSDAP. Vor einer Hakenkreuzfahne und flankiert von einem archetypischen SA-Mann gestikuliert der mit einem Straßenanzug bekleidete Hitler heftig, während die Zuhörer ihm gebannt folgen. Das Bild wurde später von Hitler erworben. Hoyer, der kurz an der Dresdner Kunstakademie studiert hatte, wurde im Ersten Weltkrieg verwundet und gehörte zur Garde der sogenannten Alten Kämpfer. Von Hitler zum Professor ernannt, trat er im Zweiten Weltkrieg pflichtbewusst in die Waffen-SS ein.[280]

Andere »Führer«-Darstellungen – seien es Bildnisse oder bildhauerische Werke – begnügten sich mit Kopf oder Büste.[281] Eine Kohlezeichnung von Hitlers Kopf illustrierte eine nationalsozialistisch zurechtgebogene Geschichtsauffassung: die Hohenzollern, Scharnhorst, Bismarck, Krupp, Graf Zeppelin, der Flieger von Richthofen (der »Rote Baron«) kommen vor, während der letzte Abschnitt für »Die Männer des dritten [sic] Reichs« reserviert war.[282] In einem Ganzkörperbild mit dem Titel *Der Fahnenträger*, das ebenfalls 1937 in München gezeigt wurde, stellt Hubert Lanzinger Hitler als Ritter in schimmernder Rüstung auf einem Pferd mit einer riesigen Hakenkreuzfahne in der Hand dar. Bis auf den heutigen Tag zeugt das Gemälde vom grotesken Wesen der originären NS-Kunst jenseits üblicher Kitsch-Definitionen und von dem Abgrund des Bösen, der dahinter lauerte.[283] Aus sozialhistorischer Perspektive sind die interessantesten Bilder vielleicht jene, die Hitler (wie bei Hoyer) im Umgang mit den Deutschen zeigen: Hitler bei den Soldaten, Hitler in brauner Parteiuniform als Porträt an der Wand, während die Deutschen am Volksempfänger seiner Rede lauschen; Hitler im Händedruck mit Hindenburg am 21. März 1933, dem sogenannten Tag von Potsdam.[284]

Ob Hitler jemals für eines dieser Porträts Modell gesessen hat, ist zweifelhaft; wahrscheinlich fehlte ihm dafür die Zeit. Die Arbeiten entstanden zumeist nach Fotografien oder der Vorstellungskraft des Künstlers, und dieser Mangel an künstlerischer Raffinesse spiegelte sich häufig in der gesamten Machart des Bildes wider. Anders verhält es sich mit der Büste von Hitlers Lieblingsarchitekt Albert Speer. Die Büste stammte von dem Speer-Freund Arno Breker, dem der Architekt auch Modell saß. Speer hatte deutlich weniger Ausstrahlung als der Führer, und die Bronzebüste lässt das schmerzhaft erkennen.[285] Porträts von Göring zeigen den Mann in all seiner Lächerlichkeit als Reichsjägermeister und Generalfeldmarschall (beide Werke von Conrad Hommel). In seiner theatralischen Phantasiemontur kann man ihn kaum ernst nehmen. Im Gegensatz dazu zeigte Erich Gritzbach, der Verfasser einer offiziellen Göring-Biographie den Zeitgenossen Fotos, auf denen Göring als junger SA-Mann und sogar als Feldmarschall im weißen Mantel glaubwürdig wirkt.[286] Wenig aussagekräftige Bilder wurden auch von Goebbels, Hess, Rosenberg und Ley angefertigt. Im Falle Goebbels' ließ sich sein dämonisches Wesen nur schwer auf die Leinwand bannen, auch nicht in Marmor oder Bronze fassen. Eine Ausnahme bildet vielleicht Leo von Königs modernistisch inspiriertes Bild von 1935.[287]

Insgesamt sind jene vergleichsweise seltenen Bilder, die Nationalsozialisten in Aktion zum Thema haben, interessanter als reine Porträts. Das gilt für jene Werke, die Hitler im Kreise der Bevölkerung zeigen, aber auch für die Darstellung kleiner NS-Szenarien durch Elk Eber. Dieser Weltkriegsveteran und Teilnehmer am Hitler-Putsch von 1923 stellte sich Anfang der zwanziger Jahre als Zeichner für den *Völkischen Beobachter* in den Dienst der Bewegung; zudem gestaltete er während der »Kampfzeit« Plakate. Als im Juli 1937 die Kunstausstellung in München stattfand, wo sein berühmtes Gemälde *Die letzte Handgranate* zu sehen war, hatte er sich bereits als Bildchronist der Hundertfünfzigprozentigen und ihrer »Aktionen« einen Namen gemacht. 1938 wurde Ebers Werk *So war die SA* in München ausgestellt (Hitler erwarb das Gemälde). Dargestellt ist der Marsch eines SA-Trupps unter einer Hakenkreuzfahne; ein Mann in vorderster Reihe hat den Kopf bandagiert und unter den neugierigen Passanten am Straßenrand steht ein Junge, der den Marschierenden bewundernd zuschaut. Der Hintergrund – eine Holzwand, auf die in roten Buchstaben KPD gemalt ist –, lässt vermuten, dass der Marsch durch ein kommunistisches Viertel geht.[288] Eber, der 1941 im Alter von 49 Jahren starb – zuvor hatte er noch Soldaten sowie Juden bei der Zwangsarbeit im besetzten Polen gezeichnet –, illustrierte gern Szenen voller Konflikt und NS-Märtyrerschaft, während andere Künstler eher prosaische Themen bevorzugten. 1938 malte Franz Eichhorst den Festsaal des Berliner Rathauses Schöneberg aus. Das Gemälde mit dem Titel *Das Gesicht eines jungen Deutschen* zieht sich über vier Wände. Im Mittelpunkt steht ein Junge, der die Trommel schlägt, umgeben von HJ-lern, SA- und SS-Leuten unter zwei riesigen Hakenkreuzfahnen; zu seiner Linken reicht ein Mann im Anzug einem Arbeiter die Hand.[289] Auch Georg Sluyterman von Langeweyde, der gerne mit Holzschnitten arbeitete, stellte trommelnde Hitlerjungen und SA-Rollkommandos sowie einen Soldaten mit Handgranate dar – gewissermaßen eine gedämpfte Version von Elk Ebers Bildern.[290] Diese Künstler machten es sich zur Aufgabe, die (natürlich von NS-Führern vorangetriebene) nationale Einheit und militärische Tapferkeit zu zeigen. Für den Kritiker Hans Wühr sprach 1938 aus diesen Werken »ein hochgemuter Sinn und die innigste Beteiligung an den Kämpfen, Zielen und Früchten der deutschen Wiedergeburt«.[291]

Im Ankauf von Elk Ebers SA-Bild spiegelte sich wider, was Hitler an der deutschen Gegenwartskunst schätzte. Von Eber und dessen Mitstreitern erwarb er für seine privaten und öffentlichen Residenzen sowie für das in Planung befindliche riesige Museum in Linz weitere Werke. Die zuletzt genannten Künstler waren weniger den Tagesereignissen denn dem neoromantischen Ideal verpflichtet, das in Deutschland im Zuge der restaurativen Tendenzen nach dem Krieg *en vogue* war. Adolf Wissels Genrebilder einer bäuerlichen Welt wie die *Kalenberger Bauernfamilie* aus Großmutter, Eltern und drei Kindern, die in einer bescheidenen Wohnstube beisammensitzt,[292] zählt dazu ebenso wie Hermann Gradls Bild *Hochgebirge*, welches das Speisezimmer der neuen Reichskanzlei zierte: ein alpiner Gebirgsbach unter düster dräuendem Himmel.[293] Beide Gemälde hätten von Künstlern aus dem 19. Jahrhundert wie etwa Hans Thoma oder Ludwig Richter geschaffen worden sein können. In Hitlers »Führerbau« in München hing Adolf Zieglers Triptychon *Die vier Elemente* (1937), das der französische Botschafter André François-Poncet total geschmacklos fand. In Anspielung auf die Antike hatte Ziegler vier Frauenakte in recht lasziver Pose gemalt; nicht verwunderlich, dass Ziegler, Präsident von Goebbels' Reichskunstkammer, gern als »Reichsmeister des deutschen Schamhaares« bespöttelt wurde.[294]

Hitlers Kunstgeschmack war von den Strömungen im Wien des späten 19. Jahrhunderts beeinflusst worden, von Künstlern wie dem Akademiemaler Hans Makart. Das jedenfalls zeigen Hitlers eigene bescheidene Ansätze im Zeichnen und Malen um die Jahrhundertwende; und auch später blieb die Moderne unbeachtet. Sein 1911/12 entstandenes Aquarell eines alten Wiener Hofs oder, vier Jahre später auf dem Kriegsmarsch skizziert, die Kirche des französischen Orts Haubourdin, zeigen keine Spuren von Impressionismus, geschweige denn des (noch jungen) Expressionismus. Skizzenbuch und Postkarten sind farbig wenig einfallsreich und zeugen von mangelhafter Beherrschung der Perspektive. Eine spätere Zeichnung eines SA-Manns mit Hakenkreuzfahne stimmt in sich nicht, das Kinn des Mannes ist allzu fliehend; der Prototyps eines VW-Käfers in einer vor 1938 entstandenen Skizze ähnelt einem gequetschten Spielzeug.[295] In der Regel stellte er keine Menschen dar – so als müssten sie für ihn anonym bleiben, eine undifferenzierte Masse; er offenbarte »einen vielsagenden Mangel an Gefühl für Menschen«.[296] Insgesamt wirken Hitlers Bilder wie eine Karikatur der von ihm bewunderten Meister des 19. Jahrhunderts, nicht aber von Dürer und anderen berühmten Vertretern der Nordischen Renaissance, die gebildetere NS-Größen wie Göring und Hans Frank für Pioniere hielten. Und immer wieder bezog er sich auf die alten Griechen und Römer, etwa in seinen Eröffnungsreden zu nationalen Kunstausstellungen wie der in München 1937 (die sein Leibfotograf Heinrich Hoffmann nach eigenem, vorurteilsbeladenem Gutdünken hatte zusammenstellen dürfen). Auch in bombastischen Reden zu Jahrestagen äußerte er sich auf diese Weise.[297]

Für eine ästhetische Gesamteinschätzung der neuen deutschen Kunst reicht der Blick auf Hitlers Sammlungen im Wesentlichen aus. Die im sogenannten Dritten Reich bevorzugte Malweise wurde mal als neoromantisch, dann wieder als pseudonaturalistisch, bisweilen auch als Neobiedermeier bezeichnet. Es gab außerdem einen von Hitler durchaus geschätzten »nationalsozialistischen Realismus« (in Analogie zum »sozialistischen Realismus«), obwohl die Nationalsozialisten diesen Begriff nie benutzten. Gemeint ist damit eine obsessive darstellerische Genauigkeit in Anlehnung an die Neue Sachlichkeit à la Dix und Beckmann, für deren Herold Werner Peiner, einst Expressionist, Göring im Eifelort Kronenburg 1936 eine Malakademie einrichtete und sich zu ihrem Schirmherrn erklärte. Dort sollten »Offiziere der Kunst« ausgebildet werden. Im Luftfahrtministerium hing eine von Peiner dem Mittelalter nachempfundene Jagdszene.[298]

Mit seiner Könnerschaft in Sachen fotografischer Genauigkeit setzte Peiner sich von den Kollegen ab, die zumeist – wie bereits vor 1933 – im neoromantischen Stil eines Franz Defregger oder Hans Thoma malten. Einige wenige, etwa Wolfgang Willrich, pflegten eine neogotische Malweise in Anlehnung an Dürer, Hans Baldung Grien oder Hans Holbein.[299] Seit 1933 sei, schrieb Carl Linfert, Redakteur der *Frankfurter Zeitung*, die Hauptaufgabe der Malerei wieder bewältigt, nämlich »das zu formen, was uns sichtbar vor Augen steht«.[300] Mithin wurden, unabhängig von der Technik, die Bilder rein darstellend, nichts reichte über die Repräsentation hinaus. Und die epigonenhafte Darstellung selbst entbehrte aller Dynamik, erweckte den Eindruck von Eindimensionalität. So gesehen spiegelte die Malerei die NS-Literatur wider und umgekehrt.

Dieses wechselseitige Verhältnis galt auch für den Inhalt. Programmatische Themen in der Malerei zielten auf den Betrachter wie in einer Einbahnstraße, es gab keine diskursiven Erfahrungen, keine engagierte Einbeziehung. Bruno E. Werner bemerkte, »dass hier aller Problematik der Kampf angesagt wird. Hier ist kein Platz für Experimente«.[301] So waren denn die Archetypen der NS-Malerei (wie in der Literatur) Landschaften, bäuerliches Leben, Frauen und Tiere – alles angesiedelt in vorindustrieller Zeit. Eine weitere Kategorie, die in der Literatur selten auftauchte, war die Darstellung von Schwerindustrie als Symbol für den Staat. Menschen hatten dort nichts zu suchen.

Vor allem Franz Defregger und Wilhelm Leibl hätten, so der Kritiker Edgar Schindler 1935, im 19. Jahrhundert das Thema »Blut und Boden« entdeckt und den Bauern und ihrer Umwelt besondere Aufmerksamkeit geschenkt.[302] Bauern, die ihre Scholle beackern, finden sich auf Bildern, in der Literatur und auf der Bühne. Mit ihrer Körperlichkeit verströmen sie eugenische Gesundheit (Blut), verfügen über keinerlei industrielle Maschinerie für Saat und Ernte, tragen Kleidung wie aus Urzeiten und leben in Zimmern mit handgeschnitztem Mobiliar. Unter düsteren Himmeln ziehen sie mit ihrem Ochsengespann (oder mit Ziegen, selten mit Pferden) über den Acker, wobei die Männer häufig breitrandige Hüte, die Frauen Dirndl tragen – alles ganz traditionell. Als »rassisch« und sozial einheitliche Gruppe nehmen sie bei wichtigen Angelegenheiten ein so frugales wie gemeinschaftliches Mahl ein – so jedenfalls zeigt es Thomas Baumgartners (1892–1962) Gemälde *Bäuerliches Mittagsmahl*. Mit gewaltigen Körperkräften ausgestattet treiben sie das Vieh und roden den Wald, schwingen Äxte und schultern schwerste Felsbrocken.[303] Dagegen sind in den wenigen Darstellungen der Schwerindustrie (die auf ein Phänomen im Gefolge der Industriellen Revolution verweist) Menschen entweder nicht vorhanden oder scheinen in kolossalen Maschinen und monumentalen Strukturen wie etwa einer im Bau befindlichen Autobahnbrücke aufzugehen. Unbelebte Monstrosität war das Kennzeichen des NS-Staats.[304]

Da Bauern normalerweise weit entfernt von industriell geprägten Städten wohnen, blühte im Dritten Reich (wie schon im 19. Jahrhundert) die Landschaftsmalerei, romantisch unter freiem Himmel.[305] Hinzu traten Tierdarstellungen, jetzt allerdings mit besonderer Berücksichtigung des Adlers als nationalem Emblem, wie auch der Kampf von Tieren um die Vorherrschaft, der als Kampf ums Überleben ein wichtiger Bestandteil der NS-Ideologie war. Hierin tat sich besonders Franz Xaver Stahl (1901–1977) hervor, der von Beruf Innendekorateur war. Seine Bilder von Kühen und anderen Tieren gefielen Hitler so ungemein, dass er sie erwarb.[306]

Das Leitmotiv »Sozialdarwinismus« findet sich auch in den vielen Darstellungen von Frauen als fruchtbaren Trägerinnen »arischen« Lebens. Nationalsozialisten zeigten Frauen gewöhnlich als Mutter, Gefährtin des Mannes und sexuell attraktive Kurtisane. Mütter konnten ältere Frauen nach Art von Thoma, Leibl oder sogar Dürer sein oder junge Frauen, die ihre Kinder stillten.[307] So wurden sie von Johann Vincenz Cissarz (1873–1942), Wolfgang Willrich (1897–1948) und Karl Diebitsch (1899–1985) gemalt. Jedes Mal ist es eine schöne junge Frau, die ein Neugeborenes an ihre rechte Brust hält, während der Betrachter von links auf die Szene blickt. Der Hintergrund ist zumeist neutral, nur bei Diebitsch dehnen sich Kornfelder aus, ein Symbol für Fruchtbarkeit. Das Erstaunliche an diesen Bildern ist nicht die eugenische Aufladung der Fruchtbarkeit, sondern der Eindruck, dass zwei von ihnen Kopien zu sein scheinen, während sich das Original an dem wohlbekannten Renaissance-Motiv der »Madonna mit Kind« orientiert. Welches der drei Bilder das Original ist, lässt sich schwer sagen, weil die drei Maler Zeitgenossen waren. Wenn Hitler oder Goebbels sich über mangelnde Originalität der neuen Kunst beklagten, könnten die erwähnten Werke dazu Anlass geboten haben.[308]

Junge Mütter, junge Mädchen oder Mägde in ländlicher Szenerie wurden häufig neben einem deckellosen Tonkrug abgebildet – ein offenkundiges Symbol der Fruchtbarkeit, eine bekannte Metapher aus der Vergangenheit, die von den Malern unter Hitler reichlich strapaziert wurde. In Leopold Schmutzlers Bild *Arbeitsmaiden vom Felde heimkehrend* dient selbst ein Korb, den eine der drei hübschen »Maiden« auf dem Rücken trägt, solchem Zweck.[309] Im Übrigen erinnert die ländliche Tracht der Mädchen farblich an die HJ-Uniform. Noch deutlicher werden die sexuellen Anspielungen in einer überzogenen Anlehnung an die Salonmalerei des 19. Jahrhunderts – der weibliche Akt wird erotisiert wie etwa in Adolf Zieglers *Die vier Elemente*. Auch in Ernst Liebermanns *Am Gestade* wirken die drei nackten jungen Frauen aufreizend und lasziv, das Gleiche gilt für die Darstellung in Ivo Saligers *Die Rast der Diana*.[310] Direkt pornographische Züge trägt das berüchtigte Gemälde *Leda und der Schwan* von Paul Matthias Padua (1903–1981). Auch dieses Motiv war schon der Antike bekannt, doch Paduas explizite Darstellung der Kopulation zwischen einer nackten Frau, die in Ekstase das halbe Gesicht mit dem Arm verdeckt, während ein großer weißer Vogel zwischen ihren Schenkeln sitzt, beschwor lüsterne Promiskuität herauf, als sollte das Bild auf die Lust der deutschen Männer als Aphrodisiakum wirken.[311] So weit ging die Literatur nicht, wenngleich einige Schriftsteller (verbreitet im Krieg) das Recht der Männer auf sexuelle Befriedigung und, damit einhergehend, die Unterordnung der Frau betonten.[312]

Auch in der Skulptur spielte die Darstellung sexueller Attraktivität mittels weiblicher Akte eine Rolle, obwohl es im Allgemeinen mehr um die Kraft und Heldenhaftigkeit des Mannes ging, die allerdings homoerotische Signale aussenden konnte.[313] Aber Georg Kolbe, Richard Scheibe und Fritz Klimsch haben sehr verlockende weibliche Akte geschaffen, und Josef Thoraks wohlproportionierte Nackte küsst einen gleichfalls unbekleideten Jüngling.[314] Insgesamt jedoch wurde die Malerei zu Beginn des 20. Jahrhunderts viel stärker revolutioniert als die deutsche Bildhauerei, die von Im- und Expressionismus sowie anderen Strömungen der Moderne relativ unberührt blieb, sieht man von Künstlern wie Wilhelm Lehmbruck, Käthe Kollwitz, Ernst Barlach, Karl Schmitt-Rottluff und Ludwig Kirchner ab, deren Werke in der Ausstellung »Entartete Kunst« zu sehen waren.[315] Aber eine Mitte der dreißiger Jahre entstandene, eher darstellende als abstrakte Büste von Kolbe oder Scheibe hätte kaum anders ausgesehen als eine, die vor dem Ersten Weltkrieg geschaffen worden war. Und Thorak und Breker, die bekanntesten Bildhauer im Dritten Reich, zählten, wie Scheibe und Klimsch, die französischen Künstler Auguste Rodin und Aristide Maillol zu ihren Vorbildern.[316]

Die Skulptur war für den Nationalsozialismus das ideale Medium, denn so konnte das für ideologisch bedeutsam Erachtete in dreidimensionaler Monumentalität vor Augen geführt werden. Der erste Künstler, der sich dies nach 1933 zu eigen machte, war Josef Thorak. Er war 1889 in Salzburg als Sohn eines Töpfermeisters zur Welt gekommen und fand, anders als Hitler, unschwer Zugang zur Wiener Kunstakademie. Dann zog es ihn nach Berlin und schon früh zur Monumentalität. 1928 erhielt er seinen ersten bedeutsamen Preis, den Staatspreis der Preußischen Akademie der Künste. Über Hitlers Architekten Albert Speer bekam er staatliche Aufträge, und schon bald stellte er Plastiken en masse her – von Paracelsus über Nietzsche bis zu Mussolini und Hitler. Die Filmschauspielerin Anny Ondra war sein Modell für *Die Schönheit nach dem Bade* (1935). Schließlich meißelte er in einem riesigen, für ihn außerhalb von München errichteten Atelier bis zur Perfektion gigantische Repliken, häufig von Pferden. Diese monumentalen *objets d'art* sollten ein sprichwörtliches Zeugnis für die Größe des Dritten Reiches sein.[317]

Thorak, so wurde geschrieben, sei Hitlers erste Wahl als Bildhauer gewesen, dann aber durch Arno Breker ersetzt worden, der ebenso gern monumentalisierte. Zugleich war er, wie Hellmut Lehmann-Haupt bemerkt, ein weiterer Bildhauer, der »physische Größe mit künstlerischer Größe verwechselte«.[318] Breker, Jahrgang 1900, erhielt seine Ausbildung an der Kunstakademie Düsseldorf. Von 1927 bis 1933 lebte er in Paris, wo er mit Künstlern wie Robert Delaunay, Jean Cocteau und Man Ray Umgang pflegte. Dann ging er nach Berlin und gewann für seine Statuen von Athleten bei den Olympischen Spielen von 1936 eine Silbermedaille. 1937 erhielt er eine Professur an der Akademie der Schönen Künste in Berlin. Mittlerweile war er eng mit Speer befreundet und arbeitete überaus häufig für das Reich. In seinem riesigen Atelier schuf er Skulpturen und Reliefs für die Reichskanzlei und andere öffentliche Gebäude, etwa das Reliefbild *Kameraden*, womit Auftraggeber Speer 1940 das männliche Ego streicheln wollte. »Die dramatische Skulptur zeigt einen stehenden Mann mit Umhang und trotziger Miene, der seinen schwer verwundeten, bewusstlosen Kriegskameraden in den Armen hält.«[319] Ganz offensichtlich wollten Thorak und Breker die Botschaft vermitteln, dass die deutschen Männer noch muskulöser werden mussten, um für das Reich zu kämpfen, während die Frauen noch mehr Bereitschaft zeigen sollten, für die Langlebigkeit des Volkes zu sorgen.[320]

Hitler fand, die im Entstehen begriffenen monumentalen und heroischen Qualitäten von Nationalsozialismus und Drittem Reich ließen sich am besten in der Architektur versinnbildlichen.[321] Diese zog er, zusammen mit der bildenden Kunst, allen anderen kulturellen Ausdrucksformen vor. Entsprechend wurde die Architektur, obwohl häufig nicht als Kunst, sondern als Handwerk begriffen, wie Malerei und Bildhauerei in Goebbels' Reichskulturkammer aufgenommen. Hitler war der Ansicht, dass die Architektur der Zukunft heroisch und grandios auszusehen habe. Dafür brauchte er einen Experten und fand ihn 1934 im jungen Albert Speer. Dieser, versiert in moderner Architektur, teilte Hitlers Visionen.

Paul Ludwig Troost, Hitlers erster Architekt, war Anfang 1934 gestorben. Nun sollte der 29-jährige Speer zunächst ein Architekturvorhaben realisieren – zumindest zum Teil –, das zu den wenigen zählte, die überhaupt Baureife erlangten: das Nürnberger Reichsparteitagsgelände. Dazu hatten Hitler und Troost bereits Pläne entwickelt: Ein riesiges Feld mit Tribüne und Aufbauten sollte den jährlichen Parteitagszusammenkünften dienen und auch mit der auf dem Reißbrett neu entworfenen Stadt zusammenwachsen, die bis dahin noch mittelalterlich geprägt war. Alles sollte in gigantischem Maßstab entstehen; die Endfertigungspläne für das Projekt reichten bis 1942. Als Modell für eine Kongresshalle diente das Kolosseum in Rom, nur sollte das

Reichsparteitagsgebäude dieses in Höhe und Durchmesser weit übertreffen, und das Stadion, in dem fast eine halbe Million Zuschauer Platz finden würde, stellte selbst die Pyramiden in den Schatten. Allerdings gelang Speer lediglich die Fertigstellung des Zeppelinfelds für Partei-, Wehrmacht- und paramilitärische Paraden vor einem Publikum von 100 000 »Volksgenossen«. Andere Bauten für die Unterbringung großer Menschenmassen blieben unvollendet. Speers Baustil war, ganz nach Hitlers Geschmack, neoklassisch, dabei aber »zutiefst von den abstrakt-formalen Bauweisen der zwanziger Jahre beeinflusst«. Das störte Hitler nicht, solange seine Größe und die der von ihm ins Leben gerufenen Bewegung gebührend gewürdigt wurden. Speer lobte sich rückhaltlos selbst und sprach von einer »genialen Neuordnung«.[322]

Der zweite architektonische Meilenstein der NS-Ära war das Haus der Deutschen Kunst in München, in dem dann – im Juli 1937 – die erste in einer Reihe Großer Deutscher Kunstausstellungen stattfinden sollte. Stilistisch war das »Haus« eine Mischung aus Monumentalismus und, mit den dorischen Säulen, Neoklassizismus, gemildert durch Elemente der Moderne der zwanziger Jahre. Hier zeigte sich besonders deutlich, wie besessen Hitler von der antiken römischen und insbesondere griechischen Architektur war. Das Gebäude trug Hitlers Motto: »Kunst ist eine zum Fanatismus verpflichtende Mission«. Demzufolge sollte es dasjenige repräsentative Baukunstwerk im Dritten Reich sein, das den Volksgemeinschaftsgeist zum Höhenflug befähigen und somit eng an die vom »Führer« verkörperten Ideale des Nationalsozialismus binden sollte. Objektiv gesehen jedoch unterschied sich, wie Martin Kitchen herausstellte, das Haus der Deutschen Kunst kaum von anderen Großbauten jener Zeit wie etwa Paul Philippe Crets Eccles Building für die Federal Reserve Bank in Washington (1935–1937) oder Henri Paul Nénots Völkerbundpalast in Genf (1929–1936).[323]

Hitlers drittes bedeutsames Bauwerk war die neue Reichskanzlei in Berlin. Die alte taugte seiner Meinung nach nur noch für einen Zigarettenhersteller, und das Äußere gliche einer Feuerwehrwache.[324] Allerdings war die neue Reichskanzlei das letzte Monumentalwerk, dem eine gewisse Dauer beschert sein sollte. Wie das Reichsparteitagsgelände war sie bei Kriegsbeginn noch nicht fertiggestellt. Hitlers Traum von einem Deutschland voller Monumentalbauten »für die Ewigkeit« blieb eine Chimäre.[325]

Die neue Reichskanzlei beruhte ebenfalls auf einem Entwurf von Albert Speer. Im Jahr 1938 erhielt er den Auftrag, und neun Monate später war das zwischen Wilhelm- und Hermann-Göring-Straße gelegene alte Gebäude vergrößert und innen komplett erneuert worden. Zu Hitlers Befriedigung nutzte Speer alle Elemente nationalsozialistischer Erhabenheit für einen Bau, der, so Hitler, die Jahrhunderte überdauern würde: eine monumentale Achse, ganz in grauem, massiv wirkendem Stein gehalten, zwei Großskulpturen von Arno Breker am Hauptportal, eine Marmorgalerie, Mosaiken von Speers Freund Hermann Kaspar in einer Vorhalle mit leuchtend roten Böden und Wänden unter einer gläsernen Kuppel. Weitere Säle, ausgestattet mit rotem, grünem und grauem Marmor und hohen, tief in die Wand eingelassenen Fenstern führten zu einer schweren Mahagonitür, hinter der Hitlers Arbeitszimmer lag.[326]

Die neue Reichskanzlei war Teil eines umfassenden Projekts zur Verschönerung der Hauptstadt. Hitler und Speer machten viele Pläne und Entwürfe und legten dabei gigantische Maßstäbe zugrunde. Ähnliche Umgestaltungen waren auch für jene Städte geplant, die später als »Führerstädte« bekannt werden sollten: Hamburg, Nürnberg, München und Linz. In Zusammenarbeit mit Hitlers anderem Lieblingsarchitekten, Hermann Giesler aus München, planten Speer und Hitler ein sogenanntes Gauforum, ein Großstadion samt Anlagen und Gebäuden für Parteiaktivitäten. Gauforen sollten in jeder Hauptstadt eines Parteigaus – Parteigaue waren die NS-Verwaltungseinheiten im Reich – entstehen. In Weimar, der Hauptstadt des Gaus Thüringen, begannen entsprechende Arbeiten als Pilotprojekt 1936, wobei ganze Altstadtviertel abgerissen wurden. Doch weder in Weimar noch anderswo, auch nicht in Berlin und Linz, wurde jemals etwas fertiggestellt, weil der Kriegsbeginn dazwischenkam.[327]

Abgesehen von Hitlers persönlichen Vorhaben hatten andere NS-Bauherren eigene Pläne für architektonische Weiterungen. Begeisterten sich Hitler und Speer für die merkwürdige Kombination aus Monumentalismus und Neoklassizismus mit Elementen von Bauhaus-Architektur und Neuer Sachlichkeit, fühlten sich andere NS-Größen zum Neobiedermeier eines Schultze-Naumburg hingezogen, das in den Anfangsjahren des Regimes Rosenbergs Kampfbund zu eigen gemacht hatte. (Theorien über einen einheitlichen Architekturstil im Dritten Reich sind somit hinfällig.) Dieser Stil mit seinen häufig strohgedeckten Giebeldächern wurde immer häufiger für private und öffentliche Bauten wie etwa HJ-Herbergen, ländliche Regierungssitze oder private Villen bevorzugt. Göring ließ im Gedenken an seine erste Frau, Carin, im nördlichen Brandenburg das Jagdanwesen »Carinhall« in solch wäldlich-lauschigem Stil errichten (ganz zu schweigen von Hitlers »Berghof« in Berchtesgaden). Allerdings schätzte Göring, der durchaus weltläufig war, für die Anlagen des Luftfahrtministeriums auch das Moderne – kühl und schmucklos, bisweilen mit Flachdach.[328] Insofern kann für die Vorkriegszeit von einem einheitlichen nationalsozialistischen Baustil nicht die Rede sein.

Zwischenbilanz

Als die Nationalsozialisten im Januar 1933 in Deutschland die Macht übernahmen, versicherte Hitler ihnen, dass sie eintausend Jahre Zeit haben würden, um die alte Kultur von Unerwünschtem zu säubern und etwas Neues zu schaffen. Doch bereits nach fünfeinhalb Jahren kam der Kriegsbeginn dazwischen, und allein vier Jahre (statt wie gedacht eines) hatten sie zur Bereinigung des Kulturbetriebs gebraucht; Spuren davon fanden sich noch in der Kriegszeit. Zwar gab es Anfänge einer NS-eigenen Kultur, allerdings waren diese von Versuch und Irrtum ebenso gekennzeichnet wie von Mangel an originellen Vorstellungen, vom Fehlen künstlerischer Freiheit und neuer junger Talente, von widersprüchlichen Direktiven seitens einer ineffizienten Bürokratie und der beharrlichen Fortexistenz alter, anscheinend in Stein gehauener künstlerischer Programmatiken.

Einige Jahre nach der Machtergreifung gab es Nationalsozialisten, die bereitwillig einräumten, dass die Erfordernisse »nationalsozialistischen Stils« mehr Zeit benötigten als der politische Wandel. Man solle, schrieb der Romancier Heinz Steguweit, nicht erwarten, dass die kulturellen Werte der Bewegung sich gleich nach der Machtergreifung umsetzen ließen: »Erst die Hochzeit, dann das Kind!«[329] Im Rückblick bekräftigte Theodor W. Adorno, es sei ein Irrtum anzunehmen, dass es überhaupt eine spezifische NS-Kultur gegeben habe.[330]

Adornos Diktum bezog sich auf Musik und Dichtung, aber das waren nicht die einzigen Künste, die Steguweits Zeitgenossen kritisierten, weil es ihnen an nationalsozialistischer Form und Substanz fehle. Allmählich hielten die NS-Kulturwächter alle Künste für mangelhaft, auch wenn sie zunächst, wie Hitler es für die bildende Kunst tat, einräumten, dass Projekte und Pläne eine gewisse Reifungszeit benötigten.[331]

Als aber Hitler im Vorfeld der Großen Deutschen Kunstausstellung vom Juli 1937 nicht genug Bilder mit der für die Ausstellung notwendigen Qualität ausmachen konnte, geriet er in Wut.[332] Und bezüglich der Architektur hielten gewöhnliche Deutsche Hitler-Speers Monumentalbauten für ästhetisch verfehlt und schwer verständlich.[333]

Was die Filmindustrie betrifft, so schwankte Goebbels fortwährend zwischen voller Zufriedenheit und tiefster Verzweiflung angesichts der Filmqualität. Insbesondere beklagte er das Fehlen des neuen, nationalsozialistischen Geistes in der Produktion: »Es fehlen die Leute, die Könner, die n. s. Künstler«, lamentierte er 1936.[334] Und auch in den Berichten von Himmlers Sicherheitsdienst (SD) hieß es zwei Jahre später, dass das Wesenhafte des nationalsozialistischen Lebens im Film nicht zu finden sei, was am Fehlen adäquater Drehbücher infolge einer mangelhaften Rekrutierung geeigneter Fachleute liege.[335]

Der Rundfunk wiederum litt darunter, dass es Goebbels nicht gelang, ein Gleichgewicht zwischen Propaganda- und Unterhaltungsprogrammen und bei Letzteren zwischen leichter und gehobener (NS-konformer) Auswahl zu schaffen, obwohl doch eigentlich dieses neue Medium der Massenkommunikation wie geschaffen schien für eine totalitäre Diktatur. Und die Kontrolleure der NS-Presse mussten konstatieren, es sei noch nicht »der Stamm einer neuen Presse entstanden, der nunmehr seine Zweige lebenskräftig über das ganze Reich ausbreitet«.[336]

Im Reich des gesprochenen und geschriebenen Worts sah es keinesfalls besser aus. Die Thingspiele konnten das traditionelle Schauspiel nicht ersetzen, sondern scheiterten kläglich.[337] Im Theater gab es zwar die parteilich geförderten Dramatisierungen der »Kampfzeit«, aber neue Dichter, die überzeugende NS-Stücke schreiben konnten, waren nicht in Sicht. Im März 1938 beschwerte sich Käthe Dorsch, eine anerkannte Schauspielerin und Jugendfreundin von Hermann Göring, bei dem mittelmäßigen Dramatiker Erich Ebermayer: »Es ist ein Kreuz mit wirklich guten Stücken für die Bühne.«[338] Schon früh wussten NS-Offizielle, dass es Zeit brauchen würde, damit Künstler heranreiften, »die von vornherein das selbstverständliche innere Verhältnis zum Lebensgefühl des Nationalsozialismus« mitbringen.[339] 1935 beklagte auch der Literaturkritiker Hellmuth Langenbucher, der Dichter des Dritten Reiches sei noch nicht gefunden.[340]

Noch einmal zum Lieblingsthema von Theodor W. Adorno (der in den zwanziger Jahren bei Alban Berg Kompositionsunterricht genommen hatte). Gleich nachdem Goebbels im Herbst 1933 Richard Strauss zum Präsidenten der Reichsmusikkammer (mit einer Sonderabteilung für Komponisten) ernannt hatte, gab es Beschwerden aus Parteikreisen, es mangele an authentischer NS-Musik. Die Musik der »modernen Komponisten« à la Fortner und Pepping lasse ihn kalt, grummelte Goebbels, neu komponierte Stücke für Reichsparteitage würden dem Anlass nicht gerecht.[341] Vor allem bereitete ihm die Oper Sorgen, also dasjenige Medium, das sich mühelos vor den nationalsozialistischen Schlitten hätte spannen lassen sollen.[342]

Das künstlerische Versagen im NS lässt sich auf zwei Umstände zurückführen: Zum einen waren jene politischen Modelle, die bislang für ideologische Inspiration gesorgt hatten, mittlerweile abgenutzt, zum andern hielten Kulturbeauftragte die Bemühungen um eine Wiederbelebung ästhetischer Traditionen für irrelevant. Der erste Umstand betrifft die NS-Ikonographie der »Kampfzeit«. Sie hatte sich überlebt, als Hitler 1934 das Ende der revolutionären Bewegung verkündete. Und bis zum »Röhm-Putsch« ging es vor allem um die wiederholte Ausschmückung der Geschichte mit Horst Wessel, dessen fragwürdiger Charakter – gescheiterter Student und zeitweiliger Zuhälter – vielen Insidern bekannt war. Und der andere Held der Nationalsozialisten – Schlageter – war bereits von Hanns Johst literarisch erschöpfend bearbeitet worden; Ähnliches galt für die Freikorps und die SA.[343] Die Anknüpfung an Traditionen wiederum scheiterte, weil Kulturkenner wie Goebbels, Göring und Hans Severus Ziegler den Dramen eines Hermann Burte oder den Opern Max von Schillings und Georg Vollerthuns keinen großen Wert beimaßen. Außerdem hatten Ludwig Thoma und Peter Rosegger sehr viel bessere Romane über das bäuerliche Leben geschrieben, so wie Leibl, C. D. Friedrich und Dürer die besseren Maler gewesen waren.[344]

Das NS-Regime versuchte schon früh, der Flut von mittelmäßigen Traditionen Herr zu werden, indem Wettbewerbe ausgeschrieben wurden. So sollte die gleichgeschaltete Presse »den besten deutschen Roman eines unbekannten deutschen Dichters« entdecken; gefragt waren Beiträge, die sich zum Fortsetzungsroman eigneten. Der Anfang war alles andere als vielversprechend, doch wurde die Ausschreibung jährlich wiederholt.[345] In Verbindung mit dem Propagandaministerium schrieb der Leipziger Verleger Philipp Reclam jr. den Dietich-Eckart-Preis für Dramatiker aus; es gab 800 Einsendungen, doch nur drei Autoren erhielten eine ehrenvolle Erwähnung. In den darauffolgenden Jahren wurde der Preis nicht vergeben.[346] Rosenbergs Kulturgemeinde wiederum gab Kompositionen für interessierte Bewerber in Auftrag, deren Werke nach Auswahl eine Premiere erleben durften. Hier waren die Ergebnisse etwas besser; unter den Gewinnern ragte vor allem Rudolf Wagner-Régeny hervor.[347] Robert Leys KdF-Organisation lud dazu ein, Thingspiele zu schreiben, doch die Flut der eingesandten Manuskripte ließ lediglich weitverbreiteten Dilettantismus erkennen.[348] Bei einem Malwettbewerb ging es um die Darstellung der deutschen Mutter; allerdings waren die Resultate so enttäuschend, dass eine für 1937 unter der Schirmherrschaft von Reichsfrauenführerin Gertrud Scholtz-Klink geplante Ausstellung abgesagt werden musste. 1938 liefen Kulturinitiativen allmählich aus, weil die Kriegsvorbereitungen in den Vordergrund rückten.[349] Zwei späte Wettbewerbe gab es anscheinend noch: einen für Architekturstudenten zu Ehren von Hitlers 50. Geburtstag im April 1939 und einen weiteren, für Maler, zu Themen aus deutschen Märchen und Sagen. Beide Wettbewerbe wurden am 1. September, dem Tag des Einmarsches in Polen, publik gemacht.[350]

Da die mehr oder weniger etablierten Künstler dergestalt versagten, hielten die Machthaber es für das Beste, auf die Ausbildung der Jugend zu setzen.[351] Aber mochten kulturelle Einrichtungen der HJ auch hilfreich sein, so lief doch die Zeit davon, denn die Kriegsvorbereitungen begannen bereits Anfang 1935 mit der Einführung der Wehrpflicht und, ein Jahr später, mit Görings Auftrag zur Umsetzung des Vierjahresplans. Doch wie und in welchen Fächern konnte angesichts des wachsenden Zeitdrucks ein Studium überhaupt noch bewältigt werden? Reichsminister Bernhard Rust, dem die Universitäten sowie die Akademien für Dichtung und Musik unterstanden, war untätig und überdies dem Alkohol verfallen. Angesichts dieser Lage bediente sich Goebbels seiner Monopolstellung in Sachen Film und Theater.[352] Allerdings blieben die Pläne für eine Hochschule für Dramaturgie in den Anfängen stecken.[353] Dafür gelang es Goebbels, eine Filmakademie zu gründen, deren Leitung der hoch motivierte Schauspieler Wolfgang Liebeneiner übernahm. Goebbels lobte ihn als »jung, modern, strebsam und fanatisch«.[354] Unter der Schirmherrschaft der Reichsfilmkammer nahm die Akademie im März 1938 die Arbeit auf. Die Kunst des Schauspiels und insbesondere der Schauspielerei standen auf dem Programm; Grundlage bildeten literarische Texte NS-naher Autoren wie Hans Zöberlein, Josefa Berens-Totenohl, Ernst Jünger und Hans Grimm, interpretiert von Konformisten wie dem Frankfurter Intendanten Friedrich Bethge. Darüber hinaus gab es ideologische Kurse über »Unser germanisches Erbe«, den »Kampf der nationalsozialistischen Bewegung um die Macht« und den »Schatten Judas über der Welt«. Sie nahmen auf unheimliche Weise das Trainingsprogramm vorweg, mit dem keine zwei Jahre später Polizeibataillone auf ihren Einsatz in Ostpolen vorbereitet wurden, wo sie jüdische Zivilisten umbringen sollten.[355] Über solch ideologische Indoktrination hinaus wurde von der Filmakademie nicht allzu viel erwartet, weder von Filmkünstlern noch von externen Gruppierungen, erst recht nicht von der SS.[356] Bereits im Frühjahr 1940 ließ Goebbels die Akademie wieder schließen.[357]

Kommen wir auf eine frühere Frage zurück. In welchem Maß waren diese Brüche und Abbrüche, diese unvollendet gebliebenen Kunstprojekte eine Folge der inneren Mechanismen nationalsozialistischer Herrschaft? Das hing davon ab, inwieweit Hitler sich für ein bestimmtes künstlerisches Medium interessierte, und zwar aufgrund seines persönlichen Geschmacks, nicht, weil »die Massen« davon eingenommen waren.[358] Demzufolge hing seine Bereitschaft zu Entscheidungen in kulturellen Angelegenheiten von seiner persönlichen Identifikation mit dem Gegenstand ab: Je mehr dieser ihn beschäftigte, desto stärker befasste er sich, im Positiven wie im Negativen, mit dessen Realisierung, was immer auch seine Untergebenen davon halten mochten. Hinsichtlich der bildenden Kunst etwa erlaubte Hitler seinen engsten Mitstreitern Goebbels und Rosenberg (in geringerem Maß auch Göring und Rust), ihre Auseinandersetzung über die Moderne auszutragen, wobei jeder dachte, er gefalle damit dem »Führer«. Die Situation blieb so lange in der Schwebe, bis Hitler selbst, der Möchtegernmaler, im Juli 1937 das Ende der Moderne ausrief und damit das Schicksal vieler Künstler besiegelte. Auch in kleinerem Rahmen fällte er diktatorisch Entscheidungen, etwa wenn er Goebbels verbot, ein Gemälde von Nolde oder eine Plastik von

Barlach in seinen Büroräumen zu platzieren, oder wenn er sich bei der Auswahl der Bilder für die Große Deutsche Kunstausstellung zum obersten Schiedsrichter aufschwang. Bei architektonischen Neubauten behielt er sich ebenfalls das abschließende Urteil vor; so beauftragte und unterstützte er Troosts Entwurf für das Haus der Deutschen Kunst und später Speer bei Plan und Bau der neuen Reichskanzlei, während er Rivalen wie Schultze-Naumburg links liegen ließ. 1936 wiederum wählte er Hermann Giesler als Architekten des Gauforums in Weimar aus, an dem sich weitere Projekte in anderen deutschen Städten orientieren sollten.

Hitlers Interesse an Musik, insbesondere an der Oper, stand seiner Begeisterung für Malerei und Architektur kaum nach. Da er auch darin nicht ausgebildet war, hatten seine Entscheidungen nicht notwendigerweise etwas mit Kunstverstand zu tun. Dem populären Hans Knappertsbusch verbaute er die Karriere, weil er dessen Dirigierstil nicht mochte (eine persönliche Marotte).[359] Da er bestimmte vorgefasste Meinungen über das Bühnenbild einer Wagneroper hatte, unterstützte er – Moderne hin oder her – 1933 in Bayreuth die fortschrittlichen Ideen von Heinz Tietjen und Emil Preetorius. Es ging nicht um musikalische Erwägungen, sondern um einen visuellen Impuls. In ähnlicher Weise befürwortete er 1939 Werner Egks Oper *Peer Gynt* und schlug Görings Einwände aus dem Feld, möglicherweise, weil etwas in Egks Komposition (oder eher in den Szenarien) ihn berührt hatte. Und er legte das Tempo des Horst-Wessel-Lieds gemäß seinem persönlichen Rhythmusgefühl fest, wobei er nicht Harmonien im Ohr, sondern marschierende Kolonnen vor Augen hatte.

Aber natürlich war auch der Film für Hitler wichtig. Hier wirkte er, neben Goebbels, als Zensor, der entschied, welche Filme für das Publikum geeignet waren – *Das Leben kann so schön sein* war es zum Beispiel nicht. Diese Kriterien beruhten auf ästhetischen wie auch sozial-politischen Erwägungen, die nie vollständig erklärt, aber von Goebbels ohne Nachfrage akzeptiert wurden. Das galt ebenso für die Filme von Leni Riefenstahl: ihre Bilder waren außergewöhnlich, sowohl in filmkünstlerischer wie in propagandistischer Hinsicht. So blieb sie unter Hitlers Schirmherrschaft, auch wenn Goebbels sie nur zu gerne für sich vereinnahmt hätte.

Diese Interaktion zwischen ästhetischer Vorliebe und Politik erklärt, warum Hitler die Literatur als Kunstform weitgehend ignorierte. Er hatte zwar Interesse an Geschichte, Geographie und Militärgeschichte und hätte vielleicht als Autor von Sachbüchern durchgehen können, besaß aber kein Gespür für Belletristik. Mit bestimmten, für die neue NS-Literatur charakteristischen Motiven, etwa Geschichten über germanische Vorfahren oder ländliche Idyllen, konnte er nichts anfangen. Er wusste zwar, dass Himmler und Rosenberg, um Hitlers Gunst rivalisierend, sich mit einer gewissen Leidenschaft um die germanische Vor- und Frühgeschichte bemühten und sogar Ausgrabungen anordneten, um Reste hölzerner Bauten zutage zu fördern, die angeblich in grauer Vorzeit von Germanen geschaffen worden waren. Hitler fand das lächerlich, ließ sie aber gewähren. Er selbst war, wie er in einem Monolog vom Januar 1942 darlegte, der Überzeugung, dass die Griechen der klassischen Zeit, deren Architektur er so bewunderte, von Indogermanen abstammten.[360] Das Bauerntum stand ihm jedoch eher fern, weshalb er an »Blut-und-Boden«-Literatur kein Interesse hatte. Richard Walther Darré, seines Zeichens Reichsbauernführer, hatte zwar Propagandabemühungen über Bauernkämpfe in der Weimarer Zeit gefördert, wurde aber von Hitler, der ihn nicht mochte, nie empfangen. Infolgedessen kümmerte sich Goebbels um die Literatur. Hitler vertraute ihm, weil er in allen kulturellen Angelegenheiten mit ihm übereinstimmte, und wo dies, wie im Fall der Moderne in der bildenden Kunst, nicht der Fall war, konnte Hitler ihn ausbremsen und stattdessen Rosenberg begünstigen (oder auch nicht).

Die regierungsinterne Maschinerie war bei Kriegsbeginn gut geölt und lief wie auf Autopilot bis Kriegsende, mittlerweile radikalisiert und selbstzerstörerisch. Das galt für Militär und Politik,[361] war aber im kulturellen Bereich weniger sichtbar. Hier war Hitler, gefordert durch den Krieg, weniger präsent, und seine Helfershelfer hatten mittlerweile genügend Routine und Kompromissbereitschaft entwickelt, um krasse Unregelmäßigkeiten zuzulassen oder zu ignorieren. So wurde für den 1944 gedrehten Film *Kolberg* – eine letzte Propagandaschlacht um den Durchhaltewillen der Nation – fast eine ganze Armee eingesetzt, und das zu einer Zeit, da alle Truppen an den Fronten benötigt wurden. Hin und wieder griff Hitler dennoch ein, vor allem, wenn es um Nachrichtensendungen ging. Außerdem hatte er immer ein persönliches Interesse an der Auswahl der Gemälde für die seit 1937 jährlich stattfindende Münchner Kunstausstellung. Und 1943 ordnete er die Schließung der *Frankfurter Zeitung* an. Auch sorgte er dafür, dass die von ihm besonders geschätzte Schauspielerin Henny Porten, die Goebbels wegen ihres »nicht-arischen« Ehemanns längst nicht mehr in Babelsberg beschäftigte, eine monatliche Pension erhielt.[362] Einige wenige jüdische Bürger hatten Glück, dass Hitler Göring gewähren ließ, wenn dieser von Käthe Dorsch oder Emmy Sonnemann-Göring (des Feldmarschalls zweiter Frau) um besonderen Schutz gebeten wurde. Doch ansonsten setzte Hitler seinen Willen zur Vernichtung aller Juden durch und wusste, dass er sich dabei auf seine Bürokraten verlassen konnte. Schon lange zuvor hatte er den Juden die Schuld an dem gegeben, was er als Niedergang der deutschen Kultur betrachtete.

Kapitel 3
Juden im NS-Kulturbetrieb

Der deutsche Antisemitismus nach dem Ersten Weltkrieg resultierte aus einer weithin geteilten Überzeugung, dass die Juden durch die seit dem 19. Jahrhundert fortschreitende Emanzipation zu viele Freiheiten und Privilegien erworben und bestimmte Berufssparten besetzt hätten, die es ihnen ermöglichten, die Nicht-Juden auszubeuten. Den Kern einer neuen Form von Antisemitismus, die sich in den zwanziger Jahren verbreitete, machte die Ansicht aus, nicht Religion, sondern Rasse sei ausschlaggebend für die Judenfeindschaft. Nach den großen Umwälzungen des 18. und 19. Jahrhunderts, der Französischen und der Industriellen Revolution, lag, wie Christopher Browning schrieb, »die Begründung für den Antisemitismus nicht mehr in der Religion, sondern in der Rasse«.[1] Diese neue Art Judenhass war »nicht nur in ihrer Vorstellungswelt ungewöhnlich gewalttätig, sie tendierte auch zur Anwendung von Gewalt«. Diese Antisemiten behaupteten, dass Juden in Berufsfeldern wie dem Finanzsektor, in Recht und Medizin, aber auch in Kultur und Kunst überrepräsentiert seien.[2]

Aus offensichtlichen Gründen publizierten Rechtsextremisten wie etwa Anhänger der kaisertreuen Deutschnationalen Volkspartei (DNVP), die später in der NSDAP aufging, nach 1918 Materialien, mit denen sie die Vorherrschaft der Juden, vor allem im Kulturbereich, zu beweisen suchten. Diese Bemühungen wurden von den Nationalsozialisten bis weit nach der Machtergreifung fortgesetzt, wobei sie nicht nur zum Mittel der Übertreibung, sondern auch der Tatsachenverfälschung griffen.

Nazi-Agitatoren behaupteten, dass die Juden in der Weimarer Republik in allen kulturellen Bereichen überrepräsentiert seien, sogar im Rundfunk, wo der Hochfrequenztechniker und Mitglied des Verwaltungsrats Hans Bredow sowie dessen Mitarbeiter, der Intendant Hans Flesch, von der NSDAP als einflussreiche Drahtzieher denunziert wurden. Allerdings war Bredow keineswegs jüdischer Abstammung, und Hans Flesch, der Schwager von Paul Hindemith, hatte nur einen jüdischen Elternteil. Im musikalischen Bereich wurde der Komponist Franz Schreker als Jude verdächtigt (was auch wieder nur die halbe Wahrheit war); Schreker hatte es gewagt, Wagners Platz als Schöpfer »schwülstiger und musikalisch völlig impotenter Bühnenstücke« einzunehmen. Auch in der Malerei soll »im Schatten des Seniors Max Liebermann« eine neue Generation jüdischer Künstler die echte deutsche Bildkunst in den Hintergrund gedrängt haben. Tatsächlich gab es neben Liebermann nur zwei jüdische Maler von hohem Ansehen, nämlich Jankel Adler und Ludwig Meidner, und beide kamen an die Reputation des Altmeisters nicht heran. Außerdem, wurde behauptet, sei der deutsche Film bis 1932 von jüdischen Regisseuren beherrscht und 70 Prozent aller Drehbücher seien von Juden verfasst worden. In der Theaterwelt wiederum seien jüdische Direktoren allgegenwärtig gewesen, sodass nicht-jüdische Schauspieler, die sich um Rollen bewarben, wegen angeblich »zu deutschen Aussehens« zurückgewiesen wurden. Und auch der Zeitungssektor war angeblich in jüdischer Hand. In Preußen, das zwei Drittel des deutschen Territoriums umfasste, unterlägen Musik, Theater und Presse dem Einfluss von jüdischen Regierungsmitgliedern.[3]

Tatsächlich waren – darüber besteht in der Forschung Einigkeit, und auch ein Blick auf die Verhältnisse am Ende der Weimarer Republik macht das klar – Juden in der Kunstwelt stark vertreten. Für die Behauptung, sie seien überrepräsentiert gewesen, gibt es jedoch keinen Beleg. Nicht zu leugnen ist, dass jüdische Künstler und Schriftsteller aufgrund ihrer außerordentlichen Energie und ihres Einfallsreichtums die Kultur der Nation in Sachen Qualität und Originalität geprägt haben. Das betrifft besonders die Kunst der Moderne, weil Juden als gesellschaftliche Außenseiter agiler waren, offener für Experimente und Abstraktionen in Denken und Strukturen, empfänglicher für neue Impulse. Weil die Ergebnisse ihrer Kreativität häufig sichtbarer waren als die Werke von Nicht-Juden, war es einfacher, ihnen monopolistisches und ausgrenzendes Verhalten vorzuwerfen. Zudem lebten die deutschen Juden überwiegend in den Großstädten, also dort, wo kulturell Neues am ehesten entstand. Zwei amerikanische Historiker haben diese Verhältnisse prägnant und ohne alle Übertreibung beschrieben. Alan Steinweis zufolge zählten die Juden in Deutschland »zu den herausragendsten Vertretern der künstlerischen Moderne im frühen 20. Jahrhundert«. Und für Saul Friedländer »gedieh die Moderne in einer Kultur, in der Juden eine zentrale Rolle spielten«.[4]

Die Namen jüdischer Künstler, die derart mit der modernen Kultur in der Weimarer Republik verquickt waren, sind Legion. In der Literatur beherrschten Alfred Döblin, Jakob Wassermann und Franz Werfel das Feld, bei den Komponisten waren es Arnold Schönberg und Kurt Weill, in der Architektur Erich Mendelsohn, der mit Walter Gropius in der Bauhaus-Bewegung zusammenarbeitete. Unter den Musikern ragte Otto Klemperer hervor, der, vor allem während seiner Zeit an der Berliner Krolloper (1927–1931), »eine ungewöhnliche Spannbreite zeitgenössischer Musik« dirigierte. Ein weiterer ausgezeichneter Dirigent war Bruno Walter, der zwar eher auf traditionellere Stücke setzte, aber zu den ersten Fürsprechern Gustav Mahlers zählte und »dezidiert nach neuer Musik suchte«.

In der bildenden Kunst stachen Juden weniger als Kreative denn als Kunsthändler und Galeristen hervor; man denke nur an Paul Cassirer oder Alfred Flechtheim. Im Filmbereich war Erich Pommer ein einflussreicher Produzent und Peter Lorre ein experimentierfreudiger Schauspieler. Pommer produzierte *Das Kabinett des Dr. Caligari* (1920) und *Metropolis* (1927); Lorre spielte die Hauptrolle in *M – Eine Stadt sucht einen Mörder* (1931), ein gesellschaftskritischer Film, in dem auch Gustaf Gründgens (kein Jude) mitwirkte. Fritz Lang (dessen Vater jüdisch war) führte in *M* wie in *Metropolis* Regie. Andere jüdische Leinwand- und Bühnenstars waren Alexander Granach, Elisabeth Bergner, Lucie Mannheim und Fritz Kortner (eigentlich Kohn). Für seine gründlichen und kritisch-scharfen Filmanalysen in der *Frankfurter Zeitung* war Feuilletonchef Siegfried Kracauer bekannt, der häufig Walter Benjamin einlud, seine Beiträge zu Kultur und Politik in der Zeitung zu veröffentlichen. Kurt Tucholsky wiederum arbeitete für die linksgerichtete *Weltbühne*, in der brillante Kommentare zu Kunst, Gesellschaft und Politik erschienen.[5]

Im Theater war Leopold Jessner (geb. 1878 in Königsberg) als Regisseur und Produzent überaus produktiv, mit großem Einfluss auf das expressionistische Theater und Kino. Sein erster Film, inspiriert von *Dr. Caligari*, war *Hintertreppe* (1921), worin ein verkrüppelter Briefträger (Fritz Kortner) den Liebhaber des von ihm verehrten Mädchens umbringt. Der Liebhaber wurde von Wilhelm Dieterle gespielt, der später in Hollywood zu Ruhm gelangte, das Mädchen von Henny Porten, die Hitler ungeachtet ihres »halbjüdischen« Ehemanns bewunderte. Jessners Film war, wie sein Vorläufer, ein Musterbeispiel für den Expressionismus der damaligen Zeit: mit einem schrillenden Wecker, einer Axt, die geschwungen wird, einem von Kortner furchterregend gespielten Mörder und einem Sprung vom Hausdach in den Tod. Jessner beeinflusste damit den typisch expressionistischen Stil eines Kammerspiels, der auch im Film Verwendung fand. Neben Jessner und Kortner waren als »Nicht-Arier« an der Produktion des Films beteiligt: Carl Mayer als Drehbuchschreiber, Hanns Lippmann (zusammen mit Porten) als Koproduzent, Hans Landsberger als Komponist der Filmmusik, Paul Leni (tatsächlich Levi) als Bühnenbildner und Co-Regisseur sowie Wilhelm von Kaufmann – Henny Portens Ehemann – als Produktionsleiter.[6]

Als Direktor des Preußischen Staatstheaters in Berlin entwickelte Jessner die später berühmte »Jessner-Treppe«, von der ein Schauspieler, der den Caesar gab, bühnenwirksam in den Tod stürzen konnte.[7] Diese Treppe zeigte den Einfallsreichtum der Künstler jüdischer Provenienz in ihrer Arbeit mit expressionistischen Formen und Inhalten, auch wenn die Kunstrichtung selbst schon auf dem Rückzug war. Jessner war überzeugter Sozialist und stimmte mit Bertolt Brecht und Erwin Piscator darin überein, dass das Theater die Aufgabe habe, im Publikum das Bedürfnis nach gesellschaftlichem Fortschritt, wenn nicht gar sozialer Revolution zu wecken. Insofern war er ein engagierter Verfechter der Weimarer Republik, deren offiziellen Schutz er genoss, und er führte die Stücke der von ihr bevorzugten Dramatiker auf: Ibsen, Gorki und Wedekind. Aber die Verbindung von Judentum und Sozialismus trug Jessner im Laufe der Zeit immer mehr Feinde ein. In Reden und Artikeln wurde, zunächst von Konservativen, dann zunehmend von Nationalsozialisten, gegen ihn gehetzt, und 1930 musste er seine Stellung als Intendant bei dem Theater, das ihn 1919 verpflichtet hatte, aufgeben. Unter großen Schwierigkeiten arbeitete er als freischaffender Regisseur weiter, bis er 1934 emigrierte und über Großbritannien und Palästina schließlich in die USA gelangte, wo er unter Pseudonymen an Filmen mitarbeitete. Er starb im Dezember 1945.[8]

Rechtsextreme Aktionen gegen deutsche Juden in der Weimarer Kulturszene ergaben sich aus der Ideologie, die nach 1918 in der DNVP entwickelt und seit 1919 von Hitler und seinen Anhängern unterstützt wurde. Im September dieses Jahres dokumentierte Hitler, der zu der Zeit noch für einen antisemitischen Hauptmann arbeitete, seine eigene antisemitische Überzeugung in einem Brief, während es vor dem Ersten Weltkrieg keine Hinweise auf Judenfeindschaft bei ihm gibt. Was zu seiner Sinnesänderung führte, ist nicht bekannt, aber im Herbst 1919 forderte er bereits nichts Geringeres als die »Entfernung« der Juden.[9] Im April 1920 begegnete Hitler dem Münchner Musiklehrer Adolf Vogl und dessen Frau Else, die den »Kulturbolschewismus« der Republik und insbesondere die Musik Schönbergs heftig kritisierten und insofern die antisemitische, gegen das »hebräische München« gerichtete Haltung der sich formierenden Nazipartei begrüßten. (Hitler wählte später Vogl als Musiklehrer für seine Nichte Geli Raubal.)[10] In *Mein Kampf*, geschrieben Mitte der zwanziger Jahre, legt Hitler ausführlich seine antisemitischen Anschauungen dar. Der Weltkrieg, glaubt er, wäre anders verlaufen, hätte man »zwölf- oder fünfzehntausend dieser hebräischen Volksverderber ... unter Giftgas gehalten«.[11] In diesem Zusammenhang hob er besonders Theater- und Pressewesen als jene Bereiche hervor, in denen die Juden, die aber »keine kulturbildende Kraft« hätten, die Vorherrschaft ausübten.[12] Als er im Spätsommer 1930 Wahlkampf betrieb, nannte er den Finanzsektor und erneut die Presse als Bereiche unangemessener jüdischer Repräsentanz, wobei er zweifellos die jüdischen Verleger Mosse und Ullstein mit ihren einflussreichen Tageszeitungen vor Augen hatte.[13]

Im Jahr nach Hitlers Entlassung aus der Festungshaft (Dezember 1924) mehrten sich Angriffe der extremen Rechten gegen jüdische Personen und kulturelle Einrichtungen, häufig im Zusammenspiel aus Nationalisten der DNVP und Nationalsozialisten. Im Frühling des Jahres 1925 erschien in Hamburg ein Pamphlet mit der Forderung nach Befreiung der deutschen Bühnen vom »Pestilenzgeruch« durch »Boykott der Theater, solange dort Juden tätig sind«.[14] 1926 wollte der Münchner Verleger Hugo Bruckmann einen Kalender herausgeben, der »Deutsche« und »Juden« gegenüberstellte, etwa die »Größe der Juden der Zahl nach, dem Besitz nach, dem Einfluss auf Börse, Presse, Theater«.[15] Der Verleger und seine Frau Elsa hatten sich von Hitler inspirieren lassen. Zugleich verbreiteten sich bestimmte antijüdische Klischees im völkischen Schrifttum, zum Beispiel in Will Vespers Bühnenstück *Wer? Wen?* (1927), in dem Juden als betrügerische Pfandleiher und Wucherer geschildert wurden.[16] Auf dem Nürnberger Parteitag im August 1927 wurden viele judenfeindliche Reden gehalten, unter denen die von Gregor Strasser besonders hervorstach. Strasser hetzte: »Juden und Judenknechte verseuchen in Presse, Literatur und Kunst den letzten Widerstandswillen dieses deutschen Volkes«.[17] Auch Julius Streicher, Gauleiter von Nürnberg und ein rabiater Antisemit, griff die Juden wütend an. Er hatte begonnen, Listen anzulegen – zum Beispiel für Preußen, auf der Juden und ihre (auch kulturellen) Institutionen verzeichnet waren –, damit er sie leichter ins Visier nehmen konnte.[18]

Das Vorgehen gegen Juden gewann mit Rosenbergs *Kampfbund für deutsche Kultur*, der seit 1928 deutschlandweit auftrat, noch an Schärfe. Am Jahresende bauten DNVP-Abgeordnete im Preußischen Landtag in Berlin zusammen mit militanten Nationalsozialisten Druck auf, um die Ablösung Leopold Jessners von seinem Posten als Generalintendant zu erreichen, »weil der deutsche Geist von den meisten übrigen deutschen Theatern schon längst zugunsten des jüdischen Geistes verdrängt worden ist«.[19] In Thüringen unterwarf der frischgebackene Ministerialrat für Theater und Kunst Hans Severus Ziegler 1930 alle »jüdischen« Inhalte der Zensur.[20] Ebenfalls 1930 wiederholte der NS-Sympathisant Paul Fechter, ein prominenter Literaturkritiker, die falsche Behauptung von der Verdrängung deutschen Geistes durch den jüdischen in Kunst, Literatur und Theater und sprach von möglichen Vergeltungsmaßnahmen. Ähnliche Bemerkungen fielen in den beiden letzten Jahren der Republik immer wieder.[21] Während dieser Zeit berichtete Hellmuth Langenbucher, der später als Literaturzensor in Rosenbergs Parteibüro arbeitete, dem alten, konservativen Dichter Paul Ernst von seinem »Kampf gegen das Judentum, gegen jüdischen Einfluss in unserem Geistesleben« und fügte hinzu, »das Judentum« sei auch weiterhin »eine große Gefahr für unser Volkstum«. Es könne nämlich, so Langenbucher, »ein Jude nicht deutsch, sondern nur in deutscher Sprache dichten«. Natürlich müsse die »Judenfrage« gelöst werden. Aber wie? »Weder das Töten noch das aus dem Land weisen ist auch nur annähernd möglich«, überlegte Langenbucher, »ersteres natürlich von anständigen Menschen auch nicht gewünscht.«[22]

Antijüdische Maßnahmen

Nach dem Holocaust bemerkte der westdeutsche Schauspieler Axel von Ambesser mit offensichtlichem Mitgefühl, dass 1933 am Stadttheater von Augsburg fünf oder sechs Kollegen »von der ersten Welle des Antisemitismus« erfasst und weggerissen wurden. Eine jüdische Sängerin habe – zum Amüsement all ihrer Kollegen – begonnen, eine Halskette mit einem kleinen Kreuz daran zu tragen, um ihre Verbundenheit mit den Nicht-Juden zu demonstrieren.[23] Ambessers Freundin, die Schauspielerin Lil Dagover, klang dagegen etwas heuchlerisch, als sie meinte, es sei doch verständlich, dass jüdische Kollegen ihre Engagements an deutschen Bühnen aufgegeben hätten, wer hätte denn unter solchen Umständen noch weiterarbeiten wollen![24] Hanns Johst, 1936 auf Reisen in der Schweiz, kam den Tatsachen, wenn auch zynisch, näher, wenn er meinte, die nicht-jüdischen Schauspieler sollten froh über den Wegfall der starken jüdischen Konkurrenz sein. Johst hatte ein Kabarett in Zürich besucht, wo die jüdischen Schauspieler ganz wunderbar gewesen waren. Viele von ihnen waren aus Deutschland vertrieben worden, weil nun »Arier« bevorzugt wurden.[25]

Saul Friedländer hat darauf hingewiesen, dass »die massenhafte Vertreibung von Juden im Kulturbereich ihren Anfang nahm«.[26] Das bestätigt die hier bereits vorgetragene Argumentation, dass die NS-Führung die Kultur als wichtig für die Gestaltung der Nation erachtete, als Kanal für Propaganda. Anfänglich unterschieden sich die Mechanismen zur Verdrängung der Juden aus der Kultur nicht wesentlich von denen, die in anderen Lebensbereichen sowie gegen Linke, Liberale und Vertreter der Moderne in Anschlag gebracht wurden. Abgesehen von spontanen Aktionen zumeist der SA, die erst nach dem »Röhm-Putsch« unter Kontrolle gebracht wurden, wurden neue Gesetze erlassen. Sie sollten vor allem nach 1935 wirksam werden, wenn die Säuberungsaktionen gegen Nicht-Juden erfolgreich abgeschlossen waren. Der Beginn wurde allerdings bereits am 7. April 1933 mit dem Gesetz zur Wiederherstellung des Berufsbeamtentums gemacht, das sich gegen Linke und Juden gleichermaßen richtete. Ihm waren im Februar und März lokale und regionale Gewaltausbrüche vorausgegangen.

Das Gesetz legte in Paragraf 3 fest, dass Beamte jüdischer Abstammung zu entlassen seien, wobei ein jüdischer Großelternteil dafür ausreichend sei.

Vorgesehen war eine einmonatige Kündigungsfrist, praktisch ohne finanzielle Entschädigung. Obwohl es für Weltkriegsveteranen Ausnahmen geben sollte, wurde die Bestimmung willkürlich gehandhabt und schon bald außer Acht gelassen. Paragraf 3 galt für den Staatsdienst, doch bald darauf wurden auch private Verträge gekündigt.[27] Zudem wurde das Gesetz durch speziell auf den kulturellen Bereich zugeschnittene Verordnungen ergänzt, etwa jene zur Einrichtung der Reichskulturkammer im September 1933 oder das Schriftleitergesetz für Journalisten im Oktober.[28] Dieser Druck und andere Verfolgungsmaßnahmen führten dazu, dass Ende 1933 von den 525 000 Juden in Deutschland 37 000 das Land verlassen hatten, mehr als in den folgenden Jahren.[29] Wie viele davon im Kultursektor arbeiteten, lässt sich nicht genau beziffern.

Eine von den Maßnahmen früh betroffene Sparte war die Filmindustrie, darunter, als deren größte Gesellschaft, die Ufa. Schon im Juli 1933 gab es dort keine jüdischen Beschäftigten mehr.[30] Auch in Bayreuth musste Winifred Wagner jüdische Künstler entlassen, mit Ausnahme von einigen wenigen, die nicht gleich zu ersetzen waren; sie verließen den Betrieb 1934.[31] Wilhelm Furtwängler versuchte, jüdische Mitglieder des Berliner Philharmonischen Orchesters zu halten, insbesondere den berühmten Violinisten und Dirigenten Szymon Goldberg, doch 1935 war das gesamte Orchester »arisiert«.[32] Herausragende Mitglieder der Preußischen Akademie der Künste wie etwa der Komponist Franz Schreker und der Architekt Erich Mendelsohn wurden, sofern sie nicht freiwillig gekündigt hatten, im Frühjahr 1933 entlassen.[33] Ein vergleichbares Schicksal traf die jüdischen Mitarbeiter von Museen, Galerien und Berufsverbänden wie etwa dem Verband deutscher Architekten.[34] Häufig ging es um viel Geld. Die Eigentümer des Verlagshauses Ullstein – die Familie Ullstein – wurden enteignet und erhielten einen nominellen Ausgleichsbetrag; Hunderte jüdischer Mitarbeiter wurden entlassen.[35]

Die Nürnberger Rassengesetze vom 15. September 1935 verschärften die vorangegangene Pseudo-Gesetzgebung und ihre Folgen für Deutsche mit jüdischen Wurzeln. Sie erweiterten die Bestimmungen darüber, wer als jüdisch zu gelten hatte, indem sie neuerlich festlegten, was unter einem »Voll-«, »Halb-« und »Vierteljuden« zu verstehen sei und wie diese Personen im staatsbürgerlichen Zusammenhang zu behandeln seien. Zunächst einmal galten Menschen mit mindestens drei jüdischen Großelternteilen als »Volljuden« und damit zu den am stärksten Benachteiligten, während »Halbjuden« etwas weniger drangsaliert wurden und »Vierteljuden« der schmalen Trennlinie zu den »Ariern« am nächsten kamen. So war es jetzt »Voll-« oder »Halbjuden« (Letztere »Mischlinge ersten Grades«) unmöglich, im Reich bei »Ariern« beschäftigt zu sein, wohingegen »Vierteljuden« zwar ihre Anstellung in der staatlichen oder kommunalen Bürokratie verloren, aber häufig bei Privatbetrieben weiter arbeiten konnten. Bisweilen entschieden die oberen NS-Ränge, wer bleiben konnte.[36] Darum wurde der Germanist Richard Alewyn, Professor in Heidelberg, im August 1933 als »Vierteljude« entlassen, während Carl Orff mit dem gleichen Status sich in Bezug auf seine Vorfahren bedeckt hielt.[37] Orff war zwar freischaffend, hielt aber immer Ausschau nach einer Anstellung in einem Konservatorium oder Theater.[38] Jürgen Fehling wiederum, ebenfalls »Vierteljude«, konnte seine Stellung als Regisseur am Preußischen Staatstheater behalten, weil es Göring verstand, der vermeintliche Rassekriterien nach eigenem Gutdünken auslegen konnte.

Auch in das Geschlechtsleben griffen die Gesetzgeber mit den Nürnberger Gesetzen ein, indem sie Heirat und intime Beziehungen zwischen Juden und »Ariern« verboten.[39] Das machte es den Nationalsozialisten leicht, auf Künstler Druck auszuüben, sich von ihren jüdischen Partnern zu trennen. Das taten Gustav Fröhlich und Heinz Rühmann ungeachtet des Zustands der Ehe vor der Trennung.[40] Auch konnten jetzt jüdische Künstler verfolgt werden, die mit Juden anderen Geschlechts in eheähnlichen Verhältnissen lebten – eine weitere Schikane für die »nicht-arische« Gemeinschaft. Aus diesem Grund ging die Schauspielerin Hansi Burg, Verlobte des populären Hans Albers, nach Großbritannien, und der Geiger Rudolf Deman, Ehemann der herausragenden Sopranistin Frida Leider, emigrierte in die Schweiz. Erst nach dem Krieg wurden die Getrennten wieder vereint.[41] Jüdische »Rassenschänder« (sie hatten mit nicht-jüdischen Partnern Sex gehabt) konnten gerichtlich verurteilt und in ein KZ geschickt werden, ein Schicksal, das Männer eher traf als Frauen.[42]

So lebten im Herbst 1935 noch etwa 200 000 Deutsche mit einem jüdischen Elternteil im Reich, gegenüber 450 000 »Volljuden« mit drei oder vier jüdischen Großeltern und jüdischer Konfession.[43] Die Rassengesetze wurden von den nicht-jüdischen Deutschen mit Gleichmut aufgenommen, schienen sie doch den Gewaltausbrüchen der SA aus der Frühphase des NS-Regimes ein

Ende zu bereiten. Selbst einige Juden hofften darauf, auch wenn sie mit den sie betreffenden Zuständen in der Gesellschaft kaum zufrieden sein konnten. Doch ist die Tatsache interessant, dass 1935 nur 21 000 Juden Deutschland verließen; 1936 waren es 25 000 und 1937 lediglich 23 000. Im Dezember 1935 und Januar 1936 kehrten sogar Juden nach Deutschland zurück.[44]

In der Zeit nach dem Inkrafttreten der Nürnberger Gesetze richteten sich viele Juden darauf ein, mit den nun folgenden antisemitischen Maßnahmen zurechtzukommen. Sie passten sich den Gegebenheiten an und nahmen vielleicht auch die Angebote des extra eingerichteten Jüdischen Kulturbunds wahr. Manche gingen so weit und unterzogen sich Eingriffen durch plastische Chirurgie, wie sie etwa von der jüdischen Firma Adelheim in Berlin-Charlottenburg (wo viele assimilierte, wohlhabende Juden lebten) angeboten wurden: Operationen von Unregelmäßigkeiten an Nasen, Ohren, Gesicht und Brust. »Runzlige Unterlidsäcke werden in 4 Tagen spurlos beseitigt«, lautete eine Werbeanzeige.[45] Doch in der Kultur beschleunigte sich die Diskriminierung von Juden. 1937 wollte Goebbels sämtliche Kultureinrichtungen von allen »Volljuden« – sofern überhaupt noch welche beschäftigt wurden –, »Halb-« und »Vierteljuden« (»Mischlingen zweiten Grades«) säubern. Außerdem erhöhte er den Druck auf die mit »Ariern« verheirateten Juden, die bis dato privilegiert gewesen waren.[46]

Im Frühjahr 1938 kam es zu weiteren Unruhen, weil mit dem »Anschluss« Österreichs weitere 190 000 Juden unter NS-Herrschaft gerieten,[47] darunter viele aus dem Osten, die sämtlich orthodoxen Glaubens waren und vielfach dessen sichtbare Zeichen trugen: Kaftan, Vollbart, Stirn- und Schläfenlocken. Die österreichischen Juden wurden von Anfang an von den neuen Machthabern mit forcierter Brutalität behandelt. Der Film *Die Frau in Gold* zeigt, wie sie die Bürgersteige in Wien mit Zahnbürsten oder bloßen Händen reinigen mussten, überwacht von SA-Leuten oder Angehörigen der HJ. Andere wurden vom Fleck weg und grundlos in deutsche KZs abtransportiert.[48] Ende Juni zeigte Goebbels sich entschlossen, den gesetzlich abgesicherten Weg weitergehender antijüdischer Maßnahmen zu verfolgen, während, wie er wusste, auch in Berlin entgegen den Richtlinien der Regierung SA-ähnliche Exzesse von Parteiorganisationen losgetreten worden waren.[49]

Im November 1938 wollten Goebbels und Hitler einen Coup gegen die deutschen Juden in die Tat umsetzen, der wie eine spontane Aktion der Bevölkerung aussehen sollte. Gerade zu der Zeit war Leni Riefenstahl in Hollywood, um sich und die Nazis in gutem Licht darzustellen. Aber der 9. November kam ihr dazwischen, und sie stieß auf Ablehnung – es war der Beginn ihres Niedergangs.[50] Was am 9. und 10. November geschah und als »Kristallnacht« in die Geschichte einging, beschädigte Deutschlands Ansehen im Ausland weiter. Die SA hatte den Auftrag erhalten, für Szenen der Verwüstung zu sorgen: für die Demolierung jüdischer Geschäfte und die Brandschatzung von Synagogen. Dafür waren hauptsächlich die Großstädte in ganz Deutschland vorgesehen. Otto Jung, Erbe eines Weinguts in Rüdesheim und talentierter Pianist von Klassik wie Jazz, fuhr am Morgen des 10. November mit dem Zug durch Köln und sah die Spuren der Zerstörung. »Was für eine Brutalität«, dachte er. Was sind das für Menschen, die so etwas tun? War das überhaupt vom Gesetz gedeckt? Nach dem Pogrom wurden Zehntausende jüdischer Männer in KZs abtransportiert, manchmal nur für ein paar Wochen oder Monate. Die gleichgeschaltete Presse, darunter einstmals international anerkannte Blätter wie die *Frankfurter Zeitung* und die *Deutsche Allgemeine Zeitung*, stellte die Untaten als Ausdruck der Empörung der »Volksgemeinschaft« über die Juden dar und unterstützte sie voll und ganz.[51]

Abgesehen von den wirtschaftlichen und psychischen Schäden, die den Juden durch das entsetzlich lang sich hinziehende Pogrom zugefügt wurden, betraf die erste unmittelbare Veränderung im Alltagsleben die Kultur. Von nun an war es ihnen untersagt, Kulturveranstaltungen oder Freizeitstätten zu besuchen, die ihnen Trost und Ablenkung hätten bieten können. Verboten waren Theater, Kinos, Konzert- und Ballettaufführungen, öffentliche Vorträge, Kabaretts, Museen, Jahrmärkte, Konferenzen, Sportarenen und Schwimmhallen. Auch durften jüdische Kinder nicht mehr mit nicht-jüdischen zusammen am Schulunterricht teilnehmen, und am 3. Dezember wurde Juden die Fahrerlaubnis entzogen. Ihre Automobile nahm man ihnen entschädigungslos fort – so wurde das Fahrverbot sichergestellt.[52]

Die »Kristallnacht« stellte einen Wendepunkt im Leben der deutschen Juden dar, weil sie nun einsehen mussten, dass das NS-Regime sie schrittweise und systematisch zu marginalisieren und vielleicht gar zu eliminieren trachtete, Letzteres im Zusammenhang mit einem Krieg, den sich damals nur wenige – Juden oder Nicht-Juden – vorzustellen vermochten. Nun versuchten viele Juden zu emigrieren. Die Unterdrückungsmaßnahmen gingen indessen weiter, und am 23. Oktober 1941 untersagte Himmler offiziell weitere Auswanderungsbemühungen.[53] Bis dahin war den Juden sehr viel verboten worden: von der Haustierhaltung bis zur Benutzung öffentlicher Verkehrsmittel; die Beschneidung des kulturellen Lebens vertiefte den Schmerz über den Ausschluss aus Wirtschaft und Gesellschaft noch. Seit dem 19. November 1941 hatten Juden kein Anrecht mehr auf Leistungen der öffentlichen Wohlfahrt, am 8. Dezember verloren jüdische Gelehrte, die bis dahin mit Sondergenehmigung Universitätsbibliotheken hatten nutzen können, auch dieses Privileg. Für Juden vorgesehene Kurse an Universitäten wurden eingeschränkt, und in den folgenden Monaten mussten sie all ihre Rundfunkgeräte abgeben; sie waren für die Wehrmacht an der Front vorgesehen.[54] Im Januar 1939 hatte Hitler seine Absicht, die Juden zu vernichten, deutlicher als jemals zuvor öffentlich bekundet: »Wenn es dem internationalen Finanzjudentum in und außerhalb Europas gelingen sollte, die Völker noch einmal in einen Weltkrieg zu stürzen, dann wird das Ergebnis nicht die Bolschewisierung der Erde und damit der Sieg des Judentums sein, sondern die Vernichtung der jüdischen Rasse in Europa.«[55]

Der Jüdische Kulturbund

Im Mai 1933 gab Axel Freiherr von Freytagh-Loringhoven, der für die DNVP im Reichstag saß (diese Partei war ein Bündnis mit der NSDAP eingegangen, um unter Präsident Hindenburg eine Regierung zu bilden), einer Wiener Zeitung ein Interview, in dem er u. a. behauptete, es sei möglich, die »Judenfrage« in Deutschland zu lösen. Er wolle die Eigenschaften der Juden als eines »fremden Stammes« nicht bewerten, sagte der Freiherr, müsse aber darauf bestehen, dass sie von jetzt an daran gehindert würden, sich in die Angelegenheiten »unseres Staates und unserer Kultur« einzumischen. Zum Ausgleich sollte ihnen jedoch ein gewisses Maß an »Kulturautonomie« zugestanden werden. Da sie offiziell als »Fremdvolk« gälten, sollten sie ihre kulturellen Angelegenheiten selbst regeln, von der deutschen Regierung aber überwacht und zugleich vom Staat finanziell unterstützt werden. Im Verhältnis zu ihrer Anzahl könnte es deutschen Juden sogar erlaubt werden, ein öffentliches Amt zu bekleiden. Diese Konstruktion würde sie vor dem Gesetz schützen (und, wie der Freiherr andeutete, spontane antisemitische Übergriffe wie jüngst durch die SA verhindern). So könnte ihr gesicherter Status ihnen und Deutschland den Respekt der gesamten Welt einbringen. Allerdings bestehe kein Zweifel daran, dass sie dauerhaft »dem deutschen Leben fernzubleiben« hätten.[56]

Der Plan von Freytagh-Loringhoven, einem bekannten Judenhasser, zeugt nicht nur vom Antisemitismus der NS-nahen Deutschnationalen, sondern auch davon, wie früh es die neuen Herren im Reichstag auf die Marginalisierung der Juden abgesehen hatten. Bereits im Juni führte Hans Hinkel, vormals Schriftleiter beim *Angriff* und nun von Goebbels und Göring mit der »Entjudung« der deutschen Kultur beauftragt, mit Vertretern der jüdischen Gemeinde in Berlin (der größten im Reich) Gespräche, bei denen es um die Gründung eines Jüdischen Kulturbunds ging. Ihm sollten jüdische Künstler angehören, und für die Finanzierung sollten die Juden selbst sorgen – Freytagh-Loringhoven hatte immerhin noch großzügig von staatlichen Subventionen gesprochen. Der Kulturbund sollte bedeutende Werke schaffen, die für ein ausschließlich jüdisches Publikum bestimmt waren. Hinkel fungierte in der Verwaltung des Kulturbunds als Vertreter von Goebbels und Göring, auf jüdischer Seite wirkte Dr. Kurt Singer, ein Renaissancemensch. Singer war Neurologe und zugleich ein äußerst versierter Musiker, der 1913 den angesehenen Berliner Ärztechor gegründet und geleitet hatte. Bis 1931 war er Intendant der Städtischen Oper Berlin gewesen, die nun von Goebbels für eigene Zwecke übernommen und in Deutsches Opernhaus umbenannt worden war. Jüdische Gelehrte wie Leo Baeck und Martin Buber wurden zur Mitarbeit im ehrenamtlichen Präsidium des Kulturbunds aufgefordert. Eigens kooptierte Mitglieder zahlten zwei bis drei Mark monatlich, um die Finanzierung zu unterstützen. An die 2000 Personen – Künstler und Hilfspersonal, darunter ausländische und getaufte Juden – lud man zur aktiven Teilnahme ein, doch am Ende wurden nur 200 eingestellt. Am 1. Oktober wurde in einem eigens dafür vorgesehenen Berliner Theater die Spielzeit mit Lessings *Nathan der Weise* eröffnet. Zwei Wochen später gab das Kulturbundorchester unter Leitung von Michael Taube ein Konzert.[57]

In den folgenden Monaten gründete man nach dem Vorbild des Berliner Modells regionale Ableger: an Rhein und Ruhr mit Sitz in Köln, und im Rhein-

Main-Gebiet mit Sitz in Frankfurt. Kleinere Institutionen gab es in Hamburg, München, Breslau, Kassel und anderen Städten, im März 1935 waren es insgesamt 46 an der Zahl, die im von Berlin aus geführten Reichsverband der jüdischen Kulturbünde, kurz: Jüdischer Kulturbund, zusammengeschlossen waren. Die Mitgliedschaft im Reichsverband war verpflichtend, Nicht-Juden hatten keinen Zutritt. Von diesen Kulturbünden blieb der Berliner der größte: Anfang 1934 gehörten ihm 20 000 aktive und passive Mitglieder an, in der preußischen Kleinstadt Küstrin waren es nur 24.[58]

Erklärungen jüdischer Funktionäre zu jener Zeit gaben Anlass zu der Vermutung, dass Nationalsozialisten und Juden gleichermaßen für die Gründung dieser Organisationen verantwortlich waren. Man glaubte, dass der Kulturbund Juden die Gelegenheit verschaffen werde, über ihren kulturellen und nationalen Ursprung, über das Problem der Assimilation, über ihr Verhältnis zum osteuropäischen Judentum – Differenz oder Ähnlichkeit? – zu reflektieren. Man sprach von einem großen Neubeginn, der, so Dr. Singer, »Kraft, Energie, Ausdauer, Zeit« benötigen werde.[59] Aber das waren reine Phrasen, um den Nationalsozialisten nach dem Munde zu reden oder sie wenigstens zu beschwichtigen, denn Singers Freunde wussten sehr wohl, dass der ganze Plan von den Nationalsozialisten ausgeheckt worden war, auch wenn einzelne Juden, aus welchen Motiven auch immer, kooperierten.

Die Gründe der Nationalsozialisten waren offenkundig. Erstens hofften sie, mögliche soziale Unruhen in der jüdischen Bevölkerung als Folge der plötzlich ergangenen wirtschaftlichen Zwangsmaßnahmen dadurch in Schach zu halten, dass sie zumindest einigen Juden aus dem Kulturbetrieb mit dem Kulturbund nun eine neue Einkommensquelle eröffneten. Das mochte als Modell für andere dienen. Schließlich waren schon 1933 an die 8000 jüdische Schriftsteller, Musiker und Künstler entlassen worden. Zwar mussten nicht »Arier«, sondern andere Juden, passive Kulturbundmitglieder, für diese Künstler aufkommen, doch war der Kulturbund ein Rettungsanker, denn eine Vorbedingung für die Anstellung als Kulturbundkünstler 1933 in Berlin war akute finanzielle Not; die Honorare für Solokünstler waren vergleichsweise niedrig und reichten zumindest anfänglich kaum zum Lebensunterhalt. In Frankfurt erhielten Künstler 20 Mark pro Auftritt. Entsprechend ordnete das Propagandaministerium im April 1938 an, dass nur jüdische Künstler verpflichtet werden durften, die Mitglied waren und über kein weiteres regelmäßiges Einkommen verfügten. Selbst angesichts einsatzbereiter SS-Truppen wollte das Regime nicht, dass die Unzufriedenheit wirtschaftlich benachteiligter Juden in eine Revolte umschlug.[60]

Zweitens war der Kulturbund gut für die Auslandspropaganda zu nutzen. Wenn man zeigen konnte, dass Juden über eine Art kultureller Autonomie verfügten, dann war offensichtlich Großzügigkeit das Leitprinzip der NS-Judenpolitik, nicht Unterdrückung, auch wenn das Ausland schwere Beschuldigungen wegen Antisemitismus erhob. Das jedenfalls war der Tenor der offiziellen Erklärungen, die Goebbels, Hinkel und ihre Helfershelfer abgaben.[61]

Drittens nahm die kulturelle Ghettoisierung der Juden ihre physische Ghettoisierung vorweg und erleichterte später die schärfere Überwachung: Die Schaffung von offenen, durchlässigen Ghettos ermöglichte den künftigen Transport zu den Vernichtungslagern im Osten, in diesem Fall für Juden aus dem Bildungsbürgertum.[62] Das ergänzte den Ausschluss der Juden aus den Einzelkammern der RKK, der von Goebbels und Hinkel seit ihrer Gründung im Herbst 1933 und der Einrichtung der jüdischen Kulturorganisationen vorangetrieben wurde. Hans Hinkel spielte in beiden Institutionen eine Schlüsselrolle. Keineswegs zufällig wurde vielen jüdischen Künstlern nach ihrem Ausschluss aus der RKK oder der Verweigerung des Beitritts empfohlen, beim Jüdischen Kulturbund um Beschäftigung nachzusuchen.[63]

Herbert F. Peyser, scharfsinniger Musikkritiker der *New York Times*, ließ sich allerdings nicht täuschen. Im Dezember 1933 fällte er ein so vernichtendes wie zutreffendes Urteil über den Kulturbund: »Wie alles andere im ›neuen‹ Deutschland existiert er [der Kulturbund] durch die hoheitliche Erlaubnis des Hitlerschen Despotismus. Seine Arbeit ist durch haarfeine Regeln und drastische Bedingungen eingeengt, deren geringste Übertretung die sofortige Auflösung zur Folge hätte. Berichte über seine Aktivitäten werden der Öffentlichkeit rücksichtslos vorenthalten mit Ausnahme von ein paar jüdischen Zeitschriften, die den besonderen Interessen ihrer Glaubensgenossen gewidmet sind.«[64]

Es war, wie jüdische Einzelschicksale gezeigt haben, vorauszusehen, dass deutsche Juden, die der Kultur, die sie mit aufgebaut und in der sie seit Jahrzehnten gelebt hatten, treu bleiben wollten, grausam und willkürlich behandelt werden würden. Die Programmplaner des Jüdischen Kulturbunds, deren Spielraum durch die neuen Regelungen über »jüdische« Inhalte ohnehin schmerzhaft eingeengt wurde, hatten nun zwecks Einhaltung der offiziellen Richtlinien Selbstzensur zu üben, fortwährend die Zustimmung Hinkels oder seiner Untergebenen zu ihren Planungen einzuholen und bei Verstößen Strafen durch SS oder Gestapo zu befürchten.[65] Lief irgendwo etwas schief, bestrafte das Regime üblicherweise die Juden: Als im Februar 1936 Wilhelm Gustloff, der Vertreter der Nationalsozialisten in der Schweiz, vom kroatischen Juden David Frankfurter ermordet wurde, übte das NS-Regime Vergeltung, indem auf Anordnung von Goebbels der Kulturbund einige Wochen lang seine Arbeit einstellen musste. Im November desselben Jahres wurde eine für Hamburg geplante Revue des Kulturbund-Künstlers Leo Raphaeli ohne Begründung abgesagt. Und nach der »Kristallnacht« untersagte man dem Kulturbund erneut alle Aktivitäten, bis Goebbels das Verbot aufhob, weil er negative Reaktionen des Auslands befürchtete.[66]

In jenem November waren nicht mehr viele jüdische Künstler in der Lage, sich an die Regeln des Kulturbunds zu halten; eine große Anzahl hatten die Machthaber bereits ins Lager gesteckt. Auch ihr Publikum war geschrumpft. Und da die Veranstaltungen des Kulturbunds niemals sonderlich gewinnträchtig gewesen waren, fanden die Verantwortlichen es immer schwieriger, kostendeckend zu arbeiten, denn die Zahl der passiven Mitglieder schrumpfte Jahr für Jahr. Manche emigrierten, manche verarmten, manche wurden eingesperrt, manche starben eines natürlichen Todes, manche wurden umgebracht. Zwar ergingen immer wieder Mahnungen an die Mitglieder, ihre Beiträge zu bezahlen und die Arbeit weiter zu unterstützen, doch zeitigte das kaum Erfolge. Jedenfalls machten die 50 000 Juden, die 1936/37 deutschlandweit im Kulturbund organisiert waren, kaum mehr als 10 Prozent der noch im Lande lebenden jüdischen Bevölkerung aus.[67]

Die Pogrome vom November 1938 markierten für den Jüdischen Kulturbund den Anfang vom Ende. Juden für die Produktion von Schauspielen, Filmen, Literatur, Musik oder Kunstwerken zu verpflichten war nun sehr viel schwieriger als 1933. Damals hatten sie sich, wenngleich unter Druck, aus freiem Willen bereit erklärt, nun war ihre Moral strapaziert. Das Hauptziel der Nationalsozialisten lautete aber nach wie vor, die Juden vor Ort unter Kontrolle zu halten. Da den wiedereröffneten lokalen Kulturbünden Schauspieler und Musiker fehlten, mussten sie sich auf Filmvorführungen beschränken. In den größeren Städten war vielleicht noch ein Solovortrag, eine Literaturlesung oder das Debüt eines Streichquartetts möglich. Am 11. September 1941 wurde der Kulturbund von der Gestapo aufgelöst, und als am 14. Oktober die Deportationen begannen, war die Idee eines Jüdischen Kulturbunds obsolet geworden.[68]

Anfang 1939, als noch an die 233 000 Juden in Deutschland lebten, sorgte der Kulturbund für Musik-, Theater- und Filmveranstaltungen, Vorträge und Veröffentlichungen.[69] Zu Letzteren gehörte das *Jüdische Nachrichtenblatt*, das nach dem 9. November alle anderen jüdischen Zeitungen ersetzte und von Goebbels genau kontrolliert wurde. Aber Buchveröffentlichungen waren schwieriger zu bewerkstelligen und wurden irgendwann ganz eingestellt, weil der Kreis der Juden kleiner und diese ärmer wurden, weshalb sie sich um andere Dinge kümmern mussten als um zeitgenössische Literatur. Bei Filmvorführungen konnten deutsche und ausländische Streifen gezeigt werden, die allerdings strenger Zensur unterlagen. Schon Ende Dezember 1938 war der von Henry King 1937 gedrehte amerikanische Film *In Old Chicago* gezeigt worden, und im Februar 1939 das Musical *Tarantella* (1937) mit Jeanette MacDonald in der Hauptrolle. Die Vorführung fand im Jüdischen Gemeindehaus in der Hamburger Hartungstraße statt. Die deutschen Filme stammten aus der Produktion von Terra Film, Tobis Film oder Ufa. In Hamburg wurden vom 28. Februar bis zum 25. Juni in 69 Aufführungen 14 Filme gezeigt; insgesamt kamen 15 768 Besucher. Die Eintrittspreise lagen zwischen 60 Pfennig und 2 Mark, und so konnten pro Film bis zu 1500 Mark verdient werden, was als sehr einträglich angesehen wurde. Von da an gewannen Filme und Vorträge gegenüber Theater-, Opern- und sogar Konzertaufführungen im Programm des Kulturbunds an Bedeutung.[70]

Die erste Theateraufführung des Kulturbunds fand am 1. Oktober 1933 statt. Gegeben wurde Lessings Drama *Nathan der Weise*, das gleich für Stimmung sorgte, atmete es doch den Geist der Aufklärung und warb für Toleranz und Freundschaft, für die »Harmonie zwischen Christen, Juden und Muslimen« – genau das, was die Gestapo zerstören wollte. Folglich empfahl das vom Kulturbund herausgegebene Programmheft dem Publikum, politische Diskussion im Theater und in dessen Umkreis zu vermeiden, um nicht den Zorn der Behörden auf sich zu ziehen.[71]

Tatsächlich bevorzugten die Nationalsozialisten die ostjüdischen Bühnenstücke, weil sie darin das Wesen des Jüdischen schlechthin vermuteten, dicht gefolgt von Werken assimilierter deutscher oder österreichischer Juden wie Arthur Schnitzler und Stefan Zweig. Die deutschen Juden waren indes – und das lässt sich auch für die Musik zeigen – weder an »jüdischen« Autoren noch an Themen aus dem jüdischen Mikrokosmos sonderlich interessiert. Trotz einer gewissen Wiederbelebung solcher Kulturformen in der Weimarer Republik kamen Geschichten aus dem osteuropäischen »Shtetl« nicht gut an.[72] Insofern stießen die Arbeiten von Mendele Mocher Sforim (geboren in Weißrussland) oder Scholem Alejchem (geboren in der Ukraine) insbesondere beim Berliner Publikum auf wenig Gegenliebe; man zog den Besuch deutscher Theater vor, solange es ging. Shakespeare und Molière durften allerdings inszeniert werden, desgleichen die nicht-jüdischen modernen Dramatiker Klabund und Georg Kaiser; auch der ungarisch-jüdische Bühnenautor Ferenc Molnár war sehr beliebt. Aber Goethes Stücke und die der Romantiker mussten durch Verbot nach und nach vom Spielplan verschwinden, als Gestapo und Propagandaministerium den Druck erhöhten.[73]

Von Anbeginn war, allen Schwierigkeiten zum Trotz, Musik das wichtigste Element im Programm des Kulturbunds: Operetten, Opern und Konzerte machten den Löwenanteil der Aufführungen aus und verbrauchten auch den Löwenanteil des Budgets, was vor allem an den Operninszenierungen lag.[74] Der Kulturbund verfügte über einige herausragende Musiker: in Berlin etwa den Dirigenten Joseph Rosenstock und nach dessen Emigration (erst nach Tokio, dann nach New York) Hans Wilhelm (später William) Steinberg, außerdem Kurt Singers Chor und das Kammerorchester von Michael Taube. In Berlin traten Solisten wie der Pianist Leonid Kreutzer und die Altistin Paula Lindberg auf, die zumeist Kantaten und Oratorien sang, aber auch Arien gewachsen war.[75] Andere Städte verfügten gleichfalls über große Talente. In Hamburg gab es die Altistin Sabine Kalter, Frankfurt konnte mit den Pianisten und Komponisten Rosy Geiger-Kullmann und Professor Bernhard Sekles, dem Lehrer von Paul Hindemith, aufwarten.[76] In Stuttgart wirkte der Pädagoge und Chorleiter Karl Adler, und in Mannheim einige Monate lang Kapellmeister Max Sinzheimer (ein früherer Sekles-Schüler), der die musikalischen Aktivitäten in der Region koordinierte. »Der ›Betrieb‹ hält mich wenigstens aufrecht«, schrieb Sinzheimer Anfang 1934 an

Carl Orff, »und ich plane und führe aus und bilde mir ein, ich wäre ein jüdischer Generalmusikdirektor.«[77]

Die musikalischen Unternehmungen hatten mit erheblichen Schwierigkeiten zu kämpfen. Eine war die Emigration der guten und talentierten Künstler, denn Musik ist nicht an Sprache gebunden. Schon 1933 verlor der Kulturbund hochrangige Musiker, die nicht ersetzt werden konnten. Aus Berlin ging Leonid Kreutzer in die USA, und der Geiger Ödön Partos kehrte 1934 in seine Heimat Ungarn zurück; Taube emigrierte nach Palästina. Die Sängerin Beatrice Freudenthal wanderte 1936 von Hamburg in die USA aus, und im Jahr darauf suchte und fand der Hamburger Musikkritiker und Komponist Robert Müller-Hartmann Zuflucht in Großbritannien. 1938 waren nur noch wenige Berufsmusiker verblieben, so Wilhelm Guttmann, Bass-Sänger und Komponist, der bei einem Auftritt in Berlin im April 1941 verstarb. Der Berliner Musikwissenschaftler und -lehrer Ludwig Misch fasste 1936 den Plan, eine Musikschule zu gründen, doch weil so viele Musiker emigrierten, war das Unternehmen von vornherein zum Scheitern verurteilt. Dennoch unterrichtete Misch Schüler, und zwar in den mittlerweile in der Reichshauptstadt eingerichteten jüdischen Lehranstalten, wobei er offensichtlich positive Ergebnisse erzielte, denn der einzige Überlebende eines Kurses dankte ihm 1965 für seine Arbeit: »In jener dunklen Zeit, als wir von Konzerten ausgeschlossen waren und jeder Kunstgenuss von uns ferngehalten wurde, haben Sie uns junge Menschen in die Musik eingeführt und bei mir eine große Liebe für die Musik wachgerufen, die mich in den späteren Kriegsjahren und auch nachher nicht wieder verlassen hat.« Misch überlebte dank seiner Ehe mit einer »arischen« Frau die nationalsozialistische Herrschaft als Zwangsarbeiter.[78]

Um dem Schwund an Musikern zu begegnen, versuchten die Leiter des Kulturbunds, jüdische Stars aus dem Ausland zu verpflichten, was vielleicht auch die dem sonst Gebotenen eher überdrüssigen Konzertliebhaber angezogen hätte. Dazu gehörte der Bass Alexander Kipnis, der sich in der Berliner Oper und in Bayreuth Ruhm ersungen hatte und zeitig genug 1933 in die USA emigriert war, aber auf einer Tour durch Europa 1934 wieder in Berlin auftrat. Danach war er jedes Jahr in diversen deutschen Städten zu hören, bis er drei Wochen nach dem Novemberpogrom sein wohl letztes Konzert in Karl Adlers Stuttgarter Kulturbund gab.[79] Sabine Kalter lebte jetzt in London, trat aber im Frühjahr 1937 in Berlin und dann im Winter in Hamburg mit Liedern von Mendelssohn, Mahler und Dvořák sowie mit Händel-Arien auf.[80] Der Geiger Karl Flesch lebte ebenfalls in London und reiste von dort aus in seinen ehemaligen Wohnort Berlin, doch im Sommer 1936 waren diese Reisen zu schwierig geworden. Die Gestapo musste jeden Besuch genehmigen, und Fleschs Grundhonorar von 1200 Mark konnte angesichts des Mitgliederschwunds nicht mehr bezahlt werden. So erklärte Flesch, dass »Zeit Geld« sei, und lehnte alle weiteren Einladungen zu Konzerten in Deutschland ab.[81]

Ein derartiges Honorar hätte ohnehin wohl nur in Berlin aufgebracht werden können, und auch nur zu Beginn der NS-Herrschaft; die Ableger in den anderen Städten wären dazu nicht in der Lage gewesen, mussten sie doch nicht nur ihre eigenen Künstler, wie bescheiden auch immer, bezahlen, sondern versuchten auch, wohltätig zu helfen und Leidensgenossen, bedürftige Künstler und sogar arbeitslose Ärzte zu unterstützen. In Berlin wurde für gerade arbeitslos Gewordene (zum Beispiel Geschäftsleute, die einmal ein Instrument gelernt hatten) ein eigenes Orchester aufgestellt, und jüngere Komponisten erhielten ein eigenes Studio. Verschiedentlich mussten die Einrichtungen finanzielle Verluste hinnehmen, wenn die Gestapo Veranstaltungen ohne Begründung untersagte.[82]

Erschwerend kamen ständig verschärfte Bestimmungen über die Thematik der von den einzelnen Kulturbünden vorgesehenen Programme hinzu. Die deutsche Zensur verlangte ausschließlich »jüdische« Musik für ein ausschließlich »jüdisches« Publikum. Aber das war schwierig zu verwirklichen, denn wie die Nationalsozialisten machten die Kulturbündler die Erfahrung, dass »jüdische Musik« kein eigenständiges künstlerisches Genre war. Hatte nicht Schönberg selbst 1925 an Albert Einstein geschrieben, dass es, jedenfalls gegenwärtig, so etwas wie eine »jüdische Musik« nicht gebe? Darum mussten weiter gefasste Bestimmungen des »Jüdischen« her: von Juden geschriebene Libretti, Geschichten aus dem Alten Testament oder Werke von jüdischen Komponisten, auch christlich getauften, darunter vor allem Mendelssohn. Signifikanterweise wurden beim allerersten Konzert des Kulturbunds im Oktober 1933 Werke von Händel, Mozart und Tschaikowsky gespielt, und von da an gab es für gewöhnlich Aufführungen mit Kompositionen von jüdischen und nicht-jüdischen Autoren. (Einige Nationalsozialisten hielten Händel wegen seiner Verbundenheit mit Großbritannien und seiner Verwendung biblischer Themen für kompromittiert; dem widersprachen andere wie Rosenberg, der behauptete, dass Händel ungeachtet seines *Messias* ein Heide gewesen sei.) Von den 39 Orchesterstücken und Oratorien, die der Berliner Kulturbund bis Februar 1938 aufführen ließ, stammten 19 von jüdischen Komponisten; in Frankfurt am Main, Breslau und anderswo dürfte das Verhältnis ähnlich gewesen ein.[83]

So wie ihre Kollegen vom Theater praktizierten jüdische Musiker Selbstzensur, wenn sie darauf verzichteten, Werke von Wagner, Richard Strauss und Carl Maria von Weber zu spielen, da diese als ur- und eigentümlich deutsch galten. Allerdings hatte das Propagandaministerium Wagner, Strauss und ebenso Hitlers erklärten Liebling Bruckner ohnehin gleich für tabu erklärt. 1936 wurde den Juden außerdem Beethoven verboten. Im Mai 1937 wandte sich Hinkel mit scharfen Worten gegen Beethoven- und Mozart-Aufführungen durch jüdische Musiker, mithin wurden den Juden 1938 auch Mozarts Werke verboten. Bach und Brahms waren bereits im Jahr zuvor entfallen, und nach dem Novemberpogrom folgten Händel und Schumann. Unterdessen durften Werke ausländischer Komponisten, darunter Juden, weiterhin gespielt werden, doch Werke nicht-jüdischer deutscher Komponisten wurden Juden in den letzten Monaten des Kulturbunds unwiderruflich untersagt.[84]

Ironischerweise war Arnold Schönberg, der für NS-Experten wie Hans Severus Ziegler den Inbegriff jüdischer Musikkultur darstellte, beim Publikum des Kulturbunds ebenso unpopulär wie bei »Ariern«. Er war eine Ikone der modernen Musik, doch wurden seine Werke nur selten aufgeführt: schon früh von Erich Itor Kahn in Frankfurt am Main; 1934 in Berlin zur Feier von Schönbergs 60. Geburtstag, 1935 und 1937 in Hamburg. Das blieben jedoch Einzelereignisse, die zudem meist Schönbergs frühen, harmonisch noch konventionellen Werken wie etwa *Verklärte Nacht* (komponiert 1899) gewidmet waren. Ludwig Misch, der einflussreichste Kritiker im jüdischen Berlin, gab den Ton an, als er bemerkte, Schönbergs Musik habe »für unsere lebendige Gegenwart sich nur wenig als lebenskräftig erwiesen«. Weniger modernen Komponisten jüdischen Glaubens wie Karol Rathaus erging es noch schlechter.[85]

Stattdessen kamen Werke zeitgenössischer, aber international kaum bekannter jüdischer Komponisten zur Aufführung: Lokalgrößen wie Max

Kowalski und Ludwig Rottenberg, Hindemiths Schwiegervater, in Frankfurt am Main oder Jacob Schönberg und Gerhard Goldschlag in Berlin. Abgesehen von den üblichen Händel-Stücken mit Motiven aus dem Alten Testament gab es hier und da durchaus kunstvoll gearbeitete jiddische Kompositionen und solche für die Synagoge, von denen das Publikum mal mehr, mal weniger begeistert war.[86] Die erste Opernproduktion des Kulturbunds war (Ende 1933) Mozarts *Le Nozze di Figaro* – trotz des Librettos von da Ponte alles andere als eine jüdische Oper. Dafür hatte die nächste – Verdis *Nabucco* –, die im April 1934 aufgeführt wurde, eine echt jüdische Handlung. Und einige Wochen vor dem Novemberpogrom gab es *Die Pioniere*, lebhaft begrüßt als erste wirklich jüdische Oper, eine vom Zionismus inspirierte, ostjüdisch-palästinensische Bühnenarbeit von Jakob Weinberg. Dieser Pianist und Komponist, 1879 in der Ukraine geboren, war 1922 nach Palästina ausgewandert. Er schätzte zeitgenössische jüdische Thematiken und verwendete Melodien aus Religion und Volksmusik.[87]

Allerdings konnten auch die erlaubten Produktionen nicht immer reibungsfrei über die Bühne gebracht werden. Einmal wurde eine Aufführung von Mahlers Zyklus *Lieder eines fahrenden Gesellen* von einem neuen Zensor in Hinkels Zentrale willkürlich verboten. Es stellte sich heraus, dass dieser schlecht informierte Mann Mahler zu sehr schätzte, um ihn für einen jüdischen Komponisten zu halten, sodass er ihn auf den Index setzte. Aber dieser Fehler wurde gleich nach seiner Entdeckung korrigiert. In einen anderen, besonders heimtückischen Vorfall war Wilhelm Strecker, der einflussreiche Leiter des Musikverlags B. Schott's Söhne in Mainz, verwickelt. Als der Berliner Kulturbund um die Erlaubnis nachsuchte, Igor Strawinskys *Histoire du soldat* aufzuführen, wollte Strecker sein Placet nicht geben, damit Strawinsky, dessen Ruf als »Arier« in einigen NS-Kreisen umstritten war, vor den Angriffen fanatischer Nationalsozialisten sicher bliebe. Strecker informierte den Komponisten, wenn er dem Kulturbund die Darbietung erlaube, würden seine Gegner ihn mit Freuden als »jüdisch« abstempeln und damit alles zunichtemachen, was Komponist und Verlag gemeinsam aufgebaut hätten. Um die Aufführung zu verhindern – und damit er den Grund nicht nennen musste – wollte Strecker den Juden ein höheres Honorar in Rechnung stellen, als sie zu zahlen in der Lage waren. Aber zum Glück für den Kulturbund nahm er später davon Abstand. Dies ist nur ein besonders krasses Beispiel dafür, wie Gestapo, Propagandaministerium und private »arische« Interessen zusammenwirkten, um die Juden leiden zu lassen.[88]

Am deutlichsten machte sich der Niedergang des Kulturbunds am Schrumpfen der Musikabteilungen bemerkbar, weil sie zu den im Verhältnis umfangreichsten und wichtigsten gehört hatten. Natürlich war es, ungeachtet der gelegentlichen Höhepunkte, immer wieder zu Ausfallserscheinungen gekommen, wozu auch der chronische Mangel an Bläsern gehörte, während Streicher überrepräsentiert waren.[89] Daher waren die Orchester in Hamburg und München vorwiegend mit Streichinstrumenten besetzt. Hamburg versuchte das Problem durch Zusammenarbeit mit den Frankfurtern zu lösen, die sich somit regelmäßig auf die Reise begaben.[90]

Wohlmeinende Beobachter sahen den schleichenden Verfall der Kulturbund-Musikproduktionen mit schmerzlichem Bedauern, während die zynischen Manipulatoren im Gefolge von Goebbels und Hinkel ihre Freude daran hatten. Frankfurt musste sein leistungsfähiges Orchester bereits am Ende der Spielzeit 1935/36 aufgeben, hauptsächlich wegen mangelnder finanzieller Unterstützung. Binnen eines Jahres – von September 1936 bis September 1937 – nahmen musikalische Aufführungen um 26, künstlerische Aktivitäten insgesamt um 20 Prozent ab.[91] Im Juni 1939 wurde das Berliner Opernensemble aufgelöst, übrig blieb nur ein stark geschrumpfter Chor, der nun »Kammerchor« hieß. Er sang noch Stücke von Mendelssohn und Monteverdi sowie ostjüdische und hebräische Lieder und Hymnen. Wer von den Berliner Orchestern und Sängern noch da war, versammelte sich ein letztes Mal im Juli 1941 zu einer Verdi-Feier. Nach dem endgültigen Aus verteilten NS-Funktionäre die Instrumente des Kulturbunds an SA- und SS-Einheiten. Flügel und Klaviere wurden von Wohlfahrtsorganisationen und Sanatorien der Wehrmacht übernommen, Phonographen und Schallplatten wiederverwertet, Letztere in Form von Bakelit für die deutsche Schallplattenindustrie zur Unterstützung der Kriegsbemühungen.[92]

Was geschah mit den jüdischen Leitern des Kulturbunds? Sein erster Direktor, Dr. Kurt Singer, emigrierte in die Niederlande, wo ihn die Nationalsozialisten erwischten, als sie das Land besetzten. Er wurde nach Theresienstadt deportiert, wo er erkrankte und starb. Den letzten Direktor, Dr. Werner Levie, einen Niederländer, ereilte das gleiche Schicksal: Er wurde von den Niederlanden nach Bergen-Belsen deportiert und starb dort an den Folgen der Internierung – kurz nach der Befreiung des Lagers. Die wichtigsten jüdischen Angestellten des Berliner Kulturbunds wurden verhaftet und dann freigelassen, um zusammen mit den anderen Juden in der Hauptstadt ihres Schicksals zu harren. Es wird kolportiert, dass einige der führenden Künstler, die sich mit den zuständigen Autoritäten gut gestellt hatten, für die Gestapo Listen von Juden verfassten, um ihre eigene Deportation hinauszuschieben.[93] Wer diese Personen waren, wen sie bespitzelten und ob es ihnen gelang, sich zu retten, ist nicht bekannt.

Antisemitismus in der NS-Kunst

Im Oktober 1941 wurde Juden, wie erwähnt, die Emigration verboten. Wer sich jetzt noch in Deutschland aufhielt, sah sich (nicht erst jetzt) mit deutschen Mitbürgern konfrontiert, die vom antisemitischen Furor der Medien beeinflusst waren. Diese Medien – Bücher, Filme, Zeitschriften, Zeitungen, Rundfunk – waren Instrumente der Unterhaltung und zugleich der manipulativen Propaganda, denn für Goebbels wirkte die Propaganda am besten mittels Unterhaltung gleich welcher Art als notdürftiger Maskierung.

Musik als Medium oder Medien, die mit Musik arbeiteten, konnten solchen Zwecken dienen. So wurden Plattitüden über das Verhältnis der Juden zur Musik verbreitet, damit die Bevölkerung, die kein Mittel oder Bedürfnis hatte, die Wahrheit herauszufinden, sich die Lügen zu eigen machte. In deutschen Film- und Operettenproduktionen etwa hätte ein musikalisches Chaos geherrscht, in dem sich »das losgelassene Ghetto gegen Walhalla aufbäumte und mit angeborenen Warenhausinstinkten zum Generalangriff gegen die deutsche Kultur ausholte«.[94] Als dies geschrieben wurde, 1934, gab die HJ ein Liederbuch mit antijüdischen Texten wie »Deutschland erwache aus deinem bösen Traum/gib fremden Juden in deinem Reich nicht Raum« heraus.[95] Und es gab ein SA-Lied, das zuerst von österreichischen Nationalsozialisten in der Illegalität gesungen wurde und in dem es heißt: »schon wanket Judas Thron«.[96] Bestimmte antisemitische Klischeevorstellungen sollten sich durch ständige Wiederholung einprägen; so wurde beispielsweise behauptet, dass jeder jüdische Musiker in Deutschland das Recht hätte, privatim einen Konzertsaal anzumieten, um dort »atonale Musik« zu produzieren.[97] In der angesehenen *Zeitschrift für Musikwissenschaft* diffamierte man Gustav Mahler als Antithese zur »deutschen« Musik, desgleichen Bernhard Sekles, dem man »ein paar Tropfen Negerblutes« attestierte – eine grobe Anspielung auf das innovative Jazz-Seminar, das er 1928 im Hoch'schen Konservatorium zu Frankfurt am Main gegründet hatte.[98] Eine andere renommierte Zeitschrift, *Die Musik*, stimmte ein und fügte hinzu, dass die Deutschen, das nicht nur musikalischste, sondern kultivierteste Volk auf Erden, es nicht nötig hätten, in einem Bereich belehrt zu werden, in dem »Juden und Ausländer« das Sagen hätten, der von »Negern und Orientalen« beherrscht werde.[99] Wie in anderen Kulturbereichen erreichte die antijüdische Polemik in der Musikwelt ihren Höhepunkt zur Zeit des Novemberpogroms 1938, als Goebbels sich erneut in Schmähungen erging. Jüdische und deutsche Musik seien, behauptete er, einander ausschließende Gegensätze, und der von Wagner initiierte Kampf gegen die Juden in der Musik müsse nun mit verdoppelter Anstrengung geführt werden. Andere polemisierten erneut gegen Mahler, Schönberg und andere moderne Komponisten. Über die Salzburger Festspiele, die erst kurz zuvor hatten übernommen werden können, hieß es, sie müssten von Grund auf »arisiert« werden.[100]

Im Bereich der Musik traf das antisemitische Gift unterschiedslos alle Sparten, egal, ob ernst oder unterhaltsam, klassisch oder modern – Juden im Jazz oder Paul Abraham und Leo Fall in der Operette wurden ebenso verteufelt wie Mahler und Schönberg in der Hochkultur. In den bildenden Künsten war es, wie bereits vermerkt, schwierig, die wenigen Juden zur Zielscheibe antisemitischer Kampagnen zu machen, die sich als Maler oder Bildhauer betätigten. Zwar wurde während der bis 1937 geführten Expressionismus-Debatte der Versuch unternommen, »Expressionismus« mit »Juden« gleichzusetzen, doch war dem kein Erfolg beschieden. In der Literatur scheint es eine Art Spaltung gegeben zu haben: Da waren einerseits jene Autoren, die für die gebildete Elite schrieben und das Thema »Juden« vollständig vermieden, während andererseits Bestsellerautoren wie Hans Zöberlein und Edwin Erich Dwinger den »Radau-Antisemitismus« der frühen SA-Leute übernahmen und davon auch nach 1934 nicht abließen, indem sie weiterhin antisemitische Klischees bedienten. Ernst Hiemer, Volksschullehrer und Helfershelfer von Julius Streicher, schrieb im selben Ungeist eine Reihe von Büchern für Jugendliche, in denen er Juden mit einer Insektenplage verglich, ähnlich Schädlingen, die die Ernte eines deutschen Bauern vernichten. Seine Botschaft war unmissverständlich: Juden mussten vernichtet werden. 1940 schrieb er über Drohnen, die tugendhafte Bienen bedrohten, bis es zur Anwendung von Pestiziden kam: »Die Drohnen wurden besiegt. Sie wurden getötet oder fortgejagt.«[101] Goebbels, der solche Empfehlungen befürwortete, sie aber gern eleganter formuliert hätte, hoffte noch im Mai 1943 auf eine »Reihe von antisemitischen Romanen« seitens angesehener Autoren, auch wenn sie nicht so offensichtlich nationalsozialistisch waren wie durchschnittliche Parteiliteraten.[102]

Man könnte schon fragen, warum Autoren wie Ina Seidel, Ernst Wiechert, Hans Carossa, Werner Bergengruen oder Wilhelm Schäfer sich nicht ganz offen mit der »Judenfrage« befassten, die spätestens seit 1918 in den Köpfen herumspukte. Dass die Genannten keine Antisemiten waren, ist eine wenig glaubhafte Erklärung, denn wenn sie vor 1933 noch keine erklärten Nationalsozialisten waren, standen sie zumindest, mit völkisch-nationaler Gesinnung, der DNVP nahe, die für ihre Affinität zum NS bekannt war, wobei sie einem Antisemitismus anhing, bei dem die Rassenideologie nicht im Vordergrund stand. Diese Völkisch-Nationalen waren ausnahmslos antidemokratisch und sahen die Juden als Haupttriebkraft hinter der Demokratie.[103] Eine Erklärung könnte sein, dass jene Autoren die »Judenfrage« ignorierten, um sie auf einer höheren, abstrakteren Ebene zu lösen: Da die Juden, insbesondere die assimilierten, nicht positiv als natürliches Element der deutschen Bevölkerung betrachtet wurden, war ihre Abwesenheit in der Narration dieser Schriftsteller eine höchst beredte. Sie machten sich ihre Hände nicht schmutzig, sondern übergingen die Juden auf elegante und vorbedachte Weise. In diesem Zusammenhang ist der Fall Ernst Wiechert von Interesse. Wiechert wurde 1938 auf Anweisung von Goebbels in das KZ Buchenwald verbracht. Gängig ist die Annahme, das sei geschehen, weil er (nicht nur) der antisemitischen Politik des Regimes Widerstand geleistet habe. Aber das stimmt nicht. Er wurde, hatte Goebbels entschieden, für zwei Monate aus erzieherischen Gründen inhaftiert, nicht wegen seiner Veröffentlichungen, sondern weil er gegen die Gefangensetzung Martin Niemöllers im KZ Sachsenhausen protestiert hatte. Niemöller war im Ersten Weltkrieg U-Boot-Kommandant gewesen und hatte nun die Bekennende Kirche mitbegründet. Doch bereits vor 1933 war er Nationalsozialist und

Antisemit gewesen; gegen Hitler opponierte er, nicht weil dieser antichristlich war, sondern weil er die institutionelle Unabhängigkeit der Bekennenden Kirche bedroht hatte. Der tiefreligiöse Wiechert (die meisten Mitglieder der DNVP waren praktizierende Protestanten gewesen) stand ohne Abstriche auf Seiten Niemöllers.[104] In Wiecherts Roman *Das einfache Leben*, einem bäuerlichen Stillleben, gibt es keine Juden, doch eine genaue Lektüre der Lebensumstände von Kapitän von Orlas Ehefrau gibt Anlass zu der Annahme, dass sie ihre Kokainsucht den rauschenden Festen mit der pervertierten Großstadtgesellschaft verdankt, wobei diese Perversion – das galt den Konservativen als ausgemacht – von Juden ins Werk gesetzt wurde.[105]

In der gröber gestrickten Literatur wurden die Juden gemäß stereotypen Vorurteilen dargestellt. Grundlage war das Bild vom Juden als Kriegsgewinnler, der hinter den Linien die Fäden zog und Wirtschaft und Politik korrumpierte; dass die Juden im Weltkrieg den Kampf an den Fronten gescheut hätten, war ein tief sitzendes Vorurteil.[106] Schon bald tauchten die Juden in vielen populären Büchern als heimliche Herrscher von Nachkriegsdeutschland auf, die überall – in Politik, Wirtschaft, Bankgewerbe, Universitäten, Kunst und Kultur – ihre Hände im Spiel hatten. Außerdem profitierten sie vom Schwarzhandel mit übrig gebliebenem Heeresmaterial, durch Wucherzinsen und durch Ankurbelung der Hyperinflation von 1919 bis 1923.[107] Die Juden der jungen Republik Österreich wurden in ähnlicher Weise diffamiert.[108]

Vielfach hatte diese antisemitische Propaganda allerdings den Charakter einer Predigt vor Bekehrten. Schriftsteller wie Dwinger und Herbert Volck waren Freikorps-Veteranen und hatten vor allem in SA- und SS-Einheiten, aber auch unter den ausgemusterten Soldaten des Weltkriegsheers viele Kameraden. Da die meisten Freikorpsleute während ihrer Kämpfe in Oberschlesien, Polen oder Lettland mit Ostjuden in Kontakt gekommen waren, garantierte es den Genannten das Interesse einer umfangreichen Leserschaft vom extremen und meist ungebildeten Flügel der Nazis, wenn sie in ihre Geschichten Erkennungszeichen wie Kaftane und Schläfenlocken einstreuten.[109] Ein gern gezeichnetes Klischeebild war überdies der Jude als betrügerischer Zwischenhändler in der Landwirtschaft, der als »Viehjude« mit Feldfrüchten und Vieh Geschäfte machte. Ebenso gab es den Juden als Kleinkrämer und Geschäftemacher, der von Tür zu Tür seine Waren feilbietet – vielleicht gebrauchte Knöpfe und Hosenträger.[110] Und es gab die Juden, die auf Befehl

Moskaus die bürgerliche Ordnung in Deutschland aufmischen sollten. Jeder Zusammenstoß zwischen SA und Kommunisten galt so als von ostjüdischen Sowjetagenten angeheizt.[111] Dazu passten Berichte über Juden im russischen Geheimdienst als blutrünstige Unterdrücker der schwäbischen oder mennonitischen Minderheiten in der südlichen Sowjetunion.[112]

Es ist unheimlich zu sehen, wie viele Autoren Juden mit körperlichen Eigenarten ausstatteten, die hasserfüllte Bigotterie Juden üblicherweise zuschrieb. In Anne Marie Koeppens Roman *Michael Gnade* hat ein »halbjüdischer« Aristokrat von Geburt an »schwarze, krause Haare«; man beachte außerdem »die stark aufgeworfenen Lippen« und »die orientalische Nase«. Nach dem Geschlechtsverkehr mit »arischen« Frauen werde sein Samen folglich Juden mit genau diesen physischen Eigenarten produzieren usw. usf.[113] (Koeppens Buch schrieb die Lehren des höchst erfolgreichen Nachkriegsromans *Die Sünde wider das Blut* fort. Dessen Autor, Artur Dinter, ein früher NS-Gauleiter, hatte mit dem Werk ganze Horden von Rassisten und rechtsextremen Eugenik-Fans in Begeisterung versetzt.)[114] In Tüdel Wellers Roman *Rabauken!* war das Berliner Wannseeufer von Kreaturen, »behaart wie Menschenaffen«, bevölkert. Sie hatten ein »schwammiges Gesicht«, alle Juden außerdem eine »Hakennase«.[115] In Otto Pausts *Nation in Not* tritt der böse Jude in der Person von Herrn Silberfisch auf, ein »schwerer, dicker, lockiger Mann«, der Deutsch mit Akzent spricht und ein nicht-jüdisches Mädchen zu beeindrucken sucht.[116] Hans Zöberlein, ein ehemaliger Freikorpskämpfer, lässt im Roman *Der Befehl des Gewissens* (1937) das »arische« Liebespaar Hans und Berta die schockierende Erfahrung einer Begegnung mit Ostjuden machen: »Über die Straße, die Hans und Berta nachdenklich schweigsam gehen, zieht plötzlich ein lärmender Haufe mauschelnder Ostjuden mit Koffern und Paketen. Ein frischer Transport aus Galizien ist wohl soeben am Bahnhof eingetroffen und hat seinen verlausten, schmierigen Inhalt in die Stadt ergossen. Mit speckigen, langen Kaftanen und plattgedrückten runden Hüten, unter denen lange Ringellocken hervorquellen und an den Backen der feixenden Gesichter baumeln, den Schnorrsack über die Arme oder Schultern gehängt, so kommt das Gelichter daher, quietschvergnügt, als wäre es schon immer hier daheim.«[117]

Die verheerendsten Anwürfe gegen Juden bezogen sich seit jeher auf Sexualität. Ihr angeblich schamloses Verhalten wurde auf das Alte Testament (insbesondere die entsprechenden Großtaten jüdischer Könige wie David oder Salomon) zurückgeführt, doch in der Weimarer Republik kaprizierten sich die Verleumder auf die Rolle, die Juden im blühenden Sex-Business spielten. Dabei ging es um Bordelle, Mädchenhandel, die Halbweltkultur der Nachtklubs, Kabaretts und leichte Operetten und die vermeintlich pornographische Literatur eines Schnitzler, Sternheim oder Wedekind. Ein Hauptthema der NS-Literatur nach 1933 drehte sich um die unkontrollierte Lust »des Juden« und sein Begehren, junge »arische« Frauen zu schwängern – ein rituelles Ziel, das mit allen Mitteln der Verführung verfolgt würde. Die Vorlage dazu hatte bereits Dinters Roman *Die Sünde wider das Blut* geliefert. In seinem Roman *Die Kinder Israel*, der in der Antike begann, schildert Werner Jansen »Hebräer« auf einem Markt in Ägypten, »allwo es die Tänzerinnen zugibt«.[118] Edith Gräfin Salburg veröffentlichte 1939 den Roman *Eine Landflucht*, in dem der jüdische Immobilienmakler Knopfstein in den zwanziger Jahren vor allem darauf aus war, deutsche Kleinstadtmädchen zu verführen.[119] In Gerhard Lorenz' *Unrast* (1943) war Isaak Veilchendufts Obsession in der Weimarer Republik die Premiere einer Revue mit dem Titel »Tausend süße Beinchen«.[120] Die Romanciers Karl Hans Strobl und Horst Slesina erinnerten ihre Leser daran, dass kein jüdischer Politkommissar es in der Sowjetunion nach 1917 versäumt habe, sich die Aussicht auf Sex mit wolgadeutschen Bauernmädchen zu sichern. Ein Offizier namens Brodski wollte sogar die Frau eines Wolgadeutschen mit diesem teilen, wurde aber durch eine wutentbrannte Faust ausgeknockt.[121] In Otto Pausts *Menschen unterm Hammer* (1939) wird eine liederliche, aber attraktive junge Frau im Dritten Reich geschildert, die zum Groupie eines jüdischen Anwalts geworden ist. Sie wartet in den Gerichten auf seine Auftritte und dient ihm auf Wunsch als Geliebte.[122] Zöberleins *Der Befehl des Gewissens* erschien zwei Jahre nach Verabschiedung der Nürnberger Rassengesetze und schilderte das Strandbad am Wannsee als Jagdgrund für jüdische Männer zwecks Eroberung deutscher Mädchen. »Diese Judenschweine«, empört sich Berta denn auch, »richten uns zugrunde, das ganze Blut versauen sie uns.« Und »angst möchte mir werden, weil es deutsche Mädchen gibt, die das nicht fühlen.«[123] Ungefähr zu dieser Zeit verbot Goebbels den Juden den Besuch öffentlicher Bäder.

In *Rabauken!* lässt Tüdel Weller einen Dr. Singer auftreten, um wieder einmal das jüdische Begehren nach schönen deutschen Mädchen zu thematisieren. Dr. Singer verfügt jedoch über die intellektuelle Fähigkeit zu Abstraktion und Camouflage. Der Held der Geschichte, ein junger Mann und ehemaliger Freikorpskämpfer namens Peter, benötigt mehrere Treffen mit Dr. Singer, um dessen wahre »Rasse« zu entdecken, denn Singer scheint wie ein »Arier« zu argumentieren.[124] Andere völkische Autoren nutzten diese und weitere angebliche jüdische Eigenschaften, um erst eine für die Erzählhandlung wichtige »Judenfrage« zu konstruieren und dann deren Für und Wider zu erörtern. Der rassenbewusste Nazi-Protagonist trug natürlich schließlich den Sieg davon. Vor allem für die Jugend musste die »Judenfrage« gelöst werden, um ihr den Weg zu Hitler, seiner Bewegung und dem neuen Staat zu ebnen. Goebbels' Propagandamaschine erwartete von der Kunst, sich dieser Probleme auf kreative Weise anzunehmen.[125]

Weil Goebbels vermutlich der Ansicht war, dass die Literatur die Juden für ein gebildeteres Publikum nicht überzeugend genug darstellen konnte, begann er unmittelbar vor Kriegsbeginn damit, die »Judenfrage« auch in den Film zu tragen, um ein größeres Publikum zu erreichen. Es gibt Hinweise darauf, dass Goebbels zur Zeit des Novemberpogroms, als er den Kampf gegen die Juden für vordringlich erachtete, zu diesem Schluss gekommen war, und so ordnete er die Produktion überzeugender antisemitischer Filme an.[126] Hitlers Drohrede vom Januar 1939 beschleunigte diese Entwicklung. Der erste von drei bedeutenden Filmen wurde im Juli 1940 unter dem Titel *Die Rothschilds* in Berlin uraufgeführt. Das Drehbuch stammte von dem bekannten Schriftsteller Mirko Jelusich, Regie führte Erich Maschneck. Damit einher ging eine strukturelle Veränderung für die gesamte Filmindustrie, denn bis 1940 war die Filmproduktion nur sehr locker mit den sozialen und politischen Ereignissen verbunden gewesen. Das sollte sich nun mit den kriegsbedingten Notwendigkeiten deutlich verändern. Die Juden und der Krieg: Was war jetzt, angesichts eines waffenstarrenden Europas, dringlicher zu lösen als die »Judenfrage«? Goebbels' neu gegründete Zeitung *Das Reich* sollte dies zu einem ihrer Hauptthemen machen.

In ihrem *Rothschild*-Film verfolgte die Ufa die vermeintliche Rassenfrage über die Zeiten am Beispiel der international tätigen Familie Rothschild. »Der Weg des Bankhauses Rothschild steht stellvertretend für den Weg des Judentums in den letzten 150 Jahren«, schrieb der Rezensent Jürgen Petersen im *Reich*. Der Name Rothschild rufe das Gespenst einer internationalen Finanzdiktatur hervor, erinnere an Kriegsspekulation und Einflussnahme auf politische Entscheidungen. Angeblich hatte der britische Bankier Nathan Rothschild Millionen Pfund gemacht, indem er die Londoner Börse mit unerwarteten, frühen (und falschen) Nachrichten vom Sieg Napoleons bei Waterloo manipulierte. Der Film war von einem Bühnenstück des von den Nazis besonders geschätzten Eberhard Wolfgang Möller inspiriert worden.[127] Nachdem Nathan Rothschild sein Vermögen an der Börse gemacht hatte, verbündete er sich mit zwielichtigen britischen Politikern und Militärs, denn die wahren Sieger bei Waterloo waren, so der Film, die Preußen unter Marschall Blücher; eine Ansicht, der Petersen zustimmte, für den der Film überzeugend »die verbrecherische Grundlage der jüdischen Macht« offenlegte. Besonderes Lob erhielten die Darsteller der Juden – die Schauspieler Erich Ponto, Carl Kuhlmann und Albert Lippert; doch auch jüngere Mitwirkende wie Bernhard Minetti als Napoleons finsterer Polizeichef Fouché wurden positiv erwähnt.[128]

Der Film fand beim Publikum keinen großen Anklang, was vielleicht auch daran lag, dass Rothschild den Sieg davontrug – ein Ende, das Goebbels kaum gefallen konnte. Der Film lief daher nicht lange in den Kinos, zumal eine weit wichtigere Premiere anstand: *Jud Süß*. Veit Harlan hatte dafür viele ausgezeichnete Schauspieler unter seiner Regie vereint.[129] Manche von ihnen behaupteten nach dem Krieg, dass sie gegen ihren Willen an den Dreharbeiten teilgenommen hätten: vor allem Veit Harlan selbst, außerdem Ferdinand Marian (in der Hauptrolle als Jud Süß) und Werner Krauss (der neben Rabbi Löw noch andere jüdische Charaktere darstellte). Aber in dieser Hinsicht ist wohl nur Marian Glauben zu schenken. Bekanntermaßen betrank er sich heftig, nachdem er von Goebbels zur Übernahme der Rolle gezwungen worden war. Zudem geriet er in Wut und demolierte Möbel; und es ist wahrscheinlich, dass er sich im Oktober 1946 das Leben nahm, als er seinen Wagen gegen einen Baum lenkte, was viele als Tat aus bitterer Reue sahen.[130]

Der Film beruhte auf früheren Literarisierungen der Lebensgeschichte des historisch verbürgten Joseph Süß Oppenheimer (1698–1738). Sein tragisches Schicksal konnte durchaus Mitgefühl erregen. Im Film reist der Jude Süß von Frankfurt am Main nach Stuttgart, um Herzog Karl Alexander von Württemberg als Finanzsekretär zu dienen. Er treibt bei der Bevölkerung die Steuern mit harter Hand ein, während er jeder Laune des tyrannischen Herrschers nachkommt, wozu auch die Versorgung mit Mätressen gehört. Süß seinerseits möchte Dorothea heiraten, die Tochter des Landschaftskonsulenten Sturm, aber sie weist ihn ab, auch weil sie bereits mit dem Aktuar Karl Faber verlobt ist. Die Handlung wird dramatisch durch die Verhaftung und Folterung Fabers; zudem wird ein oppositioneller Bürger gehenkt, und Süß vergewaltigt die blonde, »arische« Dorothea, die sich daraufhin ertränkt. (Nicht nur in diesem NS-Film musste Harlans Ehefrau Kristina Söderbaum den nassen Tod suchen, was ihr seitens der Bevölkerung die Bezeichnung »Reichswasserleiche« einbrachte.) Nach dem plötzlichen Tod des Herzogs infolge von Ausschweifung bringen die Anführer der aufrührerischen württembergischen Bevölkerung den Juden vor Gericht, verurteilen ihn wegen Geschlechtsverkehrs mit einer Christin und hängen ihn in einem Kirchturm auf.[131]

Carl Linfert urteilte in der *Frankfurter Zeitung*, es sei das »moralische Ziel« dieser Filmdarstellung, den Juden als Verkörperung des Bösen darzustellen, um zu zeigen, dass die assimilierten und verwestlichten Juden im Kern Ostjuden geblieben seien, die sich zwecks Ausbeutung der Deutschen in deren völkische Gefüge einschmeichelten.[132] Im *Reich* stimmte Karl Korn in das Urteil ein: »Dieses große Filmwerk« habe es geschafft, den oft ignorierten Unterschied zwischen West- und Ostjuden aufzuzeigen, zugleich aber deren wechselseitige Abhängigkeit – akute Gefahren, die dem deutschen Volk immer wieder vor Augen geführt werden müssten.[133]

Der Film lief im September 1940 an. Schon bei den Dreharbeiten hatte Goebbels sich entzückt gezeigt und Harlan immer wieder gelobt. Das fertige Werk sei, so der Minister, »ein ganz großer, genialer Wurf«, und entsprechend war auch der Erfolg beim Publikum.[134] Überall wurde die Machart – Story, Regie, technische Ausführung, Schauspielkunst – gepriesen. Man hielt den Film für so erschreckend realistisch, dass in Städten wie Leipzig, Karlsruhe und Dortmund die Frage aufgeworfen wurde, ob Minderjährige ihn überhaupt sehen dürften. 20 Millionen von damals 70 Millionen Deutschen fanden zwischen 1940 und 1943 den Weg zu einer Aufführung von *Jud Süß*.[135]

Auf teuflische Weise spiegelte der Film Stationen auf dem Weg der antisemitischen NS-Politik seit 1933 wider. Der physischen Segregation von Juden in einem historisch verbürgten Stuttgarter Ghetto entsprach die juristische Absonderung der »Juden« von den »Deutschen« durch das Gesetz zur Wiederherstellung des Berufsbeamtentums von 1933, das vielen Juden durch

Entzug ihrer Berufsqualifikation die Lebensgrundlage genommen hatte. Süß' Vergewaltigung von Dorothea Sturm deutete auf jene »Rassenschande«, die seit den Nürnberger Gesetzen vom September 1935 als Verbrechen galt. Und der Aufstand der nicht-jüdischen Massen gegen Süß und seine Mitstreiter, der zu seiner Verhaftung führt, war eine Parallele zur angeblichen Revolte des deutschen Volkes gegen Synagogen und jüdische Geschäfte während des Novemberpogroms, das somit eine nachträgliche Rechtfertigung erfuhr. Süß' schreckenerregende Hinrichtung – ein Verbrecher, der um sein Leben fleht, ist in einem Käfig auf einem Kirchturm gefangen, während der Hals schon im Strick steckt – drohte allen Juden den Tod an: Im eroberten Teil Polens hatte die Vernichtung bereits begonnen, und in Berlin wurden die Juden ein Jahr später zusammengetrieben und in die Vernichtungslager im Osten deportiert. Eine subkutane Botschaft wurde von Süß selbst vermittelt, als er den Übertritt zum Christentum verweigert: Ein Jude bleibt immer Jude, egal, welcher Religion er angehört. Das lag auf der Linie der nationalsozialistischen Eiferer, für die Unterschiede zwischen östlichen, assimilierten und sogar getauften Juden praktisch bedeutungslos waren, weil ein Jude immer Jude bleibt. So sahen es auch die Nürnberger Gesetze: Rasse ist etwas Unveränderliches.[136]

Dieser Film war mithin ein ideales Propagandamittel für die Schulung künftiger Generationen und wurde folglich zum Zwecke der SS-Ausbildung in deutschen KZs und nach 1942 auch in Auschwitz gezeigt, wo er, laut späteren Zeugenaussagen von SS-Männern, zu einer noch härteren Behandlung der Insassen führte. In Berlin schrien Demonstranten, die den Film gesehen hatten: »Jagt die Juden vom Kurfürstendamm!« In Wien wurde ein alter Jude von HJ-Angehörigen fast zu Tode gesteinigt.[137] »Die Bevölkerung«, bemerkt Peter Longerich, »wurde in großangelegten Kampagnen, die in Wellen aufeinander folgten, dazu gebracht, die ›Judenpolitik‹ des Regimes zu akzeptieren.« Dergestalt war *Jud Süß* ein konstituierendes Element für die »schrittweise Radikalisierung« der Judenverfolgung, die Longerich und andere Historiker nachzuzeichnen imstande waren.[138]

Das gilt auch für den dritten Film: *Der ewige Jude*. Er entstand etwa zur gleichen Zeit wie die beiden anderen, nämlich nach dem Novemberpogrom, und kam ebenfalls 1940 in die Kinos. Dieses Auftauchen gleich dreier antisemitischer Filme ist von Filmhistorikern häufig diskutiert worden. Zwar wird mitunter eine funktionale Beziehung zwischen ihnen angenommen, insbesondere zwischen *Jud Süß* und *Der ewige Jude*, doch stehen sie weder technisch noch organisch in einem gemeinsamen Zusammenhang – dafür gibt es keine dokumentarischen Hinweise, auch nicht bei Goebbels selbst. Möglicherweise stand dahinter die Strategie, drei unterschiedliche Filme für ein jeweils unterschiedliches Publikum auf die Leinwand zu bringen, die alle auf eigene Weise die Verschärfungen der antisemitischen Politik bearbeiteten. *Die Rothschilds* war noch der zurückhaltendste der drei Filme, während *Jud Süß* sehr grobes Geschütz auffuhr und *Der ewige Jude* in quasi-dokumentarischer Weise mit noch größerem Nachdruck das betonte, was schon die Vorgänger thematisiert hatten: Die Juden waren das Böse; sie bedrohten das deutsche Volk als rassische Gemeinschaft durch heimliches Eindringen, weshalb sie vernichtet werden mussten.

Insofern spricht einiges für Bill Nivens Argument, *Der ewige Jude* sei »eine dokumentarische Version von *Jud Süß*«, wobei dieser aber eben »pseudofaktische Beweise« auffuhr, die natürlich von den Zuschauern für Tatsachen gehalten werden sollten, damit der Film sie mit voller Wucht treffen konnte.[139] Thematisch schloss er an die gleichnamige Wanderausstellung an, die im November 1937 in München eröffnet worden war. Der Streifen selbst war das Ergebnis einer Kombination unterschiedlicher Filmtypen: Da gab es Dokumentarisches aus neueren Wochenschauen, Auszüge aus deutschen und amerikanischen Features sowie gestellte Szenen mit polnischen Juden, die in bestimmter Umgebung bestimmte Handlungen verrichten. Als Kontrast zeigte er auch Beispiele deutscher Hochkultur, etwa solche »nordischer« Kunst, und kurze Einspielungen Bach'scher Musik. Dazu gab es einen höchst suggestiven Kommentar mit entsprechenden Ermahnungen; den effektiven Einsatz von Farbe, indem expressionistische Werke aus der Ausstellung über »Entartete Kunst« in s/w-Abbildungen verwandelt wurden, sowie den geschickten Einsatz der Überblendung, bei der jüdische Charaktere unterschiedlicher Art ineinander übergingen – so wurde aus dem orthodoxen Ostjuden mit Kaftan, Schläfenlocken und Kippa der urbane assimilierte Berliner Geschäftsmann, glattrasiert und in feinstes Tuch gewandet. Diese stufenweisen »Metamorphosen« des polnischen Ghettojuden waren den Nazis überaus wichtig, wollten sie damit doch ihr Argument untermauern, dass die Juden darauf aus seien, die deutsche »Herrenrasse« zu unterwandern, bis sie so aussahen, redeten, handelten und rochen wie diese. Um das Eigentümliche der Juden überzeugender herauszuarbeiten, hatten die Filmemacher direkte Vergleiche mit Tierarten eingebaut: Es wurden Insekten und insbesondere Ratten gezeigt; an einer Stelle im Film wimmelt es nur so von Ratten. Das ging weit über die vorhergehenden Filme hinaus, und die starke Wirkung spürte auch Albert Brodbeck, der Filmkritiker der *Deutschen Allgemeinen Zeitung*. Angesichts der Juden, gefilmt auf den Straßen im gerade von Deutschen besetzten Teil Polens, bemerkte er, dass ihre Gesichter »nicht gut mit anderen menschlichen Gesichtern« verglichen werden könnten.[140] Als schrecklichen Höhepunkt zeigte der Film am Ende *shechita*, das im Reich seit April 1933 verbotene koschere Schlachten von Tieren – ins Bild kam eine Kuh, die blutüberströmt unendlich leiden musste. Das, so die Botschaft, sei Ausdruck der gewohnheitsmäßigen, ererbten Grausamkeit von Juden, die – so die Metapher – zudem seit Menschengedenken die Menschheit versklaven wollten.[141] In Wahrheit allerdings wurde das Schächten eingeführt, um den Schlachttieren Schmerzen zu ersparen, indem die Halsschlagader rasch durchtrennt wird.[142]

Goebbels war zwar mit dem Ergebnis hochzufrieden, als der Film am 28. November 1940 im Berliner Ufa-Palast uraufgeführt wurde, doch das große Publikum blieb aus[143] – nicht aus einem Anflug von Menschlichkeit, sondern wegen ästhetischer Einwände. Besonders missfielen den Leuten die Ratten, und das koschere Schächten am Ende verursachte ihnen Übelkeit. Die »Tatsacheninformationen« dagegen wusste das Publikum in München, Halle, Königsberg und Berlin zu schätzen – also die Behauptungen, dass die Juden für die höchsten Verbrechensraten, besonders auf dem Gebiet der Prostitution, verantwortlich seien, dass sie in den USA die Vorherrschaft besäßen und dass die Ghettos in Osteuropa derart schmutzig seien. Aber die Darstellung jüdischer Grausamkeiten, insbesondere gegenüber Tieren, und die Bilder ekelerregender jüdischer Physis ermüdeten. Das Hauptargument gegen den Film, das der SD anscheinend teilte, lautete, dass *Jud Süß* einem schon vieles erklärt habe und es daher überflüssig sei, das Offensichtliche immer wieder vor Augen zu führen.[144] Insofern konnte Goebbels beruhigt davon ausgehen, dass die Filme ihren Zweck erfüllt hatten. Die »Endlösung« konnte beginnen, ohne dass zu viele Deutsche sich fragten, warum und wohin die Juden plötzlich verschwanden. Allerdings wurde *Der ewige Jude* vor allem in Polen – wo die Juden massenhaft vernichtet werden sollten sowie Wehrmacht- und SS-Truppen stationiert waren – in den Kinos gezeigt.[145]

Im Reich selbst wurde die Kampagne gegen die Juden weniger durch Film und Literatur als vielmehr durch Presse und Radio weiter betrieben, seit dem Überfall auf Polen allerdings zunehmend gegen Juden im Ausland, da es nun unnötig war, gegen *deutsche* Juden zu polemisieren. Bis dato hatte die Presse ihre antisemitische Berichterstattung locker mit Ereignissen verknüpft, die mit deutschen Juden zu tun hatten, auch mit Blick auf die sich stetig verschärfenden Maßnahmen. Schon im Mai 1933 veröffentlichte die *Kölnische Zeitung* einen offenen Brief des renommierten Dichters Rudolf G. Binding (der sich nichts dabei dachte, mit der Jüdin Elisabeth Jungmann zusammenzuleben), gerichtet an den Nobelpreisträger Romain Rolland. Darin versuchte Binding, Deutschlands Sonderstellung im beginnenden Kampf gegen die Juden zu bestimmen: »Viele Schlüsselstellungen in Wissenschaft, Kunst und Wirtschaft waren in Deutschland von Juden besetzt, und sie nutzten das häufig in der Weise aus, dass sie ihrerseits nichts von einer Gleichheit der Rassen hielten, sondern nur ihre Stammesverwandtschaften förderten.« Zuvor hatte Rolland, ebenfalls in der *Kölnischen Zeitung*, sich über den Rassismus des NS-Regimes beklagt. Binding zufolge wurden die jüdischen Bestrebungen durch »Elemente aus dem Osten« gefördert, die sich Deutschlands Ohnmacht und Armut zunutze gemacht hätten. Diese Entwicklungen seien auch durch die Machtergreifung nicht gestoppt worden, weil jüdische Schriftsteller im Ausland den deutschen Juden Beistand leisteten.[146] Im Herbst begrüßten Regionalzeitungen wie die *Augsburger Postzeitung* die Verabschiedung des Schriftleitergesetzes, weil jüdische Journalisten in der Vergangenheit unter Berufung auf die »Pressefreiheit« Missbrauch betrieben hätten.[147] Unterdessen erinnerte Eugen Hadamovsky, Sendeleiter der Reichs-Rundfunk-Gesellschaft, die Hörer daran, dass der Rundfunk dabei sei, sich von den »Salons jüdischer Literaten zwischen Börsenjuden, Schiebern und Geschäftemachern«, wo der Rundfunk als Massenkommunikationssystem entstanden sei, zu befreien.[148]

Die NS-eigenen Blätter machten sich ein Vergnügen daraus, um die neuen »Arier«-Paragrafen Geschichten zu ersinnen und zu verbreiten. So begrüßte *Das Schwarze Korps* im Frühjahr 1935 die Schließung der Berliner Kabaretts Katakombe und Tingel-Tangel, weil damit jüdische Künstler unter das Berufsverbot fielen. Nach der Verkündung der Nürnberger Gesetze, die angeblich der Aufdeckung von jüdischen Sexualverbrechen und -verbrechern dienten, tischte Julius Streichers obszönes Revolverblatt *Der Stürmer* die alte Mär vom Juden als Verführer auf, diesmal anhand der angeblichen Ausbeutung einer neunzehnjährigen schwangeren »arischen« Hausfrau. Verkündet wurde damit die Botschaft, »der Jude« sei auf ewig »der Teufel in Menschengestalt«.[149]

Die bürgerliche Presse stand da nicht zurück. Die in Berlin ansässige *Deutsche Allgemeine Zeitung* begrüßte die Ablösung der Regisseure und Intendanten Max Reinhardt und Leopold Jessner, und zur Zeit der Ausstellung über »Entartete Kunst« im Sommer 1937 registrierte der *Münsterische Anzeiger* dankbar die Ausrottung der »Clique der jüdischen Presse« sowie »der schamlosen Kunsthändler und ihrer Schützlinge«[150]. Im November desselben Jahres zeigte sich die *Deutsche Allgemeine Zeitung* erfreut angesichts der kurz zuvor in München eröffneten Ausstellung »Der ewige Jude«, die nach einigen Wochen bereits 150 000 Besucher angelockt hatte, wie die NS-Zeitung *Westdeutscher Beobachter* hochzufrieden vermerkte.[151] Als im März 1938 Österreich ans Reich »angeschlossen« wurde, feierte das *Börsenblatt für den deutschen Buchhandel*, vormals ein reines Fachmagazin, das Ereignis und kommentierte, das neue Territorium werde vom »Segen der Judengesetzgebung« und der Säuberung der regionalen Kultur von allen Juden profitieren.[152] Nach dem Novemberpogrom intensivierten Presse und Rundfunk die antisemitischen Angriffe.[153]

Der angeblich internationale Charakter der Juden, das »Weltjudentum«, war schon in den Filmen *Die Rothschilds* und *Der ewige Jude* thematisiert worden. Im Zweiten Weltkrieg sollten sich nationalsozialistische Analysen der »Judenfrage« in der deutschen Presse vor allem daran entzünden. Im Reich selbst gab es bei Kriegsbeginn nur noch 250 000 Juden, die bald verschwunden sein sollten. Folglich waren Hitler und Goebbels der Überzeugung, dass sich die antijüdische Propaganda nun hauptsächlich auf das Ausland richten und ernsthaft intensiviert werden müsse.[154] Das war eine der Überlegungen, die zur Gründung der Zeitung *Das Reich* im Mai 1940 führten, denn in ihren langatmigen Leitartikeln, die für gewöhnlich auch im Rundfunk ausgestrahlt wurden, konnte Goebbels sich bissig mit dem befassen, was er als »jüdische« Probleme betrachtete, wobei er in Deutschland ein gebildetes Publikum und im Ausland viele interessierte Leser erreichte.[155]

Ein früher, sehr scharf formulierter Leitartikel trug den Titel »Mimikry«. Er erschien am 20. Juli 1941, ein paar Wochen nach dem Einmarsch der Wehrmacht in die Sowjetunion. Mit diesem Artikel gab Goebbels die Stoßrichtung zukünftiger antisemitischer Angriffe vor: Der angeblich chamäleonartige Charakter der Juden, ihre Fähigkeit, sich an jede Situation anzupassen, stand im Vordergrund. Man müsse schon sehr viel Erfahrung haben, um sie zu enttarnen, denn sie trügen vielerlei unterschiedliche Masken. Im Hinblick auf den gegenwärtigen Kreuzzug müsse die Welt daran erinnert werden, dass die Juden das Gespenst des Bolschewismus in die Welt gebracht hätten, dem Dritten Reich daher Dankbarkeit für den Kampf gegen das Gespenst gebühre. Allerdings – und das sollte zum Refrain werden – polemisierte Goebbels auch gegen plutokratische Juden in London und Washington, die angeblich mit den jüdischen Bolschewiki im Bunde standen. Das Ganze sei eine Art erweiterte Rothschild-Familie – alles entfernte Verwandte der Ghettojuden aus dem Film *Der ewige Jude*. Es sind »dieselben Juden, die auf beiden Seiten, ob offen oder getarnt, den Ton angeben und das große Wort führen. ... Sie betreiben Mimikry.«[156]

Auch in den nächsten Monaten waren amerikanische, britische und insbesondere sowjetische Juden das rhetorische Angriffsziel der Goebbels'schen Leitartikel, während das deutsche Militär Siegestriumphe feierte. Getreu den Regeln wirksamer Propaganda wurde jedes Territorium mit eigenen Klischees bedacht, und bestimmte Thematiken wurden ein ums andere Mal wiederholt. In der Sowjetunion standen hinter Stalin und der übrigen kommunistischen Führerschaft angeblich Juden, die zudem die Geheimpolizei kontrollierten. In Großbritannien und den USA saßen Juden im Kabinett wie etwa Leslie Hore-Belisha in London; anderen waren Berater von Roosevelt und Churchill, doch sie alle folgten angeblich stets und unvermeidlich ihren plutokratischen Instinkten und sorgten dafür, dass die Politik ihren finanziellen Interessen diente. Im gesamten Westen stünden, so Goebbels, deutsch-jüdische Emigranten hinter den Feindregierungen, mehr noch: Sie seien es, die die bewaffneten Konflikte erst anheizten.[157]

Um eben jene Themen drehte sich ein Artikel, den Goebbels am 16. November 1941 im *Reich* unter dem Titel »Die Juden sind schuld!« publizierte. Es war das Bösartigste, war Goebbels jemals in dieser Zeitung veröffentlichen sollte. Für das Regime war es der höchst bedeutsame Höhepunkt der antisemitischen Politik: Die Auswanderung war den Juden soeben verboten und der Gelbe Stern gerade eingeführt worden. Für die Juden markierte dies einen existenziellen Wendepunkt: Nun hieß es Vernichtung oder Überleben, denn der Abtransport in den Osten war ihnen, wenn nicht ein Wunder geschah, gewiss. Am Ende des Artikels ließ sich ein Hinweis auf die physische Vernichtung erahnen, als Goebbels die Notwendigkeit erwähnte, mit den Juden »endgültig fertig zu werden«, doch offen angesprochen wurde das Vorhaben erst im Mai 1942, als der *Angriff* verkündete, der Krieg werde »mit der Vernichtung der jüdischen Rasse« enden.[158] Diese Worte wurden von Goebbels ein paar Wochen später im *Reich* fast wörtlich wiederholt.[159]

Nach der Niederlage von Stalingrad und in der Erwartung einer Invasion der Alliierten Anfang Februar 1943 setzte *Das Reich* mit kaum verhohlener Verzweiflung weiterhin auf die gewohnten Themen, nun allerdings immer schriller. Die Juden waren die natürlichen Sündenböcke. Drei Wochen nach dieser epochalen Niederlage vertrat Goebbels erneut die Überzeugung, dass die Juden in den westlichen Plutokratien für die Bedingungen gesorgt hätten, die zur jüngsten Katastrophe führten und die Aussicht auf weitere Gefahren in sich bargen.[160] Um der Leserschaft ein klareres Bild der Juden in Amerika zu vermitteln, veröffentlichte Margret Boveri, die vom neutralen Portugal aus für *Das Reich* schrieb (und Ernst Jünger bewunderte), im Mai 1943 einen Artikel mit dem Titel »Landschaft mit doppeltem Boden. Einfluss und Tarnung des amerikanischen Judentums«. (Genau zu der Zeit bedrohten amerikanische Truppen die von Vichy-Frankreich regierte Karibikinsel Martinique, während der deutsche Rundfunk wahre Fluten antijüdischer Schmähungen sendete und die Todesfabriken in Auschwitz auf Hochtouren arbeiteten.) In ihrem Artikel belehrte Boveri die Leser über den »Kern des Judenproblems in den Vereinigten Staaten«, die »starken Machtstellungen« der Juden in jedem Sektor der amerikanischen Gesellschaft und die daraus resultierende »antisemitische Strömung« in den USA. Sie zeichnete die negativen Eigenschaften der amerikanischen Juden so, dass deutsche Antisemiten die unappetitlichen Ähnlichkeiten erkennen mussten. Ferner schrieb sie über die Unterschiede zwischen assimilierten und nicht assimilierten Juden, wobei sie die Feindschaft gegenüber den Ostjuden in Mitteleuropa betonte. In perfider Absicht erwähnte sie Persönlichkeiten wie Henry Morgenthau jr. (Finanzminister), Samuel Rosenman (Berater des Präsidenten) und Felix

Frankfurter (Richter am Obersten Gerichtshof). Auf diese Weise schien sie, ganz wie von Goebbels bereits angedeutet, Insiderwissen über die Beherrschung Präsident Roosevelts durch jüdische Cliquen weiterzugeben. Der Artikel schloss mit dem Hinweis auf den »schwindenden Einfluss« der Juden in der amerikanischen Gesellschaft. Für die Wissenden, die regelmäßig *Das Reich* lasen, besaß Boveri besondere Glaubwürdigkeit, weil ihre (allerdings ungeliebte) Mutter gebürtige Amerikanerin war.[161]

Goebbels eiferte Margret Boveri nach, als er im November 1943 eine Polemik gegen Juden in Großbritannien veröffentlichte. Er wiederholte die Legende von der jüdischen Kriegsschuld und beharrte darauf, dass der Antisemitismus im britischen Volk zurzeit nicht aufzuhalten sei.[162] Insgesamt aber wurde der Antisemitismus in der Zeitung defensiver, vielleicht infolge der Einsicht, dass es überflüssig war, gegen ein der vollständigen Vernichtung preisgegebenes Volk zu wüten. Interessanterweise stammte ein letzter antisemitischer Kommentar von Carl Linfert, der sich schon zur deutschen Kunst geäußert und eine positive Rezension zu *Jud Süß* geschrieben hatte. Hier nun kritisierte er die den Juden in der neueren europäischen Geschichte zugeschriebene Rolle und ihren unveränderlichen Charakter als Fremdkörper. Das Wesen des europäischen Antisemitismus, so wollte Linfert seine Leser erinnern, beruhe auf der kulturellen Unvereinbarkeit der Juden mit dem jeweiligen Gastland. Juden, selbst zu kulturellen Leistungen unfähig, hätten den Versuch unternommen, sich in fremde Kulturen einzuschleichen, und seien dabei ertappt worden. Im Augenblick, schrieb Linfert im Januar 1945, wenige Monate vor dem Zusammenbruch des NS-Reichs, laute die vordringliche Frage, ob der Fremdkörper überleben werde oder aber der von ihm befallene Organismus. Dieser Kampf, so Linfert, habe seinen Höhepunkt noch lange nicht erreicht.[163]

Menschliche Tragödien

Die schrittweise Radikalisierung der antisemitischen Politik, zu der auch die manipulative Instrumentalisierung des Jüdischen Kulturbunds gehörte, sollte viele Opfer fordern. Unter ihnen war der Journalist Theodor Wolff (1868–1943), Chefredakteur des zum jüdischen Mosse-Konzern gehörenden

Berliner Tageblatts und nach dem Weltkrieg Mitbegründer der liberalen Deutschen Demokratischen Partei (DDP), weshalb er von Anfang an auf der schwarzen Liste der Nationalsozialisten stand. Im März 1933 reiste er nach Zürich und, da man ihm die Aufenthaltserlaubnis verweigerte, von dort weiter nach Nizza. 1940 geriet die Stadt infolge der Besetzung Südfrankreichs durch Mussolini in den italienischen Machtbereich; im Mai 1943 wurde Wolff von den Faschisten verhaftet und an die Gestapo ausgeliefert. Er saß in den KZs Dachau und Sachsenhausen ein und starb, überwacht von der SS, im Berliner Jüdischen Krankenhaus an seinen Verletzungen. Schon im Mai 1933 waren seine Schriften der Bücherverbrennung zum Opfer gefallen.[164]

Zu Beginn der vierziger Jahre lebten kaum noch jüdische Bildhauer und Maler in Deutschland; auch Otto Freundlich (1878–1943) hatte seine Heimat längst verlassen, wurde aber 1943 dennoch von den Nationalsozialisten aufgegriffen. 1908 war Freundlich nach Paris gegangen, wo er die Kubisten kennenlernte, u. a. Pablo Picasso und Robert Delaunay. Picasso war für ihn einer der ersten, die die Malerei von der »Sklaverei der Perspektive befreiten«. Er selbst widmete sich nun abstrakten, zweidimensionalen Kompositionen. Von 1910 an schuf er auch Skulpturen, so etwa *Männerkopf* und *Frauenkopf*. 1914 hatte er sich linken und pazifistischen Gruppen angeschlossen und wurde nach Kriegsende zum Bewunderer der Sowjetunion. 1924 ließ er sich in Frankreich nieder, ein Deutscher, der sein Land ablehnte. Die Nationalsozialisten hatten sein Werk 1937 vorgeführt, als sie eines seiner Aquarelle in der Ausstellung »Der ewige Jude« und das Aquarell *Kopf* in der Ausstellung »Entartete Kunst« zeigten. Auf der Titelseite der Ausstellungsbroschüre prangte ein Bild seiner Skulptur *Der neue Mensch*. Nach der Invasion Frankreichs 1940 wurde Freundlich als feindlicher Ausländer von den Franzosen interniert, konnte aber fliehen und sich mit seiner Frau in den östlichen Pyrenäen verstecken. Dort setzte er seine künstlerischen Tätigkeiten – Zeichnen, Malen und Schreiben – fort. Doch im März 1943 wurde er von der Polizei der Vichy-Regierung verhaftet und über das KZ Drancy nach Majdanek in Polen verschleppt, wo er im Alter von 65 Jahren starb.[165]

Anders als in der Malerei gab es in der Welt von Film und Theater viele Juden. Und je älter ein jüdischer Schauspieler oder eine Schauspielerin war, desto geringer war die Chance, den Nationalsozialisten zu entkommen. Die Biographie von Lilli Palmer ist dafür ein Beispiel. Sie war die Tochter eines jüdischen Chirurgen in Berlin. Im Frühjahr 1933 sollte sie, gerade einmal 19 Jahre alt, ihr Debüt am Hessischen Landestheater in Darmstadt unter der Regie von Arthur Maria Rabenalt geben. Lilli Palmer berichtet, wie Rabenalt und der Theaterdirektor Wind davon bekamen, dass die örtliche SA die Premiere zu stören plante, weil eine Jüdin auf der Bühne stand. Rabenalt versuchte verzweifelt, den SA-Führer darüber zu informieren, dass an Palmers Auftritt wegen der Auszeichnungen ihres Vaters im Weltkrieg nichts auszusetzen sei. Erst im letzten Moment konnte der SA-Führer erreicht werden, sodass eine Gruppe von SA-Leuten in der ersten Reihe Anweisung erhielt, Ruhe zu bewahren. Ein paar Tage später nahm Lilli Palmer den Zug nach Paris, wo ihre Schwester sich bereits aufhielt, und begann ihre internationale Karriere von dort aus.[166]

Schwerer traf es den 1901 in Oberschlesien geborenen Walter Weinlaub. 1932 gründete er in seiner Heimatstadt Kreuzburg ein kleines Theater. Bereits im Januar 1933 störten SA-Leute die Aufführungen, und schließlich wurde Weinlaub geschlagen und mit Messerstichen schwer verletzt. Er verließ Kreuzburg und gelangte über Amsterdam, Prag und London nach Hollywood, wo er unter dem Namen Wicclair unter vielen Schwierigkeiten wieder als Regisseur und Schauspieler arbeitete.[167]

Die Schauspieler Julius Seger aus München und Eugen Burg aus Berlin waren weder jung noch vermögend genug, um Deutschland ihrer Sicherheit halber verlassen zu können. Seger war schon in den Fünfzigern, als er 1933 von den Münchner Kammerspielen entlassen wurde. Dort und auch auf anderen Münchner Bühnen war er fast dreißig Jahre lang ein beliebter Nebendarsteller gewesen, unterbrochen nur durch den Dienst an der Front. 1941 wurde Seger zur Zwangsarbeit nach Oberbayern und ein Jahr später nach Theresienstadt verschleppt. 1944 wurde er in Auschwitz ermordet.[168] Eugen Burg, 1871 in Berlin als Eugen Hirschburg geboren, änderte nach der Konversion zum Protestantismus seinen Nachnamen in »Burg«. Er war der Vater von Hansi Burg, der Lebensgefährtin von Hans Albers. Burg spielte auf vielen Bühnen, darunter im Deutschen Theater in New York, und stand 1915 zum ersten Mal vor der Kamera, in der Stummfilmkomödie *Robert und Bertram*, in der auch Ernst Lubitsch mitwirkte. Später spielte Burg mit vielen Berühmtheiten wie Otto Gebühr und Olga Tschechowa, auch mit der jungen Marlene Dietrich, die damals kaum bekannt war. Er verkörperte unter anderem Arthur Conan Doyles Meisterdetektiv Sherlock Holmes. In den zwanziger Jahren war Hans Albers sein Schüler, mit dem er gegen Ende der Weimarer Republik mehrere Filme drehte. Aber das war auch das Ende von Burgs Filmkarriere; 1933 wurde er arbeitslos. Die Nationalsozialisten erwischten ihn, als er zu fliehen versuchte, und brachten ihn im Januar 1943 nach Theresienstadt. Trotz Rettungsversuchen von Hans Albers wurde Burg, nahezu erblindet, im November 1944 von Lagerwachen ermordet.[169]

Auf den ersten Blick scheinen jüdische Schriftsteller besser davongekommen zu sein, weil viele von ihnen freiberuflich arbeiteten. Bekannte Autoren wie Franz Werfel, Stefan Zweig und Lion Feuchtwanger hatten Mittel und Wege zur Emigration. Aber das Risiko war groß, und Aussicht auf Erfolg hatten sie im Ausland nicht, da sie ihre Bücher ausschließlich auf Deutsch schrieben. Ein Schriftsteller, der als freiberuflicher Autor, aber auch als Dramaturg für die Bühne – die Münchner Kammerspiele – arbeitete, war Edgar Weil. Er wurde zunächst von der Polizei inhaftiert, setzte sich dann aber nach Amsterdam ab, wohin ihm seine Frau Grete, ebenfalls Schriftstellerin, zwei Jahre später folgte. Nach dem nationalsozialistischen Einmarsch in die Niederlande konnte Grete fliehen, aber Edgar Weil wurde nach Mauthausen abtransportiert, wo man ihn, wie Seger, umbrachte.[170] Rudolf Frank, geboren 1886 in Mainz, war Dramatiker, Regisseur, Kritiker und Feuilletonist. Zu seinen Vorfahren gehörten Jacques Offenbach und Heinrich Heine. Er arbeitete in Berlin und wurde dort 1933 von der Gestapo verhaftet. Weil er mit Otto Laubinger aus Goebbels' Reichskulturkammer bekannt war, wurde er freigelassen. Danach lebte er mit seiner Familie am Rande des Existenzminimums, bis er 1936 nach Wien und von dort aus zwei Jahre später in die Schweiz emigrierte, immer aber, bis 1945, mit dem Risiko, deportiert zu werden.[171] Im Gefängnis Moabit begegnete er dem Satiriker und Kritiker Erich Mühsam, der mit Heinrich Mann, Lion Feuchtwanger und Frank Wedekind befreundet war. Mühsam war Anarchist und für die Nationalsozialisten ein Paradebeispiel jüdischer Verworfenheit. 1930 hatte er in München ein Stück zur Premiere gebracht, das an einer nationalsozialistischen Machtergreifung kein gutes Haar ließ. Zwei Jahre später drohte Goebbels, dass Mühsam zu jenen Feinden gehöre, die verhaftet würden, sobald die Nationalsozialisten an der Macht wären. So war es denn keine Überraschung, dass Mühsam am 27. Februar 1933, dem Tag des Reichstagsbrands, verhaftet wurde. Er war damals 54 Jahre alt. SA und SS nahmen ihn in »Schutzhaft«, folterten ihn brutal und erhängten ihn schließlich im Juli 1934 in der Latrine des KZ Oranienburg.[172]

Der 1872 geborene Alfred Mombert hatte etwas mehr Glück. Mombert, zunächst als Rechtsanwalt in Heidelberg tätig, besaß viele künstlerische und geistige Interessen, betrieb geographische, ethnologische, philosophische und theologische Studien. Er verfasste u. a. die Gedichtbände *Der himmlische Zecher* (1909) und *Der Held der Erde* (1919), die Bewunderer an Rainer Maria Rilke und Stefan George erinnerten. Im Weltkrieg diente er als Soldat und verlor einen Großteil seines Vermögens durch die Inflation in der Nachkriegszeit. 1928 wurde er in die Preußische Akademie der Künste gewählt und im Mai 1933 zum Austritt gezwungen. 1934 hatten die Nationalsozialisten seine Bücher verboten. Aber Mombert, national gesonnen, weigerte sich, die Gefahr zu erkennen. Er gehörte zu jenen Juden, die ihr Werk für »deutsch« genug hielten, um sie vor der Verfolgung zu bewahren, und durchschaute die wahren Absichten des NS-Regimes nicht. So blieb er in Heidelberg, bis er am 22. Oktober 1940 ins südfranzösische Lager Gurs deportiert wurde. Einflussreiche Freunde, darunter Hans Carossa, setzten sich für ihn ein, und ein Schweizer Bekannter, Hans Reinhart, verschaffte Mombert schließlich ein Visum für die Schweiz. So konnte der an Krebs erkrankte Dichter sicher ins Sanatorium von Idron-par-Pau gelangen. Er starb im Alter von 70 Jahren am 8. April 1942 in Winterthur.[173]

Von den jüdischen Musikern und Komponisten konnten einige ins Ausland entkommen, weil Musik universell ist und überall ein Publikum findet. Arnold Schönberg und Kurt Weill, Bruno Walter und Otto Klemperer gehörten sicher zu den berühmtesten und zu den ersten, die emigrieren konnten. Die in Hamburg engagierte Opernsängerin Sabine Kalter (1889 in Galizien geboren) war sich ihrer Lage ebenfalls bewusst und erwog die Emigration, denn sie war schon 1930 von antisemitischen Karikaturisten aufs Korn genommen worden. Doch der Intendant Albert Ruck wollte sie nicht gleich gehen lassen, sondern behielt sie wegen ihrer großen Popularität bei der musikliebenden Elite noch einige Jahre in Hamburg, während die Nationalsozialisten sie gewähren ließen. Als aber die Bedrohung zunahm, ergriff die Sängerin die Gelegenheit, nahm das Angebot für ein dauerhaftes Engagement in London wahr und verließ das Reich.[174]

Stars aus der sogenannten Hochkultur bekamen im Ausland leichter Engagements als Unterhaltungskünstler, die größeren wirtschaftlichen Risiken ausgesetzt waren. In Deutschland waren viele Juden bei Tanzkapellen und Varietéensembles beschäftigt, von denen einige auch international auf Tour gingen. Zu ihnen gehörten die Weintraub Syncopators, die 1924 als fünfköpfige Schulband begonnen hatten, mittlerweile aber eine beträchtliche Vielfalt an Musikinstrumenten beherrschten. Sie waren die Pioniere des Jazz in Deutschland, und ihr Leiter, Stefan Weintraub, spielte Klavier, Trommeln, Xylophon, Vibraphon, Celesta und Ukulele. Als Friedrich Hollaender 1927 die Gruppe für seine Revuen verpflichtete, wurden sie berühmt. 1930 hatten sie einen kurzen Auftritt in Josef von Sternbergs Film *Der blaue Engel*, für den Hollaender die Musik geschrieben hatte. Im Februar 1933 traten sie im Berliner Wintergarten auf und begannen im März eine Tour, die sie nach Prag, in die Schweiz und nach Dänemark führte. Im September spielten sie in Rotterdam und entschlossen sich dann, nicht nach Deutschland zurückzukehren. Sie wurden nun in alle Winde zerstreut: Weintraub ging nach Australien, Adi Rosner, der Trompeter, in die Sowjetunion, Franz Wachsmann, der Komponist, nach Hollywood, wo er sich Waxman nannte und ein weltberühmter Komponist von Filmmusiken wurde. Er wurde zwei Mal mit dem Oscar ausgezeichnet.[175]

Da so viele herausragende jüdische Künstler Deutschland verließen, ist es kein Wunder, dass sich die Nationalsozialisten über Mangel an einheimischen Talenten beklagten. Vertrieben wurde auch der Trompeter Sigmund Petruschka, der seit den späten zwanziger Jahren mit seiner Band Sid Kay's Fellows im Berliner Haus Vaterland, einem großen Vergnügungspalast, aufgetreten war. Nach dem Gesetz zur Wiederherstellung des Berufsbeamtentums vom April 1933 hatte er Auftrittsverbot und arbeitete hauptsächlich als Komponist und Arrangeur. 1935 arrangierte er Theo Mackebens Tango »Sprich nicht von Treue«, der im Frühling auf dem Berliner Presseball gespielt wurde. Nach seinem Ausschluss aus der Reichsmusikkammer arbeitete Petruschka für den Jüdischen Kulturbund und produzierte sogar ein ausschließlich jüdisches Plattenlabel namens Lukraphon, das Platten nur an Juden verkaufte. Unter der Hand komponierte Petruschka auch weiterhin Arrangements für »arische« Kunden, bis ihm im Januar 1938 die Ausreise nach Palästina gelang.[176]

Wie prekär sich die Dinge auch für Künstler, die keine »Volljuden« im Sinne der NS-Ideologie waren, entwickeln konnten, zeigt die Geschichte von Heinz (Coco) Schumann. Der Vater Alfred Schumann, von Beruf Zimmermann, war »Arier« und Weltkriegsveteran. Er trat seiner jüdischen Frau Hedwig zuliebe zum Judentum über. Hedwigs Vater, Louis Rotholz, besaß einen Schönheitssalon im Berliner Scheunenviertel (Alte Schönhauser Straße), wo die ärmeren Juden lebten, darunter viele Orthodoxe und solche aus Osteuropa. Coco, geboren 1924, wuchs, jüdisch religiös erzogen, im Scheunenviertel auf. Er schreibt dazu in seinen Memoiren: »Das Scheunenviertel hatte eine aufregende Atmosphäre. Es war ein lebendiger Ort, wo jeder zusehen musste, wie er den Tag bewältigte.«[177] Gleich nach dem Novemberpogrom versuchte sich Coco an den Trommeln seines Onkels Arthur, die dieser bei seiner Flucht aus dem Schönheitssalon zurückgelassen hatte. Inspiriert von den legendären Weintraub Syncopators trat Coco ab 1940 in einigen der Clubs rund um den Kurfürstendamm auf, die von Wehrmachtssoldaten frequentiert wurden. Er spielte in diversen Combos und griff gelegentlich auch zur Gitarre. Jazz war offiziell weder erlaubt noch verboten, sondern wurde wegen seiner Beliebtheit und zur Stützung der Moral der Streitkräfte stillschweigend geduldet. Ab September 1941 musste Coco den Gelben Stern tragen, denn er hatte Bar Mitzvah gefeiert und seine Eltern galten als Juden. Er aber trug den Stern in der Manteltasche mit sich herum. »Meine blauen Augen und die Berliner Schnauze passten nicht zum Klischee des typischen Juden«, erinnert er sich.[178] Nachdem Goebbels im Februar 1943 den totalen Krieg ausgerufen hatte, führte die SS in der Rosita Bar, wo Coco auftrat, eine Razzia durch; gesucht wurden Deserteure und Minderjährige. Ein SS-Mann stand am Podium und klatschte begeistert Beifall. Da wurde Coco übermütig. »Ich stand auf und sagte: ›Sie müssen mich verhaften!‹ Er schaute mich verwirrt an. ›Warum denn?‹ ›Nun, ich bin Jude, ich spiele Swing und ich bin minderjährig.‹ Er lachte laut und konnte gar nicht mehr innehalten bei diesem großartigen Witz. Alle Leute in der Bar lachten lauthals mit.«[179] Im März 1943 jedoch wurde Coco Schumann verhaftet und angeklagt, weil er den Stern nicht trage, verbotene Musik spiele und »arische« Frauen verführe. Er kam zuerst nach Theresienstadt und dann nach Auschwitz. Dort überlebte er, weil SS-Lagerarzt Josef Mengele ihn für ein Außenlager als Klempner eingeteilt hatte. Doch irgendwann spielte er Gitarre in einer Band, die für die Unterhaltung der SS-Leute zusammengestellt worden war. (Das Instrument hatten in den Tod deportierte Sinti und Roma dagelassen.) Am 30. April 1945, dem Tag, an dem Hitler sich umbrachte, erreichten Coco und einige andere Musiker nach einem qualvollen Todesmarsch den bayerischen Ort Wolfratshausen. Kurz darauf wurden sie von den Amerikanern befreit. Die Musik hatte ihm das Leben gerettet.[180]

Insgesamt gesehen unterschied sich das Schicksal der mit deutscher Kultur verbundenen Juden nicht von dem ihrer Leidensgenossen aus anderen Gesellschaftsbereichen. Überall gab es dieselben Diskriminierungen, und am Ende stand unweigerlich der Tod. Aber es gab Nuancen. Wer im Finanzsektor oder in Regierung und Verwaltung gearbeitet hatte, für den existierte kein Äquivalent zum Jüdischen Kulturbund. Aus Sicht der Gestapo war das frühe Zusammenpferchen von – abschätzig so genannten – »Kulturjuden« sinnvoll im Hinblick auf die spätere Vernichtungslogistik, aber warum man dem Kulturbund diesen Sonderstatus gewährte, ist noch nicht hinreichend geklärt. Allerdings erlaubte die Sichtbarkeit in einer von den Nationalsozialisten kontrollierten Organisation es begabten Musikern, Regisseuren, Schriftstellern und bildenden Künstlern, ihre Fähigkeiten öffentlich zu zeigen. Für manche von ihnen wurde ihr Talent zur Rettungsleine, weil ihre Bekanntheit im Ausland ihnen die Auswanderung ermöglichte, so wie es den Fähigsten unter ihnen, zum Beispiel Sabine Kalter und Sigmund Petruschka, gelang. Sie waren die Glücklichen. Im Gegensatz dazu waren etwa jüdische Ärzte sehr viel schlechter dran, weil sie schon *vor* der sie treffenden Gesetzgebung von ihren »arischen« Kollegen aus dem Beruf gedrängt wurden.[181] Vielleicht gab es später eine Art ausgleichende Gerechtigkeit, weil diese Ärzte in Konzentrations- und Vernichtungslagern eine größere Überlebenschance besaßen, da man sie dort für medizinische Aufgaben brauchte (etwa zur Bekämpfung von Seuchen, die auch für das SS-Personal eine Bedrohung darstellten).

Was lässt sich nun abschließend über die Bedeutung des Jüdischen Kulturbunds sagen? Zum einen war er, abgesehen von den logistischen Erwägungen, ein Instrument der Schikane, besonders in der Nachwirkung der Novemberpogrome, sodass selbst Juden, die zunächst noch recht einfach zu beschwichtigen waren, sich nun Gedanken über die wahren Absichten der Nationalsozialisten machen mussten. Zum anderen weist das plötzliche Ende des Kulturbunds im Herbst 1941 auf strategische Planungen des Regimes hin, weil hier ein hoher Grad an Synchronisierung zwischen »Judenpolitik«, Kriegführung und der kalkulierten Ausrichtung kultureller Aktivitäten für die Deutschen daheim sichtbar wird. Im September 1941 war die Wehrmacht an das Ende einer langen Reihe militärischer Erfolge gelangt und hatte mit dem Marsch auf Moskau den Anfang vom Untergang eingeleitet. Da die Juden nun aus dem Weg geräumt waren, konnte das, was die Nationalsozialisten für deutsche Kultur hielten, nun noch ungezügelter auf Propaganda ausgerichtet werden – auf eine Propaganda, die letztlich in eine Lügenflut mündete, als die NS-Führung keinen anderen Halt mehr besaß.

Kapitel 4
Der Krieg in der Öffentlichkeit: Propaganda und Kultur

Für das NS-Regime bestand der Sinn und Zweck der deutschen Kultur nach dem 1. September 1939 darin, allen Bereichen der Kriegführung zu dienen. Das sollte vor dem Hintergrund einer Wechselwirkung zwischen Kriegsereignissen, der Stimmung in der Bevölkerung und Goebbels' Bedarf an Propaganda geschehen. Richard J. Evans bemerkt dazu: Die Propaganda »sollte die Menschen kampfbereit halten und sicherstellen, dass sie, wenn auch nur äußerlich, mit den an sie gerichteten Forderungen des Regimes konform gingen«.[1] Tatsächlich machte es sich Goebbels zur vordringlichen Aufgabe, den von Kriegsberichten und veränderten Lebensbedingungen beeinflussten geistigen Zustand der Öffentlichkeit zu überwachen und, falls notwendig, Propaganda als Zuckerbrot und Peitsche, idealerweise in diversen Formen kultureller Aktivität, einzusetzen. Diese Entwicklungen vollzogen sich in drei einander überlagernden Phasen: der Zeit der Eroberungen zwischen der Kapitulation Polens und Feldmarschall Rommels begrenzten Erfolgen in Nordafrika im Sommer 1942; der Zeit der Ereignisse vor und nach der Niederlage von Stalingrad am 2. Februar 1943 bis zum Sturz Mussolinis im Juli 1943; in der Endphase bis zur Kapitulation vom Mai 1945.

Der Angriff auf Polen begann am 1. September 1939 ohne Kriegserklärung; ein frühmorgendlicher Vorfall am Sender Gleiwitz (heute Gliwice, im damaligen Oberschlesien) genügte als Rechtfertigung. Es war ein des Propagandaministeriums würdiger Gaunerstreich, doch spielte er nur nebenher eine Rolle. Unter Leitung von Reinhard Heydrich hatte der SD (Sicherheitsdienst) polnischsprachige KZ-Insassen in polnische Armeeuniformen gesteckt, sie zum Sender gebracht (Gleiwitz lag nahe der polnischen Grenze), dort getötet und sie so hingelegt, als habe es sich um polnische Angreifer gehandelt. Dann wurde eine aggressiv gehaltene Ankündigung auf Polnisch in das Mikrofon des Senders gesprochen, damit es vom deutschen Rundfunk empfangen und im ganzen Land verbreitet werden konnte. Nicht ohne Bedeutung ist, dass der Sender Gleiwitz selbst, soweit es den Rundfunk betraf, ein kulturelles Medium darstellte, dessen Sendungen über das Mittel der Ätherwellen ausgestrahlt wurden. Jedenfalls glaubte die Öffentlichkeit an eine »polnische Agression« und registrierte überwiegend mit Ehrfurcht Hitlers erste Blitzsiege.[2]

Obwohl der Krieg an sich im deutschen Volk nicht unbedingt auf Begeisterung stieß – ganz anders als der Beginn des Ersten Weltkriegs mit seinem nationalistischen Taumel – waren die Leute durch eine Reihe militärischer Erfolge schon bald beruhigt. Im April und Mai 1940, als Dänemark und Norwegen überrannt wurden und der Vormarsch auf Paris voranging, verwandelten sich die noch vorhandenen Restbestände an Skeptizismus in Freude, die an den Künstlern nicht vorüberging. »1940« erinnerte sich die Filmschauspielerin Hilde Krahl, »herrschte eine nicht geringe Euphorie, denn Deutschland schien den Krieg zu gewinnen.«[3]

Goebbels, in dessen Einflussbereich der Sender Gleiwitz lag, kontrollierte die Stimmung in der Bevölkerung von Anfang an und war dabei auf seelisches Gleichgewicht bedacht – er wollte keine Ausbrüche von Fanatismus, sondern einen maßvollen und gezügelten Optimismus.[4] Er wusste, dass nicht die soziale Elite, sondern die Masse der Deutschen die Last des Kriegs auch an der Heimatfront zu tragen hatte, weshalb er schon im September – ganz wie zu Friedenszeiten – der leichten Unterhaltung (zum Beispiel im Radio) den Vorrang gab.[5] Im November bestimmte er ganz eindeutig die Kultur als »eine scharfe geistige Waffe für den Krieg«, aber zugleich als etwas, das die Seele des Menschen in Zeiten der Not zu trösten vermochte.[6] Um seinen Worten Taten folgen zu lassen, versammelte der Minister im Januar 1940 eine Gruppe von Künstlern in Berlin und erinnerte sie an »die Pflichten des geistig Schaffenden im Krieg«.[7] Und im Juli zeigte er, was das in praxi bedeutete: Leitenden Personen aus Presse, Rundfunk und Film wurde klar gemacht, dass sie verantwortlich seien für korrekte Berichterstattung und Schilderung, was in diesem Fall hieß, Hass auf das gerade eroberte Frankreich zu schüren.[8]

Allerdings lief, was das Alltagsleben der Durchschnittsdeutschen anging, durchaus nicht alles glatt. Von Kriegsbeginn an beklagten sich Männer und Frauen über Knappheit an Rohstoffen, Gütern und Lebensmitteln. Von September bis Ende November 1939 herrschte Mangel an Schuhen, Kohlen und Kartoffeln, und im Mai des darauffolgenden Jahres wurde die anscheinend chronische Knappheit an Kartoffeln durch Mangel an Eiern und Leder ergänzt.[9] Im August 1940 belegten Untersuchungen des Sicherheitsdienstes die von der Bevölkerung monierten mangelnden Brotrationen (Brot gab es nur gegen Lebensmittelmarken).[10] Zwar geriet Goebbels angesichts dieser Defizite in Verlegenheit, konnte aber nicht mehr tun, als die Bürger zur Zurückhaltung und Zufriedenheit mit dem Vorhandenen zu ermahnen, da es gelte, Opfer für ein größeres Gut zu erbringen. Normalerweise verbreitete er solche Ratschläge im Reich, etwa im Oktober 1941, als der notorische Mangel an Kartoffeln und nun auch noch Zigaretten heruntergespielt werden musste.[11]

»Was haben wir alles erreicht!«, prahlte Heinrich Himmler vor seiner Frau Marga angesichts der militärischen Lage im Sommer 1941.[12] Aber trotz unleugbarer Erfolge an den Fronten, trotz der Kapitulation von Frankreich, Belgien und den Niederlanden war die Stimmung in der Bevölkerung gedämpft. Als die (falsche) Erwartung gehegt wurde, dass eine Kampagne gegen Großbritannien im Gange sei, entschloss sich Goebbels, die sensationalistische Berichterstattung in den Medien durch mehr Sachlichkeit zu ersetzen.[13] Auf jeden Fall war er der Auffassung, dass die Grenzlinie zwischen öffentlicher Zustimmung und Abwendung sehr schmal sei und leicht in Richtung Letzterer überschritten werden könne. So verdoppelte er seine Anstrengungen, die Moral der Bevölkerung weiter zu heben und auf hohem Niveau zu halten. Medien wie Film und Theater, die so populär waren wie nie zuvor, würden dabei hilfreich sein; Hitler selbst stimmte dem entschieden zu.[14] Aber mittlerweile war Goebbels sich nicht mehr so sicher, welchen Weg die Propaganda gerade angesichts wechselnder militärischer Fortüne einschlagen sollte. Als er Ende Dezember 1941 entschied, dass die Bevölkerung bei den Nachrichten »Klarheit und Offenheit« benötige (statt patriotischer Übertreibungen), mag er eingesehen haben, dass er einige Wochen vorher zu weit gegangen war, als er im Fall Ernst Udet eine Verschleierungstaktik bevorzugt hatte. Der gefeierte General, vormals Mitglied von Görings Richthofen-Geschwader und ein Flieger-Ass des Ersten Weltkriegs, Ex-Liebhaber von Leni Riefenstahl und Volksheld, hatte im November aus tiefer Enttäuschung über das Versagen der Luftwaffe gegen die Briten und an der Ostfront Suizid verübt. Er bekam ein Staatsbegräbnis und Goebbels ließ, um in der Bevölkerung vorhandenes Misstrauen auszuräumen, den Tod als Folge eines Unfalls darstellen.[15]

1940 begannen die britischen Luftangriffe, die sich bald als ernsthaftes Problem für Goebbels' Propagandamaschinerie und seine Bemühungen um die Stärkung der Kultur herausstellten. Im Mai gab es einen Angriff auf Aachen, der zwar nicht so schwer war, aber auf keinerlei Abwehrmaßnahmen traf. Ein vorheriger Angriff auf Düsseldorf hatte nicht einmal Bombenalarm ausgelöst.[16] Am 9. Juli vermerkte Goebbels in seinem Tagebuch, dass es britische Luftangriffe in West- und Norddeutschland gegeben habe, »jetzt doch mit einigem Erfolg. Das Volk ist wütend.«[17] Er war sich jetzt der Tatsache bewusst, dass Deutsche in Stadt und Land eine schnelle Reaktion wollten, um Großbritannien mit Bombardements in die Knie zu zwingen. Dabei sollten Zivilisten getroffen werden, nicht etwa militärische Einrichtungen. So erlebte London im September »The Blitz«, was in Deutschland als Beginn von Görings lang ersehnter strategischer Rache begrüßt wurde. Als die Luftwaffe dann im November Coventry und Birmingham recht eindrücklich bombardierte, verzeichnete der Sicherheitsdienst noch größere Zufriedenheit bei der deutschen Bevölkerung, die durch anschauliche Berichte in Presse und Rundfunk auf dem Laufenden gehalten wurde. Nun wurden Wetten darauf abgeschlossen„ dass die wichtigsten britischen Industriestädte bald systematisch zerstört würden.[18]

Bis in den Sommer 1942 hinein konnte die Beunruhigung der Bevölkerung angesichts intensivierter Luftangriffe gekoppelt mit Konsumgüterknappheit durch weitere militärische Erfolge, Goebbels' Mahnungen und die Unruhe beschwichtigende Unterhaltungsangebote im Zaum gehalten werden. In der ersten Jahreshälfte 1942 wurden zwei Städte durch Luftangriffe besonders hart getroffen: im März Lübeck, die Heimatstadt der Brüder Mann, und ein paar Wochen später Köln, ganz in der Nähe von Goebbels' Geburtsort Rheydt. Die hohen Verluste in Lübeck wurden noch von denen in Köln übertroffen; die Stadt erlitt den ersten mit tausend Bombern geflogenen Angriff. Im Hinblick auf Lübeck dachte Goebbels sicher nicht an die Brüder Mann, sondern an Patrizierhäuser im Fachwerkstil, an Brunnen und an Museen voller Nazikunst, und so verkündete er, dass die Briten es besonders auf die Zerstörung deutscher Kulturstätten abgesehen hätten.[19] Im Frühjahr gab es wiederholt Gemurre, weil chronischer Mangel an wesentlichen Gütern herrschte, worauf

Goebbels im *Reich* erwiderte, dass Luxus für die Deutschen sich nunmehr verbiete und sie sich besser auf Knappheit von Gütern und Materialien einstellen sollten.[20] Tatsächlich waren nicht nur Konsumgüter knapp, sondern auch bei Heizkohle kam es immer wieder zu Engpässen, dazu fehlte es an Kartoffeln und anderen Feldfrüchten. Auf dem Land beschwerten sich die Bauern über fehlendes Saatgut. Aufgrund dieser Bedingungen wurden die Lebensmittelrationen, vor allem was Kartoffeln betraf, erneut gekürzt. Goebbels beschwieg die Notlage nicht, riet aber wiederum zu Standhaftigkeit. Dabei könne die Kultur helfen, denn die sei ja »unsere moralische und geistige Stütze und Stärke in der Bewährung wie im Erfolg«.[21]

Der Sommer des Jahres 1942 markierte für die Militärkampagnen des NS-Staats eine Art Höhepunkt. Die Achsenmächte hatten Westeuropa und Teile des Balkans besetzt, und der Vormarsch in der Sowjetunion gab Anlass zu Hoffnung. Mittlerweile war der Plan entwickelt worden, dass japanische und deutsche Truppen sich in Südzentralasien vereinen sollten, um den kühnen Zugriff auf das von Großbritannien kontrollierte Südasien zu wagen. Man hegte die Idee, durch Südrussland nach Afghanistan vorzustoßen, wo die deutschen Truppen auf italienische Verbände treffen würden, die vom italienisch besetzten Libyen aus über den Suezkanal nach Zentralasien und noch weiter gelangen sollten. Aber Hitlers Weltherrschaftstraum zerplatzte, als Panzergeneral Rommel Anfang November die Schlacht von El Alamein gegen den britischen General Montgomery und damit ägyptisches Territorium verlor, wodurch sein Vormarsch auf den Suezkanal gestoppt wurde. Gleichzeitig rückte die deutsche 6. Armee unter General Paulus gegen Stalingrad vor, was den östlichen Kriegsschauplatz verheißungsvoll erscheinen ließ. Doch sollten auch dort die Pläne scheitern, was an deutscher Hybris, der Unfähigkeit der Verbündeten und der Überlegenheit der sowjetischen Streitkräfte lag.[22]

Bereits im April 1942 hatte Goebbels, wegen vereinzelter Niederlagen der Wehrmacht im Osten und in Nordafrika, die Heimatfront gelobt: »Die Heimat tut ja willig und gehorsam, was man von ihr verlangt.« Aber im Juli musste er privatim einräumen, dass die Bevölkerung berechtigterweise über Mangel an Lebensmitteln und anderen Gütern klagte. Insbesondere erkannte er, dass älteren Frauen die Zigaretten fehlten.[23] Im Juli und August regte sich zwischenzeitlich größere Hoffnung, weil der Angriff der Alliierten auf Dieppe erfolgreich zurückgeschlagen werden konnte und die Wehrmacht, wie es schien, relativ ungehindert auf Stalingrad vorrückte.²⁴ Tatsächlich gingen die Deutschen Anfang September von einem raschen Sieg im Osten aus, der in diesem zunehmend belastenden Konflikt die Wende bringen würde.²⁵ Ein derartiger Sieg wäre umso begrüßenswerter, als die deutschen Soldaten und ihre Angehörigen im Reich gleichermaßen einen zweiten östlich-harten Winter fürchteten.²⁶ Umso größer war die Enttäuschung, als der September verstrich, ohne dass sich, beschwörenden Parolen in Rundfunk und Presse zum Trotz, ein entscheidender Sieg über die Rote Armee einstellte. Goebbels teilte seinem diesbezüglichen Personal mit, dass es erneut eine zu sensationsversessene Darstellung der Ereignisse gegeben habe. Nunmehr sei es Verpflichtung, »vornehmlich die Härte und Schwere hervorzuheben und nicht dauernd von Durchbrüchen, Erweiterungen« und dergleichen zu reden und zu schreiben.²⁷

Obwohl Goebbels sich fortwährend um Ausgewogenheit der Berichterstattung und Friedensbewahrung an der Heimatfront bemühte, fand die ab Oktober 1942 härter werdende Schlacht um Stalingrad auf zwei Ebenen statt: auf einer realistisch-militärischen, die der Bevölkerung daheim verborgen blieb, und auf einer fiktiv-propagandistischen. Realiter war die Wehrmacht in die Stadt eingedrungen und kämpfte gegen die Sowjettruppen bis November, aber die Deutschen waren auf dort bereits stationierte Verbände getroffen und mussten einen harten Kampf um jedes Haus führen. »Ströme von Blut in den Straßen – viel deutsches«, notierte Thomas Mann, der die Kämpfe von seinem Exil in Los Angeles aufmerksam verfolgte, in sein Tagebuch.²⁸ Zwar kontrollierten die Deutschen schließlich den größten Teil der fast völlig zerstörten Stadt, doch hatten sie dabei hohe Verluste erlitten. Außerhalb von Stalingrad gruppierten sich die sowjetischen Truppen neu und begannen am 19. November den Angriff auf die in der Stadt eingekesselte Wehrmacht. Drei Tage später war, nach einer erfolgreichen Zangenoperation durch drei sowjetische Armeeverbände, die Stadt eingekreist. Im Januar 1943 war Stalin der Entsatz von Leningrad gelungen; die Stadt hatte seit September 1941 die deutsche Blockade ertragen müssen. Ebenfalls im Januar 1943 hatten die deutschen Armeen in Südrussland, nach drei Monaten Kampf in Schnee und Eis, mehr als eine halbe Million an gefallenen oder verwundeten Soldaten zu verzeichnen. Hitler verweigerte General Paulus die Erlaubnis, aus der Stadt auszubrechen, weil er immer noch Göring glaubte, der versprochen hatte, die Truppen in Stalingrad mit 300 Tonnen Provision pro Tag aus der Luft versorgen zu können. Aber die geschwächte Luftwaffe schaffte kaum ein Drittel davon. Auch konnte Hitler sein Versprechen, General von Manstein mit Entsatztruppen zu schicken, nicht erfüllen; dennoch verbot er Paulus die Kapitulation. Am 10. Januar 1943 begannen die Sowjets mit der Besetzung der Stadt, und die deutschen Truppen wurden in zwei Teile aufgespalten. Am 2. Februar kapitulierte Paulus von sich aus, drei Tage nach seiner Ernennung zum Generalfeldmarschall, die Hitler veranlasst hatte, um die Kapitulation zu verhindern. 90 000 deutsche Soldaten gerieten in Kriegsgefangenschaft; ursprünglich war die 6. Armee fast 250 000 Mann stark gewesen. Von den Gefangenen starben die meisten bald danach; nur 5000 kamen schließlich nach Deutschland zurück.[29] »Wer Stalingrad erlebt hat«, sagte Leutnant Hans-Erdmann Schönbeck, der im Januar schwer verwundet ausgeflogen worden war, »konnte spätestens dann nicht mehr an Hitler glauben.«[30]

Goebbels wusste schon im September 1942, dass die Bevölkerung wegen der andauernden Luftangriffe zunehmend besorgter wurde. Auch sickerten Nachrichten über die schlechte Lage an der Ostfront durch, denn Briefe von der Front wurden zwar zensiert, aber daheim sorgfältig durchforscht, und auch Berichte von Soldaten auf Heimaturlaub verbreiteten sich. Goebbels notierte: »Das deutsche Volk ist sich im großen und ganzen klar darüber, dass es in diesem Sommer und Herbst nicht gelingen wird, die Sowjetunion militärisch niederzuwerfen. Man macht sich also auf einen neuen sehr harten und ernsten Winter im Osten gefasst.«[31] Der Minister trug seiner Propagandamannschaft auf, Stalingrad nicht allzu häufig zu erwähnen, damit, so hoffte er, die Bevölkerung allmählich vergäße, daran zu denken. Stattdessen müsse man nach »neuen Schlagzeilen« suchen und diese öfter wiederholen.[32] Um weiter die Aufmerksamkeit von Stalingrad abzulenken, wandte sich Goebbels wieder einmal den kultivierten Medien zu. Er organisierte ein Dichtertreffen in Weimar, wo er selbst, optimistische Stimmung verbreitend, eine seiner moralisch aufmunternden Reden hielt. Diesmal wollte er die Intellektuellen (dass Dichter solche waren, nahm er an) ermutigen, aber auch breitere Kreise der Bevölkerung, zumindest in Weimar.[33] Parallel dazu ließ er im *Reich* einen Text drucken, der nachdenklich stimmen sollte. Es geht darin um einen (fiktiven) Soldaten von der Front auf Heimaturlaub. Heuchlerisch raffiniert lässt Goebbels ihn einer Wirklichkeit begegnen, die er kaum begreifen kann, weil das Leben im Lande so normal verläuft. Die Straßen und Häuser sind sauber und in gutem Zustand, Straßen- und Eisenbahnen fahren so regelmäßig wie sonst auch, bestenfalls mit einigen Einschränkungen, »Kinos, Theater, Konzertsäle und Restaurants sind geöffnet und überfüllt«. Daher kann der Soldat nicht nachvollziehen, dass irgendjemand Grund zur Klage hat; was den Zivilisten verdrießt, kommt ihm wie eine Nebensache vor.[34]

Nach der Niederlage der 6. Armee in Stalingrad wurde es für Goebbels immer schwieriger, Positives, und sei es auch noch so verlogen, auf den Propagandaschirm zu projizieren. Darum zog er es vor, lieber gar nichts zu sagen und die Krise unerwähnt zu lassen. Die NS-Propaganda »ignorierte die Einkesselung von Stalingrad völlig«, wie Jay Baird anmerkte.[35] Lediglich am 13. Januar 1943, drei Tage, nachdem die Rote Armee mit der Besetzung der Stadt begonnen hatte und die Spannung in Deutschland unerträglich geworden war, sahen Goebbels und Hitler ein, dass die Öffentlichkeit etwas erfahren und der Schleier vor den schrecklichen Ereignissen gelüftet werden musste.[36] Denn ihnen wurde klar, dass die Bevölkerung allmählich nicht nur am Kriegsglück im Osten, sondern auch an den Entscheidungen der Heeresführung selbst zu zweifeln begann. Manche stellten sehr detaillierte Fragen wie: Warum wurde Stalingrad nicht rechtzeitig evakuiert? Warum hatte man die Stärke der Roten Armee so offensichtlich unterschätzt? Warum blieb der Zangenangriff vom November verborgen? Würde Stalingrad nicht zum »Wendepunkt des Krieges« werden und, schlimmer noch, würde das Reich nicht zusammenbrechen, wenn Deutschland den Krieg verlöre? Es kann nicht überraschen, dass der Sicherheitsdienst in manchen Regionen Anzeichen einer tiefen Depression erkennen musste.[37] Der »Mythos Hitler«, der in Friedenszeiten so stabil gewesen war, lief Gefahr, sich zu zersetzen.

Ende Januar hatten vorsichtig von den offiziellen Medien mitgeteilte Nachrichten über die 90 000 Kriegsgefangenen bereits manche Deutsche überwältigt, auch wenn die Führung die letzten Briefe aus Stalingrad an die Lieben daheim zurückhielt, um die genauen Umstände der Niederlage nicht ruchbar werden zu lassen und um die öffentliche Meinung weiter zu manipulieren.[38] In enger Abstimmung mit Hitler überlegte Goebbels, wie mögliche emotionale und physische Reaktionen verzweifelter Volksgenossen in

Stadt und Land bei allmählicher Erkenntnis der ungeheuren Katastrophe vermieden werden konnten. »Führer« und Minister gingen in die Offensive und schufen den »Mythos Stalingrad«, indem sie bestimmte Tatsachen verschwiegen und andere verfälschten. Schließlich lautete die Erklärung, dass jeder Soldat bei diesem Unternehmen den Heldentod gestorben sei. Es sei eine Gabe an das deutsche Volk, das eingeladen wurde, diesem Opfer nachzueifern. (Dass Paulus und mit ihm Zehntausende seiner Männer sich kampflos in die Gefangenschaft begeben hatten, wurde sorgfältig ausgeblendet.)[39] Das tragische Ereignis war, so wurde erklärt, in technischer Hinsicht eine Niederlage, in moralischer Hinsicht aber ein Sieg für das deutsche Volk und seine politische Führerschaft, die von Walhallas Göttern Lektionen über den Weg ihres künftigen Lebens empfangen hatte. Noch am 31. Januar, zwei Tage vor der Kapitulation, veröffentlichte Goebbels im *Reich* eine Fotografie von fünf Grenadieren der Wehrmacht, die sich, gehüllt in weiße Arbeitskleidung, nahe Stalingrad ihren Weg durch einen zugeschneiten Graben bahnten und, wie die Zeitung behauptete, den Eindruck vermittelten, sie seien »zum Gegenstoß bereit«.[40]

Gleich nach der Kapitulation stellte Goebbels klar: »Nicht in Frage kommen Trauer, Sentimentalität, erst recht nicht Nassforschheit.« Stattdessen nämlich sollte (nicht länger als drei Tage) das Heldentum von »Führer«, Wehrmacht und Volk gefeiert werden, wofür die Medien von wesentlicher Bedeutung waren. Es wurde Staatstrauer angesetzt. Im Rundfunk gab es angemessen ernste Musik, während Theater, Kinos, Varietés und dergleichen geschlossen blieben. Die ganzen Maßnahmen wurden sorgfältig geplant. Die »gesamte deutsche Propaganda« müsse, so hieß es, »aus dem Heldentum von Stalingrad einen Mythos entstehen lassen, der einen kostbaren Besitz der zukünftigen deutschen Geschichte« bilden werde«.[41] In der Bevölkerung scheinen diese Maßnahmen die gewünschte Wirkung entfaltet zu haben. In Berlin vermerkte die junge Barbara Felsmann in ihrem Tagebuch: »In dieser Woche wurde von Mittwoch bis Sonnabend getrauert für unsere Helden bei Stalingrad. Es war kein Kino, kein Theater und überhaupt keine Vergnügungsveranstaltung.« Doch einen Tag später war es wieder soweit: »Heute ist Sonntag und ich habe Inge Schulz besucht. Wir sind die Frankfurter Allee spazieren gegangen und dann ins Ufa-Kino und haben einen sehr hübschen Film mit Marika Rökk und Viktor Staal gesehen und zwar *Hab mich lieb!*

Um ½ 8 Uhr war ich dann wieder zu Hause.«[42] Die leidenschaftslose Sachlichkeit dieser Sätze spricht für Goebbels' propagandistische Fähigkeiten. Für den Moment jedenfalls ging seine Kalkulation auf.

In den nächsten Tagen baute Goebbels den neu geschaffenen »Mythos« von Stalingrad aus. Er pries das Heldentum der Gefallenen und erklärte sie zur europäischen Vorhut gegen die »Steppe«. Ihr Opfer war ein Lehrstück, ihre »tiefste Tragik« besaß die Kraft, weitere Reserven für die deutsche Zukunft hervorzubringen. So besaß Stalingrad Eigenschaften, die das Ereignis tauglich machten für ein nationales Schulbeispiel höchsten Grades, und die Kultur musste bei dieser Transformation Hilfestellung leisten.[43] Schon eine Woche nach der Kapitulation hatte Hitler Goebbels' Auffassung, Konzerte, Film- und Theateraufführungen seien jetzt notwendiger als je zuvor, zugestimmt. Denn »wenn wir jetzt auch noch das Kulturleben zum Erliegen bringen, [gerät] das Volk allmählich in den Zustand einer grauen Hoffnungslosigkeit« hinein.[44]

Weiter leitete Goebbels sein Volk, indem er den Eindruck erweckte, dass ein heldenhaftes Opfer à la Stalingrad den notwendigen Durchhaltewillen, gekoppelt mit einer unerschütterlichen Hoffnung auf die Durchschlagskraft künftiger Waffen und Ressourcen und weiterer Offensiven, bestärken müsse. Ziel war der endgültige Sieg, wofür die gesamte Heimatfront bedingungslos sich einsetzen muss. Das war der Tenor der berühmten Sportpalast-Rede »Wollt ihr den totalen Krieg?« – eine Rede als Medienereignis, die in allen Haushalten mit verfügbarem Volksempfänger zu hören war. Goebbels agierte wie ein Rockstar der sechziger Jahre, ein stimmliches Crescendo hin zum Höhepunkt, so schrie er seine rhetorischen Fragen ins Publikum, und tosender Beifall antwortete ihm. Um ganz sicher zu gehen, hatte er Gruppen von Claqueuren angewiesen, auf die Reaktionen der Masse durch Händeklatschen und Rufe der Zustimmung über Verstärker und Lautsprecher einzuwirken. Mitarbeiter im Propagandaministerium waren verpflichtet worden zu erscheinen. Aber der Fanatismus des Publikums war echt, wie sich Goebbels' Sekretärin Brunhilde Pomsel erinnert: »Als ob jeder Einzelne aus dieser Menge von einer Wespe gestochen worden wäre, ließen sich alle plötzlich völlig gehen, schrien, trampelten und hätten sich am liebsten die Arme ausgerissen. Der Lärm war unerträglich.«[45]

Nach und infolge der Rede war die Öffentlichkeit positiv gestimmt, und die politische wie auch die militärische Führung schien neues Selbstvertrauen gewonnen zu haben.[46] Goebbels, vertraut mit der propagandistischen Macht der Wiederholung, schrieb mehrere Artikel für *Das Reich*, in denen er die Hauptpunkte seiner Rede noch einmal ausführte, und auch im Rundfunk ließ er sich vernehmen. Schließlich sollte die Kampfmoral fest bleiben.[47] Das ging so bis zur Niederlage der Achsenmächte Anfang Mai 1943 bei Tunis und Bizerte. Etwas später, als die Erwartungen der Öffentlichkeit erneut im Sinkflug begriffen waren, versuchte Goebbels den Verlust der Stellungen in Nordafrika schönzureden.[48] Am 10. Juli landeten amerikanische, britische und kanadische Verbände auf Sizilien.

Danach – von Mussolinis Sturz im Juli bis zur formellen Kapitulation am 8. Mai – erlebte das sogenannte Dritte Reich eine ununterbrochene Reihe von Katastrophen, die Goebbels und seine Propagandaexperten beim besten Willen nicht mehr übertünchen, geschweige denn erklären konnten. Da es nun nichts Positives mehr zu berichten gab, wurde es für den Minister immer schwieriger, plausible Ausflüchte zu erfinden, und sein wiederholter Appell an nationale Opferbereitschaft stieß zunehmend auf taube Ohren. Schließlich war die Güterknappheit, unter der die Bevölkerung seit Jahren litt, nicht zu übersehen. Nach der Niederlage von Tunis gab es eine weitere Fleischrationierung, die, wie Goebbels sich eingestand, so unpopulär wie notwendig war.[49] Dazu fehlte es im Juni 1943 erneut an Obst und Gemüse, was zu langen Schlangen von Hausfrauen vor den Läden führte; ein Anblick, der den Verantwortlichen nicht angenehm sein konnte.[50] Ende Juli verfügte das Regime eine landesweite Kürzung der Tabakrationen zugunsten der Raucher im schwer bombardierten Westen des Reichs, was in den übrigen Regionen keine Begeisterung hervorrief.[51] Zugleich wurden die britischen Luftangriffe für den Mangel an Textilien verantwortlich gemacht, weil Transportwege, etwa Bahnlinien, bombardiert worden waren.[52] Zwar hatte Goebbels im Oktober großzügigere Weihnachtsrationen in Aussicht gestellt, doch schon einen Monat später litt die Bevölkerung erneut unter einem Mangel an Feldfrüchten, insbesondere Kartoffeln.[53] Diese Schwierigkeiten waren auch 1944 nicht behoben, als der Journalistin Ursula von Kardorff in Berlin Müßiggänger und Verschwender auffielen, die ihren Konsum zur Schau stellten – was Goebbels seit Monaten zum Thema machte. Kardorff, die früher die Nazis unterstützt hatte, fand es jetzt notwendig, das Regime zu kritisieren. Es sollte nicht das letzte Mal sein.[54]

Zunehmende Luftangriffe und die Folgen verschlimmerten die Lage der Deutschen vor allem in den Stadtgebieten. Im Januar 1943, als die Katastrophe von Stalingrad ihren Anfang nahm, überstand Berlin den ersten wirklich schweren Luftangriff, der nächste folgte Anfang März.[55] Im Juni erwischte es Krefeld, und Goebbels war sich mittlerweile der Tatsache bewusst, dass die Bevölkerung jetzt ernsthafte Zweifel an der Effektivität von Görings Maßnahmen im Luftkrieg und mehr noch an Hitlers strategischen Fähigkeiten hegte.[56] Im Juli waren die Menschen (Goebbels inklusive) erschüttert über die schreckliche Feuernacht in Hamburg, die 40 000 Leben kostete.[57] Obwohl die Deutschen vor allem eine Wut auf die Briten hatten (die gerne zur Nachtzeit bombardierten) und bereit waren, Piloten, die sich mit dem Fallschirm aus ihren abstürzenden Flugzeugen gerettet hatten, zu lynchen, richtete sich der Ärger auch gegen die eigene Führerschaft, und hier insbesondere gegen Göring, der sein häufig wiederholtes Versprechen, es werde »Vergeltung« geübt, gebrochen hatte.[58] Am 22. und 23. November gab es für Berlin zwei weitere schwarze Tage, als 776 Bomber der Royal Air Force die Stadt in einen Feuerball verwandelten, sodass sogar der Asphalt in Flammen aufging. Getroffen wurden dabei auch berühmte Kulturstätten wie das legendäre Romanische Café, früher ein Treffpunkt für Künstler, auch der riesige Revuepalast Scala, zahlreiche Konzertsäle, ganz zu schweigen von Theatern und Lichtspielhäusern. Ursula von Kardorff stieß auf Leichen in Wohnhauskellern, die bis zur Unkenntlichkeit verkohlt waren.[59] 1944 dann hatten die Alliierten durch Bomber mit größerer Reichweite die Möglichkeit, Ortschaften und Anlagen auch in Süd- und Ostdeutschland zu zerstören: Nürnberg am 2. Januar und Dresden am 13. und 14. Februar 1945; dort forderte der Feuersturm 25 000 Opfer. Am 9. Februar traf es Weimar. Hunderte starben, während das Goethe-Nationalmuseum, das Schillerhaus und die Herderkirche (Stadtkirche St. Peter und Paul) schwer beschädigt wurden.[60]

An den Kriegsfronten war die Wehrmacht seit dem Sommer 1943 beständig auf dem Rückzug, was Goebbels privatim einräumte, während er öffentlich weiterhin vom Endsieg redete. So äußerte er am 17. Juli, die Deutschen beklagten die Schwierigkeiten an der Ostfront zu Recht. Zwei Tage später notierte er ins Tagebuch, dass jetzt zum ersten Mal seit Kriegsbeginn die Sommeroffensiven nicht erfolgreich gewesen seien, wies aber am 25. Juli im

Reich auf Großtaten der Wehrmacht in Russland und auf Sizilien hin.[61] Doch die Berichte des SD im November widerlegten die Propaganda: Die Armee befand sich an der Ostfront auf dem Rückzug, und die deutschen U-Boote blieben im Kampf gegen feindliche Schiffe wirkungslos.[62]

Auch die frühen Erfolge der Alliierten in Frankreich nach dem D-Day (der Landung in der Normandie am 6. Juni 1944) drückten die Stimmung in der deutschen Bevölkerung weiter nieder.[63] Goebbels aber glaubte nunmehr, mit der V-1-Rakete über eine neue wirksame Propagandawaffe zu verfügen, die bei den Deutschen die Hoffnung weckte, dass der Vergeltungsschlag gegen Großbritannien endlich in greifbare Nähe gerückt sei.[64] Zwar brachte der Attentatsversuch auf Hitler vom 20. Juli dem Regime kurzfristig (und perverserweise) einige Sympathie zurück, doch insgesamt fühlte sich der Durchschnittsdeutsche dem »Führer« immer noch sehr verbunden.[65] Aber nachdem die neuen Raketen sich als wirkungslos erwiesen hatten, machte sich Enttäuschung breit, obwohl der Einsatz verbesserter Wunderwaffen verkündet wurde.[66] Als die Alliierten im August Südfrankreich besetzten, sanken die deutschen Hoffnungen auf einen Endsieg in die Tiefe. Dann kam noch die Befreiung von Paris, und allmählich wurde klar, dass die vollständige Besetzung Deutschlands durch den Feind nur noch eine Frage der Zeit war.[67] Ursula von Kardorff, die immer noch für eine NS-kontrollierte Zeitung (die *Deutsche Allgemeine Zeitung*) schrieb, äußerte Zweifel an der Wirksamkeit der neuen V-Raketen, die, so schien es, zum Einsatz kommen sollten. Wohl nur wenige dürften Goebbels geglaubt haben, als er Weihnachten 1944 den Lesern des *Reichs* versicherte, dass in vorhersehbarer Zukunft der Sieg dem deutschen Volk »wie eine reife Frucht« in den Schoß fallen werde.[68]

Ab dem Spätsommer 1943 verloren Goebbels' kulturpolitische Tricksereien allmählich ihre Wirksamkeit. Bis dahin hatte er, wie er glaubte, Grund genug gehabt, sich über die positive Aufnahme seiner Artikel im *Reich* durch die Öffentlichkeit mit einer gewissen Häme zu freuen – wovon selbstverliebte Tagebucheinträge künden. Aber im September erfuhr er aus SD-Analysen der öffentlichen Meinung, dass er seine Strategie überdenken müsse.[69] Zwei seiner Leitartikel aus dem August, in denen er sein altes Thema vom Durchhaltewillen aufgekocht und den baldigen Sieg verkündet hatte, waren für irreführend befunden worden – als offensichtlicher Versuch, die Heimatfront zu täuschen. Dem von Himmler (der Goebbels nicht schätzte) geleiteten SD zufolge waren die Beiträge des Ministers in der Öffentlichkeit »mit einer starken Aversion« diskutiert worden. Goebbels »habe schon öfter Hoffnungen erweckt, deren Erfüllung noch ausstehe«.[70]

Auf das *Reich* einzuschlagen war keinesfalls nebensächlich, denn die Zeitung war Goebbels' persönliches Sprachrohr, die wichtigste Waffe aus seinem Medienarsenal, die nicht nur in Deutschland selbst hohe Glaubwürdigkeit genoss. Mit zunehmender Dauer des Kriegs fiel es Goebbels immer schwerer, Kinos, Theater, Opernhäuser, Varietés usw. so zu nutzen wie vordem. Was ihn hinderte, waren die ständigen Luftangriffe mit hohen Verlusten in der Zivilbevölkerung, logistische Komplikationen und der Bedarf an mehr Personal für den Fronteinsatz. Das gescheiterte Attentat vom 20. Juli und seine neue Rolle als Generalbevollmächtigter in Sachen »totaler Krieg« nutzte Goebbels, der nun über »die umfassendsten Machtmittel zur Lenkung der Zivilbevölkerung« verfügte, um zum 1. September 1944 die vollständige Schließung der öffentlichen Kultureinrichtungen anzuordnen. Ausgenommen waren einige Filme, die Verbreitung zensierter Nachrichten über den Rundfunk, sorgfältig ausgewählte Musikangebote sowie bestimmte Zeitungen wie das *Reich* zwecks fortgesetzter Vermittlung von Propaganda. Auch diese Entscheidung wurde von der Bevölkerung nicht einhellig begrüßt.[71]

Goebels selbst war schon seit Längerem, vor allem im Hinblick auf die Künstler im Reich, zum Zyniker geworden. Hatte er früher ihre Gesellschaft gesucht und genossen, wandte er sich nun, wie einer seiner letzten Tagebucheinträge zeigt, enttäuscht von ihnen ab: »Überhaupt bin ich mit der politischen Haltung unserer Künstler sehr unzufrieden«, schrieb er am 30. März 1945. »Aber man kann von ihnen wohl auch keine tapfere Gesinnung erwarten. Sie sind eben Künstler, das heißt, in politischen Dingen völlig unbelastet, um nicht zu sagen charakterlos.«[72] Dies läuft auf die Einsicht hinaus, dass die Propaganda nunmehr kein wirksames Instrument für die Manipulation der Bevölkerung mehr ist, und das steht in direkter Beziehung zu den wachsenden Verlusten an der Front wie auch zum rapiden Verfall der Lebensqualität in der Heimat.

Die Funktion von Filmen: Orientierung, Indoktrinierung, Ablenkung

Nach Kriegsbeginn sah sich Goebbels in der Annahme bestätigt, dass der Film »eines der besten Mittel zur Führung des Volkes« sei und vor allem im Krieg »als Erziehungsmittel ... in seiner Wirkung gar nicht zu unterschätzen«.[73] Natürlich war ihm bewusst, dass die Deutschen in Stadt und Land die Kinosäle füllten.

Den während des Kriegs produzierten Filmen fehlte die Märtyrerthematik der Kampfzeitstreifen aus der frühen Phase des Regimes. Nun ging es darum, die Bevölkerung auf die Härten des Kriegs und die damit verbundenen Erfahrungen einzustimmen, und zwar im Glauben an eine künftige Größe des Reichs und die Aufopferung für die militärischen Ziele der Führung. Wie schon vor 1939 musste mit Hilfe der Filmindustrie der »Führermythos« aufrechterhalten werden. Allerdings log Goebbels sich in die Tasche, wenn er glaubte, dass die Leute ins Kino gingen, um politisch gebildet oder belehrt zu werden. In den ersten Kriegsjahren wollten sie sich nach anstrengender Arbeit in der Konsumwirtschaft oder der Kriegsproduktion erholen, und noch vor Stalingrad suchten sie im Kino der immer schrecklicher werdenden Realität der Luftangriffe, Verlusten von Angehörigen an der Front und drohender Niederlage zu entfliehen. Doch gerade solchen Eskapismus wollte Goebbels nicht; die Menschen sollten sich seelisch und körperlich ertüchtigen, um noch größere Herausforderungen annehmen zu können. Beispielhaft dafür stand Hitlers (angebliches) Heldentum.

Während des Kriegs vermerkte Goebbels in seinen Tagebüchern hocherfreut die Tatsache, dass Kinobesuche bei der Bevölkerung immer beliebter wurden, erstaunlicherweise sogar nach schweren Luftangriffen. Er selbst tat alles dafür, diese Entwicklung zu fördern; nach 1942 setzte er in zerstörten Gebieten mobile Vorführstationen ein, und wo es möglich war, wurden, wie in Berlin, provisorische Kinos auf den Trümmern der zerstörten errichtet. Zudem gab es in den Großstädten nur noch eine Vorführung am Tag, die morgens oder mittags begann, was allerdings bedeutete, dass diejenigen, die zu diesen Zeiten arbeiten mussten, den Film verpassten.[74] Jedoch täuschte Goebbels sich über das wahre Ausmaß des Schadens, den die Infrastruktur der Filmdistribution erlitten hatte, hinweg, glaubte er doch noch Ende 1944, dass die Zahl der Vorführungen im Steigen begriffen sei.[75] Tatsächlich war die Entwicklung rückläufig. 1938 hatte es fast 624 Millionen Besucher gegeben, 1941 etwas mehr als 892 Millionen, und 1943 wurde mit 1116 Millionen der Höhepunkt erreicht. Von da an ging es bergab. Ähnliches gilt für die Kinos: 1938 gab es 5446, drei Jahre später waren es 7043, und 1943 lag die Zahl bei 6561; ein Jahr später war ein deutlicher Rückgang zu verzeichnen.[76]

Was die Qualität angeht, so war Goebbels, der in den sechs Jahren NS-Herrschaft nach der Machtergreifung nur geringe Fortschritte in der Filmproduktion erkannt haben wollte, der Auffassung, dass es bis Mitte Dezember 1939 einige Verbesserungen gegeben habe. Hitler aber, der während der Kriegszeit sonst kaum Entscheidungen in Sachen Kultur traf, wies auf erhebliche Mängel in der Filmindustrie hin. Das geschah anlässlich eines Treffens, an dem auch Alfred Rosenberg teilnahm, den die Kritik an Goebbels sichtlich mit Schadenfreude erfüllte.[77] Zähneknirschend musste Goebbels sich eingestehen, dass der Filmfan Hitler recht hatte. Von nun an wollte der Minister für weitere Veränderungen sorgen. Das war schwierig, denn dem Reich war es nicht gelungen, echte Talente zu fördern; es fehlten, wie Hitler durchaus bemerkt hatte, junge Genies in den Künsten, vor allem den nationalsozialistischen. Dass er den Finger in die Wunde gelegt hatte, zeigt sich etwa an der Menge minderwertiger, vom NS inspirierter Drehbücher, die Goebbels zur Kenntnis nahm, und am Fehlen außergewöhnlich talentierter neuer Regisseure und anderer Profis, seien es Nazis oder nicht. Der Kontrast zur Weimarer Republik war augenfällig. Zwar war Goebbels 1943 mit seinen Filmemachern in Babelsberg, Wien und München einigermaßen zufrieden, sah sich aber dennoch fortwährend mit »Reform« beschäftigt.[78] Von den Regisseuren schätzte er vor allem Veit Harlan und Wolfgang Liebeneiner, denen er Professorenstatus zuerkannte. Allerdings hatten ihre Karrieren schon vor der Machtergreifung begonnen. Unter den Schauspielern waren Werner Krauss, Heinrich George und Emil Jannings seine Lieblinge. Sie hatten schon in der Weimarer Republik zu den Säulen des Establishments gehört und sich dann opportunistisch den Nazis zugewandt. Bei den Jüngeren gab es einige hoffnungsvolle Talente wie Horst Caspar und Joachim Gottschalk, die aber dem NS fernstanden. Caspar war »Vierteljude«, und Gottschalk beging im November 1941 mit seinem Sohn und seiner jüdischen Frau, die für die Deportation vorgesehen waren, Suizid.[79]

Bei den jungen Frauen war es noch weniger klar, welche von ihnen als Stern am Zelluloidhimmel aufgehen würde, weil Goebbels gerne Schauspielerinnen aus attraktiven Spielgefährtinnen machte. Einige wurden »entdeckt«, nicht weil sie von einer Schauspielschule kamen oder bereits über Bühnenerfahrung verfügten, sondern weil sie in einem Nebenzweig der Filmindustrie beschäftigt waren und Aufmerksamkeit erregten. Eine von ihnen war die unwiderstehlich anziehende Margot Hielscher, die 1936 (da war sie 17 Jahre alt) als Kostümbildnerin für die Terra Film arbeitete. Ihre erste kleine Rolle erhielt sie 1940 neben Zarah Leander in dem antibritischen Film *Das Herz der Königin*. Als ich in den achtziger Jahren mit Margot Hielscher sprach, erzählte sie mir, dass Goebbels ihr zunächst gesagt habe, sie erinnere ihn an Vivien Leigh (sie hätte Katharine Hepburn vorgezogen), und sie dann zu einem Treffen an einem geheimen Ort eingeladen habe, um sie zu verführen. (Ob es dazu kam, wurde nicht preisgegeben.)[80] Indem Goebbels und seine Mitarbeiter nicht so sehr auf Talent, sondern auf andere Fähigkeiten setzten, musste die 1938 gegründete und von Wolfgang Liebeneiner geleitete Deutsche Filmakademie Babelsberg Schiffbruch erleiden. Gegen Ende seines Lebens musste Goebbels sich das Scheitern im Filmgeschäft eingestehen – aus welchen Gründen auch immer.[81]

»Märtyrertum« war Vergangenheit; das neue Leitwort für den Krieg hieß »Heldentum«. Einer der ersten Filme, die solches Heldentum bei Soldaten im Kampf um mehr »Lebensraum« zeigte, porträtierte zugleich Deutsche daheim, an der von den Nazis gern so genannten »Heimatfront«, und zeigte organische Bindungen zwischen Zivilisten und Kriegern. Der Film kam 1940 mit dem Titel *Wunschkonzert* in die Kinos, benannt nach einem berühmten Rundfunkprogramm, das im Oktober 1939 auf Sendung gegangen war. Es stellte die Verbindung zwischen Hörern daheim und den Truppen im Feld her – Grüße konnten ausgetauscht und musikalische Wünsche erfüllt werden. Der weibliche Star des Films war die 19-jährige Deutsch-Holländerin Ilse Werner, die Nichte eines hochrangigen SS-Generals. Typischerweise behauptete sie später, sie sei in diese »riesige, allumfassende Propagandamaschinerie« hineingezogen worden. Ihre Rolle war die der Inge Wagner, in die sich zwei Wehrmachtsoffiziere verlieben; dem einen, Herbert Koch (gespielt von Carl Raddatz), begegnet sie bei den Olympischen Spielen in Berlin.[82] Sie kriegen sich später. Ein kluger Schachzug war es, Material aus Leni Riefenstahls Dokumentarfilm unterzubringen, das Hitler im Olympiastadion zeigt (sein einziger Auftritt in einem Spielfilm). Leider kann Herbert Inge 1936 nicht heiraten, weil er mit der Legion Condor nach Spanien geschickt wird. Nach Beginn des Zweiten Weltkriegs wird er Frontsoldat und sieht Inge auch weiterhin nicht; sie aber bleibt ihm wundersamerweise treu. Zwischenzeitlich begegnet Herbert einem Kameraden, dem Inge ebenfalls nicht gleichgültig ist. Außerdem gibt es noch einen jungen Musiklehrer, der als Soldat in Frankreich in einer Kirche die Orgel spielt – diesen Ort soll seine umherirrende Kompanie finden. Während er spielt, wird er von einer feindlichen Granate getötet, hat aber die Kameraden gerettet. So triumphiert das Heldentum. Der Film, in dem der Opernsänger Wilhelm Strienz ein kitschiges Lied zum Besten gibt, war äußerst beliebt, weil er Siegesszenen für die deutschen Streitkräfte (inklusive U-Boote und Luftwaffe) zeigte. Eine Zeit lang konnte er erfolgreich die Heimatfront an die Kriegsfront binden, denn das Publikum konnte sich mit den Siegen – im Film wie in der Wirklichkeit – leicht identifizieren. Das eigentliche Thema war dabei ernst genug: Das Soldatentum hat Vorrang vor dem zivilen Alltagsleben, und an beiden Fronten muss das Individuum in der »Volksgemeinschaft« aufgehen. Eine besondere Botschaft richtete sich an die Frauen und würde in weiteren Spielfilmen wiederholt werden: Ihr persönliches Glück musste zurückstehen, wenn ihre Ehemänner oder Geliebten sie verließen, um für Deutschlands größere militärische und politische Ziele zu kämpfen; schließlich ging es um das zukünftige Wohlergehen aller.[83]

Filme waren ein wichtiges Mittel, um den Zivilisten einzuhämmern, was in Kriegszeiten Vorrangstellung genoss: Kampf und Schlacht und Kriegskunst, nicht die Liebesbeziehungen von und zwischen Frauen und Männern. *Stukas* von 1941 war so ein Film. Regie führte Karl Ritter, der im Ersten Weltkrieg wie Göring und Udet einer Fliegerschwadron angehört hatte. Der Film zeichnete die Karriere einiger Mitglieder des Luftwaffenkorps zu Beginn des Zweiten Weltkriegs nach, unter anderem eines Arztes. Wenn sie nicht in der Luft kühne Kunststücke vollführen, sind sie nicht hinter Mädchen her, sondern besuchen die Bayreuther Festspiele und spielen, kaum zu glauben, Passagen aus Wagners *Götterdämmerung*, arrangiert für Klavier zu vier Händen, und das auch noch im Freien. (Der entschiedene Antisemit Ritter war über seinen Schwiegervater entfernt verwandt mit Wagners Bruder Albert.) In diesem Film werden die Frauen recht deutlich in den Hintergrund gedrängt;

am Ende muss Krankenschwester Ursula, die einen der Flieger zu einer Aufführung in Bayreuth begleitet, mit Schrecken erkennen, dass ihr Held die Darbietung früh wieder verlassen will, um zu seiner Schwadron zurückzukehren. Aber da *Wunschkonzert* bereits vor einem halben Jahr in die Kinos gekommen war und Deutschland mittlerweile an allen Fronten siegreich ist, wird Ursula – wie auch das Publikum – verstehen, wo die Prioritäten liegen.[84] Abgesehen von luftakrobatischen Szenen zeichnete sich der Film durch eine »Synergie von Musik und Kriegführung« aus, wobei die deutsche Musik als weltweit gültiges Musterbeispiel von Kultur fungierte.[85]

Andere Filme jener Zeit wollten Ritterlichkeit im Kampf unter Ausschluss von Frauen überhaupt zeigen und zugleich auf plausible Feindziele verweisen.[86] Je mehr sich aber die militärischen Aktivitäten ausweiteten, für umso nötiger hielt es die Propaganda, Deutschlands Hauptfeinde dem Publikum nahezubringen. So kam im Oktober 1941 *Heimkehr* in die Kinos, mit Carl Raddatz (Ilse Werners Liebster in *Wunschkonzert* und einer der Flieger in *Stukas*) und Paula Wessely in den Hauptrollen. Dieser Propagandafilm verunglimpfte die Polen und, da sich die Gelegenheit bot, Jiddisch sprechende Ostjuden gleich mit dazu. Paula Wessely, 34 Jahre alt und Absolventin des Reinhardt-Seminars, hatte schon reichlich Bühnen- und Filmerfahrung. Sie spielt die Rolle der Maria Thomas, die zur heldenhaften Anführerin eines Trupps von »Volksdeutschen« (Wolhyniendeutschen, die schon lange in Polen leben) wird, deren Männer außer Gefecht gesetzt wurden. Die Volksdeutschen werden im Film, dessen Handlung kurz vor der deutschen Invasion spielt, von der polnischen Mehrheit drangsaliert. Im Gebiet von Lemberg (Lwów) entgehen die Deutschen nur durch Zufall dem sicheren Tod; Maria aber findet Anerkennung, weil sie im Widerstand gegen Polen und Juden die Moral der Deutschen in höchste Höhen gehoben hatte. Der Film zeigte dem Publikum, wer im Augenblick der ausländische Feind Nr. 1 war und demonstrierte zudem die Rolle der deutschen Frau als Gehilfin des Mannes (Marias Verlobter wird ermordet, und ihr Vater erblindet infolge eines Anschlags; sie aber setzt den Widerstand mutig fort). Wessely, die außerordentliche Energie in die glaubwürdige Darstellung der Maria steckte, wurde nach dem Krieg, als sie ihre zweite Karriere in der (west-)deutschen Filmwelt begann, niemals zu ihrem Anteil an diesem xenophobischen Film befragt.[87]

Als die Deutschen große Schwierigkeiten im Luftkrieg gegen die Briten bekamen, wurde ein Film gedreht, in dem mit einer stark klischeehaften Darstellung Großbritannien zum neuen Feind gestempelt wurde. Mit viel Vorstellungskraft überzeichnete das Propagandaministerium die angebliche Politik der Briten im Burenkrieg von 1899 bis 1902, um Großbritannien durch die Beschuldigung zu diffamieren, das Land habe Landraub betrieben. Gleichzeitig wurde eine ethnische und moralische Verbindung von den hauptsächlich holländischen und deutschstämmigen Buren zu den gewöhnlichen Deutschen konstruiert. Hauptbotschaft des Films *Ohm Krüger* (1941) war allerdings, dass die Konzentrationslager von den Briten erfunden worden seien, weil Prototypen dieser Lager zur Internierung von Frauen und Kindern aus Burenfamilien verwendet worden waren, während die Männer anderswo ein schreckliches Schicksal erlitten.[88]

Die Hauptrolle war mit Emil Jannings prominent besetzt, und man hatte der Handlung eine propagandistische Stoßrichtung verpasst, um die Briten als Menschenrechtsverletzer diskreditieren zu können. Zu diesem Zweck bediente sich die Regie bestimmter Dokumente, die im Zusammenhang mit dem südafrikanischen Konflikt (dem »Burenkrieg«) standen, aber schwierig zu verifizieren waren. 1940 hatte Dr. Wilhelm Ziegler, »Judenreferent« im Propagandaministerium und somit Spezialist für die »Judenfrage«, eine großformatige Sammlung von Dokumenten zum Burenkrieg veröffentlicht. Darunter war auch die deutsche Übersetzung eines Berichts der Engländerin Emily Hobhouse, einer frühen Kämpferin für die Menschenrechte. Das 1901 erschienene Original hatte sie dem britischen Parlament für eine Prüfung zur Verfügung gestellt. Ziegler gab wieder, was Emily Hobhouse im »Konzentrationslager« von Bloemfontein erlebt hatte: »Im nächsten Zelt lag ein Mädchen von 21 Jahren sterbend auf einer Bahre. Der Vater, ein großer, sanft aussehender Boer, kniete neben ihr, während im Zelt daneben seine Frau ein 6-jähriges Kind bewachte, das auch im Sterben lag, und ein 5-jähriges Kind, das dahinsiechte. Dieses Paar hatte schon drei Kinder im Hospital verloren und wollte dieses daher nicht weggeben, obgleich ich dringend bat, sie wenigstens aus dem heißen Zelt zu entfernen.«[89] Die Deutschen, die 1940 diesen Bericht und andere Zeugnisse der Unmenschlichkeit lasen, waren bestens darauf eingestimmt, alles Weitere zu akzeptieren, was ihnen der Film über britische Gräueltaten nahebrachte.

Emil Jannings spielte Paul Krüger, den ehemaligen Präsidenten der Burenrepublik, der in einem Schweizer Sanatorium auf seinen Tod wartet und dabei auf sein Leben zurückblickt. Jannings beteuerte gleich nach Kriegsende gegenüber Klaus Mann, er habe die Rolle »gegen meinen Willen, nur unter Druck« und auf einen »entsprechenden Befehl« von Goebbels übernommen.[90] Das war aber nur ein weiterer Versuch sich reinzuwaschen, denn es war Jannings selbst gewesen, ein früher Gefolgsmann von Hitler und Goebbels, der einmal vorgeschlagen hatte, einen solchen Film zu machen.[91] 1943 hatte er sogar erklärt, dass er Krüger als einen Mann darstellen wollte, der einen Kampf begonnen hatte, welcher »in unseren Tagen vollendet wird«. Außerdem ging es ihm um die Offenlegung der »Methodik englischer Machtergreifung«.[92] Goebbels hatte Jannings' Vorschlag mit Begeisterung angenommen und den Schauspieler während der Dreharbeiten reich belohnt. Die Produktion des Films wurde weitgehend von Jannings selbst kontrolliert.[93]

Der Film war äußerst profitabel und erreichte darüber hinaus sein politisches Ziel, die Bevölkerung gegen die Briten einzunehmen und Hoffnungen auf eine erfolgreiche Invasion zu nähren.[94] Abgesehen von Gift und Galle gegen Großbritannien bebilderte der Film die Theorie, dass die Geschichte von großen Männern gemacht wird, was er an der Biographie des heldenhaften (und mit deutschen Vorfahren versehenen) Paul Krüger exemplifizierte. Dieser Ansatz fand sich schon in vor dem Krieg gedrehten Genre-Filmen wie *Der Herrscher* (von 1937, mit offensichtlichen Anspielungen auf Hitler). Während des Kriegs kamen noch etliche solcher Filme in die Kinos, die sich zumeist zweier historischer Modelle bedienten: Bismarck und, bereits zuvor erprobt, der Preußenkönig Friedrich II. (genannt »der Große«).

Der Film über Bismarcks Entlassung als Reichskanzler (1890) kam 1942, also zu einer Zeit in die Kinos, als Deutschlands militärischer Erfolg an einem Wendepunkt angelangt war. Hitlers Entscheidungen als oberster Befehlshaber mussten auf eine Weise akzeptiert werden, die Bismarcks außenpolitischen Direktiven verwehrt geblieben war. Darauf hatte die Nemesis der Geschichte zu tun: Kaiser Wilhelms II. Politik ohne Bismarck führte in die Katastrophe des Ersten Weltkriegs.[95] Der Film, unter der Regie von Wolfgang Liebeneiner, hieß *Die Entlassung;* Emil Jannings war in der Hauptrolle als Bismarck zu sehen, dessen Größe retrospektiv, vom Ende seiner Karriere her, sichtbar gemacht wird. Das war eine künstlerische Wendung, auf die Goebbels persönlich stolz war, denn so vermied er eine rein biographische Darstellung von Bismarcks Leben. Überlegungen Bismarcks in seiner Endphase als Kanzler sollten, dachte Goebbels, dem Publikum die Hauptzüge dieser großen Persönlichkeit nahebringen.[96] Werner Hinz, respektheischend, spielte Kaiser Wilhelm II., und Werner Krauss die graue Eminenz im Außenministerium, Geheimrat Friedrich von Holstein, den Historiker als finstere Gestalt porträtiert haben. Krauss gefiel die Rolle, weil er – so sagte er später – ein guter Darsteller dämonischer Persönlichkeiten sei wie etwa von Shakespeares Shylock (und natürlich, ließe sich ergänzen, der diversen Juden, die er in *Jud Süß* verkörperte). Dämon oder Jude, sagte Krauss, nach seinem »Shylock« könne sich jeder selbst ausmalen, »wie der Jude sein würde, wenn er je wiederkehren sollte«.[97] Als der Film im Juni 1942 fertiggestellt war, beglückwünschte Goebbels sich selbst zu diesem »Kunstwerk allererster Klasse«.[98]

Wie schwierig es auch sein mochte, die kulturellen Dinge jedes Mal zu den politischen und militärischen Entwicklungen in Beziehung zu setzen, ließen die Nazis nichts unversucht, um ihr Propagandapotenzial ausschöpfen zu können. Erfolg hatten sie damit im Frühsommer 1942, als kurz vor dem Bismarck-Film Veit Harlans *Der große König* auf die Leinwand kam – ein Film über Friedrich II. und seine Schlachten im Siebenjährigen Krieg (1756–1763), den der Preußenherrscher mit einem Angriff auf Sachsen begonnen hatte, während schon bald Maria Theresia von Österreich als Gegnerin auf den Plan trat. Für die Militärhistoriker lag die Bedeutung seiner Kampagnen darin, dass er allen Widrigkeiten zum Trotz – insbesondere nach der Niederlage gegen die Russen und Österreicher bei Kunersdorf (August 1759) – den Krieg gewinnen und eroberte Gebiete behalten konnte. Friedrich gewann den Krieg nach Auseinandersetzungen mit seinen Feldmarschällen, vor allem mit General Friedrich August von Finck nach dessen Niederlage im Gefecht von Maxen (1759). Finck wurde aus dem Heer ausgestoßen, und der König selbst trat als Oberbefehlshaber an seine Stelle.[99] Diese Vorgänge bildeten den Hintergrund für die hauptsächlichen Themen des Films, der die Erfolge und Misserfolge von Friedrichs siebenjährigem Heldenkampf schildert. Er sollte die deutschen Streitkräfte und mit ihnen die auf Nachrichten wartende Heimatfront zu verdoppeltem Vertrauen auf Hitler inspirieren, nachdem die Wehrmacht in der ersten Dezemberhälfte 1941 ihre Niederlage nach monatelanger Belagerung von Moskau hatte einräumen müssen und Hitlers Position als Oberbefehlshaber nach erheblichen Auseinandersetzungen mit seinen Generälen leicht erschüttert worden war. Kritik kam von so erfahrenen Männern wie Franz Halder und Heinz Guderian, Fedor von Bock und Erich Hoepner. Hitler entband Hoepner nicht nur von seinem Posten als Panzerkommandeur an der Ostfront (wie er es mit Guderian getan hatte), sondern entließ ihn unehrenhaft aus der Wehrmacht. Des Weiteren setzte er den Oberbefehlshaber des Heeres, Walter von Brauchitsch, ab und übernahm selbst das Kommando.[100] Der Film gefiel zwar, wegen der offenkundigen Parallelen mit Friedrichs Schicksal, Goebbels und Himmler, stieß jedoch bei den Offizieren, insonderheit den Generälen, nicht auf Begeisterung und verärgerte, aus historisch einsichtigen Gründen, die Österreicher unter ihnen.

Die Rolle des Preußenkönigs spielte Otto Gebühr, der ihn schon in vorherigen Homilien über den räuberischen Friedrich verkörpert hatte. Der Film sollte vor allen Dingen das Offizierskorps der Wehrmacht daran erinnern, dass der »Führer« trotz aller Widrigkeiten der am besten geeignete Oberbefehlshaber war. Vor jeder anderen Persönlichkeit der Geschichte war es Friedrich II., mit dem Hitler sich, wie zahlreiche Porträts des Preußenkönigs in seiner Umgebung demonstrierten, am stärksten identifizierte. An Friedrich zeigte sich – und so stellte Otto Gebühr im Film es dar – die unheimliche Weitsicht des Anführers, seine Unfehlbarkeit selbst angesichts größter Risiken, aber auch die Einsamkeit, der Preis, den er für sein Ingenium zu zahlen hatte. Zugleich jedoch – so wurde es dargestellt – liebte er sein Volk, ganz wie Hitler selbst das Schicksal seines Volkes zum Besten fördern wollte.[101]

Im Jahr 1941 wurde die Eugenik zum Thema und verlangte nach propagandistischer Behandlung. Auch dafür war der Film ein geeignetes Medium. In *Friedemann Bach* (1941) wirkte zwar auch ein Großer Mann (im Hintergrund), doch war das Hauptmotiv die Verbreitung der ideologischen Lehre, dass körperlich degenerierte Personen nicht lebensfähig waren. Im Film ist Friedemann Bach der schwächliche Sohn seines übermächtigen Vaters Johann Sebastian. Friedemann ist überaus talentiert, muss aber aufgrund schlechter Gene irgendwelcher Vorfahren untergehen, negativ beeinflusst zudem durch gesellschaftliche Bedingungen (Künstlermigranten, verkommenes Hofleben). Dass Gustaf Gründgens trotz seiner ambigen Sexualität mit Görings Duldung an den Preußischen Staatstheatern wirken konnte, entbehrt von heute gesehen nicht der Ironie, doch auf der Leinwand gelang es ihm gut, die Sache des Regimes ins Bild zu setzen.[102]

Noch stärker wurde die Notwendigkeit, die vermeintliche Volksgemeinschaft von »lebensunwertem Leben« zu befreien, in dem Film *Ich klage an* akzentuiert, der im Sommer 1941 anlief. Wolfgang Liebeneiner führte Regie und hatte auch am Drehbuch mitgearbeitet. Der Film wurde gedreht, nachdem Nachrichten über das sogenannte Euthanasieprogramm zur Bevölkerung durchgesickert waren. Viele Leute hatten ein Familienmitglied aufgrund einer Erbkrankheit – von manisch-depressiver Störung bis zu Taubheit – in einer Anstalt, oder sie kannten jemanden aus der Nachbarschaft oder dem Freundeskreis, der betroffen war. Alle diese Menschen liefen Gefahr, dem »Gnadentod« zum Opfer zu fallen. Das von Goebbels' Freund Philipp Bouhler, dem Chef der Kanzlei des Führers, 1939 initiierte Tötungsprogramm war 1941 offiziell gestoppt, aber heimlich fortgesetzt worden. So drehte Liebeneiner auf Geheiß von Goebbels einen Film, in dem die Frau eines Arztes an Multipler Sklerose erkrankt und schließlich auf ihr Bitten hin von ihrem Mann ein tödliches Gift erhält. Daraufhin wird er von seinem besten Freund, ebenfalls Arzt, vor Gericht gebracht. Dort wird das Für und Wider erörtert mit dem Ziel, die Öffentlichkeit davon zu überzeugen, dass es zwar hart, aber notwendig sei, die Schwerbehinderten umzubringen.[103] Einige zukünftige Stars des westdeutschen Films – Paul Hartmann, Mathias Wiemann, Heidemarie Hatheyer – agierten in diesem Film mit großer Entschiedenheit. Liebeneiners Witwe, Hilde Krahl, erklärte 1998 entwaffnend, im Film sei es nicht um den »Gnadentod«, sondern um »Sterbehilfe« gegangen.[104] Im Januar 1942, nachdem *Ich klage an* landesweit gezeigt worden war, berichtete der SD, dass die Deutschen mehrheitlich dem Grundsatz zustimmten, »dass man schwer leidende Menschen, für die es keine Heilung mehr gibt, auf einem durch Gesetze vorgezeichneten Wege einem rascheren Tod zuführen möge«.[105] Als ob in einer totalitären Diktatur die öffentliche Zustimmung und gesetzmäßig »vorgezeichnete Wege« noch notwendig wären!

Nach Kriegsbeginn entwickelte sich ein weiteres wichtiges Thema für den deutschen Film: die Position der Frauen in einem militarisierten Reich.

Unterschiedliche Perspektiven waren miteinander zur Deckung zu bringen, wobei das frühere Thema – die Frau als Kameradin des Mannes – in modifizierter Form fortgeführt wurde. Weiterhin wurde Sexualität im Rahmen der weiblichen Gebärfähigkeit abgehandelt, doch da Soldaten zunehmend als Männer gesehen wurden, die sexueller Abwechslung unabhängig vom Fortpflanzungsgedanken bedurften, kamen nun Männer und Frauen auf der Suche nach Affären auf die Leinwand, wobei die Männer zumeist im Vorteil waren. Dieser Ansatz bediente sich nicht notwendigerweise der Vorkriegsfigur des Filmvamps, wie ihn Zarah Leander verkörperte, sondern konzentrierte sich auf unverheiratete, teils auch verheiratete junge Frauen, die willens waren, sich Soldaten in glücklicher Unterordnung hinzugeben. Hier betraten die Propagandisten dünnes Eis, denn außereheliche Beziehungen zwischen Soldaten und deutschen Frauen liefen Gefahr, Ehen und die konventionelle Familie zu zerstören, was die NS-Führung offiziell nicht guthieß.[106]

Die Vielzahl der nach 1939 gedrehten Filme mit jüngeren und reiferen Frauen im Mittelpunkt spiegelte diese häufig konfligierenden Begehren wider, wobei die Frauen zumeist der leidende Teil waren. In Helmut Käutners *Auf Wiedersehen, Franziska* von 1941 (der später in Westdeutschland ein Remake erfuhr) spielte Marianne Hoppe eine alleinstehende Frau, die sich in einen Kriegsfotografen verliebt, der dauernd unterwegs ist und auch nach Heirat und Vaterschaft nicht sesshaft werden will. Er durchstreift die Welt auf der Suche nach Abenteuern, Kriegsschauplätzen und Sex. Aber irgendwann hat er genug davon und will sich mit Frau und Familie in Berlin niederlassen. Doch gleich nach Kriegsausbruch muss er an die Front. Franziska ist wieder allein, doch ganz zufrieden mit der neuen Rolle ihres Mannes. Sie akzeptiert ihre eigene Rolle als verständnisvolle Frau und wird treu ergeben auf seine Rückkehr warten.[107] Sie hilft ihm, dem Krieg zu dienen, wie Hanna Holberg ihrem Verlobten, einem Kampfflieger, hilft, seiner Schwadron zu dienen. So in dem Film *Die große Liebe* von 1942 (man kann auch an Ilse Werner als Inge Wagner in *Wunschkonzert* denken), in dem Zarah Leander die Hauptrolle spielt. Sie ist Nachtclubsängerin, repräsentiert damit die Halbwelt von Entertainment und ungebundenem Sex statt befestigter Häuslichkeit, was noch dadurch unterstrichen wird, dass gleich ihr erstes Treffen mit dem Flieger in eine Liebesnacht mündet (in *Franziska* ist es die Frau, die den Mann verführt, auch ein Rückgriff auf das Motiv des Vamps). Aber abgesehen von diesen Szenen einer gewagten Sexualität warten die Frauen in beiden Filmen sittsam auf ihre Männer und den Beginn einer normalen bürgerlichen Ehe (aus der dann rein »arische« Nachkommen hervorgehen können).[108] Aber es gab auch Filme mit Frauen als Gespielinnen für Soldaten auf Heimaturlaub, ohne dass eine Hochzeit in Aussicht gestellt wurde. Ein Beispiel ist *Zwei in einer großen Stadt*: Zwei Kumpel treffen in Berlin zufällig auf zwei junge, bereitwillige Frauen, mit denen es zu Intimitäten kommt. Das Publikum reagierte hocherfreut. Abgesehen vom Sexuellen bot der Film für Soldaten wie Zivilisten Unterhaltung der Art, von der Goebbels sich wünschte, dass die Deutschen dadurch die kommenden Härten besser ertragen konnten.[109]

Frauen in NS-Filmen waren vor dem Krieg schon für reine Unterhaltung gut gewesen, und sie blieben es auch nach Kriegsbeginn. Nun aber wurden leichte Unterhaltungsfilme als Mittel der Zerstreuung besonders wichtig, sah Goebbels doch in ihnen eine Möglichkeit für die Bevölkerung, mit Luftangriffen und an der Front Gefallenen besser fertig zu werden. Typisch dafür war der Film *Kora Terry* von 1940 mit Marika Rökk in der Titelrolle. Mit seiner Handlung – Revue plus Abenteuer – hätte er auch in den zwanziger Jahren entstanden sein können.[110] *Baron Münchhausen* kam 1943 in die Kinos, nach der Katastrophe von Stalingrad; ein üppig ausgestatteter Farbfilm (erst der zweite deutsche auf der Leinwand). Er wurde gezeigt, als die Luftangriffe dramatisch zunahmen. Man konnte sich in der Traumwelt der poetischen Lügereien des Barons verlieren, wenn man sich dem Eskapismus ergab; aus heutiger Sicht ist zweifelhaft, ob dieser überlange Film den Deutschen zu einer stärkeren Kampfmoral verhalf, wie es Goebbels von dieser Art Film erwartete.[111]

Die Wahrheit ist, dass alle Filme, die ab der zweiten Hälfte des Schicksalsjahrs 1943 gezeigt wurden, mit der Gewissheit sicherer Niederlage konzipiert wurden, denn Goebbels selbst dürfte schon vor Stalingrad gewusst haben, dass der Krieg verloren war. Ein Film wie *Kolberg* von Veit Harlan, der vor dem Hintergrund des verzweifelten Kampfs der preußischen Armeen gegen Napoleon spielt, wurde von Goebbels bereits 1942 konzipiert, kostenaufwendig hergestellt und schließlich im März 1945 gezeigt, als es im Reich keinerlei Durchhaltewillen mehr gab.[112] Vielleicht aus einer zynischen Laune heraus erlaubte Goebbels, dass 1944 *Die Degenhardts* in die Kinos kam, ein Film über eine Lübecker Familie, die den Luftangriffen der Alliierten ausgesetzt ist.[113] Es wird behauptet, ist aber nicht bewiesen, dass Goebbels selbst am Drehbuch für den letzten Film, der in Nazideutschland entstand, mitgewirkt hat. *Das Leben geht weiter* blieb allerdings unvollendet. Er schildert das schwierige Leben einer Berliner Hausgemeinschaft während der letzten Wochen in der Hauptstadt. Vielleicht war er als Trost gedacht und sollte die Möglichkeit des Überlebens andeuten. Einigen Berichten zufolge soll Wolfgang Liebeneiner trotz aller Hoffnungslosigkeit weitergedreht haben, weil er so mit seinen Kollegen dem sehr viel gefährlicheren Kriegseinsatz entgehen konnte. So »filmte« er auch noch, als gar kein Film mehr in der Kamera war. Nach Kriegsende wurden einige Zelluloidschnipsel gefunden, doch nicht genug, um den Film rekonstruieren zu können.[114]

Zwar ging das Publikum bis zum Schluss in die Kinos, die noch intakt waren, doch die Filme wurden immer fadenscheiniger und konnten die Zuschauer nicht mehr von der Möglichkeit eines heldenhaften Endsiegs überzeugen. Das Publikum – Frauen, Teenager, alte Männer – wurde sich angesichts der Bombardierung gerade von urbanen Wohngebieten zunehmend der Diskrepanz zwischen Propaganda und Realität bewusst. Soldaten auf Heimaturlaub fanden im Kinobesuch eine dringend benötigte atmosphärische Entlastung, berichteten aber den Nachbarn, dass die Schrecken der Kriegswirklichkeit nichts mit den von Goebbels fortwährend gelieferten Filmträumen zu tun hatten.

Die Kunst der Kommunikation: Rundfunk, Presse, Wochenschau

Bei Kriegsbeginn bezeichnete Goebbels die Wochenschau als »eine Propagandawaffe erster Klasse«. Hitler gar entwickelte für dieses Hauptgebiet angewandter Kultur während des Kriegsverlaufs ein teilnehmendes Interesse.[115] Im Feld der Massenkommunikation war die Wochenschau eine durch den Zweiten Weltkrieg begünstigte Innovation. Produziert wurde sie von sogenannten Propagandakompanien (PKs). Sie waren ihren im Ersten Weltkrieg entstandenen Vorläufern weit überlegen und übertrafen mit ihrer

Rhetorik von Bild und Ton alles, was die Feinde des Dritten Reichs aufzubieten hatten. Die Propagandakompanien der Wehrmacht sicherten sich Filmmaterial von der Front, das in Rundfunk und Presse Verwendung finden konnten, aber ihre Hauptaufgabe bestand darin, Material für die jede Woche neu produzierten Wochenschauen zur Verfügung zu stellen, die vor dem Hauptfilm gezeigt wurden. Im Mai 1935 wurden die vier noch verbliebenen privaten Produktionsfirmen von Wochenschauen zwecks besserer inhaltlicher Kontrolle vom Propagandaministerium gleichgeschaltet, was sich 15 Monate später als äußerst profitabel herausstellte, denn nun konnten die Olympischen Sommerspiele, die im Mittelpunkt der allgemeinen Aufmerksamkeit standen, über Leni Riefenstahls filmische Bemühungen hinaus von Goebbels für seine Propagandazwecke genutzt werden.[116] Als sich im Sommer 1938 die Spannungen zwischen Deutschland und der Tschechoslowakei wegen des Sudetenlandes verschärften, wuchs in der deutschen Führung das Interesse an Wochenschauen, und im Herbst wurden die Propagandakompanien gegründet. Das bedeutete, dass nun Experten für die Nachrichtenbeschaffung – Journalisten, Fotografen, Kameraleute – zu allen drei Gattungen des Militärs und schließlich auch zur Waffen-SS geschickt wurden, um für den Krieg ausgebildet zu werden. Im Frühjahr 1939 war im Propagandaministerium ein Zentralbüro für die Wochenschau eingerichtet worden. Zwischen dem Propagandaministerium und der Wehrmacht wurde eine Vereinbarung hinsichtlich der Arbeitsteilung getroffen: In einem Kampfgebiet sei Letztere zuständig für den Einsatz von PK-Mitgliedern zwecks Sammlung von Nachrichtenmaterial, das dann vom Propagandaministerium bearbeitet und veröffentlicht würde. PK-Mitglieder, die mittlerweile an der Waffe ausgebildet worden waren, konnten, falls erforderlich, an der Front kämpfen, doch war das nicht ihre eigentliche Pflicht.[117]

Den ersten Test für die PK-Leute stellte der Blitzkrieg gegen Polen im Herbst 1939 dar, als viel brauchbares Material gesammelt wurde, das den quälenden Untergang der polnischen Armee, die mit Kavallerie gegen Panzer kämpfte, und den Triumph der deutschen Soldaten zeigte.[118] Als aber Hitler im Dezember Wochenschaufilme zensierte, musste sich Goebbels, mangels Erfahrung mit dem Medium »Wochenschau«, die Kritik gefallen lassen, das Gezeigte enthalte nicht genug Darstellungen der Feindvernichtung im Frontkampf.[119] Im Juni 1940 wurden die vier Produktionsfirmen unter dem Titel

»Deutsche Wochenschau« zusammengefasst; verantwortliche Produktionsfirma war die Ufa-Tonwoche.[120] Als vom Feldzug im Westen, vor allem aus Frankreich, aufregende Filmsequenzen, Fotos und Berichte in die Kinos gelangten, war Hitler, der offenkundig nur Siegesszenen sehen wollte, zufriedengestellt, denn es konnte ihm nicht entgangen sein, dass das deutsche Publikum in der Kriegsberichterstattung der Wochenschauen eine neue Form der Unterhaltung entdeckt hatte, wovon die Kinos profitierten.[121] Nun war es für Goebbels bis zu den Sommermonaten von 1941 leicht, großartige Wochenschauen zu produzieren, weil von der Front nur deutsche Siege gemeldet werden konnten. Die negativen Seiten des Kriegs hatten ohnehin keinen Platz in den Filmen, sondern wurden durch manipulierte Berichte ersetzt.[122] Goebbels' Ideal waren emotional gesättigte Kommentare, die realistische Bildsequenzen begleiteten. Ein Beispiel sind die folgenden Erläuterungen zu Szenen nach dem Frankreich-Feldzug im Frühling 1940: »Erbeutete Tanks, Flugzeuge, schwere und schwerste Artillerie, Mengen von Munition in unabsehbaren Feldern werden von der Kamera erfasst.« Dann wird Hitler auf dem Rückweg in die Hauptstadt gezeigt, nachdem er in Compiègne den Waffenstillstand unterzeichnet hat: »Der Zug des Führers fährt durch das jubelnde Land. Überall werden ihm Zeichen der Liebe, der Treue, der Dankbarkeit entgegengebracht. Berlins Einzugsstraßen sind in einen Blumenteppich verwandelt worden: Der siegreiche Feldherr wird von seinem Volke unter dem festlichen Geläut der Glocken empfangen.«[123]

Die Produktion solcher von Kriegserfolgen strotzender Bilder wurde im August 1941, nachdem die Wehrmacht die westlichen Ausläufer von Leningrad erreicht hatte, schwieriger. Die Heimatfront erwartete den schnellen Fall der Stadt, aber nichts dergleichen geschah.[124] Zu dieser Zeit fand Goebbels es einfacher, die Wahrheit zu kaschieren und in seinen wöchentlichen Leitartikeln für das *Reich* erfundene Geschichten zu verbreiten, als Filmmaterial über den ruhmreichen Vormarsch deutscher Truppenverbände zu präsentieren. In der Zeitung konnte er, ohne weiter auf Kriegsereignisse einzugehen, sich immer über Themen wie Außenpolitik oder die von ihm so genannte Perfidie Britanniens auslassen. Nachdem der Vormarsch auf Moskau ins Stocken und ab Mitte Dezember völlig zum Halten gekommen war, gelangte Goebbels im Hinblick auf den Einsatz von Kameras vor Ort privatim zu eher ernüchternden Folgerungen.[125] Anfang 1942 wurden die PKs nicht mehr an der Front eingesetzt, sondern berichteten aus der Heimat, zum Beispiel über die Kampagne, wollene Kleidung für die Soldaten an der Ostfront zu sammeln. Thema waren auch Goebbels' Dienstreisen im Reich.[126] Im Mai flehte der Minister eine Sommeroffensive herbei, damit Wochenschau und Zeitung wieder attraktive Berichte präsentieren konnten.[127] Trotz aller Schwierigkeiten war jedoch die Wochenschauproduktion von ursprünglich 20 000 Filmmetern auf 30 000 gewachsen, und die PKs umfassten mittlerweile 13 000 Mitglieder.[128]

Vom Spätsommer bis in den Dezember 1942 folgten die Propagandakompanien wie befohlen der Wehrmacht beim Vorrücken gegen Stalingrad, doch befanden sich die vormals so beliebten Wochenschauen in den deutschen Kinos bereits auf dem Rückzug, was auch daran lag, dass Hitler nicht mehr im Bild erschien. Er zog sich nämlich immer stärker aus der Öffentlichkeit zurück und hielt auch seltener Ansprachen über das Radio. Der »Hitler-Mythos« sollte nicht gefährdet werden.[129] Nachdem die deutsche Armee im Februar 1943 in Stalingrad besiegt worden war, hatten es die Propagandakompanien äußerst schwer, über Vormärsche der Wehrmacht zu berichten, mochte Goebbels auch noch so sehr darauf drängen. In sämtlichen Medien blieben die Einzelheiten der Kapitulation von Stalingrad unerwähnt; dafür gab es Berichte über Aktionen auf anderen Kriegsschauplätzen.[130] In einem Bericht von der italienischen Front sieht man einen Schützen, der im Heck eines Stuka saß und seine Kamera auf den Lauf eines Maschinengewehrs montiert hatte, sodass er je nach Bedarf schießen oder filmen konnte. Nachdem der Flieger im Verbund mit vielen anderen Stukas seine Bomben auf den Hafen der maltesischen Hauptstadt Valletta abgeworfen hatte, hörte sich sein Kampfbericht wie eine Siegesfanfare an – Goebbels dürfte sehr erfreut gewesen sein.[131] Aber solche Filme passten nicht zu jenen Bildern, mit denen am 28. April die Deutsche Wochenschau einen trübsinnigen Hitler zeigte, der sich, wie Goebbels zuvor wenig überzeugend erklärte, für sein Volk überarbeitet habe.[132] Tatsächlich musste der Minister jetzt äußerst vorsichtig sein, damit nicht das Instrument, das einst von Triumphen kündete, nun die Niederlage dokumentierte. Im Juni 1944 mussten deutsche Kameraleute Szenen der Landung der Alliierten in der Normandie (»D-Day«) filmen. Dabei gelang es ihnen, die Niederlage als Sieg darzustellen, indem sie Soldaten der Alliierten – kanadische Fallschirmjäger und schottische Luftlandetruppen –

zeigten, die am Strand in deutsche Gefangenschaft geraten waren.[133] Zu eben dieser Zeit waren Produktionsanlagen der Propagandakompanien bombardiert worden.[134] Die nun in deutschen Kinos gezeigten Filme handelten von heroischen Widerstandsaktionen, dem Einsatz von V-1-Raketen (die vom Typ V-2 wurden nur aus verschwommener Distanz gezeigt, weil sie für den Einsatz nicht taugten), und schließlich ostdeutschen Zivilisten, die vor der herannahenden russischen Armee zu fliehen suchten.[135] Am 27. März 1945 war die letzte Filmaufnahme des »Führers« zu sehen, wie er (eine Woche zuvor) in der Reichskanzlei eine Gruppe vom Kampf gezeichneter Hitlerjungen auszeichnete.[136]

Ende 1943 erschien im *Reich* ein Foto des SS-Mannes Loss, Mitglied einer Propagandakompanie, das eine junge deutschstämmige Familie – ein Ehepaar mit zwei kleinen Kindern – zeigte, die von der rumänischen Dobrudscha donauaufwärts Richtung Deutsches Reich fuhren. Ähnliche Fotos der PKs wurden auch von anderen Zeitungen veröffentlicht, von der Parteipresse bis zu den ehemals bürgerlichen Blättern.[137] Neben den Wochenschauen waren natürlich auch die Zeitungen ein für die politische Führung nützliches Instrument, um in Kriegszeiten die Bürger zu kontrollieren und ihr Durchhaltevermögen zu stärken. Nach Kriegsbeginn wurden die ohnehin schon rigiden Kontrollen nochmals verschärft und weitere Richtlinien betreffend Inhalt, Diktion und Geheimhaltung erlassen. Es gab nun personell verkleinerte Konferenzen zu diesen Themen, die in Berlin unter der Leitung von Goebbels' Staatssekretären und Pressebeauftragten oder Goebbels persönlich stattfanden.[138] Die hier ausgegebenen Direktiven wurden durch Selbstzensur ergänzt, zu der gewisse Zeitungen, etwa die *Frankfurter Zeitung*, besonders angehalten wurden.[139] Alle Themen wurden vom Motto »Kampf« beherrscht; ferner bestand Goebbels auf so emotional aufgeladenen Ausdrücken wie »Horror« für England als Leitmotiv für zukünftige Berichte.[140] Und es gab, ähnlich wie in den Filmen, Hinweise auf weitere Leitmotive: Bismarck, den »Eisernen Kanzler«, und Friedrich den Großen.[141] Nach dem Einmarsch in die Sowjetunion am 22. Juni 1941 wurde das »teuflische System des Bolschewismus« zum Thema.[142] Unterdessen betrieb Goebbels sein gewohntes Mikromanagement weiter. Er knöpfte sich einzelne Journalisten wie Karl Silex vor, den Chefredakteur der *Deutschen Allgemeinen Zeitung*, das nazifizierte Tagesblatt von Ursula v. Kardorff. Goebbels warf Silex (angebliche) Unregelmäßigkeiten vor und machte Vorschriften, wie künftige Reportagen nach Inhalt und Tonfall beschaffen sein sollten.[143] Er selbst veröffentlichte Artikel in bestimmten Organen, wann immer es ihm gefiel. So schrieb er im Mai 1942 in der *Frankfurter Zeitung* über »die wirtschaftlichen und operativen Möglichkeiten eines Angriffs auf Moskau«; es ging um eine neue Offensive, nachdem die Wehrmacht sich hatte zurückziehen müssen.[144] Doch hatte Goebbels bereits im Februar 1941 die Grenzen eines allzu sehr von Restriktionen bedrängten Journalismus erkannt – es fehlte den Journalisten zunehmend an individueller Initiative, und sie verloren allmählich die Begeisterung für ihre Arbeit. Ein Jahr später sah er, dass das Motivationsproblem eher größer geworden war; mittlerweile wollte, wer noch einen Rest Ehrgefühl besaß, auf keinen Fall den Beruf eines Journalisten ergreifen.[145] Ungeachtet aber der Gefühle des ehemaligen Journalisten Goebbels war Hitler sehr davon angetan, wie die Presse im Reich sich entwickelt hatte, abgesehen von seinem Groll gegen die »jüdische« *Frankfurter Zeitung*.[146]

In den Zeitungen, die nach dem September 1939 noch weitermachen konnten und sich zwangsläufig den vom Propagandaministerium verordneten Regeln anpassten, zeigte sich eine der augenfälligsten Veränderungen im Verhältnis zwischen politischem Teil und Feuilleton: Letzteres verlor stark an Umfang zugunsten des Ersteren.[147] Auch wenn ein Beitrag besser in den Bereich der Poesie gepasst hätte, wurde er den niederen Regionen von Politik und Krieg zugeschlagen. Als im Mai 1940 die deutschen Truppen die Maginot-Linie durchbrachen, wurde Graf Egmont, der Held aus Goethes Drama, von einer thüringischen Zeitung nicht romantisch verklärt, sondern als »politischer Kämpfer« für sein Volk, die Niederländer, dargestellt, die allerdings, ironischerweise, damals, im 16. Jahrhundert, nicht die Angreifer waren, wie die Nazis, sondern ihrerseits von den spanischen Besatzern unterdrückt wurden.[148] Andere Artikel feierten zur Zeit der Experimente mit Euthanasie die Eugenik oder schilderten, wie die *Deutsche Allgemeine Zeitung*, das *Berliner Tageblatt* und die *Frankfurter Zeitung*, die Einrichtung von Alfred Rosenbergs Institut zur Erforschung der Judenfrage im März 1941.[149]

Zusammen mit dem *Reich* war die *Frankfurter Zeitung* in der Berichterstattung über den Fortgang des Kriegs das führende Presseorgan. Begeistert war es bestrebt, »jeden Überfall und jede Gewalttat mit spaltenlangen spitzfindigen Begründungen zu verteidigen«, wie die neutrale *Neue Zürcher Zeitung* einige Monate nach dem Zusammenbruch des Reichs bemerkte.[150] Vor allem unter dem einflussreichen Herausgeber Rudolf Kircher berauschte sich die *Frankfurter Zeitung* an »optimistischen Nachkriegsplanungen in einem siegreichen, nationalsozialistisch beherrschten Europa«.[151] Nach dem mit Frankreich 1940 geschlossenen Waffenstillstand ging Werner Best im Auftrag der *Deutschen Allgemeinen Zeitung* nach Paris und meldete von dort an Goebbels, die Franzosen seien »ein müdes, sterbendes Volk ohne Halt, ohne Glauben an die eigene Kraft und damit auch ohne Zukunft«.[152] Als vier Jahre später die Alliierten in Frankreich landeten, gehorchte die *Deutsche Allgemeine Zeitung* sofort Goebbels' Anordnung, über die Ereignisse positiv zu berichten, als gebe es nun eine einzigartige Gelegenheit für Deutschland, den Feind zu besiegen.[153] Das entsprach der damaligen Einstellung des Ministers, Widrigkeiten des Kriegsverlaufs lediglich als Chancen für den Endsieg zu begreifen. Andere ehemals bürgerliche Blätter – von der Parteipresse ganz zu schweigen – machten mit bei der Glorifizierung von Deutschlands kriegerischer Tüchtigkeit: Von der *Berliner Illustrirten Zeitung*, die sich ein pangermanisches Nazi-Europa erträumte, bis zu den *Münchner Neuesten Nachrichten*, die Erfolge nach Schlachten in der Region Bialystok–Minsk priesen, folgten alle Goebbels' Anordnung positiver Kriegsberichterstattung aufs Wort.[154]

Unter der Naziherrschaft und besonders während des Kriegs geriet die deutsche Presse nicht nur in eine qualitative, sondern auch in eine quantitative Katastrophe. Bereits 1933 wurde mit der Einstellung von Zeitungen begonnen, eine Entwicklung, die sich mit Kriegsbeginn beschleunigte. Ein technischer Grund lag in der zunehmenden Knappheit von Zeitungspapier.[155] Das Regime nutzte solche Gelegenheiten, um Presseorgane loszuwerden, die es trotz Gleichschaltung schon immer als Stachel im Fleisch empfunden hatte. So wurden im Mai 1941 rund 550 Zeitungen und Zeitschriften geschlossen, weitere 950 im Frühjahr 1943. Nach dem August 1944 wurden jedem Blatt nur noch vier, ab März 1945 noch zwei Seiten bewilligt.[156] Am 15. März 1943 wurden alle in Dresden erscheinenden, einstmals liberalen Zeitungen auf eine Seite beschränkt, und im Herbst wurde die *Frankfurter Zeitung* ungeachtet all ihrer Bemühungen auf persönliche Anordnung Hitlers geschlossen, weil er ihr die jüdischen Wurzeln nicht verzeihen konnte.[157]

Ein weiterer Grund für das Verbot könnte darin liegen, dass die *Frankfurter Zeitung* in Aufmachung und Inhalt Goebbels' Blatt *Das Reich* zu sehr ähnelte, und Goebbels wollte im Hinblick auf Stil und Berichterstattung ein Monopol. In mancher Hinsicht sollte das *Reich* als Vorbild für jenen Teil der NS-Presse dienen, der, wie die vormals bürgerlichen Zeitungen, für die gebildeten Leser sorgte. Abgesehen davon hatte das *Reich* für Goebbels eine besondere Funktion: »Je radikaler wir in unseren Anschauungen sind, die im *Reich* vertreten werden, umso vornehmer und unverfänglicher muss die ganze Aufmachung erscheinen.«[158] Was besagte, dass die Artikel visuell-stilistisch mehrheitlich auf die gebildeten Eliten zielten, auch und gerade auf Leser im Ausland (etwa in neutralen Staaten wie der Schweiz oder Schweden). Ferner sollten die übermittelten Botschaften tatsachenbezogen und vernünftig argumentierend anmuten. Nazipathos war ebenso zu vermeiden wie die nervenzerrende, brutale Nachricht, sodass dem oberflächlichen Blick eine wenig bedrohliche, wo nicht gar erhellende Nachrichtenwelt sich auftat (ähnlich wie in der *Frankfurter Zeitung* oder der *Deutschen Allgemeinen Zeitung*). Las man das Gedruckte aber sorgfältig, ließ sich zwischen den Zeilen die totalitäre Diktatur erkennen. Wie aber stellte sich dieses empfindsame Gleichgewicht in praxi her? Das demonstrierte, von wenigen Ausnahmen abgesehen, Goebbels selbst in seinen Leitartikeln über Deutschlands Kombattanten, die Moral der Heimatfront oder selbst die Juden: Sein Stil war abgewogen und brillant, seine Wortwahl zurückhaltend.[159]

Das Reich zeichnete sich vor allem durch sein Feuilleton aus, in dem viele Artikel eher zurückhaltend formuliert waren, wenn es beispielsweise um Kulturereignisse, gesellschaftliche Zusammenkünfte oder Buchrezensionen ging. Häufig drehten sie sich um regionale Folklore und ihr Brauchtum, auch gab es viele Filmbesprechungen. Beispielhaft für den Feuilletonstil ist ein einfühlsames Porträt des Komponisten Werner Egk.[160] Zu erwähnen wäre auch ein Artikel über den Preußenkönig Friedrich II. im Stil der Großen Männer, die Geschichte machen. Der Beitrag folgte dem Muster, das der Film *Der große König* geprägt hatte, und zog wie dieser schmeichelhafte Parallelen zwischen Friedrich und Hitler.[161] Wirklich wichtig aber waren Goebbels die Artikel mit einer konkreten politischen Botschaft, mochte sie auch verbal verhüllt sein. Ebenso favorisierte er Beiträge über Kriegswirklichkeit und imperialistische Vorherrschaft, die bisweilen in ungeschminkter Umgangssprache abgefasst waren, sodass sogar neutrale Leser zustimmend nicken konnten. In diese Kategorie gehört ein Beitrag von Paul Scheffer, Korrespondent der Zeitung in Washington, der ein Jahr nach Kriegsbeginn erschien. Scheffer behauptete, entgegen den Tatsachen: »Die Gegner der totalitären Staaten haben im innersten Herzen immer diesen Krieg herbeigesehnt.«[162] Mit seinem ästhetischen Gepräge und Gepränge konnte das *Reich* genutzt werden, um in glaubhafter Weise den Lesern einige der heikleren Themen nahezubringen, beispielsweise »Rasse«. So erläuterte im Februar 1941 der Universitätsdozent Ludwig Ferdinand Clauß die nationalsozialistische »Volksgemeinschaft« und warnte vor denen, die sich außerhalb stellten, indem sie die »Rassenhygiene« vernachlässigten oder sich »unnordisch« verhielten. (Clauß hatte kurz zuvor den Anthropologen Dr. Bruno Beger beraten, der 1943 als SS-Hauptsturmführer nach Auschwitz fuhr, um KZ-Insassen für eine Skelettsammlung der Universität Straßburg auszusuchen, was er in einem Gespräch, das ich 1963 mit ihm führte, bestritt.)[163] Als 1943 die Schlacht um Stalingrad begann, verfasste Eugen Mündler, Herausgeber des *Reichs*, einen Artikel, in dem er Hitler rühmte und, in Erinnerung an die Machtergreifung 1933, auf die »jüdische Geißel« verwies.[164] Und nach dem fehlgeschlagenen Attentat vom 20. Juli 1944 pries der SS-Obersturmführer Hans Schwarz van Berk das Wunder, das Hitler davor bewahrt hatte, ermordet zu werden. Er wies dabei darauf hin, dass die Vorsehung Hitler schon zuvor mehrere Male gerettet habe und der »Führer« daher unverwundbar sei.[165]

Als Goebbels und die Herausgeber des *Reichs* schließlich von ihren Einflussmöglichkeiten auf die gebildeteren Schichten der Bevölkerung überzeugt waren, ergriffen sie die Gelegenheit, weniger konventionelle, wo nicht gar explosivere, Themen anzusprechen, für die sie bei der Leserschaft Verständnis und Zustimmung erlangen wollten. Abgesehen von Goebbels' finsteren Auslassungen über die Juden (s. dazu das vorherige Kapitel) gab es, sorgfältig dosiert, Artikel und Berichte über die SS und ihren Sicherheitsdienst, den SD. Im Februar 1941, nach der Besetzung Dänemarks und Norwegens, wurde die Gründung der Waffen-SS-Kompanie »Nordland« gefeiert, der auch viele Freiwillige aus Norwegen angehörten. Vermittelt werden sollte die Freude über ein größeres Germanisches Reich, das nun im Entstehen begriffen sei.[166] Einen Monat später beschrieb die Zeitung das jüdische Ghetto in Warschau: Es sei bewohnt von Semiten voller »Disziplinlosigkeit und Verkommenheit – ein grausiges Panorama«. Zum Glück sei dieses Volk von der übrigen Bevölkerung getrennt worden und werde durch SS-Leute als Garanten der Ordnung in Schach gehalten, die, begleitet von Marschmusik, durch die Straßen marschierten.[167] Zu eben jener Zeit lobte das *Reich* die reibungslose Zusammenarbeit zwischen HJ und SS bei der Einrichtung von landwirtschaftlichen Arbeitskommandos im Osten.[168] Zwölf Monate später ging es um russische Partisanen, die als »Banditen« bezeichnet wurden und gemäß Hitlers Barbarossa-Dekret vom 13. Mai 1941 »umstandslos zu erschießen seien«. Einen solchen Bericht zu bringen war nicht ganz risikolos, doch wurde die Notwendigkeit für die SD-Einsatzgruppen, diese »Banditen« auszulöschen, überzeugend dargestellt.[169] Ähnlich beredsam beschrieb der Autor des Artikels, SS-Obersturmbannführer Wilhelm Spengler, einer der SS-Spezialisten der Zeitung, über die Wiederansiedlung sogenannter Volksdeutscher westlich von eroberten russischen Gebieten.[170]

Angesichts solch detaillierter Berichterstattung über Nazi-Gewalt und -Gewalttäter waren Behauptungen von Apologeten dieser Zeitung nach 1945, das *Reich* sei im Vergleich mit der gewöhnlichen NS-Presse positiv zu bewerten, nicht zu rechtfertigen. Begründet wurde diese Auffassung hauptsächlich mit dem ästhetisch anspruchsvolleren Format, der allgemein gemäßigten Art der Darstellung gegenüber Publikationen wie Julius Streichers *Stürmer* sowie den politisch eher neutralen Artikeln einiger Beiträger. Unter Verweis auf Autoren wie Theodor Heuss, Eduard Spranger, Manfred Hausmann und Max Planck, die im *Reich* publizierten, wurde das Blatt sogar als Krypto-Plattform eines (angeblichen) Kreises von »inneren Emigranten«, wo nicht gar als »innerer Widerstand« gewertet. Aber das Gegenteil ist der Fall, denn das Blatt war seinem Wesen nach aggressiv nationalsozialistisch, was sich an den Artikeln von SS-Offizieren wie Spengler und Schwarz van Berk zeigt (von Goebbels ganz zu schweigen). Und das wirft ein schlechtes Licht auf diejenigen Autoren, die sich als »Nicht-Nazis« verstanden. Es waren Opportunisten, die einen sicheren Platz suchten, sei es für den Fall, dass Hitler den Krieg gewann, sei es für den Fall, dass es nach dem Krieg eine Demokratie geben würde.[171]

Goebbels ließ die meisten seiner Leitartikel für das *Reich* über den Rundfunk verbreiten.[172] Mit gutem Grund: Im Dezember 1939 hatte er erklärt, der

Rundfunk, die »kulturelle SS« in Friedenszeiten, sei »schärfstes Kampfinstrument zur Erhaltung unserer Moral«.[173] Zu anderen Zeiten hätte er dasselbe über den Film oder die Wochenschauen sagen können. Aber der überragende Wert des Rundfunks in Kriegszeiten war augenfällig. Um ihm maximale Effizienz zu verleihen, wurde er aus der Reichskulturkammer ausgegliedert und der direkten Kontrolle des Propagandaministeriums unterstellt.[174] Im Juni 1940 wurden die Regionalprogramme zugunsten einer uniformen, zentralisierten Programmgestaltung stark zurückgefahren, und als das Reich seine Grenzen kriegsbedingt immer weiter ausdehnte, wuchs auch die Anzahl der Stationen und mit ihnen die der Hörer.[175]

Auch weiterhin sah Goebbels sich vor das Problem gestellt, das Rundfunkprogramm ausgewogen zu gestalten, doch im Allgemeinen gab er der Musik – und darüber hinaus der leichten Muse – den Vorzug vor dem Wort.[176] Seine Begründung war plausibel: Die Eliten, um die man sich in den dreißiger Jahren im Interesse staatlicher Verwaltung noch hatte bemühen müssen, seien jetzt für den Nationalsozialismus gewonnen oder zumindest fügsam und insofern entbehrlich; die Diktatur sei unangreifbar geworden. Im Gegensatz dazu stünden die großen Massen derer, die als Arbeiter oder Angehörige der unteren Mittelschicht die Hauptlast der Frontkämpfe trügen und also umsorgt werden müssten. Sie scherten sich nicht um Beethoven-Sonaten oder Goethe-Gedichte, sondern wollten Schlager und traditionelle Tanzmusik hören und liebten die Witze mit »Tünnes und Schäl« aus der Heimatregion des Propagandaministers.

Insofern hatte Goebbels mit der Einrichtung und Ausstrahlung der Sendung »Wunschkonzert« (worauf der gleichnamige, enorm populäre Film von 1940 beruhte) eine glückliche Hand. Die Sendung diente der Unterhaltung von Soldaten wie auch Angehörigen der Heimatfront und war ein Haupterzeugnis der Rundfunkproduktion im Reich. Vorläufer war eine einfachere Version der späten dreißiger Jahre, in der Zivilpersonen per Brief sich bestimmte Musiktitel wünschen konnten. Im Gegenzug leisteten sie eine Spende zum Beispiel für das Winterhilfswerk. An diesem Grundkonzept änderte sich auch nach Kriegsbeginn nichts, doch nun wurde die Sendung ein Dialog zwischen Militär und Heimatfront: Soldaten konnten nach ihren Angehörigen daheim fragen, und umgekehrt konnten ihre Angehörigen und Freunde den Soldaten persönliche Grüße und den neuesten Familienklatsch zukommen lassen. In gewisser Vorwegnahme amerikanischer Late-Night-Shows fanden die Ereignisse in einem prachtvoll-teuren Rahmen statt. Die meisten deutschen Filmstars nahmen daran teil, ebenso wie Persönlichkeiten aus E- und U-Kultur, die bei Live-Auftritten sangen oder tanzten oder Humoristisches boten, wobei als Conférenciers immer dieselben beiden Figuren aus dem Showbusiness fungierten, die bald jedermann geläufig waren. Das Ganze sollte die Einheit der »Volksgenossen« daheim und an der Front demonstrieren, beflügelt zunächst von fortwährenden Siegen und bisweilen erhoben durch die huldreiche Anwesenheit von Parteiführern aller Ränge, wenn nicht des »Führers« höchstpersönlich, der schon vor dem Krieg, anders als Mussolini, Stalin oder spätere Potentaten, sich die Bewunderung der Öffentlichkeit durch Zurückgezogenheit erhielt. »Wunschkonzert« wurde von Oktober 1939 bis Mai 1940 mit dem Titel »Wunschkonzert für die Wehrmacht« ausgestrahlt, im Sommer ausgesetzt und lief erneut von Oktober 1940 bis Mai 1941. Die Sendung wurde offenkundig mit Blitzkrieg und -sieg identifiziert, und die Begeisterung darüber wirkte als Quelle der Inspiration. Als aber im Frühsommer des dritten Kriegsjahrs schmerzlich bewusst wurde, dass der Konflikt noch nicht vorbei war und schlimmere Zeiten voraus lagen, verfügte Goebbels die Einstellung. Zudem erschwerten britische Luftbombardements die Ausstrahlung solcher Sendungen.[177]

Die Nachrichtensendungen des Rundfunks durchliefen im Krieg eine ähnliche Entwicklung wie die Berichterstattung der Propagandakompanien: War das Kriegsglück den deutschen Truppen hold, wurde ausführlich berichtet, anderenfalls nahm man zu Täuschungen, Lügen oder Verschweigen Zuflucht. Zwischen 1939 und 1941 schwelgte der Rundfunk in Siegesmeldungen und sendete Militärmärsche fast wie zu den Anfängen des Regimes. Jeden Tag gab es Sondersendungen von der Front und Ansprachen von Parteiführern, auch von Hitler selbst (wenngleich mit abnehmender Häufigkeit). Sicher war zu dieser Zeit das deutsche Volk von Hitler und den Erfolgen der Wehrmacht begeistert, und besonders gern hörte es von der Eroberung fremder Territorien.[178]

Doch zur Jahreswende 1941/42, als Großbritannien nicht besetzt wurde, sondern immer mehr Luftangriffe gegen deutsches Territorium flog, und als Nachrichten von den Schwierigkeiten der Wehrmacht vor Moskau durchsickerten – nicht über die Rundfunkwellen, sondern aus Briefen von Frontsoldaten oder ihren Bemerkungen beim Heimaturlaub – erlitt der deutsche Rundfunk seinen ersten großen Rückschlag. Die Nachrichtensendungen verloren an Beliebtheit, und die forcierte Fröhlichkeit vieler Radioshows stieß zunehmend auf Ablehnung. Als Goebbels anordnete, nun sei ein »Programm optimistischer Schlager« zu spielen, und daraufhin häufig Zarah Leander mit dem Lied »Davon geht die Welt nicht unter« (aus dem Film *Die große Liebe* von 1942) zu hören war, löste das Befremden aus.[179] Goebbels, ständig um ein gut ausbalanciertes Rundfunkprogramm bemüht, entschloss sich nun zu einer grundsätzlichen Revision, indem er Anfang 1942 Musiker, die auf ihren jeweiligen Gebieten Experten waren, zur Rundfunkzentrale nach Berlin schickte. Dazu gehörten zum Beispiel der Jazzpianist Georg Haentzschel, der früher bei den Weintraub Syncopators gespielt hatte, und Michael Raucheisen für die E-Musik.[180] Da es Goebbels aber vor allem um die Truppen zu tun war, brauchte er notgedrungen einen insgesamt jazzigeren Sound. In den achtziger Jahren erzählte mir der erfahrene Haentzschel, dass er die Vorliebe für Jazz und Swing kannte, die viele Soldaten und insbesondere die gegen Großbritannien eingesetzten Bomberpiloten hegten. Auch Goebbels dürften die Gerüchte zu Ohren gekommen sein, dass deutsche Piloten auf ihrem Weg zu den britischen Inseln in der BBC Jazz hörten und sorgfältig darauf achteten, keine Sendeanlagen zu treffen, damit sie auf dem Rückweg Benny Goodmans Klarinettenmelodien hören konnten.[181] Aber indem der Propagandaminister Georg Haentzschel und das von ihm geleitete hochklassige Deutsche Tanz- und Unterhaltungsorchester (DTU) im Rundfunk spielen ließ, zog er sich auch den Zorn engstirniger deutscher Hörer zu, die sich immer gern über »jüdischen Jazz« ereiferten.[182]

Die zweite große Krise des Rundfunks, von der auch andere Informationsmedien betroffen waren, ereignete sich zur Zeit der Kämpfe um Stalingrad Anfang 1943. Goebbels fragte sich bereits, wie weit er mit seiner Strategie, der Unterhaltung den Schwerpunkt einzuräumen, gehen könne. Nun verbot er für die Dauer von vier Tagen die Ausstrahlung leichter Musik; stattdessen gab es Klassik.[183] Doch getreu dem Märchen, das er im *Reich* erzählte, demzufolge Stalingrad nicht etwa auf eine Wende im Kriegsglück der Deutschen deute, sondern sich zur Konstruktion eines Heldenmythos eigne, kehrte er im Rundfunk sehr schnell wieder zur vorherigen Programmgestaltung mittels leichter Musik zurück (begleitet von Nachrichten, die das Kriegsgeschehen zunehmend verfälschten). Allerdings stellte sich heraus, dass die Bevölkerung daheim das Radio weniger zur Entspannung andrehte, sondern um sich vor bevorstehenden Bombenangriffen warnen zu lassen. Die Soldaten wiederum genossen die Programme ihrer gut platzierten und großzügig finanzierten »Soldatensender« (etwa den Soldatensender Belgrad), die nur militärischer Jurisdiktion unterstanden und deshalb relativ freie Hand hatten.[184]

Im Gegensatz zum Film konnte der Rundfunk in den Jahren 1942 bis 1945 die Öffentlichkeit nicht mit einer Schein- und Fluchtwelt beglücken. In dieser Zeit wandten sich die Deutschen, überzeugt von der Wertlosigkeit der leichten Unterhaltung, zunehmend »Feindfunk« wie der BBC zu, um sich über den wahren Stand des Kriegsgeschehens zu informieren, auch wenn sie wussten, dass die Verbreitung solcher Nachrichten mit dem Tod bestraft werden konnte.[185] Eine weitere Komplikation war technischer und verwaltungsmäßiger Natur. Radioapparate konnten, wie Kinos, durch Bombardements zerstört werden und waren nicht eben leicht zu ersetzen; sie fielen den Truppen in die Hände; Rundfunkstationen mussten geschlossen werden, weil die Belegschaft an der Front gebraucht wurde, Ressourcen wie das Tonband wurden knapp.[186] Zudem vertrauten die Deutschen daheim nicht mehr auf die Nachrichtensendungen der RRG, die mehr und mehr von Nachrichten über die Invasion der Alliierten beherrscht wurden, auch wenn Goebbels mehr klassische Musik senden ließ. Es wurden einfach zu viele Geschichten über für das Vaterland gefallene Helden erzählt, während die Soldaten selbst sich ausschließlich auf ihre eigenen Sender verließen und auf das, was sie, mit sehr viel weniger Risiko, von feindlichen Sendern an der Front mitbekommen konnten. Auch gab es Stories über Panzerschützen, die, wann immer es ging, feindliche Sender über die Spezialempfänger in ihrem Gefährt hörten.[187] 1944/45 sendete der deutsche Rundfunk fast nur noch apokryphe Berichte.[188]

Immerhin konnte der Rundfunk in jenen letzten Kriegsjahren noch eine wichtige Nachricht verkünden: Am 20. Juli 1944 gab Goebbels bekannt, dass der »Führer« einen Putschversuch von Militärs heil überstanden habe. Zur Abwechslung stimmte die Nachricht sogar.[189] Aber Hitler bediente erneut das Muster der Falschmeldungen, als er am 1. Januar 1945 über den Rundfunk verkündete, dass die Deutschen keinen Grund hätten zu kapitulieren, denn es würde die Stunde kommen, »in der sich der Sieg endgültig dem zuneigen wird, der seiner am würdigsten ist: dem Groß-Deutschen Reich«.[190] Zu den letzten dieser besonderen Nachrichten im Rundfunk gehörte die vom 30. April 1945, bei der ein Sprecher leidenschaftslos verkündete, dass der »Führer« bei der Verteidigung von Berlin den Heldentod gestorben sei.[191]

Musik und Theater im Dienste des Kriegs

Während des Zweiten Weltkriegs wurde in Deutschland auch die Musik in erheblichem Maß für Propagandazwecke genutzt, denn der Staat besaß genügend Lenkungsmöglichkeiten und die Musiker gehorchten, sei es aus Furcht oder freiwillig, den Forderungen des Regimes.[192] Eine Folge war, dass die Qualität der Musik schlechter wurde, sofern dieser Prozess nicht schon vor dem Krieg eingesetzt hatte. Technische und logistische Faktoren spielten dabei eine entscheidende Rolle. So brauchte man zum Beispiel viele Musiker für ein Orchester, und in Deutschland gab es traditionellerweise viele Orchester, nicht nur in den Großstädten, sondern auch in der Provinz, bisweilen gar mehr als zwei an einem Ort. Mit Kriegsbeginn wurden immer mehr Musiker eingezogen, sodass bestimmte Gruppen verkleinert oder ganz aufgelöst werden mussten. Amateure, häufig Frauen, füllten die Lücken. Für Konzerte, Opern oder Vortragsabende benötigte man große Gebäude, denen gegenüber ein Filmvorführbus natürlich beweglicher war. Da Live-Aufführungen seltener wurden und zudem von minderer Qualität waren, sah Goebbels seine Propagandaziele besser im Rundfunk aufgehoben, weil es leichter, billiger und sicherer war, aufgezeichnete Musik zu senden, besonders seitdem die RRG sich ab 1941 der von der AEG entwickelten Tonband-Technik (»Magnetophon«) bediente. Aufgezeichnete Musik ließ sich wiederholen – ein wichtiger Propagandaaspekt, wenn etwa Franz Liszts »sinfonische Dichtung« *Les Préludes* von Siegesmeldungen unterbrochen wurde (auch wenn Liszt Ungar war).[193]

Zudem ließ, als die Bombardierung der Städte begann, der Konzertbesuch merklich nach. Und nach einiger Zeit waren viele Konzertsäle zerstört, und die 1943 noch übrig gebliebenen boten vorwiegend Aufführungen am Tag, wenn nicht so viele Interessierte Zeit für einen Konzert- oder Opernbesuch hatten. Die Musiker spielten häufig in Hut und Mantel, um bei Bombenalarm rasch die Schutzräume aufsuchen zu können. Ganze Orchester wurden aus Sicherheitsgründen von einer Stadt in eine andere verlegt wie 1943 das von Duisburg aus dem höchst gefährdeten Rheinland nach Prag. In manchen Städten gab es gar keine Aufführungen mehr.[194] Ende 1943 wurde bei einem der schwersten Luftangriffe auf Berlin das überaus beliebte Varieté Scala, eine Bühne für Revuen, Operetten und häufig auch Jazzauftritte, weitgehend zerstört, und am 30. Januar 1944, dem 11. Jahrestag von Hitlers Machtergreifung, erlitt die Philharmonie das gleiche Schicksal. Anfang Februar 1945 wurde die Staatsoper zum zweiten Mal schwer getroffen, zwei Monate später erwischte es die Semperoper in Dresden. Zu dieser Zeit hatte Goebbels bereits alle öffentlichen Aufführungen verboten, wenngleich es Ausnahmen gab.[195]

Alles in allem war die Aufführung sogenannter ernster Musik (E-Musik) für das Regime in Kriegszeiten nicht so wichtig, wie es das noch im Frieden gewesen war. Auch hier galt, wie schon für Rundfunk und Film, dass gleich nach Kriegsbeginn das Programm in Richtung Unterhaltung verschoben wurde, um die Massen bei der Stange zu halten; diesem Zweck dienten Operetten, Schlager, Volks- und Tanzmusik und sogar Jazz.[196] Im Februar 1942 wurde Richard Strauss, der Verkörperung klassischer Musik per se, von Goebbels im Ministerium der Kopf gewaschen, weil er mit dessen Bevorzugung von Unterhaltungsmusik nicht einverstanden war. Rüde fuhr Goebbels den Komponisten an: »Hören Sie endlich auf mit dem Geschwätz von der Bedeutung der Ernsten Musik! Damit werden Sie sich nicht aufwerten! Die Kultur von morgen ist eine andere als die von gestern. Sie, Herr Strauss, sind von gestern!«[197] Goebbels' Haltung macht verständlich, warum Live-Aufführungen von Jazzmusik selbst mitten im Krieg nicht verboten waren: Hauptsächlich die Soldaten auf Heimaturlaub sollten durch die noch bestehenden Jazzkapellen unterhalten und abgelenkt werden. Diese Bands traten für gewöhnlich in besonders lizenzierten Nachtclubs wie der Berliner Rosita Bar auf, wo Coco Schumann im Februar 1943 bei einer SS-Razzia fast verhaftet worden wäre. Darüber hinaus wurde das Deutsche Tanz- und Unterhaltungsorchester offizieller Repräsentant des Staates, und seine Musiker erhielten Gagen, die ungefähr denen der Berliner Philharmoniker entsprachen.[198] Insofern blieben regionale Jazzverbote wie das von Gauleiter Mutschmann für Sachsen im Frühjahr 1943 ohne weitere Folgen.[199]

Aber Strauss hatte nach 1939 noch mehr Wechselfälle des Schicksals zu ertragen als das Problem, welche Musik das deutsche Publikum zu Kriegszeiten hören sollte. Schon 1935 hatte er vom Posten des Präsidenten der Reichsmusikkammer zurücktreten müssen und war durch Peter Raabe, einen mittelmäßigen Dirigenten, aber treu ergebenen Nazi, ersetzt worden. Strauss hatte Abmachungen über antijüdische Mitgliedschaften etwas lax behandelt und zudem den österreichischen Schriftsteller – und Juden – Stefan Zweig als Librettisten für die Oper *Die schweigsame Frau* beschäftigt. Als während des Kriegs die antisemitischen Maßnahmen verschärft wurden, war Strauss persönlich betroffen, weil er seine jüdische Schwiegertochter schützen und deren österreichische Großmutter vor dem Vernichtungslager bewahren wollte (Letzteres gelang ihm nicht: Sie starb im Osten in einem KZ). Aber Strauss musste, um das private und das berufliche Leben im Gleichgewicht zu halten, sich den Wünschen des Regimes, dessen Ziele zunehmend auf den Krieg ausgerichtet waren, fügen. Außerdem lag ihm an seinem materiellen Wohlergehen, weshalb er seinen Marktwert für das Regime erhalten musste. Da er wusste, dass man ihn mehr als jeden anderen zeitgenössischen Künstler seiner internationalen Glaubwürdigkeit halber schätzte, bot er dem Regime weiterhin seine Dienste an. Er leitete Wettbewerbe für junge Komponisten, ließ einen eindrucksvollen Dokumentarfilm über sich drehen und komponierte eine *Festmusik* für Japan, den einen Bündnispartner der Achsenmächte, der gerade einen aggressiven Krieg im Pazifik führte. Auch um den unberechenbaren Goebbels in Schach zu halten, versicherte Strauss sich der Patronage des Gauleiters von Wien, Baldur von Schirach, und des Generalgouverneurs im besetzten Polen, Hans Frank. (Frank wurde als Kriegsverbrecher bei den Nürnberger Prozessen zum Tode verurteilt.)[200] Tatsächlich blieb Strauss (zusammen mit Richard Wagner) in den Programmen der Opern- und Konzertbühnen. Er gehörte zu den meistaufgeführten Komponisten und wurde jedes Jahr bei den neu eröffneten Salzburger Festspielen gefeiert.[201] Am 5. Dezember 1941 notierte Goebbels recht selbstzufrieden in seinem Tagebuch, dass Strauss wieder auf Linie gebracht worden sei. Man sollte eine gute Beziehung zu ihm aufrechterhalten, denn »schließlich ist er doch unser größter und wertvollster repräsentativster Musiker«.[202]

So blieb Strauss in der Rangfolge der Musiker im NS auf dem ersten Platz. Zweiter war, wie schon vor 1939, Hans Pfitzner (Strauss' frustrierte Nemesis), zumindest im Hinblick auf das öffentliche Prestige, wenngleich nicht was die Aufführungspraxis anging.²⁰³ Pfitzner litt auch weiterhin darunter, dass Hitler gegen ihn eine Abneigung hegte, die schon seit den frühen zwanziger Jahren bestand (Hitler hatte gemeint, Pfitzner sehe wie ein Rabbi aus). Auch seine menschenfeindliche Einstellung und sein Geltungsdrang gingen vielen Parteigrößen auf die Nerven. Allerdings verschrieb er sich, anders als Strauss, im Großen und Ganzen der NS-Ideologie und hatte Verständnis für das deutsche Bestreben im Weltkrieg. Seine *Kleine Symphonie* in G-Dur (op. 44) vom November 1939 wurde vom *Völkischen Beobachter* als besondere Gabe »in schwerer Kriegszeit« beurteilt.²⁰⁴ Zudem gab es immer regionale Parteichefs, die ihn unterstützten. Ganz besonders war Gauleiter Arthur Greiser in Posen (heute Poznan) um ihn bemüht. Greiser war einer der bösartigsten Satrapen Hitlers im besetzten Osten (er wurde 1946 von den Polen öffentlich erhängt). Greisers Ehefrau Maria war Konzertpianistin, was im September 1942 zur Einrichtung der Posener Musikwoche führte, bei der Pfitzner im Mittelpunkt stand. Dort sang, in der Hoffnung auf eine rasche Karriere, die junge Sopranistin Elisabeth Schwarzkopf für ihn. Außerdem gab es die »Pfitzner-Wochen« und Pfitzner-Schumann-Feiern. Höhepunkt dieser politisierten Musikereignisse war Pfitzners Besuch in Hans Franks Gouverneurssitz, dem Schloss in Krakau. Im November 1942 war der Komponist in Franks persönlichem Eisenbahnwaggon dorthin gereist und hatte exklusiv für den musikliebenden Zuchtmeister gespielt. Pfitzner sammelte eine Menge mit Geld versehener Preise ein und wurde zum Kultursenator des Dritten Reichs erhoben – ein, wie sich herausstellte, bedeutungsloser Titel, der aber der ungeheuren Eitelkeit des Komponisten schmeichelte.²⁰⁵

Dritter in dieser inoffiziellen Hierarchie der Komponisten war Carl Orff, der nach seinem Erfolg von 1937 mit den *Carmina Burana* zunehmend prominenter wurde. In einer musikalischen Landschaft ohne neue Kompositionen ragte 1945 dieses weltliche Oratorium als das einzige Werk von internationaler Bedeutung heraus, das während der NS-Zeit entstanden war. Weil Orff befürchtete, als »Vierteljude« enttarnt zu werden, ging er auf Nummer sicher und suchte, wie Pfitzner, sich materiell abzusichern, was die monatliche Zuwendung von Gauleiter Baldur von Schirach einschloss. Auch sonst erfreute er sich der Gunst des Regimes. 1941 erließ das Propagandaministerium eine Anweisung, der zufolge Aufführungen der Werke von Orff in der

Presse besonders wohlwollend besprochen werden sollten; auch nahm er an Diskussionen im Ministerium teil, und der Präsident der Reichsmusikkammer, Peter Raabe, setzte sich dafür ein, dass Orff eine private Telefonleitung behalten konnte, was zu Kriegszeiten eigentlich ebenso verboten war wie der Besitz eines Privatwagens. Aber Orff hielt auch Verbindung zu Menschen, die später im Widerstand gegen das Regime tätig waren. Zum Glück für ihn wurden seine Werke häufig im Rundfunk gespielt, und 1944 bot ihm das Propagandaministerium einen Vertrag für die Komposition von, wie es hieß, »Kampfmusik« an.[206] Auf diese Weise sollte die Musik direkt dem Krieg dienlich sein. Ebenfalls 1944 war Orff ein Platz auf der sogenannten Gottbegnadetenliste gesichert worden, wodurch er vom Kriegsdienst freigestellt war. Auch hatte ihm Minister Goebbels seine Aufmerksamkeit zugewandt.[207] Ab und zu entdeckte er seinen früheren Geschmack für das Moderne wieder, und als er Orffs Opus magnum im Radio hörte, diktierte er im September 1944 ein Memorandum: Bei Orff »handelt es sich durchaus nicht um eine atonale Begabung; im Gegenteil, seine ›Carmina Burana‹ bietet außerordentliche Schönheiten, und wenn man ihn auch textlich auf die richtige Bahn brächte, so würde seine Musik sicherlich sehr viel versprechen. Ich werde ihn mir bei nächster günstiger Gelegenheit einmal kommen lassen.«[208] Das diktierte Goebbels zu einer Zeit, da er die meisten anderen Gelegenheiten für öffentliche Aufführungen bereits untersagt hatte.

Werner Egk, angepasst wie Orff, konnte sich gleichfalls nicht beklagen. Gebührte Orff unter den modernistischen Komponisten zweifellos der erste Platz, so kam Egk, in einigem Abstand, auf den zweiten Rang. Für die vom Propagandaministerium in der Kriegszeit bevorzugte Unterhaltungsmusik boten sich diverse Kompositionen von Egk und Orff an, etwa Orffs Märchenoper *Der Mond* (1939) und Egks *Die Zaubergeige* (1935). Beide Musiker wurden ausgiebig in der Liste der Komponisten des berühmten Musikverlags Schott gewürdigt.[209] Egk agierte mehr aus Opportunismus als aus politischer Nähe zum NS, konnte aber auch aggressiver auftreten als Orff, als er sich im Juni 1941 das für Komponisten zuständige Amt in der Reichsmusikkammer sicherte, denn an seinem Stammbaum war nichts auszusetzen. In den folgenden Jahren war er dem Regime noch verschiedentlich zu Diensten, komponierte für HJ und SS. Es wurde zu seiner Spezialität, eigene Werke außerhalb der Reichsgrenzen im Interesse der Kriegspropaganda zu dirigieren, beispielsweise seine Oper *Peer Gynt* im Juni 1941 in Prag, und in der Pariser Oper wurde *Joan von Zarissa* unter seiner Leitung mindestens dreißig Mal gegeben.[210] Diese Touren wurden offiziell vom Propagandaministerium unterstützt, weil Goebbels (Anfang 1942) die Auffassung vertrat: »Die Kulturpropaganda ist den Franzosen gegenüber immer noch die beste Propaganda. Ich werde sie deshalb noch mehr als bisher verstärken.«[211] So kam es, dass Egk, ohnehin berechnenden Wesens, immense Summen verdiente und 1943 noch das »Kriegsverdienstkreuz« bekam – eine Ehre, die er mit den überzeugten NS-Anhängern Michael Raucheisen und der Pianistin Elly Ney teilte.[212]

Ansonsten blieb das Feld der klassischen Musik, abgesehen von den neueren Komponisten, die sich bereits früher im Dritten Reich etabliert hatten, eine Brache. Wie in vielen anderen künstlerischen Bereichen nach 1933 zeigten sich keine neuen Talente am Horizont, erst recht keine NS-spezifischen. Darum überragten Strauss und Pfitzner alles, während Orff und Egk, Komponisten von bisweilen unleugbarer Originalität, sich in ihren Positionen einrichten konnten. Goebbels höchstselbst versuchte, jüngere Komponisten zu fördern: beispielsweise Gottfried Müller, der, Jahrgang 1914, ursprünglich – wie Hugo Distler und Wolfgang Fortner – Kirchenmusiker war, aber schon früh Hitler-Worte zu Kantaten verarbeitet hatte. Ähnlich komponierte er, für Chor und Orchester, während des Kriegs. Zwar gewann Müller Staatspreise und wurde von Insidern als neuer Hoffnungsträger der NS-Musik gehandelt, doch befand Goebbels 1944 sein Werk als »zu polyphon. Unsere modernen Musiker übersteigen sich in den Mitteln und verlieren deshalb die melodische Linie.«[213] Es gab Versuche, neue Genies durch ein Programm namens »Komponisten im Waffenrock« zu unterstützen, indem man im Radio alle möglichen Komponisten vorstellte, die an der Front gedient hatten, doch blieb der Versuch, damit einige außergewöhnliche Talente zu finden, ergebnislos.[214] Goebbels schlug Wettbewerbe vor, bot Preise an, organisierte Möglichkeiten zum Vorspielen und neue Kommissionen – alles ohne Erfolg.[215] In letzter Hinsicht hatte er mehr Glück mit dem Genre, das ihm damals wirklich am Herzen lag: mit Schlagern, Film- und Operettenmelodien – kurz, mit allem, was sich ohne Schwierigkeiten summen ließ. Goebbels, ein Experte für die Verführung von Frauen bei schmalziger Musik (und selbst versiert in solcher auf dem Klavier), regte Norbert Schultze, seines Zeichens Komponist populärer Schlager, zur Schaffung von Propagandaliedern gegen die Sowjetunion und Großbritannien an und begünstigte weitere derart zweckgerichtete Unternehmungen.[216] Schultzes Kollege Herms Niel wurde mit einer ähnlichen Aufgabe betraut, hier hieß das Propagandaziel Frankreich.[217] Insgesamt aber erkannte Goebbels, dass brauchbare Kompositionen nicht zu haben waren, weshalb er auf Nummer sicher ging und einige Energie in die Wiederbelebung und Neufassung älterer deutscher Musik investierte, damit sie der NS-Ideologie angepasst werden konnte.[218]

Waren nun die Komponisten von einem NS-Staat abhängig, der einen Weltkrieg führte, so galt dies für die Instrumentalisten noch viel mehr. Individuelle Künstler wurden schnell und schmerzlich gewahr, dass sie den Herrschenden nicht missfallen durften, wollten sie nicht für entbehrlich erklärt und an die Front oder, im Fall von Frauen, in die Rüstungsindustrie geschickt werden. So jedenfalls erging es nicht wenigen. Selbst Musiker ersten Ranges hatten einiges zu befürchten, so der Dirigent Hans Knappertsbusch, den Hitler eher für die Leitung einer Militärkapelle geeignet hielt, während Goebbels ihn gegen Kriegsende gar nicht mehr für das Dirigat von Symphonien geschweige denn Opern einsetzen wollte. Der Minister, der es bald aufgab, neue, außergewöhnlich begabte Musiktalente ausfindig zu machen, hielt bewährte Musiker bei der Stange, indem er, bisweilen in Absprache mit Hitler, in unregelmäßigen Abständen ihre Aufführungen besuchte. So hatten in Goebbels' Augen die Opernsänger Rudolf Bockelmann und Josef von Manowarda bereits 1942 an Prestige verloren, während der Bass Wilhelm Rode von der Deutschen Oper Berlin sich auf das Dirigieren beschränken musste. Der im Kommen begriffene Bassbariton Hans Hotter hatte mehr Glück: Er galt als vielversprechend und wurde von Hitler wie auch Goebbels für die Bayreuther Festspiele vorgesehen.[219] Glück hatten auch viele Orchestermusiker, weil sie im Rundfunk noch gebraucht wurden, während die öffentlichen Veranstaltungen von Goebbels kassiert worden waren. Anderenfalls hätten sie ihre Arbeit verloren und wären zum Kriegsdienst herangezogen worden.[220]

Es ist daher verständlich, dass selbst herausragende Musiker miteinander um die Gunst des Regimes wetteiferten, sich den Kriegszielen dienstbar und sich selbst so unverzichtbar zu machen suchten. Ganz und gar ernst nahm das die Pianistin Elly Ney, eine fanatische NS-Anhängerin, die Offene Briefe an »Meine lieben Soldaten« schrieb, in denen sie der Wehrmacht für die vielen Briefe dankte, die sie erhalten hatte. Sie schwelgte »in dieser kämpferischen

Einheit von Soldat und Künstler« und gab ihrer Dankbarkeit, »Führer und dem Volk« dienen zu dürfen, Ausdruck.[221] Darüber hinaus erinnerte sie ihre Hörerschaft daran, dass Hitler von der Musik gefordert hatte, für die ständige Entwicklung des nationalen Lebens gewappnet zu sein.[222] Während Elly Ney Ratschläge und musikalische Auftritte zu allen ihr passend erscheinenden Gelegenheiten unters Publikum streute, gab es von der Partei festgelegte Feiertage, die musikalisch zu würdigen waren. An erster Stelle stand Hitlers Geburtstag am 20. April. An diesem Tag spielten häufig, wie schon vor dem Krieg, die Berliner Philharmoniker unter Wilhelm Furtwängler, entweder live, in Gegenwart des »Führers«, oder im Rundfunk. Aber auch andere Orchester waren zu hören. So dirigierte am 20. April 1940 Clemens Krauss das Bayrische Staatsorchester; das Ereignis wurde im Rundfunk übertragen. Dann folgten Darbietungen der Sänger Erna Berger und Wilhelm Strienz sowie das Tanzorchester von Radio Berlin unter Barnabas von Geczy und Hans Rosbaud. Das Musikkorps von Hitlers Leibwache, die SS-Leibstandarte, leistete ebenfalls ihren Beitrag, zweifellos mit dem *Badenweiler Marsch*.[223] Es gab noch weitere Ereignisse auf höchster Ebene und sogar staatlich geförderte Filme zur Begleitung von Auftritten, zu denen Musiker samt ihren Instrumenten herangeschafft wurden.[224]

Hans Hotters mögliche Abordnung nach Bayreuth war realistisch, weil Sänger und Dirigenten nach Wunsch und Willen von Winifred Wagner sowie Hitler persönlich dorthin entsandt werden konnten. Nach 1939 wurden die jährlich stattfindenden Festspiele als eine Art von kulturellem Kriegsspiel neu definiert, ähnlich den Salzburger Festspielen nach 1940. In diesem Jahr wurden sie ausgesetzt, weil in der Vorsaison, nach dem sogenannten Anschluss Österreichs, das Ereignis sein, insbesondere jüdisches, Stammpublikum verloren hatte und wenig spektakulär gewesen war. 1941 sollten zu den Festspielen, so die Planung von Hitler und Goebbels, nur Soldaten, NS-Krankenschwestern und Arbeiter in der Rüstungsindustrie und vielleicht deren Angehörige zugelassen werden. Die offizielle Begründung lautete, wie der Film *Stukas* zu vermitteln suchte, dass Festspiele als Werbung für die Rüstungsindustrie die Soldaten mit einer Dosis Kultur stärken und sie für den Kampf an der Front ertüchtigen würden, während eben diese Soldaten die Möglichkeit bekamen, die deutsche Hochkultur an der Salzach zu verteidigen. »Kunst und Schwert« hieß das Bündnis, das vom 2. bis zum 24. August 1941 rund 20 000 uniformierte Männer und Frauen vereinte. In den folgenden zwei Jahren gab es ähnliche Teilnehmerzahlen. Die Stadt war mit Hakenkreuzfahnen übersät, und bei den historischen Stätten wimmelte es von Zügen der HJ. Die für August 1944 vorgesehenen Aufführungen wurden nach dem Attentat vom 20. Juli abgesagt, zudem hatte Goebbels für den Herbst ohnehin alle öffentlichen Aufführungen untersagt.

Von Anbeginn dienten die Festspiele als Feier von Mozarts Musik und, in geringerem Maße, auch der Werke von Richard Strauss, die zumeist von dem ihm ergebenen Clemens Krauss dirigiert wurden. Allerdings dürften die ausgewählten Stücke kaum von größerem Unterhaltungswert für die Wehrmachtsangehörigen und die Braunen Schwestern (Krankenschwestern des NS-Reichsbunds Deutsche Schwestern) gewesen sein, standen doch Opern auf dem Plan wie *Der Rosenkavalier* und *Arabella* oder Mozarts (immerhin sehr lyrische) *Zauberflöte*. Alles in allem waren die Salzburger Festspiele weder für das vom Krieg gestresste Publikum noch für Goebbels, in dessen Verantwortungsbereich sie fielen, ein Erfolg. Goebbels fand den Modernisten Krauss als Person altklug und in musikalischer Hinsicht zu riskanten Experimenten geneigt.[225]

Schon deshalb gab es keine wirkliche Konkurrenz zwischen Salzburg und Bayreuth, denn die Wagner-Festspiele standen unter persönlicher Oberhoheit. Im Wesentlichen diente Bayreuth den gleichen Zwecken wie Salzburg, aber die Angehörigen der Familie Wagner waren alte Freunde Hitlers, und so sah er zu, dass sie nicht unter der Kriegswirtschaft zu leiden hatten. Winifreds jüngerer Sohn Wolfgang hatte als Soldat kurz am Polenfeldzug teilgenommen und war dabei verwundet worden; Wieland Wagner, Hitlers Protegé, war vom Kriegsdienst befreit worden und hatte freie Hand bekommen. Unter der künstlerischen Leitung von Winifred Wagner und Heinz Tietjen schuf Wieland, damals in seinen Zwanzigern, die Bühnendekorationen, wobei er einen altmodischen Stil bevorzugte, den selbst Hitler nicht mehr schätzte und der ihn für gewöhnlich in Konflikt mit seinen fortschrittlicheren Vorgesetzten brachte. Wie im Fall der Salzburger Festspiele wurden auch hier die Eintrittskarten von Staat und Partei gekauft, um dann an Soldaten und Arbeiter in der Kriegsindustrie verteilt zu werden, aber die Erlöse kamen der Familie Wagner zugute. Die Einwohner Bayreuths waren davon wenig begeistert, denn in den Straßen der Stadt drängten sich anlässlich der

Spiele Massen von Uniformierten, und die Bayreuther nahmen – fälschlicherweise – an, dass die Soldaten sich auf ihre Kosten ein paar schöne Tage machten, während sie doch eigentlich an der Front kämpfen sollten. Aber diese Bedenken waren überflüssig, denn das meist in Feldgrau gewandete Publikum, dessen Mitglieder aus der Mittel- und Unterschicht stammten, war keineswegs glücklich darüber, mit einem Sonderzug nach Bayreuth und dann vom Bahnhof zum Festspielhaus und wieder zurück gebracht zu werden. Freizeit gab es nicht, stattdessen mussten sie stundenlang sitzen und Wagnermusik hören. Zusätzlich gab es noch akademische Vorträge. Dass der Opernkanon arg zusammengestrichen worden war, dürften sie kaum bemerkt haben: *Parsifal* gab es nicht, dafür immer wieder *Die Meistersinger von Nürnberg*, die als ästhetisch leichter verdaulich galten. Wie die Salzburger Festspiele litten auch die von Bayreuth zunehmend unter dem kriegsbedingten Schwund von Bühnenpersonal; 1943 wurde der umfangreiche Chor mit Angehörigen der SS-Standarte »Wiking« aufgefüllt. Im Juli 1944 gab es die letzten Festspiele in der Kriegszeit. Anfang April 1945 wurde Bayreuth schwer bombardiert, indes blieb das Festspielhaus unbeschädigt. Aber es war ohnehin keine Saison; es gab keine Aufführungen. Am 14. April marschierten US-Truppen in die Stadt ein.[226]

Salzburg und Bayreuth waren bevorzugte Stätten für den Versuch des NS-Regimes, Soldaten und Arbeiter mit Werken der Hochkultur zu beeindrucken, ein Ziel, das sie auch anderenorts verfolgten, zum Beispiel mit Theateraufführungen. Vor allem nach Kriegsbeginn wurde die theatrale Infrastruktur in den Dienst dieser Aufgabe gestellt, sodass 1941 rund 23 Prozent aller Aufführungen im Reich vor einem Publikum stattfanden, das sich aus Angehörigen von Hilfsorganisationen der Wehrmacht und der Partei sowie Beschäftigten in der Rüstungsindustrie zusammensetzte.[227]

Es kann nicht überraschen, dass das Theater die nämlichen Kriegspflichten zu erfüllen hatte wie andere Kulturbereiche, sei es Film oder Musik. Immer ging es darum, einer dem Krieg ausgesetzten Bevölkerung Entspannung, Stärke und Trost zukommen zu lassen. Daran, dass das Theater im Vergleich mit den anderen Kulturformen nicht zurückstehen müsste, ließen die Repräsentanten des Regimes keinen Zweifel: »Wenn Künstler spielen, marschiert ein Volk«, lautete ein Slogan, und Gustaf Gründgens, der gerühmte Intendant von Görings Preußischem Staatstheater, bekundete im

Völkischen Beobachter, die Theaterkunst sei Teil des deutschen Verteidigungssystems.[228] Sein Kollege Heinz Hilpert vom (Goebbels unterstellten) Deutschen Theater sekundierte Goebbels, indem er ein effektiveres Führermodell für die Bühnen des Reichs vorschlug: Ein Künstler solle sich in das Ensemble integrieren wie ein jeglicher Deutscher in die »Volksgemeinschaft«, und der Intendant eines Ensembles sei eben dessen »Führer«.[229] Künstler und Soldaten bildeten eine Einheit, hieß es, und der Inhalt des Theaters sollte den neuen Notwendigkeiten des Staats angepasst werden, wie zum Beispiel der Eugenik, der mit Beginn des Kriegs Priorität eingeräumt wurde.[230] Noch 1943 stimmte Hitler mit seinem Kulturminister bezüglich dieser Interpretation der Aufgaben des Theaters überein, auch wenn immer deutlicher wurde, dass die Opferung von Menschenleben zur Aufrechterhaltung der Fronten unerlässlich war.[231]

Obwohl bis 1943 dank der kriegsbedingten Expansion des Reichs die Zahl der Theater ebenso wuchs wie die der Besucher, hatten die Bühnen mit Schwierigkeiten zu kämpfen.[232] Erstens war mit immer weiteren Einberufungen zu rechnen, die das Theater härter trafen als die Filmindustrie, denn Bühnenproduktionen waren personal- und arbeitsintensiver. Zweitens sahen sich die Theater in einer Art existenzieller Krise gefangen, weil die propagandamäßig angeordnete leichte Unterhaltung ihre traditionelle Vorrangstellung in der Hochkultur kompromittierte, was das Ethos erfahrener Theaterleute beschädigte.[233] Und drittens hatte das Theater Rekrutierungsprobleme, weil – gerade aus Sicht der Schauspieler – geeignete Stücke und Stückeschreiber, insbesondere NS-affine, rar gesät waren.[234]

Von ein paar neuen, kriegsbezogenen Stücken abgesehen, war das deutsche Theater nach Kriegsbeginn noch mittelmäßiger als zu Friedenszeiten, wie willkürlich herausgegriffene Beispielseiten des NS-Journals *Deutsche Theater-Zeitung* sofort augenfällig machen. So zeigt die Ausgabe vom 14. September 1939 Fotos der Theaterdirektoren von Aachen und Frankfurt/Oder – Otto Kircher und Hermann Grußendorf –, beides keine Titanen ihres Berufs. Daneben wurden Stücke von überzeugten Nazis angezeigt: Gustav Frenssen, Walther Gottfried Klucke, Walter Stang, Thilo von Trotha und Fritz Wolfsdorf. Außerdem gab das Blatt Einblick in die Spielpläne von Provinzbühnen wie Innsbruck, Coburg und Regensburg.[235] Von den Klassikern war Schiller am beliebtesten, weit vor Goethe, Hebbel und Kleist, bis seine Dramen nach 1943 auf Geheiß von Hitler wegen ihrer Freiheitsthematik in den Hintergrund gedrängt wurden.[236] Mit Shakespeare und Shaw waren englische und irische Dramatiker schnell vom Spielplan getilgt (auch wenn die Nationalsozialisten schon früh Shakespeare als »nordisch« für sich reklamierten). Französische und russische Dramen wurden schlichtweg ignoriert. Aus Italien kam im Mai 1940 ein von Mussolini als Ko-Autor verfasstes Stück über Graf Cavour im Berliner Staatstheater mit Werner Krauss in der Titelrolle zur Aufführung. Goebbels bemerkte trocken: »Der Duce kann offenbar besser Geschichte machen als Geschichte dramatisieren.«[237]

NS-Barden nutzten die politische Situation, um kriegsbedürfnisgerechte Stücke zu fabrizieren, und selbst Direktoren von bisher untadeligem Ruf beeilten sich, dem Regime zu Gefallen zu sein. Der Schriftsteller und ehemalige Freikorpskämpfer Edwin Erich Dwinger, mittlerweile in SS-Uniform und Propagandaspezialist für die PK, verfasste ein Drama namens *Der letzte Traum*, das auf seinem Roman *Die letzten Reiter* beruhte. Stück wie Roman waren antisowjetisch, und die Premiere, die im Oktober 1941 in Stettin stattfand, war zeitpunktmäßig gut gewählt, denn der deutsche Einmarsch in die UdSSR lag nur ein paar Monate zurück.[238] Ebenfalls 1941 brachte Gustaf Gründgens das Stück *Alexanderzug* als Premiere auf die Bühne. Geschrieben hatte es der HJ-Poet Hans Baumann, der Alexanders Eroberungszüge in gefällige Parallele zu Hitlers Eroberungen setzte. Gründgens, der im antibritischen Film *Ohm Krüger* den Kolonialminister Joseph Chamberlain verkörperte, gab auf der Bühne den Alexander.[239] Zu dieser Zeit war Deutschland noch siegestrunken, aber als etwas später Herbert Reinecker, Mitglied einer Propagandakompanie der Waffen-SS, ebenfalls ein antisowjetisches Stück schrieb, in dem es um sogenannte Volksdeutsche in Russland ging – ein Thema, das den Nationalsozialisten besonders am Herzen lag –, kam es kurz vor dem Fall von Stalingrad zur Aufführung. Das war eine unglückliche Wendung der Ereignisse, die der Autor nicht vorhergesehen hatte.[240] Nur zwei Wochen nach der Katastrophe von Stalingrad ließ der NS-Autor Gerhard Schumann sein neues Stück *Gudruns Tod* auf die Bühne bringen, ein Wikinger-Epos, das im Hochmittelalter spielt. Darin bringt eine fiktive Königin namens Gudrun sich um, indem sie sich ersticht. Das Stück ist überaus kitschig und schlecht gemacht; insofern entsprach es dem prekären Zustand des Reichs mit der unsicheren Zukunft seiner militärischen Unternehmungen.[241]

Buch und Schwert

Im Frühjahr 1939 erhielt ein deutsches Mädchen mit dem althochdeutschen Namen Irmingard von ihrer Mutter ein Geburtstagsgeschenk: Erich Gritzbachs Biographie von Hermann Göring. Die Mutter vermerkte in handschriftlicher Widmung: »Meiner lieben Irmingard in großer Zeit«. Die Mutter hatte ein sehr beliebtes Buch gewählt, das Görings Leben und Wirken bis zu diesem Zeitpunkt detailliert schilderte; zudem war es mit interessanten Fotos versehen. Der Band, den Irmingard erhielt, war im Jahr zuvor veröffentlicht worden (er befindet sich in meinem Besitz) und war bereits in der 19. Auflage; bislang waren 340 000 Exemplare gedruckt worden.[242] Es gehörte zu jener Art von Literatur, die in den Monaten vor und nach Kriegsbeginn äußerst populär geworden war, weil die führenden deutschen Politiker, allen voran Hitler und Göring, idolisiert wurden. Die Spitze bildete der »Hitler-Mythos«. Als die Monate verstrichen, wuchs die Nachfrage nach Büchern. Verlage expandierten und Buchhandlungen machten Gewinne.

Es lässt sich nicht übersehen, dass es für diese Entwicklung auch wirtschaftliche Gründe gab. Bücher wurden von den Bürgern und den Angehörigen der Streitkräfte gekauft, weil zu viel Geld zirkulierte. Die Leute wussten nicht, wohin damit, weil mit der Zeit immer weniger Konsumgüter produziert wurden oder so knapp waren, dass man sie nur auf Marken bekommen konnte. Bücher dagegen erhielt man ohne Marken.[243] An der Heimatfront wurden immer häufiger Bücher von Frauen gekauft, weil sie über mehr Zeit verfügten. Eine dieser Käuferinnen erklärte bereits im September 1940, dass sie einen fesselnden Roman brauche, »um nicht mit Sorge nachts auf die Flieger zu warten und nachher stumpfsinnig im Keller hocken zu müssen«.[244] Goebbels hatte es richtig vorhergesehen: Gefragt war leichte Kost, nicht schwere Lektüre wie Parteihandbücher. Die deutsche Buchproduktion war gefordert, auch wenn die Papiervorräte zunehmend knapper wurden. Zur Jahreswende 1941/42 geriet das Publikationswesen in eine Krise, weil die Nachfrage nach populärer Literatur für die Heimatfront kaum noch zu befriedigen war, denn die Soldaten wurden bei Sammellieferungen bevorzugt – und sie verlangten ständig mehr. Anfang 1943 sah sich Goebbels, der weitgehende Kontrolle über das Publikationswesen hatte, gezwungen,

Verlage zu schließen; die Anforderungen des von ihm am 18. Februar erklärten »totalen Kriegs« ließen nun umfangreiche Mittel in die Streitkräfte und Rüstungsbetriebe fließen, was zu Lasten von Verlagen und natürlich Schriftstellern ging. Im Januar 1944 wurden die Auslieferungslager für neue Bücher in Leipzig, einer bedeutenden Verlagsstadt, bombardiert – der Anfang vom Ende für neue deutsche Literatur. Ab dem 1. September waren alle kulturellen Aktivitäten von Goebbels verboten, und so gab es keine neuen Veröffentlichungen mehr.[245]

Fünf Jahre zuvor, im September 1939, war ein Schriftsteller namens Martin Raschke auf dem besten Weg, zu einem der Stars der NS-Literaturszene zu werden. 1930, im Alter von 25 Jahren, entschied er sich zu einer Existenz als freier Autor. Sein Studium hatte er nach zwei Jahren abgebrochen. Er kehrte in seine Heimatstadt Dresden zurück und schrieb zunächst für Zeitungen und den Rundfunk. 1935 veröffentlichte er, mittlerweile ein überzeugter Nationalsozialist, sein erstes Buch von einiger Bedeutung (*Das Erbe. Eine Erzählung*). Protagonist ist Reinhold Berger, ein junger Mann auf einem Bauernhof in der Oberlausitz, besessen von dem Gedanken, dass auch der tschechische Teil des Riesengebirges deutsch werden müsse. Befeuert wird er von der Tatsache, dass Klara, seine Liebste, die Tochter sudetendeutscher Bauern, jenseits der Grenze wohnt. Wenn sie sich, sei's auf tschechischem, sei's auf deutschem Boden, treffen, sind sie sich darin einig, dass sie heiraten und »viele Kinder« haben wollen. Reinhold mag keine Mädchen, die er sich nicht als zukünftige Mütter vorstellen kann. Raschkes Buch war ein unverhülltes Plädoyer für eine Vereinigung des Sudetenlands mit dem Deutschen Reich, die vier Jahre später vollzogen wurde. Reinhold Berger sieht den Grund darin, dass »Deutsche hüben wie drüben ihre Wohnungen hatten und die Erde auf gleiche Weise bestellten«. Traurig dachte er an eine sudetendeutsche Familie, die junge Frauen durch Heirat mit tschechischen Männern verloren hatte und »deren Kinder schon die Sprache ihrer Mutter kaum mehr verstanden«.[246]

In seinem Buch bediente Raschke dieselben rassistischen Klischees wie seine Kollegen, die NS-Barden Hanns Johst, Will Vesper, Wolf Braunmüller. Mit einigen von ihnen stand er in brieflichem Kontakt. Neben der Sehnsucht nach dem Sudetenland und der völkischen Fruchtbarkeit verherrlichte er das Bauerntum und die bäuerliche Scholle im Gegensatz zu den sterilen Städten und trat für die Ahnenverehrung ein. Raschke, der seine vielen Freunde durch Intelligenz und Charme beeindruckte, sprach sich begeistert für einen Krieg aus und folgte Hitlers Vorstellungen von einem Europa unter deutscher Führung, einem Groß-Europa, einem Großgermanischen Reich unter NS-Vorherrschaft.[247]

In seiner zweiten wichtigen Arbeit, der Novelle *Der Pomeranzenzweig* (1940), beschreibt Raschke in etwas verworrener Prosa, wie Hubert, ein Flieger, der verwundet aus dem Polenfeldzug zurückkehrt, seinen Bruder und dessen Frau, Gertrud mit Namen, zu Hause besucht. Die beiden besitzen eine große Gartenanlage in Dresden. Hubert und Gertrud verlieben sich ineinander, woraufhin der Bruder, statt die Ehe zu verteidigen, das Versagen sich zuschreibt und sich zum Dienst an der Front meldet. Nun kann Hubert sich nicht dazu bringen, seiner Liebe zu Gertrud den Vollzug folgen zu lassen, die sich daraufhin zum Freitod entschließt. Dem kommt Hubert zuvor, indem er erst sie und dann sich erschießt. Das Ende der Geschichte ist reiner Kitsch, aber Raschke gelingt es, Hubert als Beispiel für Kameradschaft darzustellen. Er kann seinen Bruder, sexuelle Leidenschaft hin oder her, nicht hintergehen, wo doch beide in der Wehrmacht sind.[248] Nach der Veröffentlichung der Novelle wurde Raschke von der offiziellen Kritik als rangmäßig herausragendster Dichter gefeiert.[249]

Raschke wurde dann zum Dienst in einer Propagandakompanie eingezogen, was er durchaus befürwortete. Wie seine Frau, eine Tanzlehrerin aus der Mary-Wigman-Schule, hielt er den Ostfeldzug samt deutschem Sieg für notwendig. So empfahl er sich für einen von Goebbels' Parteibüro in Berlin geplanten Sonderauftrag.[250] Aber im November 1943 bekam er bei Nevel an der russischen Front einen Bauchschuss und gelangte zu spät in die Notfallambulanz. Offiziell verstarb er am 24. November 1943.[251]

In gedrängter Form stellt Raschke dar, was für die deutsche Literatur kurz vor und nach dem Einmarsch in Polen bedeutsam war. Im Roman über Berger und das Riesengebirge geht es um »völkische« Werte à la »Blut und Boden«, um die Achtung der Vorfahren und das rassische Erbe sowie die Liebe zur landwirtschaftlichen Kultur. Der Krieg, mittels dessen der Stärkere sein Recht durchzusetzen gewillt ist, zeichnete sich am Vorabend der deutschtschechischen Krise bereits ab. In *Der Pomeranzenzweig* hob Raschke die Notwendigkeit des Kampfs fürs Vaterland, die Kameradschaft zwischen

Soldaten, die Selbstaufopferung sowie die Dienstbarkeit, aber auch Kameradschaft zwischen Frauen in einer männerdominierten, führerabhängigen Gemeinschaft hervor.

Hätte Raschke weitergelebt, wäre er vielleicht jener Goldjunge der NS-Literatur geworden, nach dem das Regime – wie auch in anderen Künsten – schon seit Mitte der 1930er-Jahre gesucht hatte und noch suchte, als der Krieg schon im Gange war. Nicht zufällig aber war die Suche vergeblich, trotz aller Wettbewerbe und Treffen. Die gewünschten Themen waren immer noch die der Vorkriegsjahre: Geschichte in der Perspektive der NS-Weltanschauung, vom Feind begangene Untaten, Kritik der Urbanität, »Rasse«. Darüber hinaus aber ging es jetzt um Ideen zu einem Großdeutschland, da das Reich einige Eroberungen gemacht hatte, die eine Besiedlung des Ostens in Aussicht stellten. Außerdem sollte das Leben herausragender Parteigenossen, die jahrzehntelang als Pioniere der Bewegung gedient hatten, zum Thema regimeseitig sanktionierter Hagiographien werden – mit dem Ziel, ein offizielles, dauerhaftes Vermächtnis zu schaffen.[252]

Während aussichtsreiche literarische Talente zuhauf an der Front starben, war das Regime weiter auf der Suche.[253] 1941 nahm Alfred Rosenberg an einem von seiner Zeitung, dem *Völkischen Beobachter*, organisierten Wettbewerb teil, dessen Ziel es war, einen außergewöhnlichen Roman aufzuspüren. Rosenberg las vier der besten eingereichten Manuskripte, wurde aber enttäuscht, weil sie alle mit Mängeln behaftet waren.[254] Goebbels suchte es besser zu machen, indem er das Weimarer Dichtertreffen von 1938 zu einer Kombination aus Kriegsversammlung und Schreibwerkstatt umfunktionierte – ein Ereignis, dass jährlich im Herbst stattfinden sollte. Im November 1940 setzte der Dichter Manfred Hausmann die Leser von Goebbels' *Reich* davon in Kenntnis, dass alle Teilnehmer des ersten Kongresses vom Propagandaminister und seinen Mitarbeitern angehalten wurden zu bedenken, dass sie einem totalen Krieg ins Auge blickten; und solange er andauert, »gehört das Buch zum Schwert, das Schwert zum Buch, gehört der Dichter zum Soldaten und der Soldat zum Dichter«.[255] Obwohl ein solch banales Mantra keineswegs die höchsten Maßstäbe für zukünftige Meisterdichter setzte, fanden noch zwei weitere Treffen statt: im Herbst 1941 bzw. 1942. Nun waren selbst ausländische Autoren willkommen, vorausgesetzt, dass sie mit dem Regime sympathisierten und der deutschen Sprache mächtig waren. Man beschwor »Führer, Volk und Vaterland« und verherrlichte den Krieg. Ein literarisches Genie stellte sich indes nicht ein.[256]

Es gab noch zwei Schriftsteller, produktiver als Raschke, die während des Kriegs als *poetae laureati* hätten fungieren können: Hanns Johst und Ernst Jünger. Aber während Johst sich in seiner Villa am Starnberger See auf den Lorbeeren ausruhte, hielt sich Jünger auch als Soldat bedeckt. Er trug die Uniform der Wehrmacht, Johst als Gruppenführer die der SS. Bei Kriegsbeginn war Johst Präsident der Reichsschrifttumskammer in Goebbels' Reichskulturkammer. Er hatte dort wenig zu tun, weil Hans Hinkel als Vizepräsident der RKK und Goebbels die tägliche Arbeit erledigten. Zum Thema seiner wenigen Berichte wurde Johst selbst. SS-Gruppenführer Johst wiederum erfreute sich der persönlichen Freundschaft mit Hitler, dem Minister für Rüstung und Munition Fritz Todt, sowie mit dem ihm seelenverwandten Heinrich Himmler.[257] 1940 begleitete er Himmler auf Inspektionsreisen ins besetzte Polen und berichtete darüber in äußerst lockerem Tonfall, um zu dokumentieren, auf welch vertrautem Fuß er mit den NS-Granden stand: »Ich saß in achtzehnstündiger Fahrt neben dem Reichsführer, der seinen kleinen BMW selbst steuerte.« In Polen lauschte Johst einer von Himmlers aufmunternden Ansprachen an seine Truppen, die bereits dabei waren, ihr tägliches Mordsoll an polnischen und jüdischen Zivilisten zu erfüllen. »Der Reichsführer-SS spricht. Ein Wort hat die Brisanz, die mehr ist, als die Munitionsfabriken in aller Welt je technisch herstellen können. Er befiehlt: ›Werdet nie weich ... werdet nie roh!‹«[258] Dennoch tat Goebbels Johsts Berichte von seinen Erfahrungen in Polen als naiv ab und hielt den Schriftsteller für ein Leichtgewicht, das weder politisch noch literarisch etwas taugte.[259] Obwohl Johst sich selbst als Barde, wo nicht gar Historiker der SS sah und sich bis zum Ende des Reichs zu Himmlers engsten Freunden zählte, war ihm im Regime keine große Zukunft mehr beschieden, und auch die Leserschaft wandte sich ab, da er praktisch nichts mehr veröffentlichte.[260]

Johsts einstmaliger Kollege aus expressionistischer Zeit Ernst Jünger war sehr viel komplexer und empfindungsfähiger. Aber wie der Schriftsteller W. G. Sebald 1999 bemerkte, hat Jünger durch seine Schriften der zwanziger Jahre dem NS den Weg bereitet. Er pries die Ruhmestaten des Kriegs und entwarf die Konstruktion eines totalitären politischen – antidemokratischfaschistischen – Staatswesens.[261] Er war damals mit Goebbels in Kontakt gewesen und hatte Hitler eins seiner Bücher mit der Widmung »Dem nationalen Führer Adolf Hitler« geschickt. Er hatte ihn sogar zu einem Treffen eingeladen, aber Hitler tauchte nicht auf.[262] Jünger war nicht gegen Juden eingestellt, aber dennoch rassistisch. Die Nationalsozialisten allerdings konnten seinen Vorstellungen weder in sozialer noch in ästhetischer Hinsicht entsprechen, und er mied den Umgang mit ihnen. Zwar ging er längst nicht so weit wie Johst, war aber auch nach 1933 von faschistischen Phänomenen und dem Krieg fasziniert und äußerte sich immer wieder zustimmend zu Hitlers Abschaffung der Demokratie in Deutschland.[263] Seine Schriften zeigen ihn als sadistischen Voyeur von Ungleichheiten und Irregularitäten in der Natur, was sich nicht nur an der Beobachtung der von ihm geschätzten Insekten zeigt, sondern auch, in verquerer Analogie, im menschlichen Leben. Er seziert, hier wie dort, anspruchsvoll die Einzelheiten des sozialdarwinistischen Kampfs ums Überleben, mit besonderem Augenmerk auf die Opfer mit ihren Verwundungen und Konvulsionen, ihrem Todeskampf, weniger auf die Normalität von Siegern. In Kriegsszenen und -szenerien beschrieb er gern detailliert die Toten und Sterbenden in ihrem Todeskampf und -krampf, die verwesenden Leichen, besiedelt und besudelt von Fliegen und Würmern. Verwundete Soldaten, die durch medizinische Fürsorge geheilt wurden, interessierten ihn nicht. Menschenfreundlichkeit war nicht seine Sache.[264]

Jünger hatte, wie auch der »Rote Baron«, der Flieger Manfred von Richthofen, und Hermann Göring, im Ersten Weltkrieg den Orden Pour le Mérite erhalten, die höchste Auszeichnung, die im preußischen Militär zu vergeben war. Jüngers elitäre Haltung, die er als Schriftsteller einnahm, zeigte in moralischer Hinsicht Verachtung für alles Menschliche, von Individuen bis zu Gemeinschaften, und in ästhetischer Hinsicht eine perverse Faszination für Verhängnis und Zerfall auch jenseits des Kriegs. Dergleichen untersuchte er und zeichnete es in allen Einzelheiten auf. Am glücklichsten war er, wenn er sich absetzen und für sich einen Sonderplatz in einer Gruppe mit männlicher Vorherrschaft – zum Beispiel Krieger – finden konnte, wo Herablassung gegenüber, wenn nicht gar Verachtung von Frauen bis hin zu sexueller Ausbeutung vorherrschte. Bei Kriegsausbruch meldete sich Jünger, in den Worten von Saul Friedländer »ein Connaisseur in Sachen Gewalt«, als Freiwilliger zur Wehrmacht, wo er den Rang eines Hauptmanns bekleidete. Im besetzten Paris fand er einen angenehmen Platz für sich, verkehrte in Luxushotels und Gourmetrestaurants, wo er seinen Lieblingswein, Châteauneuf-du-Pape, schlürfte.²⁶⁵ Er legte sich eine jüdische Geliebte namens Camilla zu, was seine Frau Perpetua, die bei Hannover wohnte und davon wusste, dulden musste. Außerdem phantasierte Jünger über allerlei Arten von Sex mit minderjährigen Mädchen, idealen »Bettwärmern«, die er selbst als an der russischen Front getötete Partisaninnen noch einer leichenschauhaften Aufmerksamkeit für wert befand.²⁶⁶ Mit Blutrausch kombinierte sexuelle Befriedigung mag auch die Motivation für die peinlich genaue Beschreibung der Hinrichtung zumindest eines deutschen Deserteurs gewesen sein, die sich dann literarisch vermarkten ließ.²⁶⁷ So wie vor dem Krieg führte er auch in Paris das Leben eines spirituellen Sadisten, dessen fein kalibriertes Instrument seiner Auffassungsgabe eine grenzenlose Vorstellungskraft war, die weit über die Maßstäbe des gewöhnlich Akzeptierten hinausreichten. Der Essayist und Romancier Peter de Mendelssohn formulierte 1949 in überzeugender Weise, dass Jünger die Entwicklung des Bösen beschleunigen wollte, um es betrachten, analysieren und beschreiben zu können.²⁶⁸ Zweifellos hatte er auch im Sinn, es literarisch zu vermarkten. Jüngers Tagebuch aus der Besatzungszeit in Paris steht als sybaritisches Testament in bemerkenswertem Gegensatz zu Heinrich Bölls privaten Notizen, die er 1943 an der Ostfront niederschrieb und in denen er von zahllosen Kriegsgräueln berichtet. Sie sind ein stilles Monument für Anne-Marie, seine von ihm angebetete junge Ehefrau.²⁶⁹

Jüngers literarische Produktion stagnierte während des Kriegs ebenso wie die von Johst. Er schrieb an seinem Kriegstagebuch (»Strahlungen«), von dem er frühe Abschnitte zuerst im *Reich* und dann, 1942, in Buchform veröffentlichte. Die abschließende Publikation, die sein opportunistisches Verhältnis zu französischen Kollaborateuren wie zu randständigen Mitgliedern des deutschen militärischen Widerstands um Stauffenberg offenlegte, erblickte 1949 das Licht der Öffentlichkeit.²⁷⁰ Diese späteren Kontakte, mögen sie auch beiläufig gewesen sein, verhalfen Jünger ebenso wie ein Bericht über sein Treffen mit Picasso 1942, zu seiner Reputation als Beinahe-Widerstandskämpfer in den Anfangsjahren der Bundesrepublik.²⁷¹ Tatsächlich war er, wie einige seiner Kollegen, ein abwartender Opportunist gewesen, der aus seiner unbestreitbaren Ablehnung Hitlers Kapital zu schlagen verstand, was im Übrigen auch der Fall gewesen wäre, hätte Hitler den Krieg gewonnen. Diese Ablehnung gewinnt Gestalt in seinem Roman *Auf den Marmorklippen*. Dort wird der »Oberförster«, tatsächlich ein grausamer Kopfjäger, doch mit einiger Faszination geschildert.[272] Immerhin war es dann Böll, der (1972) den Nobelpreis für Literatur erhielt, nicht Jünger.

In den literarischen Kreisen von Nazideutschland war Jünger kein Unbekannter, und obwohl er an den Weimarer Dichtertreffen nicht teilnahm, wurde sein Werk dort mit Respekt erwähnt.[273] Aber seine idiosynkratische, zurückhaltende Persönlichkeit machte es selbst Goebbels, der ihn während der »Kampfzeit« sehr bewundert hatte, schwer, ihn propagandistisch zu verwerten. Auch wenn er Jüngers erneuten Eintritt in die Wehrmacht guthieß und seine kürzlich erschienenen Kriegstagebücher gelobt hatte, fand er nun, dass Jünger »unfruchtbare Philosophasterei« betrieb, wo er doch einstmals »gute und wirkungsvolle Bücher« publiziert hatte. Goebbels wollte ihn wieder in den Griff bekommen, »um ihm meinen Standpunkt klarzumachen«.[274]

Der Krieg wurde zum Brennpunkt insbesondere für jene deutschen Autoren, die, wie Johst und Jünger, häufig über ihre eigenen Erfahrungen schrieben. 1939 veröffentlichte der ehemalige Freikorpskämpfer Werner Beumelburg einen Bericht über die deutsche Beteiligung am Spanischen Bürgerkrieg; die Zerstörung der von den Republikanern gehaltenen Ortschaft Brunete durch die Legion Condor wurde in ebenso lebhafter wie von Brutalität triefender Sprache beschrieben.[275] Es war ein Vorschein auf das Kommende in der Literatur. In Berichten von den Kämpfen an den Fronten und in den eroberten Territorien herrschten bestimmte Themen vor: Verherrlichung der Schlacht an sich, die Liebe der Soldaten zu ihren Befehlshabern, die putative Ritterlichkeit deutscher Soldaten gegenüber ihren Gegnern und der Zivilbevölkerung sowie eine chevalereske Haltung zum weiblichen Geschlecht. Was die Schlacht anging, so verherrlichte Manfred Hausmann, der nur wenig Fronterfahrung hatte, den »Kampf« als Idee und verglich ihn mit dem Sport eines Gentleman.[276] Soldaten im Westen waren voller Bewunderung für einen jungen General aus der »Ostmark« (Österreich), der wiederum Hitler glühend verehrte. Im Osten konnte ein motorisiertes SS-Bataillon einen massiven Angriff sowjetischer Panzer nur durch die äußerst furchtlose Führung ihres Kommandanten überleben.[277] Ein Soldat schrieb, dass nach der Gefangennahme englischer Truppen die Deutschen sie unendlich viel höflicher behandelt hätten als siegreiche Franzosen jetzt mit deutschen Soldaten umgingen; und in der Ukraine, schrieb der Autor H. G. Rexroth, habe die Wehrmacht Zivilisten immer sehr zuvorkommend behandelt.[278] Vor allem in den eroberten westlichen Gebieten wurden junge Frauen, so hieß es, dem Schutz von Soldaten anvertraut, wobei die Möglichkeit eines sexuellen Abenteuers offengelassen wurde. Dass es dergleichen gab, musste jedoch eingeräumt werden, wie ein (publizierter) Brief an eine betrogene Ehefrau deutlich machte. Diese Situation entsprach dem, was andere Medien bereits offengelegt hatten: Der nationalsozialistische Krieger konnte sein Recht auf Polygamie wahrnehmen. Darauf spekulierten auch abenteuerlustige deutsche »Blitzmädel«, wenn sie an der Front als Hilfskräfte – Telefonfräulein oder uniformierte Sekretärinnen – eingesetzt wurden. In Frankreich jedoch mussten sie hinter jungen Kollaborateurinnen zurücktreten, die, vielleicht für Schokolade oder billiges Parfüm, zur Hingabe bereit waren.[279]

Die Schriftsteller orientierten sich an ihrem Einsatzgebiet. Im Westen würde ein »rassebewusster« Autor auf die Gefahren hinweisen, die von dunkelhäutigen französischen Soldaten aus den Kolonien ausgingen und die angeblich den Tieren näherstanden als den Menschen, während im Osten solche Gefahren mit den »Tataren« verbunden waren, d. h. mit Rotarmisten, deren Aussehen – »Schlitzaugen« und hohe Wangenknochen – von ihrem Untermenschentum zeugte. (Kirgisen, Turkmenen, Mongolen, aber auch Russischstämmige konnten als »Tataren« bezeichnet werden.)[280] Abwertende Charakterisierungen wurden vor allem nach der Beobachtung von sowjetischen Kriegsgefangenen veröffentlicht, was für sie in den Lagern verheerende Folgen hatte.[281] Während die Juden im französischen Besatzungsgebiet nicht erwähnt wurden, wohl weil man die Zuständigkeit für sie dem Vichy-Regime zuschob, das nach dem Waffenstillstand vom Juni 1940 installiert worden war, und auch, weil sie von der übrigen Bevölkerung in Frankreich nicht zu unterscheiden waren, galten an der Ostfront andere Bedingungen. Hier gehörten Juden zu den gegnerischen Streitkräften und wurden als Politkommissare der Roten Armee eingestuft; auch in den Partisanengruppen (offiziell: »Banditen«) sollten sie vorherrschend sein. Darüber hinaus waren Juden in der Zivilbevölkerung jenseits der großen Städte leicht auszumachen: Als Bewohner eines *Shtetl* trugen sie Kaftan, Schläfenlocken und Vollbart. Diese Wahrnehmungen sorgten für – oftmals übertriebene –

literarische Darstellungen. So gab es diverse Bemühungen deutscher soldatischer Schriftsteller, Juden darzustellen, insbesondere, wenn sie den SS-Einsatzgruppen, deren Aktionen zumeist im Zusammenhang mit der Wehrmacht erfolgten, zum Opfer fielen. So berichtete Josef Martin Bauer auf dem Weg mit seiner Einheit nach Südosten von betrügerischen jüdischen Eier- und Weinhändlern in Ostpolen. Später begegnete er Juden als Teil der Sowjetbürokratie, die sich gegenüber »Volksdeutschen« als Herren aufspielten und nicht-jüdische Frauen zum Sex zwangen. Bauers Kriegstagebuch *Die Kraniche der Nogaia* wurde 1942 veröffentlicht und massenhaft in den deutschen Streitkräften verteilt. Vielleicht hat es viele deutsche Soldaten dazu gebracht, jüdische Partisanen mit dem Flammenwerfer umzubringen oder Frauen, Kinder und alte Menschen zu erschießen, nachdem sie die Massengräber selbst ausgehoben hatten.[282] Eindrücke wie jene Bauers wurden in eliminatorischer Absicht niedergeschrieben.

Sachbücher, an denen Soldaten wie Zivilisten interessiert sein könnten, waren gewöhnlich ideologisch befrachtet; unter dem Gewicht einer bewaffneten NS-Weltanschauung konnte kein freier Geist sich äußern. Ängstliche Geister hielten sich an vorgegebene Muster und verfuhren nicht diskursiv. Viele dieser Bücher waren zwar nicht ohne Ehrgeiz, jedoch so zugeschnitten, dass sie im *Reich* als Fortsetzungen erscheinen konnten. Doch angesichts von Zensur und Papierknappheit mussten die Autoren schon über Verbindungen nach weiter oben verfügen, um überhaupt publiziert zu werden.

Ein unter diesen Bedingungen bevorzugt behandeltes Thema war die Idee eines Großgermanischen Reichs, soll heißen, eines neuen, von NS-Deutschland beherrschten Europas. Für dieses Reich war »Rasseeinheit« unerlässlich, weshalb die Bücher voller Diatriben gegen Juden und (französische) Farbige waren. Gern wurde Hitler als gleichermaßen genialer Politiker wie Kulturschaffender dargestellt und so dem »Hitler-Mythos« zugearbeitet. Auch wurden Deutschlands derzeitige Gegner abgewertet: Die bolschewistisch regierte Sowjetunion war von asiatischen Horden bewohnt, Großbritannien von Geldsäcken, Frankreich war degeneriert, und Amerika ein unbekümmertes (sprich: infantiles) Land. Allerdings hielt man es für angeraten, gegen die USA auf kultureller Ebene – abgesehen von grundlegenden politischen und rassischen Problemen – präzise zu argumentieren, wofür sich als Spezialist das SS-Mitglied Giselher Wirsing anbot, ein ultrakonservativer Autor mit besten Verbindungen zu Instituten und Institutionen des SD. Wirsing arbeitete zunächst als Chefredakteur der *Münchner Neuesten Nachrichten*, danach für *Signal*, ein Propagandablatt der Wehrmacht (in den besetzten Gebieten). Nach dem Krieg war er Mitbegründer und später Chefredakteur der protestantischen Wochenzeitung *Christ und Welt*. Er behauptete gebieterisch, dass die gesamte amerikanische Kultur auf Film, Rundfunk und fünf Bücher (darunter die Bibel und Ratgeber zur Selbsthilfe) reduziert werden könne. Allein aus diesem Grund habe Japan recht, wenn es die ostasiatische Staatenordnung neu konfigurieren wolle.[283]

Das belletristische Feld wurde nach Kriegsbeginn von geringeren Autoren beherrscht. Sie schrieben leichte, marktgängige Literatur, wie sie in der Kriegszeit gefragt war. Ältere, stärker etablierte Schriftsteller hielten sich zurück und waren mehr daran interessiert, individuelle Ideenwelten, sei es aus Überzeugung oder Opportunismus, an die Außenwelt anzupassen. Hans Carossa zum Beispiel übernahm 1941 die Präsidentschaft der neu gegründeten NS-Institution Europäische Dichter-Vereinigung, die dem PEN-Club Konkurrenz machen sollte und unter der Schirmherrschaft von Goebbels stand. Zudem veröffentlichte Carossa noch einen Hymnus auf den »kühnen, das allgemeine Schicksal tragenden Kämpfer und Führer«, dem er »Heil und Glück« wünscht.[284] Wie andere beanspruchte auch Carossa nach dem Krieg, in die »innere Emigration« gegangen zu sein. Respektierte Autoren wie Agnes Miegel, Wilhelm von Scholz und Ina Seidel schrieben Gedichte zur Verherrlichung Hitlers.[285]

In der Sparte leichtere Belletristik konnten drei Autoren die damals akzeptierten ästhetischen und ideologischen Normen erfüllen, ohne Außergewöhnliches zu leisten. Immerhin zeigten sie in ihren Arbeiten, wie man es Goebbels' Zensoren recht machen konnte, indem sie all jene Klischees und Stereotypen bedienten, die schon von NS-Autoren aus der Friedenszeit bekannt waren. Da ist einmal der Roman *Lebenstanz* von Emil Strauß, der 1940 erschien. Er spielt in den zwanziger Jahren, als Deutschland von sozialen und politischen Unruhen erschüttert wurde. Hauptfigur ist Durban, ein ehemaliger Freikorpskämpfer, der sich danach sehnt, mit der richtigen Frau auf dem Land sesshaft zu werden und Kinder großzuziehen. Die Großstadt hasst er mittlerweile, weil er dort zwielichtige Geschäfte von Juden vermutet, während er sich vorwiegend für nordische Sagen interessiert.[286] 1943 veröffentlichte Gerhard Lorenz den Roman *Unrast*, dessen Protagonist namens Jansen ein schwächlicher Norddeutscher mit potenziell gutem Erbgut ist. Auch hier spielt die Handlung in den zwanziger Jahren. Jansen ist entwurzelt und findet keine Arbeit als Maler gegenständlicher Bilder. Er trifft diverse Frauen, darunter ein Mädchen aus der Stadt, das raucht und sexuell draufgängerisch ist, was ihn fasziniert, aber nicht zur Heirat motiviert. Eine andere Bekanntschaft ist die tuberkulöse Frau eines Arztes, die wegen ihres Gesundheitszustands auf dem Lande wohnt, was ihr jedoch wohl nicht das Leben erhalten wird. Jansen heiratet schließlich ein »großes, grobknochiges Menschenkind«, eine blonde Kunsthandwerkerin, die einer soliden Tätigkeit nachgeht. Sie kann Jansen eine Kameradin sein und ihm viele Kinder gebären.[287] Und schließlich ist da noch Frank E. Christophs *Sehnsucht nach der Heimat*, ebenfalls von 1943. Ein österreichischer Schmied mit Namen Bruckner emigriert mit seiner jungen Frau Fränzi (blond und blauäugig) nach Venezuela, wo er die Faulheit der Schwarzen und die Hinterlist der Kreolen kennenlernt. Nach beträchtlichen Kämpfen, die großenteils rassisch bedingt sind, entschließen er und Fränzi sich zur Rückkehr nach Österreich, kurz nachdem der »Anschluss« an Deutschland vollzogen worden ist. Nun können sie in der »Ostmark« als Bürger eines Großdeutschen Reichs leben, und Bruckners vormalige Verurteilung zu einer Haftstrafe ist aufgehoben worden.[288]

Kunst und Architektur

Betrachtet man Hitlers und Speers Pläne und Entwürfe aus den dreißiger Jahren, wäre die Architektur wahrscheinlich das große kulturelle Aushängeschild des NS geworden, wenn er keinen Krieg geführt oder den Krieg nach den ersten Blitzsiegen im Osten und Westen 1940 beendet hätte. Speer hätte seine 1940 mit viel Zuversicht begonnenen Überlegungen fortführen können, ohne dass sie zum Testament einer unerfüllten Sehnsucht geworden wären, denn im selben Jahr, als Großbritannien mit der Bombardierung deutscher Städte begann, mussten Rohstoffe der weiteren Kriegsanstrengung dienen und standen für die Errichtung von Bauwerken nicht zur Verfügung.[289] Auch andere Bauvorhaben blieben unverwirklicht, etwa Festungen, die mit

1. Wassily Kandinskys Gemälde (Öl auf Lw.) *Auf Weiß II* entstand 1923, als Kandinsky am Bauhaus in Weimar tätig war. Der Pionier der abstrakten Malerei und führende Vertreter des Expressionismus war schon vor 1933 heftigen Angriffen von Nazis ausgesetzt, die kulturelle Entwicklungen der Weimarer Zeit als solche ablehnten.

2. Das vielleicht in der französischen Region Hainaut-Cambrai gelegene Haus wurde angeblich von Adolf Hitler, damals Soldat in einem bayerischen Regiment, während des Ersten Weltkriegs in einem Aquarell festgehalten. Die Signatur gleich nicht der, mit der Hitler später Dokumente unterschrieb. Sollte das Aquarell tatsächlich von ihm stammen, zeugt es von seinem Dilettantismus in Ausführung und Kunstfertigkeit, etwa hinsichtlich der Perspektive.

3. Der Komponist Carl Orff 1920 im Alter von 25 Jahren. In diesem Jahr komponierte er in München seinen ersten Liederzyklus nach Gedichten von Franz Werfel. Später wurde er dort von Bertolt Brecht und anderen Vertretern der Weimarer Moderne beeinflusst.

4. Die Schauspielerin Hansi Burg 1926. Als Jüdin von den Nazis verfolgt, musste sie Jahre später nach England fliehen. 1945 kehrte sie, in einer britischen Militäruniform, ins besiegte Deutschland zurück und nahm die Beziehung zu ihrem Geliebten, dem berühmten Schauspieler Hans Albers, wieder auf, dessen Karriere ihr Vater als Mentor gefördert hatte.

5. Carola Neher, Rudolf Forster und Valeska Gert bei den Dreharbeiten zum Film Die Dreigroschenoper (1931) unter der Regie von W. Pabst. Carola Neher floh 1933 vor den Nazis in die Sowjetunion und starb 1942 auf dem Weg in den Gulag. Gerüchten zufolge soll ihr ehemaliger Liebhaber, der Kommunist Bertolt Brecht, die Gelegenheit gehabt haben, sie zu retten; doch er weigerte sich.

6. Bei einer Vorführung gymnastischer Übungen in Stuttgart 1933: rechts vorn Propagandaminister Goebbels, links von ihm, ebenfalls vorn, NSDAP-Schatzmeister Franz Xaver Schwartz, daneben Reichssportführer Hans von Tschammer und Osten, sodann, mit erhobenem rechten Arm, Vizekanzler Franz von Papen. Körperliche Ertüchtigung besaß im Dritten Reich einen hohen Stellenwert.

7. Adolf Hitler, in einer Kohlezeichnung von H. Oloffs. Grundlage war eine Fotografie von Hitlers persönlichem Fotografen Heinrich Hoffmann. In dessen Münchner Atelier begegnete Hitler erstmals Eva Braun, die dort als Ladengehilfin arbeitete. Hoffmann verfügte über das Exklusivrecht auf Aufnahmen des „Führers".

8. Eine Fotografie von Bertolt Brecht, vermutlich in den dreißiger Jahren im Exil entstanden. Der eigenwillige Dichter hatte immer Schwierigkeiten, sich den Verhältnissen in seinen Zufluchtsländern – Dänemark, Schweden, den USA – anzupassen, und kehrte unzufrieden 1947 aus New York nach Europa zurück, wo er sich schließlich in Ost-Berlin niederließ.

Hubert Lanzingers
orträt (Öl auf Lw.)
tlers mit dem Titel
„Der Standarten-
träger" (1934). Das
mälde hing in der
ten Großen Deut-
schen Kunstauss-
lung, die mit Hit-
rs ausdrücklicher
Billigung 1937 in
ünchen stattfand.
nter dem Auge ist
ine Beschädigung
htbar, die ein US-
dat 1945 dem Bild
it einem Bajonett
zufügte.

10. Eine Titelseite des antisemitischen Wochenblatts
Der Stürmer – herausgegeben
vom Nürnberger Gauleiter der
NSDAP, Julius Streicher – mit
den üblichen bösartigen Karikaturen „des" Juden. Diese Ausgabe
aus dem Mai 1934 macht mit der
typischen Warnung vor einer
mörderischen Weltverschwörung
der Juden auf und wiederholt am
unteren Bildrand das beliebte
Schlagwort: „Die Juden sind
unser Unglück!"

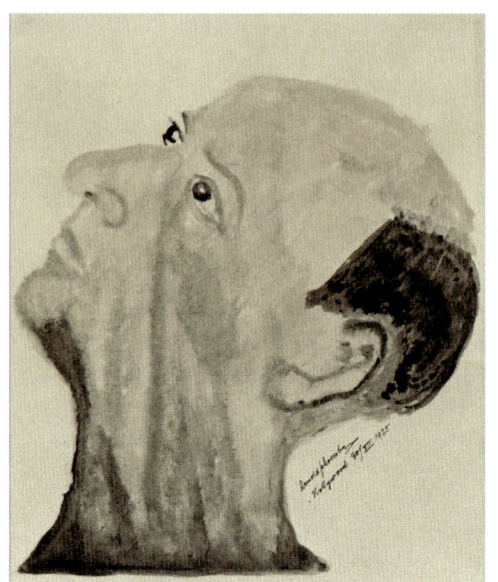

11. Ein Selbstporträt Arnold Schönbergs, entstanden im Exil in Hollywood am 30. Dezember 1935. Schönberg war nicht nur der Begründer der Zwölftonmusik, sondern auch ein versierter Maler zahlreicher, meist expressionistischer Werke.

12. Adolf Hitler in Parteiuniform mit Nürnbergs Oberbürgermeister Willy Liebel und Hitlers Lieblingsarchitekt Albert Speer 1937 auf dem Nürnberger Reichsparteitagsgelände – eines der wenigen Monumentalbauwerke, die Hitler und Speer tatsächlich verwirklichten.

13. Marlene Dietrich und Erich Maria Remarque 1937 in Paris, wo sie eine stürmische Liebesaffäre erlebten. Obwohl Dietrich sich damals an einem Tiefpunkt ihrer Hollywood-Karriere befand, lehnte sie alle Angebote Goebbels', nach Berlin zurückzukehren und zur „Reichsfilmdiva" zu werden, ab.

14. Auf der Titelseite des Katalogs zur Ausstellung „Entartete Kunst" ist die Skulptur des jüdischen Künstlers Otto Freundlich mit dem Titel *Der neue Mensch* abgebildet. Die im Juli 1937 in München eröffnete Ausstellung besiegelte das Ende der modernen Kunst im Dritten Reich. Der Katalog kostete 30 Pfennige, der Eintritt in die Ausstellung war frei. Freundlich kam während des Kriegs im Vernichtungslager Majdanek um.

15. Die Titelseite des Katalogs zur Ausstellung „Entartete Musik", die im Mai 1938 in Düsseldorf stattfand. Den Text zu den – überwiegend verleumderischen – Illustrationen, die sich gegen moderne Künstler richteten, schrieb NS-Kulturexperte Hans Severus Ziegler.

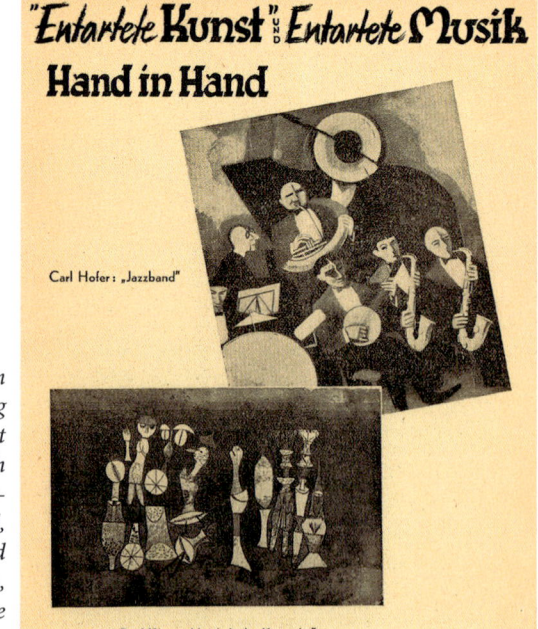

16. Eine Seite aus dem Katalog zur Ausstellung „Entartete Musik". Gezeigt wird Karl Hofers angeblich entartete malerische Darstellung einer Jazzband, darunter Paul Klees Bild Musikalische Komödie, das in ähnlicher Weise diffamiert wurde.

17. Elk Ebers Gemälde So war die SA von 1938 zeigt marschierende SA-Männer, wahrscheinlich im Berliner Bezirk Wedding, nach einer Straßenschlacht mit kommunistischen Rotfront-Kämpfern vor 1933. Die Männer marschieren, wie der Schriftzug auf dem Holzzaun im Hintergrund anzeigt, durch ein von der KPD beherrschtes Gebiet. Am Straßenrand stehen zornige Arbeiter; einer droht den SA-Männern mit erhobener Faust, während im Vordergrund ein Mann mit Frau und blondem Sohn zustimmend zuschaut. Vielleicht denkt er an einen Beitritt.

18. Ilse Werner als patente junge Frau im Propagandafilm Wunschkonzert von 1940. Hinter Ilse Werner sieht man Carl Raddatz als Wehrmachtsoffizier und Schwarm der Heldin. Raddatz spielte auch nach 1945 in vielen westdeutschen Filmen, während Werner eher auf Rollen im Fernsehen angewiesen war.

19. Ferdinand Marian als Jud Süß im gleichnamigen NS-Propagandafilm aus dem Jahr 1940. Marian behauptete später, Goebbels habe ihn zu dieser Rolle gezwungen. Als wollte er der Behauptung Glaubwürdigkeit verleihen, lenkte er 1946 seinen Pkw gegen einen Baum und tötete so sich selbst. Oder war es nur ein Unfall?

20. Der Schutzumschlag für Ernst Hiemers 1940 erschienenes Buch Der Pudelmopsdackelpinscher und andere besinnliche Erzählungen. Hiemer, Mitarbeiter an Streichers Stürmer, behauptete, Juden „wohnten" in Promenadenmischungen und habgierigen Tierarten wie Schlangen und Heuschrecken und könnten überdies ihr Äußeres wie ein Chamäleon verändern. Sinnbildlich dafür steht der Hund auf dem Umschlag – ein „künstlerischer" Beweis dafür, dass die Nazis Juden als Untermenschen betrachteten.

21. 1940/41 porträtierte Wolfgang Willrich Panzergeneral Ernst Rommel (Panzer im Bildhintergrund). Zu der Zeit verliefen Hitlers Eroberungsfeldzüge noch siegreich, und Willrichs Bild ist ein erstklassiges Beispiel für nationalsozialistischen Realismus. Der überzeugte Nazi Rommel wurde nach dem Attentat auf Hitler 1944 zum Suizid gezwungen, obwohl seine Verbindungen zum Widerstand marginaler Natur waren. Er musste wohl als Sündenbock für Hitlers militärisches Versagen herhalten.

22. Ein Korrespondent der Luftwaffe, Mitglied einer Propagandakompanie, kehrt von seiner Arbeit an der Front zurück (um 1941). Seine Filmrollen übergibt er einem Kradfahrer, damit das Material zügig für die Wochenschau in den deutschen Kinos verarbeitet werden kann. Die Nazis perfektionierten dieses Nachrichtenmedium, bis die Wochenschau Lügen berichtete und die Sache zum Rohrkrepierer wurde.

23. Gerhart Hauptmann sitzt Arno Breker, dem Lieblingsbildhauer Hitlers, am 26. Oktober 1942 Modell. Im Hintergrund Hauptmanns Frau Margarete, gleich neben Hauptmann steht Demetra, Brekers griechische Ehefrau. Der ehemals sozialkritische Hauptmann genoss es, in den militärischen Glanzzeiten des Reichs gefeiert zu werden.

24. Franz Eichhorsts Bild Erinnerung an Stalingrad von 1943 soll Hitler sehr geschätzt haben. Hier wird der Kampf um Stalingrad zu einem Mythos: Die deutschen Soldaten geben ihr Leben hin, damit das Reich eine Zukunft hat.

25. Hans Albers als Münchhausen im Film Baron Münchhausen von 1943. Der Film sollte die Bevölkerung unterhalten und ihre Kampfmoral im Vorgefühl des Endsiegs stärken. Obwohl wirtschaftliche Ressourcen an Front und „Heimatfront" gebraucht wurden, floss viel Geld in diesen bis dato teuersten deutschen Film.

26. Nobelpreisträger Thomas Mann nimmt 1943 in Los Angeles eine Rede gegen die Nazis auf. Die Bänder wurden anschließend nach London geflogen und von der BBC für die deutsche Bevölkerung ausgestrahlt. Manns Tochter Erika stand ihrem Vater bei diesem Unternehmen entschlossen zur Seite.

27. Die Filmschauspielerin Margot Hielscher in einer Aufnahme aus dem Jahr 1949, als sie in Westdeutschland Karriere machte. Goebbels hatte ihren Angaben nach den Versuch unternommen, sie zu verführen; ob erfolgreich, blieb offen. In den fünfziger Jahren war, wie sie später bekannte, Hans Albers hinter ihr her.

28. *Der Schauspieler und Theaterdirektor Gustaf Gründgens als Mephisto in Goethes Faust (1942). Schon früh hatte sich Gründgens den Ruf als Deutschlands berühmtester Mime erworben. Trotz offenkundig enger Beziehungen zum NS-Regime konnte er seine Karriere nach 1945 fortsetzen. Der krasse Opportunist – wenn auch nicht überzeugter Anhänger des Nationalsozialismus – wurde nie ernsthaft hinterfragt.*

29. Der Komponist Werner Egk kurz vor seinem 80. Geburtstag im Mai 1981. Egk, ehemals Funktionär in Goebbels' Reichsmusikkammer, wurde nach einem mangelhaften Entnazifizierungsverfahren Professor in Berlin, während sein einstiger Freund Carl Orff durch sein weltliches Oratorium Carmina Burana Weltruhm erlangte.

30. Ernst Jünger bei einer offiziellen Feier aus Anlass der Verleihung des bayerischen Maximiliansordens (den Pour le Mérite hatte Jünger bereits 1918 für seine militärischen Leistungen im Ersten Weltkrieg erhalten). Jünger, ein Verächter der Demokratie und uneingeschränkter Bewunderer des Soldatentums, hatte in den zwanziger Jahren Hitler zu sich eingeladen, doch der tauchte nie auf. Jünger starb im Februar 1998, kurz vor seinem 103. Geburtstag. Damit übertraf er Leni Riefenstahl, die 2003 im Alter von 101 Jahren verschied.

deutschen Siedlern in den eroberten Ostgebieten bemannt werden sollten.[290] Die NS-Führung benötigte ungefähr drei Jahre, um zu erkennen, dass sie den angezettelten Weltkrieg schnell gewinnen musste, wenn sie sich wieder als Großbauherrin gerieren wollte. So schrieb Goebbels im Mai 1942: »Vom Bauen hat der Führer schweren Herzens überhaupt Abschied genommen. Es macht ihm keinen Spaß mehr, weil wir heute von zu großen anderen Sorgen belastet sind und das Bauen im großen Stil sowieso nach dem Kriege wiederaufgenommen werden kann. Jetzt ist er auf der ganzen Linie eingestellt worden; jetzt dient alles nur dem Kriege und dem Siege. Haben wir den Sieg einmal in Händen, dann werden wir das hier Versäumte schnellstens nachholen können.«[291]

Die bildenden Künste arbeiteten unter anderen materiellen Bedingungen und waren daher nicht solchen Einschränkungen ausgesetzt. Offiziell orientierte sich die Kunst während des Kriegs auch weiterhin an den von der Großen Deutschen Kunstausstellung gesetzten Maßstäben. Diese zuerst im Juli 1937 ausgerichtete Kunstschau sollte, wie von Hitler und Goebbels intendiert, für das Publikum ebenso eine Ablenkung sein wie es Film, Theater und Konzert waren. Zugleich bot die Ausstellung mittelmäßigen, aber NS-affinen Künstlern die Gelegenheit, ihre Werke zu präsentieren und sogar zu verkaufen. Letzteres war keineswegs unrealistisch, denn die Deutschen waren, wie im Hinblick auf den Büchermarkt, sehr daran interessiert, ihr Geld für etwas Greifbares auszugeben, das möglicherweise eine Wertsteigerung erfahren könnte. Außerdem brauchte man dafür keine Marken wie für rationierte Güter und die Kunst bot, gerade in der Kriegszeit, eine Alternative zu anderen Erholungsmöglichkeiten, denen nachzugehen den Menschen mittlerweile verwehrt war. Private Automobile waren für den Krieg requiriert worden und Reisen selbst ins neutrale Ausland wie Portugal oder die Schweiz waren nicht gestattet und hätten anderenfalls auch gar nicht durchgeführt werden können, weil die Banken ausländische Währungen zurückhielten.

Zu dieser Zeit gab es in München eine Ausstellung, die vom 16. Juli 1939 bis zum 18. Februar 1940 dauerte. Sie zog 422 234 Besucher an – rund 30 000 weniger als im Vorjahr. Aber zu einer Ausstellung 1940/41 kamen 603 975 Besucher und ein Jahr später sogar 705 228. 1942/43 waren es 846 673, und erst dann gingen die Zahlen zurück, vor allem aufgrund zunehmender Luftangriffe und Misserfolge auf dem Schlachtfeld. Immerhin kamen zu einer Ausstellung 1943/44 noch 700 000 Besucher. Eine letzte Ausstellung begann im Juli 1944 und ging, trotz Goebbels' Absage aller Kulturveranstaltungen für September, bis in den Frühling 1945. Hierfür sind keine Besucherzahlen bekannt. Auch die Anzahl von Exponaten stieg an: Waren es 1939 an die 1500, so betrug ihre Zahl zwei Jahre später 1900, während es 1943 mit unter 1800 Exponaten einen leichten Rückgang gab.

Zum Teil lassen sich diese erstaunlich hohen Besucherzahlen wohl auch damit erklären, dass, wie bei den Festspielen von Bayreuth und Salzburg, ganze Kartenkontingente an organisierte Gruppen gingen; im Falle der Kunstausstellung an Schulklassen und NS-Formationen wie HJ oder BDM, während über Besucherzahlen von Soldaten nichts bekannt ist. Von Juli 1940 bis März 1941 stieg die Anzahl der Besucher einer Ausstellung absolut gerechnet am stärksten; was vielleicht auch damit zusammenhängt, dass viele Deutsche, die als Einzelbesucher (und nicht in organisierten Gruppen) kamen, aus der Tatsache, dass die Ausstellung nicht geschlossen worden war, folgerten, mit dem Sieg über Frankreich werde der Krieg zu Ende gehen. Die Ausstellung diente also auch als eine Art Feier. Es war eine von vielen Täuschungen des sogenannten Dritten Reichs.[292]

Wie bei anderen offiziellen Unterhaltungsmedien wurde der besucherzahlenmäßige Höhepunkt bei Kunstausstellungen 1943 irgendwann nach der Niederlage von Stalingrad erreicht. Danach wuchs die Gefahr durch Luftangriffe der Alliierten; zudem wurde es für Künstler immer schwieriger, die nötigen Arbeitsmaterialien zu besorgen: Leinwand, Farben und Pinsel für Gemälde, Metall und Gestein für Skulpturen. Der An- und Abtransport der Werke, die auf Ausstellungen gezeigt werden sollten, war Sache der Künstler, was besonders kompliziert war, wenn, wie es häufig geschah, die Werke als unpassend zurückgewiesen wurden. Auch wurden Ateliers und Werke zunehmend durch Bomben zerstört; nur das Haus der Deutschen Kunst in München blieb wundersamerweise von Treffern verschont. Schwierig gestaltete sich für das Regime auch die Frage einer Kostenrückerstattung, wenn für die Ausstellung vorgesehene Exponate infolge der Unwägbarkeiten des Kriegs verloren gingen.[293]

Dieses Problem berührte nicht nur das Haus der Deutschen Kunst, sondern auch kleinere Ausstellungen, die auf Betreiben des Regimes von Kommunalverwaltungen oder Nebengruppierungen von Partei und Staat organisiert wurden. Das waren regionale oder städtische Ausstellungen bescheideneren Zuschnitts wie jene 1940 in Görlitz über »Mensch und Landschaft« oder, ebenfalls 1940, jene in Thüringen mit bayerischen Künstlern. 1941 lief in Darmstadt eine Gemäldeausstellung unter dem Titel »Künstler im feldgrauen Rock«; hier wie anderswo wurden Tierdarstellungen und Landschaften, aber auch Porträts und Akte gezeigt, aber alles im Rahmen des Gewohnten und Gewöhnlichen.[294] Es wurde peinlich genau darauf geachtet, dass Kunstwerke den von Hitler 1937 durch seinen künstlerischen Berater, den Fotografen Heinrich Hoffmann, gesetzten Maßstäben entsprachen. Hoffmann nämlich hatte die meisten Werke für die erste Große Deutsche Kunstausstellung ausgesucht, als er mit nachtwandlerischer Sicherheit Hitlers Kunstgeschmack traf: die akademische Malerei des 19. Jahrhunderts. Für den Historiker Jonathan Petropoulos war Hoffmann allerdings »in Sachen Kunst ein Dilettant«, der sich häufig von Fälschungen täuschen ließ.[295] Aber Hitler verschaffte ihm 1938 den Titel eines Professors, und während des Kriegs wurde er für die Großen Deutschen Kunstausstellungen von Gerdy Troost unterstützt, einer ehemaligen Kunsthandwerksstudentin, die, geboren 1904, ebenfalls den Professorentitel trug. Ihr bereits 1934 verstorbener Ehemann, Paul Ludwig Troost, hatte das Haus der Deutschen Kunst entworfen. Allerdings griff Hitler in die von Hoffmann und Troost getroffene Auswahl häufig ein und bestimmte die endgültigen Exponate.[296]

Viele Künstler hatten es nicht schwer, der Erfordernis, historisierende Themen und Stile zu bedienen, nachzukommen, und viele produzierten deshalb Gemälde wie am Fließband in der Hoffnung auf Erfolg bei Ausstellungen und insbesondere bei der wichtigsten, der Großen Deutschen Kunstausstellung. Gerade diese aber erwies sich für die Mehrzahl der Ausstellenden als Flop: Von den 7000 Künstlern, die zwischen 1938 und 1944 um einen Platz in München konkurrierten, wurde nur ein Drittel angenommen.[297] Dies und die zunehmenden Unsicherheiten der Kriegszeit führten bei bestimmten Künstlern zu Unzufriedenheit. Sie hatten entweder auf staatliche Verträge und Zuwendungen gehofft, die ihnen eine gesicherte materielle Existenz ermöglichen sollten, oder, wenn sie es sich finanziell leisten konnten, versucht, in ihre Werke Elemente der sogenannten entarteten Kunst einzuschmuggeln. Derlei Versuche wurden jedoch schnell entdeckt, nicht nur von Goebbels und Hitler selbst, sondern auch von Handlangern und Schergen der Reichskunstkammer und von Spionen im SD. Ironischerweise versuchte Hoffmanns Schwiegersohn Baldur von Schirach, der Gauleiter von Wien, zwischen 1940 und 1943 hier und da das zu fördern, was im Verdacht stand, moderne Kunst zu sein, musste jedoch schließlich klein beigeben. Auch in Berlin versuchten einige Künstler, wider den bayerischen Stachel zu löcken, konnten aber gegen Goebbels und seine Kunstpolizei nicht ankommen.[298]

Eine von Künstlern vorgetragene Kritik lautete, dass es in offiziell sanktionierten Kunstwerken zu wenig zeitgenössische Motive, insbesondere Kriegsdarstellungen, gebe.[299] Aber solche Einwände hingen offensichtlich damit zusammen, dass die Hoffnung auf staatliche Aufträge enttäuscht worden war. Denn die Vorwürfe waren realiter ungerechtfertigt, weil es den Ausstellungen im Haus der Deutschen Kunst an Darstellungen mit Kriegsthematik nicht mangelte.[300]

Tatsächlich war die Gruppe der Maler von Kriegsbildern neben den Landschafts-, Porträt- und Genremalern die originellste, denn sie verfolgte einen Trend, der in einer aufgeladenen Atmosphäre schon vor Kriegsbeginn von Elk Eber und anderen bedient worden war.

Wer also waren die Künstler, deren Werke während des Kriegs ausgestellt und häufig von Parteimitgliedern wie auch Privatleuten gekauft wurden, und was brachten sie hervor? Von besonderem Interesse für die Jetztzeit sind Darstellungen von Kriegsszenen und Soldaten, deren Absicht darin bestand, die Fronttruppen ebenso zu begeistern wie die Zivilbevölkerung in der Heimat. Auf just diese Weise wollte Goebbels »die große Gemeinschaftsleistung des Krieges« gewürdigt wissen.[301] So war schon 1940 die Anzahl der Kunstwerke mit militärischen und kriegerischen Themen in der Münchener Kunstausstellung fast sechsmal größer als 1937.[302] Die Schöpfer dieser Werke waren ausschließlich Männer und bereits gut bekannt; ihr Malstil ließe sich als nationalsozialistischer Realismus bezeichnen. Zu den hier diskutierten fünf Malern und ihren Arbeiten findet man auf der Webseite *Oxford Art Online* kaum einen Kommentar, was maßstabsmäßig schon einmal für sich spricht. Gegenwärtige Militaria-Webseiten der extremen Rechten dagegen bieten einiges an Kommentaren, was, zusammen mit Reproduktionen der Gemälde, durchaus hilfreich ist. Allerdings muss man bei Quellen dieser Art selbst die biographischen Angaben mit Vorsicht betrachten.

Elk Eber hatte bereits vor 1939 marschierende SA-Männer und dergleichen gemalt und schuf nun Bilder vom deutschen Vormarsch in Polen. 1940 gab es in Berlin unter dem Titel »Polenfeldzug in Bildern und Bildnissen« eine Ausstellung mit Ebers Werken. Von den zwanzig gezeigten Werken wurde eines mit dem Titel *Sie kommen* möglicherweise 1944 in einer Kompilation von Arbeiten reproduziert. Das Bild zeigt eine Gruppe von vier Wehrmachtsoldaten, die den Angriff des Feindes erwarten; einer liegt zusammengekrümmt unter einem Mantel; er ist offensichtlich tot. Die Arbeit, vermutlich eine Kohleskizze, zeigt den vordersten Kämpfer, der bereit ist, eine Handgranate zu werfen; die Soldaten hinter ihm, von denen einer ohne Helm ist, zeigen Gesichter voller Anspannung, aber auch Furcht. Ihre kantigen Gesichter sind realistisch gezeichnet, mit brutalistischem Einschlag, Nazi-Stereotypen mit prägnanter Nase und eckigem Kinn. Eber erhielt im Februar 1940 einen Preis von der SA.[303]

Sein Kollege Wolfgang Willrich schuf das Porträt einer lebenden Legende. Das war Oberstleutnant Werner Mölders, der erste Pilot in der Geschichte der Luftfahrt mit einhundert Feindabschüssen. Im November 1941 stürzte er ab, 28 Jahre alt. Kurz vor Mölders Tod malte Willrich, in realistischer Manier, sein Porträt. Der Flieger schaut aus dem Fenster des Cockpits auf das Flugfeld, auf dem Kopf die Lederkappe und um den Hals das für die elitären Luftwaffenpiloten typische weiße Tuch. Mölders ist startbereit. (Übrigens war er es, der Goebbels dazu überredete, für die Soldaten mehr Jazzmusik spielen zu lassen.) Später diente Willrich als Soldat und porträtierte Männer der Flotte – Admiral Karl Dönitz und den U-Boot-Kommandanten Günther Prien, auch eine Legende –, später dann die Generale Erwin Rommel und Heinz Guderian. Nachdem Willrichs Bilder in mehreren Ausstellungen Aufsehen erregt hatten, wies das Oberkommando des Heeres ihm das Thema »Dafür kämpfte der deutsche Soldat« zu. 1945 geriet er in amerikanische Kriegsgefangenschaft. Die Schrift erschien 1949 als Buch im peronistischen Argentinien.[304]

Über das bloße Porträtieren hinaus evozierten die Bilder die Barbarei des Kriegs als etwas Hartleibiges, was man aber dennoch in die Arme schließen könne (um Ernst Jünger zu paraphrasieren). In vielen Bildern verschwand die einzelne Person hinter Massen von Soldaten und aufgetürmter Maschinerie. In Ferdinand Spiegels Fresko mit dem Titel *Tank* bewegen sich vier

Panzer in bedrohlicher Weise vorwärts und schießen gen Himmel. Im Hintergrund sieht man ein Durcheinander aus Pferden und Männern; Letztere schießen aufeinander und töten einander. Das erinnert von fern an friderizianische Schlachten. Spiegel (geb. 1879) begann seine Laufbahn mit Szenen bäuerlichen Lebens, malte aber auch Soldatenporträts, von denen Hitler einige, das Stück zu 4000 Reichsmark, erwarb.[305] Ein grausiges Bild stammt von Franz Eichhorst: *Feuernde Geschütze bei der Beschießung von Warschau*. Zwei mobile Einheiten, bemannt mit zahlreichen Wehrmachtssoldaten, schießen in einen schwarzen Hintergrund. Zwar grausig, war es doch willkommen, denn die Deutschen gewannen die Schlacht. 1943 malte Eichhorst ein ähnlich grausiges Bild: *Erinnerung an Stalingrad*, das Hitler seltsamerweise ebenfalls erwarb. Es zeigt eine Reihe gesichtsloser, völlig entkräfteter Soldaten in einem Graben, darüber die halbnackte Gestalt eines jungen Rekruten, dessen Augen von einem Kopfverband fast verdeckt sind, dann ein Soldat mit einem Gewehr nahe einem sich nähernden Panzer – Märtyrer für das Vaterland.[306] Ein weiterer Maler dieser Art war Wilhelm Petersen, Mitglied einer SS-Propagandakompanie. Eine seiner Kohleskizzen zeigt eine Nahkampfsituation, grauenerregend, weil die Kämpfenden nicht mehr als Menschen erkennbar sind. Andere Kohleskizzen zeigen Angehörige der Waffen-SS in der Schlacht. Sie wirken, als seien sie bereit, von der Erregung des Kriegs zu erzählen, sofern sie überlebten.[307]

Mehr als viele der Kriegsmaler schätzte Hitler persönlich, wie schon zuvor, traditionelle Künstler, die wiederholt eingeladen wurden, um im Haus der Deutschen Kunst auszustellen. Er kaufte dann wohl das eine oder andere Bild, und viele aus seiner Entourage machten es ihm nach. Er musste es nur seinem Fotografen, »Professor« Hoffmann sagen, der dem Befehl des »Führers« folgte und den Kaufpreis nannte. Ein solcher Maler war der Bayer Sepp Hilz, der mit einer 1939 ausgestellten *Bäuerlichen Venus* offiziellen Ruhm erlangte. Goebbels kaufte es auf dem Höhepunkt des Kriegs für 15 000 Reichsmark; außerdem wurde es als Kunstpostkarte verkauft.[308] Hilz war 1906 in Nordbayern als Sohn eines Malers und Kirchenrestaurators geboren worden. Er erhielt dann eine Lehrstelle als Kunstmaler in Rosenheim, wo er Bilder von Albrecht Dürer, Lucas Cranach d. Ä. und Albrecht Altdorfer kopierte. Nach drei Semestern Studium an der Münchner Kunstgewerbeschule etablierte er sich als selbstständiger Maler in Oberbayern und malte nach 1930 im Stil von Wilhelm Leibl, einem der Lieblinge Adolf Hitlers. Hilz erwarb sich einen Ruf als »Bauernmaler«.[309] Als national prominenter Künstler war er von 1938 bis 1944 in der Großen Deutschen Kunstausstellung 22 Mal vertreten. 1942 zeigte er sein Bild *Die Wetterhexe*, eine boshaft lächelnde nackte junge Frau, die, eine brennende Kerze haltend, inmitten dunkler Wolken furchtsames Bauernvolk überfliegt. Aus Sicht nicht nur der Moderne war es reiner Kitsch, aber es begeisterte Hitler so sehr, dass er das Bild für 15000 Reichsmark erwarb. Andere Werke von Hilz wurden vom bayerischen Gauleiter Adolf Wagner, von Außenminister Joachim von Ribbentrop und Reichsmarschall Göring gekauft. Sie alle hatten praktisch unbegrenzte Verfügungsgewalt über Regierungskonten. (Diese Art von staatlich begünstigtem Raub war die für die NS-Oberschicht typische Form der Korruption.) 1941 notierte Goebbels: »Der Führer lobt noch einmal die Bilder von Sepp Hilz.«[310]

Heute fragt man sich, warum Hitler und Goebbels so entzückt waren. Schließlich ähneln *Bäuerliche Venus* und *Die Wetterhexe* anderen Genrebildern jener Zeit. Obwohl die Nacktheit der *Venus* von einer gewissen Lüsternheit ist, ist sie doch nicht pornographisch-anstößig, jedenfalls nicht nach damaligen Maßstäben. Die Darstellung ähnelt stilistisch einer Arbeit des Wiener Künstlers Erwin Puchinger. Das Bild *Brunnenplatz im Bergdorf* zeigt ein junges Mädchen – es könnte die *Venus* im Dirndl sein – das auf einen dörflichen Brunnenplatz wohl in Tirol hinunterblickt. Die *Wetterhexe* wiederum ähnelt einem Bild des zeitgenössischen Innsbrucker Malers Heinrich C. Berann mit dem Titel *Bergungeheuer*. Man sieht einen Mann in schwarzen Hosen und Stiefeln, der, beladen mit großen dunklen Taschen, über Felsen klettert. Er ist drohend gegen einen düsteren Himmel abgesetzt. Zwar hat er keine erschrockenen Bauern unter sich wie die Wetterhexe, aber seine Präsenz wirkt bedrohlich genug.[311]

Ein weiterer beim Regime beliebter Maler war Willy Kriegel, den Goebbels im März 1941 als den »Dürer unserer Zeit« apostrophierte.[312] Kriegel wurde 1901 in Dresden geboren, besuchte die Kunstakademie dort und war schließlich Meisterschüler bei Oskar Kokoschka. Vermutlich, weil er von Otto Dix beeinflusst worden war, wurde Kriegel schon früh zum Opfer von Wolfgang Willrich, doch kam mit Kriegsbeginn die Rettung, als Magda Goebbels ihn entdeckte und ihrem Gatten empfahl. Kriegel und seine Kunst sind ein gutes Beispiel dafür, was geschieht, wenn in einem autoritären Staat der Privatgeschmack von Politikern die Oberhand gewinnt und dem Publikum diktiert, welche Künstler und Stilarten maßgebend sind. Zwar hatte sich Kriegel auf die Darstellung von Tieren und Blumen spezialisiert, aber Goebbels schätzte seine Landschaftsmalerei am meisten. Auch Hitler war überzeugt, weshalb er Kriegel, Parteimitglied seit 1933, 1943 zum Professor ernannte. Einundzwanzig seiner Arbeiten wurden über die Jahre in den Großen Deutschen Kunstausstellungen gezeigt. Hitler selbst kaufte zwölf davon an, desgleichen Goebbels. Rechenschaft über die Ausgaben mussten sie nicht ablegen, während die jeweiligen Künstler sehr reich wurden. In der Endphase des Zweiten Weltkriegs setzte Hitler den Maler auf die sogenannte Gottbegnadetenliste, wodurch er keinen Wehrdienst leisten musste. Auf dieser Liste standen nur zwölf bildende Künstler, wobei Kriegel einer von vier Malern war.[313]

Diese Art staatlicher Patronage seitens eines kleptokratischen Regimes schloss nicht alle NS-konformen Künstler ein, denn die Führung entschied, was politisch verwertbar war und was nicht. Dergleichen gehörte für ein autoritäres, um nicht zu sagen totalitäres, System zum Alltag. Selbst wer einmal die Gunst des Regimes genossen hatte, konnte sie schnell verlieren. Während des Kriegs ereilte vier Künstler dieses Schicksal: Paul Mathias Padua, Hans Schmitz-Wiedenbrück, Constantin Gerhardinger und Adolf Ziegler.

Paduas gewagtes Bild *Leda und der Schwan* war von Hitler persönlich für die Große Deutsche Kunstausstellung 1939 ausgesucht worden; gekauft wurde es dann von Martin Bormann, dem Chef der Reichskanzlei (einem vulgären Bigamisten).[314] 1940 malte Padua eine Schlachtszene anlässlich des Einmarsches in Belgien am 10. Mai dieses Jahres. Das Bild zeigt den Befehlshaber einer Wehrmachtseinheit, der er mit ausgestrecktem Arm den Vormarsch befiehlt. Später malte er ein Aktbild, auf dem eine junge, dianagleiche Schönheit von zwei ebenfalls nackten jungen Frauen bewacht wird, deren eine, mit vollen Brüsten, den Betrachter auf sexuell einladende Weise anblickt. Zwar erwähnt Hoffmann ihn noch kurz in seiner Rückschau von 1943 auf Münchner Ausstellungen, aber Padua hatte sich im Dezember 1940 die Kritik von Goebbels zugezogen, der das Gemälde *Mars und Venus* für zu gewagt und überdies schlampig ausgeführt hielt. In der Tat zeigt eine nähere Inaugenscheinnahme, dass es nicht zu Paduas gelungensten Schöpfungen zählt: Die Umrisse der Gestalten sind verwischt und die Farben nachlässig aufgetragen.[315]

Zwei Jahre später, 1943, wurden Künstler wie Führungsriege nervös, weil die Niederlage von Stalingrad schmerzlich empfunden wurde und Luftangriffe die Lebens- und Arbeitsbedingungen erschwerten. Da nun häufiger Schutzräume aufzusuchen waren, mussten die Maler ihre Arbeit unterbrechen und konnten manches nicht so sorgfältig gestalten, worauf das Regime wiederum, schlecht gelaunt ob des Kriegsgeschehens, umso kritischer reagierte. Das musste der 1907 geborene Hans Schmitz-Wiedenbrück erfahren, der 1941 ein ambitioniertes Triptychon ausstellte. Es zeigte Arbeiter mit Hacke und Spaten, sodann Soldaten der drei Waffengattungen und auf der Rechten ein Bauer hinter einem Ochsengespann.[316] Es sollte, wie viele andere Werke dieser Zeit, die Einheit aller sozialen Schichten symbolisieren, wobei hier den Soldaten, da Krieg herrschte, der Vorrang gebührte.[317] Aber 1943 entschied Hitler erneut selbst, was Kunst war und was nicht. Für die Große Deutsche Kunstausstellung im Sommer sortierte er einige der von Hoffmann bereits vorgeschlagenen Künstler aus, weil er ihre Arbeiten für schlecht erachtete, und ließ sie von der Liste streichen. Darunter war auch Schmitz-Wiedenbrück, den Goebbels immerhin für eine Professur vorgeschlagen hatte. Die lehnte Hitler zwar ab, erlaubte dem Künstler aber, im Sommer 1944 noch einmal in München auszustellen.[318]

Seine Kollegen, Gerhardinger und Ziegler, hatten mehr auszuhalten. Anfang 1943 beschloss Gerhardinger, seines Zeichens Professor, nachdem er seit 1938 regelmäßig hatte in München ausstellen können, keine Exponate für die Kunstausstellung mehr zu liefern, weil er befürchtete, sie könnten durch Bombenangriffe auf die Stadt beschädigt werden. Ähnlich war ein anderer Fall gelagert, der des Studio- und Jazzpianisten Peter Kreuder, der sich nach dem Herbst 1943 weigerte, im Rheinland noch Konzerte zu geben: Auch er fürchtete die Bombardierungen.[319] Im Fall Gerhardinger, notierte Goebbels, war Hitler aufgebracht, weil »bei aller Großzügigkeit der nationalsozialistischen Führung doch da eine Grenze ist, wo die nationalen Interessen beginnen«. Gerhardinger verlor seine Professur. Als sich nun Adolf Ziegler in einem Brief an Goebbels für Gerhardinger einsetzte, weil er meinte, aufgrund seiner Bemühungen um die Kunstausstellungen sich Gehör verschaffen zu können, wurde sein Triptychon *Die vier Elemente*, das François-Poncet so amüsiert hatte, aus dem Münchner Führerbau entfernt und Ziegler selbst ins KZ Dachau gebracht, bis ihn Hitler nach einigen Wochen freilassen ließ.[320]

Während der vierziger Jahre war Goebbels der Meinung, in den bildenden Künsten sei gegenwärtig, was die Qualität angehe, die Skulptur der Malerei vorzuziehen.[321] Tatsächlich konnte die Bildhauerei auch schon vor dem Krieg auf mancherlei Weise Macht, Autorität und Männlichkeit besser demonstrieren als selbst die reichhaltigste Malerei. Insbesondere Josef Thorak und Arno Breker gelang es, diese Eigenschaften herauszumeißeln und auf gekonnte Weise mit kriegerischen Akzenten zu versehen.

Der Österreicher Josef Thorak schuf auch während des Kriegs in riesigen Ateliers seine Monumentalplastiken, vielfach Pferde und weibliche Akte. Bis 1943 war er an jeder Ausstellung in München beteiligt. Dann aber scheint er eine kritische Bemerkung über das NS-Regime fallen gelassen zu haben, sodass Albert Speer ihn vor den Folgen bewahren musste. Dessen ungeachtet wurde er aufgrund der staatlichen Aufträge, Privatverkäufe und sonstiger Vergünstigungen ein reicher Mann. Hitler kaufte ihm eine Nietzsche-Büste für 50 000 Reichsmark ab. Thorak, dessen Einkommen 1943 laut eigenen Angaben 343 000 Reichsmark betrug, erwarb Schloss Prielau bei Salzburg für nur 60 000 Reichsmark, nachdem es seiner jüdischen Besitzerin, Hugo von Hofmannsthals Witwe Gerty, durch Enteignung genommen worden war. Wie Breker wurde auch Thorak in die Gottbegnadetenliste sowie die Sonderliste der zwölf wichtigsten Künstler aufgenommen.[322]

Schon im Februar 1940 jedoch hatte Goebbels notiert, dass Thorak hinter Arno Breker zurückstehen musste, denn diesen hielt Hitler, nachdem der Minister ihn vorgestellt hatte, für »den größten Bildhauer unserer Zeit«.[323] Jedenfalls war, nach allem was wir wissen, Breker der erfolgreichste aller bildenden Künstler während des Kriegs und wahrscheinlich der wichtigste Schöpfer von Kulturobjekten vielerlei Art für das gesamte Reich. Seine Bedeutung für Weltanschauung *und* totalitäre Herrschaft des NS kann nicht überschätzt werden, wählte er doch ausnahmslos heroische Themen, dargestellt von männlichen, manchmal auch weiblichen Figuren.[324] Ein zeitgenössischer Bio- und Hagiograph bescheinigte Breker 1943, er sei in seinem Werk immer »auf das Wesentliche beschränkt«, so Michelangelo nacheifernd; damit »ist dem neuen Lebensstil des deutschen Volkes sinnfälligster Ausdruck verliehen worden«. Prosaischer und knapp hat Jonathan Petropoulos Brekers Werk als von einem »verstärkten Zorngefühl« getrieben und als Manifestation »glorifizierter aggressiver Kriegführung« charakterisiert.[325]

Breker zeigte auf den Kunstausstellungen annähernd ebenso viele Werke wie Thorak, zwischen vierzig und fünfzig insgesamt, darunter insbesondere Büsten von Hitler und anderen NS-Größen. Breker war sicherlich der Reichere von beiden und wahrscheinlich der wohlhabendste aller Nazikünstler.[326] Er genoss besondere Vergünstigungen, die Gold wert waren: So durfte er zusammen mit den Architekten Hermann Giesler und Albert Speer am 23. Juni 1940 Hitler auf seiner Reise ins eroberte Paris begleiten. Hier war Breker im Mercedes des »Führers« am rechten Platz, um Hitler über Architektur und Kunst der Hauptstadt zu informieren, die er, als Angehöriger der Vorkriegsbohème, bestens kannte.[327] Später erhielt er, neben den Besitzungen in Deutschland, noch ein Stadthaus in Paris, das zuvor der Kosmetikunternehmerin Helena Rubinstein, einer in die USA emigrierten Jüdin, gehört hatte und vom NS-Regime entschädigungslos enteignet worden war.[328]

Die Kultur an die Front!

Goebbels' von Nützlichkeitserwägungen geprägte Sichtweise der Kultur zeigte sich nirgendwo deutlicher als in Bezug auf die Fronten. Dort war kriegsbedingt der qualitative Niedergang von Kunst, Musik und Schauspiel besonder bemerkbar. Dennoch brauchten die Soldaten kulturelle Zerstreuung als Beruhigungsmittel.

Der organisatorische Rahmen für die sogenannte Truppenbetreuung wurde Ende der dreißiger Jahre in einer Zusammenarbeit von Wehrmacht und der Abteilung Kraft durch Freude in Robert Leys Deutscher Arbeitsfront geschaffen. Die KdF sorgte dafür, dass der Volksempfänger unters Volk kam, versprach einen Volkswagen (KdF-Wagen) und bot Arbeitern Massenunterhaltung und Ferienreisen. Bei Kriegsbeginn suchte Goebbels den Kontakt zu Offizieren und beauftragte Hans Hinkel mit der Rekrutierung von Künstlern für ein umfassendes kulturelles Unterhaltungsprogramm, von dem Soldaten und, an zweiter Stelle, (deutsche) Beschäftigte in der Rüstungsindustrie profitieren sollten. An Leys Seite trat Bodo Lafferentz als Reichsamtsleiter, ein SS-Obersturmbannführer und promovierter Ökonom. 1943 heiratete er Verena Wagner, die Enkelin Richard Wagners (von Hitler, der bei Wagners »Onkel Wolf« hieß, »Nickel« genannt). Die Zusammenarbeit zwischen Wehrmacht, KdF und Propagandaministerium verlief bis 1944 relativ reibungslos, abgesehen von Alltagskonflikten. So gab es zum Beispiel Differenzen zwischen KdF und Ministerium über die Höhe der Vergütungen für die Künstler – das Ministerium wollte weniger zahlen, als sie nach Ansicht der KdF wert waren. Auch stritt das Ministerium mit der Wehrmacht über Extra-Radiosender für die Soldaten, deren Programme zu kontrollieren Goebbels nicht gelang. Am Ende war das Finanzministerium, reich geworden durch Räubereien aller Art, darunter die Zusammenraffung von Kunstwerken in den besetzten Gebieten, für die geldliche Ausstattung der Truppenbetreuung verantwortlich.[329]

Schon die reinen Veranstaltungsstatistiken sind beeindruckend, auch wenn man in Betracht zieht, dass viele der Auftretenden kaum als Künstler bezeichnet werden konnten und viele Programme durch endlose Wiederholung zur bloßen Routine verkamen. Allein von September bis Dezember 1939 gab es 12 400 Bühnenereignisse; im Jahr 1940 wurden 137 802 Bühnenprogramme verzeichnet. Im *Angriff* teilte Lafferentz mit, dass bis zum 20. Juli 1944, dem Tag des Attentats auf Hitler, 836 000 Shows aufgeführt worden seien.[330] In keinem anderen Fall konnte Goebbels mit größerer Autorität behaupten, dass die deutsche Kultur nicht nur für die Stärkung der Moral, sondern auch für die Neuordnung eines Großdeutschen Reichs nach dem Krieg von Bedeutung sei.

Als Goebbels bemerkte, dass nicht allzu viele Künstler sich freiwillig für die Truppenbetreuung an der Front meldeten, verkündete er Anfang August 1940, er erwarte von allen Künstlern, dass sie sich »freudig und gern dem großen Werk der Truppenbetreuung zur Verfügung« stellten.[331] Tatsächlich waren Künstler schon für das Programm in der Nachhut der vorrückenden Truppen und später dann in besetzten Gebieten wie Norwegen tätig geworden. Aus Köln kam das beliebte Millowitsch-Ensemble in den Westen; das Reichsorchester, dessen Musiker in senfbraunen Smokings auftraten, hatte Wagner, Bruckner und Beethoven gespielt. Bekannte und beliebte Künstler waren für die Truppenbetreuung unterwegs, zum Beispiel die Schauspielstars Lil Dagover und Rudolf Platte oder die Musiker Hans Knappertsbusch, Rudolf Heger, Elly Ney und Wilhelm Kempff. Ferner sorgten die Philharmonischen Orchester von Berlin und Dresden sowie das Gewandhausorchester Leipzig, die Operntruppen von Weimar, Hamburg und Stuttgart und das Theater Frankfurt für Unterhaltung. Die Festspiele von Bayreuth und Salzburg wurden zwar separat finanziert, waren aber unzweifelhaft eine inländische Version der Truppenbetreuung.[332]

Wie schon bemerkt, drehte sich bei der Truppenbetreuung viel um das geeignete Buch. Im Februar 1942 bemerkte Goebbels ironisch, dass »der U-Boot-Mann, wenn er verdreckt und verölt aus dem Maschinenraum kommt, am liebsten zum *Mythus des 20. Jahrhunderts* greift«.[333] Bei Heiraten oder Taufen wurde Alfred Rosenbergs schwer verständliches Buch zusammen mit *Mein Kampf* als Geschenk überreicht (finanziert von den Kommunalbehörden machte das beide Autoren unanständig reich), aber die Soldaten verlangte es natürlich nach sehr viel leichterer Lektüre.[334] Ebensolches galt für Broschüren zu »der Kolonialpolitik, der Geopolitik, der Rassenpflege und dem Faschismus«.[335] Die Soldaten lasen lieber billige, auf dünnem Papier gedruckte Lore-Romane, die nicht mehr als 50 Pfennig kosteten. Auch schätzten sie humoristische Werke von Heinrich Spoerl oder Wilhelm Busch. »Wir Landser lesen mit Vorliebe Kitsch!«, schrieb ein Frontsoldat und erinnerte die Verantwortlichen daheim daran, dass die Schrift groß genug sein musste, damit sie auch in einem ratternden Zug noch lesbar war. Viele Bücher, die die Heimatfront für die Soldaten auswählte, wurden ihnen durch »Frontbüchereien« zugänglich gemacht. Einige dieser Büchereien waren mobil, und ein solch mobiles Exemplar konnte mit Anhänger mehr als 3000 Bände transportieren. In Frankreich gab es Anfang 1942 sechzig stationäre Frontbüchereien, deren Zahl bis Ende 1943 auf achtundneunzig gestiegen war; dazu kamen Unmengen von Bussen, die ebenfalls Literatur beförderten. In Norwegen wurden Bücher mit Barkassen über die Fjorde transportiert. 1943 gab es dort neben den mobilen 300 stationäre Büchereien. Befördert wurden auch Schallplatten, Füllhalter und Papier, aber Bücher konnten es nie genug sein, sodass der Gesamtbedarf nur zu 20 Prozent gedeckt werden konnte. Schon im Januar 1940 waren, Berichten zufolge, 8,5 Millionen Bücher für die Front gesammelt worden, und nachdem Rosenberg 1941 zum Leiter des Reichsministeriums für die besetzten Ostgebiete ernannt worden war, sorgte er für eigene Buchspenden. Die Titel hatten die Zensoren im Parteiamt ausgesucht; die Anzahl der Exemplare soll in die Millionen gegangen sein.[336]

Außer Büchern waren noch Rundfunk, Schallplatten und Film von Bedeutung. Für Rundfunksendungen richtete die Wehrmacht eigene Sendestationen ein und sorgte auch selbst für das entsprechende Personal. Am beliebtesten war der Soldatensender Belgrad, der sogar den Status einer Legende erreichte. Dort entstand das Lied »Lili Marleen«.[337] Andere Sendungen für die Front kamen von Goebbels' Rundfunkstationen, und er sorgte dafür, dass Tausende Empfänger gesammelt wurden, von denen viele einst jüdischen Bürgern gehört hatten. Auch Schellackplatten und Grammophone wurden gesammelt und an der Front verteilt. Allein in Berlin wurden im Dezember 1941 auf Initiative des Propagandaministeriums 350 000 Schallplatten und 2000 Grammophone gesammelt, um zur Front transportiert zu werden. »Man sieht also«, notierte Goebbels selbstgefällig, »dass das deutsche Volk zu jedem Opfer bereit ist, wenn man es nur richtig anspricht.« Bei den Filmen, die in stationären wie auch mobilen Vorführräumen gezeigt wurden, bevorzugte man Streifen mit ideologischem Inhalt wie *Jud Süß* und *Heimkehr*, womit Goebbels sein Diktum von der Kultur als Volkserzieherin in die Tat umsetzte. Verständlicherweise aber ließen sich die Soldaten gerne von leichter Unterhaltung wie zum Beispiel Komödien ablenken.[338]

So erholsam es die Soldaten auch fanden, Filme anzuschauen und Musik zu hören, schätzen sie doch Live-Unterhaltung am meisten. Goebbels' Appell an die Künstler war nicht ungehört verhallt: Bis Mitte 1942 waren jeden Monat an die 14 000 in Sachen Truppenbetreuung unterwegs gewesen.[339] Während fest etablierte Theater wie das Landestheater Saarpfalz in Kaiserslautern sich schon mit Kriegsbeginn völlig der Truppenbetreuung widmeten – in diesem Fall den im Westen stationierten Einheiten –, rief die KdF Wanderbühnen ins Leben, die hinter den vorrückenden Truppen herzogen. Das städtische Theater in Minsk wurde durch den NS-Gouverneur Wilhelm Kube mit Beschlag belegt und die einheimischen Schauspieler durch deutsche Theaterensembles wie das aus Landsberg/Warthe ersetzt. Eins der ersten in Minsk aufgeführten Stücke stammte von Kube selbst. Es hieß *Totila* und war bis dahin völlig unbekannt gewesen. Schon bald gab es in den wichtigen Zentren der besetzten Gebiete wie Bordeaux, Athen, Oslo und Riga sogenannte Künstlerheime. Im Herbst 1941 startete Hinkel das Unternehmen »Künstlerfahrt«, ein in Berlin zusammengestelltes Programm für die verwundeten Soldaten, und von Herbst 1942 bis Mai 1944 kreuzte, britischen Luftangriffen, Minen und U-Boot-Attacken zum Trotz, eine Künstlerbarkasse an der nordwestlichen Küste von Norwegen. Diese

Schaugeschäftigkeit bot zumeist leichte Unterhaltung wie Revuen und Operetten, Bauerntheater und grobgestrickte Komödien des Typs, den der oben zitierte Landser gefordert hatte. Es gab auch, wenngleich weniger häufig, Sinfoniekonzerte, Solodarbietungen und Kammermusikabende. (In der Klassiksparte traten viele hochgeachtete Schauspieler wie Olga Tschechowa, Mathias Wieman und Paul Hörbiger auf, um Prosa und Gedichte zu rezitieren und vorzulesen.) Insgesamt aber beherrschten »Bunte Abende« das Feld, angelehnt an die Wunschkonzerte im Rundfunk. Es gab Quizrunden und Tanzeinlagen, Komik und Schlager, und das Publikum, zu dem auch das Korps der uniformierten »Blitzmädel« gehörte, wurde zum Mitmachen ermuntert.[340]

Allerdings gab es bei der Truppenbetreuung auch Probleme, die das Unternehmen von vornherein zum Scheitern verurteilten. Sie waren einerseits konzeptueller und struktureller Art, andererseits hingen sie direkter mit der Strategie und Durchführung militärischer Aktionen zusammen. Eine interne Schwierigkeit, die bis zum Ende des Dritten Reichs nicht behoben wurde, war die eher unverbindliche Vertragsregelung zwischen Wehrmacht, KdF und Propagandaministerium, die die Einstellung von Personal, finanzielle Vergütung und Koordination im Feld betraf. So herrschte zwischen allen drei Institutionen Uneinigkeit über Qualitätsmaßstäbe der kulturellen Darbietungen. Die Wehrmacht erwartete, im Hinblick auf Klassikliebhaber unter den Offizieren, ein substanzielles Maß an Hochkultur, wie es etwa Elly Ney oder Wilhelm Kempff repräsentierten, während Goebbels' Ministerium auf dem Vorrang leichter Unterhaltung beharrte. Die KdF wiederum hatte in der Vorkriegszeit die Bedürfnisse der Arbeiter und Angehörigen der unteren Mittelschicht befriedigt, weshalb sie aus Prinzip die Hochkultur mied. Uneinigkeit herrschte auch darin, wie nach dem Attentat vom 20. Juli zu verfahren sei: Während Goebbels sich dazu entschloss, Anfang September die Truppenbetreuung zu beenden, machten etliche Einheiten auf eigene Faust weiter, wahrscheinlich mit Unterstützung durch die KdF und sicherlich, auf lokaler Ebene, durch die Wehrmacht. So gab es noch im Frühjahr 1945 Unterhaltungsprogramme zur Förderung der Truppenmoral.

Zudem gab es im Personalbereich keine eindeutigen Befehlsstrukturen und Verpflichtungsregeln. Zu Beginn des Truppenbetreuungsprogramms konnten bildende Künstler, Musiker und Schauspieler sich auf ihr Prestige verlassen, um je nach Gutdünken mitzumachen oder fernzubleiben. Das zeigte sich besonders deutlich im Januar 1941, als Goebbels anlässlich eines Besuchs im altehrwürdigen Wiener Theater in der Josefstadt aus einer Laune heraus das ganze Ensemble zu einer Frankreichtour zu verpflichten suchte. Aber die Regisseure fürchteten um ihren Spielplan und wandten ein, dass alle Aufführungen terminlich festgelegt seien, während die Schauspielerin Paula Wessely, die Goebbels besonders gern verpflichtet hätte, im besetzten Polen gerade mit Filmaufnahmen zu *Heimkehr* beschäftigt sei. Schließlich musste Goebbels von seinem Vorhaben Abstand nehmen, vor allem, weil der leitende Direktor der prominente Heinz Hilpert, Intendant am Deutschen Theater in Berlin, war. Goebbels gab sich mit dem Versprechen zufrieden, vom Theater die Namen jener Regisseure und Schauspieler zu erfahren, die derzeit nicht arbeiteten. So blieb das Theater in der Josefstadt.[341]

Paula Wessely für Frontauftritte vorzusehen, war symptomatisch für die Personalpolitik, die unter der Leitung von Ley und Goebbels in Schieflage geriet. Weil Künstler zunächst nicht zur Truppenbetreuung einberufen werden konnten, kamen die Gesetze des freien Marktes ins Spiel: Da die Nachfrage groß war, konnte praktisch jeder Ballettänzer, Pianist oder Schauspieler an Gage fordern, was er oder sie für angemessen hielt. Mit solcher Praxis ging eine allmähliche Verwässerung der Aufführungsqualität einher, da die Künstler ihre Darbietungen bescheidener gestalteten und die Kontrollen vernachlässigten. Gagen für unbekannte Sänger oder nachrangige Schauspieler erreichten ungeahnte Höhen, sodass Goebbels sich Anfang 1942 darüber beklagte, dass Künstler den Nerv hätten, nur für die Deklamation eines Gedichts zwischen 300 und 500 Reichsmark zu verlangen. So entschied er im Laufe des Jahres, dass niemand mehr erhalten sollte als 75 Reichsmark pro Tag, und noch später erklärte er 800 Reichsmark für eine akzeptable Gage. Daraufhin jedoch entschieden sich viele Künstler gegen Auftritte bei der Truppenbetreuung, weil sie mit ihren Heimatgagen besser bedient waren. So bemerkte eine einundzwanzigjährige Schauspielnovizin großspurig, dass sie dank der 1600 Reichsmark, die sie daheim am Theater verdiene, keine Notwendigkeit sehe, sich an der Front in Gefahr zu begeben.

Nach 1942 war es daher für Künstler günstiger, eine feste Anstellung zu haben, sei es im Theater oder im Filmgeschäft (Babelsberg, Wien, Prag). In diesem Fall konnten sie höchstens für sechs Wochen zur Truppenbetreuung verpflichtet werden, sei es für die bescheidenen Gagen, die Goebbels vorgeschlagen hatte, oder *pro bono*. Das begünstigte gestandene Künstler wie die Schauspielerin Olga Tschechowa oder den Pianisten Wilhelm Kempff, die im Reich fest engagiert waren, doch war es unfair gegenüber weniger bekannten Künstlern, die kurzfristigere Verträge hatten oder gar arbeitslos waren und sich so zur Truppenbetreuung gezwungen sahen. Ein festes Engagement begünstigte auch Künstler wie Maler, Bildhauer und Autoren, die in Sachen Unterhaltung den Soldaten kaum etwas bieten konnten und daher in Ruhe gelassen wurden. Andererseits drohte ihnen immer die Einberufung in die Armee oder die Arbeit in der Rüstungsindustrie. Insgesamt bot die Truppenbetreuung 1943 ein trauriges Bild: Vielen Kunst- und Kulturschaffenden war es gelungen, sich dem Dienst an der Front zu entziehen. Dort hätten sie wahrscheinlich grauenhafte Szenen mit ansehen müssen – Schwerverletzte, unmenschlich behandelte sowjetische Kriegsgefangene, die Liquidierung von Partisanen und Juden. Zu dieser Zeit war die Qualität der kulturellen Darbietungen so tief gesunken, dass Schauspieler und Musiker von den Soldaten bisweilen unter Hohngelächter aus Offiziersmessen und behelfsmäßig aufgebauten Bühnenräumen vertrieben wurden. Immer häufiger neigten die Soldaten dazu, sich von einheimischen Künstlern unterhalten zu lassen, von Holländern in den besetzten Niederlanden oder von Ukrainern im Südosten Russlands. So viel zur Überlegenheit der deutschen Kultur im Krieg![342]

Wie erging es einzelnen Künstlern unter diesen Bedingungen? Paula Wesselys Schwager, der österreichische Filmstar (und Frauenschwarm) Paul Hörbiger, der 1935 auf dem Geburtstag von Magda Goebbels in Gegenwart Hitlers, begleitet von Luise Ullrich auf dem Akkordeon, gesungen hatte, begrüßte den 1938 vollzogenen »Anschluss« seines Heimatlands und spielte bis 1944 in 73 Filmen. Er stellte sich Goebbels für die Truppenbetreuung zur Verfügung, auch wenn die 1942 festgelegten Gagen alles andere als üppig waren. Allerdings führte der SD eine Akte über ihn, in der 1943 bemerkt worden war, dass er zwar ein Kandidat für die Truppenbetreuung sei, aber überwacht werden müsse wegen seiner »Neigung ... zu alkoholischen Exzessen«. Himmlers Spitzel hatten ein Auge auf ihn.[343] Seine Kollegin Olga Tschechowa pflegte noch engeren Umgang mit Goebbels und Hitler, der, Speer zufolge, alle ihre Filme anschaute. Zweifellos machte sie sich frühere lukrative Dienst(vergnügungs)reisen hinter der Front zunutze, wie sie 1943 rückschauend durchblicken ließ. Sie gab sich heldinnenhaft: »Ein besonderes Erlebnis war es stets für mich, vor unseren Soldaten spielen zu dürfen. Die Aufgeschlossenheit unserer Soldaten allen künstlerischen Dingen gegenüber ... war geradezu beglückend.« Nach dem Krieg räumte sie ein, in Paris, Lyon, Lille und Brüssel aufgetreten zu sein – alles relativ friedliche Städte nach der Kapitulation von Belgien und Frankreich.[344]

Eckart von Naso, Drehbuchschreiber und Dramaturg an Görings Staatstheater, war zweimal in Russland, einmal in Norwegen und dann in Paris, um Lesungen aus Werken deutscher Dichter durchzuführen. Da er von den Honoraren im Altreich nichts kaufen konnte, erwarb er außerhalb der deutschen Grenzen auf dem Schwarzmarkt Cognac, Zigaretten, Butter, Kaffee und Tee. Natürlich boten die eroberten Territorien genug Möglichkeiten für moralisch fragwürdiges Verhalten, plünderten die Besatzer dort doch auf verschiedenartigste, gleichermaßen widerwärtige Weisen. Gertie Schönfelder, eine kaum bekannte Sängerin aus der Berliner Scala mit keiner großen Aussicht auf feste Anstellung, wurde nebst einer Band in den Osten geschickt, um Angehörige der Wehrmacht und Waffen-SS in den jüdischen Ghettos zu unterhalten. Dabei nutzte sie die Notlage der Juden aus, indem sie sie unentgeltlich für sie arbeiten ließ; bei einer Gelegenheit ließ sie sich von einem jüdischen Schuhmachermeister ein Paar Stiefel aus feinstem, weichsten Leder anfertigen, wie sie mir viele Jahre später vorschwärmte.[345]

Auf diese Weise versuchten viele Künstler, sich dem Regime anzudienen und zugleich substanziellen Profit aus der Sache zu schlagen. Einige wie von Naso verwerteten nach dem Krieg diese Erfahrungen, um sich in ihren Erinnerungen als eine Art Widerstandskämpfer darzustellen. Das vielleicht offenkundigste Beispiel für so eine Haltung war Gustaf Gründgens, Görings genialer Generalintendant der Preußischen Staatstheater, der, wie bereits beschrieben, in seiner Jugend eher links geneigt war. Während seine sexuellen Abenteuer vom Regime ähnlich überwacht wurden wie Hörbigers Alkoholkonsum, produzierte Gründgens brillantes Theater unter der Schirmherrschaft des preußischen Ministerpräsidenten. Außerdem konnte er ein »arisiertes« Anwesen nahe Berlin übernehmen und mit seiner Frau, Marianne Hoppe, zu ihrer Residenz machen. 1941 und 1942 ging Gründgens mit dem ideologisch unverdächtigen Stück *Das Konzert* des Österreichers Hermann Bahr auf Truppenbetreuungstournee. Er bereiste die relativ sicheren Gebiete der Niederlande und Norwegens. Zweifellos erhielt er dafür eine angemessene Vergütung. Doch schon 1941 brüstete er sich damit und stellte sein Truppenbetreuungsengagement als Akt persönlicher Verausgabung und Aufopferung dar. Öffentlich sagte er, er sei in einem Krieg aktiv geworden, wo es um »Sein und Nichtsein« ging. Er wollte sein schauspielerisches Talent an der »Wirklichkeit des kriegerischen Erlebnisses« messen und habe erkannt: »Augen, die den Tod gesehen haben, blicken scharf.« Er habe derlei Situationen heldenhaft durchgestanden und gemeistert, meinte Gründgens, der mit Bahrs Stück – und seinen Memoiren – nach dem Ende des NS-Regimes an die Öffentlichkeit gehen wollte.[346] Gründgens, der bereits 1936 im Roman *Mephisto* von Klaus Mann (seinem Ex-Lover) satirisch dargestellt worden war, war ein geschickter Manipulator und, als er das eben Zitierte äußerte, bereits in seinen Vierzigern.

Zwei Naive der Filmwelt waren Ilse Werner (geb. 1921) und Margot Hielscher (geb. 1919). Wie bereits angeführt, hatte Ilse Werner in dem Film *Wunschkonzert*, thematisch eng verwandt dem Programm der Truppenbetreuung, die weibliche Hauptrolle gespielt. Sie schreibt, dass sie in die Truppenbetreuung eingebunden wurde, als es schon Massen an verwundeten Soldaten gab. Nach 1942, als die deutschen Truppen unwiderruflich auf dem Rückzug waren, kam es immer häufiger zu Auftritten mit Gesang und Rezitation in Lazaretten. Werner erinnert sich an den Schock, als sie 1943 in einem Lazarett das Lied »Warum sieht mich nur jeder Mann/So zärtlich und so lächelnd an?« sang und dann erfahren musste, dass ihr Publikum aus Blinden bestand. Sie, damals 21 Jahre alt, konnte, erzählte sie später, die Tränen kaum zurückhalten.[347] Auch Margot Hielscher sang vor Verwundeten. Das war ein Jahr später, als sie in Prag filmte, wohin die Belegschaft aus Babelsberg aus Sicherheitsgründen umgezogen war. In Pilsen gab es ein Krankenrevier. Ein junger Soldat, dem Tode nahe, bat sie, das Titellied aus dem Film *Frauen sind keine Engel* zu singen. Sie erinnert sich: »Ich habe das gemacht, mich so angestrengt, dass meine Stimme nicht bricht. Aber er ist vor mir gestorben. Seitdem ist meine Erkennungsmelodie mit dem Bild des sterbenden Jungen verbunden, und es hat Jahre gebraucht, bis ich es wieder frei singen konnte.«[348]

Es ist, von heute ausgesehen, die Frage, ob Ilse Werner und Margot Hielscher wirklich damals den Schmerz empfanden, den sie so lebhaft nach dem Krieg in ihren Erinnerungen beschrieben, waren sie doch unterwegs gewesen, um Geld und Sympathie zu bekommen. Aber sie waren jung und wurden von skrupellosen Politikern als Sexsymbole für Unternehmungen missbraucht, die nun ihre Kehrseite zeigten. Ihnen fiel die undankbare Rolle zu, die Scherben aufzulesen. Im Juni 1988 führte ich ein Gespräch mit der längst erfolgreichen und wohlhabenden Margot Hielscher in ihrem Bungalow im Nobelstadtteil München-Bogenhausen, der nur einen Steinwurf von Thomas Manns einstiger Villa entfernt lag. Aber die nunmehr berühmte westdeutsche Filmdiva war sich der sinistren Zwecke, denen Goebbels die Unterhaltungsindustrie unterworfen hatte, ebenso wenig bewusst wie deren Untergang.[349] Sie begriff nicht, dass während des Kriegs Filme noch weit anderen Zwecken als denen der Unterhaltung dienen sollten. So war der Film *Das Herz der Königin* (1940), in dem sie mitwirkte, seinem Wesen nach ein Propagandafilm gegen das britische Königreich, das zu erobern Deutschland sich gerade anschickte, um den Deutschen zu suggerieren, es sei korrupt und werde von räuberischen Imperialisten regiert. Aber Margot Hielscher war sich auch nicht der Fruchtlosigkeit solcher Versuche bewusst; gerade dieser Film wurde sogar damals von Kritikern allein aus ästhetischen Gründen angegriffen.[350] Sie konnte nicht sehen, dass selbst der beste kulturelle Inhalt nicht als Propagandamaterial zur Stärkung der öffentlichen Moral taugt. Es war ja so, dass mit dem inneren und äußeren Niedergang des Reichs solche kulturellen Ablenkungen sich mehr und mehr als Täuschungen und Lügen herausstellten. Aber als ich sie nach diesen letzten Monaten ihrer Filmarbeit für das Reich fragte, lange nachdem sie sich gegenüber ihrem räuberischen Boss als gefügige Schauspielerin bewiesen hatte, antwortete sie voller Freude, wie sicher die Arbeitsbedingungen in Prag gewesen waren (sie waren es zuvor in Wien auch bereits gewesen), und sie schwärmte von dem wundervollen Essen, den Unmengen an Alkohol und den Festlichkeiten – ein Tanz auf dem Vulkan –, den sie und die Filmcrew genossen hätten. Sie sei sich, sagte sie, der Tatsache bewusst gewesen, dass sie in Prag unter sicheren Bedingungen hatte drehen können – es gab keine Bombenangriffe, jeder wurde gut bezahlt, und es gab Konsumgüter, die in Berlin schon lange nicht mehr erhältlich waren. Sie genoss in der Tat eine privilegierte Situation. Aber als ich sie fragte, ob sie wisse, dass ihr Glück als Darstellerin im Krieg möglich gewesen sei, weil es die Konkurrenz von jungen jüdischen Schauspielerinnen wie Lilli Palmer nicht mehr gab, die stattdessen die Mühsal der Emigration erleiden mussten (abgesehen von denen, die getötet wurden), schwieg Margot Hielscher. Dieser Gedanke war ihr während ihrer ganzen Karriere in der NS-Zeit vielleicht nicht gekommen.

Kapitel 5
Künstler im Exil

Wie in den vorherigen Kapiteln schon deutlich wurde, gehört die Emigration als fester Bestandteil zu einer Geschichte des Dritten Reichs. Aber in diesem Zusammenhang mag »Emigration« euphemistisch klingen, so als wäre es ein geordneter Prozess des Abschiednehmens vom Heimatland und der genehmigten und geregelten Ankunft in einem Gastland gewesen, mochte er auch für den Emigranten mit ökonomischen und psychischen Härten verbunden sein. Doch der Exodus, den Deutschland zwischen 1933 und 1941 erlebte, vollzog sich keineswegs geordnet und war fast immer politischem statt wirtschaftlichem Druck geschuldet, auch wenn die erzwungene Ausreise ausnahmslos mit finanziellen Opfern einherging. Seit der gescheiterten Revolution von 1848/49 hatte Deutschland keine solche Auswanderungswelle mehr erlebt. Und die meisten derer, die da aus dem Land getrieben wurden – und daher besser »Flüchtlinge« genannt werden sollten –, waren Juden, ob sie nun assimiliert und bisweilen sogar zum Christentum konvertiert waren oder wie viele, die aus Österreich oder Osteuropa stammten, eher jüdisch-orthodox. Jenseits des äußeren Drucks erhebt sich die Frage, wie viele Deutsche, jüdisch oder nicht, das Reich aus eigenem Antrieb verließen. Da die Juden schon an sich als Opfer gebrandmarkt waren, bezieht sich die Frage im Wesentlichen auf die »Arier«, von denen möglicherweise einige auch nach der Machtergreifung unbehelligt in Deutschland hätten bleiben können. Harry Graf Kessler etwa, wohlhabend und unabhängig, wäre trotz seiner Homosexualität auch in einem homophoben NS-Deutschland womöglich in Ruhe gelassen worden. Aber er setzte sich via Mallorca nach Frankreich ab.[1] Unbehelligt geblieben wäre vielleicht auch Thomas Mann, dessen Frau aber Jüdin war. Drittens ist Bertolt Brecht zu erwähnen (ebenfalls mit einer Jüdin verheiratet, der er fortwährend untreu war), der jedoch, da er sich zum Kommunismus bekannte, in einem KZ gelandet wäre.² Abgesehen davon pflegte der Kommunismus seine eigene Form des Totalitarismus, weshalb Kommunisten, die in die UdSSR emigrierten, ein unmenschliches System gegen ein anderes eintauschten. Ein solcher Transfer von Menschen war nur möglich, weil Menschenrechte und Freiheiten außer Kraft gesetzt waren.

Mann und Brecht waren schon lange vor 1933 weltberühmt, und es lag nicht jenseits ihrer Möglichkeiten, Hitlers Reich zu verlassen und sich auch im Exil ein angemessenes Dasein aufzubauen. In diesem Sinne waren sie – Mann mehr als Brecht – alles andere als typisch für die große Mehrheit der zumeist jüdischen Musiker, Maler, Schriftsteller und Persönlichkeiten von Film und Bühne, die erheblich höhere Hindernisse zu überwinden hatten. Zum einen musste die Ausreise bewältigt werden, was hieß, ein Visum für ein fremdes Land zu erhalten und schließlich 90 Prozent des Vermögens inklusive der Zahlung einer »Reichsfluchtsteuer« den NS-Behörden zu überlassen. Danach galt es, im Zufluchtsland so Aufnahme zu finden, dass man sich in die Gastgesellschaft integrieren konnte, auch wenn man die Rückkehr nach Deutschland plante. Idealerweise bedeutete das, irgendwann wieder professionell kulturell tätig werden zu können, von Nachbarn und Chefs akzeptiert zu werden und zu erleben, dass die eigenen Kinder dank Toleranz und Ausbildung ihren eigenen Weg gehen konnten (wie der spätere Historiker Peter Gay).³ Die einzelnen Aufnahmeländer handhabten all diese Aspekte unterschiedlich, und das Ideal wurde nirgendwo erreicht. Wie ein Flüchtling aus dem Kulturbereich behandelt wurde, hing zum großen Teil von seinen Fähigkeiten, seiner Ausbildung, seinem sprachlichen Vermögen und seiner Anpassungsbereitschaft ab. Insgesamt erwartete die Flüchtlinge kein glückliches Schicksal, auch jene Künstler und Intellektuellen nicht, die eigentlich vom Glück begünstigt waren.

Etwa eine halbe Million deutschsprachiger Männer und Frauen, darunter Akademiker, Künstler und Intellektuelle, zwang das NS-Regime zur Auswanderung. Hatten die Flüchtlinge schon vor der Ausreise mit den Schwierigkeiten zu kämpfen, die ihnen durch die Nationalsozialisten, aber auch durch die vorgesehenen Ausreisestaaten (etwa wegen Verzögerungen bei der Visa-Ausstellung) gemacht worden waren, mussten sie bei der Ankunft im neuen Land Unmengen weiterer Probleme bewältigen. An erster Stelle rangierte dabei die wirtschaftliche Lage, denn die Weltwirtschaftskrise von 1929 hatte in vielen Ländern die Arbeitslosigkeit in die Höhe getrieben, und nationalistische Politiker reagierten darauf mit verschärften Bestimmungen und Gesetzen für Einwanderer.[4]

Bis zum »Anschluss« Österreichs im März 1938 hatten 129 000 Juden das Reich verlassen, weitere 118 000 emigrierten 1938/39 aus beiden Ländern, und selbst nach Kriegsausbruch, als die Auswanderung so gut wie unmöglich war, flohen bis 1945 noch einmal etwas mehr als 31 000. Werner Röder und Herbert Strauss zufolge verließen während der NS-Diktatur 278 000 Juden das Reich.[5]

Welche Länder nahmen diese unfreiwilligen Exilanten hauptsächlich auf, und wie waren die jeweiligen Komplikationen beschaffen? Im Osten war es die Sowjetunion; dorthin zog es zumeist kommunistische Flüchtige, aber allzu viele waren es nicht. Zu ihnen gehörte Friedrich Wolf, ein Arzt mit vielen Talenten, der 1920 in Berlin geholfen hatte, den Kapp-Putsch scheitern zu lassen. Er schloss sich später der KPD an und schrieb Gedichte, Bühnenwerke und Novellen.[6] Ebenfalls in die UdSSR ging Carola Neher; sie emigrierte kurz nach der Machtergreifung im Alter von 32 Jahren. In der Weimarer Republik hatte sie mit Bertolt Brecht und Kurt Weill zusammengearbeitet. Während der stalinistischen Säuberungen wurde sie von Gustav von Wangenheim, der ebenfalls emigriert war, als Trotzkistin denunziert. Sie starb 1942 nach langjähriger Gefängnishaft auf dem Weg in den Gulag an Typhus.[7]

Die Tschechoslowakei, einst (als Böhmen und Mähren) Teil des Habsburgerreichs, zog viele deutsche Emigranten an, weil dort westliche Werte und ein westlicher Lebensstil gepflegt wurden. Berliner und Wiener konnten sich hier, wo deutsche Kultur entstanden war, wie zu Hause fühlen. Zumindest bis Hitlers Einmarsch im März 1939 benötigte man kein Einreisevisum, aber der Aufenthalt wurde nur Flüchtlingen gewährt, die direkt aus Deutschland einreisten, die Arbeitslosigkeit war hoch, und die Hürden für Arbeitserlaubnis oder finanzielle Unterstützung waren es auch.[8]

Schweden bot politischen Flüchtlingen Asyl, wobei Juden allerdings nicht gesondert berücksichtigt wurden. Einmal aufgenommen, sahen sie sich den Angriffen einheimischer Antisemiten sowie den Feindseligkeiten schwedischer Juden ausgesetzt. Abgesehen davon war Arbeitslosigkeit für die Einwanderungsbehörden auch ein Grund zur Abweisung. Immerhin lebten im November 1938, zur Zeit der »Reichskristallnacht«, 1200 Flüchtlinge aus

Deutschland und Österreich in Schweden, 800 davon mit Arbeitserlaubnis. Allerdings verschärften die Schweden bei Kriegsausbruch die Einwanderungsbedingungen, sodass sich im Mai 1945 lediglich 4600 Flüchtlinge im Land befanden.[9]

Wenn die Schweiz als antisemitisch galt, dann vielleicht deshalb, weil sie generell fremdenfeindlich war. Für Außenseiter, es sei denn weltberühmte, gab es hier keine Chance auf einen sicheren Arbeitsplatz; die berüchtigte Fremdenpolizei sorgte dafür, dass nur Personen wie Thomas Mann oder Erich Maria Remarque, die finanziell unabhängig waren, sich hier niederlassen durften. Aber selbst dann fürchtete man Konkurrenz, was Gottfried Bermann Fischer erfahren musste, als er den Verlag seines Schwiegervaters Samuel Fischer in Zürich ansiedeln wollte. Immerhin lebten während des Kriegs an die 10 000 deutschsprachige Flüchtlinge in der Schweiz, von denen einige sogar ein vorübergehendes Recht auf Asyl besaßen.[10]

Der Antisemitismus in Frankreich wurde durch die Fremdenfeindlichkeit der französischen Juden (die rund die Hälfte der jüdischen Gesamtbevölkerung ausmachten) noch angeheizt, die schon die aus Osteuropa geflüchteten Juden hassten und zur Zeit des Vichy-Regimes keine weiteren Juden aus Deutschland und Österreich im Land haben wollten. Einreisebeschränkungen gab es unter allen französischen Regierungen mit Ausnahme der kurzlebigen unter Premierminister Léon Blum von 1936 bis 1938; Blum war selbst Jude.[11]

Das Vereinigte Königreich, von dem man vielleicht erwartet hätte, dass es, als parlamentarische Demokratie, Flüchtlingen am ehesten Zuflucht gewährte, ließ bis zur Reichspogromnacht nur eine kleine Anzahl von Emigranten ins Land. Auch hier waren Fremdenfeindlichkeit und insbesondere Antisemitismus die Gründe; hinzu kamen mit Arbeitslosigkeit verbundene Ängste, denn viele Briten bezogen Arbeitslosenunterstützung. Dennoch hielten sich bei Kriegsbeginn rund 55 000 deutschsprachige Flüchtlinge in Großbritannien auf; doch mit dem Überfall der Wehrmacht auf Frankreich, Belgien und die Niederlande machte sich anti-deutsche Stimmung breit. Paradoxerweise wurden die aus ihren Heimatländern Deutschland und Österreich vertriebenen Juden in Großbritannien als »Enemy Aliens« (»Angehörige von Feindstaaten«) erneut zu Opfern. Nachdem der neu gewählte Premierminister Winston Churchill den Befehl ausgegeben hatte: »Collar the lot!« (»Alle verhaften!«), wurden die Flüchtlinge aus diesen beiden Ländern interniert. Dasselbe galt, wenn auch separat, für Flüchtlinge aus dem faschistischen Italien. Viele mussten gefährlichen Reisen in temporäre Internierungslager in Australien oder Kanada unternehmen. Bei Kriegsende lebten 78000 Emigranten in Großbritannien und praktisch alle Internierten waren wieder frei.[12]

Weil der Völkerbund Großbritannien nach dem Ersten Weltkrieg Palästina als Mandatsgebiet überlassen hatte, konnte es die Einwanderung deutscher Juden in das Gebiet, das die Zionisten als traditionellen Zufluchtsort betrachteten, ebenfalls beschränken; dennoch gelangten zwischen 1933 und 1941 an die 55000 Flüchtlinge ins Land. Aber die Briten verhinderten alles, was den Neuankömmlingen aus dem Kultursektor die Eingliederung durch Arbeit hätte erleichtern können; die besten Chancen hatten jene, die es gewohnt waren, mit den Händen zu arbeiten.[13]

In Nord- und Südamerika variierten die Bedingungen stark. Im Norden leistete Kanada kompromisslos Widerstand gegen jegliche Art von Einwanderung aus Mitteleuropa, insbesondere, wenn es um Juden ging. Vor allem in der katholisch geprägten Provinz Quebec gab es Judenhass, hinzu kam eine antisemitische Bürokratie unter dem Kabinett von Premierminister Mackenzie King, der ein besessener Verehrer von Adolf Hitler war. Als die *New York Times* im Mai 1943 bemerkte, dass Kanada und ebenso das Vereinigte Königreich sehr viel mehr für die europäischen Juden tun könnten, hörte man einen hohen Beamten in Ottawa sagen, die Zeitung könne nicht ernst genommen werden, da doch alle wüssten, dass sie im Besitz und unter der Kontrolle von Juden sei.[14] Besonders schlimm waren die Bedingungen in Mittel- und Südamerika: überbordende Bürokratie, Korruption, Fremdenhass und Mangel an Arbeit für Menschen mit Talent.[15] Auch in der Karibik ließ sich kaum unterkommen – dort herrschten Vorurteile, bürokratische Hürden, und die Regierungen der Inselstaaten waren durch und durch korrupt. Peter Gay erinnerte sich daran, dass nur das Schicksal ihn daran hinderte, im Frühjahr 1939 an Bord des Flüchtlingsschiffs *St. Louis* zu gehen. Er war bereits einige Wochen zuvor auf einem anderen Schiff mit seiner Familie in Havanna eingetroffen (und konnte später in die Vereinigten Staaten weiterreisen). Die *St. Louis* aber erlangte traurige Berühmtheit. Als sie ohne Erlaubnis im Hafen von Havanna anlegte, um die Passagiere – alles Flüchtlinge – von Bord zu lassen, wurde ihnen hier wie später in Miami (und dann in Kanada) von den Einwanderungsbehörden die Einreise verweigert. Der Dampfer musste schließlich nach Europa zurückkehren und landete mit der Fracht von 936 Flüchtlingen in Belgien. Etwa ein Drittel derer, die nicht das Glück hatten, von Großbritannien aufgenommen zu werden, wurde im besetzten Westeuropa von den Nazis gefangen genommen, interniert und umgebracht.[16]

Während es zwischen 1933 und 1945 nur ein paar Hundert Flüchtlinge nach Kanada schafften, nahmen die USA schätzungsweise 132 000 deutschsprachige Emigranten auf – in absoluten Zahlen so viele wie kein anderes Land der Welt.[17] Allerdings gab es auch hier rigide Einreisebeschränkungen. Beginnend mit Gesetzen aus den Jahren 1921 und 1924 hatte man den Zustrom von Juden und Südeuropäern durch Quotierung einzudämmen versucht. Zwischen 1929 und 1937 kamen im Gefolge der Weltwirtschaftskrise weitere Beschränkungen hinzu, die Emigranten aus Deutschland und Österreich – auch jüdische – allerdings weniger betrafen, weil sie nicht unter die Quotierung fielen. Das änderte sich nach der Reichspogromnacht; 1939/40 wurden die Quoten für Deutsche und Österreicher ausgeschöpft. Nach Himmlers Ausreiseverbot für Juden vom Oktober 1941 und dem Kriegseintritt der USA im Dezember darauf in Reaktion auf den Angriff auf Pearl Harbor kamen nur noch wenige Flüchtlinge ins Land. Ohnehin mussten Juden zu allen Zeiten bei der Einreise erhebliche Hürden nehmen; so brauchten sie die Bürgschaft eines amerikanischen Staatsbürgers, um ein Visum zu erhalten, und wurden außerdem vor rüdem Antisemitismus gewarnt.[18]

Insgesamt wurde ermittelt, dass die USA fast 48 Prozent aller Flüchtlinge aus deutschsprachigen Gebieten aufnahmen, Großbritannien 10 Prozent, Palästina 8 Prozent und die Schweiz 4 Prozent. Etwas mehr als 7 Prozent aller Einwanderer in die USA waren Akademiker, Intellektuelle oder Kulturschaffende, darunter 682 Journalisten und Schriftsteller, 465 Musiker und 296 bildende Künstler.[19]

Politische, wirtschaftliche und psychologische Hindernisse

Mitte der dreißiger Jahre stellte Klaus Mann, Thomas Manns ältester Sohn und selbst im Exil, eine entscheidende Frage: »Was fängt ein Nervenarzt aus Berlin in Australien an? Was beginnt ein Rechtsanwalt aus Frankfurt am Main in Guatemala?«[20] Die Frage verwies darauf, dass die in Deutschland oder Österreich absolvierte Ausbildung häufig im Zufluchtsland unbrauchbar war. Das galt in hohem Maße für stark spezialisierte Berufe, etwa Juristen, die in römischem Recht ausgebildet waren und oftmals Ämter in Regierung und Verwaltung bekleidet hatten. Nun mussten sie sich im Vereinigten Königreich mit dem angelsächsischen Recht vertraut machen, wobei viele trotz der erneuten Ausbildung über bescheidene Karriereebenen nicht mehr hinauskamen. Ähnliche Bedingungen gab es in den USA und Schweden.[21] Bei Ärzten war die Situation etwas besser, weil die Medizin universeller ist als die Rechtskunde und die jeweils landesüblichen Zugangsbedingungen sich daher nicht so stark voneinander unterscheiden. Kurz gesagt: ein entzündeter Blinddarm ließ sich nur auf eine bestimmte Weise entfernen. Da eine ärztliche Zusatzausbildung relativ unkompliziert war, hatte England bereits 1933 einen solchen Kurs für 100 Flüchtlinge eingerichtet, wobei die Konkurrenz beträchtlich war.[22] Ähnliches geschah in den USA, wo Ärzte den größten Teil der Emigranten ausmachten. Natürlich gab es auch Härtefälle.[23] Wilhelm Reich, ein ehemaliger Schüler von Sigmund Freud, gelangte über Oslo nach New York, wo er im Frühjahr 1940 an der New School for Social Research einen Lehrauftrag erhielt und sich mit der von ihm so genannten »Orgon-Energie« beschäftigte, angeblich einer aus dem sexuellen Orgasmus gewonnenen Kraft, die empirisch nachweisbar sein sollte. Darüber geriet er in Streit mit Albert Einstein, der am neu gegründeten Institute for Advanced Studies in Princeton arbeitete. Kurz darauf wurde Reich von der New School for Social Research entlassen; er landete schließlich im Gefängnis.[24] Dr. Käte Frankenthal war Jüdin, Lesbe und Freudianerin – also den Nazis in dreifacher Hinsicht ein Dorn im Auge. Nach enttäuschenden Aufenthalten in Frankreich und der Schweiz kam sie 1936 in New York an. Im europäischen Exil hatte sie nirgendwo als Ärztin praktizieren dürfen, und auch in New York musste sie zunächst Eiskrem auf der Straße verkaufen und dann als Strumpfverkäuferin Klinken putzen. Schließlich aber nahm ein etablierter Kollege sie als Assistentin auf.[25] Der Verleger Heinrich Simon und maßgebliche Kopf der *Frankfurter Zeitung* emigrierte über die Schweiz und Palästina nach New York, wo er Musikunterricht erteilte. Im Mai 1941 wurde er auf dem Heimweg überfallen und schwer verletzt. Er schleppte sich noch bis in seine Wohnung, wo er an den Folgen des Überfalls starb. Die Angreifer wurden nie gefasst.[26]

Da hatte der Arzt und Schriftsteller Dr. Martin Gumpert mehr Erfolg. Nachdem er seine Praxis in Berlin hatte aufgeben müssen, siedelte er nach New York über, wo er eine in englischer Sprache abgehaltene Prüfung bestand. Nun durfte er wieder praktizieren. Hilfreich war dabei, dass New York die von allen US-amerikanischen Staaten liberalste Zulassungspolitik für Mediziner betrieb.[27] Gumpert war Autor diverser Bücher und eine Zeit lang mit Erika Mann liiert. Zudem war er mit Klaus Mann befreundet und auch dadurch den künstlerischen Interessen und Aktivitäten des Kreises um Thomas Mann verbunden, der sich bis nach Südkalifornien erstreckte.[28]

Aber Gumpert und die Manns sind nicht die Regel; die Biographien exilierter deutscher und österreichischer Künstler, Intellektueller und Akademiker, die aus Gegnerschaft zu Hitler fliehen mussten, verliefen meist ganz anders. Wenn in der Literatur viele solcher Emigranten mit dem »Paradies«, also Kalifornien, in Verbindung gebracht wurden, verzerrt das die Gesamtbilanz.[29] Denn für jeden Thomas Mann gab es mehr als genug Schriftsteller beiderlei Geschlechts, die weit davon entfernt waren, solche Erfolge zu feiern wie der Nobelpreisträger, und für jeden Bruno Walter gab es eine Unzahl unbekannter Dirigenten, die sich in irgendeinem Orchester oder einer Tanzkapelle durchschlugen.[30] Franz Werfel hatte solche gewöhnlichen, gar beklagenswerten Umstände vor Augen, als er angesichts des Erfolgs seines Romans *Das Lied der Bernadette*, der 1941 erschien, bemerkte, er begreife seinen Erfolg als unverdientes Glück, denn »den meisten anderen geht es schlecht und sie müssen hart und mit wenig Hoffnung kämpfen«.[31] Vom Standpunkt einer Sozialgeschichte der Kultur aus ist es also angeraten, sich auch mit den weniger bekannten Emigranten aus der Kulturszene zu befassen, denen das Glück nicht hold war.[32] Allerdings bleibt die Frage offen, ob die Schwierigkeiten, mit denen die Flüchtlinge sich konfrontiert sahen, dem Exil oder, unabhängig von den sozialen und politischen Konstellationen, in die sie gerieten, ihrer Persönlichkeit zuzurechnen sind.

Mühsal und Nöte durch Einwanderungs- und Arbeitsbestimmungen, aber auch durch die Reise selbst erfuhren fast alle, auch, in gewissem Ausmaß, die Berühmten. Insbesondere waren Künstler – anders als andere Freiberufler wie etwa Ärzte – für die Gesellschaft des Aufnahmelands nicht von entscheidender Bedeutung, was die einheimischen Künstler natürlich wussten; ihr möglicher Konkurrenzneid war immer eine Bedrohung. Daher wurden die Neuankömmlinge besonderen Regulierungen unterworfen. In den USA erhielten Künstler zeitlich begrenzte Visa, die nur dann gegen eine dauerhafte Aufenthaltsgenehmigung eingetauscht werden konnten, wenn die Betreffenden die Grenze ein zweites Mal, von Mexiko oder Kanada aus, überquerten.[33]

Im Vereinigten Königreich gab es andere Schwierigkeiten. Zwar durfte eine Berühmtheit wie Sigmund Freud nach seiner Ankunft auf britischem Boden 1938 seine Unterschrift in das Charter Book der Royal Society setzen.[34] Aber ein anderer ehemaliger Bürger Österreichs, der Journalist und Autor Arthur Koestler, erreichte zwar nach einigen vergeblichen Einreiseversuchen von Portugal aus auch endlich die britische Küste, wusste jedoch, dass er als Exkommunist und derzeitiger »Enemy Alien« sofort verhaftet werden würde, was denn auch geschah. Und dabei war er, der bereits als Korrespondent für eine englische Zeitung gearbeitet hatte, 1940 in einem französischen Internierungslager festgehalten worden.[35] Auch Lilli Palmer hatte es schwer. Nach dem Debüt der jungen Berliner Schauspielerin in Darmstadt 1933 ging sie zunächst für einige (sehr anstrengende) Monate nach Frankreich und dann nach England, wo sie jedoch erst das Misstrauen von Grenzbeamten überwinden musste, obwohl sie einen gültigen Arbeitsvertrag vorweisen konnte. Als sie schließlich ihre Arbeit für eine Londoner Filmgesellschaft begann, machte der Vertrag es ihr zur Pflicht, die Aufenthaltsgenehmigung alle drei Monate erneuern zu lassen.[36] Nachdem die Deutschen mit dem Luftkrieg begonnen hatten, wurde die Lage noch schwieriger. Palmers weitaus bekanntere Kollegin Elisabeth Bergner, die in Wien, München und Berlin auf der Bühne gestanden hatte, musste sich 1941 trotz ihrer neu erworbenen britischen Staatsbürgerschaft wöchentlich bei der Polizei melden.[37] In Palästina waren die Bedingungen für Emigranten ähnlich wie in England, und in Schweden wurden Musiker durch eine restriktiv verfahrende Bürokratie daran gehindert, ihren Beruf auszuüben.[38]

Was Musiker in Großbritannien angeht, sind Musikhistoriker den Erfahrungen jüdischer Komponisten nachgegangen, die wie Berthold Goldschmidt, Mátyás Seiber, Hans Gál und Franz Reizenstein aus bislang unbekannten Gründen längere Perioden besonderer Härten hatten durchleiden müssen. Der Berliner Komponist Berthold Goldschmidt war nach glänzenden Anfangserfolgen in Deutschland in London praktisch auf dem Abstellgleis gelandet (ähnlich wie der Frankfurter Komponist Erich Itor Kahn, der sich in New York als Liedbegleiter durchschlagen musste). Die BBC trug nicht unbedeutend zu diesen Schwierigkeiten bei. 1940 übten einige einheimische Komponisten, angeführt von John Ireland und Ralph Vaughan Williams, Druck auf den Rundfunkmonopolisten aus, 73 österreichische und 239 in Deutschland geborene Kollegen auf eine schwarze Liste zu setzen; die Zahlen wuchsen bald auf 117 bzw. 248 an. Zwischen 1933 und Ende 1945 wurden nur sechs Orchesterstücke von emigrierten Komponisten gesendet.[39]

Im Aufnahmeland mussten sich die Emigranten für gewöhnlich erst einmal mit dessen Sprache vertraut machen. Bisweilen hatten es Musiker und bildende Künstler in dieser Hinsicht leichter. Der Komponist Ernst Krenek oder der Maler George Grosz beispielsweise, die in den USA landeten, hielten es für wichtiger, dass sie sich durch ihre Kunst ausdrücken konnten, räumten aber Schwierigkeiten im Alltagsleben ein.[40] Der Geiger Rudolf Kolisch wurde von Olin Downes, einem Musikkritiker, herablassend eingeladen, mit ihm in New York Kammermusik zu spielen; Downes würde den Klavierpart übernehmen. Aber Kolisch lehnte die Einladung ab und musste nun sehen, wie Anfang der vierziger Jahre Downes' negative Kritiken die Karriere seines auf Schönberg-Kompositionen spezialisierten Quartetts zunichte machten.[41]

Die Sprachbarriere bildete für Schauspieler ein erheblich größeres Hindernis, weil Sprache ihr hauptsächliches Kommunikationsmittel war. Selbst prominente Schauspieler wie Elisabeth Bergner und Fritz Kortner, deren Exildasein in England begann, behielten trotz Aussprachetrainings ihren deutschen Akzent. Doch halfen ihnen die Aura ihres Ruhms und ihr persönlicher Charme (den die Bergner besser auszuspielen wusste als der häufig mürrische Kortner). Zudem gelang es ihnen natürlich weiterhin, das Publikum zu beeindrucken.[42] Aber ihre Landsleute Albert Bassermann und Curt Goetz konnten den starken Akzent nicht überspielen und kamen beruflich nicht weiter.[43] Einige Schauspielerinnen wie Marlene Dietrich, Lotte Lenya und (wiederum) Elisabeth Bergner konnten sich als Femmes fatales oder dergleichen mit einem Akzent hören lassen, aber Theaterstücke oder Filme mit deutschen Spioninnen waren selten (lange nach Kriegsende spielte eine älter gewordene Lotte Lenya die Geheimdienstlerin Rosa Klebb in dem Bond-Film *Liebesgrüße aus Moskau*).[44] Lotte Lenyas Ehemann Kurt Weill scherzte über die Versuche seiner Frau, sich die amerikanische Aussprache anzueignen: »Für so originelle Schauspielerinnen wie sie ist es zu schwierig.«[45] Große Schauspieler reagierten demoralisiert, wenn sie aufgrund ihrer falschen Aussprache Nebenrollen spielen mussten, weil sie nie eine Fremdsprache richtig gelernt hatten.[46]

Die Finessen der deutschen Sprache, bestimmte Flexionsformen, deren sich die Schriftsteller, Dramatiker und Schauspieler bewusst waren, fehlten ihnen im Gebrauch der englischen oder schwedischen Sprache, da jene Feinheiten unübersetzbar waren. Das literarische Englisch wiederum, aber auch schon das kolloquiale, hatte Eigenschaften wie zum Beispiel eine bestimmte idiomatische Kürze, die den Emigranten verschlossen blieb.[47] Max Reinhardts Frau, die Schauspielerin Helene Thiemig, beklagte in Los Angeles das »Vertriebensein aus der eigenen Sprache«, und Lion Feuchtwanger pflichtete ihr bei: Einige Wendungen der deutschen Sprache ließen sich einfach nicht übertragen.[48] Außerdem befürchtete er, dass ein Schriftsteller, der die Verbindung zum Hauptstrom der Sprache verlöre, damit auch von deren Veränderungen abgeschnitten sei. Dessen ungeachtet fuhr Thomas Mann fort, auf Deutsch zu schreiben, auch wenn er ein großes Interesse an Amerikanismen zeigte. Auch Brecht blieb dabei, denn was er, häufig in didaktischer Absicht, zu sagen hatte, ließ sich nur in seiner Muttersprache sagen.[49] Stefan Zweig wiederum geriet in einen Konflikt, als er in England erkannte, dass das Deutsche die Umgangssprache der Barbaren geworden war. Schriftsteller deutscher Sprache empfänden Scham darüber, dass Verordnungen über Zwangsmaßnahmen in derselben Sprache erdacht und abgefasst seien wie jener, in der sie selbst schrieben und dachten.[50]

Das Alter spielte natürlich auch eine Rolle: War man jünger, ließ sich die fremde Sprache leichter lernen. Das zeigte sich an Arthur Koestler, geboren 1905 in Budapest, und Klaus Mann, geboren in München im Jahr darauf. Koestler veröffentlichte mit *Scum of the Earth* (dt. *Abschaum der Erde*, 1971) schon 1941 seinen ersten Roman in englischer Sprache, und Klaus Mann, der gleich nach dem Krieg Berichte an die Zeitschrift der US-Streitkräfte, *Stars and Stripes*, schickte, fragte sich, warum er in den USA auf Deutsch schreiben solle, wenn die Deutschen selbst ihm am liebsten die Zunge herausreißen würden.[51] Er wolle, sagte er, auf Englisch schreiben, um für die veränderte Lage der Emigranten den angemessenen Ausdruck finden zu können. Thomas Mann lobte ihn dafür und schätzte auch, dass seine Tochter Erika das Englische so fließend beherrschte.[52]

Es kann also nicht überraschen, dass Sprachschwierigkeiten zu beruflichen Schwierigkeiten führten. Die Komplexitäten von Sprachbeherrschung und Übersetzungsproblemen wurden, wie Carl Zuckmayer erfahren musste, durch genrespezifische Idiomatiken noch verstärkt. Zuckmayer, ein erfolgreicher Autor von Bühnen- und Filmwerken, tat sich schwer als Dozent für das Bühnenschauspiel an der New School for Social Research in New York, weil er Fragen zu typischen dramaturgischen Praktiken nicht beantworten konnte. (Ein Beispiel: Wie viele Minuten sollten vergehen, bis das *love interest* eingeführt wurde? Zuckmayer verwechselte die »Liebesbeziehung« mit dem *love subject*, dem Thema »Liebe«.) Vor seiner Arbeit als Dozent in New York hatte Zuckmayer in Hollywood wie viele seiner Landsleute Drehbücher verfasst, was ihm jedoch wie Fließbandarbeit vorgekommen war. Er gab es auf und zog sich auf eine Farm in Vermont zurück.[53] In Großbritannien konnte sich der Berliner Bühnenautor Julius Berstl an die Besonderheiten der englischen »Salonstücke« nur schwer gewöhnen: Im ersten Akt wird der Tee serviert, im zweiten werden Cocktails gereicht, im dritten trinkt man Whisky.[54]

Den Fall, dass jemand wie Zuckmayer in den akademischen Institutionen nicht Fuß fassen konnte, weil es an pädagogischer Erfahrung fehlte oder er oder sie mit der Rolle als Lehrende nicht zurechtkam, gab es unter den hochkultivierten Emigranten häufig. Der Komponist Stefan Wolpe, Jude und Kommunist, beklagte 1938 die Ignoranz seiner Kollegen am Jerusalemer Konservatorium mit folgenden Worten: »Die Simulanten einer neuen jüdischen Kultur verachten die Mächte und den Reichtum eines in Europa genossenen musikalischen Kulturerbes.« Er nannte sie Analphabeten, die auf den unrechtmäßig erworbenen Früchten ihres Unwissens hockten.[55] Sein Kollege Ernst Krenek, der sich wie Wolpe für die Zwölftonmusik engagierte, sagte, er habe »dilettantischen Kram« entdeckt, als er auf einen jungen amerikanischen Komponisten traf, der, wie er meinte, von Ignoranten dazu verführt worden war. Krenek hatte es am Vassar College in Poughkeepsie (New York State) nicht leicht, weil man ihm nachspionierte. 1942 ließ man seinen Vertrag auslaufen.[56] Und der Maler und Fotograf László Moholy-Nagy, am Bauhaus ein renommierter Lehrer, gründete zwar die American School of

Design in Chicago, verlor aber seinen Job als Direktor, als die Einrichtung aufgrund von Geldmangel 1938 schließen musste.[57]

Künstler wie Moholy-Nagy brauchten einen kulturell vorgeprägten Resonanzraum, und der ließ sich nicht von Mitteleuropa ins Ausland transferieren. Weil Kurt Schwitters, ein Pionier der Dada-Bewegung, in London den Eindruck hatte, es interessiere sich niemand für gute Kunst, verfiel er in eine Depression. »Nur ein paar Freunde wissen, was Kunst ist.« Ebenso wenig hinterließen verarmte deutsche Künstler in der schwedischen Provinz einen bleibenden Eindruck, unbekannt, wie sie waren. Zu ihnen gehörte Peter Weiss, der sich – später ein international gefeierter Bühnenautor – damals in Ölmalerei versuchte. Als namenlose Künstler fühlten sich diese Emigranten ebenso nutzlos wie die deutschen Musiker in England, denen es einfach nicht gelingen wollte, eine feste Beschäftigung zu finden.[58]

Aber die Berühmtheiten von einst suchten gegen alle Widerstände Anerkennung, Geld und Ruhm. Elisabeth Bergner hatte in London Erfolg, bis sie 1940 »Boy David« in dem gleichnamigen Stück spielte, das J. M. Barrie, der Autor von *Peter Pan*, für sie geschrieben hatte. Aber die Kritiker verrissen das Stück, und die Bergner ging mit ihrem Ehemann, dem Regisseur Paul Czinner, nach Hollywood, wo es ihr jedoch überhaupt nicht gefiel. Als der Filmmogul Louis B. Mayer sie zu sich kommen ließ, um die Möglichkeit einer Filmrolle zu erörtern, und sie dabei bat, sich langsam und verführerisch umzudrehen, stürmte sie aus dem Zimmer und ging mit Czinner nach New York. Bei ihrer Rückkehr nach Großbritannien nach dem Krieg hatte sie ihre ehemalige Anziehungskraft verloren.[59]

Auch der so berühmte wie umstrittene Bertolt Brecht hatte zu kämpfen. Während eines ersten Besuchs in den USA im Herbst 1938 fanden Proben zu seinem Stück *Die Mutter* (mit Musik von Hans Eisler) durch die New Yorker Theatergewerkschaft am Broadway statt. Aber die Mitglieder erhoben vehement Einwände, sodass Brecht verärgert nach Europa zurückkehrte. Anfang 1942 war er wieder da, diesmal in Südkalifornien. Zuerst versuchte er sich als Drehbuchschreiber, doch keiner seiner Entwürfe wurde angenommen. Dann unternahm er zusammen mit Kurt Weill den Versuch, die *Dreigroschenoper* unter dem Titel *The Threepenny Opera* als afroamerikanische Großstadtballade mit Paul Robeson in der Hauptrolle zu inszenieren, was aber schiefging. Und als ein Hollywoodfilm über das Attentat auf Reinhard

Heydrich in Prag im Juni 1942 unter dem Titel *Hangmen Also Die* in die Kinos kam, blieb Brecht sehr zu seinem Ärger als Co-Autor unerwähnt.[60]

Fritz Lang hatte den Film gedreht; die Beziehung zwischen ihm und Brecht war ziemlich angespannt. Langs eigene Produktivität lag darnieder, und sein künstlerisches Profil in Hollywood hatte bereits gelitten, weil er niemals ohne sein Markenzeichen, das Monokel, erschien, was ihm das Aussehen eines autoritären Teutonen verlieh. Er benahm sich auch wie einer: Wollte seine Filmcrew Mittagspause machen, lehnte er das Ansinnen beispielsweise brüsk ab. Das erste Drehbuch, das er vorlegte – aus dem Jahr 1934 –, wurde von seinen Vorgesetzten bei MGM abgelehnt, sodass er sich nun auf B-Movies konzentrierte. Dass er in Deutschland Filme wie *Metropolis* und *Dr. Mabuse* gedreht hatte, interessierte hier nicht. Lang wollte nicht begreifen, dass in Hollywood, anders als zuvor in Babelsberg, nicht die Regisseure das Sagen hatten, sondern die mächtigen Produzenten und Besitzer der Filmgesellschaften wie Louis B. Mayer. Lang musste es erdulden, dass er Anweisungen bekam und zudem ein bestimmtes Zeitlimit einzuhalten hatte – ein gewaltiger Unterschied zur Weimarer Zeit, als er sein eigener Chef war.[61]

Trotz der Probleme, die Persönlichkeiten wie Elisabeth Bergner in Hollywood das Leben schwer machten, zog es viele geflüchtete Schauspieler dorthin, die, auch wenn sie später Erfolg hatten, zunächst einiges durchzustehen hatten. Walter Weinlaub (später Walter Wicclair), der von der SA aus Deutschland verjagt worden war, musste in Hollywood zunächst Teller waschen, Kartoffeln schälen, Toiletten reinigen und Post austragen.[62] Und selbst wenn es ihnen gelungen war, eine Rolle zu ergattern, brauchten diese Schauspieler Nebenjobs als Taxifahrer oder Barkeeper. Als Hitlers Wille zum Krieg immer offenkundiger wurde, konnten Schauspieler mit starkem deutschem Akzent in Antinazifilmen den Nationalsozialisten spielen. Berühmtheit erlangte vor allem der Film *Confessions of a Nazi Spy* (1939; dt. *Ich war ein Spion der Nazis*) mit dem amerikanischen Schauspieler Edward G. Robinson in der Hauptrolle. Regisseur Anatole Litvak hatte sich bereits in Berlin einen Namen gemacht. Der Film schildert die Zerschlagung einer fünften Kolonne der Nazis in den USA; Robinson spielt den FBI-Agenten, der den Ring auffliegen lässt, während die Gegenseite u. a. durch Francis (bzw. Franz) Lederer (als Nazi-Bösewicht), Hans Heinrich von Twardowski und

Lotte Palfi vertreten wird. Während der Planung des Films bewarben sich 150 deutsche Schauspieler für die Rollen und hofften auf einen Vertrag von Warner Brothers. Einige, die genommen wurden, änderten ihren Namen, weil sie befürchteten, dass die Nazis an ihren daheimgebliebenen Angehörigen Rache nehmen könnten. *Confessions of a Nazi Spy* war einer von insgesamt 180 Antinazifilmen, die bis 1945 in Hollywood produziert wurden. So fanden ironischerweise viele jüdische Schauspieler aus Deutschland und Österreich Arbeit als Film-Nazis, was sie einkommensmäßig zu schätzen wussten, emotional aber mitnahm, weil es sie an die Verfolgung in der Heimat erinnerte.[63]

Tragisch war das Schicksal des großen Theatermanns Max Reinhardt, der gegen viele Widerstände ankämpfen musste. Seit 1934 war er in den USA tätig und hatte schon einige Inszenierungen für das Freilichttheater Hollywood Bowl auf die Bühne gebracht. Danach drehte er seinen ersten Film in den USA, *A Midsummer Night's Dream*, der künstlerisch gelungen, finanziell aber risikoreich war. 1937 produzierte Reinhardt zusammen mit Franz Werfel und Kurt Weill am Broadway *The Eternal Road* (dt. *Der Weg der Verheißung*). Die Aufführung war ebenfalls künstlerisch wertvoll, aber viel zu lang und fiel beim Publikum durch. 1938 eröffnete er am Sunset Boulevard in Los Angeles den Max Reinhardt Workshop, eine Schauspielakademie, für die er die Regisseure William Dieterle und John Huston sowie den aus Wien stammenden Komponisten Erich Wolfgang Korngold als Lehrkräfte verpflichtete. Auch Greta Garbo sollte dort erscheinen, sicherlich, um zu sehen, was dort geschah, und vielleicht, um etwas zu lernen. Aber es klappte nicht mit dem Lehrbetrieb. Niemand fand sich ein, und die Akademie musste Bankrott erklären. Reinhardt wandte sich nun wieder dem Broadway zu, wo er für die New Opera Company das Musical *Rosalinda*, eine Bearbeitung von Johann Strauss' *Fledermaus*, inszenierte, das nach der Premiere im Oktober 1942 gute Kritiken erhielt. Einen Monat später war Reinhardt mit der Bearbeitung einer Operette von Jacques Offenbach, *Die schöne Helena*, beschäftigt, die unter dem Titel *Helen Goes to Troy* auf die Bühne kam. Aber 1943 starb er nach dem Biss eines tollwütigen Hunds. Er wurde siebzig Jahre alt. Ehemalige Schüler und Kollegen, die nun in Hollywood Karriere machten, hatten ihn längst links liegen lassen.[64] »In Wahrheit ist er vor zwanzig Jahren gestorben«, bemerkte Alma Mahler-Werfel nicht ohne Bitterkeit, da sie selbst sehen musste, wie sie im Exil zurechtkam.[65]

Häufig genug gingen berufliche und wirtschaftliche Unsicherheit Hand in Hand, aber es gab Ausnahmen. Thomas Mann ist so eine: Er konnte auf sein Schweizer Privatvermögen zurückgreifen, bekam in den USA seit 1938 Honorare für Vorträge und Beratungen, und seit 1944 kurbelten Tantiemen für die Tetralogie *Joseph und seine Brüder* seine Einkünfte weiter an. Sein Freund Lion Feuchtwanger war ebenfalls eine Ausnahme; er konnte auf Vermögenswerte außerhalb Deutschlands zurückgreifen und daher, als es notwendig wurde, eine Villa an der Côte d'Azur gegen eine ebenso beeindruckende Residenz in Los Angeles eintauschen.[66] Kurt Weill hatte 1943 großen – auch finanziellen – Erfolg mit seinem Musical *One Touch of Venus* am Broadway, und Franz Werfel gelangen mit *Der veruntreute Himmel* und *Das Lied der Bernadette* Bestseller.[67]

Allerdings wussten diese vier, dass sie zu den wenigen Glücklichen gehörten. Den meisten emigrierten Künstlern ging es schlecht, schlechter noch, als es von den Musensöhnen und -töchtern für gewöhnlich erwartet wurde.[68] Auch zuvor berühmte Künstler hatten materielle Nöte, darunter Bertolt Brecht, Alfred Döblin und Heinrich Mann. Der ruhelose Brecht musste eine vierköpfige Familie ernähren, dazu einige Mitarbeiterinnen, was mit einem Einkommen von 125 Dollar wöchentlich alles andere als einfach war.[69] Döblin und Heinrich Mann verdingten sich unterbezahlt als Drehbuchschreiber in Hollywood, wobei Mann noch den Alkoholkonsum seiner Ehefrau, Nelly Kröger, finanzieren musste. George Grosz war 1943 in New York nicht besser dran als Max Reinhardt, der seinem Sohn Gottfried erklären musste, wie es sich anfühlte, die Telefonrechnungen nicht bezahlen zu können oder in einem Auto mit abgefahrenen Reifen unterwegs zu sein.[70] Krenek und Zuckmayer wussten jahrelang nicht, wie sie durchkommen sollten. Zuckmayer hatte vom Viking-Verlag einen Vorschuss von 1000 Dollar erhalten für ein Buch, dass er nie schreiben sollte. »Wir hielten uns gerade noch eine Stufe über der Verelendung«, schrieb er Jahre später.[71]

So musste das Leben, häufig auf recht brutale Weise, umgekrempelt und reorganisiert werden. Mitte der dreißiger Jahre arbeitete Arthur Koestler in Paris als Handlanger; Musiker in Tel Aviv verkauften Hot Dogs oder eröffneten einen Hutladen. Julius Berstl, der in Berlin beträchtliche Theatererfahrung gesammelt hatte, konnte zwar sein Stück *Der lasterhafte Herr Tschu* (ersch. 1922 in Leipzig) in London auf die Bühne bringen, von den

Erträgen aber nicht einmal einen Monat bestreiten. So begann er damit, Schals für den Schwarzmarkt zu weben.[72]

In der Folge brach bei vielen die Stimmung ein; sie fingen an, oft unbegründet, an allem herumzukritteln, was neu für sie war und was sie nicht zu ertragen können glaubten. Das amerikanische Weißbrot, zäh und schwer verdaulich, war dafür ein Paradebeispiel. Es wurde für viele Flüchtlinge ein Symbol des Niedergangs, ein Abstrich an der europäischen Zivilisation, das schon reichte, um Depressionen auszulösen. Bertolt Brecht jedenfalls hielt es für signifikant genug, um noch 1944 mit Charles Laughton einen Film zu planen, den er »The King's Bread« nennen wollte.[73] Daheim war alles besser, lautete der Klagerefrain der Emigranten, wenn Einheimische sie fragten, wie es ihnen denn gehe. Elisabeth Bergner schrieb ihrem väterlichen Freund George Bernard Shaw, sie fühle sich »hoffnungslos europäisch«. Shaw antwortete: »Pride will have a fall, Liesl« – Hochmut kommt vor dem Fall.[74]

In Ländern wie England, den USA oder Schweden mussten sich die Künstler und Intellektuellen aus Mitteleuropa außerdem mit – aus ihrer Sicht – kulturellem Provinzialismus abfinden. Das galt für die leichte Muse, aber erst recht für die ernste.[75] In den USA suchten viele, um dem amerikanischen Alltag zu entgehen und weil ihnen die Integration ohnehin schwer fiel, den Rückzug in Emigrantenkolonien und Salons, wie sie sie aus Europa kannten. Alma Mahler-Werfel führte so einen Salon (erst in Los Angeles, dann in New York), ebenso Salka Viertel (in Los Angeles). Es waren Diasporas innerhalb einer Diaspora. Die Salons waren elitär und blieben Landsleuten, die man für nicht ebenbürtig hielt, verschlossen.[76] Doch konnten selbst diese Salons ihren Zweck, emigrierten Landsleuten sozialen und geistigen Halt zu gewähren, nicht erfüllen, wenn begehrte Emigranten den Treffen aus Prinzip fernblieben – so, wie die überaus kritische Marlene Dietrich Salka Viertels Salon mied.[77] Auch die Opernsängerin Lotte Lehmann wurde dort nicht gesehen, wenngleich sie mit Bruno Walter und Angehörigen der Familie Mann befreundet war, die bisweilen bei Salka Viertel zu Gast waren. Salka hatte in Berlin bei Max Reinhardt studiert und sich mittlerweile von ihrem Ehemann, dem Dichter, Drehbuchschreiber und Regisseur Berthold Viertel, getrennt, um mit Reinhardts Sohn Gottfried zusammenzuleben. Berthold Viertel, der wie seine Frau (und Elisabeth Bergner) aus Galizien stammte, gehörte zu jenen Künstlern, die, weil sie die USA unerträglich fanden, in England ihr Glück suchten. Allerdings war es ihm, wie er später sagte, unmöglich, dort etwas wirklich Bedeutsames zu schaffen.[78]

In England rieben sich die Emigranten an anderen Nebensächlichkeiten auf. So vermissten Künstler und Literaten aus Wien – insbesondere Stefan Zweig – ihre geliebten Cafés. Außerdem gingen die Engländer immer so früh ins Bett, und niemand schaute mal bei den Zugewanderten vorbei.[79] Im Vereinigten Königreich waren die sozialen Grenzen zwischen Emigranten und Einheimischen deutlicher markiert als in den USA, weil die Briten, wie Oskar Kokoschka bemerkte, auf Formalitäten großen Wert legten. Kokoschka wollte in die britische Kunstwelt vordringen und hatte es geschafft, vom Direktor der Tate Gallery zum Tee eingeladen zu werden. Nun wurde er gebeten, ein Gemälde zu schenken, während er erwartet hatte, man werde ihn um den Verkauf eines Werks bitten. Später erhielt der Künstler zwar den Orden CBE – *Commander of the Order of the British Empire* –, aber der war, wie der britische Kulturhistoriker John Willett scherzte, für gewöhnlich zweit- und drittklassigen Gestalten aus der Kunstwelt und unbekannten Generalmajoren vorbehalten.[80]

Stefan Zweig hatte in England ebenfalls zu leiden. Weil er der Meinung war, dass die Briten ihrem guten Willen zum Trotz die veränderte geopolitische Lage in Mitteleuropa nicht begreifen konnten, zog er sich in eine selbst gewählte Isolation zurück. Es gelang ihm einfach nicht, Kontakt zu H. G. Wells und George Bernard Shaw, diesem Verehrer deutscher Kultur, aufzunehmen, obwohl er beide Schriftsteller bewunderte. Als der Krieg ausbrach, saß er nur da, »harrte und starrte ins Leere wie ein Verurteilter in seiner Zelle, eingemauert, eingekettet in dieses sinnlose, kraftlose Warten und Warten«. Später zog er in das hübsche kleine Bath, blieb dort aber nicht lange. 1940 reiste er mit seiner Frau Lotte nach Brasilien, von wo aus er, bereits in resignierter Isolation, sporadisch Kontakt mit Emigranten in den USA pflegte.[81] Sein Namensvetter Arnold Zweig fühlte sich gleichfalls isoliert, allerdings in Palästina. Jetzt verachtete er die hebräische Sprache und hasste, anders als zuvor, den Zionismus.[82]

So litten die Emigranten an Depression und Enttäuschung, was durch Spannungen zwischen größeren und kleineren Gruppen noch verschärft wurde. In neuerer Zeit hat Edward W. Said, selbst ein palästinensischer Emigrant, dies als eine Situation bezeichnet, in der Exilanten von anderen Exilanten exiliert werden.[83] Ein solches Exil, mag es real oder imaginär gewesen sein, dürfte, selbst wenn es kurzlebig war, für die Betroffenen den Zerfall ihrer Welt bedeutet haben. Klaus Mann hat in seinem Roman *Der Vulkan*, Lion Feuchtwanger in *Exil* solche Gefühle zu beschreiben versucht.[84]

Diese Spannungen wurden häufig durch persönliche Animositäten hervorgerufen, wie sie auch im Heimatland hätten vorkommen können, andere resultierten aus der Exilsituation. So konnte Arnold Schönberg dem Dirigenten Bruno Walter nicht verzeihen, dass er im Exil Schönbergs Werke nicht aufführte. In einem 1934 verfassten Rundbrief an Freunde nannte der Komponist den Dirigenten »ein widerliches Schwein« und fügte hinzu: »[M]ir wird immer übel, wenn ich an ihn denke«.[85] Kurt Weill wiederum bezeichnete 1943 Marlene Dietrich als »dumme Kuh« – sie hatte es abgelehnt, in seinem Musical *One Touch of Venus* die Hauptrolle zu spielen.[86] Außerdem verachtete er, genau wie Paul Hindemith, den Dirigenten Otto Klemperer. Als Hindemith aus seinem Schweizer Exil in die USA reiste, nörgelte er: »Das Ehepaar Klemperer oblag eifrig seinen ständigen heimlichen und öffentlichen Zweikämpfen, in denen (was immerhin zugegeben werden muss) Johanna mit ihrem ebenso häufigen wie unbefriedigten Verlangen nach etwas Alkoholischem fast immer unterlag.«[87]

Alma Mahler-Werfel war einstmals die Geliebte von Oskar Kokoschka gewesen, dann verheiratet mit Gustav Mahler, dessen Witwe sie geworden war, danach die Ehefrau von Walter Gropius und seit 1929 mit Franz Werfel verheiratet. Die Wienerin war zwar selbst nicht jüdisch, musste aber aus Österreich fliehen, weil Werfel Jude war. Im Exil ging sie jeden Tag ressentimentgeladen gegen die ganze Welt an. Nur scheinbar paradox hatte sie in Österreich vertrauten Umgang mit dem autoritären Exkanzler Kurt Schuschnigg gepflegt und war überdies eine große Verehrerin von Mussolini. Sie begrüßte die frühen Kriegserfolge des nationalsozialistischen Deutschlands und verärgerte Werfel, den sie bei Bedarf herbeipfiff, sowie Bekannte mit ihren Lobeshymnen auf Europas Faschisten. In Chicago stritt sich László Moholy-Nagy mit Ludwig Mies van der Rohe herum. In Deutschland waren beide in der Bauhaus-Bewegung aktiv gewesen. Und Fritz Lang glaubte zwar, über die Bewohner der Filmwelt herrschen zu können, fühlte sich aber den emigrierten Intellektuellen, vor allem jenen, die bei Thomas Mann, Salka

Viertel und Alma Mahler-Werfel verkehrten, unterlegen, weshalb er sich für gewöhnlich mit einem Martini in eine Zimmerecke zurückzog.[88] Stefan Zweig war schockiert, als einmal Hanns Eisler und Bertolt Brecht in seiner Londoner Wohnung auftauchten und sich höchst rowdyhaft benahmen. Doch abgesehen von seiner Verachtung für diese beiden war ihm die ganze Gruppe der Emigranten zuwider, die er als letzte und schrecklichste Welle bezeichnete: »alle Schriftsteller, die nie wirklich Schriftsteller waren«.[89]

Ein besonderes Problem der zwischenmenschlichen Beziehungen in den USA betraf den Umgang der Juden miteinander. Zwischen 1938 und 1946 nahm der Antisemitismus in den Vereinigten Staaten beträchtlich zu, und Hollywood diente in dieser Hinsicht als Prisma. Osteuropäische Juden hatten die Filmindustrie aufgebaut, was einflussreiche Produzenten wie Samuel Goldwyn nicht daran hinderte, zu Beginn der NS-Herrschaft deutsch-jüdische Filmschaffende nach Hollywood einzuladen.[90] Nun betonten die bereits etablierten Juden aus Osteuropa ihre Verbundenheit mit den Vereinigten Staaten, um als gute Patrioten zu gelten und so dem Antisemitismus vorzubeugen, was wiederum den neu hinzugekommenen jüdischen Emigranten nicht gefiel. Um Spannungen zwischen den beiden Gruppen zu vermeiden, hob Fritz Lang hervor, dass seine Familie mütterlicherseits nicht-jüdisch und katholisch gewesen sei, während Fritz Kortner, der in Wien als Fritz Nathan Kohn geboren war, sich von den osteuropäischen Juden bisweilen gönnerhaft behandelt, bisweilen übergangen fühlte.[91]

Schwierig war es auch mit Thomas Mann. Spielte er bei Beziehungen zwischen Personen eine gewichtige Rolle, so konnte das zu allen möglichen Missverständnissen, Eifersüchteleien und Böswilligkeiten führen. Er selbst musste sich mit denen herumplagen, die ihm den Platz an der Sonne neideten, hatte aber auch ideologische Gegner wie Brecht und den Psychologen Erik H. Erikson, der glaubte, Mann habe Deutschland verraten. Ende der vierziger Jahre provozierte Alma Mahler-Werfel, eine schreckliche Intrigantin – »von Natur her ziemlich bös«, meinte Katia Mann –, eine Entfremdung zwischen Thomas Mann und Arnold Schönberg. Zu Recht hatte der Komponist Mann beschuldigt, ihn in seinem neuen Roman *Doktor Faustus* als Begründer der Zwölftonmusik übergangen zu haben. Und das, nachdem Mann sich von Schönberg über die Dodekaphonie hatte beraten lassen.[92]

Mann hatte schon früher gezeigt, wie er mit seiner Arroganz Beziehungen beschädigen konnte. Beispielhaft dafür sind seine Begegnungen mit George Grosz und Arthur Koestler. Grosz begegnete den Manns 1934, als sie New York besuchten. Er hatte den Fehler gemacht, verspätet zum Abendessen in einem Restaurant mit Katia und Thomas Mann zu erscheinen und benahm sich dann nicht ganz *comme il faut*. Bei ihrem Gespräch beharrte Thomas Mann seiner damaligen Gewohnheit nach darauf, dass Hitler sich nicht lange an der Macht halten werde, wohingegen Grosz realistischer argumentierte und Einwände erhob. Aus heutiger Sicht kann man sich schon fragen, warum Mann als der Ältere nicht versöhnlicher reagieren konnte.[93] Als Koestler Mann einige Jahre später in der Schweiz aufsuchte, um ihn zu interviewen, verbarg sich der Schriftsteller unzugänglich hinter einem »notorischen Schutzwall von Höflichkeit und Kälte«, womit er den Jüngeren einschüchterte; um das Ganze noch schlimmer zu machen, verglich er sich selbst mit Goethe. Koestler urteilte später, dass Mann, anders als Dostojewski, für die Erniedrigten und Beleidigten dieser Erde keinerlei Mitgefühl gezeigt habe.[94]

Auch familiär machte sich Manns Kälte und Egozentrik bemerkbar. In der Villa in Pacific Palisades schätzte er den täglich-mäßigen Genuss von Alkohol, nicht aber den übermäßigen seiner Schwägerin Nelly, die überdies aus einfachen sozialen Verhältnissen stammte. Für ihn war sie vulgär, und er wohnte der Trauerfeier nach ihrem Suizid im Dezember 1944 nur aus Respekt für seinen älteren Bruder Heinrich bei.[95] Aber das Verhältnis zu Heinrich war ebenso gespannt wie das zu seinem Sohn Klaus. Labil, homosexuell mit einer Neigung zu wechselnden Partnerschaften, war Klaus überaus sensibel und wollte unbedingt sein wie der Vater. Die Unwägbarkeiten des Exils machten ihm zu schaffen, die Einstufung als »Halbjude« auch.[96]

Waren die Exilanten durch wirtschaftliche Notwendigkeit zu schlichtem Broterwerb gezwungen, statt ihrer künstlerischen Berufung nachgehen zu können, hing der Grad der empfundenen Marginalisierung häufig davon ab, wie sie ihre neue kulturelle Umgebung im Vergleich zur mitteleuropäischen einschätzten und welche Schlüsse sie daraus zogen: ob sie beispielsweise klassische und leichte Musik oder Bühnendrama und Filmkomödie als diametrale Gegensätze begriffen oder nicht, die Konservatoriumsausbildung in den USA im Vergleich zur deutschen für schlechter hielten oder nicht etc. Je nachdem, wie das jeweilige Urteil ausfiel, konnte es den Kulturschock noch vertiefen.

Der Kulturschock war nicht nur subjektiv schmerzhaft, sondern auch wirtschaftlich, vor allem wenn Künstler gezwungen wurden, ihre professionelle Integrität in Zweifel zu ziehen. Allerdings befielen solche Zweifel nicht jeden, und ganz sicher nicht Paul Hindemith, der seinen eigenen Maßstab anlegte; er hielt die amerikanische Populärkultur für minderwertig und betonte selbst als Emigrant die natürliche Überlegenheit der deutschen Musik.[97] In einem anderen Zusammenhang wurden, wie der amerikanische Musikkritiker Joseph Horowitz überzeugend dargelegt hat, Hindemiths Urteile durch Theodor Adornos Auseinandersetzung mit der »Gebrauchsmusik« noch verschärft. Für Adorno nämlich war die aus Amerika stammende Kunstform des Jazz nicht mehr als eine Kulturschande. Andere große Geister, wie der Dirigent Bruno Walter, der nur wenige amerikanische Komponisten bewunderte, und der Pianist Rudolf Serkin, sahen das ähnlich.[98] Für Adorno kompromittierte jeder aus Europa emigrierte Künstler, der sich, wie Kurt Weill am Broadway, diesen fragwürdigen Strömungen andiente, seine Kunst. Die Sichtweise, Weill habe als »amerikanisierter« Komponist die europäische Tradition an das Merkantile verraten, pflegten westliche Musikwissenschaftler noch lange, ohne Rücksicht darauf, dass der Mitschöpfer der *Dreigroschenoper*, der als Komponist ernster Musik begonnen hatte, sich selbst niemals so einschätzte.[99] Das tat auch Erich Wolfgang Korngold nicht, der hinreißende Musik für Hollywoodfilme schrieb und später wieder, in der Hoffnung auf erneute Anerkennung, zur klassischen Musik zurückkehrte.[100] Desgleichen wurde George Grosz vorgeworfen, seine Kunst und damit seine künstlerische Persönlichkeit verwässert zu haben, indem er in den USA eher kontemplative Motive bevorzugte, während er in Deutschland doch der brillant-scharfe Satiriker gewesen war.[101] Analog dazu wurde von Kritikern mit Blick auf Stefan Zweig und Lion Feuchtwanger die Frage aufgeworfen, ob nicht die »Exilliteratur« sich schon aufgrund erhoffter finanziellen Erfolgs notgedrungen an die niedrigeren ästhetischen Maßstäbe im Zufluchtsland habe anpassen müssen.[102]

Mit unterschiedlichen Auffassungen von Qualität musste sich Schönberg auseinandersetzen, als er erkannte, dass die von ihm konzipierte Zwölftonmusik als europäisches Phänomen nicht mit den in den USA geläufigen musikalischen Erfahrungen harmonierte. In Kalifornien wurden diese Erfahrungen nicht zuletzt von den lokalen Frauenvereinen geprägt, deren Mitglieder sich nicht gern neuen Hörerlebnissen aussetzten. Das aber wäre notwendig gewesen, denn diese konservativen Frauen verfügten über Stiftungsgelder, mit denen traditionelle Konzerte finanziert wurden.[103] Da aber dergleichen Komitees nicht für die Moderne zu begeistern waren, musste Schönberg einsehen, dass die Zwölftonmusik in den USA nicht ans Publikum zu bringen war. Stattdessen gab er sich mit Aufführungen seiner tonal orientierten Werke wie *Verklärte Nacht* (1899/1917) zufrieden. Und obwohl er sich fortwährend darüber beschwerte, dass selbst deutsche Kollegen wie Otto Klemperer und Bruno Walter seine Zwölftonkompositionen in den USA nicht aufführten, war er klug genug, den Studenten an der Universität von Südkalifornien und der UCLA keinen Unterricht in Dodekaphonie zu erteilen.[104]

Wie bereits angedeutet, erwies sich für viele Flüchtlinge das Exil als tragische Reise in Depression, Alkoholismus, Krankheit und Tod. »Die Emigration ist eine schwere Krankheit an sich«, bemerkte Alma Mahler-Werfel im November 1943, »und dass unsere Freunde so früh dahingingen, ist nicht zu verwundern.«[105] Schon im April 1933 hatte Harry Graf Kessler in Paris festgehalten: »Immer ist ein dumpfer Schmerz wie ein dunkler Grundbass mir bewusst.«[106] Und Arnold Zweig konnte an seinen Fingern die mittlerweile verstorbenen Freunde aufzählen: Erich Mühsam, Samuel Fischer, Kurt Tucholsky. »Unsere Zahl hat sich verringert. Wir werden ärmer.«[107]

Die körperlichen und seelischen Belastungen des Exils beeinträchtigten die Gesundheit der Flüchtlinge in einem Maße, dass man sagen kann: Viele starben vor ihrer Zeit. Unter diesen war auch Harry Graf Kessler, der 1937 in Südfrankreich im Alter von neunundsechzig Jahren an Herz- und Lungenversagen starb.[108] Franz Werfel, der viel rauchte und trank, erlitt im September 1943 einen schweren Herzanfall und starb nach etlichen weiteren Anfällen im August 1945 mit gerade einmal sechsundfünfzig Jahren. Seine Witwe, Alma Mahler-Werfel, nahm nicht an den Beerdigungsfeierlichkeiten teil, weil sie schwer depressiv war. Und da diese einstmals berühmte Schönheit pro Tag eine Flasche Bénédictinelikör trank, hatte sie beträchtlich zugenommen und Diabetes bekommen, die sie zynischerweise ein »jüdisches Leiden« nannte, das sie nicht hätte befallen sollen.[109]

Alkoholismus, in Begleitung aller möglichen Arten von Depression, wurde die Emigrantenkrankheit par excellence. Der österreichische Dichter Joseph Roth fiel schon 1939 in Paris dem Alkohol zum Opfer; an der Flasche hing er bereits seit 1933, und die meisten seiner Freunde waren sich darin einig, dass er sich zielstrebig mit Alkohol umgebracht habe.[110] George Grosz trank im Exil gerne eine fürchterliche Mixtur aus Absinth und Bourbon; aber er starb nicht in den USA, sondern im Juli 1959 in Berlin.[111] Arthur Koestler versuchte – erfolglos –, seine Depressionen mit Alkohol zu bekämpfen. Mehrfach unternahm er Suizidversuche, einmal, im Frühling 1940 in Frankreich, mit Morphiumtabletten, die Walter Benjamin ihm gegeben hatte. Benjamin wiederum tötete sich ein paar Monate später, weil er nicht aus Frankreich nach Spanien fliehen konnte. Hannah Arendt, exiliert wie er, meinte, er habe einfach nicht mehr leben wollen. Vor allem aber habe er die USA gehasst; als »letzten Europäer« habe man ihn dort durch die Lande gekarrt.[112] Koestlers Suizid kam spät, aber er kam: 1983 nahm er in London mit seiner Frau Schlaftabletten.[113]

Stefan Zweig und seine Frau nahmen sich im Februar 1943 in Brasilien das Leben; Einsamkeit und Nervenzusammenbrüche waren die Beweggründe. Diesmal war Thomas Mann, sonst von Zweig nicht begeistert, bewegt, auch wenn er unaufgefordert darauf hinwies, dass die Lebensführung einer öffentlichen Person keine reine Privatsache sei.[114] Mann wusste, wovon er sprach, denn sein Sohn Klaus führte, kettenrauchend und Alkohol und Drogen konsumierend, kein besonders gesundes Leben. Welch tragischer Kontrast zwischen Vater und Sohn, der eine ein literarischer Riese, der andere ständig im Schatten des Vaters den Weltruhm suchend, vergleichsweise wenig erreichend, doch genug, um seine Zeitgenossen zu bilden und zu unterhalten. Zu Beginn des Jahres 1949 arbeitete Klaus Mann an seiner Autobiographie mit dem Titel *Der Wendepunkt*, die erst nach seinem Tode veröffentlicht wurde. Darin erinnerte er sich an Ernst Toller und dessen Tod. Toller, der Dramatiker und einstige revolutionäre Vorkämpfer der bayerischen Räterepublik (1919), hatte sich 1939 in einem New Yorker Hotelzimmer erhängt. Bei der Beerdigung wurde Klaus Mann gebeten, neben Tollers Sarg einige Worte zu sagen. »Ich wagte nicht, ihm ins Gesicht zu schauen. Ich hatte Angst. Ich schämte mich meiner Tränen. Wem galten sie? Doch nicht ihm, der endlich schlafen durfte?«[115] Nur wenig später, nachdem er diese

Zeilen zu Papier gebracht hatte, nahm sich Klaus Mann in Cannes das Leben. »Wie ich leben soll, weiß ich noch nicht, weiß nur, dass ich muss; und bin doch im Grunde gar nicht zu denken ohne ihn«, schrieb Erika Mann an ihre Freundin Lotte Lehmann. »Wir waren Teile voneinander, wie nur Geschwister, die sich sehr nahestehen, es sein können.«[116]

Falsche Flüchtlinge?

Die Frage stellt sich gewissermaßen wie von selbst: Wer kann eigentlich als aus NS-Deutschland geflüchteter Künstler bezeichnet werden? Wie gezeigt wurde, beträfe eine eng gefasste Interpretation nur Künstler und Intellektuelle wie etwa Theaterkritiker, die bei oder nach Hitlers Machtergreifung aus ideologisch-politischen, »rassischen« Gründen oder solchen der sexuellen Präferenz (bisweilen aus allen dreien) aus NS-Deutschland vertrieben wurden. Eine weiter gefasste Definition würde Kinder anderer Flüchtlinge umfassen, die im Zufluchtsland Künstler wurden, oder Kinder von geflohenen Künstlern, die eine andere Laufbahn einschlugen. Aber es dürfte erhellender sein, sich mit Figuren im Graubereich dieser Definitionen zu beschäftigen, die aus diesem oder jenem Grunde üblicherweise zur Gruppe der emigrierten Künstler gerechnet werden. Vier Berühmtheiten bieten sich für eine nähere Untersuchung an; sie kamen aus unterschiedlichen Verhältnissen und spielten nach der Emigration unterschiedliche Rollen; nach den gerade umrissenen Kriterien passt keiner von ihnen in das Bild der oben genannten Hauptflüchtlingsgruppen. Es handelt sich um Marlene Dietrich, Erich Maria Remarque, Fritz Busch und Lotte Lehmann.

Marlene Dietrich wurde 1901 in Berlin geboren, ein Jahr vor Leni Riefenstahl (die beiden gingen einander schon früh aus dem Weg); sie hatte bereits in einigen in Babelsberg produzierten Stummfilmen gespielt, als Josef von Sternberg sie 1929 für die Hauptrolle der Lola Lola im *Blauen Engel* entdeckte. Sternberg, ein Jude aus Wien, hatte es nach mancher Mühsal zum Hollywood-Regisseur gebracht. Da er nur einen Meter sechzig groß war, hatte er seinem Namen das »von« hinzugefügt, um sich mit einem Hauch von Vornehmheit zu umgeben. Unter Sternbergs Regie hatte Emil Jannings 1928 die Rolle des Rasputin in *The Last Command* (dt. *Sein letzter Befehl*) gespielt, was dem deutschen Schauspieler 1929 den ersten Oscar eintrug.[117] Mit dem *Blauen Engel*, dem ersten deutschen Tonfilm in deutscher und englischer Sprache, brachte von Sternberg Heinrich Manns Roman *Professor Unrat* (erschienen 1905) auf die Leinwand, eine Satire auf die Bigotterie der Gesellschaft im wilhelminischen Deutschland. Jannings spielte den Gymnasiallehrer Professor Rath, der der Sängerin Lola Lola verfällt, ihr sexuell hörig und, nachdem er seinen Beruf aufgegeben hat, von ihr ausgebeutet wird, bis er schließlich auf so beschämende wie lächerliche Weise stirbt. Marlene Dietrich spielte eine auf unterkühlte Weise verführerische Kabarettsängerin und war nach der Premiere des Films, die am 1. April 1930 im Berliner Gloria-Palast stattfand, auf einen Schlag berühmt. Unmittelbar darauf machte sie sich per Schiff auf den Weg in die USA, um dort mit von Sternberg weitere Filme in Hollywood zu drehen.[118]

Die Legende sagt, dass Marlene Dietrich wegen der Nationalsozialisten in die USA reiste. Als Antifaschistin und frühe Gegnerin des sogenannten Dritten Reichs habe sie es entschieden abgelehnt, nach Deutschland zurückzukehren, um dort zu leben und zu arbeiten. Einiges davon ist wahr, vor allem, was ihr Handeln und Verhalten nach 1939 betrifft: Marlene Dietrich hat für amerikanische Kriegsanleihen geworben und gegen Ende des Kriegs die GIs aufgemuntert und ihnen für die Schlacht gegen Hitlers Tyrannei Mut gemacht.[119] Aber hier geht es hauptsächlich um die Frage, aus welchen Motiven sie Deutschland im Frühjahr 1930 verließ, um nach Hollywood zu gehen. Das hatte mit den Nazis nichts zu tun. Damals war die NSDAP noch eine verhältnismäßig kleine Partei, deren Erfolge durch relativ stabile ökonomische Verhältnisse blockiert wurden, die erst mit Ausbruch der Weltwirtschaftskrise im Herbst 1929 ins Wanken gerieten. Sie repräsentierte im Berliner Reichstag 2,6 Prozent der deutschen Bevölkerung. Daraus wurden dann zwar in den Wahlen vom 14. September 1930 mehr als 18 Prozent, aber das war ein halbes Jahr nach der Premiere des *Blauen Engels*.[120] Die erste nennenswerte Reaktion der Nazis auf den mit großem Publikumserfolg aufgeführten Film erfolgte im Juli 1930 durch einen Artikel im *Völkischen Beobachter*, der in einem Angriff auf die Juden gipfelte. Das richtete sich gegen von Sternberg, den jüdischen Produzenten von »Schmuddelfilmen« – einem Genre, das zu fördern der Filmindustrie in der Weimarer Republik generell von rechts vorgehalten wurde. Es gab zwei Gründe für Dietrichs Weggang aus Deutschland: Zum einen hatte sie das Gefühl, beruflich bei der Ufa nicht weiterzukommen. Schon vor Beginn der Dreharbeiten im November 1929 hatte sie in dieser Hinsicht Vorbehalte. Zum anderen entwickelte sie, nachdem von Sternberg in ihr Schauspielerleben getreten war, auch starke persönliche Gefühle für ihn. Da beide verheiratet waren (sie mit Rudolf Sieber, einem Aufnahmeleiter in Berlin), lebten sie ihre Affäre vorwiegend in dem Hotel aus, in dem von Sternberg abgestiegen war. Dietrich hatte keine Eile, ihre Beziehung abzustreiten, und da sie von Sternberg für ein Genie hielt und seinen Einfluss auf sie über alles schätzte, ging sie davon aus, dass weitere Episoden mit ihm in Hollywood so romantisch wie beruflich befriedigend ausfallen würden. (Sie hatte damals die Vorstellung, in Hollywood ein neues Leben zu beginnen und ihren Mann sowie die gemeinsame Tochter Maria Elisabeth zu sich zu holen).[121]

Allerdings muss sie schon vor ihrer Abreise erkannt haben, dass das, wofür sie in der deutschen Filmwelt stand, mit der Weltanschauung der Nazis nicht vereinbar war. Schon damals war sie offen bisexuell und hatte eine Liaison mit der populären Berliner Kabarettsängerin Claire Waldoff. Auch pflegte sie Umgang mit jüdischen Freunden.[122] Wäre sie in Deutschland geblieben, hätte sie sich vielleicht der NS-Herrschaft und insbesondere Goebbels' Einflussnahme auf Babelsberg angepasst – so wie viele andere, darunter (wenig begeistert) Hans Albers, der im *Blauen Engel* den Artisten Mazeppa spielte, und (begeistert) Emil Jannings. Vielleicht hätte sie sogar Leni Riefenstahl übertrumpft, die auf die Rolle der Lola Lola gehofft hatte, dann aber in dem von ihr 1932 gedrehten Film *Das blaue Licht* selbst die Hauptrolle spielte. Ungeachtet dieses eindrucksvollen Werks konnte Goebbels sehen, dass Riefenstahl sich zu Hitler hingezogen fühlte; also versuchte er wiederholt, Dietrich aus Hollywood zurückzuholen und sie in seinem Babelsberger Filmreich zur Nummer eins zu machen. Marlene Dietrich hatte zweifellos das Potenzial dafür, aber die Rolle, die sie hätte spielen können, wurde später von Zarah Leander ausgefüllt. Von der Dietrich ist bekannt, dass sie in Hollywood einige Male scherzte, sie könne, wenn sie wolle, sofort nach Deutschland zurückkehren. Was sie wirklich in und für Hollywood empfand, ist ungewiss, denn sie erlebte dort Liebesenttäuschungen und auch berufliche Krisen. Aber sie stellte 1937 den Antrag auf Einbürgerung in die USA, was zu einer giftigen Polemik in Julius Streichers wüstem Hetzblatt *Der Stürmer* führte. Danach identifizierte sie sich offensichtlich mit den amerikanischen Grundwerten, deren wichtigster die Demokratie ist. Von da an war es zweifellos gerechtfertigt, sie als vor den Nazis Geflüchtete zu begreifen.[123]

Anders als Marlene Dietrich war Erich Maria Remarque schon längst Antifaschist, als er Deutschland 1931 verließ, um sich in einem Haus in Porto Ronco bei Ascona auf der Schweizer Seite des Lago Maggiore einzurichten. Geboren 1898, erlebte er den Ersten Weltkrieg als Soldat, wenn auch nicht so frontnah, wie er später behauptete. Aber er verlor im Krieg enge Freunde, was ihn zutiefst erschütterte. Im Gegensatz zu Ernst Jünger sah er die Soldaten nicht als Helden, die den Krieg um seiner selbst willen führten, sondern als Opfer von Zusammenstößen, die unbedingt vermieden werden sollten. So kam er dazu, seinen dritten und berühmtesten Roman zu schreiben: *Im Westen nichts Neues*. Es war der Roman eines überzeugten Pazifisten, der zugleich nicht übermäßig an Politik interessiert war. Auf den Vorabdruck in einer Zeitung 1928 folgte im Jahr darauf die Buchveröffentlichung. »Hier legte jemand Zeugnis ab von seiner persönlichen Verzweiflung«, bemerkt Modris Eksteins, »aber es war zugleich die empörte Anprangerung einer brutalen sozialen und politischen Ordnung, sowohl jener, die die Schrecken und Zerstörungen des Krieges hervorgebracht hatte, als auch – und insbesondere – jener, die mit dem Krieg nicht fertig werden und mit den Hoffnungen der Veteranen nicht umgehen konnte.« Der Erfolg des Romans versetzte Remarque in die Lage, zehn unstete Jahre mit diversen Jobs, unter anderem als Volksschullehrer, sowie einen ungeliebten ersten Roman, den er später verleugnete, hinter sich zu lassen. Als Mann von vielen Talenten konnte er auch Gedichte schreiben, malen sowie Klavier und Orgel spielen – sein Leben lang liebte er die Musik. Zugleich strebte Remarque, gebürtig aus der Provinzstadt Osnabrück und dem Mittelstand angehörig, nach Höherem. Er suchte gesellschaftliche Anerkennung, trug bisweilen Offiziersuniform und – unrechtmäßig – den Titel eines Barons. Er sah gut aus und legte viel Wert auf angemessene Kleidung. 1925 heiratete er die Tänzerin und Schauspielerin Ilse Jutta Zambona, die dänisch-italienischer Herkunft war.[124]

Von Remarques pazifistischem Roman wurden in den ersten drei Monaten 640 000 Exemplare verkauft, nach einem Jahr war er in gut zwanzig Sprachen übersetzt worden. In Deutschland waren Roman und Autor sofort umstritten; die Rechte beschuldigte ihn, er beleidige die Reichswehr, während die Linke ihm den Vorwurf machte, er würde sich bereichern, indem er die Schlachtfelder des Kaisers verherrliche. Die Nazis waren schon vor der unheilvollen Reichstagswahl vom September 1930, die sie zur zweitstärksten Partei im Parlament machte, lautstark genug, um ihre Anhänger zu erbitterten Protesten anzustacheln. Ihre Wut nahm noch zu, als Universal Studios den Roman verfilmte. Maxwell Anderson, ein Freund von Kurt Weill, schrieb das Drehbuch. Der Film gewann zwei Oscars. Während der Weltpremiere in Berlin störten SA-Männer auf Goebbels' Geheiß die Vorführung, indem sie weiße Mäuse losließen und mit Bierflaschen und Stinkbomben warfen. Nach weiteren Störungen wurde die Vorführung des Films im Dezember 1930 behördlich verboten, da sie angeblich die Öffentlichkeit gefährde. Nach der Machtergreifung war das Verbot dann endgültig, und Exemplare des Romans fielen im Mai 1933 der Bücherverbrennung zum Opfer.[125]

So war Remarque im Alter von dreißig Jahren plötzlich reich und berühmt geworden, und schon bald entsprach sein Lebensstil dem eines international gefeierten Show-Stars, mit Luxusschlitten, Aufenthalten in Frankreich und danach in den USA. Er behielt aber sein Haus in der Schweiz. In Europa wie den Staaten hatte er, vor allem zwischen 1937 und 1940, eine durchaus nicht leichtlebige Affäre mit Marlene Dietrich. Man mag sich wünschen, dass die Dietrich in dieser Zeit von Remarque politisch sensibilisiert wurde und ein antifaschistisches Wertesystem, in dessen Mittelpunkt die universelle Menschlichkeit stand, übernahm – ein Wertesystem, das Remarque schon Jahre zuvor verinnerlicht hatte, auch wenn er weiterhin, zumindest nach außen, unpolitisch blieb. Denn es steht außer Frage, dass Remarque, als er zwischen 1931 und dem 29. Januar 1933, dem Tag seiner endgültigen Abreise aus Deutschland, sich permanenten Aufenthalt in der Schweiz sicherte, dies nicht aus beruflicher Enttäuschung und romantischer Sehnsucht tat, sondern aus der Erkenntnis heraus, dass Deutschland unwiderruflich nach rechtsaußen driftete und es also für einen demokratischen Pazifisten dort keine Zukunft gab. Es ist also sicherlich eher gerechtfertigt, Remarque Flüchtling zu nennen als Marlene Dietrich.[126]

Anders hingegen liegt der Fall im Hinblick auf den Dirigenten Fritz Busch und die Sopranistin Lotte Lehmann, weil sie vor ihrer Emigration noch versuchten, mit den Nazis ins Geschäft zu kommen, was sie später durch geschönte Darstellungen zu verbergen trachteten. Während Busch zu seinen

Bedingungen in Nazideutschland bleiben wollte, versuchte Lotte Lehmann, ansässig in Österreich und später in den USA, sich von außen zu akkomodieren. Buschs und Lehmanns die Zusammenhänge verfälschende Zeugnisse lassen an der Berechtigung ihrer Behauptung, Flüchtlinge gewesen zu sein, ernstlich zweifeln.

Am 7. März 1933 war Fritz Busch, Weltkriegsveteran und politisch rechts, Dirigent an der Semperoper in Dresden. Memoiren zufolge, die er und seine Frau Grete sorgfältig ausgearbeitet hatten, wurde er an diesem Tag auf gemeinsames Betreiben von SA und sächsischer Landesregierung entlassen. Grund war seine angebliche Gegnerschaft zur NSDAP in der Frühzeit der Weimarer Republik. Nach seiner Entlassung ging Busch ins selbst gewählte Exil und arbeitete in Buenos Aires, Kopenhagen und Glyndebourne in England.[127]

Wahr ist, dass die Nazis schon vor der Machtergreifung aus mehreren Gründen gegen Busch eingestellt waren. Zum einen war sein jüngerer Bruder, der Geiger Adolf Busch, der eine Jüdin geheiratet hatte und 1926 nach Basel gezogen war, erklärter Gegner der Nazis und mit dem brillanten jungen jüdischen Pianisten Rudolf Serkin befreundet (den Elly Ney verachtete). Serkin heiratete später die Tochter des Ehepaars Busch.[128] Zum anderen hatte die zahlenmäßig starke Fraktion der NSDAP im sächsischen Landtag seit dem Ende der Republik lauthals Kürzungen des Kulturhaushalts gefordert, die auch die Oper betreffen würden, und zwar in größerem Umfang, als Fritz Busch es für notwendig hielt. Außerdem wurde der Dirigent beschuldigt, jüdische Freunde und Künstler zu protegieren, übermäßig viel Zeit als Gastdirigent – hauptsächlich in Berlin – zu verbringen und ein außergewöhnlich hohes Gehalt sowie ausgedehnte Urlaubszeiten zu beanspruchen. Diese letzteren Anschuldigungen stimmten zwar der Sache nach, doch waren die Privilegien bereits weit vor 1933 vertraglich festgelegt worden. Vor Buschs Entlassung hatte es einige persönliche Intrigen gegen die Familie Busch in Dresden gegeben.[129]

Mitglieder des Dresdner Opernorchesters wurden unter Druck gesetzt, damit sie sich über Busch negativ äußerten. Dessen ungeachtet schrieb ein Musiker an Richard Strauss, Busch sei »in der Kapelle stets beliebt gewesen«.[130] Einige kleine Unregelmäßigkeiten wurden im Brief eingeräumt, doch waren sie solcherart, dass sie leicht hätten aus dem Weg geräumt werden können.[131] Der den Nazis geneigte Musikverleger Gustav Bosse gab zu, dass Busch sich Irregularitäten erlaubt haben könnte, weil er, wie erwähnt, ständig danach strebte, philharmonische Konzerte vor allem in Berlin aufzuführen. Aber zugleich beklagte Bosse, dass ein Dirigent von Buschs Kaliber »in so diffamierender Weise« angegriffen werde.[132]

Bosse, der fernab in Regensburg saß, konnte die Kabale, die hier am Werk war, nicht durchschauen, und das Problem »Oper« war nicht der entscheidende Punkt. Vielmehr wurde im Hintergrund eine Verbindung zwischen dem Dirigenten und Göring hergestellt, der, beeinflusst von seiner Verlobten, der Schauspielerin Emmy Sonnemann, und Heinz Tietjen, seinem Majordomus in kulturellen Angelegenheiten, Busch nach Berlin verpflichten wollte. Sonnemann und das Ehepaar Busch hatten während ihrer Zeit in Stuttgart Freundschaft geschlossen und sie blieben Freunde, als Busch 1922 nach Dresden und die Schauspielerin nach Weimar ging. 1932 lernten die Buschs Emmys »Kerl« kennen, den Flieger und Geschäftsmann Hermann Göring, der es in der NSDAP schon weit gebracht hatte. Vor dem Ereignis vom 7. März hatte Emmy Fritz Busch aus Berlin angerufen, um ihm von Görings Interesse zu erzählen. Als Innenminister von Preußen und designierter Ministerpräsident konnte Göring mehr als einen Musikdirektor in der Hauptstadt beschäftigen. Hitler würde nicht eingreifen, solange seine Favoriten, die Dirigenten Krauss und Furtwängler, nicht betroffen waren.[133]

Nach dem Debakel von Dresden war Busch ein paar Mal bei Göring zu Besuch, da dieser ihm Hoffnung auf eine neue Stelle als Operndirektor in Berlin zu machen schien. Eine genaue Lektüre der Archivquellen legt die Vermutung nahe, dass Busch ein Angebot dieser Art akzeptiert und Deutschland nicht verlassen hätte. Aber der Verwirklichung stand Furtwängler im Wege, und eine andere mögliche Position als Festspieldirektor in Bayreuth passte nicht in Buschs Pläne. Außerdem hatten ihm die Nazis bereits angetragen, für sie werbewirksam in Südamerika tätig zu werden.[134]

In ihren jeweiligen Büchern betonen Fritz Busch und seine Frau, dass das Telegramm mit der Einladung für den Dirigenten, im Teatro Colón in Buenos Aires Opern aufzuführen, wie vom Himmel geschickt gerade in dem Augenblick eintraf, als er gezwungen wurde, den Dirigentenposten in Dresden aufzugeben.[135] Archivdokumente zeigen allerdings, dass diese Darstellung erfunden ist. Zwar hatte Busch bereits in den zwanziger Jahren Einladungen nach Argentinien erhalten, doch die jetzige war mit Unterstützung durch Reichsbehörden zustande gekommen, nachdem Busch sich wiederholt mit Hans Hinkel beraten hatte, der zu der Zeit noch nicht ausschließlich für Goebbels, sondern auch für Göring als Staatskommissar im Preußischen Bildungsministerium arbeitete (und zwar an der »Entjudung« der deutschen Kultur). Da Göring in Berlin keine Stelle für Fritz Busch finden konnte, wurde der Plan mit dem Teatro Colón entwickelt. Er würde in Gesellschaft von deutschen Künstlern reisen, die, auch weil sich Juden unter ihnen befanden, den Nazis ein Dorn im Auge waren. Die Südamerikaner sollten den Eindruck gewinnen, dass das NS-Regime mit unerwünschten Personen durchaus tolerant verfuhr. Ob Busch wohl wusste, dass er auf seiner Südamerikareise, die bis Ende 1933 dauerte, von einem extra damit beauftragten Maulwurf der Nazis beobachtet wurde?[136]

Aus Argentinien zurückgekehrt, hoffte Busch darauf, mit einer angemessenen Stellung in Berlin belohnt zu werden.[137] Es passierte aber nichts, und so musste er auf das setzen, was ihm aus europäischen Ländern angeboten wurde, inklusive wiederholter Südamerika-Touren. 1934 konnte er die musikalische Leitung der Glyndebourne-Festspiele übernehmen – eine prestigeträchtige, aber nicht lukrative Angelegenheit. Seine Haupteinkünfte verdiente er bald an der New Yorker Met, in Buenos Aires und an der Königlichen Oper in Kopenhagen. Da es ihm, trotz der Unterstützung durch Thomas Mann, der ein enger Freund von Buschs Bruder Adolf war, nicht gelang, die Schweizer Staatsbürgerschaft zu erlangen, ließ er sich 1936 in Argentinien einbürgern. Bis Kriegsbeginn erhielt Busch verschiedene Angebote aus Deutschland für Dirigate, lehnte aber nun alle ab. Da der Krieg internationale Tourneen verhinderte, ließ Busch sich 1941 dauerhaft in Argentinien nieder – mit einem, so meinte er, nazipolitisch unbefleckten Lebenslauf.[138]

Die Sopranistin Lotte Lehmann, geboren 1888 in Perleberg (Brandenburg), war nach einigen Spielzeiten in Hamburg Anfang der zwanziger Jahre zum gefeierten Opernstar in Wien geworden. Ein Jahrzehnt später war sie eine europäische Diva. Zu den Highlights ihrer Karriere in der damaligen Zeit gehörten die Titelrolle in Richard Strauss' neuer Oper *Die Frau ohne Schatten* und Auftritte in diversen anderen Werken des Komponisten. Aber zu dieser Zeit wurde sie auch ruhelos und hielt Ausschau nach neuen, aufregenden Möglichkeiten außerhalb Österreichs, dessen Staatsbürgerschaft sie angenommen hatte. Da sie sich gerne von Titeln, Reichtum und Ruhm beeindrucken ließ, konnten andere Persönlichkeiten, vielleicht gar prominentere als sie, Einfluss auf sie nehmen. Auf der Rückkehr von ihrem ersten Engagement in den USA traf sie im Dezember 1930 an Bord der *Bremen* per Zufall Marlene Dietrich, die zum ersten Mal seit der Premiere des *Blauen Engels* wieder nach Europa reiste. In diesem Augenblick wollte die stattliche Opernsängerin der Schauspielerin unbedingt gleichen und suchte ihre Aufmerksamkeit zu erregen. Wann immer die Dietrich auf dem Promenadendeck der Ersten Klasse an Lotte Lehmann vorbeiging, stimmte diese leise, aber mit einer, wie sie glaubte, lasziv klingenden Stimme Lola Lolas Lied an: »Ich bin von Kopf bis Fuß auf Liebe eingestellt ...«. Aber Marlene Dietrich, die in ihrer Jugend Geigenunterricht für klassische Musik genommen hatte, gab vor, die Ältere nicht zu bemerken, und schenkte der neuen Version ihres berühmten Filmsongs keinerlei Aufmerksamkeit.[139]

Ein paar Jahre später gewann die Opernsängerin den Eindruck, sie könne ihrer Lage eine Wende zum Besseren geben. Um das zu erklären, müssen wir in der Darstellung auf das Jahr 1966 vorgreifen. Zu der Zeit veröffentlichte Lotte Lehmann einen Artikel, in dem sie ihren vielen Bewunderern erzählte, dass sie zu Beginn der NS-Herrschaft ein Angebot von Göring erhalten habe, für ein paar Gastauftritte nach Berlin zu kommen, Geld spiele keine Rolle. Nach einem Gespräch mit Göring, in dem sich ein dauerhafter Wechsel nach Berlin an die Preußische Staatsoper andeutete, wurde ihr »eine phantastische Menge Geld« angeboten, des Weiteren eine Villa, eine großzügige Leibrente, ein Schloss am Rhein und ein Reitpferd. Lehmann schrieb, sie habe Görings Bedingung, sie dürfe nie mehr außerhalb der deutschen Grenzen singen, nicht besonders ernst genommen. Bei seiner letzten Bemerkung, Kritiker, die schlecht über sie schrieben, würden »liquidiert«, habe sie gelacht.

Als sie die endgültige Version des Vertrags erhielt, so der Artikel, »stand da kein Wort von dem, was Göring versprochen hatte«. Daraufhin beschwerte sich Lehmann in Berlin und forderte unter anderem das Recht ein, auch im Ausland zu singen. Lehmann zufolge kam als Antwort von Göring »ein schrecklicher Brief voller Beleidigungen und übler Beschimpfungen. Ein wahrer Vulkan von Hass und Rache.« Lehmann schließt den Artikel mit der Bemerkung: »Das war für mich das Ende von Deutschland, Hitlers Deutschland!«[140]

Lehmanns Artikel, der den Eindruck erweckt, sie sei ein Opfer der Nazis gewesen, beruht auf Tatsachen, doch hatten die Ereignisse einen völlig anderen Verlauf genommen. In einem Wiener Archiv entdeckte Dokumente zeigen, dass das Treffen am 20. April 1934 mit Göring, dem die Preußische Staatsoper unterstand, sowie Generalintendant Heinz Tietjen stattfand. Das Treffen resultierte aus Bemühungen von Göring, Tietjen und Strauss um einige Reformen im Staatsopernsystem, wozu auch die Verpflichtung neuer Stars gehört haben könnte. Die Berliner Dirigenten Wilhelm Furtwängler und Robert Heger hatten davon gehört, und Letzterer, ein Freund Lotte Lehmanns aus seiner Zeit in Wien, ermutigte sie, die Fühler auszustrecken, da bekannt war, dass sie an neuen Herausforderungen interessiert war. Die Sängerin trat, wie schon in den zwanziger Jahren, häufig in Deutschland auf, und die Machtergreifung 1933 änderte daran nicht das Geringste. Damit schlug sie einen anderen Weg ein als ihr Freund Arturo Toscanini, der sich schon früh von den Nationalsozialisten distanziert hatte. Ihr ehemaliger Mentor, der Berliner Bruno Walter, war sogar mit körperlicher Gewalt aus Deutschland vertrieben worden. Zu Lehmanns beruflichen Höhepunkten im Dritten Reich zählte dagegen der 13. November 1933, als sie unter Furtwängler zur Einweihung der Reichsmusikkammer durch Richard Strauss sang. Strauss' Freund, der SA-Mann und Musikkritiker Hugo Rasch, schrieb begeistert im *Völkischen Beobachter*, Lehmann habe mit ihrer Sangeskunst ein neues Zeitalter nationalsozialistischer Musik im Reich eingeläutet. Er war besonders von ihrer »untadeligen Gesangesweise« beeindruckt.[141] Am 9. November 1933, einem nationalsozialistischen Feiertag, war Lehmann im Leipziger Gewandhaus aufgetreten, aus dem Bruno Walter vor nicht allzu langer Zeit vertrieben worden war.[142] Es kann nicht überraschen, dass Lotte Lehmann nach einem Jahr NS-Herrschaft von Walters Frau Else einen Brief erhielt, in dem diese die Sängerin wegen ihrer Gefühllosigkeit tadelte. Wie könne es ihr nur ums Geld gehen, während Künstler mit einem Gewissen, wie Toscanini, versuchten, das NS-Regime mit Sanktionen zu belegen? »Wie bedaure ich, dass Du soviel in Deutschland singst!« schrieb sie. »Du weißt doch, wie sich alle von Deutschland ausgeladenen Künstler, arische u. nichtarische, deutsche u. ausländische in erfreulicher Weise solidarisch erklärten und eine Absage sandten. Ich hätte es schön gefunden, wenn auch Du Dich diesem Protest angeschlossen hättest und Deutschland eine Zeitlang ferngeblieben wärst.«[143]

Nachdem Lehmann mit Heger erörtert hatte, wie man den Wechsel von Wien nach Berlin so bewerkstelligen könnte, dass nicht der Verdacht aufkam, sie stecke hinter dem Procedere, nahm Heger Kontakt zu Furtwängler auf, der sich wiederum an Göring wandte. Nun gingen weitere Briefe, Kabel und Telefonate hin und her, und schließlich ließ Göring die Sängerin am 20. April 1934 in seinem Privatflugzeug nach Berlin bringen. Nach dem Treffen zeigte sich Lotte Lehmann sehr zufrieden und erzählte ihrem deutschen Agenten Erich Simon von einem neuen Vertrag, der so gut wie besiegelt sei. Der arme Simon, Jude und gewissermaßen schon auf der Flucht, hatte keine Wahl: Er musste ihr gratulieren. Dann ging sie auf Tournee und erhielt in London den ersten Vertragsentwurf, der sie allerdings herb enttäuschte. Die vorgeschlagenen Bedingungen waren ihr bei Weitem nicht attraktiv genug und die Bezüge schmaler als in Berlin von Göring versprochen. Sie teilte Tietjen ihre Enttäuschung mit, der ihr am 16. Mai eine vernichtende Antwort schickte und ihr Gier und Aufgeblasenheit unterstellte. Berlin war also auch enttäuscht, was sich in Görings Verdammungsurteil niederschlug, dass Lotte Lehmann als Quasi-Berlinerin und »rassisch urdeutsche Künstlerin« nicht deutsch genug empfunden habe, um zu erkennen, dass es eine Ehre sei, dem deutschen Volke zu dienen. Nach einigen weiteren Gegenargumenten, die zum Teil Geldangelegenheiten betrafen, wurde die Offerte an Lehmann zurückgezogen.[144] Danach erklärte die Regierung sie zur Persona non grata. Nie mehr sollte sie deutschen Boden betreten dürfen. So konnte sie später erklären, dass sie ein Opfer und von der obersten Führung des NS-Regimes persönlich verfolgt worden sei. Da ihre Anhänger die wahren Umstände nicht kannten, saßen sie diesem Opfermythos auf.[145]

Was hat das alles nun für ihre Emigration und ihren Flüchtlingsstatus zu bedeuten? Aus dem weiteren Verlauf der Ereignisse wird deutlich, dass in dem Maße, wie die Nationalsozialisten Lehmann ablehnten, sie selbst von der Welt als Regimegegnerin angesehen werden wollte. Damit wollte sie ihre Chancen auf eine sichere Zuflucht verbessern, weil sie annahm, dass sie sich bei einer Karriere in Europa zunehmend Risiken und Gefahren aussetzen würde. Da sie seit dem Herbst 1930 immer einmal wieder als freiberufliche Sängerin in New York gelebt hatte und dort wertvolle Beziehungen zu jüdischen Agenten und Gesangsbegleitern geknüpft hatte, wollte es der glückliche Zufall, dass sie gerade dann in den USA war, als Österreich im März

1938 von Deutschland annektiert wurde. Mittlerweile konnte sie ihre sorgfältig ausgearbeitete Legende verwenden, um misstrauische Amerikaner zu beruhigen und Emigrantenkollegen, auch potenzielle und vor allem jüdische, zu täuschen. 1939 starb ihr Ehemann Otto Krause, und 1940 zog sie mit ihrer Gefährtin, die der High Society von New York angehörte, in die luxuriöse Küstenstadt Santa Barbara. 1945 wurde sie amerikanische Staatsbürgerin. Zwar erlangte sie während des Dritten Reichs formell den Status einer Exilantin in den USA, doch darf man sie kaum zu jenen genuinen Flüchtlingen zählen, die sich vor dem Faschismus retten mussten.

Der Fall Thomas Mann

Thomas Mann schätzte die matronenhafte Lotte Lehmann, die er gelegentlich, begleitet von seiner Tochter Erika und dem gemeinsamen Freund Bruno Walter, in Santa Barbara oder Los Angeles traf, auf herablassende Weise. Mit der für ihn typischen Ironie nannte er sie einmal eine »treffliche Person«. Während er ihre Sangeskunst bewunderte, fand er sie als Person schrill und unangenehm, derweil sie, nicht besonders gebildet, von seiner Gelehrsamkeit und kühlen Förmlichkeit eingeschüchtert war.[146]

Ganz und gar nicht schätzte Thomas Mann Marlene Dietrich und Erich Maria Remarque, die er im April 1939 in den Studios der Warner Brothers traf. Die beiden waren damals ein Paar. Remarque mokierte sich über »das mickrige Gesicht« des Älteren, möglicherweise gefiel ihm auch dessen Arroganz nicht, und er ärgerte sich darüber, dass Mann unter den emigrierten deutschen Schriftstellern der berühmteste war. Mann wiederum war verärgert, weil Remarque ihm nicht ehrerbietig begegnete. Über die Dietrich sagte er so gut wie nichts – aufgrund seiner homoerotischen Neigung fühlte er sich wohl nicht berufen, Kommentare über attraktive Frauen abzugeben. Vielleicht aber lehnte er sie ab, weil Dietrich erkoren wurde, die Lola Lola zu spielen, und nicht Trude Hesterberg, die damals die Geliebte seines Bruders Heinrich war.[147]

Recht eigentlich begann Thomas Manns Exil 1938, nachdem im März Österreich »angeschlossen« worden war. Mann war mit seiner Frau Katia damals gerade in den USA; es war bereits ihr vierter Aufenthalt. Er wollte sich aber nicht einfach von Deutschland lösen, sondern sein internationales

Prestige nutzen, um gegen das Dritte Reich zu agieren. Zu dieser Überzeugung hatte er sich mühsam durchringen müssen. Zu Beginn des Jahres 1933 hatte er eine Vortragstournee durch mehrere europäische Städte in der Schweiz abgebrochen, nachdem eine Gruppe einflussreicher, nationalistisch orientierter Künstler und Literaten, zumeist Münchner Provenienz, einen Brief veröffentlicht hatte, in dem sie gegen Thomas Manns milde kritischen Wagner-Vortrag »Leiden und Größe Richard Wagners« protestierte.[148] Die Manns blieben zunächst bis 1936 in Küsnacht bei Zürich und zögerten mit der Entscheidung, vollständig mit Hitlerdeutschland zu brechen, um die beträchtlichen Buchverkäufe im Reich nicht zu gefährden.[149] Bereits in den Anfangsjahren des NS-Regimes gab es eine durch nationalsozialistische Erziehung geprägte jüngere Generation, die nicht mehr wusste, wer Thomas Mann war.[150] 1933 hoffte die Goebbels-Fraktion, Mann würde nach Art von Richard Strauss kollaborieren, weshalb seine Bücher im Mai 1933 auch nicht in den Flammen landeten. Die Werke seines Bruders Heinrich dagegen, der als Marxist galt, wurden nicht verschont. Zudem hegte Thomas Mann noch die Vorstellung, dass er nach einer unauffälligen Rückkehr nach Deutschland dort einen mäßigenden Einfluss ausüben könnte. Dass dies illusorisch war, verdeutlichte seine Tochter Erika ihm in einer Reihe von Briefen, die in einem Schreiben vom 26. Januar 1936 gipfeln, in dem sie ihren Vater drängt, nicht länger ein »unechter, halber« Emigrant zu sein, sondern sich zu erklären und unzweideutig gegen die Nazis aufzutreten. Danach äußerte Mann sich vernehmlicher gegen das Regime und verlor prompt die deutsche Staatsbürgerschaft und die Ehrendoktorwürde der Bonner Universität. Im selben Jahr wurde ihm und Katia die tschechische Staatsbürgerschaft zuerkannt, was ihnen weiteres Reisen ermöglichte: etwa nach Südfrankreich, Nordeuropa und schließlich Nordamerika.[151]

Unter den deutschen Emigranten stand Thomas Mann beispielhaft für ein auf vielen Ebenen gelingendes Exildasein. Nicht zuletzt gehörte dazu beruflicher Erfolg. Um ihn zu erreichen, durfte er – ein ausschließlich ihm gewährtes Privileg – als Dozent für Humanwissenschaften Lehrveranstaltungen an der Princeton University halten und in den Staaten Vorträge halten. Diese Tätigkeit begann er im Frühjahr 1938 und behielt sie bei, bis er meinte, genug mit dem Verkauf seiner Bücher zu verdienen. Als die Lehrverpflichtungen in Princeton 1941 zu Ende gingen, erhielt er 1942 einen renommierten Beraterposten an der Library of Congress, der – obwohl nur nominell – ausgezeichnet dotiert war.

Bei seinen Vortragstourneen von 1938 bis 1943 erhielt er 1000 Dollar pro Vortrag, bisweilen auch mehr, und er war in allen Universitäten und Akademien, in denen er auftrat, ein gefeierter Gast, besonders in New York, Chicago und Los Angeles. Üblicherweise behandelte er politische Themen; schon frühzeitig sprach er über das Thema »Der zukünftige Sieg der Demokratie« (»The Coming Victory of Democracy«) und prognostizierte Hitlers Sturz in naher Zukunft. Später gab es die Vorträge zum Thema Freiheit: »War and Democracy« und »How to Win the Peace«. Mann trat nicht nur an Universitäten auf; in der Carnegie Hall in New York wurde die »Victory«-Rede beispielsweise für Freitag, den 6. Mai 1938, um viertel vor neun Uhr abends angekündigt. Mann las die Vorträge auf Englisch gut verständlich, aber mit starkem deutschem Akzent vom Blatt ab; die Aussprache wurde mit der Zeit besser. Zwar hasste er Publikumsfragen, ließ sie aber normalerweise zu und antwortete mithilfe seiner Begleitung; anfangs war das ausschließlich Erika, später durften auch die Gastgeber der jeweiligen Institution einspringen. Bisweilen wurde er gebeten, über seine Romane zu sprechen, etwa über den sehr beliebten *Zauberberg*. An den germanistischen Fachbereichen der Universitäten erlebte er dabei manch böse Überraschung, weil viele Fragesteller deutschnational bis profaschistisch eingestellt waren.[152]

Außerdem war Thomas Mann in der glücklichen Lage, seine Karriere als Romancier fortzusetzen, fast als wäre nichts geschehen, weil ihn sein deutscher Verleger Samuel Fischer unterstützte. Als Fischer im Oktober 1934 in Berlin starb, übernahm sein Schwiegersohn, Gottfried Bermann Fischer, den Verlag und transferierte ihn über Österreich und die Schweiz nach Schweden. Der Verlag Alfred A. Knopf in New York hatte das Exklusivrecht an den englischen Übersetzungen. So war Thomas Mann ungeachtet der ausgedehnten Vortragsreisen und der Wechselfälle der Emigration von der Schweiz über Princeton nach Los Angeles in der Lage, fünf Romane zu verfassen. Die zwei wichtigsten waren *Doktor Faustus* und der vierte Teil der Tetralogie *Joseph und seine Brüder*. Den Nobelpreis hatte Mann bereits 1929 erhalten, und zwar aus der Hand von Henrik Gustav Söderbaum, dem Sekretär der Königlich Schwedischen Akademie der Wissenschaften und Vater von Kristina Söderbaum, die, Ironie der Geschichte, später ihren Ehemann

Veit Harlan bei der Produktion nationalsozialistischer Filme unterstützen sollte. Viele Thomas-Mann-Fans halten *Doktor Faustus* für sein bedeutendstes Werk. Er entwarf den Stoff zuerst im Februar 1941 als Novelle und begann im Mai 1943 mit der Niederschrift. Nur wenige emigrierte Schriftsteller erreichten in qualitativer wie pekuniärer Hinsicht Manns erzählerische Produktivität; ihm am nächsten kamen Franz Werfel und Erich Maria Remarque.[153] De facto setzten viele emigrierte Schriftsteller, wie Feuchtwanger und Klaus Mann, ihr Werk mit Romanen über das Exil fort und signalisierten so den Bruch in Laufbahn und Leben. Einige dieser Romane waren minderer Qualität, etwa Feuchtwangers *Exil* oder der auf Englisch erschienene Roman *Visas for America* von Salamon Dembitzer. Ausnahmen sind Klaus Manns *Der Vulkan* und Anna Seghers *Transit*.

Thomas Manns einzigartige Stellung in einer potenziell feindlichen Welt des Exils verdankte sich auch der Protektion durch Agnes Meyer, der reichen und einflussreichen Ehefrau von Eugene Meyer, dem Besitzer und Herausgeber der *Washington Post*. Thomas Mann hatte die 1887 als Tochter deutscher Einwanderer geborene Agnes Meyer schon bei einem früheren Aufenthalt in den USA beeindruckt, und von 1938 an nahm sie ihn unter ihre Fittiche. Sie sorgte dafür, dass er in Princeton lehren und für die Library of Congress als Berater tätig werden konnte, und stellte weitere Kontakte her. Sie bürgte auch 1941 für den Bau seiner Villa in Pacific Palisades (einem Vorort von Los Angeles), 1550 San Remo Drive. Zwar ärgerte sich Mann über ihre zahlreichen Briefe und recht eindeutige erotische Avancen, aber er vertraute ihr weiterhin und beantwortete fast jeden ihrer Briefe; ja, er erlaubte ihr sogar, den letzten Teil des Josephsromans zu inspirieren. Im Grunde verkaufte er ihr seine Seele. Aber er hatte kaum eine Wahl, wenn er weiterhin seine Stimme gegen das NS-Regime so öffentlich erheben wollte, wie er es sich angewöhnt hatte. Er benötigte ihr Geld, um anderen zu helfen, die ihn um Unterstützung baten, und er wollte der Menschheit helfen, den faschistischen Angriff gegen die freie Welt zu überleben, auch wenn er manchmal befürchtete, sie werde zur Ruine zerfallen. Sicher ein faustisches Dilemma! Es ist allerdings eine Tatsache, dass Agnes Meyer wesentlich zu seinem Entschluss beitrug, 1952 dauerhaft nach Europa zurückzukehren.[154]

Weil Thomas Mann nicht nur schrieb und veröffentlichte, sondern auch überall in den Staaten Vorträge hielt, reiste er in großen, komfortablen Zügen wie dem »Sky Chief«, die ihn (immer Erster Klasse) von Stadt zu Stadt trugen. Er liebte diese Zugreisen, und die Züge selbst schienen ihm das Funktionieren der Demokratie in jenem Land zu symbolisieren, das ihn und seine Familie aufgenommen hatte. Vielleicht war er von all den in die USA emigrierten Künstlern und Schriftstellern der Einzige, der so empfand, und nicht nur deshalb, weil die anderen es sich gar nicht leisten konnten, Erster Klasse zu reisen und daher auch nicht die Muße hatten, die Vorzüge dieser Demokratie zu bedenken. Die Tatsache, dass sich Mann in seinen Tagebüchern kaum jemals über diese anstrengenden Reisen beschwert, sondern vielmehr den Luxus der Pullmanwagen preist, zeigt, wie sehr der Autor sich bemühte, das neue, fremde Land zu verstehen und sich darauf einzulassen. Scheinbare Nebensachen, die viele seiner Emigrantenkollegen aus der Bahn warfen, interessierten oder erfreuten ihn gar, etwa das typisch amerikanische Frühstück *ham 'n' eggs*, das er häufig in einem Drugstore an der Straßenecke zu sich nahm. Hier stand oder saß der Romancier, ungeachtet seiner quasi-aristokratischen Einstellung, neben gewöhnlichen Leuten; das war eben Demokratie. Gleichzeitig beschäftigte er in seiner Villa in Pacific Palisades einen aus Wien emigrierten Koch und stets ein schwarzes Dienerpaar aus dem Süden. Zudem konnte er es sich leisten, in seinem Buick überallhin chauffiert zu werden.[155]

Die von ihm so wertgeschätzte Demokratie hatte Thomas Mann erst 1922 angefangen zu verstehen und zu verteidigen. Ihre ideale Verkörperung erblickte er in Präsident Franklin Delano Roosevelt, vermutlich die einzige Persönlichkeit, zu der er nach 1933 aufsah. Schon 1935 wurde er von ihm eingeladen, und sie trafen einander drei Mal, aber bei jedem Treffen war Mann immer wieder zutiefst erstaunt darüber, dass Roosevelt, dieser große Politiker, seine Werke nicht gelesen hatte und nicht an Manns Ansichten über Geschichte und Politik interessiert war.[156] Das mag seine Liebe zu den USA etwas abgekühlt haben, und es gab auch andere Ungelegenheiten, Missverständnisse und Zweifel. Manches hatte mit den klimatischen Besonderheiten der Ost- und Westküste zu tun, mit denen auch andere Emigranten sich schwer taten. Während ihm in Princeton und New York die Schwüle nicht gefiel, ermüdete ihn das ewig sonnige Wetter in Kalifornien, und die prachtvolle Landschaft fand er eher langweilig.[157] Insgesamt hielt er die USA für ethnisch inkohärent, ein »zusammengewürfeltes Kolonial-Land mit Technik«.[158] An Bermann

Fischer schrieb er, das Volk sei naiv in seinem unaufhörlichen Optimismus, der sich auf das Materielle sowie auf eine bessere im Sinne einer Wohlfühl-Zukunft beziehe.[159] Mit den Jahren reagierte er zunehmend ablehnend darauf (Tragik und Zerfall, europäische Phänomene, denen er sich in seinen Romanen so ausführlich widmete, gingen den Amerikanern ab). Bereits Anfang der vierziger Jahre jedenfalls zog er immer häufiger Vergleiche zu Europa. Schließlich gewann er die Überzeugung, dass die Schweiz in Temperament und Lebensweise besser zu ihm passe. Sein Urteil über München fiel negativ aus, höchstwahrscheinlich stand ihm noch der Offene Brief vor Augen, mit dem seine Wagner-Kritik von rechts angegriffen worden war.[160]

An Alltagsbegegnungen mit emigrierten Kollegen hatte der reizbare Autor nur wenig Interesse, und Wohlwollen brachte er erst recht nicht für sie auf. Er hielt sie alle ohne Ausnahme für unzureichend. Da er an sich selbst für das Auftreten in Gesellschaft strenge Maßstäbe anlegte (er trug immer Anzug und Krawatte, sogar am Schreibtisch) und, was noch wichtiger ist, seine Arbeitsethik von ebenso rigiden Regeln bestimmen ließ, fand er an seinen Kollegen fortwährend viel Tadelnswertes. Aber er genoss Zusammenkünfte bei Freunden und Kollegen, wo Essen und Getränke serviert wurden und alle deutsch sprachen – nicht zuletzt, weil er sich dort als Mittelpunkt der Aufmerksamkeit fühlen konnte. Der Eintrag im Tagebuch nach einer Party bei Vicki Baum im April 1938 ist typisch: »Fast nur deutsch sprechende Gäste. Der Architekt Neutra, der Komödiant, Musiker, Schauspieler Dr. Klemperer, Schönberg etc. Lange Unterhaltung vorm Essen. Buffet-Dinner. Zuletzt Bali-Film mit Jünglingen in ritueller Trance. Zuckungen. – Der schöne junge Inder-Tänzer. – Zu Hause noch mit Colin. Spät.«[161] In Manns Tagebucheinträgen finden sich häufig zynische Bemerkungen über andere: Der Dirigent Klemperer, manisch-depressiv und in den USA zumeist unglücklich, agiere und rede in Gesellschaft anderer häufig seltsam, um zu provozieren.

Wenn sich Mann, hauptsächlich an Ost- oder Westküste, auf Gespräche und Diskussionen zum Thema Exil einließ, brachte er pointiert formulierte Ansichten zum Ausdruck, bisweilen ließ er sich auch über Außenstehende aus. Als Joseph Roth im Mai 1939 in Paris vereinsamt starb, zeigte Mann kein Mitgefühl, sondern sprach lediglich vom »Tod des Trinkers Roth«.[162] Das Verhältnis zu Brecht war schon vor ihrem Streit darüber, wer in Deutschland die Schuld am Aufstieg des Nationalsozialismus trage, äußerst angespannt.[163]

Zuckmayer betrieb nach Manns Dafürhalten »mäßige Schriftstellerei«, und selbst Albert Einstein, mit dem Mann befreundet war, kam nicht ungeschoren davon: »sehr unverständlicher Vortrag« in Princeton.[164]

Und so sehr Thomas Mann Franz Werfel auch schätzte – vielleicht sein engster Freund nach dem Schriftsteller Bruno Frank und dem Dirigenten Bruno Walter –, so sehr ging ihm der Dichter doch auch mehr als einmal auf die Nerven. Für Werfels literarische Produktion hatte Mann nur Geringschätzung übrig. Als Werfel im Dezember 1942 inmitten einer Gästeschar lauthals verkündete, dass nach dem bevorstehenden Debakel des Nationalsozialismus Friede in Sicht sei, war Mann aufgebracht, weil ein offensichtlich Geringerer als er es gewagt hatte, in seiner Gegenwart politische Voraussagen zu treffen.[165] Insofern kann nicht überraschen, dass Mann es ablehnte, Werfel als möglichen Kandidaten für den Nobelpreis zu unterstützen. Wenn die energische Alma ihren Gatten begleitete, zog Mann sich in kriecherische Höflichkeit zurück. Er hatte offenkundig Schwierigkeiten, sich mit Werfels finanziellem Erfolg in den USA abzufinden. Mit Remarque war es ihm nicht anders ergangen.[166]

Mitte der vierziger Jahre – Mann schrieb am *Doktor Faustus* – trat er mit Theodor W. Adorno und Arnold Schönberg in engeren Kontakt. Im Roman spielte die moderne Musik eine besondere Rolle. Mann war seit jeher an klassischer Musik, besonders der Wagner'schen, interessiert, besaß aber nur geringe Kenntnisse von Geige und Klavier, auf dem er indes gerne Themen aus *Tristan und Isolde* klimperte. Wie bereits geschildert, führte er Gespräche mit Schönberg über Zwölftonmusik, besorgte sich auch sonst musikwissenschaftliche Informationen und lernte von Adorno viel über Harmonielehre und Musiktheorie. Adorno hatte in der Weimarer Zeit Komposition bei Schönbergs Schüler Alban Berg studiert und sich als Musiker und Musikkritiker betätigt. In New York arbeitete er mit Max Horkheimer zusammen an einer neuen Sozialphilosophie, war aber bereit, Mann im Hinblick auf den Roman zu unterstützen. Nützliche Hinweise erhielt Mann außerdem vom Komponisten Hanns Eisler, der ebenfalls bei Schönberg studiert hatte.[167]

Schönberg, Eisler und Adorno waren Juden. Mann schien sich daran so wenig zu stoßen wie an kulturellen Eigenheiten oder Ideensystemen (wie er in seiner Einschätzung der US-amerikanischen Gesellschaft im Allgemeinen bewiesen hatte). Eine solche Einstellung war in der Flüchtlingsdiaspora wichtig. Auch Eugene Meyer, der die Unterstützungsaktionen seiner Frau für Thomas Mann wohlwollend, wenn auch irritiert verfolgte, war ebenfalls Jude. Das soll nicht heißen, dass Thomas Mann ganz frei von jenem konventionellen Antisemitismus war, den Deutschlands gebildete Klassen in den achtziger Jahren des 19. Jahrhunderts entwickelt hatten. Mann war in seiner Jugend durchaus antisemitisch gewesen, hatte dann aber eine jüdische Frau aus einer kulturell integrierten und sogar privilegierten Familie geheiratet, und auch in seinem privaten Bekanntenkreis waren antisemitische Einstellungen, jedenfalls zu jener Zeit, nicht auszumachen. Nur zu gewissen Gelegenheiten gingen ihm in den USA Juden, die er nicht gut kannte, aber seiner Klischeevorstellung entsprachen – ein Typ, den er in Europa gekannt hatte und offensichtlich nicht mochte – auf die Nerven.[168] In Einzelfällen verhielt er sich gegen Juden vorsichtig, war aber wirklich erschüttert, als seine Schwiegereltern, Alfred und Hedwig Pringsheim, von den Nazis aus ihrem Haus in der Münchner Arcisstraße vertrieben wurden und gezwungen waren, in engen Verhältnissen nahe dem Bodensee zu leben, bis es ihnen im Oktober 1939 gestattet wurde, Zuflucht in der Schweiz zu suchen. Ihr Vermögen war unterdessen von den Nazis beschlagnahmt worden.[169]

Diverse jüdische Organisationen halfen Thomas Mann bei der Planung seiner Vortragstourneen, etwa der Wise Temple in Cincinnati, der Shalom Temple in Chicago und die Young Men's and Young Women's Hebrew Association in St. Louis – wo an die 3000 Interessierte kamen, um ihn zu hören.[170] Juden unterstützten ihn auch in seiner Arbeit mit Flüchtlingsorganisationen und den monatlichen Rundfunksendungen in der BBC, die er von Oktober 1940 an für die deutschen Hörer einsprach. Dabei legte er auch Wert darauf, über das Schicksal der europäischen Juden zu reden, beklagte zum Beispiel den im September 1942 vollzogenen Abtransport französischer Juden aus Vichy-Frankreich in die Vernichtungslager im Osten. Zu einer Zeit, als die meisten Menschen außerhalb Deutschlands Unwissenheit vorschützten, verfügte Mann offenkundig über entsprechende Kenntnisse. Die Rundfunksendungen wurden auch von Exilanten, vor allem in Großbritannien, gehört.[171]

Mit Flüchtlingen zeigte Mann Solidarität, etwa wenn deutsche Emigranten ohne amerikanische Staatsbürgerschaft dazu aufgefordert wurden, sich als feindliche Ausländer zu melden. Nach Deutschlands Kriegserklärung an die USA im Dezember 1941 mussten sich Deutsche und Italiener in den Staaten aufgrund der Präsidentenerlasse 2526 und 2527 registrieren, kontrollieren und in ihrem Handlungsspielraum einschränken lassen. Mann schickte nun im Februar 1942 zusammen mit anderen prominenten Emigranten wie Bruno Walter, Arturo Toscanini und Albert Einstein ein Telegramm an Präsident Roosevelt, in dem sie seine Aufmerksamkeit auf »eine große Gruppe von Personen« lenkten, »gebürtig aus Deutschland und Italien, die durch die augenblicklichen Regulierungen irrtümlicherweise als ›Enemy Aliens‹ bezeichnet und behandelt werden«. Diese Menschen seien in die Vereinigten Staaten geflohen, weil sie durch »totalitäre Verfolgung« ihre Staatsbürgerschaft verloren hatten. »Viele dieser Menschen – Politiker, Wissenschaftler, Künstler, Schriftsteller – haben zu den frühesten und weitsichtigsten Gegnern jener Regierungen gehört, gegen die die Vereinigten Staaten jetzt im Krieg stehen.« Die Unterzeichner forderten den Präsidenten auf, »zwischen den potenziellen Feinden der amerikanischen Demokratie einerseits und den Opfern und geschworenen Feinden des totalitären Übels andererseits« zu trennen.[172] Roosevelt ließ die Bestimmungen jedoch in Kraft und witzelte bloß, Italiener, »lauter Opernsänger«, brauche man wohl nicht zu fürchten, Deutsche hingegen »könnten gefährlich sein«.[173] Die von Restriktionen betroffenen Personen unterlagen einem ab acht Uhr abends geltenden Ausgangsverbot und durften sich von ihrem privaten Aufenthaltsort ohne offizielle Genehmigung nicht weiter als acht Kilometer entfernen.[174] Die Bestimmungen blieben bis zum Ende des Kriegs oder bis zum Erhalt der amerikanischen Staatsbürgerschaft in Kraft.

Trotz seiner Arroganz verhielt Thomas Mann sich bei Hilfeersuchen großzügig, kam vielen Flüchtlingen mit Empathie entgegen und leistete materielle Unterstützung, wo es nur ging. Schon 1940 empfing er »Haufen von Post, vorwiegend Hilfeschreie«.[175] Er schrieb einen Brief an die prominente New Yorker Journalistin Dorothy Thompson, eine enge Bekannte, und bat sie um Hilfe für die Schriftstellerin Annette Kolb, eine Münchner Freundin seiner Frau Katia Mann. Kolb hatte Deutschland bereits 1933 verlassen, und ihre Werke standen auf der schwarzen Liste der Nationalsozialisten.[176] Im April 1941 setzte sich Mann mit einer Bitte des jüdischen Dirigenten Fritz Stiedry auseinander, der über die Sowjetunion in die USA eingewandert war und in New York sein New Friends of Music Orchestra leitete, für das er

Finanzierungshilfen benötigte.[177] Er brauchte 20 000 Dollar. Mann erwog, Agnes Meyer darum zu bitten, doch lässt sich bezweifeln, dass sie eine so große Summe zur Verfügung stellte. Doch als Mann sie einige Monate später um 1000 Dollar für »Emigrantenhilfe« bat, zahlte sie die Summe sofort.[178] 1943 entwarf er den Plan für eine »New School« an der Westküste, um die »darbenden Schriftsteller« zu unterstützen.[179]

Mann konnte mitfühlen, weil er selbst hoch sensibel und an Leiden gewöhnt war. Abgesehen von den seelischen Schwierigkeiten, die der exilbedingte Umzug in die USA und die Vortragsreisen mit sich brachten, wurde auch seine körperliche Verfassung in Mitleidenschaft gezogen. Schon als er 1938 im Alter von 63 Jahren in den Staaten ankam, litt er unter mancherlei ernsthaften und weniger ernsthaften gesundheitlichen Beeinträchtigungen, die durch unsichere Zukunftsaussichten noch verstärkt wurden. In dieser Hinsicht unterschied er sich nicht von Emigrantenkollegen, dafür aber in anderer: Er ergab sich nicht dem Alkohol, obwohl er täglich Bier und harte Getränke zu sich nahm. Während der Prohibitionszeit stieg er nicht ohne einen Lederflachmann in den Zug.[180] Zudem konnte er, dank ausreichender finanzieller Mittel und guter Beziehungen, überall und zu jeder Zeit erstklassige medizinische Hilfe in Anspruch nehmen. Ferner interessierte er sich seit Langem schon für die Ätiologie gesundheitlicher Störungen und war der Auffassung, er könne viele Symptome richtig deuten. Das lässt sich an seinen Romanen *Die Buddenbrooks*, *Der Zauberberg* und dann wieder in dem Exilroman *Doktor Faustus* ablesen, in dem der Protagonist, Adrian Leverkühn, an Syphilis zugrunde geht. Aber nur in mancher Hinsicht war Leverkühn ein Abbild von Mann selbst.

Mann bekannte, an Depressionen zu leiden (wie Stefan Zweig). Allerdings ist ungewiss, ob er, wie Otto Klemperer, an klinisch relevanter manisch-depressiver Erkrankung litt. In diesem Fall wäre er in manischen Phasen besonders kreativ gewesen, in depressiven Phasen dagegen so gut wie gar nicht. In seinen Tagebüchern aus der amerikanischen Zeit finden sich Hinweise auf eine derartige Korrelation. So war ihm »unwohl«, als er am 23. September 1940 morgens (in Brentwood, Greater Los Angeles) mit dem Stoff des Josephsromans rang; am Nachmittag, als er Katia Briefe diktierte, war er immer noch düsterer Stimmung.[181] Kein halbes Jahr später, als er wieder in Princeton war, fühlte er sich »gelangweilt, zerstreut und müde«, das Kapitel aus dem Josephsroman, an dem er morgens und nachmittags arbeitete, wollte einfach keine Form annehmen.[182] Damals scheint er mindestens eine Woche unter dieser Stimmung gelitten zu haben.[183] Im Juni 1942 beschäftigte ihn die Ermordung von Reinhard Heydrich (der ihn einst nach Dachau bringen lassen wollte) und die Vergeltungsaktion, der Hunderte von Tschechen zum Opfer fielen, so sehr, dass er sich entschloss, nicht mehr nachmittags zu arbeiten, was für einen schöpferischen Denker wie Mann außergewöhnlich war und eine Ausnahme bleiben sollte.[184] Im November 1944 kam er mit *Doktor Faustus* nicht voran und beklagte sich über fehlende Energie an ereignislosen Tagen.[185]

Die Depression hing ganz offensichtlich mit dem zusammen, was die Gedanken eines Schriftstellers beschäftigt: Bewusstsein, Wissen und Gedächtnis. Zudem litt Mann an periodisch auftretenden Schmerzen durch Verdauungsstörungen, die er mit Magnesium, Hühnerbrühe, Tee oder Brandy zu lindern suchte.[186] Abgesehen davon schätzte Mann teure Zigaretten und eine gute Zigarre – was die Entwicklung eines Bronchialkatarrhs begünstigte.[187] Eins seiner schlimmsten, wenngleich nicht lebensbedrohlichen Probleme war der schlechte Zustand seiner Zähne; seit April 1941 unterzog er sich jahrelang komplizierten und teuren Wurzelbehandlungen.[188]

Sollte seine schriftstellerische Arbeit unter diesen Malaisen gelitten haben, so ist doch nicht klar, auf welche Weise sie seine Ansichten zur Politik, auch zum Weltkrieg, beeinflusst haben könnten. Riefen Leibschmerzen Pessimismus hinsichtlich der Zukunft der freien Welt hervor, als Hitler Polen überfiel? Nährten abklingende Zahnschmerzen die Hoffnung auf einen Sieg der Alliierten, als Rommel sich aus Nordafrika zurückzog? Bei Mann selbst finden wir zumindest ein Beispiel für eine solche Korrelation. Am 3. August 1942 schrieb er an Bermann Fischer, sein Puls sei zu langsam, sein Blutdruck zu niedrig gewesen, und zudem habe er an Schilddrüsenunterfunktion gelitten. Dagegen habe er Medizin eingenommen und fühle sich nun besser. Den weltgeschichtlichen Hintergrund bildete Hitlers Einmarsch in die Sowjetunion, der sich für das Reich als unheilvoll erweisen sollte, denn er hatte, wie Mann richtig erkannte, das deutsche Volk und sogar Wehrmachtgenerale verunsichert.[189]

Zu diesem Zeitpunkt galt Mann in den USA unangefochten als vorausschauendster Denker hinsichtlich der Verhältnisse in Europa und insbesondere

Deutschland; das galt ästhetisch wie ethisch. Neben dem lange vor ihm emigrierten Albert Einstein hatte er sich schon vor dem entscheidenden Frühling 1938 als prominentester deutscher Intellektueller, der NS-Deutschland verlassen hatte, einen Namen gemacht. Für amerikanische Journalisten war es eine Tatsache, dass Mann sie und dadurch das Publikum über das Phänomen des europäischen Faschismus aufzuklären vermochte, umso mehr, als sie, wie Erika Mann später bemerkte, selbst nur über wenig Anhaltspunkte verfügten und wussten, dass zwar viele Amerikaner gegen den Faschismus waren, andere jedoch, vor allem solche deutscher Herkunft, dafür.[190] So hatte Mann nolens volens die Rolle des Deuters, wo nicht gar des Hellsehers zu übernehmen, woran er sich erst gewöhnen musste. Im April 1937, gegen Ende seines dritten Besuchs in den Staaten, gab er eine Reihe von Interviews, eines davon mit Agnes Meyer, die als Korrespondentin für die *Washington Post* ihres Gatten arbeitete. Im Sommer jenes Jahres veröffentlichte Mann einen Artikel in einer Zürcher Zeitschrift, der zeitgleich in der *New York Times* erschien – für die Übersetzung hatte Agnes Meyer gesorgt. Die Zeitung präsentierte Mann als den NS-Gegner schlechthin. In dem sehr langen Artikel, der Hitler nicht ein einziges Mal erwähnt, tritt Mann hauptsächlich als tapferer Verteidiger der Kultur auf, die sich der Barbarei entgegenstellen und die Werte einer freien und offenen Welt verteidigen wolle, einer, mit der sein Idol Goethe sich identifizieren könnte. Bei näherer Betrachtung handelt es sich eher um eine ästhetische denn politische Erklärung; der Nationalsozialismus wirkt wie ein Betriebsunfall der Geschichte, nicht wie das Ergebnis jahrzehntelanger germanozentrischer Vergehen, begünstigt durch die Umtriebigkeit eines aufstrebenden Demagogen. Mann wollte Weltanschauung und Herrschaft der Nazis nicht als etwas Dauerhaftes akzeptieren, weshalb er erklärte, dass »der hypnotische Bann, der von diesen ausnahmslos deprimierenden, ›faschistisch‹ genannten Ideen eine Zeitlang ausging, im Schwinden begriffen ist. Als geistige Mode kann der Faschismus bereits als veraltet gelten.« Und als ob es leicht wäre und jenseits der Politik vollbracht werden könnte, versprach Mann: »Wir werden bei den Vorbereitungen für eine deutsche Macht und einen deutschen Staat helfen, an dem der deutsche Geist sorglos teilhaben und so eine echte Totalität verwirklichen kann.«[191]

Aber wie schon zuvor erwies sich Mann als politisch lernfähig. Nach dem Ersten Weltkrieg hatte er eine ultrakonservative, chauvinistische Überzeugung aufgegeben, um fortan die Demokratie der Weimarer Republik zu verteidigen.[192] Und während seines zeitweiligen Aufenthalts in der Schweiz sprach er sich zwar spät, aber dann doch öffentlich gegen Hitler aus, den er, in einer Ansprache nach dem Wahlerfolg der Nationalsozialisten im September 1930, nicht einmal erwähnt hatte.[193] Die relative Naivität in Sachen Politik, die aus der Einleitung des Artikels in der *New York Times* sprach, worin Mann die faschistische Gefahr letztlich minimierte statt sie hervorzuheben, war in einem Interview, das er dieser Zeitung im Februar 1938 bei seiner vierten Einreise in die USA gab, bereits einer nachdenklicheren Haltung gewichen. Nun war er ehrlich genug einzuräumen, dass er nicht »politisch arbeite«, sondern es vorziehe, »über Literatur zu reden«. Und was die Politik anging, war er weitblickend genug, um zu erkennen, dass Hitlers Unternehmungen in Österreich (der »Anschluss« lag gerade drei Wochen zurück) den imperialistischen Hunger des Diktators nicht zufriedenstellen würden und dass die Tschechoslowakei »als nächstes an der Reihe ist«. Er lag auch richtig in seiner Einschätzung, dass die USA ein »Bollwerk gegen die Zerstörung von Unabhängigkeit und Freiheit« seien. Wieder aber machte er den Fehler, den Nationalsozialismus lediglich als einzelnen »Irrtum der Geschichte« zu begreifen. Immerhin aber nannte er jetzt Hitler beim Namen.[194]

Von März 1938 bis Herbst 1940 schwankten Manns politische Ansichten zwischen bedenklichen Annahmen und begründeten Vermutungen hin und her. Das war eine fragile Angelegenheit für jemanden, den die amerikanische Öffentlichkeit als eine Art Gelehrten einschätzte, eine Rolle, die Mann für sich selbst in Zweifel gezogen haben dürfte. Als er sich Ende März 1938 auf seine Anti-Nazireden in den amerikanischen Bildungseinrichtungen vorbereitete, beklagte er die Annexion Österreichs und ging davon aus, dies sei nur der Beginn des NS-Imperialismus, während er öffentlich darauf beharrte, dass ein Krieg in Europa eher unwahrscheinlich sei. »Niemand will ihn«, erklärte er Ende Mai und behauptete, Hitler sei zum Krieg nicht fähig und Frankreich zu zerrissen, um einen zu führen.[195] Hitler aber hatte bereits in *Mein Kampf* (von Mann offenkundig nie gelesen) betont, dass »Kampf« grundlegender Bestandteil der nationalsozialistischen Weltanschauung sei – »das Wesen des Nazisystems«, wie Ian Kershaw später bemerkte. Mann übersah auch, dass Frankreich seit Beginn der zwanziger Jahre mit osteuropäischen

Staaten gegenseitige Beistandspakte für den Fall unvorhergesehener Ereignisse abgeschlossen hatte.[196]

Während der Sudetenkrise zwischen Herbst 1938 und Frühjahr 1939 war Thomas Mann der festen Überzeugung, dass die Tschechen im Notfall für den Status quo kämpfen würden. Zugleich behauptete er, dass Frankreich und Großbritannien sich ungeachtet ihrer Bündnisse mit der Tschechoslowakei aus dem Konflikt heraushalten würden. In dieser Hinsicht mag er bemerkt haben, dass Frankreichs Beistandswillen nur schwach entwickelt und die britische Politik sich dessen bewusst war. Nachdem Hitler in München die Premierminister Édouard Daladier und Neville Chamberlain über den Tisch gezogen hatte, glaubte Mann (fälschlicherweise und im Gegensatz zu seinen Aussagen nach dem »Anschluss« Österreichs), dass Hitler nun befriedigt und ein Krieg nicht in Sicht sei. Allerdings räumte er – wiederum weitsichtig – ein, dass binnen eines Jahres, vom März 1939 an gerechnet, ein europäischer Krieg möglich sei.[197]

In jenem März veröffentlichte Mann einen Essay im Männermagazin *Esquire*, der einerseits historische Bildungslücken und einen unsicheren politischen Instinkt erkennen lässt, der seinen Niederschlag in der Unterschätzung Hitlers findet, andererseits aber den Beginn einer grundlegenden Einsicht in die Verhältnisse. In gespreiztem Englisch (eine Übersetzung aus dem Deutschen) behauptet er, Hitler sei eine »Katastrophe« und ein »zehnfacher Versager, äußerst faul, unfähig zu geregelter Arbeit; ein Mann, der lange Zeit in Anstalten [*institutions*] zugebracht hat, eine enttäuschte Künstlernatur; ein totaler Taugenichts« und jemand, der »weder technisches noch körperliches Vermögen« besitzt. Immerhin räumte er ein, Hitler habe »Rednergabe«. Diese sei »unaussprechlich niederen Ranges, aber magnetisch in ihrem Einfluss auf die Massen: eine Waffe von histrionischer, gar hysterischer Kraft, die er in die Wunde der Nation treibt: Er erregt die breite Masse durch Bilder seiner eigenen verletzten Erhabenheit, betäubt sie mit Versprechungen, macht aus den Leiden des Volks ein Medium für die eigene Größe, den Aufstieg zu phantastischen Höhen, zu unbegrenzter Macht, zu unglaublichen Kompensationen und Überkompensationen«. Laut Mann richtete sich die Annexion Österreichs einzig gegen »den verehrungswürdigen Freud, den wirklichen und eigentlichen Feind«, und mit all seinen politischen Untaten habe er das deutsche Volk gegen sich aufgebracht.[198]

Darin, dass Hitler eine »Katastrophe« sei, war die freie Welt sich mittlerweile einig, doch selbst seine ärgsten Feinde hätten ihn nicht als faul oder unfähig zu geregelter Arbeit bezeichnet, ganz sicher nicht nach dem Ersten Weltkrieg. Und von Anstaltsaufenthalten Hitlers ist, sofern Mann mit »institutions« nicht die Festungshaft meint, nichts bekannt. Das hätte Mann nicht nur in *Mein Kampf* nachlesen können (die Darstellung ist natürlich mit Vorsicht zu gebrauchen), sondern auch in zwei damals, in den dreißiger Jahren, erschienenen Hitler-Biographien. Die eine stammte von Konrad Heiden – der erste von zwei Bänden erschien 1936 in Zürich, Manns europäischem Zufluchtsort –, die zweite legte der weniger verlässliche Rudolf Olden bereits 1935 in Amsterdam vor. Beide wurden ins Englische übersetzt und in der *New York Times* vom 24. Mai 1936 rezensiert.[199] Hieraus hätte Mann ersehen können, dass Hitler, wiewohl von bizarrer Erscheinung, exzentrischem Auftreten und dann und wann in Künstlerkreisen verkehrend (vor allem in München, wo Mann selbst damals wohnte), äußerst hart an sich arbeitete, um als Politiker die Massen betören zu können.[200] Heiden schildert das in seiner Darstellung von Hitlers früher Karriere in München zwischen 1919 (Abschied von der Armee) und November 1923 (Bierhallenputsch).[201] Den politischen Erfolg verdankte Hitler seiner immensen Selbstdisziplin, was Mann implizit anerkannte, als er dessen Redetalent erwähnte. Doch machte er sich auch darüber lustig, obgleich der Soziologe Max Weber schon sehr viel früher gezeigt hatte, dass der bei den Massen erfolgreiche Redner häufig eher einem Schamanen ähnelt, der die Bahnen der Konvention verlässt. De facto war Hitlers »hysterische Kraft« das Geheimnis seines Charismas, mit dessen Hilfe er halb Europa unterworfen hatte.[202] Und was Sigmund Freud angeht, so verfügte Mann über keinerlei Hinweise darauf, dass Hitler sich jemals ernsthaft mit dem Begründer der Psychoanalyse auseinandergesetzt hätte. (Er dürfte höchstens gewusst haben, dass Freud Jude war.)[203] Ferner verkennt Mann, in der Annahme, Hitler habe das deutsche Volk gegen sich aufgebracht, die Popularität, die Hitler von 1933 bis Anfang 1939 – als Folge jener politischen Fähigkeiten, die Mann infrage stellt – genoss. Gleichzeitig verweist Mann, ohne es explizit zu sagen, darauf, dass Hitlers charismatische Eigenschaften für seinen Erfolg bei den Massen entscheidend waren.

Mann fuhr fort, in seinen politischen Betrachtungen Analysen und Prophezeiungen miteinander zu vermischen. Im Sommer 1939, als Hitler ganz offensichtlich den Krieg vorbereitete, spielte Mann diese Möglichkeit herunter. Die europäischen Nationen, meinte er, wollten keinen Krieg oder seien militärisch hilflos. Als am 23. August der Hitler-Stalin-Pakt unterzeichnet wurde, sah Mann darin eine Kriegsvermeidungsstrategie Hitlers, während die Sowjetunion seiner Ansicht nach kein Interesse an einer Aufteilung Polens hatte.[204] Tatsächlich war das Gegenteil der Fall: Hitler brannte darauf, Polen anzugreifen, und zudem wollte er Moskau beruhigen, indem er Stalin die östliche Hälfte Polens anbot. Das Teilungsvorhaben war in einem geheimen Zusatzprotokoll festgehalten, wurde aber von manchen Beobachtern auch so für möglich gehalten. Ende September wurde die Teilung vorgenommen.[205]

Als der Krieg am 1. September begann, unterschätzte Thomas Mann Hitler erneut. Der Krieg, glaubte der Schriftsteller, werde nicht lange dauern, da die Deutschen schon den ersten Winter nicht überstehen würden.[206] Diese Ansicht musste er schon bald revidieren. Nun nahm er den Hitler-Stalin-Pakt ernst und erwog, ob Nazideutschland gemeinsam mit der Sowjetunion gegen die Vereinigten Staaten Krieg führen würde. In diesem Zusammenhang zog er auch immer deutlicher eine mögliche Intervention durch Präsident Roosevelt in Betracht – eine Idee, die er mit einer gewissen Besessenheit verfolgte, bis Hitler am 11. Dezember 1941 tatsächlich den USA den Krieg erklärte. Der erste Gedanke an einen amerikanischen Kriegseintritt findet sich in seinen Tagebüchern Mitte April 1940. Einen Monat später erklärte er ganz realistisch, die Wahrscheinlichkeit eines solchen Schritts wachse mit der Rücksichtslosigkeit, mit der Hitler seine Feldzüge betrieb. Aber würden die USA nicht zu spät kommen, um zu retten, was zu retten war? Als Frankreich im Sommer 1940 kapitulierte, erkannte Mann, dass Hitler den Krieg ungeachtet dieses Sieges fortsetzen würde, und im September wünschte er sich den Kriegseintritt der USA stärker als je zuvor. Er schrieb Roosevelt sogar die Macht zu, den Diktator am Ende zu stürzen.[207]

Im Oktober 1940 begann Mann mit den regelmäßigen Rundfunksendungen für die BBC, in denen er Hitler direkt angriff. In diesen Sendungen trat er gegenüber einem in seinen Augen mehrheitlich unterdrückten und zum Opfer gemachten Volk als Überbringer objektiver Nachrichten und geistiger Wegweiser auf. Das erforderte eher nüchterne Reportagen und reflektierte Urteile als emotionale Seitenhiebe, gleichwohl Mitgefühl, denn seine Texte sollten auch als moralischer Kompass dienen. Im Juli 1942 sprach er von Hitlers Unfähigkeit, den Sieg zu erringen – Hitler selbst »würde ihn immer verhindern«, so wie schon im Dezember 1941 vor Moskau und demnächst in Stalingrad. Diese Niederlage sah Mann bereits im Herbst 1942 herannahen.[208] Es ist gut möglich, dass sich Mann seit Herbst 1940 auf verlässlichere Nachrichtenquellen stützte. So hörte er vermutlich den Rundfunkkommentator Raymond Gram Swing auf CBS, las die *New York Times*, die *Washington Post* und die Zeitschrift *The Nation*. Auch nutzte er wahrscheinlich Quellen aus den neutralen Staaten Schweden und Schweiz, zumeist Zeitungsausschnitte und Briefe, die man ihm zuschickte.[209]

Im Frühsommer 1943 – die USA befanden sich im Krieg und Waffenstillstands- oder Friedensverhandlungen waren nicht in Sicht – vertrat Mann (früher als alle anderen Kommentatoren) die Ansicht, Deutschland sei militärisch erledigt. Im August distanzierte er sich von der Erklärung gewisser, von Brecht unterstützter Emigranten, man müsse unterscheiden zwischen dem »Hitlerregime« und den »ihm verbundenen Schichten« auf der einen sowie dem »deutschen Volk« auf der anderen Seite.[210] Da er dies nicht mehr nur als Opfer, sondern als Komplizen im Krieg betrachtete, brachte ihn sein Sinn für Anstand und Angemessenheit einige Monate später dazu, den Plan von Roosevelts Finanzminister Henry Morgenthau zu befürworten, der Deutschland in mehrere Staaten aufteilen und daraus eine Art ausgedehnter Schafweide machen wollte, um erneuten Angriffsgelüsten einen Riegel vorzuschieben. Er hielt bis Anfang 1945 an diesem Plan fest; zu diesem Zeitpunkt entwarfen Vertreter der Alliierten alternative Pläne mit dem Ziel, den einst faschistischen Staat schrittweise als zivilisiertes Mitglied in die Familie der Nationen zurückzuführen.[211]

Für eine abschließende Bewertung von Thomas Manns Rolle als emigriertem Schriftsteller ist es angeraten, die Extreme seiner Selbstwahrnehmung in Beziehung zur Realität zu setzen und das dann vielleicht mit dem durchschnittlichen Künstleremigranten zu vergleichen. Thomas Mann war eine reservierte und zurückhaltende Persönlichkeit, die Unnahbarkeit und Würde ausstrahlte. Alle, die ihn nicht gut genug kannten, ließ er dies unmissverständlich im Februar 1938 in einem Interview mit der *New York Times* wissen: »Wo ich bin, ist Deutschland.«[212] In beständiger Selbstreflexion akzeptierte er die Einzigartigkeit seiner Rolle und bestand darauf, in Gesellschaft bevorzugt und mit größtem Respekt behandelt zu werden. Er ließ sich gern mit Goethe vergleichen und spielte häufig auf den Weimarer an, vor allem während der Fertigstellung seines Romans *Lotte in Weimar*.[213] Begeisterte Zuschriften von Kollegen nach Veröffentlichung des Buchs versetzten ihn in höchste Freude; und als er im Oktober 1940 mit den Rundfunksendungen gegen Hitler begann, war ihm die Bemerkung eines unbekannten amerikanischen Soldaten, er sei nicht nur der größte lebende Autor, sondern der größte lebende Mann »unserer Geschichte«, wert und teuer.[214] Im Sommer 1943 fand er Geschmack an der Vorstellung emigrierter Kollegen, dass er nach dem endgültigen Sieg über Hitler dazu berufen werden könnte, Deutschland als Präsident eines neuen, demokratischen Gemeinwesens, das sich seiner vergangenen kulturellen Errungenschaften bewusst ist, zu führen. Er selbst war angemessen ironisch, als er bei einem Besuch von Martin Gumpert mit ihm die eigene Zukunft als »Führer« in Deutschland besprach, was Gott ihm ersparen möge.[215]

Angemessene Ironie! Tatsächlich muss Mann sehr erleichtert gewesen sein, als es ein paar Monate später hieß, dass nicht er, sondern ein gewisser Carl von Habsburg als Deutschlands neues Staatsoberhaupt im Gespräch sei.[216] Dieser Umstand muss ihn erneut daran gemahnt haben, dass er seinem Wesen nach Dichter war, nicht Politiker, und dass er als Dichter jene außergewöhnlichen Gaben besaß, in denen manche den Genius erkennen wollten. Im Bewusstsein dessen, aber auch eingedenk seiner privaten Unsicherheiten hatte er schon anlässlich der Nobelpreisverleihung im Dezember 1929 betont, dass nicht er selbst geehrt werde, sondern »der deutsche Geist, die deutsche Prosa«.[217] Mann hatte die Betonung auf das »Deutsche« gelegt, weil er, wie alle Intellektuellen, wusste, dass die von ihm in den *Buddenbrooks* und im *Zauberberg* porträtierten Personen deutsche Charaktere in spezifisch deutschen Verhältnissen waren und dass er darüber unzweideutig als deutscher Autor geschrieben hatte, der die deutschen Sitten und Gebräuche kannte. In dieser Hinsicht bekannte er sich als Erbe Goethes, nicht nur aufgrund des Nobelpreises, sondern auch weil er die nämliche Mischung aus Innovation – Kühnheit von Stil und Inhalt – und Konservatismus verkörperte. Dieser hatte, obgleich aufgeklärter Minister im Herzogtum Sachsen-Weimar, die Todesstrafe für eine unverheiratete Mutter bekräftigt, die ihr Kind getötet hatte. Mann, der während seines Exils in den USA sogar mit dem Sozialismus sympathisierte und nach 1949 die DDR anerkannte, blieb trotz allem der Sohn eines Lübecker Senators und im Herzen ein Konservativer. Daher fand Mann es ganz natürlich, sich mit Goethe gleichzusetzen, so wie er es bereits im Interview mit der *New York Times* im August 1937 tat, als er sagte: »Wir wollen Künstler und Anti-Barbaren sein«. Und, unter Berufung auf Goethe: »Der Künstler muss einen Ursprung haben, muss wissen, woher er kommt.« In diesem Interview bezeichnete Mann auch Richard Wagner als Inspirationsquelle. Er sah sich als Nachfolger von Goethe *und* Wagner, ungeachtet der vorangegangenen Kritik am Komponisten.[218]

Vor diesem Hintergrund muss man Manns Behauptung, wo er sei, sei Deutschland, die auf den ersten Blick so überheblich klingt, begreifen. Er fügte nämlich sofort hinzu, dass er die deutsche Kultur in sich trage. Da diese Sätze Hitler herausfordern sollten, implizierten sie, dass Mann, indem er auf Goethes Spuren die wahre deutsche Kulturtradition verkörperte, ein Deutschland ohne Hitler repräsentierte. Von dieser hohen moralischen Warte aus rettete er, im übertragenen Sinne, Deutschland *und* die Kultur.[219] Manns Verleger Alfred Knopf erkannte dies, als er bekundete, heutzutage sei dieser Autor »Hitlers gefährlichster Feind«.[220] Einige Monate später schrieb Mann in *Esquire*, dass es, wie ungemütlich auch immer, eine symbiotische Beziehung zwischen ihm und Hitler gebe, den er, wiederum ironisch, seinen »Bruder« nannte – nicht nur, weil sich beide, ob berechtigt oder nicht, als Künstler betrachteten und eine tiefe Liebe zu Richard Wagner teilten, sondern weil sie in ästhetischer und natürlich ethischer Hinsicht die entgegengesetzte Pole verträten.[221] Sie seien Kain und Abel, nur dass in diesem Fall Abel überleben werde. Zu Recht: Während Hitler für Intoleranz und Unterdrückung der Menschheit stand, repräsentierte Mann Demokratie und Freiheit. Mit dieser Ansicht, die Thomas Mann von 1933 an bis über das Kriegsende hinaus privat wie öffentlich immer wieder mit Nachdruck und Logik formulierte, hebt sich der Nobelpreisträger von vielen anderen vor der Tyrannei Geflüchteten ab.

Kapitel 6
Mai 1945: Stunde null?

In den frühen Jahren der nationalsozialistischen Herrschaft hätte Joseph Goebbels sich von Thomas Mann die Rückkehr nach Deutschland gewünscht, um den weltweit guten Ruf des Landes in Sachen Kunst und Kultur zu bewahren. Goebbels, der 1922 in Germanistik promoviert hatte, war sich Manns kultureller Bedeutung bewusst und las ihn gerne. Vor allem erfreute er sich an den *Buddenbrooks*, und das gerade Mitte der zwanziger Jahre, als er sich auf die junge NSDAP zubewegte. Ungeachtet der Tatsache, dass Mann sich von Dekadenz und Verfall angezogen fühlte, meinte Goebbels, es sei beklagenswert, ein so großes literarisches Talent an die Weimarer Republik mit ihrer parlamentarischen Demokratie zu verlieren.[1] Dass Thomas Mann kein Modernist nach Art anderer Schriftsteller war, die damals die Aufmerksamkeit auf sich zogen, war für Goebbels (dem manche von ihnen gefielen) kein Problem, denn er schätzte Manns traditionelleren literarischen Ansatz. Goebbels wäre also glücklich gewesen, hätte Mann sich zum Bleiben oder zu späterer Rückkehr entschieden, weil er dann dessen Motto – »Wo ich bin, ist Deutschland« (d. h. die deutsche Kultur) – hätte unterstützen können. Wäre Mann bereit gewesen, sich der Diktatur à la Richard Strauss anzupassen, hätte die Kultur unter dem NS-Regime einen anderen Kurs eingeschlagen – einen für Goebbels günstigeren, vorausgesetzt, Mann hätte ohne Behinderung seitens des Regimes so große Literatur produzieren können, wie er es im Exil tat. Die Künste hätten im sogenannten Dritten Reich ein ganz anderes Prestige genossen.

Aber Mann wollte nicht der Repräsentant einer, wie er es auffasste, altehrwürdigen Kultur in einem von Nazis beherrschten Deutschland sein. Es ist insofern nicht ohne Ironie, dass er auch nach ihrer Niederlage nicht ins Land seiner Geburt zurückkehrte, um dort als kulturelle Autorität zu wirken. Fraglos wünschten gewisse Fraktionen seine Rückkehr, um beim Wiederaufbau zu helfen und neu aufstrebenden Schriftstellern ein Beispiel zu bieten. Das war vor allem die Auffassung der für kulturelle Angelegenheiten zuständigen Offiziere der US-Besatzungsstreitkräfte in der amerikanischen Zone (OMGUS: Office of Military Government, United States), wobei sie jedoch befürchteten, dass Mann sich durch für ihn inakzeptable Lebensbedingungen abgestoßen fühlen könnte.[2] Aber die luxuriöse Lebensweise, die er in den USA führte, war nicht der entscheidende Grund für seine Ablehnung; vielmehr war es so, dass einflussreiche Deutsche ihn nicht als Autorität im Lande haben wollten. Insgesamt ging es um die heikle Frage, ob man, statt ins Exil zu gehen, die Sache in Deutschland hätte durchstehen sollen. Letzteres wurde nun von Walter von Molo, Frank Thiess und selbst dem zeitweisen NS-Anhänger Manfred Hausmann als geeignetste Form des Widerstands vertreten. Thiess machte im August 1945 den Neologismus »innere Emigration« populär, als er in einer Münchner Zeitung schrieb, dass er charakterlich bereichert worden sei, auch als Gegner der Nationalsozialisten in Deutschland geblieben zu sein, statt die Entwicklung der »deutschen Tragödie« aus den »Logen und Parterreplätzen des Auslands« zu betrachten.[3] Mann mag jedoch nicht gewusst haben, dass von Molo und Thiess, ganz wie Hausmann, Goebbels und andere Nazi-Funktionäre, genau kalkulierte Konzessionen gemacht hatten. Während der Endphase des Kriegs vertrat Mann die Auffassung, dass das deutsche Volk für seine Unterstützung der Nazis ein gewisses Maß an Schuld auf sich nehmen sollte, und im Oktober äußerte er mit ungewöhnlicher Bitterkeit, dass er sich vor einem Land fürchte, welches ihm fremd geworden sei. Er fände es schwierig, sich auf jene einzulassen, die ihre Überzeugungen kompromittiert hätten, und er betonte: »In meinen Augen sind Bücher, die von 1933 bis 1945 in Deutschland überhaupt gedruckt werden konnten, weniger als wertlos und nicht gut in die Hand zu nehmen. Ein Geruch von Blut und Schande haftet ihnen an. Sie sollten alle eingestampft werden.«[4]

Thomas Mann kehrte aus Los Angeles im Spätsommer 1949 nach Deutschland zurück, um an den Festveranstaltungen aus Anlass der 200-Jahr-Feier des Geburtstags von Goethe in Frankfurt am Main und Weimar teilzunehmen. Zwar erwog er, sich wieder im Geburtsland niederzulassen, doch seine Besuche stießen, auch aufgrund seiner üblichen Arroganz, bei den Gastgebern in West- und Ostdeutschland auf wenig Begeisterung.[5] Seine schwerfällige Rechtfertigung der Emigration und sein Predigen für die Demokratie konnte Kritiker wie Erich Kästner nicht überzeugen, der zuvor die Ansicht veröffentlicht hatte, Mann sei vor allem für seine Darstellung kränklicher, dekadenter Geschöpfe bekannt und solle lieber in Amerika bleiben.[6] (Kästner war auch ein »innerer Emigrant«, der für den *Münchhausen*-Film von 1943 unter dem Pseudonym Berthold Bürger das Drehbuch verfasst hatte und dafür gut bezahlt worden war.) Mann, der für das ihm früh von der Schweiz gewährte Asyl dankbar war, hatte gegen Kriegsende in seinen Tagebüchern mehrfach eine Rückkehr nach Zürich erwähnt, und so war es keine Überraschung, dass er 1952 daraus eine Tatsache machte, als die Verhältnisse in den USA, insbesondere die antikommunistische Hexenjagd, für ihn unerträglich wurden.[7]

Erneut war Thomas Manns Situation günstig, weil er ein Angebot, sich in Deutschland niederzulassen, annehmen oder ablehnen konnte. Die überwiegende Mehrheit von Schriftstellern, die vielleicht gern zurückgekehrt wären, hatte diese Wahl nicht. Sie waren in einer Gesellschaft, die eingefleischten Nazis gestattete, weiterzumachen und in der nur vor 1933 bereits etablierte bürgerliche Autoren wie Hans Carossa die Früchte des Zweifels ernten durften, nicht willkommen. Anderseits fanden jüngere Schriftsteller in der neuen Demokratie die Möglichkeit, sich zusammenzuschließen. Sie nannten diesen Zusammenschluss, der offiziell weder behindert noch gefördert wurde und deren Spiritus Rector der Romancier Hans Werner Richter war, »Gruppe 47«. Die Mitglieder waren Einzelgänger, die einen Neubeginn wagten, indem sie alles verwarfen, was nach Drittem Reich roch. Aber auch diese Autorinnen und Autoren (darunter Günter Grass, Ingeborg Bachmann und Walter Jens), die einer Generation angehörten, welche noch zur Wehrmacht eingezogen werden konnte, wollten mit den älteren Landsleuten außerhalb ihres Kreises nichts zu tun haben. Sie besaßen, erklärte ein ehemaliges Mitglied der Gruppe, der Münchner Kulturkritiker Joachim Kaiser, »eine gewisse jugendliche Kühlheit«; sie wollten aus eigener Kraft die, so hieß es, von den Nazis zerstörte »Sprache und die Literatur« wiederbeleben. Und auch alle mit einer literarischen Vergangenheit aus der Weimarer Republik sollten, so entschied die Gruppe, nicht dazugehören.[8]

Auch andere exilierte Schriftsteller wurden nicht eingeladen zurückzukommen, weder Thomas Manns Kinder noch Lion Feuchtwanger und Bertolt Brecht. In Westdeutschland gab es noch einen latenten Antisemitismus und den Beginn einer neuen Fremdenfeindlichkeit. Der (nicht-jüdische) Brecht konnte sich später in Ostdeutschland niederlassen, wo andere Maßstäbe für die Reintegration von Emigranten walteten: Hier wurden sie von einer neuen, kommunistisch geführten Gesellschaft aufgenommen, die auch andere Künstler akkommodierte, allerdings unter zweifelhaften und von den Sowjets bestimmten Bedingungen.[9] Der westliche, in drei Zonen untergliederte Teil Deutschlands, die spätere Bundesrepublik, wollte kaum einen dieser Exilschriftsteller. Klaus Mann erhielt keinen Job bei der in München neu gegründeten *Süddeutschen Zeitung* und sein Roman *Mephisto* konnte im Westen nicht gedruckt werden, weil Peter Gorski (Ex-Liebhaber und Alleinerbe Gustaf Gründgens') nach dem Tod des Schauspielers 1963 erfolgreich geklagt hatte. Manns Protagonist im Roman beruhte auf der Figur Gründgens'. Erst 1981 konnte *Mephisto* in der Bundesrepublik gedruckt werden; bis dahin gab es ihn nur in älteren Ausgaben, die in den Niederlanden und der DDR publiziert worden waren.[10] Obwohl die Begründung des Gerichts den »Persönlichkeitsschutz« anführte und nicht etwa homophobe Motive, gab es solche im neuen deutschen Kulturestablishment (Homosexualität war in der Bundesrepublik ein Straftatbestand), die auch bei der Ablehnung Klaus Manns als Autor eine Rolle spielte.

Abgesehen davon wurden prominente Emigranten von gewissen Personen mit geradezu dämonischer Energie verfolgt. Erich Maria Remarques 1952 erschienener Roman *Der Funke Leben*, der sich mit den Konzentrationslagern auseinandersetzt, wurde in *Spiegel* und *Zeit*, eigentlich liberalen Journalen, verrissen und fand auch in Remarques Heimatstadt Osnabrück keine Gnade.[11] Alfred Döblin wurde bei seiner Rückkehr nach Europa in Westdeutschland an den Rand gedrängt: Sein Werk stand nicht in den Buchhandlungen und erschien auch nicht in Anthologien. In Schulbüchern waren stattdessen immer noch NS-freundliche Autoren wie Friedrich Griese und Josefa Berens-Totenohl zu finden. Kein neu gegründeter deutscher Verlag wollte die Werke dieser Emigranten veröffentlichen oder nachdrucken.[12]

Dieses Misstrauen gegenüber rückkehrwilligen Flüchtlingen hatte sich auch in den anderen Kunstbereichen ausgebreitet, selbst wenn die Sowjets in ihrer Besatzungszone anfänglich dem eigenen Nutzen dienende Ausnahmen machten. In den Zonen der Alliierten hatte es, unter der Führung von

OMGUS, die Wiederbelebung einer korrupten Filmindustrie gegeben, indem man Emigranten aus Hollywood zu Hilfe holte. Allerdings erwies es sich als schwierig, einen von den USA ernannten Beauftragten einzusetzen, der dann exilierte Kollegen zur Rückkehr überreden sollte. Douglas Sirk, der vor seinem Aufbruch nach Hollywood 1937 *La Habanera* mit Zarah Leander gedreht hatte (und damals noch Detlev Sierck hieß), reiste nach Deutschland, sah aber keinen Grund, dort zu bleiben, weil er »keinen wirklichen Bruch« mit der Vergangenheit entdecken konnte, sondern nur die Weigerung, sich der jüngsten Geschichte zu stellen.[13] Nun griffen die Amerikaner auf Erich Pommer zurück, der 1920 *Das Kabinett des Dr. Caligari* gedreht hatte, bevor er 1933 nach Frankreich ging, um sich schließlich in Hollywood dauerhaft niederzulassen. Pommer beaufsichtigte den Wiederaufbau der Filmindustrie in der amerikanischen Zone, doch gelang es ihm nicht, wichtige Emigranten wie Peter Lorre oder Lilli Palmer, geschweige denn Marlene Dietrich, dauerhaft nach Deutschland zu holen.[14] Lorre, mit dessen Hollywood-Karriere es nach dem Krieg abwärtsging, spielte 1951 in *Der Verlorene*, der den Nationalsozialismus laut *New York Times* »in einer Abfolge seichter Klischees« analysierte. An der Kasse fiel der Streifen durch. Es sollte Lorres einziger Film in Deutschland bleiben.[15] Schauspieler, die unbedingt nach Deutschland zurückkehren wollten wie Walter Weinlaub (mittlerweile Walter Wicclair), waren nicht mehr bekannt und wurden, als sie sich bei Schauspielervereinigungen vorstellten, die etwas für sie hätten tun können, abgewiesen.[16] Sogar Curt Bois, der früher bei Max Reinhardt studiert und in *Casablanca* (1942) an der Seite von Ingrid Bergman einen Taschendieb gespielt hatte, brüskierte man.[17]

Auch der berühmte Architekt Walter Gropius wurde mit Misstrauen betrachtet, als er im August 1947 im Berliner Titania-Palast einen Vortrag hielt. Gropius hatte seinen Freund Hans Scharoun, der sich zuzeiten der nationalsozialistischen Herrschaft bedeckt gehalten hatte, als Mentor für jüngere Kollegen empfohlen, die architektonische Projekte lancierten, bekam aber zu hören, dass sie »keiner Anregung« bedürften.[18] In der Musikindustrie fehlte es ebenfalls an Interesse oder Mitgefühl, insbesondere, wenn es um Zwölftonmusik ging. Jüdische Komponisten wie Erich Wolfgang Korngold, Ernst Toch oder Hans Gál wurden nicht angesprochen, und selbst der (nicht-jüdische) Ernst Krenek konnte seine 1940 komponierten *Zwölftonkontrapunkt-*

studien erst verspätet 1952 bei Schott veröffentlichen.[19] Während Schönberg gar nicht erst versuchte, nach Berlin oder Wien zurückzukehren, schickte Egon Wellesz, ebenfalls ein bekannter Vertreter der Dodekaphonie, der in Oxford Unterschlupf gefunden hatte, seinem Kollegen Karl Amadeus Hartmann (ebenfalls Nazigegner, der jetzt gegen die konventionelle Musik von Carl Orff zu Felde zog) sein zwölftöniges Streichquartett *In Memoriam* zur Aufführung. Wellesz muss mit bittersüßen Gefühlen bemerkt haben, dass die Berliner Philharmoniker seine Erste Sinfonie, ein diatonisches Werk, unter dem politisch unverdächtigen Rumänen Sergio Celibidache im März 1948 zur Uraufführung brachten. Es war keine Heimkehr im eigentlichen Sinne.[20]

Die Abwertung der Kultur im NS-Staat

Sämtliche Streichquartette von Wellesz wären wohl Bestandteil des Kanons der modernen Musik in Deutschland geworden, wenn der Komponist im Lande hätte bleiben können. Offenkundig dachte Hartmann so, sonst hätte er nicht gewollt, dass sie Orffs Musik ersetzen sollten. Von dessen Arbeiten wurden später nur die *Carmina Burana* als außergewöhnliches Werk aus der NS-Epoche beurteilt – de facto als einziges außergewöhnliches Werk dieser Epoche, das sogar Strauss' Musik in den Schatten stellte – und das aus diesem Grund für kritisch urteilende Kritiker den Faschismus per se reflektierte. 2008 äußerte Joachim Kaiser das sarkastische Verdikt, Furtwängler habe zwischen 1941 und 1945 besser denn je dirigiert, weil die Musiker spielten und das Publikum lauschte, als gäbe es kein Morgen. Wäre das Verdikt einigermaßen glaubhaft, würde es einen schändlichen Maßstab für menschliche Motivation abgeben.[21] Nach Kriegsende waren die herausragenden Leistungen in anderen Bereichen der Kreativität entsprechend mit der Lupe zu suchen.

Keiner der zwischen 1933 und 1945 gedrehten Filme, selbst die offen unpolitischen, könnte heute als Klassiker Anerkennung finden. Ausnahmen wären vielleicht ein oder zwei Filme von Leni Riefenstahl, die aber sofort als ideologisch kompromittiert erkennbar sind. Das Gleiche gilt für Theaterproduktionen, auch wenn einige wenige Regisseure wie Heinz Hilpert und

Jürgen Fehling und ebenso Gustaf Gründgens gelegentlich etwas produzierten, was Meisterwerken zumindest nahekam. In den bildenden Künsten war der Modernismus insgesamt erstickt worden, und selbst politisch neutrale Malereien blieben, von einem ästhetischen Standpunkt aus, im Mittelmaß befangen. In der Literatur boten einige Bücher wie zum Beispiel Werner Bergengruens Roman *Der Großtyrann und das Gericht* (1935) anregende Lektüre, aber sein politischer Subtext war potenziell faschismusfreundlich. Entsprechungen zu Ernest Hemingway, James Joyce oder Selma Lagerlöf hatten sich in NS-Deutschland nicht eingestellt. In der Architektur hatten die wirklich bedeutenden Innovationen das Bauhaus und andere Architekten vor 1933 hervorgebracht, während der für den Nationalsozialismus typische Monumentalstil, sofern er noch vor Kriegsbeginn realisiert werden konnte, infantile Regression ausstrahlte. Im Rundfunk gab es einige technische Fortschritte durch die Entwicklung von Maschinen für Tonbandaufnahmen (auch das Fernsehen wurde in dieser Zeit erfunden), aber inhaltlich wurden die Sendungen gerade nach 1939 immer schwächer, weil zunehmend ineffektive Propaganda und direkte Lügen alle anderen Ausstrahlungen überschatteten. Die Presse war keineswegs besser, da auch die ehemals bürgerlichen Journalisten schrieben, um Goebbels zu gefallen und nicht ins KZ gesteckt zu werden. Wer nach 1945 behauptete, für die Nazigegner unter den Lesern geschrieben zu haben, die verstanden, »zwischen den Zeilen« zu lesen, erwies sich damit als Kapitulant, der nach der nationalen Katastrophe eins der bizarreren Phantasiegebilde ersann. Artikel, die im *Reich* oder welcher Nazizeitung auch immer erschienen, ebenso aber Bergengruens *Großtyrann*, enthalten keinerlei »zwischen den Zeilen« zu lesenden Gehalt, der auf die unveräußerlichen Menschenrechte oder etwas, und sei es noch so entfernt, Demokratisches verwiese. Hätte es vor Mai 1945 in der Presse solche Andeutungen gegeben, wäre ihnen der ehemalige Journalist Goebbels, der ja nicht dumm war, auf die Spur gekommen und hätte die Verantwortlichen verhaften lassen.[22] Nur wenige Journalisten mussten leiden, weil sie Texte verfasst hatten, die nicht ganz den offiziellen Maßstäben entsprachen, oder weil sie eine rote Linie überschritten hatten. In den wenigen Fällen, in denen sie den Missmut des Regimes erregt hatten, wurden sie beruflich zurückgestuft oder auf einen anderen Posten versetzt.[23] Einzig Journalisten, die lange Gefängnisstrafen oder Schlimmeres durchmachen mussten, könnten als echte Widerständler gelten. Nur wenige Journalisten sind in dieser Weise bekannt geworden.

Die kulturellen Äußerungsformen in Nazideutschland halfen zunächst, die Beliebtheit des Regimes während der frühen Siege im Krieg zu fördern, versagten dann aber bei der Aufgabe, das ultimative Kriegsziel – aus Soldaten Sieger zu machen – zu unterstützen. Ebenso wenig gelang es ihnen, die Strukturen der Besatzung in den eroberten Gebieten, sei es unter Himmler, Rosenberg oder den Militärregierungen, zu unterstützen; die avisierte »Neue Ordnung« kam in Europa nicht zustande.[24] Auf dem Höhepunkt des Kriegs stach der Mangel an Qualität in allen Kulturbereichen so deutlich hervor, dass gebildete Außenseiter wie der italofaschistische Philosoph Ernesto Grassi zu dem Urteil kamen, das nationalsozialistische Ideal einer »nordischen Kultur« existiere gar nicht.[25]

Hauptsächlich lag dieser Qualitätsverfall natürlich daran, dass man die alten Meister vertrieben und für Nachwuchs nicht gesorgt hatte, weil einfach keiner vorhanden war. Aber darüber hinaus wurde die Abwertung der Kultur auch durch fehlende Führerschaft in allen Kultursparten verursacht, was der Berliner Drehbuchautor Erich Ebermayer schon im Oktober 1933 bemerkt hatte – und so etwas in einem Land, das sich eines »Führerstaates« rühmte.[26] Das Reich als solches beruhte auf einer Verwaltung ohne zentrale Führung. Diese Verwaltung war von Anfang an brüchig, ein Zustand, der sich mit zunehmender Regimedauer und durch den Gestapoterror noch verschlimmerte. Der aus dem Ruder laufende Krieg tat ein Übriges. Historiker, die sich mit den Institutionen im Nationalsozialismus auseinandersetzten, haben darauf hingewiesen, welcher Zersplitterung viele Verwaltungen in Politik und Gesellschaft ausgesetzt waren. Die Kultur blieb davon nicht verschont. Da gab es schon seit 1933 Goebbels' Auseinandersetzungen mit Rosenberg über die Kompetenz in Sachen Kultur, dann die Rivalität des Propagandaministers mit Göring hinsichtlich ihres Leitungsanspruchs für die Berliner Theaterszene und schließlich Robert Leys Bemühungen um Volkskultur mittels DAF-Programmen (»Kraft durch Freude«). Außerdem war Bernhard Rust nicht nur für »Erziehung und Volksbildung« zuständig, wofür Goebbels sich nicht interessierte, sondern auch für Museen und öffentliche Bibliotheken, wofür der Propagandaminister sich sehr interessierte. So gab es in dieser Hinsicht Spannungen zwischen den beiden. Max Amann wiederum, Leiter des parteieigenen Eher-Verlags, kontrollierte formell 80 Prozent der deutschen Presse, und Otto Dietrich, Staatssekretär im Propagandaministerium, war »Pressechef« der NSDAP und strebte insofern nach institutioneller Unabhängigkeit. Auch Martin Bormann mischte in kulturellen Angelegenheit mit, sobald er nach Rudolf Hess' Englandflug im Frühjahr 1941 zum Leiter der Reichskanzlei ernannt worden war. Darüber hinaus gab es etliche Scharmützel, die von Einrichtungen außerhalb des Goebbels'schen Einflussbereichs ausgetragen wurden, etwa Himmlers Kampf mit Rosenberg um prähistorische Artefakte (sie stritten auch über das mythische Atlantis als Ursprung des Germanentums) oder der des Klassikliebhabers und Generalgouverneurs Hans Frank in kulturellen Angelegenheiten gegen die SS.[27] Und selbst in einzelnen Kultursparten gab es keine organisatorische Einheit. Nehmen wir als Beispiel die Musik. Hier hatte Rust die Konservatorien unter sich, während Hitler sein Interesse für Bayreuth pflegte und Himmlers »Ahnenerbe« ebenso eine Musikabteilung unterhielt wie Rosenberg, der – darin Ley ähnlich – Aufführungen finanzierte, während Goebbels zwei Ämter unter sich hatte, die häufig miteinander konkurrierten: zum einen die Reichsmusikkammer in der Reichskulturkammer, zum anderen Heinz Drewes' direkt im Propagandaministerium angesiedelten Zensurapparat. Goebbels wiederum beneidete (wie Rust) die HJ um ihre Autonomie in der Musikerziehung und wetteiferte mit der dortigen Führerschaft um die Kontrolle über öffentliche Konzerte.[28] Alle diese Minister und Gauleiter trugen, so sehr sie auch meinten, »dem Führer entgegen zu arbeiten«, am Ende nur zum Chaos bei.

In dem Maße, in dem Goebbels das Prosperieren des Dritten Reichs auch nach Kriegsbeginn der durch Kultur vermittelten Propaganda zugeschrieben hatte, ließe sich das Versagen der Kultur nicht nur als bloße Widerspiegelung der Desintegration des Regimes, sondern auch als wesentliche Ursache derselben begreifen. In diesem Zusammenhang erhebt sich wieder die Frage, inwieweit über verantwortliche Politiker wie Goebbels und Göring hinaus Hitler selbst an diesem Niedergang seinen Anteil hatte. Schon vor 1939 war er in Sachen Kultur entscheidungsmäßig eher zurückhaltend gewesen, weil es so viele Satrapen gab, die ihm (scheinbar kongenial) »entgegenarbeiteten«, und weil die Regierungsmaschinerie noch nicht so kompliziert war; nach Kriegsbeginn ging sein Interesse an kulturellen Angelegenheiten weiter zurück.

Insgesamt war das ein Spiegelbild seiner immer unzureichenderen Regelung innenpolitischer Probleme. Ausnahmen bildeten einzelne Bereiche der bildenden Kunst, architektonische Tagträumereien und die Bayreuther Festspiele. »Ich bin seit fünf Jahren hier von der anderen Welt abgeschieden; ich habe kein Theater besucht, kein Konzert gehört, keinen Film mehr gesehen. Ich lebe nur der einzigen Aufgabe, diesen Kampf zu führen, weil ich weiß: wenn nicht eine einzige Willensnatur dahintersitzt, kann der Kampf nicht gewonnen werden.«[29] Weil Hitler seinen Rückzug aus der Kulturbürokratie ganz offen bekundete, glaubten seine Untergebenen, nunmehr freie Hand zu haben, und verschlimmerten durch widersprüchliche Entscheidungen, bürokratische Wucherungen sowie Nachlässigkeit die bereits schwer angeschlagene Infrastruktur des Kulturmanagements.

Keine Stunde null

Dieses Management endete im Chaos, und das schon Monate vor der deutschen Kapitulation. Viele Deutsche, die danach einen Neuanfang versuchten, nahmen an, es habe eine Stunde null gegeben, eine Grenzlinie zwischen dem besiegten Reich und ihren Bemühungen. Mit dem einstigen Reich nämlich wollten sie nicht in Verbindung gebracht werden. Vielleicht haben sie sich von Friedrich Meinecke, dem Nestor der deutschen Historiker, inspirieren lassen, der schon 1946 behauptete, dass die Auslöschung der nationalsozialistischen »Afterkultur« dem Wandel den Weg bereiten werde.[30] Viele, die auf eine bessere Zukunft für sich selbst setzten, hielten es für hilfreich, ein derart schlechtes Beispiel von Kultur durch politische und kulturelle Amnesie aus der Welt zu schaffen. Dazu gehörten auch die Mitglieder der Gruppe 47, deren Gedächtnislücken sogar bis in die zwanziger Jahre zurückreichten; sie konnten angeblich keine mental inspirierende Verbindung zu jüdischen Intellektuellen der Weimarer Zeit herstellen, weil sie während der Nazizeit daran gehindert wurden, Juden kennenzulernen.[31]

Diese Deutschen strebten, bewusst oder unbewusst, danach, das Vergangene »aus der Erinnerung weg[zu]wischen«, wie Adorno es formulierte.[32] So blieben ihnen Kontinuitäten, vor allem kultureller Provenienz, die von der Weimarer Republik über das Dritte Reich bis zur Bundesrepublik und andererseits von Weimar unter Auslassung der NS-Zeit bis zur Nachkriegszeit reichten, verborgen. Unleugbar sind manche Ausprägungen der Mainstream-Kultur von vor 1933 ins Dritte Reich übertragen worden, von denen viele bei Kriegsbeginn unterdrückt wurden. Die radikale Moderne wurde spätestens mit der Ausstellung »Entartete Kunst« vom Juli 1937 zumindest in den bildenden Künsten an den Pranger gestellt. Am äußersten rechten Rand bestimmte die 1919 einsetzende Literatur der Freikorpskämpfer bis in die vierziger Jahre hinein das Marschtempo. Irgendwo dazwischen entwickelte sich tatsächlich Nazikunst, die von deutschen Faschisten in den zwanziger Jahren initiiert worden war. Ansonsten griff man nach 1933 auf die Romantiker des 19. Jahrhunderts, aber auch auf Schiller und Hölderlin zurück.[33] Andere Kontinuitäten lassen sich in Musik, Architektur, Film und Theater entdecken.

Betrachtet man, unter Auslassung der NS-Zeit, den Übergang von 1932 zu den späten vierziger Jahren, so gab es zumindest in den Westzonen keine Stunde null. In der Architektur etwa wurde der Landhausstil eines Paul Schultze-Naumburg, der schon vor dem Ersten Weltkrieg entwickelt wurde und in den zwanziger Jahren florierte, nach dem Krieg unverändert weitergeführt.[34] In der Musik verlief die Entwicklung ähnlich wie zur Zeit der Weimarer Republik: Es wurde diatonisch komponiert (was man auch während des Dritten Reichs getan hatte), mit der Zwölftonmusik (die im Dritten Reich geächtet war) experimentiert, aber in den Mainstream wurden die wenigen Dodekaphoniker nur widerstrebend aufgenommen.[35] Ironischerweise zählte zu den bedeutendsten Schöpfern moderner Musik Hans Werner Henze. Der Student des ehemaligen NSDAP-Mitglieds Wolfgang Fortner hatte sich zwar schon vor Kriegsende an Zwölftonmusik versucht, sich im Dritten Reich aber als Kirchen- und HJ-Musiker profiliert.[36] In der bildenden Kunst ließen sich die Maler und Bildhauer der jungen Bundesrepublik vom Modernismus der zwanziger Jahre inspirieren, wobei die Abstraktion das Merkmal der neuen Malerei wurde.[37] Das Filmschaffen war zunächst durch Lizenzen der Besatzungsmächte gefördert worden, doch suchte der Film der jungen Bundesrepublik keinen Anschluss an Meisterwerke des Expressionismus wie *Das Kabinett des Dr. Caligari*, sondern bezog sich auf Klassiker der späteren Ufa-Ära. Der gefeierte Schauspieler Hans Albers (dessen Versuch, den Kotau vor den Nazis zu vermeiden, nicht so erfolgreich war, wie er später gern behauptete, obwohl das Regime ihn von seiner jüdischen Lebensgefährtin Hansi Burg getrennt hatte) erklärte, er habe im Hinblick auf Stil und Geist nach dem Krieg dort weitergemacht, wo er 1932 aufgehört hatte. (Hansi Burg kam übrigens nach dem Krieg in einer britischen Uniform zu ihm zurück und verscheuchte Albers' derzeitige Geliebte.)[38]

Von großer Bedeutung wäre der Nachweis, dass ein Transfer, sei es der NS-Kultur selbst, sei es von Künstlern, die unter Hitler gearbeitet haben, in das westliche Nachkriegsdeutschland stattgefunden hat. Dieser Transfer ist tatsächlich vollzogen worden, und zwar in zweierlei Hinsicht. Zum einen sickerten unverbesserliche Nazikünstler mitsamt ihrer Kunst *undercover* in die Nachkriegsgesellschaft ein und hielten am Faschismus fest mit der Absicht, die junge Demokratie zu untergraben; allerdings war ihre Zahl sehr klein. Zweitens passten sich Künstler, ehemalige NS-Sympathisanten, an das neue politische Regime an und verkündeten ihre Loslösung vom Faschismus, mochte das ehrlich gemeint oder Täuschung sein. Ihre Zahl war größer als die der Unverbesserlichen.

Im Hinblick auf den ersten Transfer ist zu bemerken, dass viel über den politischen Erfolg der westdeutschen Demokratie seit 1960 geschrieben worden ist. Diese Demokratie entwickelte sich zusammen mit einer aufgeklärten, NS-kritischen Politik und Kultur; insbesondere entstand eine Literatur, an der Mitglieder der Gruppe 47 wie Heinrich Böll beteiligt waren. Hier standen Menschenrechte und Freiheit des Individuums im Vordergrund. Doch ist das nur die eine Seite der Medaille. Man darf nicht vergessen, dass der Weg dorthin, fast eine Rückkehr zu den besten Jahren der Weimarer Demokratie, alles andere als plan verlief. Echte Demokraten mussten beispielsweise die Schwierigkeit überwinden, dass Facetten der NS-Kultur weiterbestanden, bisweilen in Verbindung mit einer reaktionären Politik, die versuchte, Lücken in jenem Geflecht von Verfassung und Gesellschaft auszunutzen, das unter der Ägide des ersten Kanzlers der Bundesrepublik, Konrad Adenauer, entstanden war.[39]

Adenauer, der von den Nazis nach der Machtergreifung seines Postens als Oberbürgermeister von Köln enthoben worden war, sorgte als Bundeskanzler dafür, dass ehemalige Nazis in die Regierung aufgenommen wurden. Auch auf anderen Ebenen der Gesellschaft tolerierte er sie dem Anschein nach, solange er Experten für den Wiederaufbau des Landes benötigte.

NS-Funktionäre wie Hans Globke und Theodor Oberländer waren in Adenauers Partei, der CDU, und saßen auch mit am Kabinettstisch. Globke hatte an der antisemitischen Rassengesetzgebung von 1935 mitgewirkt, während Oberländer für die Säuberung des europäischen Ostens von Polen und Juden eingetreten war.[40] Auch die FDP wurde, neben direkten NS-Folgeparteien wie der SRP (Sozialistische Reichspartei), ein Zufluchtsort für ehemalige Nationalsozialisten.[41] Erich Mende, einer der führenden Köpfe der FDP, hatte als Wehrmachtsoffizier im Zweiten Weltkrieg gedient und setzte sich 1951 für ein Ende der Beschäftigung mit einer angeblich bösen NS-Vergangenheit und ihren Vertretern ein.[42] Zu der Zeit ließ die ernsthafte Untersuchung dieser Vergangenheit noch mehr als ein Jahrzehnt auf sich warten.

1946 waren noch 40 Prozent der Deutschen der Meinung, der Nationalsozialismus sei eine gute Idee gewesen, die leider schlecht in die Praxis umgesetzt worden wäre, und 1952 bekundete ein Drittel der Bürger der Bundesrepublik Sympathie für Hitler.[43] In einer derartigen Atmosphäre war der Nationalsozialismus für viele kein Phantom der Vergangenheit, sondern eine, wenn auch zur Ruhe abgetauchte, Wirklichkeit, die wiederbelebt werden müsste, und der »Hitler-Mythos« war noch lebendig. Eine kritische Auseinandersetzung mit dem Völkermord an den Juden lag in weiter Ferne.[44] Die Situation wurde vor allem von ehemaligen NS-Intellektuellen ausgenutzt, die jetzt freiberuflich tätig waren. Sie hatten Kontakte zu Neonazi-Verlegern und fanden ihr Publikum erneut unter rechtsgerichteten Deutschen. Häufig betätigten sie sich auch selbst als Verleger. Herbert Böhme beispielsweise, ein ehemaliger SA-Obersturmführer und Schriftsteller, rief nun mit anderen eine Zeitschrift namens *Nation Europa* ins Leben, außerdem den rechtsradikalen Türmer-Verlag, dessen Leitung er übernahm.[45] Er veröffentlichte Bücher, häufig Nachdrucke älterer Werke, von Autoren wie Hans Grimm, Friedrich Griese, Edwin Erich Dwinger und Hans Friedrich Blunck. Da die westlichen Besatzungsmächte nicht alle Urheberrechte aufgehoben hatten, konnten Verlage, die im Windschatten des Regimes überlebt hatten – zum Beispiel die Deutsche Verlags-Anstalt (Stuttgart), Piper (München) und Bertelsmann (Gütersloh) –, weitermachen, häufig noch von ihren alten Autoren gesteuert. Grimm, der für die rechtsradikale Deutsche Reichspartei kandidierte, organisierte 1949 einen Kongress ehemaliger NS-Schriftsteller, die Lippoldsberger Dichtertage an der Weser. Dort spielte er die Rolle der grauen Eminenz; sein prominentester Gast war sicher Erwin Guido Kolbenheyer, der unter den Nazis zwölf Literaturpreise gewonnen hatte, mehr als jeder andere Schriftsteller. Ein anderer NS-Dichter, Gerhard Schumann, Eigentümer des neonazistischen Hohenstaufen-Verlags, gründete den Europäischen Buchklub, der immerhin 200 000 Abonnenten anziehen konnte. Implizit wurden diese Autoren von alten NS-Literaturwissenschaftlern wie Hermann Pongs, Benno von Wiese, Paul Fechter und Heinz Kindermann unterstützt. Kindermann betreute auch viele literaturwissenschaftliche Studiengänge an Universitäten, bis eine von jüngeren Gelehrten, allen voran Karl Otto Conrady, geführte Grundsatzdiskussion auf der jährlichen Germanistentagung in München mit Reformen begann. Das war allerdings erst 1966.[46]

Auch in anderen Kulturbereichen gab es Altnazis, die einen Grabenkrieg führten. In der bildenden Kunst war das zum Beispiel der Karikaturist und Plakatgestalter Hans Schweitzer, der unter dem altnordischen Namen »Mjölnir« (Kriegshammer, die magische Waffe des Gottes Thor) für den *Angriff* und den *Völkischen Beobachter* gearbeitet hatte. Er schuf den »heroischen SA-Mann mit dem kantigen Gesicht, der als ›Mjölnir-Typus‹ bekannt wurde; sein Gegenbild war der höhnisch blickende Jude mit dem dicklichen Gesicht, den er Modellen des 19. Jahrhunderts nachgebildet und mit neuer Bösartigkeit versehen hatte«. Bei seiner Entnazifizierungsverhandlung lobte Schweitzer das NS-Regime, weil es der modernen Kunst, die sich »von der Natur« entfernt hatte, Widerstand geleistet habe. Er verteidigte den Kampf gegen den »übertriebenen jüdischen Einfluss« auf deutsche Kunst und Literatur und sah in den KZs »notwendige Zwangsmaßnahmen gegen Spione und andere innere Feinde«.[47] Von Hitler war er zum Professor ernannt worden. Nach dem Krieg arbeitete er als Illustrator für rechtsextreme Zeitungen in Westdeutschland und diente sich zugleich dem Bundespressebüro in Bonn als Plakatgestalter an.[48] Der ehemalige SS-Offizier Klaus Graf Baudissin, der Oskar Schlemmer und andere Künstler der Moderne gnadenlos verfolgt hatte, lebte nach dem Krieg als pensionierter Ex-Museumsdirektor in Norddeutschland – die Pension hatte er sich in einem jahrelangen Rechtsstreit mit der Stadt Essen erstritten.[49]

Kulturschaffende, die sich nach ihrer Arbeit für den NS unauffällig in die westdeutsche Gesellschaft integrieren wollten, hatten verschiedene Möglichkeiten. Der Erfolg hing von ihrem Sachverstand, ihren Beziehungen und schließlich von ihren Vorstellungen darüber ab, womit sie ihr Geld verdienen wollten. Niemand hatte unter Hitler eine so hohe Position erklommen wie Albert Speer. Ironischerweise gelang es auch niemandem, so viel Ruhm und Reichtum zu erlangen wie Speer, und das trotz zwanzigjähriger Gefängnishaft. Er kehrte nicht als Architekt, der er einst gewesen war, in die bürgerliche Welt zurück, sondern als Autor aufregender Erinnerungen und als Medienstar, der sich in Lügen über wichtige Funktionen des NS-Regimes erging. Die schlimmsten Verfälschungen betrafen zum einen die Behauptung, er habe nichts von Auschwitz gewusst, und zum zweiten, er sei bei Himmlers berüchtigter Rede zur Judenvernichtung vom Oktober 1943 vor den Gauleitern in Posen nicht zugegen gewesen.[50]

Ein weiterer beeindruckender Aufstieg glückte Elisabeth Noelle, die CDU-nah und eine Verehrerin von Ernst Jünger war. Sie erhielt einen Lehrstuhl für Politische Wissenschaft an der 1946 von den Franzosen gegründeten Universität Mainz, und gründete 1948 das später berühmte »Institut für Demoskopie Allensbach« am Bodensee. Von 1978 bis 1991 bekleidete sie eine Gastprofessur an der University of Chicago, was einen ironischen Hintergrund hat. 1937/38 hatte sie, vermittelt durch das Propagandaministerium, einen Studienaufenthalt an der Universität Missouri absolviert, wo sie Journalismus und die in der Entwicklung begriffenen Techniken zur Überprüfung und Lenkung der öffentlichen Meinung studierte. Für eine lokale Studentenzeitschrift schrieb sie: »Der Nationalsozialismus ist gegen die Vermischung von Rassen, weil er hierin eine Gefahr für die Aufrechterhaltung des nationalen Charakters sieht.«[51] Von 1940 bis 1941 gehörte sie zum Mitarbeiterstab von Goebbels' Zeitung *Das Reich* und verfasste u. a. einen Artikel über die amerikanische Gesellschaft. Hier wandte sie sich gegen Exilanten und gegen Eleanor Roosevelt, die angeblich die amerikanische Öffentlichkeit »auf den jüdischen Standpunkt« zwingen wollte. Über den prominenten Kolumnisten Walter Lippmann bemerkte sie, dass er als »Jude deutscher Abstammung ... der geschickteste Benutzer der sachlichen Tarnung« sei, und der Journalistin Dorothy Thompson warf sie »Scheinlogik« vor; diese bediene sich »einer furiosen Rhetorik«. In Verwendung eines beliebten nationalsozialistischen Klischees (das auch von ihrer Kollegin Margaret Boveri zwei Jahre später benutzt wurde) sah sie hinter der amerikanischen Presse wie etwa den *Chicago Daily News* Juden, die auch die Filmindustrie, den Rundfunk und die Theater kontrollierten. Wodurch es ihr möglich war, das Institut zu gründen und den Lehrstuhl in Mainz zu erlangen, harrt noch der Entdeckung, doch ist sicher, dass sie immer von der CDU unterstützt wurde. Die Regierung Adenauer und spätere Kabinette vermittelten ihr durchgängig Verträge für demoskopische Forschungen (die, nach Ansicht einiger Wissenschaftler – die einen direkten Einfluss unterstellten –, den Stimmungsberichten von Himmlers SD ähnelten).[52]

In Westdeutschland fanden Journalisten wie Noelle relativ leicht eine Stellung in einer von den Besatzungsbehörden neu lizenzierten Zeitung, weil alle diese Blätter Mitarbeiter mit Schreiberfahrung suchten. Nicht unähnlich dem Weg von Noelle war der von Giselher Wirsing, dem SS-Offizier, der für die *Münchner Neuesten Nachrichten* gearbeitet hatte und von Himmler beauftragt worden war, für den SD die Lage von Juden und Palästinensern zu analysieren.[53] 1938 war er den Spuren Adolf Eichmanns gefolgt, der im Jahr zuvor eine Erkundungsreise nach Palästina unternommen hatte. Doch nach Kriegsende legte Wirsing das Braune ab und wurde Chefredakteur der evangelisch-konservativen Wochenzeitung *Christ und Welt*. Aber seine Vergangenheit sollte ihn einholen. 1959 führten seine weiterhin bestehenden Verbindungen zu SS-Veteranen ihn zu einem gewissen Dr. Horst Schumann, der in Ghana als Arzt tätig war und der einsamste Mensch, dem er je begegnet sei. Im April jenes Jahres veröffentlichte Wirsing einen Artikel über Schumann, in dem er die Selbstlosigkeit dieses Samariters lobte. Dieser sei »ein zweiter Dr. Schweitzer«. Aber damit hatte er Schumann keinen Gefallen getan, sondern ihn unwillentlich als SS-Sturmbannführer Schumann entlarvt, den berüchtigten Arzt von Auschwitz, der »Euthanasie« betrieben und Häftlinge sterilisiert hatte. Erst 1966 konnte er an die Bundesrepublik ausgeliefert werden; 1970 stellte man ihn vor Gericht. Wirsing war sprachlos; er starb 1975.[54] Schumann wurde wegen seines schlechten Gesundheitszustands 1972 aus der Haft entlassen und starb 1983.

Viele, die im Bereich der NS-Kultur gearbeitet hatten, konnten nach dem Krieg eine sichere Position für einen Neuanfang finden. So zum Beispiel Alfred Braun, der Regieassistent unter Veit Harlan bei dessen Produktion von *Jud Süß* gewesen war. Ab 1954 war er Intendant des SFB. Der Musikkritiker Walter Abendroth, ein eingefleischter Antisemit, der unter anderem das Düsseldorfer Reichsmusikfest von 1938 mit Huldigungen an Hitler und

Goebbels gefeiert hatte, übernahm 1948 die Leitung des Feuilletons der Wochenzeitung *Die Zeit*.[55] Hans Egon Holthusen, SS- und Parteimitglied und ein Schriftsteller mit Ehrgeiz, gelang eine noch spektakulärere Karriere, als er 1961 Leiter des von der deutschen Regierung finanzierten Goethe-Instituts (damals noch *Goethe House*) in New York wurde. Später war er Professor für deutsche Literatur an der Northwestern University in Illinois.[56] Holthusen hatte solche Möglichkeiten vorbereitet, indem er 1949 in einem Buch über Thomas Mann die »stupiden Teufeleien« des Nationalsozialismus geißelte.[57] Aber das waren nur opportunistische Spiegelfechtereien! Denn als Wehrmachtssoldat hatte Holthusen bei der Eroberung Polens geschrieben: »Das besiegte Land aber gab sich unseren Augen allmählich in seinem Wesen zu erkennen. Je weiter wir uns von den deutschen Grenzen entfernten, desto tiefer sank die Bevölkerung in einen vorzivilisatorischen Zustand zurück.«[58] Das war seine persönliche Rechtfertigung für den Vorstoß der Nazis nach Osteuropa gewesen.

Ferner gab es die Möglichkeit, an der Universität tätig zu werden. Einige waren schon während der NS-Zeit dort etabliert wie der Publizistikwissenschaftler Emil Dovifat, der die von Goebbels seit Herbst 1933 verfügten Begrenzungen der Pressefreiheit begrüßt hatte.[59] Nach 1945 war er an der Gründung der CDU beteiligt und übernahm einen Lehrstuhl für Publizistik an der Freien Universität Berlin, die er ebenfalls (unterstützt von Friedrich Meinecke) mit begründet hatte. Um unangenehmen Fragen zu entgehen, überarbeitete Dovifat seine während der Nazizeit verfassten Lehrbücher, indem er alles Kompromittierende entfernte.[60] Der Musikhistoriker Joseph Müller-Blattau wiederum, der eng mit dem SS-»Ahnenerbe« zusammengearbeitet und an der für die Nazis wichtigen Universität Straßburg einen Lehrstuhl innegehabt hatte, wählte eine andere Taktik: Als er 1952 eine Professur in Saarbrücken erhielt, ließ er inkriminierende Passagen in seiner *Geschichte der deutschen Musik* schwärzen, sodass das Buch nun wieder als Lehrmaterial verwendbar war. Wie ein führender deutscher Musikwissenschaftler bemerkte, war Müller-Blattaus *Geschichte der deutschen Musik* weniger wegen der geschwärzten Stellen als aufgrund dessen, was noch zu lesen war, bemerkenswert.[61]

Bekanntermaßen konnten sich im Bereich der Musik selbst, mit Ausnahme von Elly Ney, alle großen Komponisten, Dirigenten, Sänger und Instrumentalisten ihrer problematischen Verbindungen zum NS entledigen und ohne größere Unterbrechungen wieder an öffentlichen Aufführungen mitwirken: Furtwängler, Strauss, Karajan, Knappertsbusch, Gieseking und Schwarzkopf sind dafür nur einige Beispiele. Nach Ansicht der Entnazifizierungskomitees, die im Sommer 1945 für die Amerikaner arbeiteten, sei es »z. B. unsinnig, einen Flötisten des Philharmonischen Orchesters nur deswegen zu entlassen, weil er pro forma der NSDAP angehört habe, schon allein deswegen, weil Musiker sehr knapp seien«.[62] Was hier für Berlin gesagt wurde, schallte als Credo durch alle Besatzungszonen: die traditionelle Überzeugung, Musik als solche sei mehr oder weniger unpolitisch; hinzu kam das Gefühl, gerade diese Kunst sei höchst geeignet, um ein in die Irre geführtes Volk zu beruhigen und auf den rechten Pfad zurückzubringen. Dazu passt Meineckes 1946 geäußertes Diktum, *deutsche* Musik sei eine überaus hohe Kunst und sollte gepflegt, nicht bestraft werden. Ja, »große deutsche Musik« sei befähigt zur Entnazifizierung, behauptete Meinecke, ohne die Hybris dieser Äußerung zu bemerken.[63] So fanden auch Musiker, die willentlich für das Regime gearbeitet hatten, etwa der HJ-Komponist und Preisträger Bruno Stürmer, schon bald wieder eine Beschäftigung, ironischerweise bei den Darmstädter Tagen für moderne Musik. Wahrscheinlich belogen sie die Behörden hinsichtlich früherer politischer Verbindungen.[64]

Auch im Film wurden die alten Experten benötigt. Zwar war der deutsche Film nach 1945 nicht mehr mit Propagandaaufgaben betraut, sollte aber, neben der altehrwürdigen Aufgabe zu unterhalten, auch erzieherisch wirken. Das erklärt, warum viele zuvor dem NS verpflichtete Schauspieler nach einer relativ kurzen, von den Siegern diktierten Unterbrechung ihrer Karriere (am kürzesten in der Sowjetzone) diese weiterführen konnten. Selbst Veit Harlan, Regisseur von *Jud Süß*, der exponierteste Nazi in der Filmindustrie, musste zwar zwei Gerichtsverfahren durchstehen, wurde aber schließlich beide Male freigesprochen und kehrte zum Regiegeschäft zurück. Die Harlan-Freisprüche blieben die umstrittensten von allen und wurden von Kritikern als skandalös bezeichnet.[65] Leni Riefenstahl wurde in vier Spruchkammerverfahren entnazifiziert. 2002 kam es zu einer Klage im Zusammenhang mit dem Schicksal der Sinti und Roma in Auschwitz, die sie für den Film *Tiefland* beschäftigt hatte, aber das Verfahren wurde eingestellt. Der Film selbst konnte erst nach dem Krieg fertiggestellt werden. Er kam 1954 in die Kinos, hatte jedoch nur mäßigen Erfolg.[66]

Als die Besatzungsmächte sich daranmachten, die Verstrickungen von Schauspielern und Regisseuren in den Nationalsozialismus sowie die Ideologielastigkeit der Filme selbst zu beurteilen, wurde manches übersehen oder falsch eingeschätzt. Zumal fehlte den Besatzern die Fähigkeit, die subtilen Propaganda-Subtexte zu erfassen, die Goebbels und seine Berater in scheinbar unschuldigen Filmplots versteckt hatten. Und die kompromittierten Schauspieler und Regisseure mühten sich, die Zusammenhänge weiter zu verdunkeln oder erfanden sich als nicht verstrickt. Lil Dagover erklärte, nie für Hitler gestimmt zu haben; Wolfgang Liebeneiner erlärte sich bereit, die nichtssagende Saga der Trapp-Familie mit ihrer Flucht vor den Nazis zu verfilmen; Heinz Rühmann und Gustav Fröhlich hatten sich von ihren jüdischen Frauen scheiden lassen, um ihre Karriere verfolgen zu können, und ihr opportunistischer Drang zurück auf Bühne und Leinwand wurde kurz nach Kriegsende durch neue Regisseure unterstützt.[67] Zwar wurden einige Filme verboten, etwa *Der Herrscher*, *Die große Liebe* und natürlich Parteifilme wie *SA-Mann Brand*, aber Filme mit Heinz Rühmann wurden weiterhin gezeigt, darunter *Die Feuerzangenbowle*, ein Meisterwerk von 1944 aus dem Fach »Eskapismus zur Stärkung des Durchhaltewillens« à la *Baron Münchhausen*. Schon Ende der vierziger Jahre kam die *Feuerzangenbowle* wieder auf die Leinwand.[68] Das war zwar Unterhaltung, aber ohne den versprochenen erzieherischen Wert.

Viele frühe Entscheidungen der Nachkriegszeit für oder gegen Schauspieler und anderes Personal verdankten sich dem Zufall oder mangelhder Urteilskraft, sodass häufig die Schuldigen zuungunsten der politisch weniger Kompromittierten bevorzugt wurden. Jenny Jugo zum Beispiel, einst eine enge Freundin von Hitler und Goebbels, hielten die amerikanischen Behörden für zu populär, um sie von der Leinwand zu verbannen, während die relativ unbelastete Ilse Werner, die im mittlerweile verbotenen Film *Wunschkonzert* eine Hauptrolle gespielt hatte, von der Filmindustrie aussortiert wurde.[69] Als der Bann aufgehoben wurde, hatten sich bereits andere junge Gesichter in den Vordergrund gedrängt und das Publikum begeistert – Sonja Ziemann, Hildegard Knef (die ganz junge Geliebte des letzten Filmdramaturgen der NS-Zeit, des SS-Offiziers Ewald von Demandowsky) oder die Schweizer Schauspielerin Liselotte Pulver mit ihrem Image als Wildfang.[70] Margot Hielscher kam irgendwie durch und tat sich gleich nach ihrer Stunde null mit dem Bigband-Leiter Gene Hammer aus Texas zusammen, der für die amerikanischen Truppen spielte; sie wurde seine Freundin und Leadsängerin. Im Rahmen eines umfangreicheren Umerziehungsbestrebens mittels Kultur halfen Hammer und Hielscher dem OMGUS bei der Wiederbelebung des amerikanischen Jazz in Deutschland: Sie gaben Konzerte und traten in Nachtklubs auf, wozu junge Deutsche eingeladen wurden.[71] Andere bekannte NS-Schauspielgrößen wie die rätselhafte Sybille Schmitz wurden zuerst aussortiert und bekamen nach dem Krieg nicht mehr genügend Rollenangebote. Bei Sibylle Schmitz kamen Alkohol- und Drogenprobleme hinzu; sie nahm sich 1955 im Alter von 45 Jahren das Leben.[72]

Insgesamt wurden Angehörige der Filmindustrie nur selten wegen NS-Verstrickungen verfolgt und bestraft. Zu diesen seltenen Fällen gehört Marianne Simson, die »Frau im Mond« im *Münchhausen*-Film. Sie war BDM-Mitglied und angeblich eine von Goebbels' Konkubinen. 1944 hatte sie versucht, einen Wehrmachtsoffizier zu verführen, der ihr seine Nähe zum Stauffenberg-Kreis verraten hatte. Als er sie zurückwies, denunzierte sie ihn bei der Gestapo, was er fast mit seinem Leben bezahlt hätte. 1945 wurde sie, 24 Jahre alt, von den Sowjets verhaftet und ins Gefängnis gesteckt. Nach ihrer Entlassung 1952 erhielt sie kleinere Rollen an Theatern in Südwestdeutschland. Sie starb vergessen 1992.[73]

Erfundenes Märtyrertum

Während der Gerichtsverhandlungen und in seiner Autobiographie bestand Veit Harlan darauf, dass Goebbels ihn gezwungen hatte, *Jud Süß* zu drehen, und dass er schließlich dem Druck nachgegeben habe, um das Schlimmste zu verhindern. Tatsächlich behauptete er, viele judenfeindliche Filmszenen abgemildert zu haben. Auf diese Weise habe er eine Art von Widerstand von innen heraus geleistet und habe zweifellos mehr Gutes bewirkt, als wenn es ihm gelungen wäre, die Umsetzung von Goebbels' Auftrag zu vermeiden (anders gesagt, wenn ein weniger mitfühlender Regisseur den Film gemacht hätte). Wahr ist genau das Gegenteil: Harlan log und verdrehte die Tatsachen, denn er hatte die antijüdischen Themen nicht abgemildert, sondern bewusst verschärft.[74]

Dass sie im NS-System geblieben seien, um das Schlimmste zu verhindern, war die erste Rechtfertigungsstrategie vieler Ex-Nazis, auch derer im kulturellen Bereich. Dageblieben zu sein als innerlich Distanz wahrende Person, die in die »innere Emigration« gegangen war, um auf ruhigere Zeiten zu warten, war, als zweitbeste Strategie, ebenfalls ein beliebtes Mittel, um sich von Schuld reinzuwaschen. Wie bereits bemerkt, wurden beide Strategien argumentativ gegen Thomas Mann und viele seiner Mitgeflüchteten von daheimgebliebenen Kulturträgern eingesetzt, die zwar keine Mörder nach Art von SS-Angehörigen gewesen waren, aber trotzdem viel zu erklären hatten. Eine extreme Variante der Durchhalteposition bestand darin, sich als *Opfer* des NS-Regimes darzustellen, wenn es sich de facto um Indifferenz, Komplizenschaft oder Mitwirkung gehandelt hatte.

Betrachten wir die letztgenannte Strategie genauer. In ihr schlug sich eine Haltung von jenen Deutschen nieder, die meinten, ihnen sei während der Naziherrschaft Unrecht geschehen, und zwar besonders in der Kriegszeit, in der sie, so ihre Aussage, vor allem durch die Bombardierungen der Alliierten gelitten hätten. Tatsächlich waren in den letzten Kriegsmonaten »Terrorflieger«, also jene Piloten der Alliierten, die sich aus ihren von der Flak getroffenen Bombern durch einen Fallschirmabsprung hatten retten können, auf deutschem Boden der Gnade von Volksgenossen ausgeliefert, die bereit waren, sie augenblicks zu lynchen. Wie Adorno bemerkte, war die Bombardierung von Dresden für deutsche Apologeten ein nützliches Alibi, um eine Gesamtrechnung aufzumachen, in der Auschwitz ein Posten unter anderen war.[75] Die nächsten Bösewichte waren die Soldaten der Roten Armee, die die Deutschen aus den Ostgebieten des Reichs vertrieben, bis zu zwei Millionen Frauen und Mädchen vergewaltigt und Tausende Zivilisten getötet hatten. An dritter Stelle erst kamen die Nazis selbst, deren Propaganda es nicht geschafft hatte, die Bevölkerung zu beruhigen, die den Verlust von Angehörigen, Mangel an Konsumgütern, überfüllten Wohnungen und eine durchgängige Störung von Ruhe und Frieden zu beklagen hatte. Nach dem Krieg waren die Deutschen nicht nur ausgebombt, sondern mussten auch die Schande einer bedingungslosen Kapitulation, die Auflösung ihrer Streitkräfte und eine peinliche »Entnazifizierung« ertragen.[76] Zu den solchermaßen darunter Leidenden gehörten auch Deutsche, die das böse Wesen des Regimes erkannt hatten und nun dessen Führer und Anführer als die wahren Verbrecher ansahen, während sie selbst sich als Opfer eines riesigen Betrugs erblickten.[77] Das war der Tenor des Aufsatzes von Friedrich Meinecke (der zu Beginn seiner Karriere ein Antisemit gewesen war). Für Meinecke gab es die Stunde null, und er sah »die deutsche Katastrophe« als beklagenswertes Resultat einer pervertierten Regierungstätigkeit, als einen Unfall, der nichts mit der ansonsten gesunden deutschen Geschichte zu tun hatte.[78] Mit dieser apologetischen Haltung, in ihrer Substanz vergleichbar Thomas Manns Ansichten vor 1943, interpretierte Meinecke die jüngste Vergangenheit als von Dämonen heimgesucht, während die Gegenwart moralisch unbelastet, aber äußeren Gewaltsamkeiten ausgesetzt war. Diese Haltung vermengte sich später mit einer Einstellung, in der das deutsche Volk die kollektive Erinnerung daran, was wirklich geschehen war, verdrängte und so jene »Unfähigkeit zu trauern« entwickelte, die Alexander und Margarete Mitscherlich in ihrem gleichnamigen, 1967 erschienenen Buch ausführlich beschrieben.[79]

Nicht zuletzt aufgrund intellektueller Stützungsaktionen à la Meinecke hatte sich bereits gegen Ende der vierziger Jahre eine Subkultur des Märtyrertums entwickelt, die bis in die sechziger Jahre hinein Verbreitung fand: durch Bücher und Zeitungsartikel, Filme, in den bildenden Künsten und im Rundfunk, etwa durch Hörspiele. Der Film war eines der frühen Medien, die sich diesem Thema widmeten. Das neue Genre des »Trümmerfilms« wollte aus der Perspektive der Gegenwart die Deutschen in ihrer Verstrickung mit – oder, häufiger, ihrer Distanzierung von – dem Phänomen des Nationalsozialismus zeigen: In Trümmerlandschaften machten sich die Überlebenden an den Neubeginn. Diese Bilder wurden von Reflexionen voller Selbstmitleid im Gedenken an die jüngste Vergangenheit begleitet – wer da was und vielleicht warum getan hatte. Wurde jemand gefunden, der verantwortlich war, so war es entweder ein toter Nazi wie Hitler oder jemand außerhalb des jeweils eigenen Bekanntenkreises, der noch zur Rechenschaft gezogen werden musste. In einer Phase, in der führenden Nazis in Nürnberg der Prozess gemacht wurde und man auf sie als Schuldige zeigen konnte, verwiesen die Trümmerfilme nicht auf ihre Schöpfer als Verantwortliche und auch nicht auf die Deutschen insgesamt als Publikum für diese Filme, vielmehr wurden alle exkulpiert. Das war zum Beispiel der Tenor des ersten Films dieser Art (es war auch der erste deutsche Film nach der Kapitulation im Mai 1945): *Die Mörder sind unter uns*. Wolfgang Staudte (Jahrgang 1906), der Regisseur, hatte auch das Drehbuch geschrieben. Während der Nazizeit war er an der Produktion von *Jud Süß, Pour le Mérite* und dem HJ-Film *Jungens* beteiligt gewesen und nutzte diese neue Möglichkeit offenbar, um sich in den Augen der Sieger zu legitimieren.[80] Der Film wurde 1946 in Babelsberg in den Studios der von den Sowjets neu lizenzierten DEFA gedreht und handelt von einem aus dem Krieg heimgekehrten Wehrmachtsarzt (gespielt von Ernst Wilhelm Borchert, geboren 1907, einem ehemaligen SA-Mann), der seinen einstigen vorgesetzten Offizier beobachtet. Dieser hat, wie der Heimkehrer (in einer Position moralischer Überlegenheit) weiß, im Krieg Zivilisten erschießen lassen. In einigen Szenen, die an den Expressionismus des *Caligari*-Films erinnern, beginnt der Militärarzt ein neues Leben in den Ruinen von Berlin in Gesellschaft einer ehemaligen KZ-Insassin (gespielt von der unglaubwürdig gut erhaltenen Hildegard Knef, die, folgt man ihren Äußerungen, wohl keine *politische* Insassin war). Der Arzt versucht, mit seiner Vergangenheit und der Schuld seines Vorgesetzten zurechtzukommen. Dieser sieht genau wie Himmler aus und ist nunmehr ein Geschäftsmann, der aus alten Stahlhelmen Kochtöpfe macht. Der Arzt beschuldigt ihn, Kriegsverbrechen begangen zu haben, sucht aber die Schuld nicht auch bei sich selbst als Mitglied jener Hinrichtungsschwadron der Wehrmacht und setzt sich nicht mit der NS-Gesellschaft oder der Politik im Allgemeinen auseinander. Das Filmende deutet privates Glück für das nunmehrige Liebespaar (der Arzt und die ehemalige KZ-Insassin) an, während der Geschäftsmann lauthals und fortwährend seine Unschuld beteuert.[81]

Weitere Trümmerfilme, in denen die Bewohner vor allem der drei Westzonen sich als Opfer begriffen, verstärkten Meineckes Interpretation des Dritten Reichs als teuflisches Konzert von Verbrechern, von dem man sich unschwer distanzieren konnte, um in Richtung gesunde Harmonie fortzufahren. Mit der Zeit jedoch wurde das Publikum, das allmählich auf ein Wirtschaftswunder aspirierte, der in den Trümmern ausharrenden und überlebenden Menschen überdrüssig, sodass nach 1950 andere Produktionen auf die Leinwand kamen. Nunmehr gab es einerseits die Wiederauflage von Ufa-Filmen wie *Der Kongreß tanzt* (1931) und andererseits das neue Genre der »Heimatfilme«, mit Harmonie und Glück in deutschen Landschaften: in der Heide, im Wald und auf der Alm. Jäger oder Tierärzte in Lederhose, Trachtenjacke und Filzhut sangen zur Akkordeonbegleitung Volkslieder mit unschuldig-bezopften hübschen Mädchen im Dirndl, die keusch umworben und geheiratet werden durften. Bei dem einen wie dem anderen handelte es sich um einen auf die Zeit zugeschnittenen Eskapismus höchster Ordnung. Die »Heimatfilme« knüpften thematisch an die Blut-und-Boden-Idyllen der Nazizeit an und waren noch weiter von einer moralisch geleiteten Bestandsaufnahme entfernt als die Trümmerfilme. Aber sie garantierten Bratkartoffelgemütlichkeit und ein ruhiges Gewissen, mit dem man Hitlers Volkswagen genießen konnte, der nun endlich zum Verkauf stand.[82]

Auch in anderen Kunstbereichen fehlte ein kollektives Gefühl von Verantwortlichkeit, geschweige denn Schuld für das, was die Deutschen zwischen 1933 und 1945 heraufbeschworen hatten. Als es um die Bewahrung kultureller Artefakte in den Universitäten ging, beschwerten sich nach Kriegsende viele Professoren für Kunst und Musik. Der Prähistoriker Herbert Jankuhn, 1956 wieder als Professor (in Göttingen) tätig, stilisierte sich als jemand, der sich im Dienst für Himmlers progermanische Wissenschaft aufgeopfert habe, und beklagte sich über die Amerikaner, die ihn im Internierungslager Langwasser fast taub geprügelt hätten.[83] Auch der frühere Verfasser von Thingspielen, Richard Euringer, gab an, in Internierungslagern der Alliierten misshandelt worden zu sein. Er hatte Schreibverbot bis 1946 und entschied sich dann, seine älteren Prosawerke zu überarbeiten.[84] Der Bildhauer Arno Breker, der nach 1945 weiterhin viel Geld verdiente, behauptete, er habe während der Nazizeit in einem Ghetto gelebt und den Verfolgten geholfen. Ferner glaubte er, zu Unrecht aus der westdeutschen Gesellschaft ausgeschlossen zu sein, weil er sich aktiv für die neue radikale Rechte einsetzte.[85]

In der Malerei wurde ein außerordentlicher Schwindel von und um Emil Nolde betrieben. Weil er die letzten Jahre der Naziherrschaft unter Aufsicht stand, konnte er sich mit Hilfe einiger Prominenter nach dem Krieg als außerordentliches Opfer der Nazis neu erfinden. Ihm wurden Ausstellungen gewidmet, die seine Opferrolle betonten, so zum Beispiel 1950 auf Drängen von Theodor Heuss (FDP), dem Bundespräsidenten, der früher für *Das Reich* geschrieben und als Mitglied der Deutschen Staatspartei am 23. März 1933 für das Ermächtigungsgesetz gestimmt hatte. Ebenfalls sorgte Heuss dafür, dass der Orden »Pour le Mérite« als »Pour le Mérite für Wissenschaften und Künste« wieder eingeführt wurde und dass Nolde zu den Ersten gehörte, denen er verliehen wurde. Nach dem Krieg überarbeitete Nolde seine zuerst 1934 erschienenen Erinnerungen, indem er alle kompromittierenden, insbesondere antisemitischen Äußerungen entfernte.[86] Veröffentlichungen von Sympathisanten hoben auf die – zugegebenermaßen eindrucksvollen – Bilder ab (inklusive einiger, die er während seiner Zeit als Einsiedler gemalt hatte); sie sollten seinen grundlegend antifaschistischen Charakter dokumentieren. Dass er den Nationalsozialisten allzu nahe stand, wurde in einem Buch im Zuge eines »politischen Missverständnisses« erklärt. Er sei ein »durchaus unerfahrener und ganz naiver Mensch«. Seine antifranzösischen Ressentiments wurden schlicht geleugnet, an den Vorwürfen, Nolde sei antisemitisch gewesen, sei nichts dran. 1968 veröffentlichte Siegfried Lenz den Roman *Deutschstunde*, der als vollständige Entlastung Noldes verstanden werden konnte und wurde. 1971 konnte man in der ARD eine zweiteilige Verfilmung des Romans sehen. Aus Anlass der Buchveröffentlichung schickte Helmut Schmidt, ein Freund von Lenz und damals SPD-Fraktionsvorsitzender, eine Gratulation und bemerkte, dass die Einbeziehung von Bildern Noldes in die Ausstellung »Entartete Kunst«, seinen, Schmidts, Bruch mit dem NS bewirkt hätte (er war zu der Zeit 18 Jahre alt).[87] Im Februar 1982 organisierte Schmidt über das Kanzleramt eine Nolde-Ausstellung, bei deren Eröffnung er die Legende vom NS-verfolgten Maler festschrieb.[88] Ein Vierteljahrhundert nach Noldes Tod stand der Maler als Märtyrerstatue da.

Die »inneren Emigranten«

Jene »inneren Emigranten«, die kritische Distanz zum Regime hielten, nicht opportunistisch waren und nach dem Ende des NS keinen Opferstatus beanspruchten, waren unter Künstlern eher selten zu finden. Ricarda Huch wurde dazu gerechnet. Nach ihrem Austritt aus der Preußischen Akademie der Künste Anfang 1933 lebte sie mit ihrem Mann zumeist in Jena und veröffentlichte weiterhin Bücher über historische Themen, wobei sie explizit die Verfolgung der Juden im Mittelalter erwähnte. Das erregte den Zorn von Alfred Rosenberg, der aber nicht über die Mittel verfügte, sie zu verfolgen.

Ihr geschah nichts.[89] Der Theaterregisseur Jürgen Fehling, der unter Gründgens in Berlin arbeitete, war möglicherweise ebenfalls ein »innerer Emigrant«; es gab Anzeichen für eine Distanzierung von den Nazis, andererseits aber auch thematische Zugeständnisse. Schon im Oktober 1945 konnte er in einem kleinen Berliner Theater den *Urfaust* inszenieren.[90] Ein Dichter, der sich im Dritten Reich ganz zurückzog, war Rudolf Alexander Schröder, potenziell – als Homosexueller – eine wirklicher Feind der Nazis. Der Komponist Karl Amadeus Hartmann führte seine Werke nicht öffentlich auf; er lebte mit seiner Familie in München und in Kempfenhausen am Starnberger See. Seine wohlhabenden Schwiegereltern unterstützten ihn.[91]

Jene Künstler, die behaupteten, in die »innere Emigration« gegangen zu sein, bestanden darauf, niemals etwas mit dem Nationalsozialismus zu tun gehabt zu haben. (»Niemand war jemals Nazi gewesen«, bemerkte Peter Viertel, Salka Viertels Sohn, sarkastisch, als er 1945 für das Office of Strategic Studies [OSS] die öffentliche Meinung in der amerikanischen Besatzungszone erforschte.[92]) Zu dieser Gruppe »innerer Emigranten« gehörte zum einen die ostpreußische Dichterin Agnes Miegel, die sich selbst als »unpolitische Schriftstellerin« bezeichnete. Allerdings war sie 1940 in die NSDAP eingetreten und hatte Gedichte veröffentlicht, die von glühender Verehrung für Hitler kündeten.[93] Zum anderen gehörte auch Sepp Hilz dazu, der von Hitler so sehr geschätzte Maler von Bildern wie *Wetterhexe* und *Bauernvenus*, der auch höchste Parteikader mit seinen Arbeiten entzückte und dabei sehr reich wurde. Hilz bewältigte den Entnazifizierungsprozess ohne Schwierigkeiten, nachdem er erklärt hatte, niemals »politische Bilder« gemalt zu haben (was formal richtig war) und völlig incognito im ländlichen Bayern für die katholische Kirche tätig gewesen zu sein.[94]

Heutzutage könnte man Gerhart Hauptmann als Prototyp jenes »unpolitischen« Deutschen bezeichnen, der behauptete, die Diktatur in geistiger Isolation überstanden zu haben mit dem Versuch, davon zu profitieren. Hauptmann hatte als einer der Pioniere des Naturalismus gegen Ende des 19. Jahrhunderts Ruhm erlangt. Vor allem mit dem Drama *Die Weber* (1892) sprach er für die Armen und Ausgebeuteten.[95] Mit dem 1912 verliehenen Nobelpreis für Literatur passte Hauptmann gut zur Demokratie der Weimarer Republik. 1933 allerdings unterstützte er vorbehaltlos das neue Regime, höchstwahrscheinlich aus Furcht, der immensen Einkünfte aus seinen Buchverkäufen verlustig zu gehen. Diese Befürchtung kannte auch Thomas Mann. Schon bald nach der Machtergreifung erklärte Hoffmann sich für Hitler und begrüßte den Austritt Deutschlands aus dem Völkerbund im Oktober. Einige Tage darauf nahm er zusammen mit Furtwängler und anderen Künstlern an den Eröffnungsfeierlichkeiten für Goebbels' Reichskulturkammer teil und sprach sich 1938 auch für den Anschluss von Österreich aus. Hitlers Sieg über Frankreich 1940 ließ ihn laut aufjubeln. Und zur Invasion der Sowjetunion im Jahr darauf schickte Hauptmann über den Sender Radio Breslau »Grüße an die Front«. Öffentlich schwieg der Dichter, der (wie Strauss) eine jüdische Schwiegertochter hatte, zur Judenverfolgung, privatim aber äußerte er sich abfällig über die Juden, vor allem über seinen einstigen Freund, den Kritiker Alfred Kerr, der nach London geflohen war. Angesichts des Leids der deutschen Juden sprach Hauptmann verächtlich von »ein paar Ostjuden«, die »nicht so wichtig« seien, und er verurteilte jüdische Emigranten, die in die USA geflohen waren und dort, wie er meinte, vorgaben, die deutsche Kultur zu repräsentieren.[96]

Die Nazis selbst waren uneins über die Bedeutung Hauptmanns für ihre neue Ordnung. Rosenberg hasste in Hauptmann natürlich den ehemaligen Pazifisten und naturalistischen Dichter, einen der Vorläufer der Moderne in Deutschland. Er stand, meinte der NS-Ideologe, der neuen Kultur fremd gegenüber, weshalb seine Stücke auch nicht gespielt werden sollten. Aber Hitler höchstpersönlich hatte die Premiere eines neuen Dramas namens *Die goldene Harfe* befürwortet. Sie sollte im Herbst 1933 in München stattfinden.[97] Zudem glaubten Intendanten wie Friedrich Bethge in Frankfurt am Main, dass Hauptmann seinen Stil gemäß den neuen Anforderungen an das Schauspiel bereits geändert hatte.[98] Goebbels wiederum war sich mit Rosenberg darin einig, dass Hauptmann nicht in den Vordergrund gerückt werden sollte; er wollte die Vorbehalte des Dichters respektieren. Natürlich war er sich des internationalen Marktwerts von Hauptmann bewusst, und traf keine Anstalten, die Aufführung einiger seiner Dramen zu verhindern. Das galt insbesondere für die Zeit nach 1939, als deutlich wurde, dass die jungen Dramatiker keine guten Stücke lieferten. Im Juni 1942 äußerte sich Goebbels nach einem privaten Essen im Hause des Ministers positiv über Hauptmanns Begeisterung angesichts des Kriegsfortschritts und war zuversichtlich, »ihn für das nationalsozialistische Regime vollkommen zu gewinnen«.[99] Wie

Strauss und Pfitzner verkehrte auch Hauptmann freundschaftlich mit Generalgouverneur Hans Frank, dem Henker von Polen, der ein gebildeter Mann sei, stets darauf aus, seine umfassenden Kenntnisse noch zu erweitern. Er schätzte auch Baldur von Schirach, der ihn im November anlässlich des 80. Geburtstags nach Wien einlud. Zuvor hatte er mit Goebbels öffentliche Feierlichkeiten in Breslau begangen. Zu dieser Gelegenheit hatte Hitler eine Vase geschickt, woraufhin Hauptmann erwiderte, der Führer sei ein Himmelsgeschenk, gesandt, um Deutschlands Schicksal zu vollenden.[100] Das war keine drei Monate vor der Niederlage von Stalingrad.

Nachdem die Sowjets Schlesien und damit auch Hauptmanns Wohnort Agnetendorf besetzt hatten, nahmen sie den Nobelpreisträger mit offenen Armen auf, der plötzlich den Weg zurück zu seinen sozialistisch-liberalen Wurzeln gefunden hatte. Er betonte gegenüber den neuen Herren sein unpolitisches und pazifistisches Wesen, so wie er es bereits im Februar 1934 gegenüber dem Schriftsteller Erich Ebermayer getan hatte. Auf eine entsprechende Frage antwortete er: »Ich bin kein Politiker. Ich bin auch kein politischer Dichter.« Und er hatte hinzugefügt: »Ich bin Dichter. Nur Dichter. Und außerdem bin ich Deutscher.«[101] Als 1967 DDR-Literaturkritiker sich gezwungen sahen zu erklären, warum ihr Kulturminister Johannes R. Becher gleich nach dem Krieg sich um Hauptmann bemüht hatte, wiederholten sie den Refrain des Dichters, der da »innere Emigration« lautete, und beteuerten, er habe »während der Nazizeit zurückgezogen« gelebt.[102]

Erheuchelter Widerstand

Schließlich gab es noch jene Künstler, die im Dritten Reich ein komfortables Leben geführt hatten und nach Kriegsende behaupteten, die ganze Zeit Widerstand geleistet zu haben. Zu ihnen gehörte der Komponist Werner Egk, als Funktionär tätig in der Reichsmusikkammer, der nach 1945 behauptete, seine Position habe ihm erlaubt, Kollegen (die vermutlich gegen den NS eingestellt waren) durch die Verhinderung entsprechender Gesetze zu schützen. Er habe also Gutes getan. Während seines Entnazifizierungsverfahrens 1946/47 erfand er eine Geschichte über Sabotageakte, die er zum Kriegsende hin gegen die Nazis verübt haben wollte. Angeblich gab es an der

Berliner Staatsoper eine Geheimzelle, der er angehörte, und in deren Auftrag er Kurierdienste unternahm, um einer Gruppe in Paris Einzelheiten über KZs und »Verbrechen gegen die Menschlichkeit« mitzuteilen.[103] Tatsächlich gab es an der Oper keine solche Zelle, und ebenso hatte Egk, im Gegensatz zu seinen Ausführungen vor dem Tribunal, im Frühjahr 1945 nicht den Versuch unternommen, die herannahenden amerikanischen Truppen über Nazis in dem Münchner Vorort, in dem er wohnte, zu informieren.[104] Vielmehr hatte Karl Amadeus Hartmann in einem entscheidenden Augenblick Egk gebeten, einige Poststücke für seinen in der Schweiz lebenden Bruder, ein früheres Mitglied der Kommunistischen Partei, mitzunehmen, was Egk abgelehnt hatte. Egk wollte, dass Hartmann als Zeuge bei seinen Verhandlungen erscheine, der aber konnte ihm guten Gewissens nicht helfen, sondern war nur zu einer schriftlichen Charakterbeurteilung bereit.[105]

Zwar hatte Carl Orff, der einstige Lehrer von Egk, im Dritten Reich keine offizielle Anstellung, gab aber nach dem Krieg an, er sei in Gegnerschaft zum NS-Regime gewesen, indem er zusammen mit dem Münchner Psychologieprofessor Kurt Huber »eine Art von Jugendgruppe gegründet« habe. Die Gruppe, auf die sich Orff Anfang 1946 in einem Interview mit dem vernehmenden Offizier des OMGUS, Newell Jenkins, bezog, war die »Weiße Rose«, eine Widerstandsgruppe, die Huber zusammen mit Hans und Sophie Scholl und anderen Studenten der Münchner Universität 1942/43 gegründet hatte. (Huber, die Geschwister Scholl und ihre Mitverschwörer wurden von den Nazis hingerichtet.) Orff hatte Jenkins die Geschichte aufgetischt, weil er sich die Chance auf eine Anstellung im öffentlichen Dienst – als Theaterintendant in Stuttgart – in der amerikanischen Zone eröffnen wollte, weshalb er von der Schwarzen Liste gestrichen werden musste. Doch dann entschied er sich gegen die Intendanz, und da er politisch mit sauberer Weste dastand, konnte seine neue Oper, *Die Bernauerin*, am 15. Juni 1947 die Premierenaufführung erleben.[106]

Egk und Orff waren bald gut in das westdeutsche Kulturestablishment integriert. Orff genoss seine Position als herausragender Komponist, und Egk war als Professor an der Berliner Hochschule für Musik tätig, nachdem er im Entnazifizierungsverfahren mit seinen erfundenen Widerstandsgeschichten durchgekommen war.[107] Die unglaubliche Naivität der Amerikaner, die in so vielen Fällen von Rehabilitation ihren Niederschlag fand, wurde durch britische und französische Ignoranz oder Nonchalance ergänzt, während die Sowjets schlau kalkulierten und den unmittelbaren Wert potenzieller NS-Wendehälse taxierten. In der amerikanischen Zone führte die Haltung des Siegers in Verbindung mit deutscher Toleranz auch zu Nachsicht gegenüber Hans Knappertsbusch, der die anfänglichen Beschuldigungen einer Zusammenarbeit mit dem NS-Regime unbeschadet überstand. Aber es gibt Hinweise darauf, dass er bei der Entlassung des jüdischen Dirigenten Bruno Walter von seinem Posten als Generalmusikdirektor in München 1922 seine Hand im Spiel gehabt hatte; der leidenschaftliche Antisemit wurde dann Walters Nachfolger. Danach trat sein Judenhass immer deutlicher hervor, als Knappertsbusch, ein brillanter Wagnerinterpret, sich immer enger an die stärker werdenden Nationalsozialisten anschloss, wenngleich er nie Parteimitglied wurde. Anfang 1933 war er die treibende Kraft beim Protestbrief gegen Thomas Mann. Dann allerdings war Knappertsbuschs Stellung als Leiter der Staatsoper gefährdet, weil Hitler, der den Dirigenten aus musikalischen Gründen nicht schätzte, Clemens Krauss den Vorzug gab und 1936 Knappertsbuschs Vertrag nicht verlängerte. Aber er konnte in Wien weitermachen und überall im Reich sowie, nach Kriegsbeginn, in den besetzten Gebieten als Gastdirigent auftreten. Auch anlässlich Hitlers Geburtstag stand er am Pult.[108]

Obwohl Zweifel blieben, setzte ihn das OMGUS im Sommer 1945 erneut als Generaldirektor in München ein, weil man glaubte, er sei derzeit der politisch Unverfänglichste der hochrangigen deutschen Dirigenten. Unter Verweis auf seine Entlassung von 1936 und seine frühere große Beliebtheit beim Münchner Publikum hatte Knappertsbusch sich als perfekt für den Posten geeignet präsentiert. Allerdings erkannten die Amerikaner später im Jahr ihre Fehleinschätzung und setzten ihn wieder ab. 1947 vertrat Knappertsbusch die Meinung, er sei ungerecht behandelt worden, und fügte hinzu: »Wir waren, jeder für sich, Widerstandsbewegler, die durch ein Wunder nicht erwischt worden sind.« So revidierte ein deutsches Gericht 1948 die Verfügung von OMGUS und setzte Knappertsbusch in München wieder in Amt und Würden ein. Nachdem er 1951 als erster Dirigent nach dem Krieg bei den Bayreuther Festspielen aufgetreten war, erhielt er 1958 das Bundesverdienstkreuz mit Stern.[109]

Es gibt viele Beispiele von Künstlern, Schriftstellern und Intellektuellen, die eine Doppelrolle spielten, indem sie versuchten, das Dritte Reich auf sicherste und bequemste Weise zu überstehen, während sie sich nach dem Krieg als Widerständler gaben und behaupteten, ein Stückchen Gemeinwohl gerettet zu haben. Tatsächlich aber waren sie zynischerweise bemüht, das Beste aus zwei einander entgegengesetzten Welten für sich zu bewahren: Die eine Welt war die, in der Hitler als Sieger dastehen und sie von dem profitieren konnten, was sie den Nazis verschafft hatten, und die andere Welt war die, in der die Alliierten triumphierten, denen sie dann etwas vorzeigen konnten, was Beweis war für ihre Gegnerschaft.

Zu diesen zwiespältig operierenden Persönlichkeiten gehörte der Schriftsteller und Drehbuchschreiber Erich Ebermayer, der zu Beginn des Regimes bedroht war, weil er homosexuell war. Aber Ebermayer hielt zwei Trümpfe in der Hand: Philipp Bouhler, der SS-Obersturmführer, der das »Euthanasie«-Programm organisierte, und Fritz Todt, den Techniker und Generalinspekteur für das deutsche Straßenwesen, der die Autobahnen gebaut hatte, waren seine Cousins (Letzterer angeheiratet). Die Tatsache, dass er diese Trümpfe auch ausspielte, zeigt, dass er Bestechung nicht abgeneigt und selbst korrumpierbar war. In seinen (angeblich geheimen) Tagebüchern, die er zwischen 1933 und Kriegsbeginn schrieb, suchte er keine Entschuldigungen für seine Bemühungen um die Quadratur des Kreises, indem er einerseits mit Vertretern des NS-Systems kooperierte und andererseits weiterhin seit Längerem bestehende Kontakte mit Juden und Demokraten wie Klaus und Thomas Mann pflegte und seinen homosexuellen Lebensstil beibehielt.[110] Immerhin gelang es ihm, lukrative Aufträge für die Abfassung von Drehbüchern in Babelsberg zu erhalten, wobei er die ganz offensichtlich politischen Stoffe mied. Um Thomas Mann sein Erfolgsgeheimnis zu offenbaren, reiste er Ende Februar 1936 nach Küsnacht. Mann hielt später im Tagebuch fest, Ebermayer sei ein »unbeträchtlicher Tropf, der im Grunde nichts als vergnügt ist über den Erfolg seines Traumulus-Films bei Goebbels und Hitler«.[111] Dieser Film, der in Deutschland gerade in die Kinos gekommen war, bildete das Sprungbrett für Ebermayers spätere Erfolge und war einer der Gründe, weshalb der Drehbuchschreiber bei den Nazis weiterhin einen Stein im Brett hatte. Zynisch bemerkte Ebermayer, dass, wenn er das Drehbuch nicht geschrieben hätte, es eben irgendein Parteischreiberling getan hätte. Um sein Gewissen nach den Ermahnungen von Thomas Mann zu beruhigen, notierte Ebermayer: »Das Problem der inneren Emigration! ... Wovon hätte ich leben sollen in der Emigration? Gibt es nicht schon genug Emigrantenelend in der Welt? Vor allem aber – haben wir Deutschen, denen Thomas Mann das Prädikat ›anständig‹ zuerkennt und die wir dageblieben sind, nicht eine wichtige Aufgabe: mitzuhelfen, das wahre, das wirkliche Deutschland hinüberzuretten durch den Dreck dieser Zeit in eine neue Zukunft? Ist es gar nichts, in der Festung Deutschland zu bleiben, sie von innen her zu unterwühlen, die Macht des Bösen zu schwächen, wo wir können, und dabei uns treu zu bleiben, trotz täglicher Gefahr des Leibes und der Seele?«[112] Das war natürlich das klassische Argument, das zehn Jahre später Schriftsteller wie Frank Thieß und Walter von Molo Thomas Mann entgegenhalten würden, deren Gegnerschaft zum NS-Regime so zweifelhaft war wie jene Ebermayers. Mit dieser Haltung ließen sich die süßen Früchte der Akkomodation an das nationalsozialistische Deutschland genießen – in Ebermayers Fall der Anblick von und die intimere Freundschaft mit attraktiven Hitlerjungen. Zudem profitierte er von Goebbels' 1936 erlassenem Filmkritikverbot.[113] Ebermayer, der das bewahrte, was ihm am teuersten war, schrieb nach 1945 noch viele Drehbücher und verteidigte, von Beruf Anwalt, Emmy Göring und Winifred Wagner in Entnazifizierungsverfahren.[114]

Die Behauptung, man habe innerhalb des Systems Gutes getan oder tun wollen, wurde häufig von Künstlern nach 1945 vorgetragen, um ihre unmoralische Existenz im Dritten reich zu rechtfertigen. Wie Orff behauptete auch Werner Bergengruen, der Weißen Rose in München bei der Verteilung ihrer illegalen Flugblätter geholfen zu haben, obwohl es dafür auch nicht den Schatten eines Beweises gibt.[115] Der Journalist Karl Korn fiel weich, als er zusammen mit anderen 1949 die *Frankfurter Allgemeine Zeitung* gründete, deren Feuilletonchef er bis in die 1970er-Jahre war. 1940 hatte er gegen den »talmudischen Nihilismus« der Juden geschrieben und sich für *Jud Süß* begeistert, der das »Judenproblem« in Deutschland geistig einer Lösung zugeführt habe.[116] In einem Beitrag im *Spiegel* 1960 interpretierte Korn die Redeweise vom »talmudischen Nihilismus« als Widerstandsakt, weil er damit seine Landsleute »verdeckt« auf die Misshandlung von Juden habe hinweisen wollen. Er bezog sich auf den literarischen Stil der Andeutung zwischen den Zeilen, wie ihn Korns Vorbild, der »Antinihilist« Ernst Jünger im Roman *Auf den Marmorklippen* verwendet hatte. So jedenfalls äußerte sich Korn 1974 in einer Lobrede auf Jünger.[117]

»Sklavensprache« (ein Ausdruck der ursprünglich Ernst Jünger zugeschrieben wurde) verwendet zu haben, behauptete auch der Journalist Hubert Neun (wohl ein Pseudonym von Erich Peter Neumann), als er 1941 einen Bericht über Juden im Warschauer Ghetto verfasste. Nur solche Sprache, verriet er dem *Spiegel* 23 Jahre später, konnte die schrecklichen Lebensbedingungen der Ghettobewohner enthüllen. Es gab kein anderes Mittel, um die Öffentlichkeit wachzurütteln, und seine, Neuns, Methode sei eine Form des Widerstands gewesen.[118] Aber was genau hatte Neun im März 1941 im *Reich* geschrieben? Er rechtfertigte die Trennung der Juden, »die ungeheure abstoßende Vielfalt aller jüdischen Typen des Ostens«, von »den anderen Stadtbewohnern« Warschaus und ihre darauf folgende Ghettoisierung. Das habe das bürgerliche Leben in Warschau beruhigt.[119] Nach 1945 half Neun/Neumann seiner Frau Elisabeth Noelle beim Aufbau des Allensbacher Instituts und zog 1961 für die CDU in den Bundestag ein.[120]

Die Liste ist noch länger. Der Nazidichter Gerhard Schumann, der Regisseur Gustaf Gründgens und natürlich der Hauptmann Ernst Jünger versicherten nach dem Krieg unter Einsatz diverser Ausflüchte, dass sie dem Regime Widerstand geleistet hätten.[121] Und wie Friedrich Meinecke und Werner Bergengruen, die das Dritte Reich zu einer »Satanokratie« erklärten, damit vom gewöhnlichen Strom der deutschen Geschichte abkoppelten und die Deutschen von aller Schuld freisprachen, dämonisierte der Dichter Hans Carossa das Regime, indem er es als für das Deutsche untypisch hinstellte. Sich selbst sah er als furchtlosen Beamten, weshalb er auch 1941 die Präsidentschaft von Goebbels' Europäischer Schriftsteller-Vereinigung annahm.[122] Außerdem hätte, so Carossa, manches unter Hitler auch sein Gutes gehabt; das gelte auch für den Holocaust: »Er hat Millionen Juden, Erwachsene und Kinder, töten lassen und dadurch erreicht, dass alle guten Menschen der ganzen Erde sich in grenzenlosem Mitgefühl dem Judentum zuwandten. Ohne sein Wüten gäbe es vielleicht noch gar keinen Staat Israel.« Schließlich sei Hitler von den Juden ungerecht behandelt worden, und zwar aufgrund von Beleidigungen, die ihm Juden im Ausland an den Kopf geworfen hätten. Kein Wunder, dass die deutschen Juden dafür hatten büßen müssen.[123] Nicht der Mörder, der Ermordete ist schuldig.

Heute ist es angesichts der vielfältigen Umstände der Kriegszeit schwierig, die Umrisse eines Ideals zu skizzieren, dem diejenigen Künstler am nächsten kämen, die im Dritten Reich ihre künstlerische Integrität bewahrt und sich geweigert hätten, mit dem Regime zu kollaborieren, die sich im Widerstand engagiert und sich nach dem Krieg nicht als Opfer gefühlt hätten.[124] Vielleicht ließe sich zynisch sagen, dass diese Rolle von Käthe Dorsch hätte ausgefüllt werden können. Die Schauspielerin vom Jahrgang 1890, die mit Hermann Göring 1917 enger liiert war, blieb auch nach 1945 in Deutschland beliebt. Es ist dokumentiert, dass sie nach 1933 vielen Künstlern half, die ins Schussfeld des einen oder anderen hohen Nazis gerieten. Das gelang ihr durch ihre freundschaftliche Beziehung zu Göring, der sich schwer damit tat, ihr abzuschlagen, worum sie ihn bat. Sie spielte in mehreren von Goebbels protegierten Filmen, von denen, mit einer Ausnahme, keiner zum Propagandagenre gehörte. Die Ausnahme war *Trenck, der Pandur*, in dem sie die österreichische Kaiserin Maria Theresia spielte. Der Film verherrlichte Soldatentum und Krieg. (In Westdeutschland blieb er bis 1953 verboten.) Doch weil fast alle in dieser Zeit gedrehten Filme zum reibungslosen Funktionieren der Nazimaschinerie beitrugen, kann man Käthe Dorschs Auftritte nicht als harmlos abtun. Im Einklang mit dem rechtsgerichteten Zug der Zeit blieb sie Göring, einem autoritären Antisemiten, auch nach der Liaison von 1917 eng verbunden. Sie stand auf gutem Fuß mit Goebbels und Hitler, wurde 1936 zur Staatsschauspielerin ernannt und erhielt 1944 einen Platz auf der Gottbegnadetenliste, der sie von jeglichem Kriegsdienst freistellte. Auch damals noch schätzte sie Hitler und Goebbels und deren Politik.[125] Aber die Hilfe, die sie leistete, muss anerkannt werden.

Vielleicht lässt sich das Rätsel lösen, indem man zwei einander entgegengesetzte Aussagen zur Sache betrachtet, die von Persönlichkeiten geäußert wurden, welche sich selbst als von den Nazis verfolgte Künstler und Intellektuelle verstanden. Der eine ist der Dichter und Essayist Gottfried Benn, der nach 1935 Zuflucht bei der Wehrmacht gesucht hatte. 1950 bemerkte er im Versuch, seine frühere Haltung zu rechtfertigen, mit einiger Unaufrichtigkeit: »Ich behaupte, dass viele von denen, die damals blieben und ihre Posten weiterführten, es darum taten, weil sie hofften, die Plätze für die, die fortgegangen waren, freihalten zu können, um sie ihnen zu übergeben, wenn sie wiederkamen.«[126] Die Physikerin Lise Meitner wiederum, gebürtige Österreicherin, hatte 1938 von Berlin über die Niederlande nach Schweden emigrieren müssen, denn sie war Jüdin. Im Frühjahr 1945 schrieb sie an ihren

Kollegen Otto Hahn, mit dem sie lange zusammengearbeitet hatte. Hahn war im Reich geblieben, um weiter an der Atombombe zu arbeiten. Er wurde bei Kriegsende zusammen mit neun Kollegen im Landhaus Farm Hall in Godmanchester bei Cambridge interniert. In Meitners Brief heißt es unter anderem: »Sie alle haben für Nazideutschland gearbeitet und niemals auch nur passiven Widerstand geleistet. Sicher haben Sie, um das Gewissen zu beruhigen, hier und da jemandem in Not geholfen, aber Sie haben den Mord an Millionen unschuldiger Menschen zugelassen und niemals protestiert.« Dieses Urteil ist gültiger und ehrlicher als das von Benn und könnte für jeden Schriftsteller und Musiker, jeden Maler und Schauspieler, jeden Journalisten und Filmregisseur gelten, der sich nach dem Januar 1933 dafür entschied, in Deutschland zu bleiben.[127]

Schlussbemerkung:
Kultur in drei Tyranneien

Zu Beginn dieses Buches wurde betont, dass die Beziehungen zwischen Kultur und Tyrannei vielschichtig sind, und die Frage lautete, ob Kultur in einer Diktatur überhaupt möglich ist. Wenn man vor dem Hintergrund des Dritten Reichs untersucht, wie sich die Situation der Kultur in anderen Diktaturen gestaltete, könnte das zur Erhellung beitragen. Anders als im nationalsozialistischen Deutschland war die Kultur in Italien schon vor Mussolinis so berüchtigtem wie theatralischem Marsch auf Rom 1922 konstituierend für die Herausbildung des autoritären faschistischen Staats. Der fahnenschwenkende Dichter Filippo Tommaso Marinetti verband im Programm des Futurismus, die in Mussolinis Ideologie Eingang fand, politische und kulturelle Erwartungen. Die futuristische Bewegung zeichnete sich durch eine Vorstellung von Modernität aus, in der Erfindungen des Maschinenzeitalters, etwa das Flugzeug, mit der Alltagspolitik in Wechselwirkung traten – ein Miteinander, das für Jugend, Dynamik, Gewalt stand. Hinzu kam die geradezu wütende Ablehnung der liberalen Vorkriegsepoche. Im Gegensatz zu der ästhetisch-intellektuell geprägten Bewegung des »Modernismus« in der Weimarer Zeit, die im Zusammenhang mit demokratischen Strukturen stand, wurden Technologie und Modernität in Italien zu Schlagworten einer dezidiert antidemokratischen faschistischen Ära. Mussolini nahm Elemente der NS-Herrschaft vorweg, als er einen Polizeistaat errichtete, der in seinen Grundzügen 1924 im Wesentlichen stand. Kunst und Literatur wurden ständisch verwaltet (Stichwort »Syndikalismus«), was später in Goebbels' Reichskulturkammer Nachahmung fand. Der Schwerpunkt lag auf nationalen Kulturereignissen wie patriotischen Ausstellungen; forciert wurde ein Konsens zwischen Künstlertum und Staat, den die Nazis später als eine durch Rasse und Kultur definierte »Volksgemeinschaft« neu konfigurierten. Unter Mussolini konzentrierten sich Ausstellungen zwar bis in die frühen dreißiger

Jahre hinein auf italienische Künstler, aber toleriert wurden auch ausländische Einflüsse wie amerikanische Filme (und Jazz). Man brachte Avantgardemusik à la Schönberg zur Aufführung und las ausländische Autoren. Es herrschte ästhetischer Pluralismus; in Deutschland war es damit nach Hitlers Machtergreifung schnell vorbei.[1]

Dass die Kultur, dem Anschein ihrer Autonomie zum Trotz, in den Dienst des Staats gestellt wurde, war spätestens 1932 deutlich geworden, als Mussolini in Italien die Diktatur endgültig durchgesetzt hatte. Ein Jahr später kam Hitler an die Macht, und 1936 begannen die stalinistischen Säuberungen in der Sowjetunion. 1932 symbolisierte ein futuristisch inspiriertes Gemälde, ein Ensemble aus Maschinerie, Flugzeugen und Schiffen, die ersten zehn Jahre faschistischer Herrschaft und in einer offiziellen »Ausstellung der faschistischen Revolution« konnte Avantgardekunst die politische Landschaft bebildern. Zu dieser Zeit war die Mussolini-Ikonographie, die den »Duce« in diversen melodramatisch-imperialen Posen, in Filmen und in der Volkskultur bis hin zu Abbildern auf Bierkrügen verewigte, voll im Schwange, während der eher zur Askese neigende Hitler allzu dramatische Darstellungen seiner Person nicht schätzte. Der populistische Mussolini wurde auch in musikalischen Werken gefeiert, so im Neunten Psalm für Chor und Orchester, komponiert von Goffredo Petrassi 1934. Mussolini selbst griff jetzt mehr als vorher selbst in die Zensur ein, wobei es ihm besonders um Literatur und Theater ging. Er verfuhr dabei ähnlich wie Hitler in der bildenden Kunst, aber weniger dogmatisch. Die Faschisten hatten jedoch eher als die Nazis eingesehen, dass ihre Kunstform bislang nicht gehalten hatte, was sie sich davon versprachen, und 1936 wurde ihnen auch das Versagen ihrer Literatur schmerzhaft bewusst, ungeachtet solcher prätentiösen Romane wie *Nozze fasciste: Il romanzo fascista* (1934) von Giuletto Calabrese, der das Leben einer beispielhaften jungen italienischen Familie schilderte, samt Schwarzhemden, Gewehren und breithüftiger maternaller Fruchtbarkeit.[2]

1934 bewegte sich der italienische Autoritarismus politisch wie kulturell in Richtung totalitärer Herrschaft. Das war – früher als in Deutschland – dem Gespenst des Kriegs geschuldet, denn Mussolini gelüstete es nach Landgewinnen in Nordafrika. Der koloniale Imperialismus gehörte zur faschistischen Ideologie, seine Geschichte aber reichte bis zu den Futuristen der vorfaschistischen Ära, in deren Bilderwelt Italiens Eroberung von Libyen

1911 ebenso eine Rolle spielte wie der Appetit auf weitere Landnahme in Nordafrika in den zwanziger Jahren.[3] Das gab – aus einem sich selbst zugeschriebenen Recht auf Schutz einer (fiktiven) Menschheit heraus – faschistischen Vorstellungen Auftrieb, Afrikaner seien biologisch minderwertig, sexuell subversiv und stünden zur Ausbeutung bereit. Bereits 1932 war der afro-amerikanischen Tänzerin und Sängerin Josephine Baker in Italien Auftrittsverbot erteilt worden. Die deutsche Parallele bestand in der rassistischen Verdammung von Juden, Sinti und Roma sowie Schwarzen, die sich seit der Demütigung durch den Versailler Vertrag allmählich entwickelt hatte und bis Ende der zwanziger Jahre zu Weiterungen im Umgang mit »jüdischer« Kultur führte. 1935 marschierten italienische Truppen in Äthiopien ein, wobei es (vorhersehbarerweise) zu unglaublichen Gräueltaten kam. Die Aggression wurde ästhetisch und moralisch verklärt, wie in Giannino Antona-Traversis Bühnenstück *L'Offerta* (*Das Angebot*) von 1935, das den Leichnam eines vermissten Soldaten feiert. Ähnlich verfuhr die deutsche Kunst, als 1941 der Krieg gegen die Sowjetunion begann.[4]

Nach dem äthiopischen Abenteuer wurde die Achse Berlin–Rom ins Leben gerufen; Italiens kultureller Pluralismus litt darunter. Als die Faschisten dann auch noch Francos nationalistische Streitkräfte im Spanischen Bürgerkrieg unterstützten, tauchten in der Kunst vermehrt Darstellungen tierähnlicher Schwarzer und Kämpfer für die spanische Republik auf. 1937 blieb die Große Deutsche Kunstausstellung in München nicht ohne Rückwirkung auf das kulturelle Leben in Italien: Faschistische Hardliner sorgten dafür, dass jetzt der Einfluss des Nachbarn aus dem Norden mehr Gewicht bekam. Als am 19. November 1936 der Faschistische Großrat zusammentrat, trug der hohe Funktionär Roberto Farinacci, ein überzeugter Antisemit, maßgeblich dazu bei, dass Mussolini erklärte, die Zeit für die Einführung der »Rassenpolitik in die faschistische Lehre und Literatur« sei gekommen. Hitler übte weiteren Druck aus, sodass die Rechtsprechung in Italien in Bezug auf die Diskriminierung von Juden der deutschen Gesetzgebung sich anglich. Die römischen Rassengesetze von 1938 fielen mit der deutschen Reichspogromnacht zusammen. Die italienischen Gesetze führten im Kulturbereich zur Entfernung von Juden aus den freien Berufen, darunter dem Journalismus, aus dem Bildungs- und Erziehungssektor inklusive der Kunstakademien und aus dem Künstlersyndikat.

Der deutsch-italienische Stahlpakt vom Mai 1939 setzte eine Phase in Gang, die faschistische Kunstwerke begünstigte. Unvermeidlich stand darin der publicitysüchtige »Duce« im Vordergrund, zum Beispiel in dem Gemälde *Zuhörer am Radio lauschen einer Rede des Duce* (1939). Ein Film von 1941 – *Uomini sul fondo* von Francesco de Robertis – zeigt, wie die Besatzung in einem sinkenden U-Boot ihren »Duce« feiert, ehe sie untergeht. Bild und Film wirken auf überhöhte Weise wirklichkeitsnah – es sind Beispiele für das, was man faschistischen Realismus nennen könnte. Die Bilder waren mit antisemitischen Konnotationen durchtränkt, und die selbst ernannten Avantgarde-Futuristen ließen nun, unter Beibehaltung des Anspruchs auf Modernität, ihren antisemitischen Ressentiments freien Lauf. Kennzeichnend für diese Entwicklungen war ein 1940 ausgeschriebener Wettbewerb zum Thema »beste rassenkundliche Abhandlung«, über die einer der Teilnehmer später bemerkte, er habe »der Rassenkunde viele Stunden des Studiums gewidmet«. An den Florentiner Festspielen des Maggio Musicale von 1939 durften keine Juden teilnehmen, und 1941 war ein *Jud Süß* vergleichbarer antisemitischer Film in Vorbereitung.[5]

Zu den Dreharbeiten kam es jedoch nicht, denn 1943 lag das faschistische Italien am Boden. Insgesamt gerieten Kunst und Literatur trotz aller Zensurmaßnahmen und sonstigen Einschränkungen nie so unter Druck wie im Dritten Reich, gelangten aber auch nie zu souveräner Originalität. Ein Grund dafür war – vergleichbar mit dem Institutionenwirrwarr in Deutschland – die Vielzahl von Behörden und Kulturchefs, die einander mit ihren unterschiedlichen Vorstellungen und Konzeptionen von Kunst (und ihrem Glauben an profaschistische politische Symbole) immer wieder in die Quere kamen. So hegte ein faschistischer Intellektueller wie der Hegelianer Giovanni Gentile ganz andere Ansichten als ein Parteifunktionär à la Roberto Farinacci.[6] Und schließlich waren diese Institutionen in ein politisches System eingebettet, das im Vergleich zum Hitler'schen und Stalin'schen deutlich nachsichtiger und weniger brutal war.[7]

In der Sowjetunion verlief die Sache mit der Kultur anders. Der deutsche Einfluss war geringer als in Italien und von 1940 an, des Krieges halber, praktisch gleich null. Wenn überhaupt, lassen sich Impulse in die umgekehrte Richtung ausmachen: Wassily Kandinsky, Anfang der zwanziger Jahre am Bauhaus tätig, hatte zuvor mit revolutionären Künstlern in Russland unter dem Kommissar für Volksbildung Anatoli Lunatscharski zusammengearbeitet, und László Moholy-Nagys Konstruktivismus, der möglicherweise mit der kurzlebigen ungarischen Räterepublik von 1919 zusammenhing, war auch von der revolutionären Kunst unter den Bolschewiki beeinflusst worden.[8]

Bereits vor der bolschewistischen Revolution und noch unter dem Zaren gab es fortschrittliche, moderne Künstler, die ihr Werk nach der Revolution in dem optimistischen Glauben fortsetzten, ihre Arbeit würde bei der Errichtung einer kommunistischen Gesellschaft hilfreich sein und von der neuen Regierung unterstützt werden. Kasimir Malewitsch malte kühne geometrische Formen in leuchtenden Farben; 1915 begründete er eine neue Kunstbewegung, die er »Suprematismus« nannte. 1913 ließ sich Wladimir Tatlin in Paris von Picassos kubistischen Werken inspirieren und wurde mit Kunstobjekten aus Glas, Holz und Metall zum Mitschöpfer des Konstruktivismus. Wladimir Majakowski wollte mit seinen Gedichten den Diskurs mit dem Proletariat führen. Wsewolod Meyerhold und Sergej Eisenstein waren experimentierfreudige Regisseure für Bühne und Film. Es war eine Zeit jugendlichen Überschwangs, vergleichbar dem Dadaismus im Westen. Eisenstein erinnerte sich später daran, wie sie »feiste Schweine im Publikum losließen, sodass alle auf die Sitze sprangen und schrien. Es war herrlich. Meine Güte, was haben wir uns amüsiert!«

Eine weitere Bewegung der Populärkultur für die revolutionären Massen war der Proletkult: Zirkusnummern, Volkslieder und einfache Filme mit proletarischem Inhalt, um die neuen Ziele eines sozialen Egalitarismus zu befördern. Viele dieser Bestrebungen verschmolzen mit denen der bürgerlichen modernen Künstler, aber bald stellte sich heraus, dass Lenin und seine Clique, insbesondere der wachsame – und in seiner Funktion Goebbels oder Rosenberg entsprechende – Lunatscharski, den Verdacht hegten, diese künstlerischen Strömungen seien allzu unabhängig, als dass man sie später wieder zügeln könnte. Infolgedessen wurde beiden Bewegungen auf Befehl von oben schon 1920 Einhalt geboten, was viele Künstler (zum Beispiel Marc Chagall und Wassily Kandinsky) zur Emigration veranlasste. Andere, wie Kasimir Malewitsch und der Dichter und Maler Pawel Filonow, blieben trotz allem in der Sowjetunion.[9]

Insoweit es den Umgang mit modernistischen Experimenten betraf, ähnelte die Sowjetunion also dem Dritten Reich, während in Italien die Avantgarde von faschistischen Elementen gekapert und für deren politische Zwecke in Dienst genommen wurde. Die Kunst der Moderne wurde in die Brutalitäten einer im Entstehen begriffenen faschistischen Ideologie hineingezogen, die sich in Richtung totalitäre Herrschaft bewegte. In der Sowjetunion wiederum änderte sich die Lage, als Lenin im Rahmen der Neuen Ökonomischen Politik (NÖP) eine Art von kulturellem Pluralismus zuließ, den es in Italien auch eine Zeit lang gegeben hatte, in NS-Deutschland aber nicht. Nach 1920 griff man in der Sowjetunion außerdem in Musik, Theater und Oper wieder auf die Klassik zurück. Jazz tauchte um 1922 in sowjetischen Städten ebenfalls auf, wenngleich relativ stümperhaft gespielt. Aber Lenins politische Lehre durchzog die Kultur, egal ob leicht- oder schwergewichtig. Jakow Protasanows Film *Sorok perwui* (*Der Einundvierzigste*, 1927) beispielsweise nimmt auf den Bürgerkrieg Bezug. Er handelte von einer Bolschewikin, einer Scharfschützin, die, nachdem sie bereits 40 Soldaten der Weißen Armee erschossen hat, ihrem Gewehr eine weitere Kerbe hinzufügt, nachdem sie ihren Liebhaber, einen jungen Adligen, den sie wegen seines guten Aussehens zunächst verschont hatte, ebenfalls niedergestreckt hat. In dieser Periode scheinbar relativer Freiheit zwischen 1921 und 1928 war die Zensur keineswegs untätig, besonders hinsichtlich neuer Literatur, die immer verdächtig war. Vor allem Bücher ausländischer Autoren wurden scharf begutachtet.[10]

Lenin starb 1924, danach begann Stalins Aufstieg zur Macht. Er eliminierte seinen härtesten Rivalen, Leo Trotzki, und setzte ab 1928 eine sogenannte kulturelle Revolution durch. Die im Rahmen der NÖP eingeführten Freiheiten wurden kassiert, Experimente wie Jazz verboten, ebenso 1929 die private Produktion von Musiknoten. Bibliotheken wurden gesäubert, Musik der Sinti und Roma durfte nicht mehr im Rundfunk gesendet werden.[11] Stalins Diktatur begann in ökonomischer Hinsicht mit dem ersten Vierjahresplan und in kultureller Hinsicht mit der Theorie und Praxis des »sozialistischen Realismus«, der in Kunst und Literatur auf die wahre Darstellung von Sowjetmenschen und materiellen Errungenschaften zielte. Bei der Darstellung von Sowjetmenschen stand natürlich Stalin an erster Stelle, dem daran gelegen war, als Instrument persönlicher politischer Macht einen »Stalinkult« zu lancieren, in vager Ähnlichkeit mit dem »Hitler-Mythos«.[12] Aber während Stalin sich immer und überall verewigt sehen wollte, suchte

Hitler seine Aura zunehmend durch physische Abwesenheit erstrahlen zu lassen.

War Hitlers Lieblingskind in Sachen Kunst die Malerei, so stürzte sich Stalin auf die Literatur. Sein persönliches Interesse daran ging so weit, dass er Bühnenstücke und Romane im Manuskript las, bevor er die Veröffentlichung gestattete. Dieser Hang zur Literatur hat mehrere Gründe. Zum einen war er in seiner Jugend ein vielversprechender Dichter gewesen, zum anderen war er mit dem traditionellen russischen Kanon – Puschkin, Tschechow, Tolstoi – vertraut gemacht worden, auch wenn seine eigentliche Leidenschaft dem Verfassen revolutionärer Flugblätter galt. (In dieser Hinsicht ähnelte er Mussolini, der vom Journalismus kam.) Wichtiger ist jedoch, dass in der Sowjetunion nach den Jahren kultureller Turbulenz, die bis etwa 1932 währte, Stalin nunmehr den Weg zur totalitären Herrschaft einschlug und in diesem Zusammenhang auf die Macht des geschriebenen Worts als konstitutives Element von Recht und Ordnung setzte. Jetzt gab es Porträts von Stalin am Schreibtisch mit dem Füllfederhalter in der Hand, neben sich eine grüngeschirmte Lampe. So strahlte er als wohlwollender Herrscher Geist und Gelehrsamkeit aus. Man kann diesen Bildern Fotografien Hitlers zur Seite stellen, wie er Objekte in der Ausstellung über »Entartete Kunst« betrachtet. Der Romancier Maxim Gorki wurde nach der Rückkehr aus dem selbst gewählten italienischen Exil 1932 bis zu seinem Tod im Jahre 1936 Stalins engster Vertrauter in Sachen Kultur, vergleichbar Albert Speer, der an Hitlers Seite für den Vorrang von Bildhauerei und Architektur im NS-Staat sorgte. Auch unter Stalin gewann die Architektur an Bedeutung: Die in Moskau und anderen Städten gebauten Hochhäuser verkörperten den Diktator, der turmhoch über die Geschicke der Nation wachte.[13]

Seit 1932 sorgte Stalin dafür, dass die Literatur zunehmend unter staatliche Kontrolle geriet; die Entwicklung mündete 1935 in die Einsetzung eines Komitees für kulturelle Angelegenheiten, das direkt dem Obersten Sowjet unterstand. Die anderen Künste wurden nach und nach in ähnlicher Weise staatlich kontrolliert. In ihrer Gesamtheit war diese Struktur jenen Kontrollmechanismen vergleichbar, die Goebbels im Dritten Reich mit der Gründung der Reichskulturkammer ins Leben rief. (Italien setzte am Vorabend der rassistischen Kriege in Nordafrika vergleichbar harte Maßnahmen in Kraft.)[14]

Die politischen Säuberungen, die Stalin 1932 in Gang setzte und die zwischen 1936 und 1938 lawinenartig über das Land hinwegfegten, fanden ihr Äquivalent in der Kultur: Hier kämpfte das Komitee für kulturelle Angelegenheiten gegen den sogenannten Formalismus, womit jegliche Abweichung von den Dogmen des sozialistischen Realismus gemeint war. Die Schergen des Komitees terrorisierten Autoren, Filmregisseure, Musiker, selbst namhafte Künstler (die zumeist gute Kommunisten waren) wie die Dichter Anna Achmatowa, Ossip Mandelstam und Boris Pasternak. Manche starben, wie Mandelstam, im Straflager, andere, zum Beispiel Majakowski, brachten sich selbst um, während der große Regisseur und Schauspieler Wsewolod Meyerhold gefoltert und dann erschossen wurde.[15] Es ist behauptet worden, die frühen russischen Säuberungen hätten Hitler zu seinem Vorgehen gegen Röhm und dessen Gefolgsleute im Sommer 1934 motiviert, was Stalin wiederum zur Verschärfung des Terrors in der Hochzeit der Säuberungen veranlasst habe (1937 wurde die deutsche Schauspielerin Carola Neher zu Lagerhaft verurteilt; fünf Jahre später starb sie). Allerdings hat Hitler, im Gegensatz zu Stalin, nicht einzelne Künstler exemplarisch bestrafen lassen, was darauf hindeutet, dass der Sowjetdiktator seine Macht durch wichtige Autoren und Künstler eher gefährdet sah als Hitler.

Mit Kriegsbeginn fanden die Säuberungen ein Ende, während Zensur und Unterdrückung unvermindert fortdauerten. Aber die kulturellen Eliten der Sowjetunion, auch und gerade die jüdischen Mitglieder – im Wissen um die Eliminierungsabsichten der Nazis –, standen ohnehin hinter Stalins Kriegsanstrengungen. Filmregisseure wie Eisenstein und Schriftsteller wie Ilja Ehrenburg unterstützten bereitwillig die Sache des Großen Vaterländischen Kriegs. Künstler wurden zum Militär eingezogen.[16] Die Lage war nicht anders als in Deutschland, wo Maler wie Ferdinand Spiegel für die Nazis arbeiteten. (In geringerem Maße gilt dies auch für Italien.) Nach dem Krieg behielt Stalin die sowjetische Kultur fest im Griff – Ende der vierziger Jahre gab es erneut schwere Angriffe gegen den »Formalismus« –, und die Lage verschärfte sich noch durch antisemitische Ausbrüche des Diktators, der kurz vor seinem Tod im Jahre 1953 eine Gruppe jüdischer Ärzte beschuldigte, sie wollten ihn umbringen.

Betrachtet man allein die Kultur, stellte das stalinistische Regime die schlimmste Version der drei Diktaturen dar. Für diese Behauptung spricht eine Reihe von Faktoren. Erstens vermittelte niemand außer Stalin den Eindruck, in so hohem Maße persönlich an der Kontrolle von Kunst und Literatur interessiert zu sein, und zwar im Zusammenhang mit der Suche nach geistigem Lebenselixier für die Nation, auch wenn hier Mangelerscheinungen der neuen, regimetreuen Kultur ebenso beklagt wurden wie in Deutschland und Italien.[17] Zweitens war – auch ohne dass man durch Hunger herbeigeführten Massenmord gegen Völkermord an den Juden abwägt – kein Diktator in seiner Politik (eingeschlossen die Kulturpolitik) so grausam wie Stalin, der die Sowjetbürger durch allgegenwärtigen Terror kontrollierte. Der Erfolg seines Regimes lag, wie die zahllosen, durch ausgefeilte Anklageschriften, Verurteilungen und Geständnisse (zu deren Erlangung Folter als notwendig gerechtfertigt wurde)[18] unterfütterten Schauprozesse zeigen, in der Unvorhersehbarkeit, mit der die Säuberungsmechanismen funktionierten. Zudem hatte Stalin, um den Terror noch zu verschärfen, keine Bedenken, auch ihm völlig ergebene Gefolgsleute ohne ersichtlichen Grund von heute auf morgen zu opfern. So weit ging Hitler nicht; seine persönlichen Beziehungen waren transparenter. Er war bekanntermaßen nachsichtig, wenn alte Parteigenossen zum Beispiel aus der »Kampfzeit« über die Stränge schlugen. Insofern hatte der verlässlich treue Nazidichter Hanns Johst nichts zu befürchten, ebenso wenig wie andere Intellektuelle oder Musiker, wenn sie nur linientreu blieben. Stalin wiederum kritisierte zwar die Art und Weise, in der sein Idol, Iwan der Schreckliche, in einem Film (von Sergej Eisenstein) dargestellt worden war, sagte aber, es sei gut gewesen, dass Iwan »sehr grausam« gewesen sei, und man solle diese Grausamkeit auch zeigen, solange sie sich rechtfertigen ließ.[19] Die größte Grausamkeit bestand natürlich darin, dass Stalin die seine nie zu rechtfertigen gewillt war. So konnte er den Terror perfektionieren.

Drittens führten diese Umstände zu opportunistischen Verrenkungen bei all den Männern und Frauen, über die zu herrschen und die zu benutzen Stalin sich geschworen hatte – und zwar in einem Ausmaß, das die Zustände in Deutschland und Italien weit in den Schatten stellte. Am bekanntesten sind die Fälle der Polizeichefs Genrich Jagoda und Nikolai Jeschow sowie, nach Stalins Tod, der Fall von Lawrenti Berija. Sie alle waren Verfolger und sie alle wurden am Ende des Verrats angeklagt und hingerichtet. Im Bereich der Kultur sticht die tragische Gestalt des Komponisten Dmitri Schostakowitsch am stärksten hervor. Er war neben Sergej Prokowjew die große Hoffnung der Sowjetunion in Sachen zeitgenössischer Musik und wurde anfänglich sehr für seinen idiosynkratischen Avantgarde-Stil gelobt. 1936 jedoch geriet er nach der Aufführung seiner Oper *Ledi Makbet Mzenskowo ujesda* (*Lady Macbeth aus dem Mzensker Distrikt* bzw. *Lady Macbeth von Mzensk*) ins Kreuzfeuer der Antiformalisten. So wurde er zunächst zum Opfer sowjetischer Kulturpolitik; aber dank seiner außergewöhnlichen Qualitäten als Komponist und aufgrund seines internationalen Ansehens überstand er die Anwürfe und Schmähungen so gut, dass er sogar in das renommierte Komitee zur Verleihung des Stalin-Preises aufgenommen wurde, diesen Preis überdies selbst überreicht bekam. Kaum war er Mitglied des Komitees geworden, beugte er sich bei der Bewertung von Kandidaten den antiformalistischen Richtlinien. In den späten vierziger Jahren geriet er beim letzten Angriff der Formalismusgegner noch einmal in deren Visier, danach aber konnte er sein Leben als geachteter Kommunist mit vielen offiziellen Titeln in Ruhe führen. Wider besseres Wissen wandte er sich 1961 erneut gegen die Avantgarde.[20] In den Annalen der Kultur unter Hitler sucht man so komplexe Wendehälse vergebens.

Es war dies nicht der einzige Unterschied in Sachen Kultur, vergleicht man die Sowjetunion unter Stalin mit dem Dritten Reich. Ist in einer pluralistisch-demokratischen Gesellschaft die Kultur an den Extremen oftmals der kraftvollste Ausdruck ihrer Zeit, sei es als Bekräftigung der bestehenden Verhältnisse oder als Protest dagegen, so eint alle drei Diktaturen, dass sie diese Funktionen vereinen. Hier war die Kultur ein autokratisches Instrument, das von politischen Revolutionären an der Spitze auf dem Weg in die totalitäre Herrschaft oder zu deren Perfektionierung manipuliert wurde. Mochte Nazideutschland auch bestimmte Maßnahmen zur Verhinderung oder Beförderung gewisser kultureller Trends mit Italien und der Sowjetunion gemein haben, gab es dennoch einen entscheidenden Unterschied: Im Dritten Reich wurde die Kultur in einer logischen Abfolge von Schritten bis fast zum Ende reguliert, während unter Mussolini und Stalin in dieser Hinsicht eine gewisse Willkür und Beliebigkeit der Entscheidungsfindung herrschten.

Da Hitler und Goebbels sich dazu entschlossen hatten, die Kultur als Machtinstrument gegenüber der Bevölkerung einzusetzen, musste die sogenannte Weimarer Kultur als Verkörperung der Freiheiten moderner Demokratie zuvor zerschlagen werden. Das war umso wichtiger, als damit gleichzeitig die Juden aus dem Kulturbetrieb eliminiert werden konnten. Gegen den Widerstand vieler Künstler und Intellektueller, die keine politische Kontrolle wollten, trug die NS-Führung, trotz Dissens in den eigenen Reihen, den Sieg davon. Spektakuläre Bücherverbrennungen und die Ausstellungen über »Entartete Kunst« und »Entartete Musik« zeigten Grenzen auf und etablierten neue offizielle Tabus, die mit polizeilichen und behördlichen Kontrollmaßnahmen und -institutionen wie der Reichskulturkammer befestigt wurden.

Zugleich sollte die RKK neue Normen ästhetischer Kreativität im Geiste des Nationalsozialismus setzen. Sogenannte revolutionäre Maßstäbe für spezifisch nationalsozialistische Künste wurden aufgestellt, blieben jedoch wirkungslos, weil es an originellen Inhalten ebenso fehlte wie an Kunstfertigkeit. So musste man auf ältere Bewegungen und Musterbeispiele zurückgreifen, zumeist aus dem 19. Jahrhundert, wurde traditionalistisch und neoromantisch. Hitler ließ solche (häufig epigonalen) Kunstwerke gelten, schätzte aber aus politischen Gründen nur solche, an denen er ein privates Interesse hegte: einiges in Malerei und Architektur, Filme wie die von Leni Riefenstahl und Wagners Opern.

Unter diesen Voraussetzungen war die Niederlage der Kultur in Nazideutschland, die ihren Ausdruck darin fand, dass es nicht gelang, eine NS-spezifische Ersatzkultur zu schaffen, vorhersehbar. Beschleunigt wurde der Niedergang noch durch die Emigration oder Eliminierung der außergewöhnlich schöpferischen Juden und den Verlauf des Zweiten Weltkriegs. Als die Nazis für die in Deutschland verbliebenen Juden den Jüdischen Kulturbund etablierten, war das ein Schlag in deren Gesicht. Ehemals integrierte Staatsbürger, die nun als rassische *und* kulturelle Fremdkörper galten, sollten damit herabgewürdigt und kontrolliert werden, um sie letztlich ganz aus dem öffentlichen Leben zu entfernen. Als der Kulturbund im Herbst 1941 offiziell aufgelöst wurde, war die Kultur in Deutschland gänzlich in den Dienst der Kriegserfordernisse gestellt worden, was Goebbels' Schwierigkeiten, die er ohnehin mit der Überwachung der Kultur im Einsatz für politische Zwecke hatte, noch vergrößerte. So kam es zu einer ersten Bruchstelle in der kulturpolitischen Fassade: Die meisten Deutschen misstrauten zunehmend Goebbels' Strategie, auf der Grundlage einer »Blut und Boden«-Kultur den Endsieg herbeizubeschwören. Anschließende NS-Planungen wurden endgültig zunichtegemacht, als nach der Niederlage von Stalingrad Goebbels und anscheinend auch ein ständig abwesender Hitler darauf beharrten, eine kulturgeleitete Propaganda vermöge die Bevölkerung zu führen.

Schon 1933 hielt sich, wenngleich zögernd, dort, wo die – zumeist jüdischen – Flüchtlinge und Emigranten aus dem Dritten Reich Zuflucht gesucht hatten, eine Gegenkultur zur NS-Kultur. Doch da die Geflohenen häufig mit Sprache und Kultur des Gastlands nicht vertraut waren, auch Gegenstand von Verachtung und beruflicher Ablehnung wurden, hatte diese Gegenkultur wenig Entwicklungsmöglichkeiten. Eine bemerkenswerte Ausnahme stellt Thomas Mann dar, der überdies zu einem Wortführer deutscher Kultur außerhalb Deutschlands, ein politischer Prognostiker und ein moralischer Herausforderer Hitlers wurde. Dass er und mit ihm eine ganze Reihe weniger berühmter Kollegen in einem Nachkriegsdeutschland, das sich vom Nazismus zu emanzipieren suchte, nicht willkommen waren, zeugt von der geistigen und seelischen Lähmung, die viele Bewohner der neuen westlichen Demokratie befallen hatte. Erst nach Jahrzehnten des Wiederaufbaus und der Auseinandersetzung mit der Vergangenheit war der Boden für einen Neuanfang von Kunst und Kultur bereitet.

ANHANG

Abkürzungen

AEG	Allgemeine Elektrizitäts-Gesellschaft
BBC	British Broadcasting Corporation
CBS	Columbia Broadcasting System
DAF	Deutsche Arbeitsfront
DDP	Deutsche Demokratische Partei
DNB	Deutsches Nachrichtenbüro
DNVP	Deutschnationale Volkspartei
DSt	Deutsche Studentenschaft
DTU	Deutsches Tanz- und Unterhaltungsorchester
Gestapo	Geheime Staatspolizei
HJ	Hitlerjugend
KdF	Kraft durch Freude
KfdK	Kampfbund für deutsche Kultur
KPD	Kommunistische Partei Deutschlands
LW	Langwelle (Rundfunk)
MGM	Metro-Goldwyn-Mayer
NÖP	Neue Ökonomische Politik
NS	Nationalsozialismus/nationalsozialistisch
NSBO	Nationalsozialistische Betriebszellenorganisation
NSDAP	Nationalsozialistische Deutsche Arbeiterpartei
NSDStB	Nationalsozialistischer Deutscher Studentenbund
NSKG	Nationalsozialistische Kulturgemeinde
OMGUS	Office of Military Government of the United States for Germany
PEN	poets, essayists, novelists (= PEN International)
PK	Propagandakompanie
RAD	Reichsarbeitsdienst
RKK	Reichskulturkammer
RMK	Reichsmusikkammer
RRG	Reichs-Rundfunk-Gesellschaft
RSK	Reichsschrifttumskammer
SA	Sturmabteilung

SD	Sicherheitsdienst
SPD	Sozialdemokratische Partei Deutschlands
SRP	Sozialistische Reichspartei
SS	Schutzstaffel
UCLA	University of California at Los Angeles
VB	*Völkischer Beobachter*
VDA	Verband deutscher Architekten

Anmerkungen

Vorwort

1 Rede von Joseph Goebbels zur Eröffnung der Reichskulturkammer in Berlin am 15. November 1933, zitiert nach: Goebbels, *Signale*, S. 325.
2 Weitere aktive Teilnehmer waren David Scrase, Alan E. Steinweis, Eric Rentschler, Pamela M. Potter, Frank Trommler und Jonathan Petropoulos. Siehe die Artikel in: Huener und Nicosia, *The Arts in Nazi Germany*.
3 Jost Hermands *Culture* ist eine nützliche Einführung, die sich jedoch nicht mit den Opfern der NS-Kulturpolitik befasst und der überdies ein dokumentarischer Teil fehlt. Es bleibt bei einer »Auswahlbibliographie«. Siehe die Rezension von Anselm Heinrich in: *Bulletin of the German Historical Institute London* 36, Nr. 1 (2014), S. 105–109. Lisa Pines Schlussabschnitt über Kultur in ihrem sehr lesenswerten Buch *Hitler's »National Community«*, S. 215–278, hat ebenfalls einführenden Charakter, ist aber kurz und ihm fehlt die Analyse. Siehe die Rezension von Joseph W. Bendersky in: *American Historical Review* 114 (2009), S. 228 f.
4 Siehe z. B. Rentschler, *Ministry* und *Use and Abuse*; Hull, *Film*; Welch, *Propaganda*; Niven, *Hitler*; Sösemann, »Journalismus« und »Voraussetzungen«; Schnell, *Dichtung* und *Geschichte*; Prieberg, *Musik im NS-Staat* und *Musik und Macht*; Levi, *Mozart* und *Music*; Potter, *Most German*.
5 Petropoulos, *Art*, *Faustian Bargain*, und *Artists under Hitler*; Potter, *Art of Suppression*.

1. Die Zerschlagung der Moderne

1 Dieser Punkt ist zu Recht von Pamela Potter hervorgehoben worden. Siehe auch Eksteins, *Rites of Spring*; Herf, *Reactionary Modernism*.
2 Gay, *Weimar Culture*, S. 105.
3 Ebd.
4 Siehe die Fotografie in: Bergdoll und Dickerman, *Bauhaus*, S. 52.
5 Kater, *Weimar*, S. 144 f.; Honegger und Massenkeil, *Lexikon*, Bd. 4, S. 95.
6 Kater, *Different Drummers*, S. 3–28. Zur Berliner Kabarettszene siehe Jelavich, *Berlin Caberet*, S. 118–127; zu Trude Hesterberg siehe PEM, *Heimweh*, S. 37 f., 131, 170, 175.
7 Kracauer, *Caligari*, S. 61–76, 149 f., 162 f., 226–229.
8 Abbildungen in: Bergdoll und Dickerman, *Bauhaus*, S. 115, 191.
9 Hoeres, *Kultur*, S. 143–145; Hermand und Trommler, *Kultur*, S. 193–211.
10 Michalzik, *Gründgens*, S. 48 f.; Rischbieter, *Theater*, S. 228; Spotts, *Legacy*, S. 34; Petropoulos, *Artists under Hitler*, S. 216–219. Zum Theater in der Weimarer Republik siehe auch Laqueur, *Weimar*, S. 174–197.
11 Jelavich, *Berlin Alexanderplatz*, S. 1–35; Evans, *The Coming*, S. 411.

12 Volz, *Daten*, S. 24, erwähnt das Vorkommnis, aber nicht den Inhalt.
13 Ohne Dokumentation bei Martynkewicz, *Salon Deutschland*, S. 11. In seiner 1927 in Nürnberg gehaltenen Rede, abgedruckt in: Rosenberg und Weiss, *Reichsparteitag*, S. 38–46, erwähnte Hitler die Kultur nicht.
14 Bollmus, *Amt Rosenberg*, S. 27 f.
15 Kater, *Weimar*, S. 205.
16 Siehe Schultze-Naumburg, *Kampf*, z. B. S. 10, 12; Meckel, *Animation*, S. 20.
17 Blunck, »Volkstum«, S. 190.
18 Stern, *Wassern*, S. 74.
19 Hussong, »*Kurfürstendamm*«, S. 7 (erstes Zitat); Stang, *Grundlagen*, S. 12 (die letzten beiden Zitate).
20 *Mitteilungen des Kampfbundes für deutsche Kultur* 2 (1930), S. 36; Klee, *Kulturlexikon*, S. 616 f.; Hille, »Beispiel«, S. 207–211; Dümling, »Hexensabbat«, S. 190–194.
21 Hans Zöberlein schrieb Romane dieser Art. Siehe sein Buch *Der Glaube* (Erstveröffentlichung 1931) sowie Ketelsen, *Literatur*, S. 222.
22 Steinweis, »Conservatism«, S. 340.
23 Petsch, »Malerei«, S. 248.
24 *Deutsche Kultur-Wacht*, Nr. 2 (1932), S. 13; ebd., Nr. 4 (1932), S. 12; ebd., Nr. 1 (1933), S. 13; ebd., Nr. 3 (1933), S. 14 f.; RKK Gustav Havemann (BAB, früher BDC); Steinweis, »Culture«, S. 416; Führer, »Cultural Life«, S. 475.
25 Steinweis, »Culture«, S. 417.
26 Moeller, »Filmstars«, S. 155. Luis Trenker und Leni Riefenstahl hatten in *Der heilige Berg* (1926) und *Der große Sprung* (1927) die Hauptrollen gespielt.
27 Ketelsen, *Literatur*, S. 219.
28 Schultze-Naumburg, *Kampf*, S. 13; Blunck, »Volkstum«, S. 200.
29 Wardetzky, *Otto*, S. 69–75; Klee, *Kulturlexikon*, S. 402.
30 Petersen, *Straße*, S. 8–11.
31 Langhoff, *Moorsoldaten*, S. 5 f., 82 f.; Klee, *Kulturlexikon*, S. 320 (Zitat Thomas Mann); Föllmer, *Kultur*, S. 100; Liedtext: freiklick.at/index.php?option=com_content&task=view&id=1123.
32 Kater, *Muse*, S. 278; Bermann Fischer, *Bedroht*, S. 106 (Zitat); Hull, *Film*, S. 30. Jude, wie manchmal behauptet wird (z. B. in dem sonst sehr lesenswerten Buch *The Third Reich* von Thomas Childers, S. 293), war Kleiber nicht.
33 Kirchner, in: *LEMO: Lebendiges Museum Online*.
34 Goebbels am 31. Mai 1934, in: *Theater von A–Z, XXII g 6* (1. Zitat); Bühner, in: Dreyer und Jenssen, *Demut*, S. 87 (2. Zitat); Engelbrecht, *Kunst*, S. 64; Schlegel, *Dichter*, S. 31, 33; Eberlein, *Was*, S. 33–35; Högg, »Baukunst«, S. 63; Schindler, »Gedanken«, S. 318; Feulner, *Kunst*, S. 7 f.; Lorenz, *Unrast*, S. 19, 127. Eine gründliche Auseinandersetzung mit der »Asphaltkultur« aus NS-Perspektive findet sich in: Hussong, »*Kurfürstendamm*«.
35 Bracher, *Dictatorship*, S. 193–197.
36 Text in: *Reichsgesetzblatt Teil I* (7. Oktober 1933), S. 713–717.
37 »Gesetz zur Wiederherstellung des Berufsbeamtentums vom 7. April 1933«, *Reichsgesetzblatt Teil I* (7. Oktober 1933), S. 175.
38 Klee, *Kulturlexikon*, S. 351.

39 Stein, *Schoenberg Letters*, S. 116 (Zitat); Reich, *Schoenberg*, S. 187 f.
40 *Tägliche Rundschau*, 11. Mai 1933.
41 Sarkowicz, »Schriftsteller«, S. 176–178; Brenner, *Ende*, S. 27–161.
42 Brenner, *Ende*, S. 63–66 (Zitat S. 64: Huch an Schillings, 24. März 1933); Albrecht u. a., *Lexikon*, Bd. 1, S. 402 f.
43 Rischbieter, »Schlageter«, S. 213–215; Petzet, *Theater*, S. 253 f.
44 Rischbieter, *Theater*, S. 478; ders., »Schlageter«, S. 216 f.; Ketelsen, *Theater*, S. 75–76. Aus kritischer NS-Perspektive siehe Ziegler, *Wende*, bes. S. 77 f.
45 Rischbieter, »Schlageter«, S. 215.
46 Thiele, befragt in: Gramann u. a., *Thiele*, S. 14–19; »Nachzensur aller Filme, die vor 1933 zugelassen wurden«, *Frankfurter Zeitung*, 8. Juli 1935; Hull, *Film*, S. 44; Wetzel und Hagemann, *Zensur*, S. 15–19; Kreimeier, *Ufa-Story*, S. 302.
47 Zum Jazz siehe die Bemerkungen von Fritz Stein (Chorleiter und Präsidialrat der Reichsmusikkammer) in: *Deutsches Podium* (31. Juli 1936): S. 4, und ders., »Chorwesen«, S. 285 f. Zur Atonalität siehe Goebbels, *Tagebücher Fragmente*, Bd. 2, S. 534, und Bd. 3, S. 398 f. (zu Reutter); Siegfried Kallenberg, »Wiedergeburt der Musik«, *Münchner Neueste Nachrichten*, 18. August 1933; Rede in Jena von Hans Severus Ziegler, 13. Mai 1936, in: Ziegler, *Wende*, bes. S. 8.
48 Drewniak, *Theater*, S. 282; Levi, »Opera«, S. 139; Closel, *Stimmen*, S. 409 f.
49 Steinbeck, »Tannhäuser«, S. 134–137.
50 Eckert, *Rundfunk*, S. 228, 246; Kater, »Controls«, S. 60 f.
51 Rede in: Goebbels, *Signale*, S. 203 f. Siehe auch Dreßler-Andreß, *Reichsrundfunkkammer*, S. 32.
52 »Die Urteilsbegründung im Rundfunkprozeß«, *Frankfurter Zeitung*, 15. Juni 1935; Diller, *Rundfunkpolitik*, S. 72–75, 96, 108–111, 129–133, 146; Evans, *The Coming*, S. 402: Grüttner, *Brandstifter*, S. 316–318.
53 Schäferdiek, *Lebens-Echo*, S. 88 f.
54 Hadamovsky, *Propaganda*, S. 58 (1. Zitat); Drechsler, *Funktion*, S. 40 (2. Zitat), S. 64 (letztes Zitat). Zur politischen Funktionalisierung von Beethovens Werk im Dritten Reich siehe Dennis, *Beethoven*, S. 142–174.
55 Goebbels, *Tagebücher Fragmente*, Bd. 2, S. 376; Martens, *Reich*, S. 19; Frei und Schmitz, *Journalismus*, S. 14; Grüttner, *Brandstifter*, S. 310.
56 »Schriftleitergesetz. Vom 4. Oktober 1933«, *Reichsgesetzblatt Teil I* (7. Oktober 1933): S. 713–717 (Zitat S. 713); Amann, »Volkspresse«, S. XIIf.; Hagemann, *Publizistik*, S. 35–42; Grüttner, *Brandstifter*, S. 311; Frei und Schmitz, *Journalismus*, S. 15–23; Sösemann, »Voraussetzungen«, S. 201–208.
57 Frei und Schmitz, *Journalismus*, S. 17; Sösemann, »Voraussetzungen«, S. 203; Laux, *Nachklang*, S. 228 f.
58 Högg, »Baukunst«, S. 64 (1. Zitat); Schindler, »Gedanken«, S. 356 (2. Zitat); Schultze-Naumburg, *Kunst*, S. 43; Hager, »Bauwerke«, S. 19.
59 Miller Lane, *Architecture*, S. 169.
60 Teut, *Architektur*, S. 67–70.
61 Miller Lane, *Architecture*, S. 170–173 (1. Zitat S. 172); S. 181–184; Wessler, »Bauhaus-Gestaltung«, S. 58–62; Nerdinger, »Modernisierung«, S. 19 f.; Petropoulos, *Artists under*

Hitler, S. 68–72, 75–87 (2. Zitat S. 80); Nerdinger, »Bauhaus-Architekten«, S. 153–163 (letztes Zitat S. 158). Gropius' Einstellung ist, so Florian Siebeck (*faz.net* vom 24. Februar 2016), weit von der eines politischen Flüchtlings entfernt.

62 Hitler, *Mein Kampf*, S. 283; Hitlers Parteitagsrede von 1933 in: Dreyer, *Kultur*, S. 16; die Parteitagsrede von 1934 in: *Der Kongress*, S. 102 f.; die von 1935 in: Hinz, *Malerei*, S. 143, 146 f.; Hitler, in: »Die Ansprache des Führers zur Eröffnung des Hauses der Deutschen Kunst«, *Mitteilungsblatt der Reichskammer der bildenden Künste* (1. August 1937), S. 2 f., 6.

63 Scholz, »Kunstgötzen«, S. 5; Willrich, »Aufgabe«, S. 276 f., 278 (Zitat), 279, 285.

64 Klaus Graf von Baudissin, »Das Essener Folkwangmuseum stößt einen Fremdkörper ab«, *National-Zeitung*, Essen, 18. August 1936; Hermann Dames, »Es wird aufgeräumt!«, *Nationalsozialistische Erziehung* (1935), S. 83; Rave, *Kunstdiktatur*, S. 53; Brenner, *Kunstpolitik*, S. 37 f.; Lehmann-Haupt, *Art*, S. 74; Merker, *Künste*, S. 124; Spotts, *Hitler*, S. 156–162; Clinefelter, *Artists*, S. 69; Steinkamp, »Schöpfung«, S. 295 f.

65 Rave, *Kunstdiktatur*, S. 47 f.; Lehmann-Haupt, *Art*, S. 74–87; Bushart, »Bildhauer«, S. 105.

66 Eine Definition findet sich in: Willett, *New Sobriety*, S. 111–117.

67 Scholz, *Lebensfragen*, S. 31 (Zitat); Schubert, *Dix*, S. 110; Peters, *Neue Sachlichkeit*, S. 84, 133; Beck, *Dix*, S. 143; Klee, *Kulturlexikon*, S. 103.

68 Linfert, »Beckmann«, bes. S. 66–69; Karin Janker, »Wie Hitler Kitsch verherrlichte«, *sueddeutsche.de*, 4. Juni 2015; Klee, *Kulturlexikon*, S. 36.

69 Karin Janker, »Wie Hitler Kitsch verherrlichte«, *sueddeutsche.de*, 4. Juni 2015 (1. Zitat); Droste, »Bauhaus-Maler«, S. 131 f.; Schlemmer, in: Lauzemis, »Ideologie«, S. 46 (2. Zitat).

70 Hübinger, *Mann*, S. 123, 138 f., 180, 182; Klee, *Kulturlexikon*, S. 351–352; Heinrich Mann, in: *LEMO: Lebendiges Museum Online*.

71 Ziegler, *Wende*, S. 76; Brenner, *Kunstpolitik*, S. 44 f.; Strothmann, *Literaturpolitik*, S. 176; Schnell, *Emigration*, S. 25; Barbian, *Literaturpolitik*, S. 47, 250, 254 f.

72 Naumann und Lüthgen, *Kampf*, S. 3 f.; Brenner, *Kunstpolitik*, S. 48; Strothmann, *Literaturpolitik*, S. 74; Strätz, »Aktion«, S. 348–353, 363; Sauder, *Bücherverbrennung*, S. 169–171; Ketelsen, *Kulturpolitik*, S. 238; Boese, *Bibliothekswesen*, S. 226 f.; Barbian, *Literaturpolitik*, S. 40.

73 Goebbels' Rede in: *Deutsche Allgemeine Zeitung*, 12. Mai 1933; Sauder, *Bücherverbrennung*, S. 179 f.; Evans, *The Coming*, S. 427–429.

74 »Verordnung über die Errichtung einer vorläufigen Filmkammer. Vom 22. Juli 1933«, *Reichsgesetzblatt Teil I* (25. Juli 1933), S. 531 f.

75 Hagemann, *Publizistik*, S. 62; Hull, *Film*, S. 30 f. (Zitat); Baird, *To Die*, S. 73–107.

76 Kalbus, *Werden*, S. 102; Heyde, *Presse*, S. 29; Hull, *Film*, S. 43 f.; Lowry, *Pathos*, S. 10; Kreimeier, *Ufa-Story*, S. 268 f.; Moeller, *Filmminister*, S. 107 f.; Grüttner, *Brandstifter*, S. 351–353.

77 Albrecht, *Filmpolitik*, S. 330–356.

78 § 13, »Schriftleitergesetz, Vom 4. Oktober 1933«, *Reichsgesetzblatt Teil I* (7. Oktober 1933), S. 714.

79 Hagemann, *Publizistik*, S. 37; Abel, *Presselenkung*, S. 30 f.; Grüttner, *Brandstifter*, S. 309 f.

80 Dovifat, zitiert nach: Wilkens, »Urteil«, S. 371; Guido Enderis, »Reich Press Loses Last of its Rights; Must Serve State«, *The New York Times*, 6. Oktober 1933.

81 Verordnungstext in: *Der deutsche Schriftsteller* 1, Nr. 12 (Dezember 1936), S. 280 f.

82 Zustimmend: Dovifat, *Zeitungslehre*, 2. Bd., S. 35–36. Kritisch: Hagemann, *Publizistik*, S. 60; Strothmann, *Literaturpolitik*, S. 270 f., 276 f.

83 »Kultur und kein Bildungsphilister!«, *Das Schwarze Korps*, 25. Februar 1937.
84 Rudolf Kircher, »Der Kunstschriftleiter«, *Frankfurter Zeitung*, 29. November 1936.
85 Aigner, »Indizierung«, S. 982–1004; Dahm, *Buch*, S. 169–171; Barbian, *Literaturpolitik*, S. 251–257.
86 Payr, *Schrifttumspflege*, S. 14. 18, 26; Hagemann, *Publizistik*, S. 42; Brenner, *Kunstpolitik*, S. 52 f.; Strothmann, *Literaturpolitik*, S. 39.
87 »Theatergesetz. Vom 5. Mai 1934«, *Reichsgesetzblatt Teil I* (19. Mai 1934), S. 411 f.
88 Schramm, *Neubau*, S. 22 f.; Drewniak, *Theater*, S. 34; Dussel, *Theater*, S. 89–95; Levi, »Opera«, S. 139 f.; Rischbieter, *Theater*, S. 218; Grüttner, *Brandstifter*, S. 347.
89 »Reichskulturkammergesetz. Vom 22. September 1933«, *Reichsgesetzblatt Teil I* (26. September 1933), S. 661 f.
90 Steinweis, *Art*, S. 174.
91 Schnell, *Emigration*, S. 26–28; Dahm, *Buch*, S. 167 f.; Strothmann, *Literaturpolitik*, S. 179 f.; Hildegard Klepper, in: Klepper, *Schatten*, S. 1; Friedländer, *Years*, S. 426. 1937 hatte Klepper eine zweibändige Biographie über König Friedrich Wilhelm I. von Preußen (dem »Soldatenkönig«) veröffentlicht, in der er rechtsgerichtete, patriarchalische Ansichten vertrat. Siehe sein Buch *Der Vater*; Zimmermann, »Literatur«, S. 400.
92 Kater, *Muse*, S. 293 f.
93 Abel, *Presselenkung*, S. 30; der Fall Dr. Kaspar Rathgeb, in: Frei, »Berufsgerichte«, bes. S. 122 f., 150.
94 Notizen von Planungskomitees zum Rundfunk in: BAK, z. B. R55/696.
95 Fröhlich, »Pressekonferenz«, S. 347–381; Gillessen, *Posten*, S. 153–155; Sänger, *Politik*, S. 66 f., 91, 94 f., 149, 154; Frei und Schmitz, *Journalismus*, S. 30 f. Der Fall Vollerthun wird behandelt in: Korr. (1936), BAK, R55/223.
96 Härtwig, *Wagner-Régeny*, S. 43; Levi, »Opera«, S. 156 (Zitat).
97 Petzet, *Theater*, S. 262 (Zitat).
98 Mühr, *Mephisto*, S. 144 f.
99 Walter, *Hitler*, S. 175–212.
100 §§ 1 und 2, »Verordnung über die Aufgaben des Reichsministeriums für Volksaufklärung und Propaganda. Vom 30. Juni 1933«, *Reichsgesetzblatt Teil I* (5. Juli 1933), S. 449.
101 Goebbels, *Tagebücher Fragmente*, Bd. 2, S. 483; Kreimeier, *Ufa-Story*, S. 333; Moeller, *Filmminister*, S. 317 f.
102 Wetzel und Hagemann, *Zensur*, S. 11; Moeller, *Filmminister*, S. 332.
103 Goebbels, *Tagebücher Fragmente*, Bd. 2, S. 697.
104 Wetzel und Hagemann, *Zensur*, S. 24; Drewniak, *Film*, S. 244. Die Frau wurde von einer sehr jungen Ilse Werner gespielt. Ihre Erinnerung an Hitlers Zensureingriff in: *So*, S. 86.
105 Goebbels, *Tagebücher Fragmente*, Bd. 3, S. 229, 499; Bucher, »Filmpropaganda«, S. 59.
106 Benn, *Morgue*, S. 6.
107 Benn, in: *LEMO: Lebendiges Museum Online* (Zitat); Hindemith, in: *Oxford Music Online*; Klee, *Kulturlexikon*, S. 39 f.
108 Benn, *Staat*, bes. S. 19 f., 23, 26–29, 31 f., 34 (Zitat).
109 Ders., »Bekenntnis«, bes. S. 15 f.
110 Ders., »Lebensweg«, S. 10; Sarkowicz, »Schriftsteller«, S. 179–181 (Zitat S. 181); Ketelsen, *Literatur*, S. 335–337; Schnell, *Zeiten*, S. 93–97; Barbian, *Literaturpolitik*, S. 265 f.

111 Benns Leben nach 1935 wird gut beschrieben in: Petropoulos, *Artists under Hitler*, S. 128–136.
112 Barlach, in: *LEMO: Lebendiges Museum Online*; ders., in: ernst-barlach-haus.de.
113 Paret, *Artist*, S. 94.
114 Barlach, *Briefe*, S. 377, 388 f., 396 f., 433; Piper, *Barlach*, S. 81; Nina Burleigh, »Haunting MoMA: The Forgotten Story of ›Degenerate‹ Dealer Alfred Flechtheim«, *The Observer Online*, 14. Februar 2012; alfredflechtheim.com; Petropoulos, *Faustian Bargain*, S. 221.
115 Rede vom 16. Februar 1934, abgedruckt in: Barlach, *Briefe*, S. 847 (Anm. 2); Faret, *Artist*, S. 80 f.
116 Barlach, *Briefe*, S. 454; Wilhelm Westacker, in: *Berliner Börsenzeitung*, 20. Februar 1934, zitiert in: Piper, *Barlach*, S. 105 f.; Blunck, *Kulturpolitik*, S. 27; Rosenberg, *Revolution*, S. 8.
117 Barlach an Willy Katz [15. September 1934], in: Barlach, *Briefe*, S. 493 f.; ebd., S. 490; Paret, *Artist*, S. 88 f.
118 Jan, »Barlach«, S. 68 f., 74 f.
119 Barlach an Goebbels, 25. Mai 1936, in: *Briefe*, S. 636–638; Goebbels' Eintrag für den 4. April 1936 in: *Tagebücher Fragmente*, Bd. 2, S. 596; Paret, *Artist*, S. 96 f. Siehe auch Petropoulos, *Artists under Hitler*, S. 6, 48.
120 Barlach, *Briefe*, S. 663, 713, 721 f., 783; Paret, *Artist*, S. 95; Barlach, in: *LEMO: Lebendiges Museum Online*.
121 Lenz, *Deutschstunde*, bes. S. 146–148, 280–282. Siehe z. B. Nolde, *Mein Leben*, bes. S. 393 f. Das Opferthema betont Steinkamp, »Schöpfung«, S. 297–300.
122 Nolde, in: *LEMO: Lebendiges Museum Online*; Fulda und Soika, »Nolde«, S. 191. In seinen Erinnerungen, *Jahre* (1934), bekundete Nolde Ablehnung und ambivalente Einstellung gegenüber Juden: S. 78 f., 101 f., 119–124, 170. Zur Sezession siehe S. 134, 139–150, zu den Franzosen S. 193–196, 210, 233.
123 Fulda und Soika, »Nolde«, S. 187 f.; Paret, *Artist*, S. 69; Evans, *The Coming*, S. 414.
124 Fulda und Soika, »Nolde«, S. 188.
125 Ebd., S. 190. Hanfstaengl behauptet, gegenüber Hitlers altmodischem (und unausgebildetem) Kunstgeschmack kritisch gewesen zu sein (Hanfstaengl, *Haus*, S. 70–74).
126 Fulda und Soika, »Nolde«, S. 190, Zitat von Nolde ebd.
127 Bewundernd: Weigert, *Kunst*, S. 100. Siehe auch Fulda und Soika, »Nolde«, S. 190 f.
128 Hennig, »Judentum«, S. 355.
129 Willrich, *Säuberung*, S. 135.
130 Steinkamp, »Schöpfung«, S. 298; Fulda und Soika, »Nolde«, S. 191 f.
131 Nolde, *Mein Leben*, S. 393 f.; Nolde, in: *LEMO: Lebendiges Museum Online*.
132 Heiber, *Goebbels*, S. 33–39 (Zitat S. 35); Longerich, *Goebbels*, S. 50, 106 f.; Speer, *Erinnerungen*, S. 40 f.; Piper, *Barlach*, S. 24. Siehe Goebbels, *Michael*.
133 Siehe die gelungene Argumentation in: Potter, *Art*, S. 209.
134 Bruno E. Werner, »Der Aufstieg der Kunst«, *Deutsche Allgemeine Zeitung*, 3. März 1933. Siehe auch den Eintrag im *Munzinger-Archiv*, www.munzinger.de/search/portraits.
135 Alfred Rosenberg, »Revolution in der bildenden Kunst«, *Völkischer Beobachter*, 6. Juli 1933.
136 Hippler, *Verstrickung*, S. 128; Merker, *Künste*, S. 131–133; Meckel, *Animation*, S. 21; Brenner, *Kunstpolitik*, S. 66–68.

137 Paret, *Artist*, S. 65.
138 Merker, *Künste*, S. 134; Hitlers Rede in: Dreyer, *Kultur*, S. 16.
139 Eberlein, *Was*, S. 37; Pinder, »Was« (2. Zitat S. 406). Zu Pinder siehe Klee, *Kulturlexikon*, S. 414 f.
140 Wendland, *Kunst*, S. 9; Weigert, *Kunst*, S. 25 f., 29, 32, 115, 119, 124, 138 (Zitat).
141 Bollmus, *Amt Rosenberg*, S. 54–60.
142 Rosenberg, *Revolution*, S. 13.
143 Hitlers Rede auf dem Nürnberger Reichsparteitag 1934 in: *Der Kongreß*, S. 103; Merker, *Künste*, S. 136.
144 Zu der Nationalsozialistischen Kulturgemeinde (die im Juni 1934 den Kampfbund für deutsche Kultur auf eine Theaterbesuchsorganisation unter Rosenbergs Schirmherrschaft reduzierte) und ihrer Hinwendung zu Ley siehe Bollmus, *Amt Rosenberg*, S. 66–103.
145 Die Rede »Kunst und Kultur im Dritten Reich« ist abgedruckt in: *Der Autor* 10, Nr. 5 und 6 (Mai und Juni 1935): S. 11 f.
146 Scholz, »Kunstpflege«, S. 149; Willrich, *Kunst*, S. 7; Gerlach, »Maler«, S. 8 f.; Rosenberg, *Gestaltung*, S. 333 f.; Scholz, *Lebensfragen*, S. 53–55; Willrich, *Säuberung*, S. 25.
147 »Ansprache des Führers zur Eröffnung des Hauses der Deutschen Kunst«, *Mitteilungsblatt der Reichskammer der bildenden Künste* (1. August 1937): S. 2–7 (Zitat S. 4).
148 Brenner, *Kunstpolitik*, S. 73; Merker, *Künste*, S. 136.
149 Klee, *Kulturlexikon*, S. 258; Baird, *To Die*, S. 13–40; Evans, *The Coming*, S. 417 f.; Johst, *Schlageter*; Zitat in: Schoeps, *Literatur*, S. 126.
150 Baird, *To Die*, S. 108–129; Hull, *Film*, S. 34; Kreimeier, *Ufa-Story*, S. 329; Rentschler, *Ministry*, S. 60–62.
151 Niven, »Thing«, S. 54; Ketelsen, *Literatur*, S. 65.
152 Miller Lane, *Architecture*, S. 191; Schlenker, »Art«, S. 99.
153 Lehmann, »Richard der Dritte«, S. 173 f., 176, 182. Jürgen Fehlings Großmutter väterlicherseits, Anna Emilie, entstammte der jüdischen Familie Oppenheimer aus Hamburg (RKK Jürgen Fehling, BAB [ehemals BDC]). Bernhard Minetti, der den Buckingham spielte, behauptet in seinen Erinnerungen fälschlicherweise, der von Gustaf Gründgens gespielte Gloster habe das Hinken simuliert (Minetti, *Erinnerungen*, S. 113).
154 Steinkamp, »Schöpfung«, S. 298; Fulda und Soika, »Nolde«, S. 191 f.; William Cook, »The Best Thing to Come Out of Davos«, *The Spectator Online*, 18. Januar 2014; Barlach, *Briefe*, S. 718; Piper, *Barlach*, S. 153; Paret, *Artist*, S. 131.
155 Goebbels, *Tagebücher Fragmente*, Bd. 3, S. 215; Peters, »Genesis«, S. 113 f.
156 »Ansprache von Präsident Prof. Ziegler zur Eröffnung der Ausstellung ›Entartete Kunst‹ am 19. Juli 1937 in München«, *Mitteilungsblatt der Reichskammer der bildenden Künste* (1. August 1937): S. 11.
157 Siehe Willrich, *Säuberung*. Desgleichen: Rave, *Kunstdiktatur*, S. 96, 98; Brenner, *Kunstpolitik*, S. 108; Merker, *Künste*, S. 143; Backes, *Hitler*, S. 67, 73; Peters, »Genesis«, S. 111 f.
158 Rave, *Kunstdiktatur*, S. 97; Brenner, *Kunstpolitik*, S. 109; Merker, *Künste*, S. 145; Backes, *Hitler*, S. 74; Spotts, *Hitler*, S. 163.
159 *Deutsche Allgemeine Zeitung*, 20. Juli 1937; *Münsterischer Anzeiger*, 22. Juli 1937.
160 *National-Zeitung* (Groß-Essen), 20. Juli 1937.
161 Lüttichau, »Rekonstruktion«, S. 120–181; Rave, *Kunstdiktatur*, S. 103.

162 Nolde, *Leben*, S. 391.
163 *Münchner Neueste Nachrichten*, 20. August 1937; Nolde, *Leben*, S. 391. Am 23. Juli 1923 kostete ein Kilo Roggenbrot in München 16 000 Reichsmark, nach der Einführung der Rentenmark am 22. Oktober 1924 betrug der Preis 44 Pfennige (*Statistisches Jahrbuch 1924/25*, S. 262).
164 Evans, *Third Reich in Power*, S. 174.
165 Backes, *Hitler*, S. 75; Rave, *Kunstdiktatur*, S. 105; Lehmann-Haupt, *Art*, S. 80; Merker, *Künste*, S. 145; Paret, *Artist*, S. 132; Spotts, *Hitler*, S. 165.
166 Werwigk, »Gemälde«, S. 121.
167 Lott, »Staatsgalerie«, S. 294.
168 Kardorff, *Aufzeichnungen*, S, 84.
169 Kaiser, *Entartete Kunst*, S. 1.
170 Ebd., S. 6, 8.
171 Ebd., S. 8–10.
172 Ebd., S. 10–12.
173 Ebd., S. 12–14.
174 Ebd., S. 14–16.
175 Ebd., S. 16–20.
176 Ebd., S. 20–22.
177 Ebd., S. 22 f.
178 Ebd., S. 24–30.
179 Ebd., S. 31.
180 »Ansprache von Präsident Prof. Ziegler zur Eröffnung der Ausstellung ›Entartete Kunst‹ am 19. Juli 1937 in München«, *Mitteilungsblatt der Reichskammer der bildenden Künste* (1. August 1937): S. 11; *Hamburger Tageblatt*, 20. Juli 1937 (Zitat); *Kieler Neueste Nachrichten*, 20. Juli 1937; *Hamburger Nachrichten*, 20. Juli 1937; *Münchner Neueste Nachrichten*, 20. August 1937.
181 Marks, »Black Watch«, S. 297–334.
182 Lüttichau, »Crazy«, S. 46; Shorter, *Dictionary*, S. 280
183 *Frankfurter Zeitung*, 27. Februar 1938; *Der Mittag* (Düsseldorf), 19. Juli 1938; *Meldungen aus dem Reich*, Bd. 2, S. 275.
184 Werwigk, »Gemälde«, S. 122; Peters, »Genesis«, S. 119; Boelcke, *Kriegspropaganda*, S. 329.
185 »Erlaß des Preußischen Ministerpräsidenten Hermann Göring«, *Hakenkreuzbanner*, 4. August 1937, wieder abgedruckt in: Piper, *Barlach*, S. 204. Im Erlass ist von »ausgemerzten Gegenständen« die Rede.
186 »Gesetz über Einziehung von Erzeugnissen entarteter Kunst«, 31. Mai 1938, wieder abgedruckt in: Piper, *Barlach*, S. 209; Goebbels, *Tagebücher Fragmente*, Bd. 3, S. 401; Lehmann-Haupt, *Art*, S. 81; Peters, »Genesis«, S. 118 f.
187 Adolf Ziegler, »Entartete Kunst«, 23. April 1941, *Mitteilungsblatt der Reichskammer der bildenden Künste* (1. Mai 1941): S. 6.
188 Goebbels, *Tagebücher Fragmente*, Bd. 3, S. 494, 547; Lehmann-Haupt, *Art*, S. 82 f.; Schubert, *Dix*, S. 120 f.; Backes, *Hitler*, S. 76 f.; Spotts, *Hitler*, S. 167 f.; Peters, »Genesis«, S. 119; Petropoulos, *Art*, S. 76–83.
189 Zu Schumann: Daverio, *Schumann*, S. 197; Botstein, »Jewish Question«, S. 445.

190 Klee, *Kulturlexikon*, S. 617; Dümling, »Hexensabbat«, S. 194–198; Levi, *Music*, S. 95.
191 Levi, *Music*, S. 94 (Zitat); Klee, *Kulturlexikon*, S. 108.
192 Dümling, »Hexensabbat«, S. 198–200.
193 Rede vom 27. Februar 1937 in: Ziegler, *Wende*, S. 46 f.
194 Dümling und Girth, *Entartete Musik*, S. 105–110; Prieberg, *Musik im NS-Staat*, S. 275; Schwerter, »Heerschau«, S. 112 f.; Blacher, in: *Oxford Music Online*.
195 Goebbels' Rede wurde im *Völkischen Beobachter* vom 29. Mai 1938 veröffentlicht.
196 Frotscher, »Problem«, S. 426.
197 Heinz Fuhrmann, »Abrechnung mit der entarteten Kunst«, *Hamburger Nachrichten*, 25. Mai 1938; Laux, *Nachklang*, S. 271.
198 Laux, *Nachklang*, S. 271.
199 Wolfgang Steinecke, »Entartete Musik – Eröffnung der Düsseldorfer Ausstellung«, *Deutsche Allgemeine Zeitung*, 25. Mai 1938.
200 Levi, *Music*, S. 95; Ziegler, *Musik*, S. 21.
201 Ziegler, *Musik*, S. 17 (Zitat); Moldenhauer und Moldenhauer, *Webern*, S. 491, 497 f., 503, 516 f., 531.
202 Schönberg, »Vorwort«, in: *Harmonielehre*, unpaginiert.
203 Hindemith widerstrebte Schönbergs atonale Konzeption; er bot stattdessen Neuerungen im Rahmen der klassischen Tonalität an. Siehe seine 1937 veröffentlichte *Unterweisung*, bes. S. 9–27.
204 Ziegler, *Musik*, S. 11, 17, 25, 31; Levi, *Music*, S. 95.
205 Dümling, »Target«, S. 60; Prieberg, *Musik im NS-Staat*, S. 279.
206 Ziegler, *Musik*, bes. S. 13–16, 22, 24, 26, 29.
207 Dümling, »Hexensabbat«, S. 204 f.
208 Prieberg, *Musik im NS-Staat*, S. 281.
209 Wie Jonathan Petropoulos in seinem Buch *Artists under Hitler* gezeigt hat.
210 Kater, *Weimar*, S. 253 f.
211 Die Bücherverbrennung wurde von der Deutschen Studentenschaft organisiert, einer universitären Körperschaft, der alle deutschen Studenten automatisch angehörten. Für Barlach und den Expressionismus trat dagegen der Nationalsozialistische Deutsche Studentenbund ein, dessen Mitgliedschaft beantragt werden musste.

2. Nationalsozialistische Vorkriegskultur

1 Bracher, *Dictatorship*, Zitate S. 235 f.
2 Jäckel, *Hitlers Weltanschauung*, S. 60–68; ders., *Hitlers Herrschaft*, S. 63–65.
3 Mommsen, *Beamtentum*, S. 98, Anm. 26.
4 Ders., »Hitlers Stellung«, bes. S. 51–54, 57, 59 f. (Zitat). Thematisch vergleichbar gelagerte Untersuchungen zum Amt Rosenberg und zur SS gab es bereits 1970 von Reinhard Bollmus (*Amt Rosenberg*, S. 236–250) und dem Autor dieses Buches (*Ahnenerbe*, S. 338–352).
5 Manfred Funke, »Ämterchaos und Weltmachtstreben: Die Debatte über Struktur und Politik des Hitler-Reiches«, *Frankfurter Allgemeine Zeitung* (20. März 1984), S. 25.
6 Kershaw, *Hitler Myth*, S. 253–264, die letzten beiden Zitate S. 253, 257 f.
7 Ders., *Hubris*, S. 529–531 (Zitate S. 530), 671 f.; ders., *Nemesis*, S. 27, 311.

8   Zu (oft aus persönlichen Gründen) der Gestapo zugeleiteten Denunziationen siehe Gellately, *Gestapo*.
9   Kershaw, *Hubris*, 530.
10 Ullrich, *Hitler*, S. 579.
11 Das Gespräch fand in München-Schwabing statt, unweit des Ortes, an dem die NSDAP ihre organisatorischen Anfänge hatte.
12 Ullrich, *Hitler*, S. 7. Siehe auch Pyta, *Hitler*, S. 235.
13 Hotter in einem Telefongespräch mit dem Autor, München, 12. Dezember 1994; Hotter, *Mai*, S. 128 f. Weiteres über Hitler und seine Beziehung zu Wagner nach 1919 siehe Ross, *Wagnerism*, bes. das Kapitel »Siegfried's Death«. Ich konnte noch vor Erscheinen des Buchs Einsicht nehmen; dafür sei dem Autor gedankt.
14 Ullrich, *Hitler*, S. 388 f.
15 Hanfstaengl, *Haus*, S. 45.
16 Kershaw, *Hubris*, S. 449.
17 Hanfstaengl, *Haus*, S. 52 f.; Ullrich, *Hitler*, S. 32, 176, 389 f., 395; Chapoutot, *Greeks*, S. 262–269; Ross, »Hitler Vortex«, S. 66.
18 Niven, *Hitler*, bes. S. 9–30, 120–140.
19 Ullrich, *Hitler*, S. 385 f.
20 Kater, *Composers*, S. 253.
21 Hanfstaengl, *Haus*, S. 55 f.; Heesters, *Sekunde*, S. 126; Ullrich, *Hitler*, S. 32, 389 f., 632; Pyta, *Hitler*, S. 68 f., 92.
22 Evans, *Third Reich in Power*, S. 209 (Zitat). Zu Brückner als Pfeiler des sinfonischen Kanons siehe Painter, *Aspirations*, S. 167–205.
23 Siehe Werckmeisters fast überinterpretierende Ausführungen in: »Hitler«, S. 275, 278: Groys, »Kunstwerk Rasse«, S. 36. Auch in Spotts, *Hitler*, überzeugt der Geniekult-Subtext nicht.
24 Zum Eindruck, Hitler gehe es um seinen Nachruhm, siehe Mann, *Tagebücher 1937–1939*, S. 477; Kershaw, *Nemesis*, S. 21; Ullrich, *Hitler*, S. 726.
25 Schwarz, *Geniewahn*, S. 21–29; Ullrich, *Hitler*, S. 7, 33, 402–404; Pyta, *Hitler*, S. 17, 47–61, 84, 88.
26 Die Weinheber-Episode schildert der Dramaturg Eckart von Naso in: *Leben*, S. 695–697; Klee, *Kulturlexikon*, S. 387, 588; *Weimarer Reden ... 1938*; S. 55–69; Berger, *Weinheber*, S. 260–340.
27 Siehe Trommler, »Command Performance«, S. 125; Zeller, *Klassiker*, Bd. 1, S. 155.
28 Adolf Hitler, »Verordnung über die Aufgaben des Reichsministeriums für Volksaufklärung und Propaganda. Vom 30. Juni 1933«, *Reichsgesetzblatt Teil I* (5. Juli 1933), S. 449 (Zitat); »Erste Verordnung zur Durchführung des Reichskulturkammergesetzes. Vom 1. November 1933«, *Reichsgesetzblatt Teil I* (3. November 1933), S. 797, § 3.
29 Goebbels, *Tagebücher Diktate*, Bd. 3, S. 213 (Zitat); Goebbels, Rede zur Eröffnung der Reichskulturkammer (15. November 1933), in: ders., *Signale*, S. 323–336; ders. auf der Reichstheaterfestwoche, Hamburg, 17. Juni 1935, in: *Deutsche Theater-Zeitung*, 13. Juni 1937; Münster, »Wille«, S. 13 f. Aus objektiver Sicht: Koszyk, »Propaganda«, S. 649.
30 Siehe Evans, *Third Reich in Power*, S. 122 f.

Anmerkungen 401

31 Goebbels in einer Ansprache auf dem Filmgelände der Ufa in Babelsberg am 26. April 1933 (*Film-Kurier*, 27. April 1933).
32 Mosse, *Nazi Culture*, S. 133.
33 Welche Aufgaben dabei erfüllt werden sollten, präzisierte Goebbels in seiner Rede vom 5. Juli 1937 in der Krolloper (Berlin). Die Rede ist nachgedruckt in: Albrecht, *Filmpolitik*, siehe bes. S. 456 f. Desgleichen: Goebbels, »Richard Wagner und das Kunstempfinden unserer Zeit«, Rede vom 6. August 1933; ders., »Die deutsche Kultur vor neuen Aufgaben«, in: Goebbels, *Signale*, S. 191–196, 323–336; Goebbels' Rede zur Reichstheaterwoche Dresden, 27. Mai 1934, in *Theater von A-Z*, XII e 1-XII e 4; Goebbels im Deutschen Opernhaus Berlin, 26. November 1937, in: Volz, *Großmacht*, S. 416–426.
34 Minetti, *Erinnerungen*, S. 107.
35 Goebbels (1. Zitat), in: Hagemann, *Publizistik*, S. 61; Kolb und Siekmeier, *Rundfunk*, S. 346 (2. Zitat); Traub, *Film*, S. 6 (3. Zitat), 29; Rentschler, *Ministry*, S. 544 f.
36 Hanns Johst, »Das Theater und die Nation«, *Der neue Weg* (20. April 1933), S. 128 (1. Zitat); Karl August Walther, »Das Theater der Zukunft: Erneuerung deutscher Bühnenkunst«, *Deutsche Bühne!*, Nr. 1 (September 1933), S. 6 (2. Zitat); Liskowsky, »Wiedergeburt«, S. 222 (3. Zitat); Nufer, »Erneuerung«, S. 76; ders. »Lage«, S. 422; Gerlach-Bernau, *Drama*, S. 70–72; Trotha, »Rasse«, S. 2.
37 Schultze-Naumburg, *Kunst*, S. 24 f. (Zitat); Engelbrecht, *Kunst*, S. 156; Willrich, *Säuberung*, S. 149–151.
38 Siehe Scholz, *Lebensfragen*, S. 57.
39 Naumann, in: Naumann und Lüthgen, *Kampf*, S. 6; Johst, *Standpunkt*, S. 27; Kindermann, »Geschichtsbild«, S. 556; Langenbucher, *Nationalsozialistische Dichtung*, S. 22 f.; Möller, »Dichtung«, S. 178.
40 Wie Strothmann in *Literaturpolitik*, S. 401, richtig skizziert.
41 Ross, *Rest*, S. 307.
42 Herzog, »Musik«, S. 205.
43 So in der Rede in der Krolloper vom 5. Juli 1937, zitiert in: Albrecht, *Filmpolitik*, S. 461.
44 Der Musikologe Bryan Gilliam bezieht sich auf einige von Nationalsozialisten vorgetragene Definitionen von Musik: »Arische Musik war heroisch, hochfliegend, organisch, erhebend, philosophisch und spirituell« (»Annexation«, S. 390). Siehe dazu auch Riethmüller, »Komposition«, S. 268; Potter, »Music in the Third Reich«, S. 91.
45 Siehe Goebbels' Eröffnungsrede auf der ersten Rundfunkausstellung in Berlin am 18. August 1933: »Der Rundfunk als achte Großmacht«, in: Goebbels, *Signale*, S. 197–207; ders., »Geleitwort«, in: Weiss, *Rundfunk*, S. 9 f.; Hadamovsky, *Dein Runkfunk*, S. 72 f.; ders., *Der Rundfunk*, S. 13, 22.
46 Faksimiles in: Varga, *Jew-Baiter*, S. 186 f., 190–195. Siehe Münster, »Wille«, S. 13; Amann, »Volkspresse«, S. XIII, X; Dovifat, *Zeitungslehre Erster Band*, S. 115.
47 Gilman, in: *American Historical Review* 114 (2009), S. 230. Gilman rezensierte die Monographie vom Jay W. Baird, *Hitler's War Poets*. Seiner Auffassung nach hatte Baird das Thema verfehlt. Das Gegenteil ist der Fall: Baird hatte sich mit sechs der wichtigsten NS-Schriftsteller beschäftigt, nämlich mit Rudolf G. Binding, Josef Magnus Wehner, Hans Zöberlein, Edwin Erich Dwinger, Eberhard Wolfgang Möller und Kurt Eggers.
48 Einiges tauchte nach 1939 auf, war aber zumeist kriegsbezogen. Siehe Kapitel 4.

49 Prosa: Volck, *Rebellen*, S. 263; Goote, *Fahne*, S. 414; Lohmann, *SA*, S. 184; Stelzner, *Schicksal SA*, S. 27; Pantel, *Befehl*, S. 14 f., 21; Zöberlein, *Befehl*, S. 448; Dwinger, *Reiter*, S. 54; Keller, *Nacht*, S. 47; Steguweit, *Sinnen*, S. 23; Hagen, *Tonne*, S. 117. Dichtung: Anacker, *Reich*, S. 45; Burte, *Anker*, 7. Hans Carossa bewundert in *Geheimnisse* (S. 176) italienische Faschisten.

50 Gerstner und Schworm, *Dichter*, S. 59; Pongs, *Krieg*, S. 8-10. Kritisch: Baird, *Hitler's War Poets*, S. 98, 119; Adam, *Lesen*, S. 140-143. Zum Genre des Weltkriegsromans siehe, kritisch, Geissler, *Dekadenz*, S. 17-19; Prümm, »Erbe«, S. 139-141.

51 Jünger, *Mobilmachung*, S. 34 f. (Zitat). Siehe Langer, *Dichtung*, S. 31 f., und, kritisch, Loewy, *Literatur*, S. 169 f.

52 Salburg, *Kamerad*, S. 224.

53 Dwinger, *Reiter*, S. 118; Beumelburg, *Gruppe Bosemüller*, S. 71; Zerkaulen, *Hörnerklang*, S. 187 f.; Steguweit im Gedicht »Soldatenbrief«, *Melodie*, S. 46. Beumelburgs Roman wird eingehend erörtert in: Busch, *Und*, S. 105-111.

54 Dwinger, *Reiter*, S. 49 f.; Salburg, *Kamerad*, S. 194. Siehe Loewy, *Literatur*, S. 171 f.

55 Theweleit, *Männerphantasien*, Bd. 1, S. 107-133, Bd. 2, S. 225-244.

56 Zöberlein, *Befehl*, S. 246 f.; Dwinger, *Reiter*, S. 149; Volck, *Rebellen*, S. 51. Aus zustimmender NS-Perspektive: Trunz, *Dichtung*, S. 6 f.; Langenbucher, *Volkhafte Dichtung*, S. 533 f. Kritisch: Schoeps, *Literatur*, S. 80-83.

57 Schlageter, in: *LEMO: Lebendiges Museum Online*.

58 Volck, *Rebellen*, S. 263; Goote, *Fahne*, S. 103; Dörfler, *Brücke*, S. 173 f.; Dwinger, *Reiter*, S. 195 f.; Schenzinger, *Anilin*, S. 349.

59 Stelzner, *Schicksal SA*, S. 15; Goote, *Fahne*, S. 99; Schenzinger, *Anilin*, S. 352. Abschätzig über »Kongoneger«: Jünger, *Mobilmachung*, S. 29.

60 Volck, *Rebellen*, S. 105.

61 Zöberlein, *Befehl*, S. 91. Kritisch dazu: Busch, *Deutschland*, S. 83-87. Siehe auch Steguweit, *Unrast*, S. 220-222, und die allegorischen Skizzen in Wiechert, *Totenwolf*, S. 233.

62 Klaehn, *Sturm 138*, S. 63-65.

63 Wiechert, *Leben*, S. 314 f.; Jünger, *Mobilmachung*, S. 31. Zu Wiecherts Ressentiment gegen die Weimarer Republik siehe Niven, »Wiechert«, S. 14.

64 So in: Zöberlein, *Befehl*, S. 71, 81; Klaehn, *Sturm 138*, S. 7 f. Kurt Ziesel, Zeitgenosse des Schriftstellers Thor Goote, porträtierte diesen als ein solches Opfer: *Krieg*, S. 165-168. Goote (geboren 1899), dessen richtiger Name Werner von Langsdorff lautete, stammte aus dem niederen Adel. Er war im Krieg Luftwaffenpilot und wurde im Juli 1940 über der Nordsee abgeschossen (Klee, *Kulturlexikon*, S. 173 f.).

65 Hagen, *Tonne*, S. 82 f.; Barthel, *Volk*, S. 143; Paust, *Menschen*, S. 240 f.; Klaehn, *Sturm 138*, S. 15; Pantel, *Befehl*, S. 22. Kritisch: Stollmann, »Wege«, S. 196, 206-210.

66 Wiechert, *Leben*, S. 89, 330. Kritisch: Niven, »Wiechert«, S. 11-13.

67 Jünger, *Mobilmachung*, S. 13 f.

68 Bergengruen, *Großtyrann*, S. 60, 188, 226, 237, 307.

69 So Zimmermann in: »Literatur«, S. 400. Siehe auch die positive zeitgenössische Kritik in: Langer, *Dichtung*.

70 Eine zeitgenössische Rechtfertigung für diesen Ansatz bietet Blunck, *Kulturpolitik*, S. 6-9. Dagegen jetzt der Ansatz von Johann Chapoutot, der sich in *Laws of Blood* (S. 32-63)

kritisch mit der nationalsozialistischen Manipulation germanischer Mythen auseinandersetzt.
71 Jansen, *Insel Heldentum*, S. 187.
72 Langer, *Dichtung*, S. 179.
73 Best, *Dramaturgie*, S. 81–86, Zitat S. 82.
74 Siehe sein Buch *Geschichten*, S. 18, 103.
75 Blunck, *Geiserich*, bes. S. 108, 163–165. Siehe Langenbucher, *Volkhafte Dichtung*, S. 411 f.; kritisch: Werbick, »Roman«, S. 165–167.
76 Berens-Totenohl, *Femhof*, S. 281.
77 Zeitgenössische Interpretationen in: Langer, *Dichtung*, S. 203; Langenbucher, *Volkhafte Dichtung*, S. 143 f.
78 Schonauer, *Literatur*, S. 88 f.; Schoeps, *Literatur*, S. 101–103; Adam, *Lesen*, S. 28–89.
79 Salburg, *Landflucht*, S. 184, 187; Griese, *Weißköpfe*, S. 247; Weisenborn, *Mädchen*, S. 22, 62; Wiechert, *Totenwolf*, S. 17 f.; Grimm, *Lüderitzland*, S. 92; Gmelin, *Konradin*, S. 18; Carossa, *Geheimnisse*, S. 11, 21, 30 f.
80 Im Kontext des Holocaust: Friedländer, *Kitsch und Tod*. Siehe auch Schonauer, *Literatur*, S. 90.
81 Seltsamerweise bekleidete Bauer nach dem Zweiten Weltkrieg an der Universität von Toronto eine Professur für Deutsche Literatur. Aber als ich dort studierte, kam ich nie in Kontakt mit ihm.
82 Bauer, *Herz*, S. 98, 124, 172.
83 Jansen, *Insel Heldentum*, S. 376; Steguweit, *Unrast*, S. 180; Paust, *Nation*, S. 98; Mechow, *Jahr*, S. 223; Carossa, *Geheimnisse*, S. 121; Wiechert, *Leben*, S. 256.
84 »Eine deutsche Mutter spricht«, in: Anacker, *Reich*, S. 50; Nierentz, teilweise nachgedruckt in: Leuchter, »Nierentz«, S. 196.
85 Typisch vage, NS-konforme Beschreibungen körperlicher Liebe mit Betonung der Fortpflanzung in: Carossa, *Geheimnisse*, S. 120, und Wiechert, *Totenwolf*, S. 236–239. Eine Ausnahme, in der Liebe als sexuelle Leidenschaft um ihrer selbst willen geschildert wird, bietet Weisenborn, *Mädchen*, S. 52 f., 153 f.
86 Paust, *Nation*, S. 427 (Zitat). Desgleichen: Klaehn, *Sturm 138*, S. 24–43, 137–139; Volck, *Rebellen*, S. 248, 425; Anderlahn, *Gegner*, S. 60 f.; Mechow, *Jahr*, S. 219; Zöberlein, *Befehl*, S. 627; Zerkaulen, *Hörnerklang*, S. 43, 265, 304.
87 Griese, *Weißköpfe*, S. 289; Paust, *Nation*, S. 96; Mechow, *Jahr*, S. 28; Lohmann, *SA*, S. 150 f.
88 Ewerbeck, *Koldewey*, S. 211 f.
89 Winger, *Reiter*, S. 261.
90 Griese, *Weißköpfe*, S. 273.
91 Wie in Antizipation: Bauer, *Herz*, S. 68, 273; Frenssen, *Vorland*, S. 177 f.; Weller, *Rabauken*, S. 286 f., 321.
92 »Zigeuner« (Unterschiede zwischen Sinti, Roma und Lalleri wurden nicht gemacht) seien zumeist Diebe, die Frauen promiske Verführerinnen: Molzahn, *Nymphen*, S. 23 f., 152; Berens-Totenohl, *Femhof*, S. 91, 110 f.; Tremel-Eggert, *Schmied*, S. 67, 76. Siehe Schonauer, *Literatur*, S. 91.
93 Zöberlein, *Befehl*, S. 333, 338 (Zitat); Hagen, *Tonne*, S. 44 f., 165; Salburg, *Kamerad*, S. 211.

94 Blome, *Arzt*, S. 23–25; Salomon, *Die Geächteten*, S. 32; Hutten, *Kulturbolschewismus*, S. 12–15, 29, 82–91.
95 Grimm, *Volk*; *Lüderitzland*, bes. S. 101, 152 f.; Johst, *Maske*, S. 196 f. Als Lob und Empfehlung weiterer Schriften aus Grimms Feder: Pongs, *Krieg*, S. 72; Langenbucher, *Volkhafte Dichtung*, S. 458–464. Eine kritische Sicht auf das Vorgehen Deutschlands in den Kolonien gegen Herero und Nama, den ersten Völkermord im 20. Jahrhundert, bietet der Beitrag von Christoph Schult und Christoph Titz, »Herero und Nama verklagen Deutschland«, *Spiegel Online*, 6. Januar 2017.
96 Dwinger, *Gott*, S. 13, 23, 45, 89–91, 94 f., 103; Barthel, *Volk*, S. 11 f., 22, 26.
97 Siehe Rothacker, *Dorf*, S. 18, 40, 85, 108; Zillich, »Dichtung«, S. 1, 192.
98 Schenzinger, *Anilin*, S. 69, 77, 208, 213, 335. Kritisch: Adam, *Lesen*, S. 87–92.
99 Hohlbaum, *König Volk*; Jansen, *Insel Heldentum*, S. 208; Johst, *Standpunkt*, S. 8 f.
100 Wiechert, *Leben*, S. 259 f.
101 Mechow, *Jahr*, S. 79 (Zitat); Weller, *Rabauken*, S. 183.
102 Vesper, *Geschichten*, S. 102.
103 Wiechert, *Totenwolf*, S. 119.
104 Peters, »Werk«, S. 5. Siehe z. B. Wiechert, *Leben*, S. 53, 137.
105 Vesper, *Geschichten*, S. 104; Stelzner, *Schicksal SA*, S. 13; Tremel-Eggert, *Barb*, S. 274.
106 Bauer, *Herz*, S. 124, 139, 146; Mechow, *Jahr*, S. 14. 53; Salburg, *Landflucht*, S. 78 f.; Lange, *Weide*, S. 211; Tremel-Eggert, *Barb*, S. 333; Weller, *Rabauken*, S. 63; Wiechert, »Brief«, S. 176; Hagen, *Tonne*, S. 91.
107 Wiechert, *Leben*, S. 239, 319.
108 Dörfler, *Brücke*, S. 36, 96, 105; Lersch, *Pioniere*, S. 94; Faust, *Maurer*, S. 85. Siehe Langenbucher, *Volkhafte Dichtung*, S. 262 f., 268 f.
109 Steguweit, *Melodie*, S. 47.
110 Walther Darré, ein Agronom mit unsicheren Berufsaussichten, lernte Hitler über seinen Freund Himmler und den Siedlungsbund der Artamanen, einen rechten Flügel der Jugendbewegung, kennen. Im Juni 1933 wurde er Reichsminister für Ernährung und Landwirtschaft (Wistrich, *Who's Who*, S. 45 f.).
111 Goebbels, *Tagebücher Fragmente*, Bd. 3, S. 249, Eintrag für den 26. August 1937.
112 Verschiedene Beispiele in: Wiechert, *Totenwolf*, S. 10; Keller, *Nacht*, S. 95; Salburg, *Landflucht*, S. 12; Lersch, *Pioniere*, S. 35; Griese, *Gesicht*, S. 316; Böhme, *Kirchgang*, S. 18, 22, 50, 71 f.; Vesper, *Geschichten*, S. 103, sowie die Steguweit-Gedichte »Deutschland« in: Echermeyer, *Auswahl*, S. 719 f., und »Bauer« in: Steguweit, *Melodie*, S. 33. Affirmativ: Pongs, *Krieg*, S. 68–71. Kritisch heute: Trommler, »Command Performance«, S. 120.
113 Nierentz, »Flieg, deutsche Fahne, flieg!«, in: Echtermeyer, *Auswahl*, S. 722 f.
114 Blunck, *Plettenberg*, S. 40 f., 48 f., 77, 272 f. Affirmativ: Langer, *Dichtung*, S. 157; Langenbucher, *Volkhafte Dichtung*, S. 413. Kritisch heute: Werbick, »Roman«, S. 168–171.
115 Sieburg, in www.deutsche-biographie.de/sfz121633.html#ndbcontent; Klee, *Kulturlexikon*, S. 511 f.
116 Sieburg, *Deutschland*, S. 140, 157, 208, 217, 268 (Zitat).
117 Ders., *Portugal*, S. 24, 111 f., 179–182.
118 Leupold, *Neuordnung*, S. 11; Abel, *Presselenkung*, S. 38–40; Grüttner, *Brandstifter*, S. 315.
119 Sänger, *Politik*, S. 95.

120 Grüttner, *Brandstifter*, S. 313; Ullrich, *Hitler*, S. 685.
121 Sänger, *Politik*, S. 224 f.
122 Ebd., S. 254 (die ersten vier Zitate); Goebbels, *Tagebücher Fragmente*, Bd. 3, S. 534, Eintrag vom 14. November 1938.
123 Siehe Gillessens Buch *Posten*, der darauf hinweist, aber insgesamt viel zu apologetisch ist.
124 Klee, *Kulturlexikon*, S. 433, 532.
125 Siehe die kritischen Bemerkungen zur *Frankfurter Zeitung* von Bernd Sösemann, »Zwischen Distanz und Anpassung«, *Die Zeit*, 6. März 1987. Desgleichen Evans, *Third Reich in Power*, S. 141–143.
126 Siehe z. B. die NS-konforme Rezension von Margaret Boveri, »Versailles nach 15 Jahren«, *Berliner Tageblatt*, 6. Januar 1935; Bermann Fischer, *Bedroht*, S. 116; Haffner, *Geschichte*. Nicht zuletzt aus apologetischen Gründen beschreibt Margaret Boveri nach 1945 in *Wir lügen alle*, S. 538–571, typische Nazitaktiken, um das *Berliner Tageblatt* unter Druck zu setzen.
127 *Deutsche Allgemeine Zeitung*, 20. Juli 1937.
128 »Die deutschen Truppen sind in Österreich einmarschiert«, *Frankfurter Zeitung*, 13. März 1938. Dort ebenfalls der Text von Hitlers Proklamation.
129 »Die Zeitgenossen«, *Frankfurter Zeitung*, 20. April 1939.
130 Reto Caratsch, »Die letzten zehn Jahre der ›Frankfurter Zeitung‹«, *Neue Zürcher Zeitung*, 19. Januar 1947.
131 Lindemann, »Heimat«, S. 31, 43 f., 47.
132 Frei, *Eroberung*, S. 136–313; Hale, *Press*, S. 102–273.
133 Faksimiles von Zeitschriften in: Lehmann, *Gestaltung*, S. 203, 213, 223, 225 (Zitat).
134 Hale, *Press*, S. 15–38. Siehe auch die Einführungen in Mühlberger, *Hitler's Voice*, 2. Bde.
135 Münster, *Zeitung*, S. 89; Dennis, *Inhumanities*, z. B. S. 127–285.
136 Eksteins, *Limits*, S. 85.
137 Eine nach 1933 verfasste Abhandlung über den *Angriff* ließ sich nicht finden. Das Blatt änderte seinen Charakter aber nach der Machtergreifung nicht. Zur Entstehungsgeschichte siehe Münster, *Zeitung*, S. 94 (Zitat); Eksteins, *Limits*, S. 85; Lemmons, *Goebbels*, S. 21–42.
138 Heiber und Kotze, *Querschnitt*; Grunberger, *Reich*, S. 63.
139 »K.Z. und seine Insassen«, *Das Schwarze Korps*, 13. Februar 1936.
140 Kolb und Siekmeier, *Rundfunk*, S. 76 (Zitat); Hagemann, *Publizistik*, S. 47; Frei und Schmitz, *Journalismus*, S. 83 f. Die Sender waren: Deutschlandsender (LW), Deutscher Kurzwellensender (KW) sowie neun Reichssender: Berlin, Breslau, Köln, Frankfurt/Main, Hamburg, Königsberg, Leipzig, München und Stuttgart. Saarbrücken ging 1935 auf Sendung (Drechsler, *Funktion*, S. 37).
141 Ebermayer, *Deutschland*, S. 21 f., Eintrag vom 11. Februar 1933.
142 Hadamovsky, *Dein Rundfunk*, S. 119, 122; Weiss, *Rundfunk*, S. 147 f.; Hagemann, *Publizistik*, S. 45; Ullrich, *Hitler*, S. 539. Zahlen aus Eckert, *Rundfunk*, S. 38. Allerdings musste im April 1937 ein Steinmetz im schlesischen Liegnitz bei einem Stundenlohn von 76 Pfennigen mehr als 100 Stunden arbeiten, um sich einen Volksempfänger leisten zu können (Steuern nicht berücksichtigt; *Statistisches Jahrbuch ... 1938*, S. 341). Zu jener Zeit kostete ein kleiner Opel P4 etwa 500 Reichsmark (Hagen, *Auftrag*, S. 143).
143 Kater, *Drummers*, S. 46 f.
144 Goebbels, *Tagebücher Fragmente*, Bd. 3, S. 121, Eintrag vom 23. April 1937.

145 Hadamovsky, *Dein Rundfunk*, S. 76; Eckert, *Rundfunk*, S. 99, 130–132, 179, 242–245; Kater, *Drummers*, S. 47; Grüttner, *Brandstifter*, S. 321.
146 Hadamovsky, *Dein Rundfunk*, S. 75–77; Drechsler, *Funktion*, S. 36–38, 58–61, 70 f., 74, 79 f., 86 f.; Klingler, »Rundfunkpolitik«, S. 44; Frei und Schmitz, *Journalismus*, S. 85 f.
147 Meine bisherigen Forschungen zeigen, dass der Prozentsatz der Angehörigen der gebildeten Oberschicht, die sich der NSDAP anschlossen, im Vergleich zu allen anderen Schichten zwischen 1933 und 1938 allmählich zurückging, um danach wieder anzusteigen (siehe Abb. 2 in: Kater, *Nazi Party*, S. 264).
148 Kater, *Drummers*, S. 48; Frei und Schmitz, *Journalismus*, S. 86. Ein strikter Jazzgegner war Heinrich Glasmeier, zitiert in: »Die Programmgestaltung des Rundfunks: Vorträge von Dr. Glasmeier und Dr. Kriegler«, *Frankfurter Zeitung*, 10. August 1938.
149 Goebbels, *Tagebücher Fragmente*, Bd. 2, S. 545; Klingler, »Rundfunkpolitik«, S. 45; Koch, *Wunschkonzert*, S. 58; Goebbels' Überzeugung wird von Eckert, *Rundfunk*, S. 247, wiedergegeben.
150 Goebbels, *Tagebücher Fragmente*, Bd. 3, S. 465, Eintrag vom 25. Juni 1938. Radio Münchens Programm vom 25. Januar 1938 in: Fischer *Dramaturgie*, S. 174 f.
151 Münster, *Publizistik*, S. 85 f.
152 Klingler, »Rundfunkpolitik«, S. 47; Drechsler, *Funktion*, S. 42.
153 Kracauer, *Caligari*, S. 275.
154 Carter, *Ghosts*, S. 92; Lehnich, *Jahrbuch*, S. 168 f.
155 Rentschler, *Ministry*, S. 13.
156 Ebd., S. 216; Moeller, *Filmminister*, S. 153.
157 Bathrick, »State«, S. 295.
158 Siehe u. a. Luise Ullrich in: *Schaukel*. Sie ehelichte einen Grafen – Wulf-Diether Graf zu Castell-Rüdenhausen –, dessen Schwester, Alexandra Hedwig, mit Friedrich Christian Prinz zu Schaumburg-Lippe verheiratet war. Der wiederum war beim Propagandaministerium und später in Ribbentrops Außenministerium beschäftigt (S. 213). Siehe auch Niven, *Hitler*, S. 121–140; Klee, *Kulturlexikon*, S. 468, 563; Stockhorst, *Köpfe*, S. 375, sowie das letzte Kapitel dieses Buches.
159 Klee, *Kulturlexikon*, S. 160 f.
160 »S.A.-Mann Brand«, *Völkischer Beobachter*, 16. Juni 1933; Kalbus, *Werden*, S. 119 f.; Moeller, *Filmminister*, S. 158 f.; Tegel, *Nazis*, S. 53–56.
161 Schenzinger, *Hitlerjunge Quex*.
162 Baird, *To Die*, S. 108–129; »Hitlerjunge Quex: Die Welturaufführung in München«, *Reichsfilmblatt*, 16. September 1933; Kalbus, *Werden*, S. 122 f.; Rentschler, *Ministry*, S. 54–59, 67–69; Schulte-Sasse, *Entertaining*, S. 258–268; Tegel, *Nazis*, S. 57–62; Hoffmann, *Fahne*, S. 59–63.
163 Im Hinblick auf diesen Film siehe die damaligen Bemerkungen in: Eckert, »Filmtendenz«, S. 23.
164 Funk, *Film*, S. 104.
165 Kriegk, *Film*, S. 243.
166 »S.A.-Mann Brand«, *Völkischer Beobachter*, 16. Juni 1933 (1. Zitat); Goebbels' gemischte Gefühle in: ders., *Tagebücher Fragmente*, Bd. 2, S. 433 f. Einwände der NSDAP gegen die Vorführung des Films in Frankfurt/M. erwähnen Rabenalt, *Goebbels*, S. 40 f., und Tegel, *Nazis*, S. 55 f.

167 Kalbus, *Werden*, S. 119 f.
168 Goebbels in einer Rede in Berlin am 19. Mai 1933, abgedruckt in: Albrecht, *Filmpolitik*, S. 442.
169 Goebbels, *Tagebücher Fragmente*, Bd. 2, S. 552.
170 Zur Presse siehe Ewald von Demandowsky, »Das größte Filmwerk, das wir je gesehen haben«, *Der Filmbeobachter (Beilage zum Völkischen Beobachter)*, 30. März 1935; Rudolf Kircher, »›Triumph des Willens‹«, *Frankfurter Zeitung*, 30. März 1935; desgleichen Kriegk, *Film*, S. 216 f.
171 Zum Aspekt der Säuberung siehe Volker, »*Von oben*«, S. 50 f.; Tegel, *Nazis*, S. 77. Eine frühe Würdigung des Films als Kunst *und* Propaganda in: Welch, *Propaganda*, S. 147–159. Als Einschätzung aus jüngerer Zeit (2018) siehe Niven, *Hitler*, S. 71–84.
172 Siehe Vaget, »Nazi Cinema«, S. 36–43.
173 Susan Sontag, »Fascinating Fascism«, *The New York Review of Books*, 6. Februar 1975, www.nybooks.com/articles/1975/02/06/fascinating-fascism.
174 Siehe Kriegk, *Film*, S. 218; Welch, *Propaganda*, S. 112–118; Tegel, *Nazis*, S. 97; Niven, *Hitler*, S. 84–94.
175 Hull, *Film*, S. 115–117; Welch, *Propaganda*, S. 159–163; Kreimeier, *Ufa-Story*, S. 306 f.; Moeller, *Filmminister*, S. 173. Will Quadflieg beschreibt in seinen Erinnerungen, wie Emil Jannings vor der Aufnahme einer besonders gewalttätigen Szene Glas zerschmetterte, um in die richtige Stimmung zu kommen (*Spielen*, S. 224 f.).
176 Die britische Filmkritik hielt dies für einen bemühten Vergleich. Siehe das *Monthly Film Bulletin* (1937), S. 151. Ähnlich auf deutscher Seite: Jasser, »Film«, S. 232.
177 Goebbels, *Tagebücher Fragmente*, Bd. 3, S. 76, 79.
178 Krützen, *Albers*, S. 237 f.; Rentschler, *Ministry*, S. 76.
179 Kriegk, *Film*, S. 212 (Zitat); Welch, *Propaganda*, S. 242–246; Rentschler, *Ministry*, S. 76. Hitler sah seine Besiedlungspläne für die Krim zeitweilig vereitelt, nachdem Stalin die Wolgadeutschen im Herbst 1941 nach Sibirien und Kasachstan deportiert hatte (Kershaw, *Nemesis*, S. 526–546; Pyta, *Hitler*, S. 401–403).
180 Kriegk, *Film*, S. 242.
181 Leni Riefenstahl musste die Arbeiten am Film *Tiefland*, in dem sie selbst die Hauptrolle spielte, aufgrund von finanziellen und logistischen Komplikationen abbrechen. Der Film konnte erst 1954 fertiggestellt werden und fand nur mäßige Zustimmung. Siehe Petropoulos, *Artists under Hitler*, S. 251–257; Klee, *Kulturlexikon*, S. 440 f.
182 Rentschler, *Ministry*, S. 125 f., 131–134, 139–141; Nadar, »Director«, S. 72–75; Lowry, *Pathos*, S. 212.
183 Ascheid, *Heroines*, S. 186–194; Drewniak, *Film*, S. 500 f. Zur angeblichen Überlegenheit Bachs gegenüber der Kulturlosigkeit US-Amerikas siehe Riethmüller, »Leander«, S. 163, 174 f.
184 Hake, *Cinema*, S. 198.
185 Heins, *Melodrama*, S. 79 f.
186 Ascheid, *Heroines*, S. 143–152.
187 Rosenberg, *Tagebücher*, S. 267.
188 Schramm, *Neubau*, S. 96. 1932 waren 19,9 % der Erwerbstätigen arbeitslos. Für Künstler in den Bereichen »Theater, Musik, usw.« lag die Quote mit 19,6 % nur knapp darunter.

Hausangestellte waren mit 99,2 % am stärksten betroffen, am geringsten Bergarbeiter mit 0,3 % (Zahlen in: Horkenbach, *Reich*, S. 507). 1937 war die Arbeitslosenquote auf 5,87 % zurückgegangen, mit null Prozent in den künstlerischen Bereichen (Zahlen in: *Statistisches Jahrbuch ... 1938*, S. 371, 377).

189 Schoeps. *Literatur*, S. 123; »Erste Reichstheatertagung der HJ«, *Der Autor* (April/Mai 1937), S. 15; Zander und Willimczik, *Reichstheatertage*.

190 Rischbieter, *Theater*, S. 225 f.

191 Das Deutsche Theater wurde von Heinz Hilpert geleitet, das Schillertheater von Heinrich George, die Volksbühne von Eugen Klöpfer und das Preußische Staatstheater von Gustaf Gründgens. Die ersten drei Theater unterstanden dem Propagandaministerium, das vierte Hermann Göring. In München wurde das Prinzregententheater ausgewählt und in Wien nach dem »Anschluss« das Burgtheater (beide unterstanden dem Propagandaministerium). Siehe Rischbieter, *Theater*, S. 227. Zu Görings Patronage siehe »Ministerpräsident Goering [sic]: Die Rede an die Theater-Intendanten«, *Film-Kurier*, 13. September 1933.

192 Baranowski, *Strength*, S. 58. Siehe auch Robert Leys Rede vom 27. November 1935 in: Ley, *Deutschland*, S. 103 f.; Dreßler-Andreß, *Jahre*, S. 11 (mit wahrscheinlich übertrieben hohen Zahlenangaben); Guthmann, *Kunst*, S. 30. Zu Rosenberg siehe Brenner, *Kunstpolitik*, S. 90; Dussel, *Theater*, S. 102 f.

193 Korrespondenz zwischen Lampel und Schlösser (Mai 1934), veröffentlicht in: Wardetzky, *Theaterpoltiik*, S. 280 f.; Herbert A. Frenzel, »Nationalpolitische Tat auf der Bühne«, *Hamburger Tageblatt*, 22. Oktober 1935; Walter Gättke, »Hier irrt Herr Bunje!«, *Hamburger Tageblatt*, 20. Juli 1937; Naso, *Leben*, S. 618; Drewniak, *Theater*, S. 212; Schoeps, *Literatur*, S. 123.

194 Zum Theaterpersonal mit Parteizugehörigkeit: Denk, »Zukunftsschau«, S. 448; Drewniak, *Theater*, S. 217.

195 Ebermayer, *Deutschland*, S. 241.

196 Nowak, *Bauer*, S. 9 f., 26, 39 f.; Wischmann, *Vogt*, bes. S. 52; Ahlers, *Sturm*, S. 14, 16, 34, 40 f., 51, 54 f., positiv hier der Nazikritiker Wanderscheck, *Dramatik*, S. 251.

197 Zerkaulen, *Jugend*, S. 32 f., 36, 42, 70, kritisch: Schoeps, *Literatur*, S. 129–131; Dwinger, *Namenlosen*, S. 16 f., 83–86; Steguweit, *Petermann*, S. 9, 11, 21 f.

198 Blachetta, *Kampf*, S. 25–27, 38 f., 46 f.; Felix Lützkendorf, »Vom ›Opfergang‹ zum ›Alpenzug‹«, *Hamburger Tageblatt*, 22. Oktober 1935; Billinger, *Gigant*, S. 9, 17, 25, 53.

199 Diebenow, *Nacht*, S. 20–22, 25; Billinger, *Lob*, S. 38, 40.

200 Huth, *Gesellen*, bes. S. 80 f., siehe Wanderschecks lobende Kommentare: *Dramatik*, S. 269 f.; Steguweit, *Baron*; Hinrichs, *Petermann*, S. 8, 16, 38, 40, 42, 68, 75, 81.

201 Siehe z. B. Billinger, *Lob*, S. 38, 40.

202 Siehe 14 fade wirkende Titel des Braunschweiger-Bühnen-Verlags Albert Limbach, Berlin, in: *Deutsche Theater-Zeitung*, 14. September 1939.

203 Fritz Mack, »Das Stück des Reichsministers Joseph Goebbels«, *Leipziger Neueste Nachrichten*, 16. Mai 1933.

204 Eckart, in *LEMO: Lebendiges Museum Online*; »Aus der Arbeit eines Ortsverbandes«, *Deutsche Bühnen-Korrespondenz* 4, Nr. 5 (19. Januar 1935), S. 4; Dressler, »Eckart«, S. 22; Drewniak, *Theater*, S. 216.

205 Helmuth Merzdorf, »Dichtung aus nordischem Geist«, *Hamburger Tageblatt*, 22. Oktober 1935; »Deutsches Volkstheater ... Plumpudding«, ebd.; Alexander Funkenberg, »Thilo von Trotha«, in: Zander und Willimczik, *Reichstheatertage*, unpag. (Zitat); Klee, *Kulturlexikon*, S. 558.
206 Johst, *Schlageter*, S. 26; Pfanner, *Johst*, z. B. S. 243.
207 Johst, *Paine*; Ketelsen, *Theater*, S. 69; Michalzik, *Gründgens*, S. 99 f.; Jürgen Fehling, S. 144 f.; Goebbels' positive Reaktion (November 1935) in: ders., *Tagebücher Fragmente*, Bd. 2, S. 541.
208 Siehe Johst, *Standpunkt* und *Maske*; Johsts drei Gedichte in: Böhme, *Rufe*, S. 101, 304, 348; Johst wird positiv historisiert von Horn, »Johst«, S. 87, 91 f., 105–108, 112; Wanderscheck, *Dramatik*, S. 54 f., 93–95, 100; Langenbucher, *Volkhafte Dichtung*, S. 554–559.
209 Hermann Wanderscheck, »Das Theater als Idee«, *Deutsche Theater-Zeitung*, Nr. 84 (25. Juli 1937); Baird, *Hitler's War Poets*, S. 66–95.
210 Paul Kersten, zitiert in: »Gerhard Schumann als Dramatiker«, *Deutsche Theater-Zeitung*, Nr. 8 (18. Januar 1939).
211 Möller, *Untergang*, bes. S. 15, 17, 32, 37, 49, 65, 71, 105 f., 118 f.; Frenzel, »Möller«, S. 141, 157 f., 168; Baird, *Hitler's War Poets*, S. 165–207; Klee, *Kulturlexikon*, S. 373, 500 f. Zur NS-Darstellung der Punischen Kriege (um 264–146 v. Chr.) siehe Chapoutot, *Greeks*, S. 293–298.
212 Menz, »Sprechchor«, S. 332, 338; Kater, *Weimar*, S. 120–124.
213 Stang, *Grundlagen*, S. 38; Rischbieter, *Theater*, S. 219.
214 »Flamme des Volkes«, *Deutsche Bühnenkorrespondenz* 4, Nr. 42 (29. Mai 1935), S. 2; Kurt Heynicke, »Erfahrung und Meinung«, *Der neue Weg* 12 (15. August 1935), S. 350; Schramm, *Neubau*, S. 46, 48, 51, 65; Schlösser, *Volk*, S. 57; *Theater von A-Z*, XI c 5; Braumüller, »Heynicke«, S. 3. Siehe die kritische Analyse in: Niven, »Thing«, bes. S. 56–61 und 67 f. über die Einbeziehung des Publikums.
215 Rischbieter, *Theater*, S. 219; Brenner, *Kunstpolitik*, S. 103; Niven, »Thing«, S. 55.
216 Goebbels' Lob in: ders., *Tagebücher Fragmente*, Bd. 2, S. 600, 654.
217 Wanderscheck, *Dramatik*, S. 33, 121 f.; Petersen, *Geschichtsdrama*, S. 53–55; Baird, *Hitler's War Poets*, S. 180–183; Menz, »Sprechchor«, S. 340 f.; Rischbieter, *Theater*, S. 224.
218 Menz, »Sprechchor«, S. 339–341; Rischbieter, *Theater*, S. 222, 225; Niven, »Thing«, S. 62–67.
219 Goebbels, *Tagebücher Fragmente*, Bd. 2, S. 626; Kühn, »Thingspiel«, S. 459–463; Schlösser, *Volk*, S. 54 f.; Stang, *Grundlagen*, S. 37 f.; Krug, »Erziehung«, S. 456–462; Emmel, *Theater*, S. 23 f.
220 Das Zitat aus: Niven, »Thing«, S. 76. Siehe Schlösser, *Volk*, S. 56; Brenner, *Kunstpolitik*, S. 106; Rischbieter, *Theater*, S. 220.
221 »Die Kunst im öffentlichen Leben«, *Münchener Zeitung*, 18. Juni 1935.
222 Minetti, *Erinnerungen*, S. 107. Siehe auch den Text in Anm. 34.
223 Goebbels, *Tagebücher Fragmente*, Bd. 2, S. 748; Ledebur, »Shakespeare«, S. 1–12.
224 Kenter, »Regieführung«, S. 744; Künkler, »Probleme«, S. 199 f.; Ketelsen, *Theater*, S. 129 f.
225 Dussel, *Theater*, S. 280–285; Gadberry, »Dresden«, S. 129 f. Zur Bedeutung von Schiller für die Nazis (bis 1941) siehe Zeller, *Klassiker*, Bd. 1, bes. S. 164–227, 403–436; Kater, *Weimar*, S. 243–245. Zu Goethe: Kater, *Weimar*, S. 239–241.
226 Zu Spielplänen siehe Willi Glindemann in: Werkhäuser, *150 Jahre*, S. 91 (Koblenz, eine Hauptmann-Aufführung); *Berliner Zeitung am Mittag*, 11. März 1939 (Berlin); Gadberry,

»Dresden«, S. 129 (Dresdener Reichstheaterwoche 1934); *Deutsche Theater-Zeitung*, 17. Januar 1937 (Weimar, Aufführung eines Stücks von Max Halbe).
227 Rosenberg, *Tagebücher*, Juli 1936, S. 185; Goebbels, zitiert in: *Amtliche Mitteilungen der Reichsmusikkammer*, 5, Nr. 11 (4. Juni 1938).
228 Pohle, *Rundfunk*, S. 322 f.; Stege, »Jazzkapelle«, S. 251; *Das Deutsche Podium* (8. November 1935), S. 3, (14. November 1935), S. 1280, (24. Januar 1936), S. 4, (7. Februar 1936), S. 1 f., (14. Februar 1936), S. 3, (20. März 1936), S. 3, (3. April 1936), S. 1 f.; *Der Artist* (28. August 1935), S. 961, (14. November 1935), S. 1279, (6. Februar 1936), S. 129, (13. Februar 1936), S. 156, (20. Februar 1936), S. 189, (26. Februar 1936), S. 228, (5. März 1936), S. 244, (19. März 1936), S. 304 f., (4. Juni 1936), S. 651 f.
229 Briefwechsel Joost–Hinkel (1936), RKK Oskar Joost, BAB (ehemals BDC); *Das Deutsche Podium* (28. Februar 1936), S. 5, (26. Mai 1936), S. 7; Diller, *Rundfunkpolitik*, S. 198.
230 Wilhelm Hartseil, »Rassestimmen und Hörerbriefe zur Sendereihe ›Rundfunkball des Reichssenders Leipzig‹ (Neue Wege zum Deutschen Tanzstil)«, Ms., BAK, Bibliothek, Rundfunk, bes. S. 1, 3, 5 f., 10–15, 18, 24, 35, 79, 102, 123; *Unterhaltungsmusik* (6. Januar 1938), S. 4.
231 *Unterhaltungsmusik* (14. April 1938), S. 451, (11. August 1938), S. 1054 f.; *Musik in Jugend und Volk* 2 (1939), S. 33.
232 Ramin, in: *Oxford Music Online*; Kater, *Muse*, S. 175 f.; Klee, *Kulturlexikon*, S. 428 f.
233 Ehlert an Esser, 4. April 1934, BH, MWi/2817; Korrespondenz in RKK Li Stadelmann, BAB (ehemals BDC) (Zitat Stadelmann an Hinkel, 3. August 1933); SMK, 275 und 97/5; Klee, *Kulturlexikon*, S. 523.
234 Lemnitz, in: *Oxford Music Online*; Klee, *Kulturlexikon*, S. 327 f. (mit unterschiedlichen Karrieredaten).
235 Ivogün und Raucheisen, in: *Oxford Music Online*; Klee, *Kulturlexikon*, S. 251, 430 f.
236 1943/44 wurde Elisabeth Schwarzkopf wegen Tuberkulose in einem Sanatorium in der Hohen Tatra behandelt. Der Arzt Jury war ein Tb-Spezialist. Siehe Kater, *Muse*, S. 61–63, 260, Anm. 140; Schwarzkopf, in: *Oxford Music Online*; Klee, *Kulturlexikon*, S. 503.
237 Klee, *Kulturlexikon*, S. 203; Kater, *Muse*, S. 15, 17, 23 f.
238 Heger, in: *Oxford Music Online* (Zitat); Heger an Lotte Lehmann, 9. Juli 1933, ATW/15; Laux, *Nachklang*, S. 244 f.; Klee, *Kulturlexikon*, S. 206; Niessen, »Schauplatz«, S. 136.
239 Hüsch, in: *Oxford Music Online*; Klee, *Kulturlexikon*, S. 246, 474; Berthod Goldschmidt, in: Csipak, »Goldschmidt«, S. 61; *Die Musik* 26 (1934), S. 363 (Zitat).
240 Elly Ney an Robert Ley, 15. Juli 1943, EB/26 (Zitat); Ney, in: *Oxford Music Online*; Klee, *Kulturlexikon*, S. 391; Kater, *Muse*, S. 31–33.
241 Distler, in: *Oxford Music Online*; Klee, *Kulturlexikon*, S. 144.
242 David, in: *Oxford Music Online*; Klee, *Kulturlexikon*, S. 95; Kater, *Muse*, S. 166 f.
243 Pepping, *Stilwende*, S. 79–81 (Zitat); ders., in: *Oxford Music Online*; Kater, *Muse*, S. 165 f.
244 Fortner, in: *Oxford Music Online*; Klee, *Kulturlexikon*, S. 144.
245 Zitate aus der zeitgenössischen *Deutschen Theaterzeitung* bei Klee, *Kulturlexikon*, S. 577. Siehe auch Wagner-Régeny in: *Oxford Music Online*; Honegger und Massenkeil, *Lexikon*, Bd. 8, S. 325 f.
246 Egk, zitiert nach Anton Würz, in: *Zeitschrift für Musik* 108 (1941), S. 725; *National-Zeitung* (Essen), 18. August 1936; Schmitz, »Oper«, S. 382; Egk, in: *Oxford Music Online*; Kater,

Composers, S. 3–21. Spöttisch über Egk äußerten sich Hans Bergese (an Orff, 16. März 1938, CM, Allgemeine Korrespondenz) und Karl Amadeus Hartmann (Elisabeth Hartmann, aufgezeichnetes Interview mit dem Autor, 13. Dezember 1994, YUA, CA ON00370 F0456).
247 Taruskins Zitate: (1) Taruskin, »Carl Orff«, in: *Oxford Music Online*; (2) Notizen des Autors bei einer Podiumsdiskussion auf dem Symposium »The Politics of Music: Orff, Weill und Brecht«, Koproduktion der New York City Opera und Works and Process im Guggenheim-Museum New York, 16. März 1997 (APA).
248 Schmith, »Oper«, S. 382; Levi, »Opera«, S. 153; Taruskin, »Carl Orff«, in: *Oxford Music Online*.
249 Aster, *Orchestra*, S. 120 f., 154.
250 Steinweis, *Art*, S. 42–49; Piper, *Barlach*, S. 92.
251 »Tätigkeitsbericht des Präsidenten der Reichskulturkammer, Dr. Goebbels«, *Völkischer Beobachter*, 28. November 1936.
252 »10 Jahre NS.-Sinfonieorchester«, *Die Musik* 34, Nr. 4 (1942), S. 151.
253 Bresgen und Stürmer, in: *Oxford Music Online*; Klee, *Kulturlexikon*, S. 55, 71; Kater, *Muse*, S. 71 f., 143–146; Kurt Heynicke, »Erfahrung und Meinung«, *Der neue Weg* (15. August 1935), S. 350; Riethmüller, »Komposition«, S. 243.
254 Muschler, »Film«, S. 7; Wähler, »Kampflied«, S. 154–156.
255 *Tägliche Rundschau*, 11. Mai 1933; *Amtliche Mitteilungen der Reichsmusikkammer* 6, Nr. 4 (15. Februar 1939). S. 9.
256 »Hohe Nacht der klaren Sterne …«, in: Baumann, *Kamerad*, S. 68 f.
257 Dies berichtete mir meine Frau, Barbara Kater (geb. Streit), die solches häufig im Familienkreis erlebt hat.
258 Siehe dazu Anm. 197 von Kapitel 1.
259 Killer, »Graener«, S. 150; Schmitz, »Geburtstag«, S. 1–3.
260 Graener, in: *Oxford Music Online* (Zitat); Levi, »Opera«, S. 148; Klee, *Kulturlexikon*, S. 176.
261 Matthes, »Trapp«, S. 1074 f., 1078 f.; Trapp, in: *Oxford Music Online*; Honegger und Massenkeil, *Lexikon*, Bd. 8, S. 161.
262 Matthes, »Trapp«, S. 1078; Büttner, »Reichsmusiktage«, S. 739 f.; Trapp, in: *Oxford Music Online*; Klee, *Kulturlexikon*, S. 556.
263 Büttner, »Reichsmusiktage«, S. 738; Riethmüller, »Stefan Zweig«, S. 269 (Zitat), 273; Steinweis, *Art*, S. 42–49; Piper, *Barlach*, S. 92.
264 Marin, *New Order*, S. 78.
265 Sachs, *Music*, S. 21 f.
266 Fischer, »Fate«, S. 80 (Zitat), 85 f. Mehr über Pfitzner im Krieg in Kap. 4.
267 Walter, *Strauss*, S. 355–395; Fischer, »Fate«, S. 82–88.
268 Honegger und Massenkeil, *Lexikon*, Bd. 6, S. 260 f., Bd. 8, S. 23–25.
269 Kater, *Muse*, S. 7–12. Zu Berlin siehe Potter, »Berlin Philharmonic«, S. 39–55; Potter, »Musical Life«, S. 93–98.
270 Zahlen bei Baranowski, *Strength*, S. 58. Siehe auch Ley, *Deutschland*, S. 107; Dreßler-Andreß, *Jahre*, S. 10.
271 Potter, »Musical Life«, S. 97.
272 Als Bruckner 1896 starb, war Hitler sieben Jahre alt. Siehe Binding in: *Sechs Bekenntnisse*, S. 19 (Zitat); Liskowsky, »Wiedergeburt«, S. 222; Herzog, »Musik«, S. 201–203; »Bachfest des

Reiches«, *Münchener Zeitung*, 18. Juni 1935; Laux, *Bruckner*, S. 90 f.; Riethmüller, »Bestimmung«, S. 28–69; Ross, *Rest*, S. 314–316; Dümling, »Michel«, S. 202–214. Zu Bindings nationalsozialistischen Neigungen siehe Baird, *Hitler's War Poets*, S. 32–65.

273 Levi, *Music*, S. 192 f.; Drewniak, *Theater*, S. 328–330; Aster, *Orchestra*, S. 155; Reinhold, »Repräsentation«, S. 41 f.; Dussel, *Theater*, S. 215.

274 »Wochenspielplan der Berliner Theater«, *Berliner Zeitung am Mittag*, 11. März 1939; Werkhäuser, *150 Jahre*, S. 90.

275 Adorno im März 1945, in: *Schriften*, S. 416. Das Zitat stammt aus Alex Ross' Buch *Wagnerism*, Kapitel »Prelude: Death in Venice«.

276 Herzog, »Musik«, S. 201, 204; »Zum Abschluß: Festaufführung im Deutschen Opernhaus«, *Völkischer Beobachter*, 28. November 1936; Hamann, *Wagner*, S. 236; Reinhold, »Repräsentation«, S. 42; Werr, *Weltsicht*, S. 195–197.

277 Vaget, *Erbe*, S. 457; Hamann, *Wagner*, S. 231–399; Spotts, *Bayreuth*, S. 161–188.

278 Sammlung in: BS, Ana/306; Bormann an Kähler, 4. Juli 1933, ebd.; Rasch an das Propagandaministerium, 24. April 1935, BAK, R55/1177; Goebbels, *Tagebücher Fragmente*, Bd. 3, S. 491; Prieberg, *Musik und Macht*, S. 180.

279 Reproduktionen in: Schorer, *Kunstbetrachtung*, S. 145; Schlenker, »Art«, S. 95 (siehe auch S. 99); Merker, *Künste*, S. 261. Zu Erler (1868–1940) und Knirr (1862–1944) siehe Klee, *Kulturlexikon*, S. 126, 287 f.

280 Das Gemälde ist abgebildet in: Merker, *Künste*, S. 262. Zu Hoyer (1893–1968) siehe Schlenker, »Art«, S. 99 f.; Klee, *Kulturlexikon*, S. 243.

281 Siehe Merker, *Künste*, S. 260; Hackel, »Annäherungen«, S. 76 f.; *Große Deutsche Kunstausstellung*, Tafel 55. Desgleichen Adam, *Art*, S. 105, 171, 224.

282 Frontispiz »Der Führer«, Kohlezeichnung von H. Oloffs nach einer Fotografie von Hitlers Leibfotograf Heinrich Hoffmann, in: Mantau-Sadila, *Deutsche Führer*. Siehe auch ebd., S. 202–407.

283 Siehe die Abbildung in Adam, *Art*, S. 18. Bruno E. Werner, »Erster Gang durch die Kunstausstellung«, *Deutsche Allgemeine Zeitung*, 20. Juli 1937. Zu Lanzinger (1880–1950) siehe Klee, *Kulturlexikon*, S. 120.

284 Reproduktionen in: Adam, *Art*, S. 73, 173; *Kölnische Volkszeitung*, 22. Juli 1937.

285 Siehe die Fotografie von Breker mit der in Arbeit befindlichen Büste und Speer in: Adam, *Art*, S. 197. Desgleichen die fertige Büste in: Hackel, »Annäherungen«, S. 76.

286 Abbildungen in: *Große Deutsche Kunstausstellung*, Tafel 4; Adam, *Art*, S. 97; Gritzbach, *Göring*, Frontispiz gegenüber der Titelseite und Tafel gegenüber S. 192.

287 Abbildung in: Petropoulos, *Artists under Hitler*, S. 19. Siehe auch *Große Deutsche Kunstausstellung*, Tafeln 5, 56, 57. Wilhelm Otto Pitthan (1896–1967) malte Goebbels im Jahr 1938: www.google.ca/search?q=wilhelm+otto+pitthan. Das Porträt wurde während des Krieges reproduziert: Hans Hartmann, »Das politische Porträt: Wilhelm Otto Pitthan, ein Maler deutscher Staatsmänner«, *Das Reich*, 30. Januar 1944. Max Brüning (1887–1968) veröffentlichte die Originalradierung eines nachdenklichen Goebbels in Kalbus, *Werden*, S. 102.

288 Werner Rittich, »Maler der Kampfzeit und des Krieges«, *Völkischer Beobachter*, 15. August 1941; Abbildungen in: Backes, *Hitler*, S. 79, und Adam, *Art*, S. 99. Zu Elk Eber (1892–1941) siehe Klee, *Kulturlexikon*, S. 111 f.

289 Siehe www.renegadetribune.com/artwork-german-hardship-soldierly-struggle-franz-eichhorst/#&cgid=psgal_48164_1&pid=1.
290 Wühr, »Graphik«, S. 165; Merker, *Künste*, S. 264; Adam, *Art*, S. 65. Zu Sluyterman (1903–1978) siehe Klee, *Kulturlexikon*, S. 516.
291 Wühr, »Graphik«, S. 164.
292 *Kalenberger Bauernfamilie*, von Hitler 1939 gekauft (Backes, *Hitler*, S. 80). Siehe auch Schorer, *Kunstbetrachtung*, S. 172, 180. Zu Wissel (1894–1973) und Gradl (1883–1964) siehe Klee, *Kulturlexikon*, S. 175 f., 605.
293 *Hochgebirge*, in: Backes, *Hitler*, S. 94.
294 Adam, *Art*, S. 119, 284.
295 Spotts, *Hitler*, Tafeln bei S. 139 und Zeichnungen S. 52, 394.
296 Ross, »Hitler Vortex«, S. 69.
297 Hitler, »Die Ansprache des Führers zur Eröffnung des Hauses der Deutschen Kunst«, *Mitteilungsblatt der Reichskammer der bildenden Künste* (1. August 1937), S. 4. Hitlers Rede auf der Großen Deutschen Kunstausstellung 1938 in: Hinz, *Malerei*, S. 176; Hitlers Rede in: »Der Führer«, S. 34 f.; Äußerungen Hitlers in: Jochmann, *Hitler*, S. 387, 398; Lehmann-Haupt, *Art*, S. 89–91; Merker, *Künste*, S. 163; Backes, *Hitler*, S. 90; Schlenker, »Art«, S. 98 f.
298 »Die Begabung des Einzelnen – Fundament für alle«, *Hakenkreuzbanner*, 10. Juni 1938; Abbildung in: Schorer, *Kunstbetrachtung*, S. 175; Petsch, »Malerei«, S. 268 (Zitat); Klee, *Kulturlexikon*, S. 409; Adam, *Art*, S. 101, 166 f.; Spotts, *Hitler*, S. 176, 178. »Realismus« könnte auf ausschließlich zeitgenössische Motive deuten, aber Peiner (1897–1984) malte in allen Genres.
299 Siehe Willrichs *Kind aus Schaumburg-Lippe*, in: Hansen, »Willrich«, S. 337. In programmatischer Absicht gab Robert Böttcher in *Kunst*, S. 27, Dürers *Bildnis der Mutter* wieder. Siehe auch Sluyterman von Langeweydes Linolschnitt *In einem kühlen Grunde* in: Lehmann-Haupt, *Art*, S. 95. Siehe Weise, »Aussprache«, S. 405–407. Willi Münch-Khes *Der Bodenseefischer Leopold Wenck* entstammt der Peiner-Schule (Abbildung in: Merker, *Künste*, S. 252). Zu Hans Thoma siehe Julia Voss, »Der gefallene Meister der deutschen Kunst«, 2. Juli 2013, www.faz.net, sowie das zeitgenössische Porträt von Hans Adolf Bühler, Abbildung in: Clinefelter, *Artists*, S. 63.
300 Linfert, »Sichtbar vor Augen«, *Frankfurter Zeitung*, 29. September 1936.
301 Werner, »Erster Gang durch die Kunstausstellung«, *Deutsche Allgemeine Zeitung*, 20. Juli 1937.
302 Schindler, »Blut und Boden«, S. 370.
303 Abbildungen, inklusive Baumgartners *Bäuerliches Mittagsmahl*, in: Wühr, »Graphik«, S. 168; Willrich, *Säuberung*, S. 152; Schorer, *Kunstbetrachtung*, S. 179; Damus, »Gebrauch«, S. 98; Merker, *Künste*, S. 242 f., 251, 274. Siehe auch Hinz, *Malerei*, S. 76 f., 109; Meckel, *Animation*, S. 44, 70–72.
304 Hermand, »Tümlichkeiten«, S. 108; Schirmbeck, »NS-Kunst«, S. 72; Merker, *Künste*, S. 280–283.
305 Siehe *Am Massinger See* von Hermann Mayerhofer aus Passau, in: Schindler, »Blut und Boden«, S. 372; dazu der Kommentar in: Petsch, *Malerei*, S. 253.
306 Veronika Wulf, »Einmal ›Weidende Kühe‹ für Adolf Hitler«, *sueddeutsche.de*, 12. März

2017; Klee, *Kulturlexikon*, S. 523; Engelbrecht, *Kunst*, S. 102; Merker, *Künste*, S. 250; Petsch, *Malerei*, S. 262; Adam, *Art*, S. 132.

307 Zum ersten Typus siehe Wissel, *Bäuerin*, in: Schorer, *Kunstbetrachtung*, S. 180, und Hans A. Bühlers *Heimkehr* in: Merker, *Künste*, S. 243. Als Bezugsgröße platzierte Böttcher Wilhelm Leibls Bild *Drei Frauen in der Kirche* in: *Kunst*, S. 17. Die Verbindung zwischen Bühler und Hans Thoma zieht der Aufsatz »Hans Adolf Bühler, ein Maler deutscher Weltanschauung«, in: *Deutsche Kultur-Wacht* 3 (1933), S. 13. Bühlers Porträt seines Lehrers Thoma ist abgebildet in: Clinefelter, *Artists*, S. 63. Dürers Bild der Mutter wie in Anm. 299.

308 Cissarz, *Mütterlichkeit*, in: Merker, *Künste*, S. 273; Willrich, *Meine Frau*, in: Hansen, »Willrich«, S. 335; Diebitsch, *Mutter und Kind*, in: Schorer, *Kunstbetrachtung*, S. 181.

309 In: Adam, *Art*, S. 147. Siehe auch Karl Schlageters *Vesper*, ebd., und Bühlers *Heimkehr* (wie in Anm. 307).

310 Abbildung in: Adam, *Art*, S. 64, 223. Ernst Liebermann (1869–1960) war anfänglich zwar Impressionist, aber mit Max Liebermann nicht verwandt. Siehe Klee, *Kulturlexikon*, S. 331 f.

311 Abbildung in: Adam, *Art*, S. 154. Siehe auch Klee, *Kulturlexikon*, S. 404. Frühere Beispiele stammen von Giambettino Cignaroli (1706–1770) und Henri Matisse (1869–1954).

312 Exemplarisch: Frenssen, *Vorland*, S. 71 f., 136 f.

313 Willrich, *Säuberung*, S. 157.

314 Abbildungen in: Adam, *Art*, S. 15, 191, 194; Merker, *Künste*, S. 271 f.

315 Stephanie Barrons Einleitung in: Einzig u. a., *Sculpture*, S. 13–28; Kaiser, *Führer*, S. 19; Heftrig, »Modernism«; S. 273; www.bpb.de/politik/hintergrund-aktuell/141166/vor-75-jahren-ausstellung-entartete-kunst-18-07-2012.

316 Damus, »Gebrauch«, S. 110; Lehmann-Haupt, *Art*, S. 103.

317 Thorak, in: www.meaus.com/josef-thorak.htm; Abbildungen in: Merker, *Künste*, S. 248 f., 266; Adam, *Art*, S. 194–196.

318 Lehmann-Haupt, *Art*, S. 98.

319 Siehe germanartgallery.eu/arno-breker-kameraden (Zitat); Breker in *LEMO: Lebendiges Museum Online*; Lehmann-Haupt, *Art*, S. 97–100; Petropoulos, »Seduction«, S. 205–229; außerdem die Abbildungen in: Petsch, »Malerei«, S. 266, sowie Adam, *Art*, S. 8, 14 f., 198–204.

320 Siehe Merker, *Künste*, S. 297; Lehmann-Haupt, *Art*, S. 100; Petsch, »Malerei«, S. 263–274.

321 Miller Lane, *Architecture*, S. 188.

322 Miller Lane, *Architecture*, S. 192 f. (1. Zitat); Speer, »Vorwort«, S. 10 f. (2. Zitat); Lotz, »Reichsparteitagsgelände«, S. 264–268; Hager, »Bauwerke«, S. 11 f.; Thies, *Plans*, S. 87–89; Merker, *Künste*, S. 220–224.

323 Kitchen, *Speer*, S. 31–33; Hitlers Motto in: Brenner, *Kunstpolitik*, S. 124; Dresler, *Das Braune Haus*, S. 10; Rasp, *Stadt*, S. 21, 27 f.; Chapoutot, *Greeks*, S. 88 f. Hitlers Gräkomanie zeigt sich in seinen öffentlichen Reden. Siehe für das Jahr 1933 Hitler in: Dreyer, *Kultur*, S. 13–15, sowie für das Jahr 1935 Hitler in: Hinz, *Malerei*, S. 142 f. Rosenberg, wie Himmler germanozentrisch eingestellt, zwang sich zu Lippenbekenntnissen in: *Revolution*, S. 10.

324 Adam, *Art*, S. 252.

325 Hitler, zitiert in: Miller Lane, *Architecture*, S. 189.

326 1938 wurde Kaspar (1904–1986) in München zum Professor für Monumentalmalerei ernannt. Fotografien und Text in: Adam, *Art*, S. 252–259 (Hitler zitiert auf S. 254); Speer, »Vorwort«, S. 12 f.; Klee, *Kulturlexikon*, S. 269.

Anmerkungen 415

327 Spotts, *Hitler*, S. 311–385; Kater, *Weimar*, S. 221–223.
328 Pfeiffer, »Jagdhaus«, S. 19–24; »Nationalsozialistische Baukunst«, *Mitteilungsblatt der Reichskammer der bildenden Künste* 4, Nr. 9 (1. September 1939), S. 1; Miller Lane, *Architecture*, S. 196–208, 215; Damus, »Gebrauch«, S. 116–120; Schäche, *Architektur*, S. 67–69; Kitchen, *Speer*, S. 34. Schultze-Naumburg wiederholte seine wohlbekannten Ansichten in: *Kunst*, S. 42–44.
329 Werkhäuser, *150 Jahre*, S. 71 (1. Zitat); Steguweit, *Sinnen*, S. 118 (2. Zitat).
330 Adorno, *Schriften*, S. 424.
331 Rede Rosenbergs vom Juli 1933 in: Rosenberg, *Ein Kampf*, S. 250.
332 Goebbels, *Tagebücher Fragmente*, Bd. 3, S. 167; Backes, *Hitler*, S. 61, 79–82; Spotts, *Hitler*, S. 172.
333 *Meldungen aus dem Reich*, Bd. 2, S. 276.
334 Goebbels, *Tagebücher Fragmente*, Bd. 2, S. 722.
335 *Meldungen aus dem Reich*, Bd. 2, S. 116; Lehnich, *Jahrbuch*, S. 117; Eckert, »Filmtendenz«, S. 25.
336 Lindemann, »Heimat«, S. 35 (Zitat), 36.
337 Emmel, *Theater*, S. 23 f.
338 Dorsch an Ebermayer, 11. März 1938, in: Ebermayer, *...und morgen*, S. 248.
339 Stang, »Nationalsozialismus«, S. 389. Siehe auch Billerbeck-Gentz, »Ausschaltung«, S. 10; Trotha, »Rasse«, S. 2; Schlösser, *Volk*, S. 54 f.
340 Langenbucher, *Nationalsozialistische Dichtung*, S. 40. Kritisch heute: Andersch, *Literatur*, S. 7 f.; Geissler, *Dekadenz*, S. 8 f.; Strothmann, *Literaturpolitik*, S. 10, 391, 394.
341 Goebbels, *Tagebücher Fragmente*, Bd. 3, S. 465 f. (Zitat).
342 Herzog, »Musik«, S. 203; Ziegler, *Wende*, S. 13; Schmitz, »Oper«, S. 381 f. Desgleichen Vogelsang, *Filmmusik*, S. 12; Werr, *Weltsicht*, S. 157.
343 Bade, *Aufgaben*, S. 16; Haupt, *Dichtung*, S. 20; Weigert, *Kunst*, S. 118; Stang, »Weltanschauung«, S. 196; ders., »Nationalsozialismus«, S. 389; Langenbucher, *Nationalsozialistische Dichtung*, S. 28; Eckert, *Rundfunk*, S. 131. Kritisch: Tegel, *Nazis*, S. 73.
344 Goebbels, *Tagebücher Fragmente*, Bd. 2, S. 432, 556, 620, 751, und Bd. 3, S. 272, 320; Weigert, *Kunst*, S. 117; Merzdorf, »Romane«, S. 373 f.; Ziegler, *Wende*, S. 13. Kritisch: Boeschenstein, *Novel*, S. 3.
345 Bade, *Aufgaben*, S. 18.
346 Drewniak, *Theater*, S. 211; Wardetzky, *Theaterpolitik*, S. 77.
347 Schinköth, »Leistung«, S. 66. Carl Orff hatte nach einer vergleichbaren Einladung durch Frankfurts Oberbürgermeister, den SS-Offizier Fritz Krebs, einen Auftrag erhalten.
348 Brenner, *Kunstpolitik*, S. 106.
349 Meckel, *Animation*, S. 86; Fröhlich, »Pressekonferenz«, S. 374–376.
350 *Mitteilungsblatt der Reichskammer der bildenden Künste* 4 (1. September 1939), S. 3, 5.
351 Rosenberg in: *Völkischer Beobachter*, 1. Januar 1935; Hans Weigert, »Kunst und Staat«, *Deutsche Allgemeine Zeitung*, 18. Juli, 1937.
352 Goebbels, *Tagebücher Fragmente*, Bd. 3, S. 327.
353 *Meldungen aus dem Reich*, Bd. 2, S. 117; Hagemann, *Publizistik*, S. 65; Wardetzky, *Theaterpolitik*, S. 77
354 Goebbels, zitiert in: Klee, *Kulturlexikon*, S. 331.

355 *Deutsche Filmakademie*, S. 4, 19–21, 89. Über das polizeiliche Trainingsprogramm schreibt Browning, *Ordinary Men*, S. 177.
356 *Meldungen aus dem Reich*, Bd. 2, S. 116.
357 Slansky, *Filmhochschulen*, S. 162–164.
358 Zitat in: Petropoulos, *Artists under Hitler*, S. 42.
359 Kater, *Muse*, S. 43–46.
360 Hitler, in: Jochmann, *Hitler*, S. 214; Bollmus, *Amt Rosenberg*, S. 153–234; Kater, *Ahnenerbe*, S. 139–144; Chapoutot, *Greeks*, S. 7, 30, 69–77.
361 In *Nemesis* gibt Kershaw Beispiele, z. B. auf S. 462, 469, 514, 576 f., 580 f., 622 f., 688, 838.
362 Katja Iken, »Von Hitler verehrt, von Goebbels kaltgestellt«, www.spiegel.de/geschichte/henny-porten-erster-deutscher-star-der-ufa-a-1182894.html.

3. Juden im NS-Kulturbetrieb

1 Browning, *Origins*, S. 5.
2 Goldhagen, *Executioners*, S. 77 (Zitat); Friedländer, *Nazi Germany*, S. 107.
3 Menz, *Aufbau*, S. 2–5 (die ersten zwei Zitate S. 4); Stang, »Weltanschauung«, S. 197 (3. Zitat); Münster, *Zeitung*, S. 143 f.; Spieker, *Hollywood*, S. 64; Niewyk, »Cultural Role«, S. 172. Im Hinblick auf jüdische Maler könnte man auch noch Otto Freundlich und Felix Nussbaum erwähnen, die beide der Vernichtung zum Opfer fielen. (Zu Freundlich siehe unten; zu Nussbaum siehe Milton, »Culture«, S. 89–95.)
4 Steinweis, »Anti-Semitism«, S. 20; Friedländer, *Nazi Germany*, S. 108. Siehe auch Müller-Wesemann, *Theater*, S. 23–25; Hoeres, *Kultur*, S. 81; Winkler, »Gesellschaft«, S. 276 f.; Niewyk, »Cultural Role«, S. 167 f. Peter Gay lancierte in seinem Standardwerk *Weimar Culture* (dt. *Die Republik der Außenseiter*) als Erster die These, Juden seien in der Weimarer Republik höchst kreative Außenseiter gewesen, nahm später jedoch davon Abstand (siehe Friedländer, *Nazi Germany*).
5 Peter Heyworth und John Lucas in: *Oxford Music Online* (1. Zitat); Eric Ryding und Rebecca Pechefsky, ebd. (2. Zitat). Siehe auch Niewyk, »Cultural Role«, S. 169–172; Müller-Wesemann, *Theater*, S. 22; Closel, *Stimmen*, S. 288; Fox-Gál, *Musik*, S. XII; Grüttner, *Brandstifter*, S. 143; Deák, *Weltbühne*, S. 13–61.
6 Kracauer, *Caligari*, S. 97, 101 f.
7 Laqueur, *Weimar*, S. 176.
8 Heilmann, *Jessner*, S. 402 f., 412; Feinberg, »Leopold Jessner«, S. 114–128; Strobl, *Swastika*, S. 16 f.; Klee, *Kulturlexikon*, S. 256.
9 Hitler, zitiert in: Jäckel, *Hitlers Herrschaft*, S. 89; Pyta, *Hitler*, S. 143–145. Zu diesen Pionierleistungen gehört auch Thomas Webers Buch *Hitlers erster Krieg*, in dem ein Hitler im Ersten Weltkrieg ohne Judenhass geschildert wird. Weber bezieht sich richtigerweise in seiner Hitler-Biographie *Wie Adolf Hitler zum Nazi wurde* auf Hitlers »antisemitische Konversion« im Jahre 1919. Siehe auch Longerich, *Hitler*, S. 68–70.
10 Die Vogl-Zitate aus Pyta, *Hitler*, S. 160.
11 Hitler, *Mein Kampf*, S. 772.
12 Ebd., S. 332 (Zitat), 345.
13 Ullrich, *Hitler*, S. 230 f.
14 Das Pamphlet zitiert in: Müller-Wesemann, *Theater*, S. 30.

Anmerkungen 417

15 Bruckmann, zitiert in: Marynkewicz, *Salon Deutschland*, S. 426.
16 Vesper, *Wer? Wen?*, S. 102, 112.
17 Straßers Rede in: Rosenberg und Weiß, *Reichsparteitag*, S. 11–13 (Zitat S. 11).
18 Streichers Rede in: Rosenberg und Weiß, *Reichsparteitag*, S. 9–11; seine Listen, etwa die über die Juden in Preußen [1930], finden sich in: NAW, Captured German Records, T-580/267. Auf diese Dokumente machte mich dankenswerterweise Marc Romanych vom Digital History Archive aufmerksam.
19 Große Anfrage, signiert Gieseler u. a., 12. Dezember 1928, Sitzungsprotokoll des Preußischen Landtages, zitiert in: Heilmann, *Jessner*, S. 395.
20 Müller-Wesemann, *Theater*, S. 31 f.; Kater, *Weimar*, S. 205–210.
21 Friedländer, *Nazi Germany*, S. 109; Steinweis, »Conservatism«, S. 343.
22 Langenbucher an Ernst, 21. Juli 1931, in: Bähre, »Langenbucher«, S. 254 f.
23 Ambesser, *Nimm*, S. 84.
24 Dagover, *Dame*, S. 205.
25 Johst, *Maske*, S. 31.
26 Friedländer, *Nazi Germany*, S. 12.
27 »Gesetz zur Wiederherstellung des Berufsbeamtentums. Vom 7. April 1933«, *Reichsgesetzblatt Teil I* (7. April 1933), S. 175–177; »Erste Verordnung zur Durchführung des Gesetzes ...«, *Reichsgesetzblatt Teil I* (11. April 1933), S. 195; »Zweite Verordnung zur Durchführung des Gesetzes ...«, *Reichsgesetzblatt Teil I* (4. Mai 1933), S. 233–235; Friedländer, *Nazi Germany*, S. 27. Eine deutsch-jüdische Reaktion, die die Angelegenheit heruntersspielt, in: »Zur Kündigung jüdischer Arbeitnehmer«, *Cental-Verein-Zeitung*, 11. Mai 1933.
28 Zu diesen antijüdischen Maßnahmen siehe Hagemann, *Publizistik*, S. 36; Brechtken, »Experiment«, S. 65; Barbian, *Literaturpolitik*, S. 193–202; Friedländer, *Nazi Germany*, S. 329; Steinweis, *Art*, S. 103–120.
29 Friedländer, *Nazi Germany*, S. 62.
30 Horak, *Fluchtpunkt*, S. 7–9; Beyer, *UFA*, S. 24; Krützen, *Albers*, S. 149; Tegel, *Nazis*, S. 73.
31 Hamann, *Wagner*, S. 273; Werr, *Weltsicht*, S. 190.
32 Potter, »Berlin Philharmonic«, S. 48; Aster, *Orchestra*, S. 45–50.
33 Siehe Brenner, *Ende*, bes. S. 136 f.
34 Teut, *Architektur*, S, 70; Lanzemis, »Ideologie«, S. 62 f.
35 Erich Kämpfer, »Bei Ullstein nichts verändert«, *Deutsche Kultur-Wacht*, Nr. 12 (1933), S. 14; Mendelsohn, *Zeitungsstadt*, S. 362 f., 380–382; Barbian, *Literaturpolitik*, S. 53 f.
36 »Reichsbürgergesetz. Vom 15. September 1935«, *Reichsgesetzblatt Teil I* (15. September 1935), S. 1146–1199.
37 König, *Germanistenlexikon*, Bd. 1, S. 18–21.
38 Kater, *Composers*, S. 142.
39 Friedländer, *Nazi Germany*, S. 12.
40 Fröhlich ließ sich 1935 von Gitta Alpar scheiden, Heinz Rühmann 1938 von Maria Bernheim: Klee, *Kulturlexikon*, S. 150 f., 456.
41 Ebd., S. 16, 326.
42 Siehe »K.Z. und seine Insassen«, *Das Schwarze Korps* (13. Februar 1936), S. 10.
43 Friedländer, *Nazi Germany*, S. 151.
44 Ebd., S. 62; Longerich, *Davon*, S. 94 f.; Grüttner, *Brandstifter*, S. 148–160.

45 Faksimile der Werbeanzeige (1937) in: London, »Introduction«, S. 13.
46 Siehe Goebbels, *Tagebücher Fragmente*, Bd. 3, S. 346. Eine detailreiche Darstellung des Schicksals dieser Juden im Dritten Reich bietet Victor Klemperer, *Tagebücher 1933–1945*.
47 Friedländer, *Nazi Germany*, S. 241.
48 Zweig, *Welt von Gestern*, S. 367; Berkley, *Vienna*, S. 259 f.; Goldhagen, *Executioners*, S. 286 f.
49 Goebbels, *Tagebücher Fragmente*, Bd. 3, S. 463.
50 Doherty, *Hollywood*, S. 302–310.
51 Longerich, *Goebbels*, S. 393–399; ders., *Davon*, S. 137; Kogon, *SS-Staat*, S. 209; Kershaw, *Nemesis*, S. 141; Protokoll des Interviews, das der Autor mit Dr. Otto Jung im Juni 1988 in Bad Rüdesheim führte, YUA, CA ON000370 F0456.
52 Friedländer, *Nazi Germany*, S. 285; Sänger, *Politik*, S. 255; Hamann, *Wagner*, S. 380; Föllmer, *Leben*, S. 160; Peter Carstens, »Wo sind die Autos, die Nazis den Juden geraubt haben?«, *faz.net*, 15. April 2017.
53 Jürgen Matthäus in: Browning, *Origins*, S. 369.
54 Friedländer, *Nazi Germany*, S. 285; Koch, *Wunschkonzert*, S. 146; Grüttner, *Brandstifter*, S. 160.
55 Rede im Reichstag am 30. Januar 1939, zitiert nach: Longerich, *Hitler*, S. 634.
56 Freytag-Loringhovens Interview mit den *Wiener Neuesten Nachrichten*, wiedergegeben vom *Berliner Lokal-Anzeiger* und abgedruckt in der deutsch-jüdischen *Central-Verein-Zeitung*, 11. Mai 1933.
57 Freeden, *Theater*, S. 14–16, 19; *Zündende Lieder*, S. 31 f.; Dahm, »Leben«, S. 85 f., 90; Hinkels Vita in: Klee, *Kulturlexikon*, S. 225 f. (Zitat).
58 »Aufruf« [1935], LBI, AR-A726/2590; *Jüdische Rundschau*, 20. August 1935; Freeden, *Theater*, S. 25, 59; Dahm, »Leben«, S. 93, 105, 120; Düwell, »Kulturbund Rhein-Ruhr«, S. 428; Steinweis, *Art*, S. 121.
59 *Jüdische Rundschau*, 21. Juli 1936 (Zitat); *Israelitisches Familienblatt*, Berlin, 26. Oktober 1933; *Schild*, 12. Juni 1936.
60 Freeden, *Theater*, S. 22 f., 94; Dahm, »Leben«, S. 87, 89; Walk, *Sonderrecht*, S. 221; Rosy Geiger-Kullmann, »Lebenserinnerungen«, Ms., Februar 1961, LBI, ME/180; Friedländer, *Nazi Germany*, S. 66.
61 Goebbels, wiedergegeben von: Freeden, *Theater*, S. 61; *Israelitisches Familienblatt*, Berlin, 1. August 1935; *Zündende Lieder*, S. 36.
62 Gestapo, »Richtlinien für die Tätigkeit des Reichsverbandes der Jüdischen Kulturbünde in Deutschland«, 13. August 1934, LBI, AR-A726/2590/63-64; Freeden, *Theater*, S. 52.
63 Hinkel, in: *Frankfurter Zeitung*, 13. Mai 1937; Personalakten von Wilhelm Guttmann, Erich Rosenow und Hugo Stern, BAB (ehemals BDC); Dahm, »Leben«, S. 109; Steinweis, *Art*, S. 122.
64 Herbert F. Peyser, »Germany's Jewish Culture League«, *The New York Times*, 10. Dezember 1933.
65 Singer an die Berliner Gestapo, 7. September 1934; Gestapo an den Kulturbund, 11. September 1934, LBI, AR-C1210/3100; Dahm, »Leben«, S. 114; Steinweis, *Art*, S. 122.
66 *Hamburger Fremdenblatt*, 6. Februar 1936; Mitteilung des Jüdischen Kulturbunds Hamburg, 10. März 1936, LBI, AR-A727/2591; Jüdischer Kulturbund Hamburg, Programm, 6. November 1939, LBI, AR-A728/2592; Steinweis, *Art*, S. 123.

67 *Hamburger Israelitisches Fremdenblatt*, 21. Mai 1936; Kulturbund Hamburg an »Sehr geehrtes Mitglied«, 10. März 1937, LBI, AR-A72/2592; Freeden, *Theater*, S. 92 f., 104; Dahm, »Leben«, S. 120.
68 Freeden, *Theater*, S. 160, 163 f.; Dahm, »Leben«, S. 245 f., 251, 257; ders., *Buch*, S. 151–153; *Zündende Lieder*, S. 40.
69 Müller-Wesemann, *Theater*, S. 179 f.
70 Müller-Wesemann, *Theater*, S. 181 f., 187–189.
71 Levi, *Mozart*, S. 91.
72 Zu Letzterem siehe Brenner, *Renaissance*, S. 129–211.
73 Molnár, in: www.yivoencyclopedia.org/article.aspx; Geisel und Broder, *Premiere*, S. 16–28, 72, 150 f.; Rovit, »Collaboration«, S. 145 f.; ders., »Jewish Theatre«, S. 198–201; Müller-Wesemann, *Theater*, S. 190, 213–218.
74 Dahm, »Leben«, S. 121 f.
75 Siehe Dena Kleimans Nachruf auf Rosenstock in: *The New York Times*, 18. Oktober 1985; *Israelitisches Familienblatt*, Berlin, 2. November 1933; *Jüdisches Gemeindeblatt für Berlin*, 13. Februar 1938; Fischer-Defoy, *Kunst*, S. 156.
76 »Abend Frankfurter Komponisten«, 27. Januar 1934, LBI, AR-A7049/13; Rosy Geiger-Kullmann, »Lebenserinnerungen«, Ms., Februar 1961, LBI, ME/180.
77 Sinzheimer an Orff, 20. Januar 1934, CM, Allgemeine Korrespondenz; Dahm, »Leben«, S. 94.
78 Traber und Weingarten, *Musik*, S. 291, 305, 308, 341, 344; »Jüdischer Kulturbund Hamburg: Abschieds-Abend«, 25. November 1936, LBI, AR-A727/2591; *Jüdisches Nachrichtenblatt*, 2. Mai 1941; *Jüdisches Gemeindeblatt für Berlin*, 12. April 1936; Weiß an Misch, 3. Januar 1965, LBI, AR-C738/2073. Zu Misch siehe *Oxford Music Online*.
79 *Israelitisches Familienblatt*, Berlin, 8. März und 19. April 1934; *Jüdisches Gemeindeblatt für Berlin*, 17. November 1935, 3. Mai 1936, 2. Mai 1937, 24. Oktober 1937, 16. Januar 1938; »Gastspiel Alexander Kipnis«, Hamburg, 10. Februar 1937, LBI, AR-A728/2592; »Stuttgarter Jüdische Kunstgemeinschaft«, 15. Oktober 1938, LBI, AR-A7276/IV/2/15; Paris, *Lexikon*, S. 373 f.
80 *Jüdisches Gemeindeblatt für Berlin*, 4. April 1937; Stefan Wulf, in: Heister u. a., *Musik im Exil*, S. 154.
81 *Schild*, 24. April 1936; *Jüdisches Gemeindeblatt für Berlin*, 3. Mai 1936; Flesch an Herrn Doktor, 5. Juli 1936, LBI, AR-7049/2 (Zitat).
82 *Israelitisches Familienblatt*, Berlin, 11. Januar und 13. September 1934; *Schild*, 30. Oktober 1936; *Jüdisches Gemeindeblatt für Berlin*, 12. Juli 1936; Berliner Künstlerhilfe an Kowalsi, 14. April 1935, LBI, AR-A7049/4; Jüdischer Kulturbund Hamburg an die Abonnenten [Mai 1936], LBI, AR-A727/2591.
83 *Israelitisches Familienblatt*, Berlin, 26. Oktober 1933; »Konzert« bei Dr. Meyer, 10. Februar 1935, LBI, AR-A7049/13; »Stimmen im Tempel«, 30. August 1938, LBI, AR-A7040/13; Freeden, *Theater*, S. 74, 123, 126. Zu Schönberg siehe ders., zitiert in: Tonietti, »Albert Einstein«, S. 1; zu Händel siehe Rosenberg, *Gestaltung*, S. 281, und Hirsch, »Defining«, S. 35.
84 Hinkel, zitiert in: *Frankfurter Zeitung*, 13. Mai 1937; Hirsch, »Defining«, S. 29; Freeden, *Theater*, S. 162; Dahm, »Leben«, S. 115; Müller-Wesemann, *Theater*, S. 327; Steinweis, *Art*, S. 122.

85 *Schild*, 12. April 1935; *Jüdisches Gemeindeblatt für Berlin*, 22. September 1934, 19. Mai 1935 und 16. Juni 1937; »Konzert«, 31. Januar 1935, LBI, AR-A7262529; »Klavierabend Bernhard Abramowitsch«, 20. November 1935, LBI, AR-A726/2590; Berliner Kulturbund, Programm, März 1934, LBI, AR-A834/3046; Maurer Zenck, »Itor Kahn«, S. 241.

86 *Jüdisches Gemeindeblatt für Berlin*, 5. Januar 1935 und 28. April 1936; *Schild*, 28. Juni 1935; »Abend Frankfurter Komponisten«, 27. Januar 1934, LBI, AR-A7049/13; »Jüdischer Kulturbund Hamburg«, Programm, Dezember 1935, LBI, AR-A726/2590; »Konzert Tempelchor«, Februar 1938, LBI, AR-A729/2593; Prieberg, »Davidsstern«, S. 124.

87 *Schild*, 26. November 1933; *Israelitisches Gemeindeblatt*, Berlin, 23. November 1933; Dahm, »Leben«, S. 191.

88 Craft, *Stravinsky*, S. 243, Anm. 42; Dahm, »Leben«, S. 114; Evans, »Rezeption«, S. 91–93, 104, 106 f.

89 *Schild*, 27. Oktober 1933; *Israelitisches Familienblatt*, Berlin, 13. September 1934; *Jüdisches Gemeindeblatt für Berlin*, 27. März 1938; Freeden, *Theater*, S. 75.

90 »Jüdischer Kulturbund Hamburg«, 12. November 1935, LBI, AR-A726/2590; Freeden, *Theater*, S. 101; *Zündende Lieder*, S. 33, 37; Dahm, «Leben«, S. 93.

91 Freeden, *Theater*, S. 102 f. (Berechnungen nach Zahlenangaben auf S. 114).

92 Dahm, »Leben«, S. 242, 247, 255; Prieberg, »Davidsstern«, S. 126.

93 Müller-Wesemann, *Theater*, S. 192; Rovit, »Collaborations«, S. 15; www.joodsmonument.nl/en/page/546495/0; Klee, *Kulturlexikon*, S. 514.

94 Herzog, »Musik«, S. 202

95 Zitat aus: Drüner und Günther, *Musik*, S. 55.

96 Wähler, »Kampflied«, S. 152.

97 Guthmann, *Kunst*, S. 44.

98 Muschler, »Vollerthun«, S. 991; Ziegler, *Wende*, S. 8 (Zitat).

99 Frickhoeffer, »Musik«, S. 246.

100 Goebbels, in: *Amtliche Mitteilungen der Reichsmusikkammer* 5, Nr. 11 (4. Juni 1938); Menz, *Aufbau*, S. 4; Novak, *Salzburg*, S. 169.

101 Hiemer, *Pudelmopsdackelpinscher*, S. 11 (Zitat), 35–42.

102 Goebbels, *Tagebücher Diktate*, Bd. 8, S. 386.

103 Sontheimer, *Denken*, S. 180–239. Eine nuancierte Erörterung des Antisemitismus der DNVP in: Jones, »Antisemitismus«, bes. S. 96 f.

104 Zum Thema Niemöller, Bekennende Kirche und Juden siehe Conway, *Persecution*, S. 202–213; Goldhagen, *Executioners*, S. 108 f., 111 f.; Gutteridge, *Mouth*, S. 91 f., 100–104, 129 f., 287–290.

105 Ernst Jünger gehört zu den seltenen hochrangigen (konservativ bis NS-nahen) Autoren, die nicht nur keine Antisemiten waren, sondern zumeist den Antisemitismus ablehnten. Des Weiteren ließen sich Arthur Moeller van den Bruck und Oswald Spengler nennen.

106 Goote, *Fahne*, S. 280; Salburg, *Kamerad*, S. 74–76.

107 Frenssen, *Recht*, S. 7 f.; ders., *Vorland*, S. 218; Goote, *Fahne*, S. 197; Weller, *Rabauken*, S. 13; Johst, *Schlageter*, S. 35; Salburg, *Tag*, S. 41 f.; Zöberlein, *Befehl*, S. 24, 28, 92, 334 f.; Steguweit, *Unrast*, S. 256; Strauß, *Lebenstanz*, S. 182; Paust, *Menschen*, S. 170. Siehe auch Wanderscheck, *Dramatik*, S. 111, der sich zu Möllers »Karthago« als einer von Juden beherrschten Weimarer Republik äußert.

108 Lohmann, *SA*, S. 136; Keller, *Nacht*, S. 45; Salburg, *Landflucht*, S. 211–213.
109 Dwinger, *Reiter*, S. 76; Volck, *Rebellen*, S. 95.
110 Goote, *Fahne*, S. 256, 268; Koeppen, *Erbe*, S. 138 f.; Jansen, *Insel Heldentum*, S. 216; Anderlahn, *Gegner*, S. 36–40; Mechow, *Jahr*, S. 108–110; Böhme, *Kirchgang*, S. 93; Lersch, *Pioniere*, S. 27.
111 Volck, *Rebellen*, S. 340; Stelzner, *Schicksal SA*, S. 160; Roth, *Kampf*, S. 229–231; Pantel, *Befehl*, S. 32 f., 98–102.
112 Dwinger, *Gott*, S. 55; ders., *Tod*, S. 115; Slesina, *Soldaten*, S. 127 f., 305 f.; Brehm, »Kampf«, S. 46; Strobl, *Dorf*, S. 61, 91.
113 Koeppen, *Gnade*, S. 41 (Zitate), 137.
114 Dinter, *Sünde*. Siehe Kater, *Weimar*, S. 199.
115 Weller, *Rabauken*, S. 18, 57, 63.
116 Paust, *Nation*, S. 294 f.
117 Zöberlein, *Befehl*, S. 313.
118 Jansen, *Kinder*, S. 61
119 Salburg, *Landflucht*, S. 128 f.
120 Lorenz, *Unrast*, S. 119.
121 Slesina, *Soldaten*, S. 128; Strobl, *Dorf*, S. 295 f.
122 Paust, *Menschen*, S. 47 f.
123 Zöberlein, *Befehl*, S. 297–299.
124 Weller, *Rabauken*, bes. S. 149.
125 Bie und Mühr, *Kulturwaffen*, S. 35; Stelzner, *Schicksal SA*, S. 18; Zöberlein, *Befehl*, S. 512; nachdenklich: Langenbucher, *Nationalsozialistische Dichtung*, S. 37.
126 Niven, *Hitler*, S. 165–167.
127 Busch, *Und*, S. 155.
128 Jürgen Petersen, »Die Rothschilds: Ein Film der neuen deutschen Produktion«, *Das Reich*, 21. Juli 1940. Siehe auch die weniger ergiebige Besprechung von Hans Kraemer, »›Die Rothschilds‹: Im Ufa-Palast am Zoo«, *Berliner Lokal-Anzeiger*, 18. Juli 1940.
129 Rentschler, *Ministry*, S. 153; Tegel, *Nazis*, S. 129; Hollstein, *Jud Süß*, S. 115; Busch, *Und*, S. 155; Longerich, *Davon*, S. 155.
130 Niven, *Hitler*, S. 167 f.; Moeller, *Filmminister*, S. 243 f.; Klee, *Kulturlexikon*, S. 355 f.; Harlan, *Schatten*, S. 89–95, 100–130; Cziffra, *Luftballon*, S. 296–298; Hippler, *Verstrickung*, S. 199.
131 *Jud Süß*, BAK, FILMSG 1/8336 II. Siehe Niven, *Hitler*, S. 168–171.
132 Carl Linfert, »›Jud Süß‹: Der Film von Veit Harlan«, *Frankfurter Zeitung*, 26. September 1940.
133 Karl Korn, »Der Hofjude: Veit Harlans Film ›Jud Süß‹ im Ufa-Palast am Zoo«, *Das Reich*, 29. September 1940.
134 Goebbels, *Tagebücher Fragmente*, Bd. 3, S. 666; Bd. 4, S. 286 (Zitat).
135 *Meldungen aus dem Reich*, Bd. 6, S. 1811 f.; Culbert, »Impact«, S. 147.
136 *Jud Süß*, BAK, FILMSG 1/8336 II.
137 Courtade und Cadars, *Geschichte*, S. 187; Rentschler, *Ministry*, S. 165; Jürgen Matthäus, in: Browning, *Origins*, S. 251.
138 Longerich, *Davon*, S. 52.
139 Niven, *Hitler*, S. 181. Das war auch die Ansicht von Fritz Hippler (ehemals Funktionär des NSDStB, siehe Kapitel 1), der für Aufnahmeleitung und Gestaltung von *Der ewige Jude*

verantwortlich war – so Clinefelter, »Construction«, S. 136. Clinefelter bezeichnet das Werk in überzeugender Weise als »Kompilationsfilm« (S. 134).

140 Albert Brodbeck, »›Der ewige Jude‹: Uraufführung des großen Dokumentarfilms«, *Deutsche Allgemeine Zeitung*, 30. November 1940.

141 Clinefelter, »Construction«, S. 134–146; Culbert, »Impact«, S. 148–150. Rentschler, *Ministry*, S. 160; Hollstein, *Jud Süß*, S. 109–116; Friedländer, *Nazi Germany*, S. 100. Shechita wird erklärt in: Bin Gorion u. a., *Philo-Lexikon*, S. 635.

142 Im Kontext von *Der ewige Jude* siehe die erhellende Diskussion in Chapoutot, *Law of Blood*, S. 23–26.

143 Goebbels, *Tagebücher Fragmente*, Bd. 3, S. 619; Bd. 4, S. 306; Culbert, »Impact«, S. 148.

144 *Meldungen aus dem Reich*, Bd. 6, S. 1917–1919. Siehe auch Culbert, »Impact«, S. 151 f.

145 Siehe Browning, *Origins*, S. 510 f., Anm. 295.

146 Bindings Brief an Romain Rolland in: *Kölnische Zeitung*, 20. Mai 1933, wieder abgedruckt in: *Sechs Bekenntnisse*, S. 11. Siehe Baird, *Hitler's War Poets*, S. 54 f.

147 *Augsburger Postzeitung*, 6. Oktober 1933, zitiert in: Wilkens, »Schriftleitergesetz«, S. 372.

148 Weiß, *Rundfunk*, S. 27.

149 *Das Schwarze Korps*, 15. Mai 1935; *Der Stürmer*, April 1936 (Zitat).

150 »›Deutsches Theater‹ – von ehedem: Das Theater der Piscator, Jessner, Reinhardt und Barnay«, *Deutsche Allgemeine Zeitung*, 28. August 1936; »Schund am Pranger«, *Münsterischer Anzeiger*, 27. Juli 1937.

151 *Westdeutscher Beobachter*, 1. Dezember 1937; Friedländer, *Nazi Germany*, S. 253.

152 Der Text des *Börsenblatts* in: Bähre, »Langenbucher«, S. 272.

153 »Die Programmgestaltung des Rundfunks: Vorträge von Dr. Glasmeier und Dr. Kriegler«, *Frankfurter Zeitung*, 10. August 1938; Direktiven der Pressekonferenz vom 24. November 1938 in: Sänger, *Politik*, S. 262 f.; Longerich, *Davon*, S. 141.

154 Friedländer, *Years*, S. 19, 48.

155 Ebd., S. 161.

156 Siehe auch ebd., S. 204 f.

157 Charakteristische Beispiele: Joseph Goebbels, »Um die Entscheidung«, *Das Reich*, 3. August 1941; »Die Angeber«, ebd., 14. September 1941; »Die sogenannte russische Seele«, ebd., 19. Juli 1942; »Der steile Aufstieg«, ebd., 20. September 1942. In die Öffentlichkeit gingen diese Leitmotive ein durch Leopold Gutterer (Staatssekretär in Goebbels' Ministerium) in Salzburg (»Unser Kulturschaffen im Kriege«, *Deutsche Allgemeine Zeitung*, 5. August 1942) sowie diverse Vortragsredner, die zum vom Propagandaministerium organisierten Dichtertreffen in Weimar im Sommer 1942 eingeladen worden waren (Wilhelm Haegert in: Erckmann, *Dichter*, S. 7 f.).

158 Joseph Goebbels, »Die Juden sind schuld!« *Das Reich*, 16. November 1941 (1. Zitat); Friedländer, *Years*, S. 337 (2. und 3. Zitat). Siehe auch Goebbels, *Tagebücher Diktate*, Bd. 2, S. 352; *Meldungen aus dem Reich*, Bd. 8, S. 3007; Steinert, *Krieg*, S. 345.

159 Joseph Goebbels, »Die motorischen Kräfte«, *Das Reich*, 6. Juni 1943.

160 Ders., »Die Krise Europas«, *Das Reich*, 28. Februar 1943.

161 Margret Boveri, »Landschaft mit doppeltem Boden: Einfluß und Tarnung des amerikanischen Judentums«, *Das Reich*, 28. Mai 1943. Vielleicht absichtlich schrieb sie den Namen des Beraters falsch als »Samuel Roseman«. Siehe ihr nach 1945 geschriebenes und 1965

veröffentlichtes Buch *Wir lügen alle*. Zu Martinique und den antisemitischen Rundfunksendungen siehe Klemperer, *Tagebücher 1943*, S. 74.
162 Joseph Goebbels, »Das innere England«, *Das Reich*, 7. November 1943.
163 Carl Linfert, »Fremdkörper. Über einige Ratschläge der Juden an sich selbst«, *Das Reich*, 21. Januar 1945.
164 Silex, *Kommentar*, S. 122 f.; Görtemaker, *Leben*, S. 63; Klee, *Kulturlexikon*, S. 608.
165 Edouard Roditi, »The Fate of Otto Freundlich: Painter Maudit«, *Commentary*, 1. September 1955 (*commentarymagazine.com*, Zitat); Kracht, »Symbol«, S. 9–18, 21 f.
166 Palmer, *Lilli*, S. 76–85; Klee, *Kulturlexikon*, S. 404.
167 Helmut G. Asper, »Walter Wicclair (1901-1998)«, *Neuer Nachrichtenbrief der Gesellschaft für Exilforschung e. V.*, Nr. 11 (Juni 1998), S. 5–7; Wicclair, *Kreuzburg*, S. 74–77.
168 Petzet, *Theater*, S. 252; Klee, *Kulturlexikon*, S. 507.
169 Krützen, *Albers*, S. 150 f.; »Eugen Burg«, www.steffi-line.de.
170 Petztet, *Theater*, S. 252 f.; Kremer, *Holocaust Literature*, S. 1290 f.
171 Frank, *Spielzeit*, S. 331–339; ders., in: tls.theaterwissenschaft.ch.
172 Mühsam, in: *LEMO: Lebendiges Museum Online; SS im Einsatz*, S. 66.
173 Elisabeth Höpker-Herberg, »Mombert, Alfred« in: *Neue Deutsche Biographie* 18 (1997), S. 22 f.; Carossa, *Welten*, S. 106–110.
174 *Zündende Lieder*, S. 136; Lüth, *Hamburger Theater*, S. 65; Stefan Wolf in Heister u. a., *Musik im Exil*, S. 149–151.
175 Bergmeier, *Weintraub Story*, S. 5, 7, 9, 13, 23, 31–51; Hollaender, *Von Kopf bis Fuß*, S. 118; Stauffer, *Forever*, S. 84 f.; Starr, *Red and Hot*, S. 122, 194–225.
176 Sigmund Petruschka an den Autor, 28. Juni 1990, YUA, CA ON00370 F0456; Aufnahmen der Sid Kay's Fellows auf Kassette zusammen mit Christian Kellersmann, »Jazz in Deutschland von 1933-1945«, Magisterarbeit an der Hamburger Universität, 1989; Bergmeier und Susat, »Spitzenband«, S. 34–39.
177 Schumann, *Ghetto Swinger*, S. 9.
178 Ebd., S. 30.
179 Ebd., S. 35.
180 Ebd., S. 62.
181 Kater, *Doctors under Hitler*, S. 177–221.

4. Der Krieg in der Öffentlichkeit: Propaganda und Kultur
1 Evans, *Third Reich at War*, S. 563.
2 Shirer, *Rise*, S. 518–520, 595, 599, 601; Weinberg, *World*, S. 51; Longerich, *Goebbels*, S. 425 f.; Kershaw, *Nemesis*, S. 221. Auch an zwei Grenzstationen wurden Angriffe inszeniert, aber der Vorfall um den Sender Gleiwitz erregte die größte öffentliche Aufmerksamkeit (Gruchmann, *Weltkrieg*, S. 22).
3 Krahl, *Ich*, S. 48.
4 Fröhlich, »Pressekonferenz«, S. 377.
5 Ebd., S. 378.
6 Goebbels, zitiert in: Kallenbach, *Kulturpolitik*, S. 17.
7 »Autor Ungenannt! Von einem notwendigen Anspruch des geistig Schaffenden«, *Der Autor* 15, Nr. 1 (Januar 1940), S. 2.

8 Boelcke, *Kriegspropaganda*, S. 437 f.
9 *Meldungen aus dem Reich*, Bd. 4, S. 955, 1070, 1110; Boelcke, *Kriegspropaganda*, S. 426; Baird, *World*, S. 73 f.; Steinert, *Krieg*, S. 119, 121.
10 *Meldungen aus dem Reich*, Bd. 5, S. 1439.
11 *Meldungen aus dem Reich*, Bd. 8, S. 2671; Goebbels, »Soldaten im Kampf der Geister«, *Das Reich*, 12. Oktober 1941.
12 Heinrich Himmler an Ehefrau Marga, 31. August 1941, in: *Himmler privat*, S. 260.
13 Boelcke, *Kriegspropaganda*, S. 558.
14 Goebbels' Berliner Rede vom 15. Februar 1941 in: Albrecht, *Filmpolitik*, S. 468; Goebbels, *Tagebücher Diktate*, Bd. 1, S. 103, Bd. 2, S. 556; *Meldungen aus dem Reich*, Bd. 8, S. 2671; Hitler, in: Jochmann, *Hitler*, S. 94.
15 Goebbels, *Tagebücher Diktate*, Bd. 2, S. 316, 556 (Zitat); Wistrich, *Who's Who*, S. 324.
16 *Meldungen aus dem Reich*, Bd. 4, S. 1140, 1164.
17 Goebbels, *Tagebücher Diktate*, Bd. 4, S. 233. Siehe auch *Meldungen aus dem Reich*, Bd. 5, S. 1338 f.; Boelcke, *Kriegspropaganda*, S. 443.
18 *Meldungen aus dem Reich*, Bd. 5, S. 1563, Bd. 6, S. 1788.
19 Goebbels' Rede in Dresden vom 28. März 1942 in: Schlösser, *Kunst*, S. 10; Goebbels, *Tagebücher Diktate*, Bd. 3, S. 583, Bd. 4, S. 422 f.; Steinert, *Krieg*, S. 286; Kershaw, *Nemesis*, S. 524.
20 *Meldungen aus dem Reich*, Bd. 7, S. 2301, Bd. 9, S. 3448 f.; Goebbels, *Tagebücher Diktate*, Bd. 3, S. 315; ders., »Das große Herz unseres Volkes«, *Das Reich*, 5, April 1942.
21 Goebbels, »Rede in München anlässlich der Eröffnung der Großen Deutschen Kunstausstellung«, *Film-Kurier*, 6. Juli 1942 (Zitat). Siehe *Meldungen aus dem Reich*, Bd. 10, S. 3566; Goebbels, *Tagebücher Diktate*, Bd. 6, S. 55; ders., »Ein Wort an alle«, *Das Reich*, 8. März 1942; ders., »Offene Ansprache«, *Das Reich*, 29. März 1942; Steinert, *Krieg*, S. 285.
22 Gruchmann, *Weltkrieg*, S. 176-191; Weinberg, *World*, S. 348-352; Pyta, *Hitler*, S. 458 f.
23 Goebbels, »Das große Herz unseres Volkes«, *Das Reich*, 5. April 1942 (Zitat); ders., *Tagebücher Diktate*, Bd. 5, S. 73, 138, siehe auch S. 55; *Meldungen aus dem Reich*, Bd. 10, S. 3936.
24 *Meldungen aus dem Reich*, Bd. 11, S. 3985, 4053, 4135.
25 Ebd., S. 4188 f.
26 Ebd., S. 4232; Boelcke, *Krieg*, S. 371.
27 Goebbels, nach: Boelcke, *Krieg*, S. 365.
28 Mann, *Tagebücher 1940-1943*, S. 475.
29 Langer, *Encyclopedia*, S. 1143; *Spiegel Online*, 29. Januar 2003; *Der Spiegel* (16. Dezember 2002), S. 68; Gruchmann, *Weltkrieg*, S. 187-194; Weinberg, *World*, S. 410-417; Pyta, *Hitler*, S. 429.
30 Schönbeck, zitiert in: Tim Proese, »Schlacht von Stalingrad: ›Menschen fielen vom Himmel‹«, *Spiegel Online*, 23. September 2017.
31 Goebbels, *Tagebücher Diktate*, Bd. 5, S. 478.
32 Goebbels, zitiert in: Boelcke, *Krieg*, S. 371.
33 *Meldungen aus dem Reich*, Bd. 11, S. 4345 f.
34 Goebbels, »Der Segen der Erde«, *Das Reich*, 18. Oktober 1942.
35 Baird, *World*, S. 179.
36 Ebd., S. 182.
37 *Meldungen aus dem Reich*, Bd. 12, 4720, 4750 f. (Zitat); Baird, *World*, S. 187-189.

38 Kardorff, *Aufzeichnungen*, S. 24; Rosenberg, *Tagebücher*, S. 469.
39 Baird, *World*, S. 184.
40 Bildunterschrift »Härteste Kämpfe an der Ostfront«, Titelseite von *Das Reich*, 31. Januar 1943.
41 Goebbels' Anweisungen an die öffentlichen Medien vom 3. Februar 1943 in: Boelcke, *Krieg*, S. 435 f. Siehe dazu die Tagebucheintragungen vom 4. Februar: Goebbels, *Tagebücher Diktate*, Bd. 7, S. 255 f.
42 Felsmann u. a., *Backfisch*, S. 41.
43 Goebbels, »Die harte Lehre«, *Das Reich*, 7. Februar 1943 (Zitat); »Unser Wille und unser Weg«, *Das Reich*, 14. Februar 1943.
44 Goebbels, *Tagebücher Diktate*, Bd. 7, S. 298, 320 (Zitat).
45 Ders., »Nun, Volk, steh auf, und Sturm, brich los!«, Sportpalastrede vom 18. Februar 1943, https://www.1000dokumente.de/index.html?c=dokument_de&dokument=0200_goe&object=translation&st=&l=de; ders., *Tagebücher Diktate*, Bd. 7, S. 373 f.; Hansen, *Leben*, S. 83 f. (Zitat Pomsel); Boelcke, *Krieg*, S. 23–25.
46 *Meldungen aus dem Reich*, Bd. 12, S. 4831.
47 Goebbels, »Die Winterkrise und der totale Krieg«, *Das Reich*, 14. März 1943; »Ein offenes Wort zum totalen Krieg«, *Das Reich*, 4. April 1943.
48 Steinert, *Krieg*, S. 383; Goebbels, *Tagebücher Diktate*, Bd. 8, S. 242; Hagemann, *Publizistik*, S. 263; Goebbels, »Mit souveräner Ruhe«, *Das Reich*, 23. Mai 1943.
49 Goebbels, *Tagebücher Diktate*, Bd. 8, S. 263.
50 *Meldungen aus dem Reich*, Bd. 14, S. 5406.
51 Goebbels, *Tagebücher Diktate*, Bd. 9, S. 136.
52 Ebd., S. 115, 160.
53 Ders., »Der Stichtag«, *Das Reich*, 31. Oktober 1943; *Meldungen aus dem Reich*, Bd. 15, S. 6063 f.
54 Kardorff, *Aufzeichnungen*, S. 120; Goebbels, »Nun, Volk, steh auf, und Sturm, brich los!«, Sportpalastrede vom 18. Februar 1943, https://www.1000dokumente.de/index.html?c=dokument_de&dokument=0200_goe&object=translation&st=&l=de; ders., »Der totale Krieg«, *Das Reich*, 17. Januar 1943; »Der Blick nach vorne«, *Das Reich*, 31. Januar 1943; »Die harte Lehre«, *Das Reich*, 7. Februar 1943; »Ein offenes Wort zum totalen Krieg«, *Das Reich*, 4. April 1943.
55 Kardorff, *Aufzeichnungen*, S. 78 f.
56 Goebbels, *Tagebücher Diktate*, Bd. 8, S. 511
57 Ebd., Bd. 9, S. 162.
58 *Meldungen aus dem Reich*, Bd. 14, S. 5575; Bd. 15, S. 5940, 6063, 6093.
59 Kardorff, *Aufzeichnungen*, S. 82; Schäfer, *Berlin*, S. 36–41; Söderbaum, *Nichts*, S. 197 f.
60 Kater, *Weimar*, S. 272 f.
61 Goebbels, *Tagebücher Diktate*, Bd. 9, S. 115, 124–126 (siehe auch unter dem 26. Juli, S. 162 f.); ders., »Die Voraussetzung zum Sieg«, *Das Reich*, 25. Juli 1943. Die Panzeroffensive mit Namen »Zitadelle« hatte am 5. Juli begonnen, wurde aber, weil sie fehlschlug, von Hitler vor Orel am 12. Juli 1943 abgebrochen (Kershaw, *Nemesis*, S. 591 f.; Pyta, *Hitler*, S. 468–470).
62 *Meldungen aus dem Reich*, Bd. 15, S. 6063, 6067.
63 Ebd., Bd. 17, S. 6598.

64 Kardorff, *Aufzeichnungen*, S. 138.
65 *Meldungen aus dem Reich*, Bd. 17, S. 6684.
66 Ebd., S. 6684, 6687.
67 Ebd., S. 6707.
68 Goebbels, »Die Zeichen der Zeit«, *Das Reich*, 24. Dezember 1944.
69 Beispielhaft für eine von vielen selbstzufriedenen Reaktionen: Goebbels, *Tagebücher Diktate*, Bd. 2, S. 440.
70 *Meldungen aus dem Reich*, Bd. 14, S. 5699 (Zitat); Goebbels, »Die Realitäten des Krieges«, *Das Reich*, 22. August 1943; »Von der Unersetzlichkeit der Freiheit«, *Das Reich*, 29. August 1943.
71 Wistrich, *Who's Who*, S. 99 (Zitat); Steinweis, *Art*, S. 168–171; Diller, *Rundfunkpolitik*, S. 432; Goebbels, »Der Befehl der Pflicht«, *Das Reich*, 6. August 1944; *Meldungen aus dem Reich*, Bd. 17, S. 6701.
72 Goebbels, *Tagebücher Diktate*, Bd. 15, S. 638.
73 Ebd., Bd. 3, S. 187, 525.
74 Goebbels, *Tagebücher Fragmente*, Bd. 3, S. 673; Bd. 4, S. 805; ders., *Tagebücher Diktate*, Bd. 9, S. 62; Bd. 10, S. 338, 370; Bd. 12, S. 147.
75 Ders., *Tagebücher Diktate*, Bd. 14, S. 94, 457.
76 Die Bemerkungen von Staatssekretär Leopold Gutterer in: »Unser Kulturschaffen im Kriege«, *Deutsche Allgemeine Zeitung*, 5. August 1942; Rentschler, *Ministry*, S. 13; Moeller, *Filmminister*, S. 293 f.
77 Goebbels, *Tagebücher Fragmente*, Bd. 3, S. 662 f.; Rosenberg, *Tagebücher*, S. 303.
78 Goebbels, *Tagebücher Fragmente*, Bd. 4, S. 52, 72, 335, 338, 399, 423, 542; ders., *Tagebücher Diktate*, Bd. 1, S. 500; Bd. 2, S. 102, 126, 155, 363; Bd. 3, S. 44; Bd. 5, S. 34 f.; Hitler, in: Jochmann, *Hitler*, S. 406.
79 Klee, *Kulturlexikon*, S. 83, 174 f.
80 Kater, *Drummers*, S. 183 f.
81 Goebbels, *Tagebücher Diktate*, Bd. 5, S. 133; Bd. 12, S. 191, 249.
82 RKK Ilse Werner, BAB (ehemals BDC); Werner, *So*, S. 22 (Zitat).
83 *Meldungen aus dem Reich*, Bd. 6, S. 2007 f.; Courtade und Cadars, *Geschichte*, S. 209–222; Drewniak, *Film*, S. 396 f.; Hoffmann, *Fahne*, S. 172; Tegel, *Nazis*, S. 176 f.; Koch, *Wunschkonzert*, S. 162–169.
84 Vaget, »Nazi Cinema«, S. 45–51; Courtade und Cadars, *Geschichte*, S. 200 f.; Drewniak, *Film*, S. 377 f.
85 Vaget, »Nazi Cinema«, S. 49.
86 Das waren Filme wie *U-Boote westwärts* und *Spähtrupp Hallgarten*; siehe Jürgen Schüddekopf, »Neue Filme – vom Publikum her gesehen«, *Das Reich*, 8. Juni 1941.
87 Welch, *Propaganda*, S. 134–141; Drewniak, *Film*, S. 320–328; Niven, *Hitler*, S. 219 f.; Steiner, *Wessely*, S. 111, 121–127. Zu Goebbels' äußerst positiver Reaktion siehe Goebbels, *Tagebücher Diktate*, Bd. 2., S. 171.
88 Siehe das Buch von August Schowalter, *Ohm Krüger* (1902), das dem Film als Vorlage diente. 1941 wurde es neu herausgegeben und mit sieben Standbildern aus dem Film versehen. Die Tafel gegenüber S. 237 zeigt ein Konzentrationslager, dazu die Unterschrift: »In solchen Konzentrationslagern wurden die wehrlosen Burenfrauen untergebracht.«

89 Ein Faksimile des Hobhouse-Textes, »Bericht von Fräulein Emily Hobhouse über die Zustände« [London oder Berlin, 1901], findet sich in: Ziegler, *Humanität*, S. 85-130, das Zitat auf S. 96. Das englische Original – »Report of a Visit to the Camps of Women and Children in the Cape and Orange River Colonies« (o. J., S. 5) – in: https://digital.lib.sun.ac.za/handle/10019.2/2530. Biographische Details zu Emily Hobhous in: www.oxforddnb.com unter Hobhouse, sowie zu Ziegler in: Klausch, *Erbe*, und www.munzinger.de/search/portraits unter Ziegler.
90 So berichtet von Klaus Mann, der Jannings in seiner Eigenschaft als Korrespondent für *Stars and Stripes* interviewte: *Posten*, S. 311.
91 Moeller, *Filmminister*, S. 249 f. Siehe Jannings' opportunistische Erklärung in: Ebermayer, *Deutschland*, S. 586.
92 Emil Jannings, »Die große Aufgabe«, in: Siska, *Wunderwelt*, S. 57 f. Siehe auch Jannings, »Paul Krüger«, in: Schowalter, *Ohm Krüger*, S. 7–12; Hüpgens, »Film«, S. 411.
93 Hull, *Film*, S. 182 f.; Moeller, »Filmstars«, S. 144, 170.
94 Goebbels, *Tagebücher Fragmente*, Bd. 4, S. 540; *Meldungen aus dem Reich*, Bd. 7, S. 2293–2295; Drewniak, *Film*, S. 227–338.
95 Drewniak, *Film*, S. 197–199; Tegel, *Nazis*, S. 198 f.
96 Goebbels, *Tagebücher Diktate*, Bd. 2, S. 176 f., 286, 410.
97 Kraus, zitiert in: Karl Lahm, »Shylok der Ostjude«, *Deutsche Allgemeine Zeitung*, 19. Mai 1943.
98 Goebbels, *Tagebücher Diktate*, Bd. 4, S. 636.
99 Langer, *Encyclopedia*, S. 503 f.
100 Weinberg, *World*, S. 270, 274, 292–295; Gruchmann, *Weltkrieg*, S. 128–131.
101 Goebbels, *Tagebücher Diktate*, Bd. 3, S. 187, 207, 340, 400 f., 407, 412 f., 437 f., 499, 577, 589; Bd. 4, S. 135, 407, 579; *Meldungen aus dem Reich*, Bd. 10, S. 3758–3760; Ilse Urbach, »Der große Friedrich«, *Das Reich*, 8. März 1942; Welch, *Propaganda*, S. 175–182; Hull, *Film*, 215; Drewniak, *Film*, S. 191–193. Zu Hitlers vollständiger Identifikation mit Friedrich dem Großen vor allem während des Kriegs siehe Pyta, *Hitler*, S. 637–643.
102 Hull, *Film*, S. 185 f.; Heldt, »Composers«, S. 124 f..
103 Goebbels, *Tagebücher Fragmente*, Bd. 4, S. 503, 708; ders., *Tagebücher Diktate*, Bd. 3, S. 220; Welch, *Peopaganda*, S. 121 f., 125–130; Moeller, *Filmminister*, S. 245–249; Niven, *Hitler*, S. 217–219.
104 Siehe Krahl, *Ich*, S. 63. Siehe auch die apologetischen Bemerkungen von Fritz Hippler, der am Film mitgewirkt hatte: *Verstrickung*, S. 216 f.
105 *Meldungen aus dem Reich*, Bd. 9, S. 3175 f. Gerhard Herzberg hatte in »Ich klage an/Capitol« (*Film-Kurier*, 30. August 1941) bereits ähnlich argumentiert.
106 Siehe Boelcke, *Kriegspropaganda*, S. 326; Goebbels, *Tagebücher Diktate*, Bd. 2, S. 114; *Meldungen aus dem Reich*, Bd. 16, S. 6487; Rabenalt, *Goebbels*, S. 198.
107 Hull, *Film*, S. 236 f.; Reimer, »Turning«, S. 216–221; Heins, *Melodrama*, S. 169–173.
108 O'Brien, »Spectacle«, S. 197–208; Moeller, *Filmminister*, S. 266 f.; Nadar, »Director«, S. 76; Heins, *Melodrama*, S. 177 f., 181–183.
109 Heins, *Melodrama*, S. 174 f.; Goebbels, *Tagebücher Diktate* Bd. 3, S. 104 f. Nachdem Kristina Söderbaum (Veit Harlans Ehefrau) in *Die goldene Stadt* (1942) die Sudetendeutsche Anna gespielt hatte, die ins Wasser geht, weil sie sich einem Tschechen in Prag hingegeben

hatte, wollte sie erkannt haben, inwieweit selbst harmlose Filme dem Regime halfen, die Menschen zur Unterstützung der Kriegsanstrengungen anzuspornen (*Nichts*, S. 197 f.). Will Quadflieg argumentiert in: *Wir spielen*, S. 113, grob vereinfachend und darauf bedacht, sich selbst zu rechtfertigen.

110 Quadflieg, *Wir spielen*, S. 111 f.; www.rarefilmsandmore.com/kora-terry-1940#.X-DQqBYxmUl.

111 Goebbels, *Tagebücher Diktate*, Bd. 7, S. 308; Krützen, *Albers*, S. 185 f., 273; Rentschler, *Ministry*, S. 212.

112 Goebbels, *Tagebücher Diktate*, Bd. 8, S. 3865; Bd. 14, S. 386; Bd. 15, S. 542; Liebeneiner und Harlan, in: »Über die Aktualität des historischen Films«, *Film-Kurier*, 24. Dezember 1943; Harlan, *Schatten*, S. 181–194; Drewniak, *Film*, S. 194–196.

113 O'Brien, »Celluloid War«, S. 170–174.

114 Christoph Gunkel, »Der letzte Film der Nazis: Lindenstraße 1943«, *Spiegel Online*, 16. April 2015; Moeller, »Filmstars«, S. 164; Rentschler, *Use*, S. 140.

115 Goebbels, *Tagebücher Diktate*, Bd. 2, S. 127.

116 Moeller, *Filmminister*, S. 365; Kriegk, *Film*, S. 219. Bei den Produktionsfirmen handelte es sich um die Ufa-Tonwoche (das war die größte), die Deulig-Tonwoche, die Tobis-Wochenschau und Fox Tönende Wochenschau (ursprünglich ein Ableger von Hollywoods Twentieth Century Fox).

117 Barkhausen, *Filmpropaganda*, S. 218 f.; Bucher, »Filmpropaganda«, S. 53; Moeller, *Filmminister*, S. 368, 372.

118 Robert Klein, in: Hippler u. a., *Jahre*, S. 46; *Meldungen aus dem Reich*, Bd. 3, S. 820; Barkhausen, *Filmpropaganda*, S. 215.

119 Goebbels, *Tagebücher Fragmente*, Bd. 3, S. 663; Rosenberg, *Tagebücher*; S. 302 f.; Moeller, *Filmminister*, S. 370. Hitlers Begründung seiner Kritik findet sich implizit in den folgenden Bemerkungen in Goebbels' Tagebüchern.

120 Traub, *UFA*, S. 110.

121 *Meldungen aus dem Reich*, Bd. 5, S. 1403, 1577; Bd. 8, 2673; Bucher, »Filmpropaganda«, S. 54.

122 Goebbels' offizielle Haltung zur Arbeit der Wochenschau findet sich in seiner Berliner Rede vom 15. Februar 1941 in: Albrecht, *Filmpolitik*, S. 472, sowie in Goebbels' Artikeln »P. K.«, *Das Reich*, 18. Mai 1941; und »Nachrichtenpolitik«, *Das Reich*, 6. Juli 1941. Desgleichen Bucher, »Filmpropaganda«, S. 55 f.

123 Felix Henseleit, »Die neue Wochenschau: Der Führer wieder in Berlin«, *Film-Kurier*, 11. Juli 1940. Siehe auch Goebbels, *Tagebücher Fragmente*, Bd. 4, S. 233.

124 *Meldungen aus dem Reich*, Bd. 8, S. 2873; Goebbels, *Tagebücher Diktate*, Bd. 2, S. 340.

125 Goebbels, *Tagebücher Diktate*, Bd. 2, S. 556. Siehe Bucher, »Filmpropaganda«, S. 57–59.

126 *Meldungen aus dem Reich*, Bd. 9, S. 3167; Goebbels, *Tagebücher Diktate*, Bd. 3, S. 531.

127 Goebbels, *Tagebücher Diktate*, Bd. 4, S. 289.

128 Barkhausen, *Filmpropaganda*, S. 215, 222; Gutterer, in: *Deutsche Allgemeine Zeitung*, 5. August 1942.

129 Moeller, *Filmminister*, S. 394.

130 Siehe Goebbels, *Tagebücher Diktate*, Bd. 7, S. 90, 308; Hoffmann, *Fahne*, S. 219 f.; Bucher, »Filmpropaganda«, S. 60–66; Moeller, *Filmminister*, S. 395.

131 Siska, *Wunderwelt*, S. 47–49.

132 Hoffmann, *Fahne*, S. 221.
133 »Dokument vom Kampf gegen die Invasion: Die Neue Deutsche Wochenschau«, *Film-Kurier*, 20. Juni 1944.
134 Moeller, *Filmminister*, S. 398 f.
135 Bucher, »Filmpropaganda«, S. 64; Hoffmann, *Fahne*, S. 223 f.
136 Die Auszeichnung fand am 19. März 1945 statt. Siehe Hoffmann, *Fahne*, S. 228 f.
137 »Die letzten Deutschen aus der Dobrudscha fahren die Donau stromauf zur neuen Heimat im Reich«, *Das Reich*, 8. Dezember 1940; Kallenbach, *Kulturpolitik*, S. 147–153.
138 Heyde, *Presse*, S. 36; Sänger, *Fäden*, S. 71; Hagemann, *Presselenkung*, S. 32–36; Abel, *Presselenkung*, S. 40, 51 f., 84.
139 Gillessen, *Posten*, S. 415.
140 Goebbels, *Tagebücher Fragmente*, Bd. 4, S. 250.
141 Boelcke, *Kriegspropaganda*, S. 280.
142 Ders., *Krieg*, S. 238.
143 Goebbels, *Tagebücher Diktate*, Bd. 7, S. 400; desgleichen Bd. 3, S. 240, 387; Hagemann, *Publizistik*, S. 257.
144 Goebbels, *Tagebücher Diktate*, Bd. 4, S. 291.
145 Ders., *Tagebücher Fragmente*, Bd. 4, S. 497; ders., *Tagebücher Diktate*, Bd. 8., S. 101.
146 Hitler am 22./23. Februar 1942, in: Jochmann, *Hitler*, S. 294.
147 Kallenbach, *Kulturpolitik*, S. 22 f.; Haacke, *Feuilletonkunde*, S. 149.
148 Kallenbach, *Kulturpolitik*, S. 54.
149 Ebd., S. 165 f.; Köhler, *Publizieren*, S. 305. Siehe Bollmus, *Amt Rosenberg*, S. 122.
150 Reto Caratsch, »Die letzten zehn Jahre der ›Frankfurter Zeitung‹: Bemerkungen über die Gefahren des Maskentreibens«, *Neue Zürcher Zeitung*, 19. Januar 1947.
151 Sösemann, »Journalismus«, S. 50.
152 Goebbels, *Tagebücher Fragmente*, Bd. 4, S. 288.
153 Kardorff, *Aufzeichnungen*, S. 137.
154 Goebbels, *Tagebücher Fragmente*, Bd. 4, S. 184; ders., *Tagebücher Diktate*, Bd. 2, S. 199; *Meldungen aus dem Reich*, Bd. 7, S. 2647; Baird, *World*, S. 155 f.
155 Goebbels, *Tagebücher Diktate*, Bd. 2, S. 54; Kallenbach, *Kulturpolitik*, S. 51; Heyde, *Presse*, S. 31.
156 Brechtken, »Experiment«, S. 68; Frei und Schmitz, *Journalismus*, S. 38.
157 Laux, *Nachklang*, S. 297; Goebbels, *Tagebücher Diktate*, Bd. 9, S. 103; Köhler, *Publizisten*, S. 356.
158 Goebbels, *Tagebücher Diktate*, Bd. 2, S. 209; Bd. 7, S. 381 (Zitat).
159 Die absolute Ausnahme war wohl »Die Juden sind schuld!«, *Das Reich*, 16. November 1941.
160 Werner Oehlmann, in: *Das Reich*, 21. Juni 1942.
161 Ilse Urbach, »Der große Friedrich«, *Das Reich*, 8. März, 1942.
162 Paul Scheffer, »Zwischen Wunsch und Zweifel: Amerikanische Betrachtungen zur Jahreswende«, *Das Reich*, 29. Dezember 1940.
163 Ludwig Ferdinand Clauß, »Natürliche Rolle – Gemeinschaftsrolle: Über Anlagen und Erziehungsziel«, *Das Reich*, 9. Februar 1941; Himmler an Bormann, 8. September 1943, BAK, T-175, EAP 161-b-12/94. Siehe Kater, *Ahnenerbe*, S. 245–254, 425–428.
164 Eugen Mündler, »Der Krieg gibt das Gesetz«, *Das Reich*, 31. Januar 1943.

165 Hans Schwarz van Berk, »Ein Attentat und seine Antwort: Keine Fahne und kein Regiment entehrt«, *Das Reich*, 23. Juli 1944.
166 »Standarte Nordland«, *Das Reich*, 9. Februar 1941.
167 Hubert Neun, »Wiedersehen mit Warschau: Besiegte Stadt zwischen Gestern und Morgen«, *Das Reich*, 9. März 1941.
168 »Der Bauer als Lehrherr: SS und Landdienst«, *Das Reich*, 9. März 1941.
169 Wilhelm Spengler, »Bandenkrieg im Niemandsland: Vom Einsatz des SD«, *Das Reich*, 3. Mai 1942. Das Zitat stammt aus: Kershaw, *Nemesis*, S. 357.
170 Wilhelm Spengler, »Volksdeutsche Schicksale«, *Das Reich*, 19. August 1942.
171 Pross, »Einleitung«, S. 5; Sarkowicz, »Schriftsteller«, S. 187; Frei und Schmitz, *Journalismus*, S. 100–113; Abel, *Presselenkung*, S. 75–82, 85–94. Einer von Theodor Heuss' (unpolitischen) Artikeln war »›Dennoch…‹: Begegnung mit einer Vergangenheit«, *Das Reich*, 1. Dezember 1940. Weiteres zu diesem Problem in Kap. 6.
172 Goebbels, *Tagebücher Diktate*, Bd. 2, S. 440; Bd. 3, S. 395; *Meldungen aus dem Reich*, Bd. 8, S. 2774; Klingler, »Rundfunkpolitik«, S. 173.
173 Goebbels, *Tagebücher Diktate*, Bd. 3, S. 670.
174 »Fünfte Verordnung zur Durchführung des Reichskulturkammergesetzes. Vom 28. Oktober 1939«, § 1, *Reichsgesetzblatt Teil I* (1939), S. 2118; Fischer, *Dramaturgie*, S. 134.
175 Eckert, *Rundfunk*, S. 38; Diller, *Rundfunkpolitik*, S. 375; Klingler, »Rundfunkpolitik«, S. 51 f.
176 Zur Unausgewogenheit: Goebbels, *Tagebücher Diktate*, Bd. 4, S. 149, 221; *Meldungen aus dem Reich*, Bd. 6, S. 1776; Boelcke, *Kriegspropaganda*, S. 527.
177 Die beiden Rundfunkikonen waren Heinz Goedecke und Wilhelm Krug. Sie brachten ihr eigenes Buch heraus, *Wunschkonzert*, dazu etliche (authentische?) Briefe von Fans, siehe dort, S. 160, 162–164, 167. Desgleichen: Goebbels, *Tagebücher Diktate*, Bd. 4, S. 131; *Meldungen aus dem Reich*, Bd. 4, S. 940 f.; Bd. 5, S. 1692, 1712; Bd. 6, S. 1889; Koch, *Wunschkonzert*, S. 100–116, 130–135, 140–145, 157.
178 Zu Inhalt und Ausgewogenheit siehe Goebbels, *Tagebücher Fragmente*, Bd. 4, S. 118, 683, 685; ders., »Der Rundfunk im Kriege«, *Das Reich*, 15. Juni 1941; *Meldungen aus dem Reich*, Bd. 4, S. 1118; Bd. 5, S. 1493 f.; Bd. 7, S. 2533; Bd. 8, S. 2662; Fischer, *Dramaturgie*, S. 134 und S. 178 f. als Beispiel für ein Tagesrundfunkprogramm (27. Mai 1941).
179 Goebbels, *Tagebücher Diktate*, Bd. 2, S. 305, 556; Bd. 3, S. 40 (Zitat), 92; *Meldungen aus dem Reich*, Bd. 9, S. 3137, 3199.
180 Wie unsicher der Propagandaminister in Bezug auf die Ausgewogenheit des Programms war, zeigt sich in Goebbels, *Tagebücher Diktate*, Bd. 1, S. 460, 494; Bd. 2, S. 119 f., 126, 245, 340; Bd. 3, S. 111, 243 f., 249 f. Zu den Korrekturen siehe Drechsler, *Funktion*, S. 42 f.
181 Das Deutsche Tanz- und Unterhaltungsorchester (DTU) wurde von Georg Haentzschel und Franz Grothe gemeinsam geleitet. Beide waren erfahrene Jazzmusiker, wobei Groth sogar eine leitende Funktion im Rundfunk innehatte. Haentzschel komponierte die Musik zum Film *Baron Münchhausen* (1943); Kater, *Drummers*, S. 126 f.; am 1. Oktober 1988 führte der Autor ein Interview mit Georg Haentzschel, das aufgezeichnet wurde: YUA, CA ON00370 F0456.
182 Goebbels, *Tagebücher Diktate*, Bd. 3, S. 274, 314, 406; Bd. 4, S. 476; ders., »Der neue Helfer«, *Das Reich*, 1. März 1942; *Meldungen aus dem Reich*, Bd. 8, S. 3076; Bd. 9, S. 3437–3439; Kater, *Drummers*, S. 128 f.

183 »Programmwoche vom 13.-19. Dezember 1942«; Notizen von Treffen zur Rundfunkplanung am 6. Januar, 4. und 11. Februar sowie 17. Juni 1943, BAK, R55/696; Hinkel an Goebbels, 25. Januar und 3. Februar 1943, BAK, R55/1254; Goebbels, *Tagebücher Diktate*, Bd. 7, S. 192, 256; *Meldungen aus dem Reich*, Bd. 11, S. 4244; Klingler, »Rundfunkpolitik«, S. 152-154.
184 *Meldungen aus dem Reich*, Bd. 13, S. 4928 f., 4970; Klingler, »Rundfunkpolitik«, S. 179, 196.
185 Frei und Schmitz, *Journalismus*, S. 89 f.
186 *Meldungen aus dem Reich*, Bd. 16, S. 6195; Klingler, »Rundfunkpolitik«, S. 251.
187 Protokoll eines Interviews des Autors mit dem ehemaligen Panzergrenadier Werner Wunderlich, Baden-Baden, 5. September 1986, YUA, CA ON00370 F0456.
188 Klingler, »Rundfunkpolitik«, S. 178, 253.
189 Kershaw, *Nemesis*, S. 681.
190 Hitler, zitiert nach: Klingler, »Rundfunkpolitik«, S. 248 f.
191 Die Nachricht hörte ich selbst als siebenjähriger Junge im Radio meiner Großeltern in Wersabe bei Bremen; ironischerweise trocknete ich gerade feuchte Briefmarken mit Hitlerporträt auf dem Fensterbrett.
192 Den Propagandawert bestätigte Kallenbach in: *Kulturpolitik*, S. 58.
193 Bucher, »Filmpropaganda«, S. 60.
194 *Meldungen aus dem Reich*, Bd. 15, S. 6174 f.; Goebbels, *Tagebücher Diktate*, Bd. 9, S. 56; Kardorff, *Aufzeichnungen*, S. 113; Aster, *Orchestra*, S. 151; Föllmer, *Leben*, S. 215.
195 *Staatskapelle Berlin, Website Bach-Kantaten* http://www.bach.de/werk/kantaten.html ??; Kater, *Drummers*, S. 163; Hamann, *Wagner*, S. 419, 494-496; Aster, *Orchestra*, S. 149 f. Siehe auch Goebbels, *Tagebücher Diktate*, Bd. 13, S. 354.
196 Goebbels, *Tagebücher Diktate*, Bd. 4, S. 409, 419; Leopold Gutterers Bemerkungen in: *Deutsche Allgemeine Zeitung*, 5. August 1942.
197 Goebbels, zitiert in: Kater, *Composers*, S. 252. Siehe auch Egk, *Zeit*, S. 342 f.; Julius Kopsch an Franz Strauss, 21. Juli 1946, RG.
198 Goebbels, *Tagebücher Diktate*, Bd. 1, S. 515.
199 »Verbot des Jazz und ähnlich entarteter Musik in Sachsen. Eine Anordnung von Gauleiter Mutschmann«, in Lovisa, *Musikkritik*, S. 220. Siehe auch *Chemnitzer Zeitung*, 5. Juli 1943; *Musik im Kriege* 1 (1943), S. 75.
200 Walter, *Strauss*, S. 374-395; Kater, *Composers*, S. 228-259; Riethmüller, »Stefan Zweig«, S. 267-287.
201 Drewniak, *Theater*, S. 331-334; Novak, *Salzburg*, S. 330.
202 Goebbels, *Tagebücher Diktate*, Bd. 2, S. 436.
203 Zu Letzterem siehe Drewniak, *Theater*, S. 331-334.
204 *Völkischer Beobachter*, 22. November 1939.
205 Kater, *Composers*, S. 150-177; Kershaw, *Nemesis*, S. 250-252, 484 f.
206 Orff an Strecker, 22. Mai 1941, CM, Korrespondenz Schott; Pietzsch an Orff, 31. Mai 1941, CM, Allgemeine Korrespondenz; [Rundbrief,] signiert Raabe, Berlin, 20. Februar 1942, CM, Allgemeine Korrespondenz; Orff an Strecker, 26. Mai 1943, CM, Korrespondenz Schott; Aulich an Orff, 23. Juli und 23. Oktober 1943, CM, Allgemeine Korrespondenz; Scherping an Reichsminister [Goebbels], 25. April 1944, BAK, R55/559; Deutsche Wochenschau G.m.b.H. an Orff, 7. Juni 1944 (Zitat); Theater am Nollendorfplatz an Orff, 17. Juli 1944, CM, Allgemeine Korrespondenz; Ellis, »Music«, S. 133.

207 Goebbels, *Tagebücher Diktate*, Bd. 13, S. 466; »Gertrud Orffs Tagebuch«, Eintrag vom 30. August 1944, CM; Rathkolb, *Führertreu*, S. 176.
208 Goebbels, *Tagebücher Diktate*, Bd. 13, S. 466.
209 »Opern und Ballette für die neue Spielzeit aus dem Verlag B. Schott's Söhne, Mainz«, *Deutsche Theater-Zeitung*, 14. September 1939.
210 Einträge vom 7. bis 27. März, 3. bis 10. Juni, 2. und 5. bis 22. Juli 1943 in Egks Taschenkalender, BS, Ana/410; Drewes an Graener, 26. März 1943, BS, Fasc. germ; Egk, *Zeit*, S. 349.
211 Goebbels, *Tagebücher Fragmente*, Bd. 3, S. 317.
212 »Military Government of Germany: Fragebogen«, signiert Werner Egk, 16. Oktober 1945; Beisler an Kläger, 23. September 1946, AM, Egk; Goebbels, *Tagebücher Diktate*, Bd. 13, S. 333; RKK Elly Ney, BAB (ehemals BDC); RKK Egk, BAB (ehemals BDC); Rathkolb, *Führertreu*, S. 176.
213 RKK Gottfried Müller, BAB (ehemals BDC); RKK Egk, BAB (ehemals BDC); Schinköth, »Psalm«, S. 305–309; Goebbels, *Tagebücher Diktate*, Bd. 12, S. 204 (Zitate), 234.
214 Goebbels, *Tagebücher Diktate*, Bd. 11, S. 88; Klingler, »Rundfunkpolitik«, S. 185.
215 Goebbels, *Tagebücher Diktate*, Bd. 3, S. 556; Bd. 4, S. 211 f.; Leopold Gutterer, in: *Deutsche Allgemeine Zeitung*, 5. August 1942.
216 Andrew Lamb über Schultze in: *Oxford Music Online*; Goebbels, *Tagebücher Fragmente*, Bd. 1, S. 7 f., 23; ders., *Tagebücher Diktate*, Bd. 2, S. 33, 477; Kühn, »Kompass«, S. 366–368.
217 Goebbels, *Tagebücher Diktate*, Bd. 4, S. 172, 175.
218 Goebbels, *Tagebücher Fragmente*, Bd. 4, S. 118; ders. *Tagebücher Diktate*, Bd. 1, S. 386; RKK George Schönemann, BAB (ehemals BDC).
219 Hans Hotter in einem Telefongespräch mit dem Autor, München, 14. Dezember 1994; Goebbels, *Tagebücher Diktate*, Bd. 4, S. 408; Bd. 12, S. 204; Picker, *Tischgespräche*, S. 396. Goebbels' vergebliche Suche ist veranschaulicht in *Tagebücher Diktate*, Bd. 11, S. 77.
220 Diller, *Rundfunkpolitik*, S. 432.
221 Elly Ney, »Elly Ney schreibt an den deutschen Soldaten«, *Zeitschrift für Musik*, 109 (März 1942), S. 122 f.
222 Ney, »Bekenntnis«, S. 67.
223 Goebbels, *Tagebücher Diktate*, Bd. 4, S. 135; »Reichsprogramm des Großdeutschen Rundfunks zum Geburtstag des Führers 20. April 1940«, Faksimile in: Diller, *Rundfunkpolitik*, S. 347; Aster, *Orchestra*, S. 120.
224 Drewniak, *Film*, S. 328, 396, 438; Aster, *Orchestra*, S. 121.
225 Siehe Posch, »Salzburger Festspiele«, S. 451–453; Goebbels, *Tagebücher Diktate*, Bd. 2, S. 265, 519; Hörbiger, *Ich*, S. 274; Novak, *Salzburg*, S. 269–277, 328–330, 338 f., 347 f.; Levi *Mozart*, S. 157–159; Kriechbaumer, *Österreich*, S. 315–325, 372 f.
226 Spotts, *Bayreuth*, S. 190–199; *Meldungen aus dem Reich*, Bd. 5, S. 508; Bd. 8, S. 2675; Bd. 15, S. 5807–5809; Vossler, *Propaganda*, S. 331–335; Hamann, *Wagner*, S. 407–449, 460–507; Wagner, *Wagner Theater*, S. 171, 226, 235–242, 256, 309–313, 320.
227 Drewniak, *Theater*, S. 86.
228 Werner Kark, »Künstler spielen – ein Volk marschiert. Deutsche Theater in historischer Stunde«, *Deutsche Theater-Zeitung*, 24. September 1939 (Zitat); Gründgens, zitiert in: Hans Erman, »Gustaf Gründgens: Krieg und Theaterführung. Der ›VB‹ unterhielt sich

Anmerkungen 433

mit dem Generalintendanten des Staatlichen Schauspielhauses«, *Völkischer Beobachter*, 19. Oktober 1939.
229 Hilpert, »Menschenführung«, S. 273, 275 f.
230 Karl Pempelfort, »Theater in ernster Zeit«, *Deutsche Theater-Zeitung*, 24. September 1939; Best, *Dramaturgie*, S. 46 f.
231 Goebbels, *Tagebücher Diktate*, Bd. 7, S. 608; Bd. 8, S. 515.
232 Zur Expansion: Goebbels, *Tagebücher Fragmente*, Bd. 4, S. 509; ders., *Tagebücher Diktate*, Bd. 1, S. 428; Bd. 2, S. 151; Bd. 10, S. 381; *Meldungen aus dem Reich*, Bd. 5, S. 1680; Bd. 9, S. 3372; Bd. 10, S. 3937; Bd. 12, S. 4766 f. Schlösser, »Lebendiges Theater«, S. 3; Heyde, *Presse*, S. 31 f. Drewniak, *Theater*, S. 86.
233 Goebbels, *Tagebücher Diktate*, Bd. 4, S. 300; *Meldungen aus dem Reich*, Bd. 5, S. 1681; Bd. 9, S. 3371; Dussel, *Theater*, S. 245.
234 Goebbels, *Tagebücher Fragmente*, Bd. 4, S. 422; ders., *Tagebücher Diktate*, Bd. 1, S. 124, Bd. 4, S. 579; Künkler, »Probleme«, S. 197, 206. Rosenbergs wüst antisemitischer Troll Elisabeth Frenzel äußerte sogar die Befürchtung, dass das Theater in Ermangelung talentierter Nachwuchsdramatiker im Verborgenen immer noch »jüdisch« sein könnte (*Jude*, S. 2, 8; zu Frenzel siehe Klee, *Kulturlexikon*, S. 147).
235 Die Namen wurden im NSDAP-eigenen Verlag Franz Eher Nachfolger publik gemacht. Ebenso fade, aber vielleicht politisch weniger virulent waren Personen, deren Namen von den Verlagen Vertriebsstelle Berlin und Capitol-Verlag Berlin publiziert wurden.
236 Wapnewski, *Auge*, S. 53; Ruppelt, *Schiller*, S. 41–44, 113 f.
237 Goebbels, *Tagebücher Fragmente*, Bd. 4, S 152 (Zitat); Schlösser, »Lebendiges Theater«, S. 3; Dussel, *Theater*, S. 284.
238 Paul Kersten, »E. E. Dwinger: ›Der letzte Traum‹: Uraufführung der ›deutschen Tragödie‹ in Stettin«, *Deutsche Theater-Zeitung*, 2. November 1941; Drewniak, *Theater*, S. 238; Klee, *Kulturlexikon*, S. 111. Zu Dwinger im Zweiten Weltkrieg siehe Baird, *Hitler's War Poets*, S. 151–159.
239 Mühr, *Mephisto*, S. 193–195.
240 In *Das Dorf bei Odessa* müssen sich deutschstämmige sowjetische Beamte zwischen dem Dienst für die Moskauer Regierung und der Treue zu ihrer Dorfgemeinschaft entscheiden. Siehe Reinecker, *Dorf*, z. B. S. 73, 75; *Deutsche Dramaturgie* 2 (1943), S. 83; Drewniak, *Theater*, S. 239.
241 Schoeps, *Literatur*, S. 154 f.
242 Gritzbach, *Göring*.
243 Goebbels, *Tagebücher Diktate*, Bd. 3, S. 376; Bd. 4, S. 507; *Meldungen aus dem Reich*, Bd. 3, S. 582; Bd. 4, S. 949; Bd. 5, S. 1492; Schirach, *Kantaterede*, S. 10; Adam, *Lesen*, S. 296 f.; Friedländer, *Memory*, S. 258.
244 *Meldungen aus dem Reich*, Bd. 5, S. 1576.
245 Goebbels, *Tagebücher Diktate*, Bd. 5, S. 94; Bd. 7, S. 542; Bd. 11, S. 47; *Meldungen aus dem Reich*, Bd. 10, S. 3970; Bd. 12, S. 4662; Leopold Gutterer, in: *Deutsche Allgemeine Zeitung*, 5. August 1942; Wezel, »Wunschzettel«, S. 27–30; Strothmann, *Literaturpolitik*, S. 188; Barbian, *Literaturpolitik*, S. 247 f., 372; Adam, *Lesen*, S. 171.
246 Raschke, *Erbe*, bes. S. 114 f., 120, 144, 215, 242, 246, 249 f., 255. Die Zitate entstammen den Seiten 215 und 242.

247 Siehe von Kardorffs einfühlsame Charakterisierung in *Aufzeichnungen*, S. 15, 85 f.; Fischer-Gravelius, »Erinnerungen«, S. 343. Ein typischer Beitrag zum Lobe der Volkskunst ist Raschke, »Grenzen der Volkskunst«, *Das Reich*, 6. Dezember 1943. Siehe Haefs, »Werkchronik«, S. 239 f.
248 Raschke, *Pomeranzenzweig*, bes. S. 7, 19, 24, 99, 116–120.
249 Langenbucher, *Volkhafte Dichtung*, S. 290. Siehe auch Steinborn, »Erzähler«, S. 61–64; Langer, *Dichtung*, S. 139.
250 Raschke, »Europa«, S. 152 f.; ders., »Briefen«, S. 338, 341; Haefs, »Zeit«, S. 94–96, 100 f.; ders., »Werkchronik«, S. 259–264.
251 Spezialkatalog Martin Raschke, *Neue Deutsche Biographie Online*.
252 Stöve, »Dichtung«, S. 149; Denecke, »Grenzen«, S. 155; Goebbels 1942, zitiert nach: Strothmann, *Literaturpolitik*, S. 494; Barbian, *Literaturpolitik*, S. 366.
253 In »Zum Dichtertreffen 1941« betrauert Wilhelm Haegert die Verluste: *Die Dichtung*, S. 5 f.; ders. »Eröffnungsrede zum Dichtertreffen 1942«, in Erckmann, *Dichter*, S. 5.
254 Rosenberg, *Tagebücher*, S. 383.
255 Manfred Hausmann, »Das Großdeutsche Dichtertreffen in Weimar. Ein Überschlag und Ausblick«, *Das Reich*, 3. November 1940.
256 Siehe Hesse, »Beitrag«, S. 28, 34; Erckmann, »Sinn«, S. 7; Burte, *Reden*, S. 30.
257 Siehe Johsts Gedicht »Dem Führer«, veröffentlicht in: Velmede, *Führer*, S. 56, und seine Homilie für Hitler und Todt in: *Todt*, S. 15, 48.
258 Johst, *Ruf*, bes. S. 8, 19 und 63 (Zitate).
259 Goebbels, *Tagebücher Diktate*, Bd. 6, S. 110.
260 Aphorismen von Johst wurden in Casper, *Johst*, veröffentlicht, siehe z. B. S. 7, 35, 68, 92 f. Johst erhielt in Rundfunk und Presse eher lahme Rezensionen: *Meldungen aus dem Reich*, Bd. 10, S. 3953; Künkler, »Probleme«, S. 199. Zum Thema Johst und die SS siehe bes. Düsterberg, *Johst*, S. 302–305; zu Johst und Himmler: dessen Korrespondenz in *Himmler privat*, z. B. S. 337. Siehe auch Steinweis, *Art*, S. 28; Klee, *Kulturlexikon*, S. 258.
261 Sebald, *Luftkrieg*, S. 125. Siehe Jüngers Bücher *In Stahlgewittern* und *Das Wäldchen 125* sowie *Der Arbeiter* als Beispiel für den Archetypus des faschistischen Soldaten, S. 107 f.
262 Kiesel, *Jünger*, S. 280–282; Martynkewicz, *Salon Deutschland*, S. 426.
263 Siehe den Kommentar zum Verhalten des Pöbels in: Jünger, *Strahlungen*, S. 119.
264 Beispiele aus dem Zweiten Weltkrieg: Jünger, *Gärten*, S. 107 f., 129–131, 177; ders., *Kampf*, S. 14.
265 Friedländer, *Years*, S. 381.
266 Jünger, *Gärten*, S. 108, 196 (Zitat); ders., *Strahlungen*, S. 223.
267 Ders., *Strahlungen*, S. 39–41.
268 Mendelssohn, »Gegenstrahlungen«, z. B. S. 164–166.
269 Böll, *Man*, S. 28–80.
270 Jünger, »Aus den Tagebüchern von 1939/40«, *Das Reich*, 9. Februar 1941.
271 Ders., *Strahlungen*, S. 138 f. Mendelssohns Kritik in: »Gegenstrahlungen«, S. 157.
272 Jünger, *Auf den Marmorklippen*.
273 Hesse, »Beitrag«, S. 32.
274 Goebbels, *Tagebücher Diktate*, Bd. 2, S. 315 f.
275 Beumelburg, *Kampf*, S. 127–130.

Anmerkungen 435

276 Manfred Hausmann, in: Bade und Haacke, *Jahr*, S. 159–163.
277 Curt Strohmeyer, in: ebd., S. 374–376; Moser, »Am Rande«, S. 30–32.
278 Horst Merkwitz, in: Bade und Haacke, *Jahr*, S. 246 f.; Josef Magnus Wehner, in: ebd., S. 411–413; Rexroth, *Wehrmutstrauch*, S. 205; Slesina, *Soldaten*, S. 84.
279 Friedrich-Wilhelm-Hymnen in: Bade und Haacke, *Jahr*, S. 178–180; Enno W. Müller-Waldeck, in: ebd., S. 263–268; Otto Voigtel, in: ebd., S. 393 f.
280 Zu den französischen Kolonialtruppen siehe Alfons von Czibulka in: Bade und Haacke, *Jahr*, S. 66–68. Über vermutete französische »Rassenmischung« siehe Fritz Fröhling in: ebd., S. 123.
281 Zur Physiognomie sowjetischer Soldaten siehe Rexroth, *Wehrmutstrauch*, S. 214, 218 f.; Dwinger, »Bolschewismus«, S. 13 f.; Slesina, *Soldaten*, S. 23, 76. Zu sowjetischen Kriegsgefangenen siehe den maßgebenden Band von Streit, *Keine Kameraden*, bes. S. 83–190.
282 Bauer, *Kraniche*, bes. S. 48, 115–117, 124, 126, 131 f., 189, 197 f.; Rexroth, *Wehrmutstrauch*, S. 146–155; Dwinger, »Bolschewismus«, S. 15; Slesina, *Soldaten*, S. 26; Brehm, *Geschichten*, S. 184. Zum gemeinsamen Vorgehen von SS und Wehrmacht gegen Juden an der Ostfront siehe Browning, *Origins*, S. 215–224, sowie Jürgen Matthäus, in: ebd., S. 247–267.
283 Eine repräsentative Sammlung von Gedanken und Konzepten in: Brand, *Domen*, S. 48–50, 74, 124, 142 f., 160, 254–256; Burte, *Reden*, S. 29; Wirsing, *Zeitalter*, S. 26, 31 f., 42, 55, 62, 77–79, 120–123, 129–131; Dwinger, »Bolschewismus«, S. 21; Ehmer, »Wirkungen«, S. 26–30, 37 f.; Frenssen, *Recht*, S. 14, 45 f.; Nachenius, »Solidarität«, S. 9 f.; Schumann, »Krieg«, S. 70 f.; Heiseler, »Oktober 1939«, S. 33 f.
284 Siehe Carossas Beitrag in: Velmede, *Führer*, S. 14 (Zitat) und seinen Versuch, sich nach 1945 reinzuwaschen, in: *Welten*, S. 117–127. Zur Dichter-Vereinigung und ihrem schnellen Scheitern sowie Carossas Präsidentschaft 1941–1943 siehe Martin, *New Order*, S. 227–262.
285 Agnes Miegel, »An den Führer«, in: dies., *Ostland*, S. 5 f.; Wilhelm von Scholz, »Deutsche Wünsche«, in: ders., *Gedichte*, S. 316 f.; Ina Seidel, »Lichtdom«, in: Velmede, *Führer*, S. 16.
286 Strauß, *Lebenstanz*, S. 37, 109, 154, 177, 185, 232 f., 289 f., 330, 438 f.
287 Lorenz, *Unrast*, S. 5, 15 f. (Zitat), 31, 51, 58, 61, 67.
288 Christoph, *Sehnsucht*, S. 16, 46, 48, 60, 162, 166, 284 f., 310 f., 412.
289 Speer, »Vorwort«, bes. S. 9, 13.
290 Siehe Wilhelm Grebe, »Wiedergesundung und Neuausrichtung des ländlichen Bauwesens. Zu dem Bauernhof-Wettbewerb 1941–1942« (September 1942), in: Teut, *Architektur*, S. 277–279.
291 Goebbels, *Tagebücher Diktate*, Bd. 4, S. 418.
292 Alle Zahlen aus: Meckel, *Animation*, S. 39 f.
293 *Meldungen aus dem Reich*, Bd. 5, S. 1754–1756; Bd. 12, S. 4835.
294 Ebd., Bd. 4, S. 1038; Thomae, *Kunst*, S. 159.
295 Petropoulos, *Faustian Bargain*, S. 93. Siehe auch Schlenker, *Salon*, S. 130–137.
296 Brantl, *Haus der Kunst*, S. 100–102, 106–108. Zu Gerdy Troost siehe Schlenker, *Salon*, S. 139–143.
297 Brantl, *Haus der Kunst*, S. 102.
298 *Meldungen aus dem Reich*, Bd. 5, S. 1340 f., 1485, 1754–1756; Bd. 7, 2345 f.; Goebbels,

Tagebücher Diktate, Bd. 2, S. 440; Bd. 4, S. 415; Rathkolb, Führertreu, S. 68–78; Petropoulos, Artists under Hitler, S. 184–189.
299 Meldungen aus dem Reich, Bd. 12, 4804 f., 4836 f.
300 Siehe www.gdk-research.de.
301 Meldungen aus dem Reich, Bd. 12, S. 4444.
302 Schlenker, »Art«, S. 103.
303 Eber, Sie kommen, in: Westecker, Krieg, S. 62; artroots.com/art5/elkeberarticle.htm.
304 Willrich, Oberst Mölders, in: Westecker, Krieg, S. 27; siehe auch http://wolfgang-willrich. de/page/werkverzeichnis/nach-motiven/koepfe/soldaten/luftwaffe.php.
305 Spiegel, Tank, in: Merker, Künste, S. 288; Hoffmann, Kunstausstellung, S. 19; Ferdinand Spiegel, in: www.germanartgallery.eu.
306 Eichhorst, Feuernde Geschütze bei der Beschießung von Warschau, in: Westecker, Krieg, S. 47; galleria.thule-italia.com/franz-eichhorst/?lang=en; www.google.ca/search?q=eichhorst+erinnerung+an+stalingrad; Hoffmann, Kunstausstellung, S. 17.
307 Wilhelm Petersen, Der Stoßtruppführer, in: SS-Leitheft 9 (April 1943), S. 28; Der Stoßtruppführer und Der Nahkampf in: SS-Leitheft 9 (Mai 1943), bei S. 8; Posten im Niemandsland, in: Merker, Künste, S. 293. Mehr über Petersen auf galleria.thule-italia.com/wilhelm-petersen/?lang=en; Christiansen und Petersen, Petersen, S. 5–20.
308 Adam, Art, S. 153.
309 Harm Wulf, Sepp, der Bauernmaler, artroots.com/art2/sepphilzarticle3.htm; Abb. von Bäuerliche Venus, ebd.
310 Goebbels, Tagebücher Diktate, Bd. 4, S. 587; Bd. 8, S. 259, 526 (Zitat); galleria.thule-italia. com/sepp-hilz/?lang=en; Hoffmann, Kunstausstellung, S. 8.
311 Puchinger, Brunnenplatz im Berge, Abb. in: Hoffmann, Kunstausstellung, S. 24; Berann, Bergungeheuer, in: ebd., S. 31. Interessanterweise hat Adam in Art, S. 153, ein Bild von Hilz mit dem Titel Eitelkeit abgebildet. Das Sujet ähnelt der Bäuerlichen Venus, mit der Adam es verwechselt hat. Man sollte ihm aber diese Ungenauigkeit nachsehen.
312 Goebbels, Tagebücher Fragmente, Bd. 4, S. 558.
313 Goebbels, Tagebücher Diktate, Bd. 2, S. 357; Bd. 8, S. 259, 515, 548; Hoffmann, Kunstausstellung, S. 12; Kriegel, in: hausderdeutschenkunst.de; Merker, Künste, S. 167; https://germanartgallery.eu/?s=kriegel.
314 Petropoulos, Faustian Bargain, S. 261.
315 Padua, Mars und Venus, www.artnet.de/k%C3%BCnstler/paul-matthias-padua/mars-und-venus-kuA1uoL3z7LuwUyDLifUMQ2; Goebbels, Tagebücher Fragmente, Bd. 4, S. 445; Klee, Kulturlexikon, S. 404; Schlafende Diana, Abb. in: Hoffmann, Kunstausstellung, S 11 f.; Der 10. Mai 1940, Abb. in: Merker, Künste, S 256.
316 Arbeiter, Bauern und Soldaten, Abb. in: Adam, Art, S. 162 f.
317 Hinz, Malerei, S. 77, 84; Petsch, »Malerei«, S. 251 f.
318 Goebbels, Tagebücher Diktate, Bd. 8, S. 548; www.gdk-research.de/db/apsisa.dll/ete?-action=addFilter&filter=filter_kunstler&term=Schmitz-Wiedenbr%C3%BCck%2C%20 Hans.
319 Amtliche Mitteilungen der Reichskulturkammer, 15. Oktober 1943, BAK, RD 33/2-2; Korrespondenz zu Kreuder (April–Dezember 1943), BAK, R 55/126; Hinkel an Tiessler, 4. Mai 1944, RKK Peter Kreuder, BAB (ehemals BDC).

320 http://www.gdk-research.de/db/apsisa.dll/ete?action=addFilter&filter=filter_kunstler&term=Gerhardinger%2C%20Constantin; Goebbels, *Tagebücher Diktate*, Bd. 8, S. 258, 526 (Zitat); Klee, *Kulturlexikon*, S. 162, 616; Spotts, *Hitler*, S. 179; Schlenker, *Salon*, S. 212–214. Petropoulos schreibt in *Faustian Bargain* (S. 260), Ziegler sei auch deshalb so behandelt worden, weil er Friedensfühler nach den Alliierten ausgestreckt hatte.
321 Goebbels, *Tagebücher Fragmente*, Bd. 4, S. 52; ders., *Tagebücher Diktate*, Bd. 4, S. 417.
322 Siehe die folgenden Abb. von Werken Josef Thoraks: *Francisca da Rimini* (Hoffmann, *Kunstausstellung*, S. 33), *Hannele* (ebd., S. 35), [Mann und Pferd im Riesenstadion], *Art*, S. 204); dazu Text in: Hoffmann, *Kunstausstellung*, S. 24, 32; Goebbels, *Tagebücher Diktate*, Bd. 1, S. 132; Bd. 4, S. 572; Merker, *Künste*, S. 167; Petropoulos, *Art*, S. 169, 242; ders., *Faustian Bargain*, S. 266 f. Die Webseite für die Großen Deutschen Kunstausstellungen in München weist für 1943 und danach keine Exponate von Thorak auf: www.gdk-research.de/db/apsisa.dll/ete?action=addFilter&filter=filter_kunstler&term=-Thorak%2C%20Josef.
323 Goebbels, *Tagebücher Fragmente*, Bd. 4, S. 52.
324 Brekers Kriegsstil wird am überzeugendsten von seinen drei Basreliefs repräsentiert, die 1940 und 1941 in München zu sehen waren; Abb. in: Spotts, *Hitler*, S. 108 f. Desgleichen *Schreitende* in: Hoffmann, *Kunstausstellung*, S. 34; Adam, *Art*, S. 203.
325 Grothe, *Breker*, S. 1; Petropoulos, »Seduction«, S. 211.
326 Petropoulos, *Art*, S. 35; ders., *Faustian Bargain*, S. 223–239.
327 Spotts, *Hitler*, S. 325–327.
328 Petropoulos, *Faustian Bargain*, S. 233.
329 August, »Stellung«, S. 171–173; Baranowski, *Strength*, S. 203 f.; Drewniak, *Theater*, S. 87–89; Klee, *Kulturlexikon*, S. 315.
330 Gemäß Vossler, *Propaganda*, S. 83 f.
331 Goebbels, in: *Die Bühne*, Nr. 15 (10. August 1940), S. 1.
332 Vossler, *Propaganda*, S. 81 f.
333 Goebbels, *Tagebücher Diktate*, Bd. 3, S. 382.
334 Allerdings lag in der Kategorie »ideologische Literatur« Hitlers Buch bei den Soldaten an erster Stelle.
335 Hauptmann Dr. Werneckes Vortrag über »Aufgabe und Methodik des Einsatzes der RWU-Filme bei der Truppenbetreuung« in: *Film und Bild* 8, Nr. 2 (15. Februar 1942); S. 17.
336 Vossler, *Propaganda*, S. 215 (Zitat Äußerung des Soldaten); Adam, *Lesen*, S. 297–299; Barbian, *Literaturpolitik*, S. 364 f.; *Meldungen aus dem Reich*, Bd. 12, S. 4506.
337 Soldatensender Belgrad: Drewniak, *Theater*, S. 89; Kater, *Drummers*, S. 126, 176 f.
338 Boelcke, *Kriegspropaganda*, S. 425; Goebbels, *Tagebücher Diktate*, Bd. 2, S. 340, 523 (Zitat); Ernst Hellwig, in: »Soldaten zum Thema Film«, *Film-Kurier*, 24. Dezember 1943; Baranowski, *Strength*, S. 207.
339 Leopold Gutterers Rezension »Unser Kulturschaffen im Kriege« in: *Deutsche Allgemeine Zeitung*, 5. August 1942.
340 Goebbels, *Tagebücher Diktate*, Bd. 2, S. 114, 525; Vossler, *Propaganda*, S. 82 f., 297, 317 f.; 362; Drewniak, *Theater*, S. 87 f.; August, »Stellung«, S. 188; Baranowski, *Strength*, S. 205 f.
341 Dillmann, *Hilpert*, S. 154 f.
342 Goebbels, *Tagebücher Diktate*, Bd. 3, S. 80, 376 f., 395; Bd. 5, S. 161; Bd. 10, S. 106; Bd. 11,

S. 582; *Meldungen aus dem Reich*, Bd. 9, S. 3372 f.; Vossler, *Propaganda*, S. 84, 290–296; 302, 307; Drewniak, *Theater*, S. 89; Baranowski, *Strength*, S. 208 f.; Goldhagen, *Executioners*, S. 244.

343 Hörbiger, SD-Eintrag vom 2. Juli 1943; RKK Paul Hörbiger, BAB (ehemals BDC); Klee, *Kulturlexikon*, S. 232; Hörbiger, *Ich*.

344 Olga Tschechowa, in: Siska, *Wunderwelt*, S. 84 (Zitate); Tschechowa, *Uhren*, S. 179; Klee, *Kulturlexikon*, S. 559. Eine ähnliche Selbstdarstellung findet sich in den Memoiren der Schauspielerin Lil Dagover, *Dame*, S. 238 f.

345 Naso, *Leben*, S. 718; Klee, *Kulturlexikon*, S. 387; Protokoll eines Interviews des Autors mit Gertie Schönfelder, Lindau, 2. Juni 1968, YUA, CA ON00370 F0456. Zur Handwerksproduktion jüdischer Ghettobewohner (Schränkchen, Handschuhe, Schuhe) vor ihrem Abtransport in die Vernichtungslager siehe Browning, *Origins*, S. 153 f.

346 Gründgens, zitiert in: Michalzik, *Gründgens*, S. 104 f.; Kitchen, *Third Reich*, S. 187–189.

347 Werner, *So*, S. 111–113.

348 Hielscher, zitiert in: Adrian Prechtl, »Deutschlands letzte Diva, Filmstar und Entertainerin: Margot Hielscher«, *Abendzeitung*, München, 22. August 2017.

349 Protokoll eines Interviews des Autors mit Margot Hielscher, München, 4. Juni 1988, YUA, CA ON00370 F0456.

350 »Ballade von Leben, Liebe und Tod. Bericht von der Formung des Ufa-Films ›Das Herz einer Königin‹«, *Filmwelt* 49 (8. Dezember 1939), S. 6 f.; Fox, *Film Propaganda*, S. 167; Tiedt, *Sterne*, S. 115; Quadflieg, *Wir spielen*, S. 110 f.

5. Künstler im Exil

1 Easton, *Count*, S. 398–406.
2 Brecht war in zweiter Ehe seit 1930 mit Helene Weigel verheiratet.
3 Peter Gay wurde 1923 in Berlin als Peter Joachim Fröhlich geboren; 1941 reiste er mit seinen Eltern in die USA ein und wurde später ein renommierter Historiker an der Yale-Universität.
4 Röder und Strauss, *Handbuch*, S. XIII, XVII.
5 Ebd., S. XIX. Angesichts dieser Zahlen scheint die Kompilation von Anthony Heilbut (*Exiled*, S. 26) mit zu hohen Werten zu operieren.
6 Clark, *Moscow*, S. 156–161; Albrecht u. a., *Lexikon* Bd. 2, S. 480–482.
7 Wagner, *Klabund*, S. 168–181; Clark, *Moscow*, S. 151, 211; Lars-Broder Keil, »Deutschlands schönste Frau starb im Gulag«, *Die Welt*, 3. Februar 2017. Nach 1945 spielte Wangenheim eine wichtige Rolle in der DDR-Filmindustrie.
8 Frankenthal, *Fluch*, S. 227, 232.
9 Müssener, *Exil*, S. 61–72, 92, 95; Röder und Strauss, *Handbuch*, S. XL.
10 Röder und Strauss, *Handbuch*, S. XLI; Bermann-Fischer, *Bedroht*, S. 120; Frankenthal, *Fluch*, S. 220; Mann und Mann, *Escape*, S. 237; Pritzker-Ehrlich, *Emigrantenlos*; Krispyn, *Writers*, S. 59–62; Mäusli, »Music Scene«, S. 259–270; Palmier, *Weimar*, S. 154–161.
11 Friedländer, *Nazi Germany*, S. 220–223; Barron, »Artists«, S. 15 f.; Closel, *Stimmen*, S. 268–277; Holz, »Artists«, S. 355–357.
12 Carsten, »Emigranten«, S. 140, 148–150; Wasserstein, *Britain*, S. 9 f., 81 f., 94, 119 f., 345–349. Siehe auch Berghahn, *Refugees*, S. 121, 129 f., 137; Berstl, *Odyssee*, S. 182; Fend, »Hans Gál«,

Anmerkungen 439

S. 174–177; Heilbut, *Exiled*, S. 26; Hirschfeld, »Great Britain«, S. 4–6, 9–12; Haffner, *Engländer*, S. 31 f., 102 f.
13 Röder und Strauss, *Handbuch*, S. XXVIII; Gradenwitz, »Ben-Haim«, S. 120 f.
14 Abella und Troper, *None*, S. 36, 50 f., 144.
15 Mühlen, *Fluchtziel*, S. 43 f., 53–59, 75, 86, 96–102.
16 Gay, *Question*, S. 149 f., 156–159; Friedländer, *Nazi Germany*, S. 299 f.
17 Röder und Strauss, *Handbuch*, S. XXIX.
18 Ebd.; Durzak, »Exilsituation«, S. 147 f.; Davie, *Refugees*, S. 16 f., 21–25, 29, 33–36, 44, 63, 88; Friedrich, *City of Nets*, S. 47.
19 Möller, *Exodus*, S. 47.
20 Mann und Mann, *Escape*, S. 237.
21 Carsten, »Emigranten«, S. 139; Müssener, *Exil*, S. 96; Davie, *Refugees*, S. 287 f.
22 Carsten, »Emigranten«, S. 139;
23 Davie, *Refugees*, S. 257–259.
24 Ollendorf-Reich, *Reich*, bes. S. 48–64; Reichs Geschichte vor 1933 in: Hoeres, *Kultur*, S. 64.
25 Frankenthal, *Fluch*, S. 203–245.
26 Reifenberg, »Jahre«, S. 44; Gillessen, *Posten*, S. 173.
27 Gumpert, *Hölle*, S. 276–278; Kater, *Doctors under Hitler*, S. 211.
28 Lühe, *Erika Mann*, S. 178–180.
29 Siehe Heilbut, *Exiled*; Taylor, *Strangers*; Merrill-Minsky, *Exiles*; Brinkmann und Wolff, *Driven into Paradise*.
30 Bruno Walter hat, aus welchen Gründen auch immer, das Ausmaß seiner kulturellen Integration in den USA übertrieben dargestellt, siehe *Thema*, S. 441–443.
31 Werfel, zitiert in: Jungk, *Werfel*, S. 287.
32 Beispielhaft für in die USA emigrierte Historiker hat dies Catherine Epstein geleistet: »Schicksalsgeschichte«, S. 116 f.
33 Taylor, *Strangers*, S. 174.
34 Gay, *Freud*, S. 631; Tergit, »Exilsituation«, S. 138.
35 Koestler, *Writing*, S. 513 f.; Cesarini, *Koestler*, S. 145 f., 156 f., 160–162, 170 f.
36 Palmer, *Lilli*, S. 132–156. Siehe auch Berghahn, *Refugees*, S. 92, 104 f.
37 Bergner, *Bewundert*, S. 190 f.
38 Milton, »Culture«, S. 87; Gradenwitz, »Ben-Haim«, S. 120 f.; Müssener, *Exil*, S. 293.
39 Raab, »Internierung«, S. 294; Raab Hansen, *Musiker*, S. 144, 151, 154, 176–178, 218; Closel, *Stimmen*, S. 302, 307, 311–314; Scheding, »Tendencies«, S. 249 f., 255 f.; Haas, *Music*, S. 252–255.
40 Flavell, *Grosz*, S. 95; Krenek, *Tagebücher*, S. 105 f.
41 Türcke, »Klänge«, S. 20 f.
42 Bergner, *Bewundert*, S. 114 f., 147, 180; Kortner, *Tage*, S. 274 f.; Mann und Mann, *Escape*, S. 60, 352–354.
43 Viertel, *Kindness*, S. 247; Zuckmayer, *Stück*, S. 408.
44 Bergner spielte einmal Katharina die Große (mit anhaltinischem Akzent?), während Marlene Dietrich und Lotte Lenya mehr dem Typ der Femme fatale entsprachen. Siehe Bergner, *Bewundert*, S. 115; Spoto, *Blue Angel*, S. 130, 172.
45 Weill an Jolles, 27. Mai 1949, WC, Korrespondenz Weill und Jolles.
46 Davie, *Refugees*, S. 351.

47 Siehe Willett, »Künste«, S. 186; Karl Sterns Beobachtung in: Berghahn, *Refugees*, S. 98; Pross, *Emigration*, S. 58.
48 Mann und Mann, *Escape*, S. 303 (Zitat); Feuchtwanger, »Schriftsteller«, S. 548–550. Siehe auch Walter, »Literatur«, S. 84.
49 Vaget, »Wetter«, S. 72; McGilligan, *Fritz Lang*, S. 293; Kortner, *Tage*, S. 278; Heilbut, *Exiled*, S. 34.
50 Zweig, *Welt*, S. 394; ders., zitiert in: Prochnik, *Exile*, S. 144; Mann, *Tagebücher 1935–1936*, S. 218.
51 Cesarani, *Koestler*, S. 145, 178; Heilbut, *Exiled*, S. 34.
52 Heilbut, *Exiled*, S. 206; Vaget, »Wetter«, S. 72 f.
53 Zuckmayer, *Stück*, S. 409 f., 417, 414 f., 424 f.
54 Berstl, *Odyssee*, S. 178.
55 Stefan Wolpe, in: *Stefan Wolpe*, S. 112 (Zitat). Siehe auch Clarkson, »Stefan Wolpe«, S. 219–244.
56 Krenek, *Tagebücher*, S. 105 (Zitat, Eintrag am 9. März 1939); Brinkmann, »Letter«, S. 3–20.
57 Wingler, *Bauhaus*, S. 198–199; Hahn, »Bauhaus«, S. 14–16; Findeli, »Ästhetik«, S. 34–36, 40 f.; Engelbrecht, »Moholy-Nagy«, S. 55–57.
58 Schwitters, wie zitiert in: Willett, »Künste«, S. 190; Berghan, *Refugees*, S. 95 f., 103; Müssener, *Exil*, S. 296 f.
59 Bergner, *Bewundert*, S. 193–195; Willett, »Künste«, S. 197.
60 Kater, »Weill und Brecht«, S. 62–67; Heilbut, *Exiled*, S. 183–185.
61 McGilligan, *Fritz Lang*, S. 210, 212, 215, 231, 262; Heilbut, *Exiled*, S. 256 f.
62 Wicclair, *Kreuzburg*, S. 126.
63 Loewy, *Babelsberg*, S. 59, 61, 71; Horak, *Fluchtpunkt*, S. 3 f., 22, 27 f.; Doherty, *Hollywood*, S. 202, 338–345. Zu ins Exil geflüchteten Komponisten in Hollywood siehe Haas, *Music*, S. 265–267.
64 Heilbut, *Exiled*, S. 224; Palmier, *Weimar*, S. 526–528; Mann und Mann, *Escape*, S. 300–302; Taylor, *Strangers*, S. 65–67, 215–218; Kortner, *Tage*, S. 320; Bergner, *Bewundert*, S. 230–232; Reinhardt, *Genius*, S. 304–308.
65 Mahler-Werfel, *Mein Leben*, S. 367.
66 Taylor, *Strangers*, S. 148.
67 Friedrich, *City of Nets*, S. 58; Jungk, *Werfel*, S. 297; Kater, *Composers*, S. 65.
68 Jungk, *Werfel*, S. 297.
69 Heilbut, *Exiled*, S. 182.
70 Flavell, *Grosz*, S. 85, 88, 91, 98, 213, 230 f.; Reinhardt, *Genius*, S. 309.
71 Zuckmayer, *Stück*, S. 400, 418, 419 (Zitat); Krenek, *Tagebücher*, S. 105 f.; Maurer Zenck, »Challenges«, S. 175.
72 Cesarini, *Koestler*, S. 100; Lühe, *Emigranten*, S. 336 Berstl, *Odyssee*, S. 177 f., 183.
73 Pfanner, *Exile*, S. 86 f.; Heilbut, *Exiled*, S. 183 f.
74 Taylor, *Strangers*, S. 9; Gay, *Question*, S. 179; Bergner, *Bewundert*, S. 195 (Zitat).
75 Davie, *Refugees*, S. 58.
76 Symonette und Kowalke, *Speak Low*, S. 436; McGilligan, *Fritz Lang*, S. 217; Viertel, *Kindness*.
77 Spoto, *Blue Angel*, S. 111.

78 Wegner, *Exil*, S. 102.
79 Willett, »Künste«, S. 186; Berghahn, *Refugees*, S. 92; Prochnik, *Exile*, S. 10, 168.
80 Willett, »Künste«, S. 189 f.
81 Zweig, *Welt*, S. 356 f., 390 (Zitat), 391; Wegner, *Exil*, S. 94 f.
82 Zweig, *Insulted*, S. IX f.; Durzak, »Diaspora«, S. 48; Wolf, »Stationen«, S. 214 f.
83 Said, *Reflections*, S. 178.
84 Siehe Feuchtwanger, *Exil*, Mann, *Vulkan*, ders., *Der Wendepunkt*, und Möller, *Exodus*, S. 14.
85 Rundbrief Schönberg, 25. Dezember 1934, LBI, AR-A7049/10.
86 Weill an Lenya, Juli 1943, in: Symonette und Kowalke, *Speak Low*, S. 369.
87 Paul an Gertrud Hindemith, 27. März 1939, in: Rexroth, *Hindemith*, S. 224 (Zitat); Symonette und Kowalke, *Speak Low*, S. 209.
88 Jungk, *Werfel*, S. 302 f.; Engelbrecht, »Moholy-Nagy«, S. 57; McGilligan, *Fritz Lang*, S. 216 f.. Remarque hat das Pfeifen beobachtet (Sternburg, *Remarque*, S. 312).
89 Willett, »Künste«, S. 187 f. (das Zitat von Zweig auf S. 187).
90 Carr, *Hollywood*, S. 238-247.
91 Röder und Strauss, *Handbuch*, S. XXVI; Heilbut, *Exiled*, S. 45; Taylor, *Strangers*, S. 114 f.; McGilligan, *Fritz Lang*, S. 219, 288, 290; Kortner, *Tage*, S. 304, 347 f.; Reinhardt, *Genius*, S. 304.
92 Heilbut, *Exiled*, S. 300; Lehnert, »Repräsentation«, S. 398; Mann, *Memoiren*, S. 132 (Zitat); Kater, *Composers*, S. 117-119. Seit dem Sommer 1943 gab es Differenzen zwischen Brecht und Mann darüber, wer letztlich die Verantwortung trage für den Aufstieg des NS, wofür Brecht ausschließlich die oberen, kapitalistischen Klassen verantwortlich machte (Borchmeyer, *Was*, S. 873-892). Siehe unten Anm. 210.
93 Grosz, *Little Yes*, S. 317, 321; Flavell, *Grosz*, S. 117-119.
94 Koestler, *Writing*, S. 454-456; Cesarini, *Koestler*, S. 143; Hans R. Vaget, in: *Thomas Mann, Agnes Meyer*, S. 30 (Zitat).
95 Mann, *Tagebücher 1940-1943*, S. 445, 546, 775; Viertel, *Kindness*, S. 279 f.
96 Mann, *Wendepunkt*, S. 430; Gregor-Dellin, »Exilromane«, S. 460; Lehnert, »Repräsentation«, S. 398; Kurzke, *Thomas Mann*, S. 474-481. Spotts' 2016 erschienenes Buch über Klaus Mann, *Cursed Legacy*, bietet eine Vielzahl von Beispielen.
97 Rexroth, *Hindemith*, S. 208-210, 222; Brinkmann, »Letter«, S. 12. Wie bedenklich es sein kann, die deutsche Musik überschwänglich zu loben, zeigen die Beiträge in Applegate und Potter, *Music*.
98 Horowitz, *Artists*. S. 77-160. Sieh auch Heilbut, *Exiled*, S. 127 f., 160; Ryding und Pechefsky, *Walter*, S. 187, 274, 320; Lehmann und Faber, *Serkin*, S. 77-150; Kater, *Drummers*, S. 28, 33.
99 Gay, »Jews«, S. 29; Goehr, »Music«, S. 78; Danuser, »Composers«, S. 160; Kater, *Composers*, S. 83-85.
100 Gilliam, »Opera Composer«, S. 223-225; Korngold, *Korngold*, S. 92-97.
101 Berstl, *Odyssee*, S. 164; Mann und Mann, *Escape*, S. 252 f.; Heilbut, *Exiled*, S. 137-138; Flavell, *Grosz*, S. 90, 166 f., 214.
102 Wegner, *Exil*, S. 89, 96; Feuchtwanger, »Nachwort«, in: *Exil*, S. 789; Reich-Ranicki, »Feuchtwanger«, S. 443, 446, 450.
103 Viertel, *Kindness*, S. 210; Crawford, *Evenings*, S. 4-8, 32; Korngold, *Korngold*, S. 69.

104 Maurer-Zenck, »Challenges«, S. 184 f.; Kater, *Composers*, S. 189-199.
105 Mahler-Werfel, *Mein Leben*, S. 367.
106 Eintrag für den 8. April 1933, in: Pfeiffer-Belli, *Kessler*, S. 358.
107 Zweig, *Insulted*, S. X.
108 Easton, *Count*, S. 406-408; Barzantny, *Kessler*, S. 275-283.
109 Mahler-Werfel, *Mein Leben*, S. 350, 361; Giroud, *Mahler*, S. 151, 154 (Zitat Mahler-Werfel); Junck, *Werfel*, S. 317 f. Obwohl zynisch, stimmte Alma Mahlers Beobachtung, dass Diabetes bei Juden verbreiteter war (und ist). Siehe Efron, *Medicine*, S. 132-142.
110 Albrecht u. s., *Lexikon*, Bd. 2, S. 229 f.; Wegner, *Exil*, S. 100; Bronsen, »Sonderfall«, S. 67-69, 76, 81 f.
111 Zuckmayer, *Stück*, S. 450; Flavell, *Grosz*, S. 299 f.
112 Koestler, *Writing*, S. 512 f.; Cesarini, *Koestler*, S. 161 f.; Arendt, *Menschen*, S. 220 (Zitat).
113 *The New York Times*, 4. März 1983; Klee, *Kulturlexikon*, S. 294.
114 »Memorial Gathering Honors Stefan Zweig«, *The New York Times*, 1. März 1942; Heilbut, *Exiled*, S. 44; Jungk, *Werfel*, S. 294 f.; Wegner, *Exil*, S. 89-99; Mann, *Briefwechsel*, S. 305.
115 Mann, *Wendepunkt*, S. 450 f.
116 Schaenzler, *Mann*, S. 520; Erika Mann an Lotte Lehmann, Zürich, Juni 1949, GC.
117 Auch für die Rolle im Film *The Way of All Flesh* (*Telegraph*, 16. Mai 2016).
118 Spoto, *Blue Angel*, S. 53-66; Bach, *Dietrich*, S. 290-308.
119 Palmier, *Weimar*, S. 591; Bach, *Dietrich*, S. 290, 308.
120 Tafel 2.1 in: Falter, *Hitlers Wähler*, S. 25.
121 Spoto, *Blue Angel*, S. 53-66.
122 Jelavich, *Berlin Cabaret*, S. 101-104; Bemmann, *Musenkinder-Memoiren*, S. 146; Bach, *Dietrich*, S. 74.
123 Marlene Dietrich erhielt die amerikanische Staatsbürgerschaft 1939. Spoto, *Blue Angel*, S. 139 f.
124 Sternburg, *Remarque*, S. 61-134; Eksteins, *Rites of Spring*, S. 283.
125 Sternburg, *Remarque*, S. 147-179, 240; Eksteins, *Rites of Spring*, S. 276, 287, 298; Longerich, *Goebbels*, S. 150 f.; Ullrich, *Hitler*, S. 243.
126 Sternburg, *Remarque*, S. 227 f., 241-245, 269-284.
127 Busch-Memorandum, 8. März 1933, RKK Fritz Busch BAB (ehemals BDC); Busch, *Pages*, S. 192-215; Busch, *Busch*, S. 52-129.
128 Deutsche Botschaft in Den Haag an das Auswärtige Amt, 18. Oktober 1933, inklusive Memorandum vom 17. Oktober 1933, BAK, R55/1181.
129 Lüddecke u. a., »Denkschrift«, 18. März 1933, RKK Fritz Busch BAB (ehemals BDC); Busch, *Pages*, S. 192-208; Busch, *Busch*, S. 52-62; *Münchner Neueste Nachrichten*, 19. Januar 1933; *Deutsche Kultur-Wacht*, Nr. 7 (1933), S. 13; Stargardt-Wolff, *Wegbereiter*, S. 283.
130 Posse an Adolph, 15. März 1933, RKK Fritz Busch BAB (ehemals BDC); Bauer an Strauß, 20. März 1933, RG (Zitat).
131 Bauer an Strauss, 20. März 1933, RG.
132 Bosse, »Führerverantwortlichkeit«, S. 484 f.
133 Busch, *Pages*, S. 196-198 (Zitat); Busch, *Busch*, S. 62 f.
134 Furtwängler an Rust, 4. Juni 1933, RKK Wilhelm Furtwängler, BAB (ehemals BDC);

Melos, 12 (1933), S. 257; Busch, *Pages*, S. 206-215; Rathkolb, *Führertreu*, S. 101; Prieberg, *Musik im NS-Staat*, S. 42; ders., *Kraftprobe*, S. 109 f.; Spotts, *Bayreuth*, S. 170 f.
135 Busch, *Pages*, S. 211; Busch, *Busch*, S. 66.
136 Hinkel an Demann [?], Oktober 1933, RKK Fritz Busch BAB (ehemals BDC); Beussel, »Zeichen«, S. 670; Prieberg, *Kraftprobe*, S. 110-113; Scanzoni und Kende, *Prinzipal*, S. 198-199; Shirakawa, *Music Master*, S. 393.
137 Braun an Hinkel, 10. April 1933, Busch an Hinkel, 26. April 1933, sowie Brandt an Hinkel, 22. September 1933, RKK Fritz Busch BAB (ehemals BDC).
138 Pâris, *Lexikon*, S. 104 f.; Honegger und Massenkeil, *Lexikon*, Bd. 1, S. 394 f.; Memorandum zu Busch, 12. März 1934, BAK, R55/11181; Mann, *Tagebücher 1933-1934*, S. 84, 261, 271, 290, 375; ders., *Tagebücher 1940-1943*, S. 138; Otto Ehrhardt, »Fritz Busch«, in: Müller und Mertz, *Diener*, S. 141; Busch, *Busch*, S. 77-252; J. Hellmut Freund, in: Heister u. a., *Musik*, S. 75.
139 Lotte Lehmann an Wolfgang zu Putlitz, 20. Juni 1966, APA; Putlitz, *Laaske*, S. 231 f.
140 Lehmann, »Göring«, S. 187-199.
141 Fragment, *Völkischer Beobachter* [November 1933], GC. Für die Bayreuther Festspielsaison 1933 sagte Toscanini, der bereits dem faschistischen Italien feindlich gegenüberstand, ein Gastdirigat ab, um so gegen Hitlers Machtübernahme zu protestieren (Sachs, *Musik*, S. 227).
142 Gary Hickling, Chronologie Lotte Lehmann (Kailua, 2004-2006), LLFA.
143 Else Walter an Lotte Lehmann, 29. November 1933, ATW/15.
144 Siehe die Korrespondenz Lehmann-Heger-Furtwängler-Tietjen-Göring-Krause (1933/34, 1955; das Göring-Zitat gemäß des Briefs von Tietjen an Lehmann vom 26. April 1934, ATW/17) in: ATW/15, ATW/17, ATW/18.
145 Davenport, »Song«, S. 22; »Reich Ban Decreed on Lotte Lehmann«, *The New York Times*, 10. November 1935; Lehmann an Hansing, 10. April 1935 und 5. September 1936, GC; Lehmann an Lachmann, 10. Dezember 1938, ATW/TNLL; Marboe-Memorandum, 14. November 1955, LLFA; Lehmann an Burgau, 31. Juli 1956, GC; Lehmann an Walter, 14. Januar 1956, GC; Lehmann an Erika Mann, 28. November 1968, EMA/914/78; Lehmann an Hecht, 14. Februar und 23. November 1938, GC; Lehmann an die Bundestheaterverwaltung, 18. Januar 1955, LLFA; Lehmann an Klee, 28. Februar 1955; Lehmann an Shawe-Taylor, 22. November 1974, GC; Lehmann an Marboe, 29. Dezember 1955, GC; Sheean, *Love*, S. 238; Emmons, *Tristanissimo*, S. 160; Ewen, *Men*, S. 148; Geissmar, *Musik*, S. 244; Erika Mann, in: Mann, *Briefe*, S 622; Varnay, *Years*, S. 6; Glass, *Lehmann*, S. xvi; Rasponi, *Prima Donna*, S. 484; schließlich: Kater, *Muse*, S. 120.
146 Mann an »Frau Sonne« [Lotte Lehmann], 2. August 1941, GC; Mann, *Tagebücher 1940-1943*, S. 118 (Zitat), 281, 303, 447 f.
147 Ders., *Tagebücher 1937-1939*, S. 387; ders., *Tagebücher 1940-1943*, S. 121 f.; Remarque, zitiert in: Sternburg, *Remarque*, S. 312; Vaget, *Amerikaner*, S. 362. Zu Hesterberg und Mann: PEM, *Heimweh*, S. 230; Klee, *Kulturlexikon*, S. 219 f.
148 Diese Affäre ist, mitsamt Hintergrund und Folgen, ausgiebig von Vaget, *Erbe*, S. 249-327, behandelt worden.
149 Diesen Punkt haben Katia Mann nach dem Zweiten Weltkrieg in ihren *Memoiren*, S. 107, und Mann selbst in einem Interview mit der *New York Times* (22. Februar 1938) hervorgehoben.
150 Siehe das beredte Beispiel für den Mai 1935 in: Ebermayer, *Deutschland*, S. 532 f.

151 Der Brief in: Mann, *Vater*, S. 104–107 (Zitat S. 106). Siehe auch Mann, *Memoiren*, S. 100, 105, 107; Ebermayer, *Deutschland*, S. 101 f.; Krüll, *Netz*, S. 357–359; Vaget, *Amerikaner*, S. 60–63, 120, 241.
152 *The New Yorker* (6. Mai 1938), S. 5; Mann, *Tagebücher 1937–1939*, S. 305, 383; ders., *Tagebücher 1940–1943*, S. 239, 343, 347, 399; Vaget, *Amerikaner*, S. 221–225, 238–247, 254, 280 f.
153 Mann, *Tagebücher 1937–1939*, S. 207, 227, 493; ders., *Tagebücher 1940–1943*, S. 224, 226 f.; Vaget, *Amerikaner*, S. 149; Krüll, *Netz*, S. 383; Sternburg, *Remarque*, S. 322 f.
154 Mann, *Tagebücher 1940–1943*, S. 285, 414, 433, 464, 500; ders., *Tagebücher 1944–1946*, S. 119; Vaget, *Amerikaner*, S. 181–187, 207 f., 214 f., 259.
155 Mann, *Tagebücher 1940–1943*, S. 63, 332, 399.
156 Ders., *Tagebücher 1937–1939*, S. 393; Vaget, *Amerikaner*, S. 67–156.
157 Mann, *Tagebücher 1940–1943*, S. 80, 227, 294; ders., *Briefwechsel*, S 286.
158 Ders., *Tagebücher 1940–1943*, S. 288, Eintrag für den 30. Juni 1941.
159 Ders., *Briefwechsel*, S. 212, 219.
160 Ders., *Tagebücher 1940–1943*, S. 130, 133, 290.
161 Ders., *Tagebücher 1937–1939*, S. 204, Eintrag für den 6. April 1938. »Colin« war der im Haushalt wohnende Sekretär Manns.
162 Ders., *Tagebücher 1937–1939*, S. 423.
163 Ebd., S. 242 f.; ders., *Tagebücher 1940–1943*, S. 655.
164 Ders., *Tagebücher 1937–1939*, S. 365, Eintrag für den 26. Februar 1939 (1. Zitat) sowie ebd., S. 409, Eintrag für den 19. Juni 1939 (2. Zitat).
165 Ders., *Tagebücher 1940–1943*, S. 506.
166 Ders., *Tagebücher 1937–1939*, S. 310; ders., *Tagebücher 1940–1943*, S. 37, 151, 346; ders., *Briefwechsel*, S. 307.
167 Ders., *Tagebücher 1937–1939*, S. 226, 311; ders., *Tagebücher 1940–1943*, S. 5, 102, 404, 572, 595, 617; ders., *Tagebücher 1944–1946*, S. 15; Mann, *Memoiren*, S. 52, 146 f.; Krüll, *Netz*, S. 201; Vaget, *Amerikaner*, S. 443–478. Zum Thema Mann und die Musik erschöpfend: Vaget, *Seelenzauber*, S. 21–47.
168 Mann, *Tagebücher 1937–1939*, S. 221, 270, 436; ders., *Tagebücher 1940–1943*, S. 38, 125, 144, 293, 335 f., 386, 526, 616. Siehe auch Kershaw, *Hubris*, S. 481 f. Adorno benutzte den korsischen Geburtsnamen seiner Mutter, um das Nicht-Jüdische zu betonen.
169 Mann, *Tagebücher 1937–1939*, S. 251, 259, 417.
170 Vaget, *Amerikaner*, S. 250.
171 Ebd., S. 101 f., 126; Krüll, *Netz*, S. 375.
172 Abgedruckt in: Mann, *Briefwechsel*, S. 301 f.
173 Nagler, »Internment«, S. 75–79 (das Roosevelt-Zitat S. 75).
174 Siehe den Fall Lotte Lehmann: Lehmann an Hope, 24. April, 4. und 10. Juni 1942, CU/2; Rauch an Lehmann, 4. Juni 1942, GC.
175 Mann, *Tagebücher 1940–1943*, S. 155, Eintrag für den 27. September 1940.
176 Ebd., S. 229, Eintrag für den 7. März 1941; Klee, *Kulturlexikon*, S. 295.
177 Mann, *Tagebücher 1940–1943*, S. 257 f.
178 Ebd., S. 279, 281.
179 Ebd., S. 600, Eintrag für den 14. Juli 1943.
180 Siehe z. B. ders., *Tagebücher 1937–1939*, S. 193.

181 Ders., *Tagebücher 1940-1943*, S. 153.
182 Ebd., S. 220, Eintrag für den 11. Februar 1941.
183 Ebd., S. 223.
184 Ebd., S. 437.
185 Ders., *Tagebücher 1944-1946*, S. 122.
186 Ders., *Tagebücher 1937-1939*, S. 427; ders., *Tagebücher 1940-1943*, S. 393, 444 f.; ders., *Tagebücher 1944-1946*, S. 67.
187 Ders., *Tagebücher 1940-1943*, 458; ders., *Tagebücher 1944-1946*, S. 34.
188 Ders., *Tagebücher 1940-1943*, S. 247, 250, 259; ders., *Tagebücher 1944-1946*, S. 26, 154.
189 Ders., *Briefwechsel*, S. 286.
190 Mann, *Vater*, S. 47.
191 »Mann Opens War an Nazi Concepts; Asks Recruits in Moral Struggle«, *The New York Times*, 15. August 1937 (Zitate); Vaget, *Amerikaner*, S. 157-159.
192 »Thomas Mann Speaks in Favour of the Weimar Republic (1922)«, alphahistory.com/weimarrepublic/thomas-mann-speaks-in-favour-of-the-weimar-republic-1922; Mann, *Republik*.
193 Mann, *Ansprache*, bes. S. 11-21, 25 f.
194 »Mann Finds U.S. Sole Peace Hope«, *The New York Times*, 22. Februar 1938.
195 Mann, *Tagebücher 1937-1939*, S. 187, 193, 227, 249, 277. Das Zitat aus dem Eintrag für den 30. Mai 1938: ebd., S. 230.
196 Langer, *Encyclopedia*, S. 988, 1128; Kershaw, *Nemesis*, S. 229.
197 Mann, *Tagebücher 1937-1939*, S. 288, 301, 379; Kershaw, *Nemesis*, S. 95 f.
198 Mann, »Brother«, S. 31, 133.
199 Anne O'Hare McCormick, »Two Brilliantly Revealing Studies of Hitler's Life«, *The New York Times*, 24. Mai 1936. In beiden Fällen wurde »Hitler« im Titel genannt. Heidens Werk war von Manns eigenem US-amerikanischen Verlag, Alfred A. Knopf, veröffentlicht worden.
200 Zu Hitlers Erscheinung und Auftreten siehe Ullrich, *Hitler*, S. 122.
201 Heiden, *Fuehrer*, S. 87-182.
202 So sieht es richtigerweise Jäckel in: *Hitlers Herrschaft*, S. 26, 151. Über das Charisma von »Propheten und Helden, Magiern und Demagogen, Ärzten und Quacksalbern, Anführern eines Mobs oder Orchesterleitern oder Chefs von Räuberbanden« im Sinne Webers siehe Reinhard Bendix' Kapitel »Charismatic Leadership and Domination« in seinem *Max Weber*, S. 298-328, bes. S. 299 (Zitat).
203 Hitler erwähnt in *Mein Kampf* weder Freud noch die Psychologie oder Psychiatrie.
204 Mann, *Tagebücher 1937-1939*, S. 390, 452, 456, 461.
205 Langer, *Encyclopedia*, S. 1036, 1135; Kershaw, *Nemesis*, S. 210 f.
206 Mann, *Briefwechsel*, S. 240.
207 Ders., *Tagebücher 1937-1939*, S. 474, 483; ders., *Tagebücher 1940-1943*, S. 8, 60, 73-75, 103, 142.
208 Ders., *Listen*, S. 102-106 (Zitat S. 103). Siehe auch ders., *Briefwechsel*, S. 273; ders., *Tagebücher 1940-1943*, S. 254, 261, 266, 275, 293, 475, 484, 487.
209 Meine Kenntnis von Manns Quellen verdanke ich Professor Hans R. Vaget vom Smith College (schriftliche Kommunikation vom 30. Oktober 2017).

210 Vaget, *Amerikaner*, S. 427–429. Die Erklärung wird auf S. 428 zitiert.
211 Mann, *Tagebücher 1940–1943*, S. 590; ders., *Tagebücher 1944–1946*, S. 6, 74, 145.
212 »Mann Finds U.S. Sole Peace Hope«, *The New York Times*, 22. Februar 1938.
213 Mann, *Tagebücher 1937–1939*, S. 291, 327; ders., *Tagebücher 1944–1946*, S. 8.
214 Ders., *Tagebücher 1940–1943*, S. 4, 25; ebd., S. 159, Eintrag für den 3. Oktober 1940 (Zitat).
215 Ebd., S. 597, 600; ebd. S. 645, Eintrag für den 2. November 1943.
216 Ders., *Tagebücher 1944–1946*, S. 6.
217 Manns Rede tw. zitiert in: Krüll, *Netz*, 341.
218 »Mann Opens War an Nazi Concepts; Asks Recruits in Moral Struggle«, *The New York Times*, 15. August 1937.
219 »Mann Finds U.S. Sole Peace Hope«, *The New York Times*, 22. Februar 1938.
220 Mann, *Tagebücher 1937–1939*, S. 298, Eintrag für den 26. September 1938.
221 Ders., »Brother«, S. 31, 133.

6. Mai 1945: Stunde null

1 Goebbels, *Tagebücher Fragmente*, Bd. 1, S. 36, 45 f., 145, 483, 489, 492, 504; Longerich, *Goebbels*, S. 708, Anm. 99.
2 Chamberlin, *Kultur*, S. 41. Der junge Autor Alfred Andersch begrüßte Manns Rückkehr, weil er sich davon geistige Führung versprach (Vaget, *Amerikaner*, S. 496).
3 Thiess, zitiert in: Sarkowicz und Mentzer, *Literatur*, S. 52.
4 Mann, zitiert in: ebd., S. 53.
5 Mann, *Ansprache*, bes. S. 4, 7, 16; Josef Marein, »Thomas Mann: Goethe-Preisträger östlich und westlich«, *Die Zeit*, 23. Juni 1949; Kater, *Weimar*, S. 213–215.
6 Sarkowicz und Mentzer, *Literatur*, S. 54.
7 Vaget, *Amerikaner*, S. 376–415.
8 Schnell, *Geschichte*, S. 67–112; Kaiser im Interview mit Georg Diez und Dominik Wichmann in: *Süddeutsche Zeitung Magazin*, sz-magazin.sueddeutsche.de (Zitate).
9 Im Hinblick auf die Musikszene wären nur Hanns Eisler und Paul Dessau, für die Literatur Stephan Hermlin (eigentlich Rudolf Leder) und Stefan Heym zu erwähnen.
10 Krüll, *Netz*, S. 391 f.; Spotts, *Legacy*, S. 256.
11 Sternburg, *Remarque*, S. 354, 365.
12 Sarkowicz und Mentzer, *Literatur*, S. 54, 61 f.
13 Sirk, zitiert in: Hardt, *Caligari*, S. 174.
14 Kreimeier, *Ufa-Story*, S. 440 f.
15 Vincent Canby, »Film: 1951 ›Lost One‹, Directed by Peter Lorre«, *The New York Times*, 1. August 1984 (Zitat); Hardt, *Caligari*, S. 174.
16 Wicclair, *Kreuzburg*, S. 87.
17 Ganz u. a., *Bois*, S. 16.
18 Schäche, *Architektur*, S. 87–89 (Zitat).
19 »Studies in Twelve-Tone Counterpoint«. Siehe Drüner und Günther, *Musik*, S. 342 f.
20 Drüner und Günther, *Musik*, S. 341. Zu Hartmanns Kämpfen im Dritten Reich siehe Kater, *Composers*, S. 86–110.
21 Kaiser im Interview mit Georg Diez und Dominik Wichmann in: *Süddeutsche Zeitung Magazin*, sz-magazin.sueddeutsche.de (Zitate).

22 Bergengruen widerlegte seine nach dem Krieg lancierte Behauptung eines verborgenen Widerstands mittels Anti-NS-Literatur – es habe eine »Geheimsprache« gegeben, deren Sinn der »täppischen« (!) SS verborgen geblieben sei – mit dem Einschub »Lesen konnte man im Propagandaministerium« selbst. (*Schreibtischerinnerung*, S. 192, 200). Siehe auch Lewy, *Harmful*, S. 192.
23 Ein Beispiel wäre Paul Scheffer (1883–1963), der Chefredakteur des vom Regime protegierten *Berliner Tageblatts*, der aber 1936 entlassen wurde. Er ging in die USA, wo er sich jedoch nach 1940 nicht der Diaspora der Emigranten anschloss, sondern als freischaffender Korrespondent für *Das Reich* und andere NS-Zeitungen arbeitete. (Scheffer in: *Deutsche Biographie*, www.deutsche-biographie.de/sfz111236.html#ndbcontent.) Siehe Anm. 162 zu Kap. 4.
24 Kater, *Ahnenerbe*, S. 145–190; Martin, *New Order*, S. 149–262.
25 Grassi, zitiert in: Martin, *New Order*, S. 250.
26 Ebermayers Beobachtung am 15. Oktober 1933 (*Deutschland*, S. 187).
27 Diese Auflistung verdankt viel dem ausführlichen Register in Martin Kitchens *Third Reich*, S. 185. Streitigkeiten zwischen Himmler und Rosenberg werden detailliert in Bollmus, *Amt Rosenberg*, und Kater, *Ahnenerbe*, erörtert. Zu Atlantis siehe Chapoutot, *Greeks*, S. 35 f.
28 Potter, *Most German*, S. 225 f., 131–155; Kater, *Ahnenerbe*, S. 11, 28, 136, 193 f., 401, 409; Bollmus, *Amt Rosenberg*, S. 77, 88.
29 Hitler am 31. August 1944 im Führerhauptquartier, zitiert in: Heiber, *Lagebesprechungen*, S. 277.
30 Meinecke, *Katastrophe*, S. 170–173 (Zitat).
31 Kaiser im Interview mit Georg Diez und Dominik Wichmann in: *Süddeutsche Zeitung Magazin*, sz-magazin.sueddeutsche.de.
32 Adorno, *Aufarbeitung*, S. 125 (Zitat).
33 Zu Hölderlin und NS siehe Martynkewicz, *Salon Deutschland*, S. 304 f.; Chapoutot, *Greeks*, S. 138 f.
34 Schäche, *Architektur*, S. 86 f. Siehe z. B. das Heidehaus in dem Film *Geständnis unter vier Augen* (Regie: André Michel, mit Hildegard Knef und Ivan Desny in den Hauptrollen).
35 Drüner und Günther, *Musik*, S. 341 (bes. das Zitat von Hartmann); Haas, *Music*, S. 280
36 Honegger und Massenkeil, *Lexikon*, Bd. 3, S. 137 f.; Bd. 4, S. 74 f.
37 Krempel, »Moderne«, S. 332 f.; Konstanze Crüwell, »Die Freiheit von Blau, Weiß und Grün«, *Frankfurter Allgemeine Zeitung*, 28. März 2017.
38 Kreimeier, *Ufa-Story*, S. 438–443; Krützen, *Albers*, S. 285 f.
39 Bark und Gress, *Shadow*, S. 93–346; Frei, *Adenauer's Germany*.
40 Stockhorst, *Köpfe*, S. 156, 310 f.; Klee, *Personenlexikon*, S. 186 f., 441.
41 Ulrich Herbert, »Als die Nazis wieder gesellschaftsfähig wurden«, *Die Zeit*, 10. Januar 1997, Zeit Online; Ronen Steinke, »Im Bonner Justizministerium arbeiteten besonders viele Nazis«, 9. Oktober 2016, *sueddeutsche.de*; Sascha Zoske, »Verwaltungswissenschaft: NS-Belastung ist ›immer noch ein heißes Eisen‹«, 10. September 2017, faz.net; Stockhorst, *Köpfe*, S. 156, 310 f. Die SRP wurde 1953 als verfassungswidrig verboten (Wehler, *Gesellschaftsgeschichte: Fünfter Band*, S. 9, 288, 405).
42 Fröhlich, »Rückkehr«, S. 107.
43 Kater, »Reeducation«, S. 105.
44 Herf, *Divided Memory*, S. 201–333.

45 Klanglich erinnert der Name an Streichers *Stürmer*. Siehe Böhmes Anthologie von Nazi-Gedichten, *Rufe*, in der er selbst elf Mal vertreten ist: S. 16, 28, 114, 119, 132, 165, 201, 293, 320, 336, 361. Siehe auch Klee, *Kulturlexikon*, S. 58 f.
46 Sarkowicz, »Schriftsteller«, S. 203; Zimmermann, »Literatur«, S. 382; Sarkowicz und Mentzer, *Literatur*, S. 58-64; Klee, *Kulturlexikon*, S. 133, 179, 227, 295 f., 500 f.; Kater, *Weimar*, S. 278. Fechter war ein typischer Vertreter des konservativen deutschen Intellektuellen: Anfänglich vergötterte er den NS und besonders *Mein Kampf*, stand später jedoch dem Regime kritisch gegenüber. Allerdings blieb er auch nach 1945 dem Rechtskonservatismus verhaftet (Zuckmayer, *Geheimreport*, S. 110-112).
47 Paaret, *Barlach*, S. 99 f. (Zitate); Petropoulos, *Artists under Hitler*, S. 43, 277.
48 Klee, *Kulturlexikon*, S. 504.
49 Lauzemis, »Ideologie«, S. 67; Klee, *Kulturlexikon*, S. 31 f.
50 Speer, *Erinnerungen*, S. 385 f.; Brechtken, *Speer*, S. 366-576 (Posen: S. 462 f.).
51 Simpson, »Historical Context«, S. 151 f., Zitat Noelle S. 152.
52 Elisabeth Noelle, »Wer informiert Amerika? Journalisten, Radiosprecher, Filme«, *Das Reich*, 8. Juni 1941 (Zitate); Simpson, »Historical Context«, S. 154-161; Becker, *Noelle-Neumann*, S. 7-132; Claudia Haas und Henriette Löwitsch, »Neue Vorwürfe gegen Frau Noelle-Neumann«, *Die Welt*, 1. September 1997.
53 Siehe Text in Kap. 4 vor Anm. 283.
54 Wirsing, in: *Christ und Welt*, 16. April 1959. Siehe auch Dietrich Strothmann, »Mörder im weißen Kittel«, *Die Zeit*, 1. April 1966; Köhler, *Publizisten*, S. 299-315; Klee, *Kulturlexikon*, S. 604; *SS im Einsatz*, S. 369.
55 Berg, *Holocaust*, S. 203; Abendroth, »Fest der musikalischen Volksgemeinschaft«, *Berliner Lokal-Anzeiger*, 24. Mai 1938; Abendroth im Archiv Munzinger, www.munzinger.de/search/portraits; Klee, *Kulturlexikon*, S. 13. Abendroths Judenhass wird ersichtlich aus seiner Korrespondenz (1933-1945) mit seinem engen Freund, dem antisemitischen Komponisten Hans Pfitzner, OW, F68 Pfitzner.
56 Holthusen, im Archiv Munzinger, www.munzinger.de/search/portraits; Klee, *Kulturlexikon*, S. 240.
57 Holthusen, *Welt*, S. 6. Siehe E. M. Leissners Rezension in: *The Germanic Review* (Dezember 1950), S. 303-305.
58 Holthusen, »Aufbruch«, S. 106.
59 Siehe Anm. 82 zu Kap. 1.
60 Dovifat in: Konrad Adenauer Stiftung, Geschichte der CDU, www.kas.de/wf/de/37.8079/; Köpf, »Elend«, S. 28 f.; Köhler, *Publizisten*, S. 65 f., 78.
61 Riethmüller, »Stunde Null«, S. 81. Siehe auch Potter, *Most German*, S. 135, 252; Klee, *Kulturlexikon*, S. 381. Siehe Müller-Blattau, *Geschichte*.
62 Chamberlin, *Kultur*, S. 51 (Zitat), 150.
63 Meinecke, *Katastrophe*, S. 170 (Zitat), 71. Siehe die Beiträge in: Applegate und Potter, *Music*, sowie Applegate, *Necessity of Music*.
64 Thacker, *Music*, S. 52, 79; Haas, *Music*, S. 282.
65 Harlan, *Schatten*, siehe z. B. S. 213-218; Hull, *Film*, S. 269; Klee, *Kulturlexikon*, S. 196 f.
66 Riefenstahl, in: Klee, *Kulturlexikon*, S. 440 f.; *Holocaust Encyclopedia*, www.ushmm.org/wlc/en/article.php?ModuleId=10007410.

Anmerkungen 449

67 Chamberlin, *Kultur*, S. 46 f.; Dagover, *Dame*, S. 254; Rühmann, *Das*, S. 160–163; Moeller, »Filmstars«, S. 165; Klee, *Kulturlexikon*, S. 92, 150 f., 331, 456 f.; Blumenberg, *Leben*, S. 206 f.
68 Ich sah die Filme als Junge. Sie gehörten zu einem Wanderkino auf dem Lande, das in diesem Fall von der britischen Besatzungsmacht organisiert wurde. Zu den Verboten siehe Kelson, *Catalogue*, S. 62, 70, 79.
69 Kelson, *Catalogue*, S. 88; Werner, *So*, S. 182; Chamberlin, *Kultur*, S. 67; Klee, *Kulturlexikon*, S. 260, 594. Allerdings war Jenny Jugos letzte Rolle die der Prinzessin Ulrike in *Königskinder* (1950).
70 Söhnker, *Tag*, S. 271. Demandowsky wurde im Oktober 1946 von einem sowjetischen Militärtribunal zum Tode verurteilt und erschossen (Klee, *Kulturlexikon*, S. 97, 287).
71 Protokoll des Interviews, das der Autor am 4. Juni 1988 in München mit Margot Hielscher führte, YUA, CA ON00370 F0456; »Hallo, Fräulein«, *Der Spiegel*, (20. März 1948), S. 24; Kater, »New Democracy«, S. 174–178.
72 Hardt, *Caligari*, S. 190; Schmitz, in: www.imdb.com/name/nm0773525/bio; Klee, *Kulturlexikon*, S. 482 f.
73 »Geschichten zwischen Gestapo-Keller und Buchenwald«, *Welt.de*, 3. Januar 1998; Klee, *Kulturlexikon*, S. 514.
74 »Harlan im Zwielicht«, *Der Tagesspiegel*, Berlin, 5. April 1949; Rentschler, *Ministry*, S. 166; Reichel, »Nationalsozialismus«, S. 36; Niven, *Hitler*, S. 167–171.
75 Adorno, »Aufarbeitung«.
76 Reichel, »Nationalsozialismus«, S. 28. Der Drehbuchschreiber Ernst von Salomon (Mitverschwörer der Mörder von Walter Rathenau) brachte in seiner Autobiographie (*Fragebogen*, z. B. S. 624–808) sein äußerstes Missfallen über die von OMGUS betriebene »Entnazifizierung« zum Ausdruck.
77 Ernst Wiechert äußerte dieses Gefühl in *Jahre*, S. 210. Weiteres zur Einnahme der Opferrolle in: Jarausch, *Broken Lives*, S. 188, 191 f., 231 f., 238, 250 f.
78 Meinecke, *Katastrophe*, bes. S. 170–173. Zum frühen Antisemitismus siehe Wehler, *Gesellschaftsgeschichte: Vierter Band*, S. 718.
79 Mitscherlich und Mitscherlich, *Unfähigkeit*, bes. S. 13–85, 249–262.
80 Klee, *Kulturlexikon*, S. 527.
81 *Die Mörder sind unter uns*, Sovexport 1946, als DVD bei: Kino-Legenden, Bd. 6. Am Schema und Thema strickten weiter: *Irgendwo in Berlin* (1946), *In jenen Tagen* (1947) oder *Liebe 47* (1949).
82 Helmut Käutner, »Demontage der Traumfabrik«, *Film-Echo*, Bd. 1 (Juni 1947), S. 33; Gustav Zimmermann, »Filmtheater kein Forum Academicum«, *Film-Echo*, Bd. 1 (Juli 1947), S. 49; Kersten u. a., *Staudte*, S. 13; Kreimeier, *Ufa-Story*, S. 444; Clemens, *Kulturpolitik*, S. 140 f.; Kramer, »Wiederkehr«, S. 286 f.; Heins, *Melodrama*, S. 196–200; Rentschler, *Use*, S. 6 f., 136 f., 143, 160. Paradigmatisch für das Genre des Heimatfilms ist die Berolina-Produktion *Grün ist die Heide* (1951) in der Regie von Hans Deppe mit Stars wie Rudolf Prack (als Förster) und Sonja Ziemann (als dessen Braut in spe), die schon in der NS-Zeit prominent gewesen waren (der Film auf DVD bei: filmjuwelen). Ein Nebenthema ist das Schicksal von Vertriebenen aus dem Osten.
83 Interview des Autors mit Professor Jankuhn in Göttingen am 14. Mai 1963, IfZ, Archiv, ZS/A-25/1-183; Kater, *Ahnenerbe*, S. 155–158; Klee, *Personenlexikon*, S. 283.

84 Niven, »Thing«, S. 88.
85 Petropoulos, »Seduction«, S. 212; Petsch, »Malerei«, S. 275.
86 Das Buch erschien 1957. Siehe Nolde, *Jahre* (1957), wo z. B. die Erwähnung des jüdischen Dr. Schapiere getilgt ist (in der ursprünglichen Version von 1934:, S. 101), und er hat auch die zustimmende Erwähnung eines antisemitischen Studentenvereins gestrichen (Fassung von 1934, S. 160).
87 Siehe Haftmann, *Nolde*, S. 12-18, Zitate S. 15; Fulda, »Nolde«, S. 183-188.
88 Schmidts Ansprache vom 10. Februar 1982 in: *Bulletin. Presse- und Informationsdienst der Bundesregierung*, 19 (4. März 1982), S. 150 f.
89 Lewy, *Harmful*, S. 166 f.; Klee, *Kulturlexikon*, S. 245.
90 Chamberlin, *Kultur*, S. 126.
91 Das Interview des Autors mit Elisabeth Hartmann am 13. Dezember 1994 in München wurde aufgezeichnet: YUA, CA ON00370 F0456.
92 Viertel, *Kindness*, S. 282. Siehe das Kapitel über »Inner Emigration« in: Hermand, *Culture*, S. 143-168.
93 Sarkowicz, »Schriftsteller«, S. 204.
94 »Drei Zentner Wetterhexe«, *Der Spiegel* (15. September 1949), S. 32.
95 Zunächst verboten, wurde das Stück erst am 25. September 1893 im Deutschen Theater Berlin öffentlich aufgeführt. (A. d. Ü.)
96 Lewy, *Harmful*, S. 180-184 (Zitate S. 182); Ebermayer, *Deutschland*, S. 262 f.
97 Lewy, *Harmful*, S. 180-183; Sprengel, *Abschied*, S. 375.
98 Rathkolb, *Führertreu*, S. 143.
99 Goebbels, *Tagebücher Diktate*, Bd. 4, S. 500.
100 Petropoulos, *Artists under Hitler*, S. 121; Rathkolb, *Führertreu*, S. 74; Lewy, *Harmful*, S. 181-183 (dort die Hauptmann-Äußerungen).
101 Hauptmann, zitiert in: Ebermayer, *Deutschland*, S. 263; Lewy, *Harmful*, S. 184.
102 Albrecht u. a., *Lexikon*, Bd. 1, S. 331.
103 Strobel in Aufzeichnungen eines öffentlichen Verfahrens, Spruchkammer München-Land, 17. Oktober 1947; Egk vor der Spruchkammer, 5. August 1946 (Zitat); Gsovskys Erklärung an Eides Statt, 10. Juli 1946; von Boresholm vor der Kommission für Kulturschaffende, 12. Juli 1946; Egk in »Anlagen zum Fragebogen«, [1947], alles in AM, Egk; Egk an Schüler, 27. Januar 1946, BS, Ana/410.
104 Diesen Plan hatte Egk zusammen mit Gertrud Orff, der damaligen Ehefrau von Carl Orff, ausgeheckt. In einem Gespräch mit dem Autor bezeichnete Gertrud Orff den Plan später als fiktiv. Siehe Gertrud Orffs und Paul Ecksteins eidesstattliche Erklärungen vom 4. März 1946, AM, Egk (als Beispiele für weitere, die alle identisch sind); Egks eigene Beschreibung des Plans in Aufzeichnungen eines öffentlichen Verfahrens, Spruchkammer München-Land, 17. Oktober 1947, AM, Egk; Protokoll vom Gespräch des Autors mit Gertrud Orff vom 5. August 1992 in München, YUA, CA ON00370 F0456.
105 Das Gespräch des Autors mit Elisabeth Hartmann vom 13. Dezember 1994 in München wurde aufgezeichnet, YUA, CA ON00370 F0456; Hartmanns eidesstattliche Erklärung vom 11. März 1946; Hartmann vor der Spruchkammer München-Land, 5. September 1947, AM, Egk.
106 Das Gespräch des Autors mit Newell Jenkins vom 20. März 1993 in Hillsdale, NY, wurde

aufgezeichnet, YUA, CA ON00370 F0456; »Gertrud Orffs Tagebuch«, Einträge vom 19. Januar und 5. März 1946, CM; Isenstead an Orff, 28. Februar 1946; Jenkins an Orff, 26. März und 26. November 1946; Preußner an Orff, 26. Juli 1946; Ley an Orff, 13. Mai 1947, CM, Allgemeine Korrespondenz; Evarts an Bauckner, 16. Juli 1946, BH, Staatstheater/14395; Slonimsky, *Music*, S. 837; Monod, *Settling Scores*, S. 54, 65, 67 f., 113.
107 Kater, *Composers*, S. 29 f., 138–143; Klee, *Personenlexikon*, S. 126; ders., *Kulturlexikon*, S. 115, 400 f.
108 Vaget, *Erbe*, S. 249–315; Monod, *Settling Scores*, S. 61 f.; Klee, *Kulturlexikon*, S. 286 f.
109 Knappertsbusch an Leer, 28. Dezember 1947, AM, Pfitzner (Zitat); Monod, *Settling Scores*, S. 61–65; Vaget, *Erbe*, S. 315–317; Klee, *Kulturlexikon*, S. 287.
110 In Ebermayers Tagebüchern, *Deutschland* sowie *... und morgen* gibt es viele Hinweise, die seine Nähe zu Juden und möglichen Regimegegnern bezeugen.
111 Mann, *Tagebücher 1935–1936*, S. 259.
112 Ebermayer, *... und morgen*, S. 25 f. (Zitat), 82.
113 Ebermayer liebäugelte mit Hitlerjungen ähnlich wie Thomas Mann junge Kellner im Restaurant abschätzte. Siehe ebd., S. 127, 136.
114 Klee, *Kulturlexikon*, S. 112.
115 Bergengruen, *Schreibtischerinnerungen*, S. 201. Der objektive Biograph der Weißen Rose, Petry (*Studenten*, S. 38 f., 57), gibt vorab veröffentlichte Memoirenfragmente von Bergengruen wieder, erwähnt aber nicht die Flugblattaktivitäten. Auch in Bergengruens durch und durch apologetischer sogenannter Dokumentation mit dem Titel *Schriftstellerexistenz* (erschienen nach dem Krieg) tauchen sie nicht auf. Gebhardts 2017 erschienene objektive Geschichte der studentischen Widerständler (*Weiße Rose*, S. 164, 168 f.) erwähnt Bergengruens Nähe zu Mentoren der Studenten und zu Hans Scholl, nicht aber die Verteilung von Flugblättern. In einem Kapitel, das sich mit einer sehr kleinen Zahl von »inneren Emigranten« wie Ricarda Huch beschäftigt, lobt Jost Hermand Bergengruen, erwähnt aber nicht seine Unterstützung der Weißen Rose (*Culture*, S. 153–155).
116 Karl Korn, »Der Hofjude: Veit Harlans Film ›Jud Süß‹ im Ufa-Palast am Zoo«, *Das Reich*, 29. September 1940.
117 Karl Korn, »Der Antinihilist: Durch die Feuerzonen der Technik zum kosmologischen Spiritualismus. Rede zum Schillergedächtnispreis für Ernst Jünger«, *Frankfurter Allgemeine Zeitung*, 16. November 1974; »Schillernde Feder«, *Der Spiegel* (20. Januar 1960), S. 33. Siehe auch Payk, »Amerikakomplex«, S. 193–199; Klee, *Kulturlexikon*, S. 299 f.; Text in Kap. 3 vor Anm. 133. Der Ausdruck »Sklavensprache« dient dazu, sich von Schuld reinzuwaschen und ist insofern eine Parallele zu Bergengruens »Geheimsprache«, s. o., Anm. 22.
118 Neun, zitiert in: »Erich Peter Neumann über Hans Dieter Müllers Faksimile-Band ›Das Reich‹: Der Umstand, Sklave zu sein«, *Der Spiegel* (Oktober 1964), S. 140 f.
119 Hubert Neun, »Wiedersehen mit Warschau: Besiegte Stadt zwischen Gestern und Morgen«, *Das Reich*, 9. März 1941.
120 Klee, *Kulturlexikon*, S. 389. Als Erich Peter Neumann heiratete er Elisabeth Noelle, die sich danach Noelle-Neumann nannte. Angeblich war Neumann sein richtiger Familienname, Neun ein Pseudonym.
121 Jünger hatte in Paris, wie nun veröffentlicht, angeblich Kontakte zu Männern aus dem

Stauffenberg-Kreis wie dem General Hans Speidel. Siehe seine Einträge in: *Strahlungen.* Siehe auch Sarkowicz, »Apologeten«, S. 438 f.; Michalzik, *Gründgens,* S. 115; Stefan Steinberg, »The Rehabilitation of Gustav [sic] Gründgens«, World Socialist Web Site, www.wsws.org/en/articles/1999/12/gust-d29.html.

122 Bergengruen, *Schreibtischerinnerungen,* S. 131. Zu Carossas Amtsantritt siehe den Text in Kap. 4 vor Anm. 284.
123 Carossa, *Welten,* S. 31, 159; Schnell, *Dichtung,* S. 89.
124 Siehe das treffende Argument in: Lewy, *Harmful,* S. 187.
125 Klee, *Kulturlexikon,* S. 107. In den Goebbels-Tagebüchern finden sich zahlreiche Einträge, in denen Käthe Dorsch positiv bewertet wird.
126 Benn, *Doppelleben,* S. 103.
127 Wie Saul Friedländer, *Years,* S. xxi-xxii, richtig angemerkt hat. Er zitiert Meitner auf S. xxi.

Schlussbemerkung: Kultur in drei Tyranneien

1 Zu den italienischen Verhältnissen siehe Stone, *Patron State,* S. 4 f., 27, 35, 43-54, 65-69, 75; Talbot, *Censorship,* S. 145-146; Ben-Ghiat, *Modernities,* S. 7, 70-73; Bonsaver, *Censorship,* S. 59; Falasca-Zamponi, *Fascist Spectacle,* S. 31-33, 70, 142 f.; Marchicelli, »Futurism«, S. 34-37.
2 Das Gemälde trug den Titel *Anno X* und stammte von Gerardo Dottori, Abb. in: Stone, *Patron State,* S. 84. Siehe auch ebd., S. 46, 80-82, 85-88, 108, 133, 156-159; Talbot, *Censorship,* S. 90, 108, 117, 148 f.; Ben-Ghiat, *Modernities,* S. 47 f.; Sachs, *Music,* S. 146; Bonsaver, *Censorship,* S. 62, 64, 159, 163; Falasca-Zamponi, *Fascist Spectacle,* S. 183 f.
3 Siehe die Abb. in: Calvesi u. a., *Il Futurismo,* z. B. S. 90 f.
4 Ben-Ghiat, *Modernities,* S. 120, 125-132; Burdett, *Cardarelli,* S. 180-182; Bonsaver, *Censorship,* S. 116 f.; Berezin, *Fascist Self,* S. 207; Falasca-Zamponi, *Fascist Spectacle,* S. 167-170.
5 Der Film war Francesco de Robertis *Uomini sul fondo.* Siehe Bonsaver, *Censorship;* S. 169 (1. Zitat), 170-172; Ben-Ghiat, *Modernities,* S. 9, 26, 121, 148, 156 f., 170 (2. Zitat), 173-177, 187, 198; Stone, *Patron State,* S. 177-183, 191-194, 197 f., 203-205; Sachs, *Music,* S. 95; Burdett, *Cardarelli,* S. 8; Falasca-Zamponi, *Fascist Spectacle,* S. 143.
6 Ich konnte wenigstens sieben verschiedene Institutionen identifizieren, die zu wechselnden Zeiten und in wechselndem Maße für die Verwaltung der Kultur zuständig waren: das Ministerium für nationale Bildung, das Ministerium für Presse und Propaganda, das Ministerium für Volkskultur, Polizeiverwaltungen auf nationaler und regionaler Ebene, regionale Gouverneure (podestà, »Bürgermeister«), Parteibüros (Farinacci) sowie Mussolini persönlich. Zu Meinungsverschiedenheiten zwischen den einzelnen Personen siehe Stone, *Patron State,* S. 66; Bonsaver, *Censorship,* S. 262 f.
7 Erhellend: Berezin, *Fascist Self,* S. 14; Sachs, *Music,* S. 53.
8 Kater, *Weimar,* S. 140. Alex Ross erwähnt Richard Wagners Einfluss auf frühe Bolschewiki wie Lunatscharski; siehe das Kapitel »Ring of Power« in seinem Buch *Wagnerism.*
9 Eisenstein, zitiert in: Berlin, *Soviet Mind,* S. 51. Siehe auch Clark und Dobrenko, *Soviet Culture,* S. 4; Vasily Rakitin, in: Günther, *Culture,* S. 183 f.; Stites, *Popular Culture,* S. 39 f., 50 f.; Starr, *Red and Hot,* S. 7, 40.
10 Clark und Dobrenko, *Soviet Culture,* S. 5; John Barber in: Günther, *Culture,* S. 7; Brooks, *Stalin,* S. 3-5, 23, 30 f.; Starr, *Red and Hot,* S. 45-49, 53; Stites, *Popular Culture,* S. 47-49, 57, 62.

Anmerkungen 453

11 Stites, *Popular Culture*, S. 72; Clark und Dobrenko, *Soviet Culture*, S. 50; John Barber, in: Günther, *Culture*, S. 7.
12 Beispiele für die starke Fokussierung der Geisteswissenschaften auf Stalin bis 1941 bei Boris Groys in: Günther, *Culture*, S. 140 f.; Jørn Guldberg, in: ebd., S. 152, 168; Abb., ebd., bei S. 138; Clark und Dobrenko, *Soviet Culture*, S. 117, 141, 291–293, 296 f., 343 f.; Frolova-Walker, *Music Prize*, S. 26–28, 56; Brooks, *Stalin*, S. 113; Clark, *Moscow*, S. 304 f., 310.
13 Clark, *Moscow*, S. 90–93, 114 f.; Stites, *Popular Culture*, S. 71; Clark und Dobrenko, *Soviet Culture*, S. 5, 108, 120 f., 139 f., 268 f.; Fotos von sowjetischen Turmbauten in: Günther, *Culture*, bei S. 136.
14 Brooks, *Stalin*, S. 108 f.; Clark, *Moscow*, S. 210; Clark und Dobrenko, *Soviet Culture*, S. 139–171.
15 Clark und Dobrenko, *Soviet Culture*, S. 146–148, 209, 243–248, 305–307; Berlin, *Soviet Mind*, S. 44 f., 72.
16 Clark und Dobrenko, *Soviet Culture*, S. 348 f., 364–369, 432–436; Stites, *Popular Culture*, S. 107–112, 119; Frolova-Walker, *Music Prize*, S. 286; Berlin, *Soviet Mind*, S. 33, 52; Brooks, *Stalin*, S. 175, 191.
17 Zum zuletzt erwähnten Problem siehe Brooks, *Stalin*, S. 113; Clark und Dobrenko, *Soviet Culture*, S. 291, 394; Starr, *Red and Hot*, S. 143; Stites, *Popular Culture*, S. 73.
18 Erhellend zu diesem Aspekt: Clark, *Moscow*, S. 93.
19 Stalin (am 26. Februar 1947), zitiert in: Clark und Dobrenko, *Soviet Culture*, S. 441.
20 Frolova-Walker, *Music Prize*, S. 40–43, 46, 54, 57, 61, 82, 85, 90 f., 105 f., 113, 122, 231–233, 291 f.; Clark und Dobrenko, *Soviet Culture*, S. 136, 145 f., 318 f.; Starr, *Red and Hot*, S. 59, 126, 149, 162; Berlin, *Soviet Mind*, S. 7, 22 f.; Brooks, *Stalin*, S. 121 f.; www.bbc.co.uk/radio3/shostakovich/timeline.shtml; David Fanning über Schostakowitsch, in: *Oxford Music Online*.

Archive

Amtsgericht München (AM)
˹ Egk, Pfitzner

Archiv, Theatermuseum Wien (ATW)
15; 17; 18

Archiv, Theatermuseum Wien, Teilnachlass Lotte Lehmann (ATW/ TNLL)
Korrespondenz

Author's Private Archive (APA; Privatarchiv des Autors)
Vermischtes

Bayerische Staatsbibliothek München, Handschriftenabteilung (BS)
Ana/306; Ana/410

Bayerisches Hauptstaatsarchiv München (BH)
MWi, Staatstheater/14395

Bundesarchiv Berlin (BAB)
RKK (früher BDC)

Bundesarchiv Koblenz (BAK)
R55; FILMSG 1; Bibliothek, Rundfunk; Mikrofilm T-175

Carl-Orff-Zentrum München (CM)
Allgemeine Korrespondenz; Korrespondenz Schott

Columbia University, New York, Rare Books and Manuscripts, Butler Library (CU)
Constance Hope Papers

Elly-Ney-Nachlass, Staatsarchiv Bonn (EB)

Archive

Erika-Mann-Archiv in der Handschriftenabteilung der Stadtbibliothek
München (EMA)
914

Institut für Zeitgeschichte, München (IfZ)
Archiv, ZUS/A-25

Leo Baeck Institute, New York (LBI)
AR; ME

Lotte Lehmann Foundation Archive, Kailus
Vermischtes

National Archives Washington (NAW)
Captured German Records, Streicher Papers, T-580/267

Österreichische National-Bibliothek, Wien, Musiksammlung (OW)
F68 Pfitzner

Richard-Strauss-Archiv, Garmisch (RG)
Korrespondenz

Stadtarchiv München, Kulturamt (SMK)
97; 275

University of California at Santa Barbara, Davidson Library, Special
Collection, Lotte Lehmann Papers (GC)
Allgemeine Korrespondenz

Weill-Lenya Research Center, New York (WC)
Korrespondenz Weill und Jolles

York University Archives and Special Collections, Toronto (YUA)
CA ON00370 F0456

Literatur

Abel, Karl-Dietrich, *Presselenkung im NS-Staat. Eine Studie zur Geschichte der Publizistik in der nationalsozialistischen Zeit* (Berlin: Colloquium, 1968)
Abella, Irving, und Harold Troper, *None is Too Many: Canada and the Jews of Europe, 1933–1948* (Toronto: Lester and Orpen Dennys, 1982)
Adam, Christian, *Lesen unter Hitler. Autoren, Bestseller, Leser im Dritten Reich* (Berlin: Galiani, 2010)
Adam, Peter, *Art of the Third Reich* (New York: H. N. Abrams, 1992)
Adorno, Theodor W., *Vermischte Schriften II* (Frankfurt a. M.: Suhrkamp, 1986)
ders., »Was bedeutet: Aufarbeitung der Vergangenheit?« (1959), in: ders., *Eingriffe. Neun kritische Modelle* (Frankfurt a. M.: Suhrkamp 1965), S. 125–146
Ahlers, Rudolf, *Sturm auf Lehst. Schauspiel in vier Aufzügen* (Leipzig: Der junge Bühnenvertrieb/Ralf Steyer, 1937)
Aigner, Dietrich, »Die Indizierung ›schädlichen und unerwünschten Schrifttums‹ im Dritten Reich«, *Archiv für Geschichte des Buchwesens* 11 (1971), S. 934–1034
Albrecht, Gerd, *Nationalsozialistische Filmpolitik. Eine soziologische Untersuchung über die Spielfilme des Dritten Reiches* (Stuttgart: Ferdinand Enke, 1969)
Albrecht, Günter, Kurt Böttcher, Herbert Greiner-Mai und Paul Günther Krohn (Hg.), *Lexikon deutschsprachiger Schriftsteller von den Anfängen bis zur Gegenwart*, 2. Aufl. (Leipzig: VEB Bibliographisches Institut, Bd. 1, 1972; Bd. 2, 1974)
Amann, Max, »Die nationalsozialistische deutsche Volkspresse«, in: Carl Schneider (Hg.), *Handbuch der deutschen Tagespresse*, 6. Aufl. (Leipzig: Armanen-Verlag, 1937), S. VII–XIII
Ambesser, Axel von, *Nimm einen Namen mit A* (Berlin: Ullstein, 1985)

Anacker, Heinrich, *Wir wachsen in das Reich hinein* (München: Eher, 1938)
Anderlahn, Hanns, *Gegner erkannt! Kampferlebnisse der SA. im Jahre 1937* (München: Eher, 1937)
Andersch, Alfred, *Deutsche Literatur in der Entscheidung. Ein Beitrag zur Analyse der literarischen Situation* (Karlsruhe: Volk und Zeit, [1948])
Applegate, Celia, *The Necessity of Music: Variations on a German Theme* (Toronto: University of Toronto Press, 2017)
dies. und Pamela Potter, »Cultural History: Where It Has Been and Where It Is Going«, *Central European History* 51 (2018), S. 75-82
dies. und Pamela M. Potter (Hg.), *Music and German National Identity* (Chicago: University of Chicago Press, 2002)
Arendt, Hannah, *Menschen in finsteren Zeiten*, hg. von Ursula Ludz, 3. Aufl. (München: Piper, 2014)
Ascheid, Antje, *Hitler's Heroines: Stardom and Womanhood in Nazi Cinema* (Philadelphia: Temple University Press, 2003)
Aster, Misha, *The Reich's Orchestra: The Berlin Philharmonic, 1933-1945* (London: Souvenir, 2010)
August, Wolf-Eberhard, »Die Stellung der Schauspieler im Dritten Reich. Versuch einer Darstellung der Kunst- und Gesellschaftspolitik in einem totalitären Staat am Beispiel des ›Berufsschauspielers‹«, Diss. phil. (Köln 1973)

Bach, Steven, *Leni: The Life and Work of Leni Riefenstahl* (New York: Knopf, 2007)
ders., *Marlene Dietrich: Life and Legend* (New York: William Morrow, 1992)
Backes, Klaus, *Hitler und die bildenden Künste. Kulturverständnis und Kunstpolitik im Dritten Reich* (Köln: DuMont Buchverlag, 1988)
Bade, Wilfrid, *Kulturpolitische Aufgaben der deutschen Presse. Eine Rede* (Berlin: Junker und Dünnhaupt, 1933)
ders. und Wilmont Haacke (Hg.), *Das heldische Jahr. Front und Heimat berichten den Krieg* (Berlin: Weltgeschichte-Verlag, 1941)
Bähre, Ralf, »Hellmuth Langenbucher (1905-1980). Beschreibung einer literaturpolitischen Karriere«, *Archiv für Geschichte des Buchwesens* 47 (1997), S. 249-308

Baird, Jay W., *Hitler's War Poets: Literature and Politics in the Third Reich* (New York: Cambridge University Press, 2008)
ders., *The Mythical World of Nazi War Propaganda, 1939–1945* (Minneapolis: University of Minnesota Press, 1974)
ders., *To Die for Germany: Heroes in the Nazi Pantheon* (Bloomington: Indiana University Press, 1990)
Baranowski, Shelley, *Strength Through Joy: Consumerism and Mass Tourism in the Third Reich* (New York: Cambridge University Press, 2004)
Barbian, Jan-Pieter, *Literaturpolitik im NS-Staat: Von der »Gleichschaltung« bis zum Ruin* (Frankfurt a. M.: S. Fischer, 2010)
Bark, Dennis L., und David R. Gress, *From Shadow to Substance, 1945–1963* (Oxford: Basil Blackwell, 1989)
Barkhausen, Hans, *Filmpropaganda für Deutschland im Ersten und Zweiten Weltkrieg* (Hildesheim: Olms Presse, 1982)
Barlach, Ernst, *Die Briefe, 1888–1938*, Bd. 2, hg. von Friedrich Dross (München: Piper, 1969)
Barron, Stephanie, »European Artists in Exile: A Reading between the Lines«, in: dies. (Hg.), *Exiles and Emigrés: The Flight of European Artists from Hitler* (Los Angeles: Los Angeles County Museum of Art, 1997), S. 11–29
Barthel, Max, *Das unsterbliche Volk. Roman*, 2. Aufl. (Berlin: Büchergilde Gutenberg, 1937; 1. Aufl. 1933)
Barzantny, Tamara, *Harry Graf Kessler und das Theater. Autor – Mäzen – Initiator 1900–1933* (Köln: Böhlau, 2002)
Bathrick, David, »State of the Art as Art of the Nazi State: The Limits of Cinematic Resistance«, in: Neil H. Donahue und Doris Kirchner (Hg.), *Flight of Fantasy: New Perspectives on Inner Emigration in German Literature, 1933–1945* (New York: Berghahn, 2003), S. 292–304
Bauer, Josef Martin, *Die Kraniche der Nogaia. Tagebuchblätter aus dem Feldzug im Osten* (München: R. Piper, 1942)
Bauer, Walter, *Das Herz der Erde. Ein Mutter-Roman* (Berlin: Deutsche Buch-Gemeinschaft, 1933)
Baumann, Hans, *Horch auf Kamerad*, 2. Aufl. (Potsdam: Ludwig Voggenreiter, 1937)
Beck, Rainer, *Otto Dix. Zeit, Leben, Werk 1891–1969* (Konstanz: Stadler, 1993)

Becker, Jörg, *Elisabeth Noelle-Neumann. Demoskopin zwischen NS-Ideologie und Konservatismus* (Paderborn: Ferdinand Schöningh, 2013)
Bemmann, Helga, *Berliner Musenkinder-Memorien. Eine heitere Chronik von 1900–1930* (Berlin: Lied der Zeit Musikverlag, 1981)
Ben-Ghiat, Ruth, *Fascist Modernities: Italy, 1922–1945* (Berkeley: University of California Press, 2001)
Bendix, Reinhard, *Max Weber: An Intellectual Portrait* (New York: Anchor, 1962)
Benn, Gottfried, »Bekenntnis zum Expressionismus«, *Deutsche Zukunft* 1, Nr. 4 (5. November 1933), S. 15–17
ders., *Morgue und andere Gedichte* (München: Der Bücherwinkel [1912])
ders., *Der neue Staat und die Intellektuellen* (Stuttgart: Deutsche Verlags-Anstalt, 1933)
ders., »Lebensweg eines Intellektualisten (1934)«, in: ders., *Doppelleben: Zwei Selbstdarstellungen* (Wiesbaden: Limes, 1950), S. 9–73
ders., *Doppelleben: Zwei Selbstdarstellungen* (Wiesbaden: Limes, 1950)
Berens-Totenohl, Josefa, *Der Femhof* (Jena: Eugen Diederichs, 1934)
Berezin, Mabel, *Making the Fascist Self: The Political Culture of Interwar Italy* (Ithaca, NY: Cornell University Press, 1997)
Berg, Nicolas, *Der Holocaust und die westdeutschen Historiker. Erforschung und Erinnerung* (Göttingen: Wallstein, 2003)
Bergdoll, Barry, und Leah Dickerman (Hg.), *Bauhaus 1919–1933: Workshops for Modernity* (New York: Museum of Modern Art, 2009)
Bergengruen, Werner, *Der Großtyrann und das Gericht* (Zürich: Verlag der Arche, 1949; 1. Aufl. 1935)
ders., *Schreibtischerinnerungen* (München: Nymphenburger Verlagshandlung, [1961])
ders., *Schriftstellerexistenz in der Diktatur. Aufzeichnungen und Reflexionen zu Politik, Geschichte und Kultur 1940–1963*, hg. von Frank-Lothar Kroll, N. Luise Hackelsberger und Sylvia Taschka (München: R. Oldenbourg, 2005)
Berger, Albert, *Josef Weinheber (1892–1945). Leben und Werk – Leben im Werk* (Salzburg: O. Müller, 1999)
Berghahn, Marion, *German-Jewish Refugees in England: The Ambiguities of Assimilation* (London: Macmillan, 1984)

Bergmeier, Horst J. P., *The Weintraub Story Incorporated: The Ady Rosner Story* (Menden: Jazzfreund, 1982)

ders. und Jürgen W. Susat, »Spitzenband im Hintergrund: Sid Kay Fellows«, *Fox auf 78* Nr. 9 (Winter 1990/91), S. 34–39

Bergner, Elisabeth, *Bewundert und viel gescholten...: Elisabeth Bergners unordentliche Erinnerungen* (München: Goldmann, 1978)

Berkley, George E., *Vienna and Its Jews: The Tragedy of Success, 1880s–1980s* (Cambridge, MA: Abt Books, 1988)

Berlin, Isaiah, *The Soviet Mind: Russian Culture under Communism*, hg. von Henry Hardy (Washington, DC: Brookings Institution Press, 2016)

Bermann Fischer, Gottfried, *Bedroht – Bewahrt. Weg eines Verlegers* (Frankfurt a. M.: S. Fischer, 1967)

Berstl, Julius, *Odyssee eines Theatermenschen. Erinnerungen aus sieben Jahrzehnten* (Berlin-Grunewald: Arani, 1963)

Best, Walter, *Völkische Dramaturgie. Gesammelte Aufsätze* (Würzburg-Aumühle: Konrad Triltsch, 1940)

Beumelburg, Werner, *Die Gruppe Bosemüller. Der große Roman des Frontsoldaten* (Oldenburg: Gerhard Stalling, 1930)

ders., *Kampf um Spanien. Die Geschichte der Legion Condor* (Oldenburg: Gerhard Stalling, 1939)

Beussel, Ferdinand, »Im Zeichen der Wende«, *Die Musik* 25 (1933), S. 669–675

Beyer, Friedemann, *Gesichter der UFA. Starportraits einer Epoche*, 2. Aufl. (München: Heyne, 1992)

Beyerchen, Alan D., *Scientists under Hitler: Politics and the Physics Community in the Third Reich* (New Haven: Yale University Press, 1977)

Bie, Richard, und Alfred Mühr, *Die Kulturwaffen des neuen Reiches* (Jena: Eugen Diederichs, 1933)

Billerbeck-Gentz, Friedrich, »Die Ausschaltung des Liberalismus am deutschen Theater. Eine Kampfbundrede, gehalten auf der 1. Reichstagung der Deutschen Bühnen in Eisenach, September 1933«, *Deutsche Kultur-Wacht* 30 (28. Oktober 1933), S. 9f.

Billinger, Richard, *Lob des Landes: Komödie in fünf Aufzügen* (München: Langen Müller, 1933)

ders., *Der Gigant. Schauspiel in fünf Akten* (Berlin: S. Fischer, 1937)

Bin Gorion, Emanuel, Alfred Loewenberg, Otto Neuburger und Hans Oppenheimer (Hg.), *Philo-Lexikon: Handbuch des jüdischen Wissens* (Berlin: Philo Verlag, 1935)

Blachetta, Walther, *Kampf um eine deutsche Stadt. Ein Spiel aus der Ostmark* (Leipzig: Arwed Strauch, 1933)

Blome, Kurt, *Arzt im Kampf. Erlebnisse und Gedanken* (Leipzig: A. J. Barth, 1942)

Blumenberg, Hans-Christoph, *Das Leben geht weiter. Der letzte Film des Dritten Reiches* (Berlin: Rowohlt, 1993)

Blunck, Hans Friedrich, *Deutsche Kulturpolitik* (München: Albert Langen, 1934)

ders., *König Geiserich. Eine Erzählung von Geiserich und dem Zug der Wandalen* (Hamburg: Deutsche Hausbücherei, [1936])

ders., »Volkstum und Dichtung«, in: Heinz Kindermann (Hg.), *Des deutschen Dichters Sendung in der Gegenwart* (Leipzig: Philipp Reclam jun., 1933), S. 180–205

ders., *Wolter von Plettenberg. Deutschordensmeister in Livland* (Hamburg: Hanseatische Verlagsanstalt, 1938)

Boelcke, Willi A. (Hg.), *Kriegspropaganda, 1939–1941. Geheime Ministerkonferenzen im Reichspropagandaministerium* (Stuttgart: Deutsche Verlags-Anstalt, 1966)

ders. (Hg.), *Wollt Ihr den Totalen Krieg? Die geheimen Goebbels-Konferenzen 1939–1943* (München: DTV, 1969)

Boeschenstein, Hermann, *The German Novel, 1939–1944* (Toronto: University of Toronto Press, 1949)

Boese, Engelbrecht, *Das Öffentliche Bibliothekswesen im Dritten Reich* (Bad Honnef: Bock und Herchen, 1987)

Böhme, Herbert, *Der Kirchgang des Großwendbauern. Novellen* (München: Franz Eher, 1936)

Böhme, Herbert (Hg.), *Rufe in das Reich. Die heldische Dichtung von Langemarck bis zur Gegenwart* (Berlin: Junge Generation, 1934)

Böll, Heinrich, *Man möchte manchmal wimmern wie ein Kind. Die Kriegstagebücher 1943 bis 1945*, hg. von René Böll (Köln: Kiepenheuer und Witsch, 2017)

Bollmus, Reinhard, *Das Amt Rosenberg und seine Gegner. Zum Machtkampf im nationalsozialistischen Herrschaftssystem* (Stuttgart: Deutsche Verlags-Anstalt, 1970)

Bonsaver, Guido, *Censorship and Literature in Fascist Italy* (Toronto: University of Toronto Press, 2007)

Borchmeyer, Dieter, *Was ist Deutsch? Die Suche einer Nation nach sich selbst* (Berlin: Rowohlt, 2017)

Bosse, Gustav, »›Führerverantwortlichkeit‹ oder ›Revolution der Straße‹?«, *Zeitschrift für Musik* 100 (1933), S. 483–486

Botstein, Leon, »The Jewish Question in Music«, *Musical Quarterly* 94 (2011), S. 439–453

Böttcher, Robert, *Kunst und Kunsterziehung im neuen Reich* (Breslau: Ferdinand Hirt, 1933)

Boveri, Margret, *Wir lügen alle. Eine Hauptstadtzeitung unter Hitler* (Olten: Walter, 1965)

Bracher, Karl Dietrich, *The German Dictatorship: The Origins, Structure and Effects of National Socialism* (New York: Praeger, 1972)

Brand, Guido K., *Zwischen Domen und Bunkern. Westeindrücke eines OT-Kriegsberichters* (Amsterdam: Volk und Reich Verlag, 1944)

Brantl, Sabine, *Haus der Kunst, München. Ein Ort und seine Geschichte im Nationalsozialismus* (München: Allitera Verlag, 2007)

Braumüller, Wolf, »Kurt Heynicke: ›Der Weg ins Reich‹. Lothar Müthels politische Spielgestaltung«, *Deutsche Bühnenkorrespondenz* 4, Nr. 48 (24. Juli 1935), S. 1–3

Brechtken, Magnus, »Ein überflüssiges Experiment? Joseph Goebbels und die Propaganda im Gefüge des Nationalsozialismus«, in: Christoph Studt (Hg.), *»Diener des Staates« oder »Widerstand zwischen den Zeilen«? Die Rolle der Presse im »Dritten Reich«* (Berlin: LIT Verlag, 2007), S. 49–74

ders., *Albert Speer. Eine deutsche Karriere* (München: Siedler, 2017)

Brehm, Bruno, *Der König von Rücken. Geschichten und Geschautes* (Karlsbad: Adam Kraft, 1942)

ders., »Unser Kampf im Osten«, in: *Die Dichtung im kommenden Europa. Weimarer Reden 1941* (Hamburg: Hanseatische Verlagsanstalt, 1942), S. 35–48

Brenner, Hildegard, *Die Kunstpolitik des Nationalsozialismus* (Reinbek: Rowohlt, 1963) dies. (Hg.), *Ende einer bürgerlichen Kunst-Institution. Die politische Formierung der Preußischen Akademie der Künste ab 1933. Eine Dokumentation* (Stuttgart: Deutsche Verlags-Anstalt, 1972)

Brenner, Michael, *The Renaissance of Jewish Culture in Weimar Germany* (New Haven: Yale University Press, 1996)

Brinkmann, Reinhold, »Reading a Letter«, in: ders. und Christoph Wolff (Hg.), *Driven into Paradise: The Musical Migration from Nazi Germany to the United States* (Berkeley: University of California Press, 1999), S. 3–20

ders. und Christoph Wolff (Hg.), *Driven into Paradise: The Musical Migration from Nazi Germany to the United States* (Berkeley: University of California Press, 1999)

Bronsen, David, »Der Sonderfall als exemplarischer Fall – Joseph Roth und die Emigration als Grenzsituation«, in: Peter Uwe Hohendahl und Egon Schwarz (Hg.), *Exil und Innere Emigration II. Internationale Tagung in St. Louis* (Frankfurt a. M.: Athenäum, 1973), S. 65–84

Brooks, Jeffrey, *Thank You, Comrade Stalin! Soviet Public Culture from Revolution to Cold War* (Princeton: Princeton University Press, 2000)

Browning, Christopher R., *Ordinary Men: Reserve Battalion 101 and the Final Solution in Poland* (New York: Harper Perennial, 1998, 1. Aufl. 1992)

ders., *The Origins of the Final Solution: The Evolution of Nazi Jewish Policy, September 1939–March 1942* (Lincoln: University of Nebraska Press, 2004)

Bucher, Peter, »Nationalsozialistische Filmpropaganda im Zweiten Weltkrieg, 1939–1945«, *Militärgeschichtliche Mitteilungen* 2 (1. Januar 1986), S. 53–69

Burdett, Charles, *Vincenzo Cardarelli and his Contemporaries: Fascist Politics and Literary Culture* (Oxford: Clarendon Press, 1999)

Burte, Hermann, *Anker am Rhein. Eine Auswahl neuer Gedichte* (Leipzig: Haessel, 1938)

ders., *Sieben Reden* (Straßburg: Hünenburg, 1943)

Busch, Fritz, *Pages from a Musician's Life* (Westport: Greenwood, 1971)

Busch, Grete, *Fritz Busch. Dirigent* (Frankfurt a. M.: S. Fischer, 1970)

Busch, Stefan, »*Und gestern, da hörte uns Deutschland*«. *NS-Autoren in der Bundesrepublik. Kontinuität und Diskontinuität bei Friedrich Griese, Werner Beumelburg, Eberhard Wolfgang Möller und Kurt Ziesel* (Würzburg: Königshausen und Neumann, 1998)

Bushart, Magdalena, »Ein Bildhauer zwischen den Stühlen. Gerhard Marcks in den dreißiger Jahren«, in: Winfried Nerdinger (Hg.), *Bauhaus-Moderne im Nationalsozialismus. Zwischen Anbiederung und Verfolgung* (München: Prestel, 1993), S. 103–112

Büttner, Horst, »Reichsmusiktage in Düsseldorf: Vom 22. bis 29. Mai 1938«, *Zeitschrift für Musik* 105, Nr. 7 (Juli 1938), S. 736–743

Calvesi, Maurizio u. a., *Il Futurismo* (Milan: Fratelli Fabbri Editori, 1976)

Carossa, Hans, *Geheimnisse des reifen Lebens. Aus den Aufzeichnungen Angermanns* (Leipzig: Insel, 1936)

ders., *Ungleiche Welten* (Wiesbaden: Insel, 1951)

Carr, Steven Alan, *Hollywood and Anti-Semitism: A Cultural History* (Cambridge: Cambridge University Press, 2001)

Carsten, Francis L., »Deutsche Emigranten in Großbritannien 1933–1945«, in: Gerhard Hirschfeld (Hg.), *Exil in Großbritannien. Zur Emigration aus dem nationalsozialistischen Deutschland* (Stuttgart: Klett, 1983), S. 138–154

Carter, Erica, *Dietrich's Ghosts: The Sublime and the Beautiful in the Third Reich* (London: British Film Institute, 2004)

Casper, Siegfried (Hg.), *Hanns Johst spricht zu Dir. Eine Lebenslehre aus seinen Werken und Reden* (Berlin: Nordland Verlag, 1942)

Cesarani, David, *Arthur Koestler: The Homeless Mind* (London: Heinemann, 1998)

Chamberlin, Brewster S. (Hg.), *Kultur auf Trümmern. Berliner Berichte der amerikanischen Information Control Section Juli – Dezember 1945* (Stuttgart: Deutsche Verlags-Anstalt, 1979)

Chapoutot, Johann, *Greeks, Romans, Germans: How the Nazis Usurped Europe's Classical Past* (Oakland: University of California Press, 2016)

ders., *The Law of Blood: Thinking and Acting like a Nazi* (Cambridge, MA: The Belknap Press of Harvard University Press, 2018)

Childers, Thomas, *The Third Reich: A History of Nazi Germany* (New York: Simon & Schuster, 2017)

Christiansen, Uwe, und Hans-Christian Petersen, *Wilhelm Petersen. Der Maler des Nordens* (Tübingen: Edition Grabert, 1993)

Christoph, Frank E., *Sehnsucht nach der Heimat. Roman eines deutschen Auslandsschicksals* (Berlin: Hyperion-Verlag, 1943)

Clark, Katerina, *Moscow, the Fourth Rome: Stalinism, Cosmopolitanism, and the Evolution of Soviet Culture, 1931–1941* (Cambridge, MA: Harvard University Press, 2011)
dies. und Evgeny Dobrenko (Hg.), *Soviet Culture and Power: A History in Documents, 1917–1953* (New Haven: Yale University Press, 2007)
Clarkson, Austin, »Stefan Wolpe: Broken Sequences«, in: Michael H. Kater und Albrecht Riethmüller (Hg.), *Music and Nazism: Art under Tyranny, 1933–1945* (Laaber: Laaber, 2003), S. 219–240
Clemens, Gabriele, *Britische Kulturpolitik in Deutschland 1945–1949. Literatur, Film, Musik und Theater* (Stuttgart: Franz Steiner, 1997)
Clinefelter, Joan L., »A Cinematic Construction of Nazi Anti-Semitism: The Documentary *Der Ewige Jude*«, in: Robert C. Reimer (Hg.), *Cultural History through a National Socialist Lens: Essays on the Cinema of the Third Reich* (Rochester, NY: Camden House, 2000), S. 133–154
dies., *Artists for the Reich: Culture and Race from Weimar to Nazi Germany* (Oxford: Berg, 2005)
Closel, Amaury du, *Erstickte Stimmen. »Entartete Musik« im Dritten Reich* (Wien: Böhlau, 2010)
Conway, John S., *The Nazi Persecution of the Churches, 1933–45* (Toronto: Ryerson, 1968)
Courtade, Francis, und Pierre Cadars, *Geschichte des Films im Dritten Reich* (München: Wilhelm Heyne, 1975)
Craft, Robert (Hg.), *Stravinsky: Selected Correspondence*, Bd. 3 (London: Faber and Faber, 1982–1985)
Crawford, Dorothy Lamb, *Evenings On and Off the Roof: Pioneering Concerts in Los Angeles, 1939–1971* (Berkeley: University of California Press, 1995)
Csipak, Karoly, »Berthold Goldschmidt im Exil. Der Komponist im Gespräch über Musiker-Exil und Musikleben«, in: Habakuk Traber und Elmar Weingarten (Hg.), *Verdrängte Musik: Berliner Komponisten im Exil* (Berlin: Aragon, 1987), S. 43–77
Culbert, David, »The Impact of Anti-Semitic Film Propaganda on German Audiences: Jew Süss and the Wandering Jew (1940)«, in: Richard A. Etlin (Hg.), *Art, Culture and Media under the Third Reich* (Chicago: University of Chicago Press, 2002), S. 139–157

Cziffra, Geza von, *Kauf dir einen bunten Luftballon. Erinnerungen an Götter und Halbgötter* (München: Herbig, 1975)

Dagover, Lil, *Ich war die Dame* (München: Schneekluth, 1979)

Dahm, Volker, »Kulturelles und geistiges Leben«, in: Wolfgang Benz (Hg.), *Die Juden in Deutschland, 1933–1945* (München: C. H. Beck, 1988), S. 75–267

ders., *Das jüdische Buch im Dritten Reich*, 2. Aufl. (München: C. H. Beck, 1993)

Damus, Martin, »Gebrauch und Funktion von bildender Kunst und Architektur im Nationalsozialismus«, in: ders. u. a., *Kunst und Kultur im deutschen Faschismus* (Stuttgart: Metzler, 1978), S. 87–128

Danuser, Hermann, »Composers in Exile: The Question of Musical Identity«, in: Reinhold Brinkmann und Christoph Wolff (Hg.), *Driven into Paradise: The Musical Migration from Nazi Germany to the United States* (Berkeley: University of California Press, 1999), S. 155–171

Davenport, Marcia, »Song and Sentiment«, *The New Yorker* (23. Februar 1935), S. 18–22

Daverio, John, *Robert Schuman: Herald of a »New Poetic Age«*, (New York: Oxford University Press, 1997)

Davie, Maurice R., *Refugees in America: Report of the Committee for the Study of Recent Immigration from Europe* (New York: Harper, 1947)

Deák, István, *Weimar Germany's Left-Wing Intellectuals: A Political History of the Weltbühne and Its Circle* (Berkeley: University of California Press, 1968)

Dembitzer, Salamon, *Visas for America: A Story of an Escape*, 2. Aufl. (Sydney: Villon Press, [1950]; 1. Aufl. [194?])

Denecke, Rolf, »Grenzen und Freiheit der historischen Dichtung«, *Bücherkunde* 6 (1940), S. 154–158

Denk, Ferdinand, »Hans Brandenburgs Zukunftsschau des deutschen Theaters«, *Der neue Weg* (1935), S. 448–450

Dennis, David B., *Beethoven in German Politics, 1870–1989* (New Haven: Yale University Press, 1996)

ders., *Inhumanities: Nazi Interpretations of Western Culture* (New York: Cambridge University Press, 2012)

Die Dichtung im kommenden Europa. Weimarer Reden 1941 (Hamburg: Hanseatische Verlagsanstalt, 1942)
Diebenow, Johannes, *Die Nacht vor der Entscheidung. Ein Spiel aus deutscher Notzeit* (Leipzig: Arwed Strauch, 1933)
Diller, Ansgar, *Rundfunkpolitik im Dritten Reich* (München: DTV, 1980)
Dillmann, Michael, *Heinz Hilpert. Leben und Werk* (Berlin: Edition Hentrich, 1990)
Dinter, Artur, *Die Sünde wider das Blut. Ein Zeitroman*, 3. Aufl. (Leipzig: Im Wolfverlag, Erich Matthes, 1919)
Doherty, Thomas, *Hollywood and Hitler, 1933–1939* (New York: Columbia University Press, 2013)
Dörfler, Anton, *Die ewige Brücke. Roman* (Jena: Eugen Diederichs, 1937)
Dovifat, Emil, *Zeitungslehre I. Erster Band: Theoretische Grundlagen – Nachricht und Meinung – Sprache und Form* (Berlin: Walter de Gruyter & Co., 1937)
ders., *Zeitungslehre I. Zweiter Band: Schriftleitung – Stoffbeschaffung und Bearbeitung – Technik und Wirtschaft des Betriebes* (Berlin: Walter de Gruyter & Co., 1937)
Drechsler, Nanny, *Die Funktion der Musik im deutschen Rundfunk 1933–1945* (Pfaffenweiler: Centaurus-Verlagsgesellschaft, 1988)
Dresler, Adolf, *Das Braune Haus und die Verwaltungsgebäude der Reichsleitung der NSDAP in München*, 2. Aufl. (München: Eher, 1937)
ders., »Dietrich Eckart«, in: Paul Gerhardt Dippel (Hg.), *Künder und Kämpfer. Die Dichter des neuen Deutschland* (München: Deutscher Volksverlag, [1937; 2. Aufl. 1939]), S. 17–44
Dreßler-Andreß, Horst, *Die Reichsrundfunkkammer. Ziele, Leistungen und Organisation* (Berlin: Junker und Dünnhaupt, 1935)
ders., *Drei Jahre Nationalsozialistische Gemeinschaft »Kraft durch Freude«. Ziele und Leistungen* (Berlin: Reichsdruckerei, 1936)
Drewniak, Boguslaw, *Das Theater im NS-Staat. Szenarium deutscher Zeitgeschichte, 1933–1945* (Düsseldorf: Droste, 1983)
ders., *Der deutsche Film 1938–1945. Ein Gesamtüberblick* (Düsseldorf: Droste, 1987)
Dreyer, Ernst Adolf (Hg.), *Deutsche Kultur im Neuen Reich. Wesen, Aufgabe und Ziel der Reichskulturkammer* (Berlin: Schlieffen, 1934)

ders. und Christian Jenssen (Hg.), *Demut vor Gott – Ehre dem Reich – Hochzeit der Künste. Eine Dankesgabe des Europäischen Schrifttums an Hans Friedrich Blunck* (Berlin: Frundsberg-Verlag, [1938])

Droste, Magdalena, »Bauhaus-Maler im Nationalsozialismus: Anpassung, Selbstentfremdung, Verweigerung«, in: Winfried Nerdinger (Hg.), *Bauhaus-Moderne im Nationalsozialismus. Zwischen Anbiederung und Verfolgung* (München: Prestel, 1993), S. 113–141

Drüner, Ulrich, und Georg Günther, *Musik und »Drittes Reich«. Fallbeispiele 1910 bis 1960 zu Herkunft, Höhepunkt und Nachwirkungen des Nationalsozialismus in der Musik* (Wien: Böhlau, 2012)

Dümling, Albrecht, »Der deutsche Michel erwacht. Zur Bruckner-Rezeption im NS-Staat«, in: Albrecht Riethmüller (Hg.), *Bruckner-Probleme. Internationales Kolloquium, 7. – 9. Oktober 1996 in Berlin* (Stuttgart: Franz Steiner, 1999), S. 202–214

ders., »The Target of Racial Purity: The ›Degenerate Music‹ Exhibition in Düsseldorf, 1938«, in: Richard A. Etlin (Hg.), *Art, Culture and Media under the Third Reich* (Chicago: University of Chicago Press, 2002), S. 43–72

ders., »›Ein wahrer Hexensabbat‹: Die Ausstellung ›Entartete Musik‹ im Widerstreit«, in: Hellmut Th. Seemann und Thorsten Valk (Hg.), *Übertönte Geschichten. Musikkultur in Weimar. Jahrbuch der Klassik Stiftung Weimar* (Göttingen: Wallstein, 2011), S. 189–205

ders. und Peter Girth (Hg.), *Entartete Musik. Zur Düsseldorfer Ausstellung von 1938. Eine kommentierte Rekonstruktion*, 3. Aufl. (Düsseldorf: Der Kleine Verlag, 1993)

Durzak, Manfred, »Literarische Diaspora. Stationen des Exils«, in: ders. (Hg.), *Die deutsche Exilliteratur 1933–1945* (Stuttgart: Philipp Reclam jun., 1973), S. 40–55

ders., »Die Exilsituation in USA«, in: ders. (Hg.), *Die deutsche Exilliteratur 1933–1945* (Stuttgart: Philipp Reclam jun., 1973), S. 145–158

Dussel, Konrad, *Ein neues, heroisches Theater? Nationalsozialistische Theaterpolitik und ihre Auswirkungen in der Provinz* (Bonn: Bouvier, 1988)

Düsterberg, Rolf, *Hanns Johst. »Der Barde der SS«* (Paderborn: Schöningh, 2004)

Düwell, Kurt, »Der Jüdische Kulturbund Rhein-Ruhr 1933–1938. Selbstbesinnung und Selbstbehauptung einer Geistesgemeinschaft«, in: Jutta

Bohnke-Kollwitz und Willehad Paul Eckert (Hg.), *Köln und das rheinische Judentum. Festschrift Germania Judaica, 1959–1984* (Köln: Bachem, 1984), S. 427–441

Dwinger, Edwin Erich, *Die Namenlosen. Schauspiel* (Jena: Eugen Diederichs, 1934)

ders., *Die letzten Reiter* (Jena: Eugen Diederichs, 1935)

ders., *Und Gott schweigt...? Bericht und Aufruf* (Jena: Eugen Diederichs, 1936)

ders., *Der Tod in Polen. Die volksdeutsche Passion* (Jena: Eugen Diederichs, 1940)

ders., »Der Bolschewismus als Bedrohung der Weltkultur«, in: Rudolf Erckmann (Hg.), *Dichter und Krieger. Weimarer Reden 1942* (Hamburg: Hanseatische Verlagsanstalt, 1943), S. 13–22

Easton, Laird M., *The Red Count: The Life and Times of Harry Kessler* (Berkeley: University of California Press, 2002)

Eberlein, Kurt Karl, *Was ist Deutsch in der Deutschen Kunst?* (Leipzig: E. A. Seemann, 1934)

Ebermayer, Erich, *Denn heute gehört uns Deutschland... Persönliches und politisches Tagebuch. Von der Machtergreifung bis zum 31. Dezember 1935* (Hamburg: Paul Zsolnay, 1959)

ders., »*... und morgen die ganze Welt*«. *Erinnerungen an Deutschlands dunkle Zeit* (Bayreuth: Hestia, 1966)

Echtermeyer, Ernst Theodor, *Auswahl deutscher Gedichte von den Anfängen bis zur Gegenwart*, hg. von Richard Wittsack, 48. Aufl. (Halle: Buchhandlung des Waisenhauses GmbH, 1936)

Eckert, Gerd [Gerhard], »Filmtendenz und Tendenzfilm«, *Wille und Macht* 6, Nr. 4 (15. Februar 1938), S. 19–25

ders., *Der Rundfunk als Führungsmittel* (Heidelberg: Kurt Vowinckel, 1941)

Efron, John M., *Medicine and the German Jews: A History* (New Haven: Yale University Press, 2001)

Egk, Werner, *Die Zeit wartet nicht* (Percha: Schulz, 1973)

Ehmer, Wilhelm, »Schöpferische Wirkungen des Krieges«, in: Rudolf Erckmann (Hg.), *Dichter und Krieger. Weimarer Reden 1942* (Hamburg: Hanseatische Verlagsanstalt, 1943), S. 23–44

Einzig, Barbara, Lynne Dean und Andrea P. A. Belloli (Hg.), *German Expressionist Sculpture* (Los Angeles: Los Angeles County Museum of Art, 1984)

Eksteins, Modris, *The Limits of Reason: The German Democratic Press and the Collapse of the Weimar Republic* (London: Oxford University Press, 1975)

ders., *Rites of Spring: The Great War and the Birth of the Modern Age* (Toronto: Lester and Orpen Dennys, 1989)

Ellis, Donald W., »Music in the Third Reich: National Aesthetic Theory as Governmental Policy«, PhD diss. (University of Kansas, 1970)

Emmel, Felix, *Theater aus deutschem Wesen* (Berlin: Georg Stilke, 1937)

Emmons, Shirlee, *Tristanissimo: The Authorized Biography of Heroic Tenor Lauritz Melchior* (New York: Schirmer, 1990)

Engelbrecht, Kurt, *Deutsche Kunst im totalen Staat. Zur Wiedergeburt des Kunsthandwerks* (Lahr: Richard Keutel, 1933)

Engelbrecht, Lloyd C., »Moholy-Nagy und Chermayeff in Chicago«, in: Peter Hahn und ders. (Hg.), *50 Jahre Bauhausnachfolge: New Bauhaus in Chicago* (Berlin: Bauhaus-Archiv/Argon, 1987), S. 51–68

Epstein, Catherine, »Schicksalsgeschichte. Refugee Historians in the United States«, in: Hartmut Lehmann und James J. Sheehan (Hg.), *An Interrupted Past: German-Speaking Refugee Historians in the United States after 1933* (Cambridge: Cambridge University Press, 1991), S. 116–35

Erckmann, Rudolf, »Sinn und Aufgabe des Großdeutschen Dichtertreffens 1940«, in: *Die Dichtung im Kampf des Reiches. Weimarer Reden 1940*, 2. Aufl. (Hamburg: Hanseatische Verlagsanstalt, 1941/43), S. 5–10

ders. (Hg.), *Dichter und Krieger. Weimarer Reden 1942* (Hamburg: Hanseatische Verlagsanstalt, 1943)

Evans, Joan, »Die Rezeption der Musik Igor Strawinskys in Hitlerdeutschland«, *Archiv für Musikwissenschaft* 55 (1998), S. 91–109

Evans, Richard J., *The Coming of the Third Reich* (New York: Penguin, 2004)

ders., *The Third Reich in Power* (New York: Penguin, 2005)

ders., *The Third Reich at War* (New York: Penguin, 2008)

Ewen, David, *Men and Women Who Make Music* (New York: The Reader's Press, 1946)

Ewerbeck, Betina, *Angela Koldewey. Roman einer jungen Ärztin* (Berlin: Verlag Neues Volk, 1939)

Falasca-Zamponi, Simonetta, *Fascist Spectacle: The Aesthetics of Power in Mussolini's Italy* (Berkeley: University of California Press, 1997)
Falter, Jürgen, *Hitlers Wähler* (München: C. H. Beck, 1991)
Faust, Philipp, *Die Maurer. Erzählung* (Berlin-Steglitz: Eckart-Verlag, 1939)
Feinberg, Anat, »Leopold Jessner: German Theatre and Jewish Identity«, *The Leo Baeck Institute Yearbook* 48, Nr. 1 (Januar 2003), S. 111–133
Felsmann, Barbara u. a. (Hg.), *Backfisch im Bombenkrieg. Notizen in Steno*, 2. Aufl. (Berlin: Matthes und Seitz, 2013)
Fend, Michael, »Hans Gál: ›Immer wieder anfangen müssen‹«, in: Hans-Werner Heister, Claudia Maurer Zenck und Peter Petersen (Hg.), *Musik im Exil. Folgen des Nazismus für die internationale Musikkultur* (Frankfurt a. M.: S. Fischer, 1993), S. 171–186
Feuchtwanger, Lion, *Exil: Roman* (Amsterdam: Querido, 1940)
ders., »Der Schriftsteller im Exil« (1943), in: ders., *Centum Opuscula: Eine Auswahl*, hg. von Wolfgang Berndt (Rudolstadt: Greifenverlag, 1956), S. 547–552
Feulner, Adolf, *Kunst und Geschichte. Eine Anleitung zum kunstgeschichtlichen Denken* (Leipzig: Karl W. Hiersemann, 1942)
Deutsche Filmakademie mit dem Arbeitsinstitut für Kulturfilmschaffen (Berlin-Babelsberg: Max Hesses Verlag, [1938])
Findeli, Alain, »Die pädagogische Ästhetik von László Moholy-Nagy und seine Rolle bei der Umsiedlung des Bauhauses nach Chicago«, in: Peter Hahn und Lloyd C. Engelbrecht (Hg.), *50 Jahre Bauhausnachfolge: New Bauhaus in Chicago* (Berlin: Bauhaus-Archiv/Argon, 1987), S. 33–50
Fischer, E. Kurt, *Dramaturgie des Rundfunks* (Heidelberg: Kurt Vowinckel, 1942)
Fischer, Jens Malte, »The Very German Fate of a Composer: Hans Pfitzner«, in: Michael H. Kater und Albrecht Riethmüller (Hg.), *Music and Nazism: Art under Tyranny, 1933–1945* (Laaber: Laaber, 2003), S. 75–89
Fischer, Jörg, »Evangelische Kirchenmusik im Dritten Reich: ›Musikalische Erneuerung‹ und ästhetische Modalität des Faschismus«, *Archiv für Musikwissenschaft* 46 (1989), S. 185–234
Fischer-Defoy, Christine, *Kunst, Macht, Politik: Die Nazifizierung der Kunst- und Musikhochschulen in Berlin* (Berlin: Elefanten-Press, [1988])

Fischer-Gravelius, Gottfried, »Erinnerungen an Martin Raschke«, *Das Innere Reich*, Nr. 4 (1943/44), S. 343–350

Flavell, M. Kay, *George Grosz: A Biography* (New Haven: Yale University Press, 1988)

Föllmer, Moritz, *»Ein Leben wie im Traum«. Kultur im Dritten Reich* (München: C. H. Beck, 2016)

Fox, Jo, *Film Propaganda in Britain and Nazi Germany: World War II Cinema* (Oxford: Berg, 2007)

Fox-Gál, Eva (Hg.), *Musik hinter Stacheldraht. Tagebuchblätter aus dem Sommer 1940 von Hans Gál* (Bern: Peter Lang, 2003)

Frank, Rudolf, *Spielzeit meines Lebens* (Heidelberg: Lambert Schneider, 1960)

Frankenthal, Käte, *Der dreifache Fluch: Jüdin, Intellektuelle, Sozialistin. Lebenserinnerungen einer Ärztin in Deutschland und im Exil*, hg. von Kathleen M. Pearle und Stephan Leibfried (Frankfurt a. M.: Campus, 1981)

Freeden, Herbert, *Jüdisches Theater in Nazideutschland* (Tübingen: J. C. B. Mohr, 1964)

Frei, Norbert, *Nationalsozialistische Eroberung der Provinzpresse. Gleichschaltung, Selbstanpassung und Resistenz in Bayern* (Stuttgart: Deutsche Verlags-Anstalt, 1980)

ders., »Die nationalsozialistischen Berufsgerichte der Presse: Dokumentation«, *Vierteljahrshefte für Zeitgeschichte* 32 (1984), S. 122–162

ders., *Adenauer's Germany and the Nazi Past: The Politics of Amnesty and Integration* (New York: Columbia University Press, 2002)

ders. und Johannes Schmitz, *Journalismus im Dritten Reich* (München: C. H. Beck, 1989)

Frenssen, Gustav, *Vorland. Der Grübeleien dritter Band* (Berlin: G. Grote'sche Verlagsbuchhandlung, 1937)

ders., *Recht oder Unrecht – Mein Land* (Berlin: G. Grote'sche Verlagsbuchhandlung, 1940)

Frenzel, Elisabeth, *Der Jude im Theater* (München: Zentralverlag der NSDAP, 1943)

Frenzel, Herbert A., »Eberhard Wolfgang Möller«, in: Paul Gerhardt Dippel (Hg.), *Künder und Kämpfer. Die Dichter des neuen Deutschland* (München: Deutscher Volksverlag, [1937; 2. Aufl. 1939]), S. 141–172

Frickhoeffer, Otto, »Die deutsche Musik im deutschen Rundfunk«, *Die Musik* 29 (Januar 1937), S. 245–249

Friedländer, Saul, *Kitsch und Tod. Der Widerschein des Nazismus*, aus dem Frz. von Michael Grendacher (München: Hanser, 1984)

ders., *Nazi Germany and the Jews: The Years of Persecution, 1933–1939* (New York: HarperPerennial, 1997)

ders., *The Years of Extermination: Nazi Germany and the Jews, 1939–1945* (New York: HarperCollins, 2007)

ders., *Where Memory Leads: My Life* (New York: Other Press, 2016)

Friedrich, Otto, *City of Nets: A Portrait of Hollywood in the 1940s* (New York: Harper & Row, 1991)

Fröhlich, Claudia, »Rückkehr zur Demokratie – Wandel der politischen Kultur in der Bundesrepublik«, in: Peter Reichel, Harald Schmid und Peter Steinbach (Hg.), *Der Nationalsozialismus. Die Zweite Geschichte. Überwindung – Deutung – Erinnerung* (München: C. H. Beck, 2009), S. 105–126

Fröhlich, Elke, »Die kulturpolitische Pressekonferenz des Reichspropagandaministeriums«, *Vierteljahrshefte für Zeitgeschichte* 22 (1974), S. 347–381

Frolova-Walker, Marina, *Stalin's Music Prize: Soviet Culture and Politics* (New Haven: Yale University Press, 2016)

Frotscher, Gotthold, »Das Problem Musik und Rasse auf der musikwissenschaftlichen Tagung in Düsseldorf«, *Musik in Jugend und Volk* 1, Nr. 9/10 (Juli – August 1938), S. 426–427

»Der Führer auf der Kulturtagung«, in: *Reden des Führers am Parteitag Großdeutschland 1938*, 4. Aufl. (München: Franz Eher, 1939), S. 29–46

Führer, Karl Christian, »German Cultural Life and the Crisis of National Identity during the Depression«, *German Studies Review* 24 (2001), S. 461–486

Fulda, Bernhard, »Myth-making in Hitler's Shadow: The Transfiguration of Emil Nolde after 1945«, in: Jan Rüger und Nikolaus Wachsmann (Hg.), *Rewriting German History: New Perspectives on Modern Germany* (Houndmills: Palgrave Macmillan, 2015), S. 177–194

ders. und Aya Soika, »Emil Nolde and the National Socialist Dictatorship«, in: Olaf Peters (Hg.), *Degenerate Art: The Attack on Modern Art in Nazi Germany, 1937* (München: Prestel, 2014), S. 186–195

Funk, Alois, *Film und Jugend. Eine Untersuchung über die psychischen Wirkungen des Films im Leben der Jugendlichen* (München: Ernst Reinhardt, 1934)

Gadberry, Glen W., »The First National Socialist Theatre Festival – Dresden 1934«, in: ders. (Hg.), *Theatre in the Third Reich, the Prewar Years: Essays on Theatre in Nazi Germany* (Westport: Greenwood, 1995), S. 121–139

Ganz, Bruno, Helmut Wietz, Gerold Ducke und Wolfgang Jacobsen, *Curt Bois* (Berlin: Stiftung Deutsche Kinemathek, 1983)

Gay, Peter, *Weimar Culture: The Outsider as Insider* (New York: Harper & Row, 1968)

ders., *Freud: A Life for Our Time* (New York: Norton, 1988)

ders., *My German Question: Growing up in Nazi Berlin* (New Haven: Yale University Press, 1998)

ders., »›We Miss Our Jews‹«, in: Reinhold Brinkmann und Christoph Wolff (Hg.), *Driven into Paradise: The Musical Migration from Nazi Germany to the United States* (Berkeley: University of California Press, 1999), S. 21–30

Gebhardt, Miriam, *Die Weiße Rose. Wie aus ganz normalen Deutschen Widerstandskämpfer wurden* (München: Deutsche Verlags-Anstalt, 2017)

Geisel, Eike, und Henryk M. Broder, *Premiere und Pogrom. Der Jüdische Kulturbund 1933–1941. Texte und Bilder* (Berlin: Siedler, 1992)

Geissler, Rolf, *Dekadenz und Heroismus. Zeitroman und völkisch-nationalsozialistische Literaturkritik* (Stuttgart: Deutsche Verlags-Anstalt, 1964)

Geissmar, Berta, *Musik im Schatten der Politik*, 4. Aufl., hg. von Fred K. Prieberg (Zürich: Atlantis, 1985)

Gellately, Robert, *Backing Hitler: Consent and Coercion in Nazi Germany* (Oxford: Oxford University Press, 2001)

ders., *The Gestapo and German Society: Enforcing Racial Policy, 1933–1945* (New York: Oxford University Press, 2008)

Gentile, Emilio, »The Fascist Anthropological Revolution«, in: Guido Bonsaver und Robert S. C. Gordon (Hg.), *Culture, Censorship and the State in Twentieth-Century Italy* (London: Legenda, 2005), S. 22–32

Gerlach, Josef, »Ein Maler im Dritten Reich«, *Neues Volk*, Nr. 9 (1935), S. 7–9

Gerlach-Bernau, Kurt, *Drama und Nation. Ein Beitrag zur Wegbereitung des nationalsozialistischen Dramas* (Breslau: Ferdinand Hirt, 1934)

Gerstner, Hermann, und Karl Schworm (Hg.), *Deutsche Dichter unserer Zeit* (München: Eher, [1939])

Gillessen, Günther, *Auf verlorenem Posten. Die Frankfurter Zeitung im Dritten Reich* (Berlin: Siedler, 1986)

Gilliam, Bryan, »The Annexation of Anton Bruckner: Nazi Revisionism and the Politics of Appropriation«, *Musical Quarterly* 78, Nr. 3 (1994), S. 584–604

ders., »A Viennese Opera Composer in Hollywood: Korngold's Double Exile in America«, in: Reinhold Brinkmann und Christoph Wolff (Hg.), *Driven into Paradise: The Musical Migration from Nazi Germany to the United States* (Berkeley: University of California Press, 1999), S. 223–242

Giroud, Françoise, *Alma Mahler or the Art of Being Loved* (Oxford: Oxford University Press, 1991)

Glass, Beaumont, *Lotte Lehmann: A Life in Opera and Song* (Santa Barbara: Capra Press, 1988)

Gmelin, Otto, *Konradin reitet. Novelle* (Leipzig: Philipp Reclam jun., 1933)

Goebbels, Joseph, *Michael. Ein deutsches Schicksal in Tagebuchblättern* (München: Franz Eher Nachf., 1929)

ders., *Signale der neuen Zeit: 25 ausgewählte Reden*, 10. Aufl. (München: Eher, 1940)

ders., *Die Tagebücher von Joseph Goebbels: Sämtliche Fragmente*, 5 Bde., hg. von Elke Fröhlich (München: K. G. Saur, 1987)

ders., *Die Tagebücher von Joseph Goebbels*, Teil II: *Diktate, 1941–1945*, 15 Bde., hg. von Elke Fröhlich (München: K. G. Saur, 1996)

Goedecke, Heinz, und Wilhelm Krug, *Wir beginnen das Wunschkonzert für die Wehrmacht* (Berlin: Nibelungen-Verlag, 1940)

Goehr, Lydia, »Music and Musicians in Exile: The Romantic Legacy of a Double Life«, in: Reinhold Brinkmann und Christoph Wolff (Hg.), *Driven into Paradise: The Musical Migration from Nazi Germany to the United States* (Berkeley: University of California Press, 1999), S. 66–91

Goldhagen, Daniel Jonah, *Hitler's Willing Executioners: Ordinary Germans and the Holocaust* (New York: Knopf, 1996)

Goote, Thor, *Die Fahne hoch!* (Berlin: Zeitgeschichte-Verlag, 1933)

Görtemaker, Heike B., *Ein deutsches Leben. Die Geschichte der Margret Boveri 1900–1975* (München: C. H. Beck, 2005)

Gradenwitz, Peter, »Paul Ben-Haim: Schöpfer der israelischen Musik«, in: Hans-Werner Heister, Claudia Maurer Zenck und Peter Petersen (Hg.), *Musik im Exil. Folgen des Nazismus für die internationale Musikkultur* (Frankfurt a. M.: S. Fischer, 1993), S. 120–131

Gramann, Karola, Heide Schlüpmann und Wolfgang Jacobsen, *Hertha Thiele* (Berlin: Stiftung Deutsche Kinemathek, 1983)

Gregor-Dellin, Martin, »Klaus Manns Exilromane«, in: Manfred Durzak (Hg.), *Die deutsche Exilliteratur 1933–1945* (Stuttgart: Philipp Reclam jun., 1973), S. 457–463

Griese, Friedrich, *Das letzte Gesicht. Roman* (München: Langen Müller, 1934)

ders., *Die Weißköpfe. Roman* (München: Langen Müller, 1939)

Grimm, Hans, *Volk ohne Raum*, 2 Bde. (München: Albert Langen, 1926–1927)

ders., *Lüderitzland: Sieben Begebenheiten* (München: Langen Müller, 1936)

Gritzbach, Erich, *Hermann Göring: Werk und Mensch*, 18.–19. Aufl. (München: Franz Eher, 1938)

Große Deutsche Kunstausstellung 1939 im Haus der Deutschen Kunst zu München. 16. Juli bis 15. Oktober 1939 (München: Knorr & Hirth, 1939)

Grosz, George, *A Little Yes and a Big No: The Autobiography of George Grosz* (New York: Dial Press, 1946)

Grothe, Heinz (Hg.), *Arno Breker. Sechzig Bilder* (Königsberg: Kanter, 1943)

Groys, Boris, »Das Kunstwerk Rasse«, in: Robert Eikmeyer (Hg.), *Adolf Hitler. Reden zur Kunst- und Kulturpolitik 1933–1939* (Frankfurt a. M.: revolver, 2004), S. 25–39

Gruchmann, Lothar, *Der Zweite Weltkrieg. Kriegführung und Politik* (München: DTV, 1967)

Grunberger, Richard, *The 12-Year Reich: A Social History of Nazi Germany, 1933–1945* (New York: Ballantine Books, 1972)

Grüttner, Michael, *Brandstifter und Biedermänner. Deutschland, 1933–1939* (Stuttgart: Klett-Cotta, 2015)

Gumpert, Martin, *Hölle im Paradies. Selbstdarstellung eines Arztes* (Stockholm: Bermann Fischer, 1939)

Günther, Hans (Hg.), *The Culture of the Stalin Period* (Houndmills: Macmillan, 1990)

Guthmann, Heinrich, *Zweierlei Kunst in Deutschland? Der Bund der Verschworenen* (Berlin: Volkschaft-Verlag, 1935)

Gutteridge, Richard, *Open Thy Mouth for the Dumb! The German Evangelical Church and the Jews, 1879–1950* (Oxford: Basil Blackwell, 1976)

Haacke, Wilmont, *Feuilletonkunde: Das Feuilleton als literarische und journalistische Gattung*, Bd. 1 (Leipzig: Karl W. Hiersemann, 1943)

Haas, Michael, *Forbidden Music: The Jewish Composers Banned by the Nazis* (New Haven: Yale University Press, 2013)

Hackel, Rainer, »Arno Breker: Annäherungen«, in: Rainer Hackel (Hg.), *Im Irrlicht. Arno Breker und seine Skulpturen* (Wetzlar: Büchse der Pandora Verlags-GmbH, 2013), S. 25–92

Hadamovsky, Eugen, *Propaganda und nationale Macht: Die Organisation der öffentlichen Meinung für die nationale Politik* (Oldenburg: Stalling, 1933)

ders., *Der Rundfunk im Dienste der Volksführung* (Leipzig: Robert Noske, [1934])

ders., *Dein Rundfunk. Das Rundfunkbuch für alle Volksgenossen* (München: Eher, 1934)

Haefs, Wilhelm, »Martin Raschke (1905–1943). Eine Lebens- und Werkchronik«, in: ders. und Walter Schmitz (Hg.), *Martin Raschke (1905–1943). Leben und Werk* (Dresden: w.e.b., 2002), S. 203–281

ders., »›Die götterlose Zeit will enden...‹: Martin Raschke als Erzähler im ›Dritten Reich‹«, in: ders. und Walter Schmitz (Hg.), *Martin Raschke (1905–1943). Leben und Werk* (Dresden: w.e.b., 2002), S. 79–106

Haffner, Sebastian, *Defying Hitler: A Memoir* (London: Weidenfeld & Nicolson, 2002)

ders., *Als Engländer maskiert. Ein Gespräch mit Jutta Krug über das Exil* (Stuttgart: Deutsche Verlags-Anstalt, 2002)

Haftmann, Werner, *Emil Nolde. Ungemalte Bilder* (Köln: M. DuMont Schauberg, 1963)

Hagemann, Jürgen, *Die Presselenkung im Dritten Reich* (Bonn: H. Bouvier, 1970)

Hagemann, Walter, *Publizistik im Dritten Reich. Ein Beitrag zur Methodik der Massenführung* (Hamburg: Hansischer Gildenverlag, 1948)

Hagen, Peter, *SA-Kamerad Tonne* (Berlin: Nationaler Freiheits-Verlag, 1933)

Hagen, Wilhelm, *Auftrag und Wirklichkeit. Sozialarzt im 20. Jahrhundert* (München-Gräfelfing: Werk-Verlag Dr. Edmund Banaschewski, 1978)

Hager, Werner, »Bauwerke im Dritten Reich«, *Das Innere Reich* 4, Nr. 1 (April 1937), S. 5–21

Hahn, Peter, »Vom Bauhaus zum New Bauhaus«, in: ders. und Lloyd C. Engelbrecht (Hg.), *50 Jahre Bauhausnachfolge: New Bauhaus in Chicago* (Berlin: Bauhaus-Archiv/Argon, 1987), S. 9–19

Hake, Sabine, *Popular Cinema of the Third Reich* (Austin: University of Texas Press, 2001)

Hale, Oron J., *The Captive Press in the Third Reich* (Princeton: Princeton University Press, 1964)

Hamann, Brigitte, *Winifred Wagner oder Hitlers Bayreuth* (München: Piper, 2002)

Hanfstaengl, Ernst, *Zwischen Weißem und Braunem Haus. Memoiren eines politischen Außenseiters* (München: R. Piper, 1970)

Hansen, Thore D. (Hg.), *Ein deutsches Leben. Was uns die Geschichte von Goebbels' Sekretärin für die Gegenwart lehrt* (Berlin: Europa, 2017)

Hansen, Walter, »Wolfgang Willrich«, *Das Bild* (1936), S. 332–337

Hardt, Ursula, *From Caligari to California: Eric Pommer's Life in the International Film Wars* (Providence: Berghahn, 1996)

Harlan, Veit, *Unter dem Schatten meiner Filme. Selbstbiographie*, hg. von H. C. Oppermann (Gütersloh: Sigbert Mohn, 1966)

Härtwig, Dieter, *Rudolf Wagner-Régeny. Der Opernkomponist* (Berlin: Henschel, 1965)

Haupt, Gunther, *Was erwarten wir von der kommenden Dichtung?* (Tübingen: Rainer Wunderlich, 1934)

Heesters, Johannes, *Es kommt auf die Sekunde an. Erinnerungen an ein Leben im Frack* (München: Blanvalet, 1978)

Heftrig, Ruth, »Narrowed Modernism: On the Rehabilitation of ›Degenerate Art‹ in Postwar Germany«, in: Olaf Peters (Hg.), *Degenerate Art: The Attack on Modern Art in Nazi Germany, 1937* (München: Prestel, 2014), S. 258–281

Heiber, Helmut, *Joseph Goebbels* (München: DTV, 1965)

ders. (Hg.), *Lagebesprechungen im Führerhauptquartier. Protokollfragmente aus Hitlers militärischen Konferenzen 1942–1945* (München: DTV, 1962)

ders. und Hildegard von Kotze (Hg.), *Facsimile Querschnitt durch das Schwarze Korps* (München: Scherz, 1968)

Heiden, Konrad, *Der Fuehrer: Hitler's Rise to Power* (Boston: Houghton Mifflin, 1944)

Heilbut, Anthony, *Exiled in Paradise: German Refugee Artists and Intellectuals in America, from the 1930s to the Present* (Boston: Beacon, 1983)

Heilmann, Matthias, *Leopold Jessner – Intendant der Republik. Der Weg eines deutsch-jüdischen Regisseurs aus Ostpreußen* (Tübingen: Max Niemeyer, 2005)

Heins, Laura, *Nazi Film Melodrama* (Urbana: University of Illinois Press, 2013)

Heiseler, Bernt von, »Oktober 1939«, *Der Bücherwurm* 25, Nr. 2/3 (Oktober 1939), S. 33f.

Heister, Hans-Werner, Claudia Maurer Zenck und Peter Petersen (Hg.), *Musik im Exil. Folgen des Nazismus für die internationale Musikkultur* (Frankfurt a. M.: S. Fischer, 1993)

Heldt, Guido, »Hardly Heroes: Composers as a Subject in National Socialist Cinema«, in: Michael H. Kater und Albrecht Riethmüller (Hg.), *Music and Nazism: Art under Tyranny, 1933–1945* (Laaber: Laaber, 2003), S. 114–135

Hennig, Albert, »Das Judentum in der Malerei«, in: Theodor Fritsch (Hg.), *Handbuch der Judenfrage. Die wichtigsten Tatsachen zur Beurteilung des jüdischen Volkes*, 38. Aufl. (Leipzig: Hammer-Verlag, 1935), S. 352–355

Herf, Jeffrey, *Reactionary Modernism: Technology, Culture, and Politics in Weimar and the Third Reich* (Cambridge: Cambridge University Press, 1984)

ders., *Divided Memory: The Nazi Past in the Two Germanys* (Cambridge, MA: Harvard University Press, 1997)

ders., *The Jewish Enemy: Nazi Propaganda during World War II and the Holocaust* (Cambridge, MA: Harvard University Press, 2006)

Hermand, Jost, »Bewährte Tümlichkeiten: Der völkisch-nazistische Traum einer ewig-deutschen Kunst«, in: Horst Denkler und Karl Prümm (Hg.), *Die deutsche Literatur im Dritten Reich. Themen – Traditionen – Wirkungen* (Stuttgart: Philipp Reclam jun., 1976), S. 102–117

ders., *Culture in Dark Times: Nazi Fascism, inner Emigration, and Exile* (New York: Berghahn, 2013)

ders. und Frank Trommler, *Die Kultur der Weimarer Republik* (Frankfurt a. M.: Fischer Taschenbuch, 1988)

Herzog, Friedrich W., »Was ist deutsche Musik? Erkenntnisse und Folgerungen«, *Bausteine zum deutschen Nationaltheater* 2, Nr. 7 (Juli/August 1934), S. 200–205

Hesse, Kurt, »Der Beitrag des deutschen Schrifttums zur soldatisch-kämpferischen Leistung unserer Zeit«, in: *Die Dichtung im Kampf des Reiches. Weimarer Reden 1940*, 2. Aufl. (Hamburg: Hanseatische Verlagsanstalt, 1941/43), S. 15–34

Heyde, Ludwig, *Presse, Rundfunk und Film im Dienste der Volksführung* (Dresden: M. Dittert & Co., 1943)

Hiemer, Ernst, *Der Pudelmopsdackelpinscher und andere besinnliche Erzählungen* (Nürnberg: Der Stürmer-Buchverlag, 1940)

Hille, Karoline, »Beispiel Thüringen: Die ›Machtergreifung‹ auf der Probebühne 1930«, in: Dieter Ruckhaberle (Hg.), *1933 – Wege zur Diktatur. Staatliche Kunsthalle Berlin und Neue Gesellschaft für Bildende Kunst. Ausstellung im Rahmen der Projekte des Berliner Kulturrats vom 9.1. bis 10.2.1983* (Berlin, 1983), S. 187–217

Hilpert, Heinz, »Menschenführung im Theater. Rede, gehalten am 14. Februar 1940 vor den Berliner Kunstbetrachtern«, *Die Literatur* 42 (1939/1940), S. 273–277

Himmler privat: Briefe eines Massenmörders, hg. von. Katrin Himmler und Michael Wildt, 2. Aufl. (München: Piper, 2014)

Hindemith, Paul, *Unterweisung im Tonsatz I: Theoretischer Teil* (Mainz: Schott's Söhne, 1940, 1. Aufl. 1937)

Hinrichs, August, *Petermann fährt nach Madeira. Ein Volksstück in 4 Bildern* (Berlin: Drei Masken Verlag, 1936)

Hinz, Berthold, *Die Malerei im deutschen Faschismus. Kunst und Konterrevolution* (München: Hanser, 1974)

Hippler, Fritz, *Die Verstrickung. Einstellungen und Rückblenden*, 2. Aufl. (Düsseldorf: Verlag Mehr Wissen, 1982 [?]; 1. Aufl. 1981 [?])

ders. u. a., *25 Jahre Wochenschau der Ufa. Geschichte der Ufa-Wochenschauen und Geschichten aus der Wochenschau-Arbeit* (Berlin: Illustr. Filmwoche G.m.b.H., 1939)

Hirsch, Lily E., »Defining ›Jewish Music‹ in Nazi Germany«, in: Erik Levi (Hg.), *The Impact of Nazism on Twentieth-Century Music* (Wien: Böhlau, 2014), S. 27–43

Hirschfeld, Gerhard, »Great Britain and the Emigration from Nazi Germany: An Historical Overview«, in Günter Berghaus (Hg.), *Theatre and Film in Exile* (Oxford: Berg, 1989), S. 1–14

Hitler, Adolf, *Mein Kampf*, 26. Aufl. (München: Franz Eher Nachfolger, 1933)

ders., *Reden des Führers am Parteitag der Ehre 1936*, 6. Aufl. (München: Eher, 1936)

Hoeres, Peter, *Die Kultur von Weimar. Durchbruch der Moderne* (Berlin/Brandenburg: be.bra, 2008)

Hoffmann, Heinrich (Hg.), »*Große Deutsche Kunstausstellung*«. *München 1943* (Wien: Verlag Heinrich Hoffmann, [1943])

Hoffmann, Hilmar, »*Und die Fahne führt uns in die Ewigkeit*«. *Propaganda im NS-Film* (Frankfurt a. M.: Fischer Taschenbuch, 1988)

Högg, Emil, »Deutsche Baukunst – gestern – heute – morgen«, *Das Bild* (1934), S. 61–64

Hohlbaum, Robert, *König Volk. Roman der Masse* (München: Langen Müller, 1943; 1. Aufl. 1931)

Hollaender, Friedrich, *Von Kopf bis Fuß. Mein Leben mit Text und Musik* (München: Kindler, 1965)

Hollstein, Dorothea, »*Jud Süß*« *und die Deutschen. Antisemitische Vorurteile im nationalsozialistischen Spielfilm* (Frankfurt a. M.: Ullstein, 1983)

Holthusen, Hans Egon, »Der Aufbruch. Aufzeichnungen aus dem polnischen Kriege«, *Eckart* 16 (April 1940), S. 104–107

ders., *Die Welt ohne Transferenz. Eine Studie zu Thomas Manns* »*Dr. Faustus*« *und seinen Nebenschriften* (Hamburg: Heinrich Ellermann, 1949)

Holz, Keith, »The Exiled Artists from Nazi Germany and their Art«, in: Richard A. Etlin (Hg.), *Art, Culture and Media under the Third Reich* (Chicago: University of Chicago Press, 2002), S. 343–367

Honegger, Marc, und Günther Massenkeil (Hg.), *Das Große Lexikon der Musik. In acht Bänden* (Freiburg i. Br.: Herder, 1978–1982)

Horak, Jan-Christopher, *Fluchtpunkt Hollywood. Eine Dokumentation zur Filmemigration nach 1933*, 2. Aufl. (Münster: MAkS Publikationen, 1986)

Hörbiger, Paul, *Ich hab für euch gespielt. Erinnerungen* (Frankfurt a. M.: Ullstein, 1989)

Horkenbach, Cuno (Hg.), *Das Deutsche Reich von 1918 bis heute* (Berlin: Verlag für Presse, Wirtschaft und Politik, 1933)

Horn, Walter, »Hanns Johst«, in: Paul Gerhardt Dippel (Hg.), *Künder und Kämpfer. Die Dichter des neuen Deutschland* (München: Deutscher Volksverlag, [1937; 2. Aufl. 1939]), S. 77–113

Horowitz, Joseph, *Artists in Exile: How Refugees from Twentieth-Century War and Revolution Transformed the American Performing Arts* (New York: HarperCollins, 2008)

Hotter, Hans, »*Der Mai war mir gewogen...*« *Erinnerungen* (München: Kindler, 1996)

Hübinger, Paul Egon, *Thomas Mann, die Universität Bonn und die Zeitgeschichte. Drei Kapitel deutscher Vergangenheit aus dem Leben des Dichters 1905–1955* (München: Oldenbourg, 1974)

Huener, Jonathan, und Francis R. Nicosia (Hg.), *The Arts in Nazi Germany: Continuity, Conformity, Change* (New York: Berghahn, 2007)

Hull, David Stewart, *Film in the Third Reich: A Study of the German Cinema, 1933–1945* (Berkeley: University of California Press, 1969)

Hüpgens, Theodor, »Film der Nation«, *Die Literatur* 43 (1940/41), S. 410f.

Hussong, Friedrich, »*Kurfürstendamm*«. *Zur Kulturgeschichte des Zwischenreichs* (Berlin: Scherl, [1933])

Huth, Jochen, *Die vier Gesellen. Ein Lustspiel in drei Akten* (Berlin: Felix Bloch Erben, 1936)

Hutten, Kurt, *Kulturbolschewismus. Eine deutsche Schicksalsfrage* (Stuttgart: W. Kohlhammer, 1932)

Jäckel, Eberhard, *Hitlers Weltanschauung. Entwurf einer Herrschaft* (Tübingen: Rainer Wunderlich/Hermann Leins, 1969)

ders., *Hitlers Herrschaft. Vollzug einer Weltanschauung* (Stuttgart: Deutsche Verlags-Anstalt, 1986)

Jan, Reinhold von, »Ernst Barlach und die Zeit«, *Bausteine zum deutschen Nationaltheater* 3, Nr. 3 (March 1935), S. 65–76

Jansen, Werner, *Die Kinder Israel. Roman* (Berlin: Herbert Stubenrauch, 1941; 1. Aufl. 1927)

ders., *Die Insel Heldentum. Roman* (Brunswick: Georg Westermann, 1938)

Jarausch, Konrad H., *Broken Lives: How Ordinary Germans Experienced the Twentieth Century* (Princeton: Princeton University Press, 2018)

Jasser, Manfred, »Film und Schrifttum«, *Die Neue Literatur*, Nr. 5 (May 1938), S. 230–236

Jelavich, Peter, *Berlin Cabaret* (Cambridge, MA: Harvard University Press, 1993)

ders., *Berlin Alexanderplatz: Radio, Film, and the Death of Weimar Culture* (Berkeley: University of California Press, 2009)

Jochmann, Werner (Hg.), *Adolf Hitler. Monologe im Führer-Hauptquartier 1941–1944. Die Aufzeichnungen Heinrich Heims* (Hamburg: Albrecht Knaus, 1980)

Johst, Hanns, *Thomas Paine. Schauspiel* (München: Langen, 1927)

ders., *Schlageter. Schauspiel* (München: Langen Müller, 1933)

ders., *Standpunkt und Fortschritt* (Oldenburg: Gerhard Stalling, 1933)

ders., *Maske und Gesicht. Reise eines Nationalsozialisten von Deutschland nach Deutschland* (München: Langen Müller, 1936)

ders., *Ruf des Reiches – Echo des Volkes. Eine Ostfahrt*, 7. Aufl. (München: Eher, 1944; 1. Aufl. 1940)

ders., *Fritz Todt. Requiem* (München: Eher, 1943)

Jones, Larry Eugene, »Conservative Antisemitism in the Weimar Republic: A Case Study of the German National People's Party«, in: Larry Eugene Jones (Hg.), *The German Right in the Weimar Republic: Studies in the History of German Conservatism, Nationalism, and Antisemitism* (New York: Berghahn, 2014), S. 79–107.

Jünger, Ernst, *Der Kampf als inneres Erlebnis*, 2. Aufl. (Berlin: E. S. Mittler & Sohn, 1926; 1. Aufl. 1922)

ders., *In Stahlgewittern. Ein Kriegstagebuch*, 16. Aufl. (Berlin: E. S. Mittler & Sohn, o. J..; 1. Aufl. 1926)

ders., *Das Wäldchen 125. Eine Chronik aus den Grabenkämpfen 1918*, 6. Aufl. (Berlin: E. S. Mittler, 1935; 1. Aufl. 1926)

ders., *Die totale Mobilmachung*, 2. Aufl. (Berlin: Junker und Dünnhaupt, 1934; 1. Aufl. 1930)

ders., *Der Arbeiter. Herrschaft und Gestalt*, 2. Aufl. (Hamburg: Hanseatische Verlagsanstalt, 1941; 1. Aufl. 1932)

ders., *Auf den Marmorklippen* (Hamburg: Hanseatische Verlagsanstalt, 1939)

ders., *Gärten und Straßen. Aus den Tagebüchern von 1939 und 1940*, 2. Aufl. (Berlin: E. S. Mittler & Sohn, 1942)

ders., *Strahlungen*, 3. Aufl. (Tübingen: Heliopolis, 1949)

Jungk, Peter Stephan, *Franz Werfel. Eine Lebensgeschichte*, 2. Aufl. (Frankfurt a. M.: S. Fischer, 1987)

Jürgen Fehling, der Regisseur (1885-1968). Ausstellung in der Akademie der Künste vom 28. Oktober bis 26. November 1978, 2. Aufl. (Berlin: Akademie der Künste, 1985)

Kaiser, [Fritz], *Führer durch die Ausstellung Entartete Kunst* (Berlin, [1937])

Kaiser, Henriette, und Joachim Kaiser, *»Ich bin der letzte Mohikaner«* (Berlin: Ullstein, 2008)

Kalbus, Oskar, *Vom Werden deutscher Filmkunst*, 2. Teil: *Der Tonfilm* (Altona-Bahrenfeld: Cigaretten-Bilderdienst, 1935)

Kallenbach, Helmut, *Die Kulturpolitik der deutschen Tageszeitung im Krieg. Eine Untersuchung über den politischen Einsatz und die publizistische Einsatzmöglichkeit der Kulturpolitik in der deutschen Tageszeitung, aufgezeigt am Beispiel des Krieges 1939-1940* (Dresden: M. Dittert, 1941)

Kardorff, Ursula von, *Berliner Aufzeichnungen. Aus den Jahren 1942-1945* (München: DTV, 1964)

Kater, Michael H., *Das »Ahnenerbe« der SS 1935-1945. Ein Beitrag zur Kulturpolitik des Dritten Reiches*, 4. Aufl. (München: Oldenbourg, 2006; 1. Aufl. 1974)

ders., *The Nazi Party: A Social Profile of Members and Leaders, 1919-1945* (Cambridge, MA: Harvard University Press, 1983)

ders., »Problems of Reeducation in West Germany, 1945-1960«, *Simon Wiesenthal Center Annual* 4 (1987), S. 99-123

ders., *Doctors under Hitler* (Chapel Hill: University of North Carolina Press, 1989)

ders., *Different Drummers: Jazz in the Culture of Nazi Germany* (New York: Oxford University Press, 1992)

ders., *The Twisted Muse: Musicians and their Music in the Third Reich* (New York: Oxford University Press, 1997)

ders., »Social, Cultural and Political Controls: Radio in the Third Reich«, in: Theo Mäusli (Hg.), *Talk About Radio: Towards a Social History of Radio (Colloqui del Monte Verità)* (Zürich: Chronos, 1999), S. 59-71

ders., *Composers of the Nazi Era: Eight Portraits* (New York: Oxford UniversityPress, 2000)

ders., »Weill und Brecht: Kontroversen einer Künstlerfreundschaft auf zwei

Kontinenten«, in: Albrecht Riethmüller (Hg.), *Brecht und seine Komponisten* (Laaber: Laaber, 2000), S. 51–73

ders., »New Democracy and Alternative Culture: Jazz in West Germany after the Second World War«, *Australian Journal of Politics and History* 52 (2006), S. 173–187

ders., *Weimar: From Enlightenment to the Present* (New Haven: Yale University Press, 2014)

Keller, Sepp, *Zwischen Nacht und Tag* (Jena: Diederichs, 1938)

Kelson, John F., *Catalogue of Forbidden German Feature and Short Film Productions Held in Zonal Film Archives of Film Section, Information Services Division, Control Commission for Germany, (BE),* hg. von K. R. M. Short (Westport: Greenwood, 1996)

Kempter, Klaus, »›Objective, not neutral‹: Joseph Wulf, a documentary historian«, *Holocaust Studies* 21, Nr. 1/2 (2015), S. 38–53

Kenter, Heinz Dietrich, »Über Regieführung aus nationalsozialistischem Geist«, *Die Bühne*, Nr. 2 (Dezember [1936]), S. 744f.

Kershaw, Ian, *The »Hitler Myth«: Image and Reality in the Third Reich* (Oxford: Clarendon Press, 1987)

ders., *Hitler, 1889–1936: Hubris* (New York: Norton, 1999)

ders., *Hitler, 1936–1945: Nemesis* (New York: Norton, 2000)

Kersten, Heinz, Katrin Seybold und Egon Netenjacob, *Wolfgang Staudte* (Berlin: Verlag Volker Spiess, 1977)

Ketelsen, Uwe-Karsten, *Heroisches Theater. Untersuchungen zur Dramentheorie des Dritten Reichs* (Bonn: H. Bouvier, 1968)

ders., »Kulturpolitik im III. Reich und Ansätze zu ihrer Interpretation«, *Text und Kontext* 8 (1980), S. 217–242

ders., *Literatur und Drittes Reich* (Schernfeld: SH-Verlag, 1992)

Kiesel, Helmuth, *Ernst Jünger: Die Biographie* (München: Siedler, 2007)

Killer, Hermann, »Paul Graener 70 Jahre alt«, *Die Musik* 34, Nr. 4 (Januar 1942), S. 150f.

Kindermann, Heinz, »Vom Geschichtsbild der Gegenwartsdichtung: Ein Bericht«, *Völkische Kultur* 2 (1934), S. 556–558

Kitchen, Martin, *The Third Reich: Charisma and Community* (Harlow: Pearson Longman, 2008)

ders., *Speer: Hitler's Architect* (New Haven: Yale University Press, 2015)

Klaehn, Friedrich Joachim, *Sturm 138: Ernstes und viel Heiteres aus dem SA-Leben* (Leipzig: H. Schaufuß, 1934)

Klausch, Hans-Peter, *Braunes Erbe – NS-Vergangenheit hessischer Landtagsabgeordneter der 1. Wahlperiode (1946–1987)* (Odenburg/Wiesbaden: DIE LINKE Fraktion im Hessischen Landtag, 2011)

Klee, Ernst, *Kulturlexikon zum Dritten Reich. Wer war was vor und nach 1945* (Frankfurt a. M.: Fischer Taschenbuch Verlag, 2009)

ders., *Personenlexikon zum Dritten Reich. Wer war was vor und nach 1945*, 2. Aufl. (Hamburg: Nikol, 2016)

Klemperer, Victor, *Tagebücher 1933–1945*, 7 Bde., hg. von. Walter Nowojski (Berlin: Aufbau-Taschenbuch, 1999)

Klepper, Jochen, *Der Vater. Der Roman des Soldatenkönigs*, 2 Bde. (Stuttgart: Deutsche Verlags-Anstalt, 1937)

ders., *Unter dem Schatten deiner Flügel. Aus den Tagebüchern 1932–1942*, hg. von Hildegard Klepper (München: DTV, 1976)

Klingler, Walter, »Nationalsozialistische Rundfunkpolitik 1942–1945. Organisation, Programm und die Hörer«, Diss. phil. (Mannheim, 1983)

Koch, Hans-Jörg, *Wunschkonzert. Unterhaltungsmusik und Propaganda im Rundfunk des Dritten Reiches* (Graz: Ares, 2006)

Koeppen, Anne Marie, *Michael Gnade. Die Geschichte eines deutschen Hauses* (Berlin: Blut und Boden, 1934)

dies., *Das Erbe der Wallmodens. Roman* (Leipzig: Hesse & Becker, [1936])

Koestler, Arthur, *Scum of the Earth* (New York: Macmillan, 1941)

ders., *The Invisible Writing: The Second Volume of an Autobiography, 1932–1940* (London: Hutchinson, 1979)

Kogon, Eugen, *Der SS-Staat. Das System der deutschen Konzentrationslager* (München: Kindler, 1974)

Köhler, Otto, *Unheimliche Publizisten. Die verdrängte Vergangenheit der Medienmacher* (München: Knaur, 1995)

Kolb, Richard, und Heinrich Siekmeier (Hg.), *Rundfunk und Film im Dienste nationaler Kultur* (Düsseldorf: Friedrich Floeder, 1933)

Der Kongreß zu Nürnberg vom 5. bis 10. September 1934. Offizieller Bericht über den Verlauf des Reichsparteitages mit sämtlichen Reden (München: Eher, 1934)

König, Christoph (Hg.), *Internationales Germanistenlexikon 1800–1950*, 3 Bde. (Berlin: Walter de Gruyter, 2003)

Köpf, Peter, »Das Elend der deutschen Zeitungswissenschaft«, *Publizistik & Kunst* 39, Nr. 11 (November 1990), S. 28f.
Korngold, Luzi, *Erich Wolfgang Korngold: Ein Lebensbild* (Wien: E. Lafite, 1967)
Kortner, Fritz, *Aller Tage Abend*, 5. Aufl. (München: DTV, 1976)
Koszyk, Kurt, »Propaganda«, in: Carola Stern, Thilo Vogelsang, Erhard Klöss und Albert Graff (Hg.), *Lexikon zur Geschichte und Politik im 20. Jahrhundert* (Köln: Kiepenheuer & Witsch, 1971), S. 649f.
Kracauer, Siegfried, *From Caligari to Hitler: A Psychological History of German Film* (Princeton: Princeton University Press, 1947)
Kracht, Isgar, »Vom Symbol der Freiheit zum Sinnbild ›entarteter‹ Kunst: Otto Freundlichs Plastik ›Der neue Mensch‹«, in: Uwe Fleckner (Hg.), *Das verfemte Meisterwerk: Schicksalswege moderner Kunst im »Dritten Reich«* (Berlin: Akademie Verlag, 2009), S. 3–27
Krahl, Hilde, *Ich bin fast immer angekommen. Erinnerungen*, aufgezeichnet von Dieter H. Bratsch (München: Langen Müller, 1998)
Kramer, Sven, »Wiederkehr und Verwandlung der Vergangenheit im deutschen Film«, in: Peter Reichel, Harald Schmid und Peter Steinbach (Hg.), *Der Nationalsozialismus. Die Zweite Geschichte. Überwindung – Deutung – Erinnerung* (München: C. H. Beck, 2009), S. 283–299
Kreimeier, Klaus, *Die Ufa-Story. Geschichte eines Filmkonzerns* (München: Carl Hanser, 1992)
Kremer, S. Lillian (Hg.), *Holocaust Literature: An Encyclopedia of Writers and their Work*, Bd. 2 (New York: Routledge, 2003)
Krempel, Ulrich, »Moderne und Gegenmoderne: Der Nationalsozialismus und die bildende Kunst«, in: Peter Reichel, Harald Schmid und Peter Steinbach (Hg.), *Der Nationalsozialismus. Die Zweite Geschichte. Überwindung – Deutung – Erinnerung* (München: C. H. Beck, 2009), S. 318–334
Krenek, Ernst, *Die amerikanischen Tagebücher 1937–1942. Dokumente aus dem Exil*, hg. von Claudia Maurer Zenck (Wien: Böhlau, 1992)
Kriechbaumer, Robert, *Zwischen Österreich und Großdeutschland. Eine politische Geschichte der Salzburger Festspiele 1933–1944* (Wien: Böhlau, 2013)
Kriegk, Otto, *Der deutsche Film im Spiegel der Ufa. 25 Jahre Kampf und Vollendung* (Berlin: Ufa-Buchverlag, 1943)
Krispyn, Egbert, *Anti-Nazi Writers in Exile* (Athens, GA: University of Georgia Press, 1978)

Krug, Konrad, »Erziehung zur Gemeinschaft im deutschen Thingspiel«, *Volk im Werden* 3 (1935), S. 453–464

Krüll, Marianne, *Im Netz der Zauberer: Eine andere Geschichte der Familie Mann* (Frankfurt a. M.: Fischer Taschenbuch, 1995)

Krützen, Michaela, *Hans Albers. Eine deutsche Karriere* (Weinheim: Quadriga, 1995)

Kühn, Volker, »Der Kompass pendelt sich ein. Unterhaltung und Kabarett im ›Dritten Reich‹«, in: Hans Sarkowicz (Hg.), *Hitlers Künstler. Die Kultur im Dienst des Nationalsozialismus* (Frankfurt a. M.: Insel, 2004), S. 346–391

Kühn, Walter, »Thingspiel, das Spiel der völkischen Gemeinschaft«, *Schlesische Monatshefte* 11 (1934), S. 456–463

Künkler, Karl, »Probleme des Dramas und Theaters«, *Nationalsozialistische Monatshefte* 14, Nr. 157 (1943), S. 197–207

Kursell, Otto von, »Nationalsozialistische Kunstpolitik«, *Deutsche Kultur-Wacht* 33, Nr. 20 (19. August 1933), S. 3–5

Kurzke, Hermann, *Thomas Mann. Das Leben als Kunstwerk* (München: C. H. Beck, 1999)

Lange, Horst, *Schwarze Weide. Roman* (Hamburg: H. Goverts, 1937)

Langenbucher, Hellmuth, *Nationalsozialistische Dichtung. Einführung und Übersicht* (Berlin: Junker & Dünnhaupt, 1935)

ders., *Volkhafte Dichtung der Zeit*, 5. Aufl. (Berlin: Junker & Dünnhaupt, 1940)

Langer, Norbert, *Die deutsche Dichtung seit dem Weltkrieg. Von Paul Ernst bis Hans Baumann* (Karlsbad: Adam Kraft, 1941 [?]; 1. Aufl. 1940)

Langer, William L. (Hg.), *An Encyclopedia of World History* (Boston: Houghton Mifflin, 1968)

Langhoff, Wolfgang, *Die Moorsoldaten. 13 Monate Konzentrationslager* (Berlin: Aufbau-Verlag, 1947)

Laqueur, Walter, *Weimar. Die Kultur der Republik* (Frankfurt a. M.: Ullstein, 1977)

Laux, Karl, *Anton Bruckner. Leben und Werk* (Leipzig: Breitkopf & Härtel, 1940)

ders., *Nachklang. Autobiographie* (Berlin: Verlag der Nation, 1977)

Lauzemis, Laura, »Die nationalsozialistische Ideologie und der ›neue Mensch‹: Oskar Schlemmers Folkwang-Zyklus und sein Briefwechsel mit Klaus Graf von Baudissin aus dem Jahr 1934«, in: Uwe Fleckner (Hg.), *An-*

griff auf die Avantgarde. Kunst und Kunstpolitik im Nationalsozialismus (Berlin: Akademie-Verlag, 2007), S. 5-88

Ledebur, Ruth Freifrau von, »Shakespeare. Der dritte deutsche Klassiker in Weimar«, in: Jochen Golz und Justus H. Ulbricht (Hg.), *Goethe in Gesellschaft. Zur Geschichte einer literarischen Vereinigung vom Kaiserreich bis zum geteilten Deutschland* (Köln: Böhlau, 2005), S. 1-12

Lehmann, Ernst Herbert, *Gestaltung der Zeitschrift* (Leipzig: Karl W. Hiersemann, 1938)

Lehmann, Hans-Thies, »Richard der Dritte 1937 – eine Skizze«, in: Gerhard Ahrens (Hg.), *Das Theater des deutschen Regisseurs Jürgen Fehling* (Berlin: Quadriga Verlag J. Severin, 1985), S. 172-183

Lehmann, Lotte, »Göring, the Lioness and I«, in: Charles Osborne (Hg.), *Opera 66* (London: Alan Ross, 1966), S. 187-199

Lehmann, Stephen, und Marion Faber, *Rudolf Serkin: A Life* (New York: Oxford University Press, 2003)

Lehmann-Haupt, Hellmut, *Art under a Dictatorship* (New York: Octagon, 1973; 1. Aufl. 1954)

Lehnert, Herbert, »Repräsentation und Zweifel. Thomas Manns Exilwerke und der deutsche Kulturbürger«, in: Manfred Durzak (Hg.), *Die deutsche Exilliteratur 1933-1945* (Stuttgart: Philipp Reclam jun., 1973), S. 398-417

Lehnich, Oswald (Hg.), *Jahrbuch der Reichsfilmkammer 1937* (Berlin-Schöneberg: Max Hesses Verlag, 1937)

Lemmons, Russel, *Goebbels and Der Angriff* (Lexington: University Press of Kentucky, 1994)

Lenz, Siegfried, *Deutschstunde. Roman*, 4. Aufl. (München: DTV, 1974)

Lersch, Heinrich, *Die Pioniere von Eilenburg. Roman aus der Frühzeit der deutschen Arbeiterbewegung* (Berlin: Büchergilde Gutenberg, 1937)

Leuchter, Heinz M., »Hans-Jürgen Nierentz«, in: Paul Gerhardt Dippel (Hg.), *Künder und Kämpfer. Die Dichter des neuen Deutschland* (München: Deutscher Volksverlag, [1937; 2. Aufl. 1939]), S. 173-205

Leupold, Wilhelm, *Die Neuordnung des deutschen Zeitungsverlagswesens* (München: Münchener Zeitungs-Verlag, [1940])

Levi, Erik, *Mozart and the Nazis: How the Third Reich Abused a Cultural Icon* (New Haven: Yale University Press, 2010)

Levi, Erik, *Music in the Third Reich* (New York: St. Martin's Press, 1994) ders., »Opera in the Nazi Period«, in: John London (Hg.), *Theatre under the Nazis* (Manchester: Manchester University Press, 2000), S. 136–186

Lewy, Guenter, *Harmful and Undesirable: Book Censorship in Nazi Germany* (New York: Oxford University Press, 2016)

Ley, Robert, *Deutschland ist schöner geworden*, hg. von Hans Dauer und Walter Kiehl (Berlin: Mehden, 1936)

Lindemann, Paul, »Heimat und Volkstum in der deutschen Tagespresse«, Diss. phil. (Universität Leipzig, 1937)

Linfert, Carl, »Beckmann oder das Schicksal der Malerei [1935]«, in: Martin Freiherr von Erffa und Erhard Göpel (Hg.), *Blick auf Beckmann. Dokumente und Vorträge* (München: Piper, 1962), S. 57–82

Liskowsky, Oskar, »Kulturelle Wiedergeburt«, *Bausteine zum deutschen Nationaltheater* 2, Nr. 7 (Juli/August 1934), S. 219–224

Loewy, Ernst, *Literatur unterm Hakenkreuz. Das Dritte Reich und seine Dichtung*, 3. Aufl. (Frankfurt a. M.: Europäische Verlagsanstalt, 1977)

Loewy, Ronny (Hg.), *Von Babelsberg nach Hollywood. Filmemigranten aus Nazideutschland. Exponatenverzeichnis. Ausstellung vom 26.5.–9.8.1987* (Frankfurt a. M.: Deutsches Filmmuseum, 1987)

Lohmann, Heinz, *SA räumt auf. Aus der Kampfzeit der Bewegung* (Hamburg: Deutsche Hausbücherei, [1935])

London, John, »Introduction«, in: London (Hg.), *Theatre under the Nazis* (Manchester: Manchester University Press, 2000), S. 1–53

Longerich, Peter, »*Davon haben wir nichts gewusst!*« *Die Deutschen und die Judenverfolgung 1933–1945* (München: Siedler, 2006)

ders., *Joseph Goebbels. Biographie* (München: Pantheon, 2012)

ders., *Hitler. Biographie* (München: Siedler, 2015)

Lorenz, Gerhard, *Unrast. Roman des Malers Kai Jansen* (München: Deutscher Volksverlag, 1943)

Lott, Dagmar, »Münchens Neue Staatsgalerie im Dritten Reich«, in: Peter-Klaus Schuster (Hg.), *Die »Kunststadt« München 1937. Nationalsozialismus und »Entartete Kunst«*, 3. Aufl. (München: Prestel, 1988), S. 289–300

Lotz, Wilhelm, »Das Reichsparteitagsgelände in Nürnberg«, *Die Kunst im Dritten Reich* 2, Nr. 9 (September 1938), S. 264–269

Lovisa, Fabian R., *Musikkritik im Nationalsozialismus. Die Rolle deutschsprachiger Musikzeitschriften 1930–1945* (Laaber: Laaber, 1993)

Lowry, Stephen, *Pathos und Politik. Ideologie in Spielfilmen des Nationalsozialismus* (Tübingen: Max Niemeyer, 1991)
Lühe, Barbara von der, *Die Emigration deutschsprachiger Musikschaffender in das britische Mandatsgebiet Palästina* (Frankfurt a. M.: Peter Lang, 1999)
Lühe, Irmela von der, *Erika Mann. Eine Biographie* (Frankfurt a. M.: Fischer Taschenbuch, 1996)
Lüth, Erich, *Hamburger Theater 1933–1945. Ein theatergeschichtlicher Versuch* (Hamburg: Verlag der Werkberichte Justus Buekschmitt, 1962)
Lüttichau, Mario-Andreas von, »›Crazy at any Price‹: The Pathologizing of Modernism in the Run-up to the ›Entartete Kunst‹ Exhibition in München in 1937«, in: Olaf Peters (Hg.), *Degenerate Art: The Attack on Modern Art in Nazi Germany, 1937* (München: Prestel, 2014), S. 36–51
Lüttichau, Mario-Andreas von, »Rekonstruktion der Ausstellung ›Entartete Kunst‹. München, 19. Juli – 30. November 1937«, in: Peter-Klaus Schuster (Hg.), *Die »Kunststadt« München 1937. Nationalsozialismus und »Entartete Kunst«*, 3. Aufl. (München: Prestel, 1988), S. 120–181

Mahler-Werfel, Alma, *Mein Leben* (Stuttgart: Deutscher Bücherbund, 1960)
Mann, Erika, *Mein Vater, der Zauberer*, hg. von Irmela von der Lühe und Uwe Naumann (Reinbek: Rowohlt, 1996)
dies. und Klaus Mann, *Escape to Life. Deutsche Kultur im Exil*, hg. von Heribert Hoven (Reinbek: rororo, 1996)
Mann, Katia, *Meine ungeschriebenen Memoiren*, hg. von Elisabeth Plessen und Michael Mann (Frankfurt a. M.: Fischer Taschenbuch, 1974)
Mann, Klaus, *Mephisto. Roman einer Karriere* (Amsterdam: Querido, 1936)
ders., *Der Vulkan. Roman unter Emigranten* (Amsterdam: Querido, 1939)
ders., *Auf verlorenem Posten. Aufsätze, Reden, Kritiken 1942–1949*, hg. von Uwe Naumann und Michael Töteberg (Reinbek: Rowohlt, 1994)
ders., *Der Wendepunkt. Ein Lebensbericht* (München: Edition Spangenberg, 1981)
Mann, Thomas, *Betrachtungen eines Unpolitischen* (Berlin: S. Fischer, 1918)
ders., *Von deutscher Republik* (Berlin: S. Fischer, 1923)
ders., *Deutsche Ansprache. Rede, gehalten am 17. Oktober 1930 im Beethoven-Saal zu Berlin* (Berlin: S. Fischer, 1930)
ders., »That Man Is My Brother«, *Esquire* 11 (29. März 1939), 31, S. 132f.

ders., *Listen, Germany! Twenty-Five Radio Messages to the German People over BBC* (New York: Knopf, 1943)

ders., *Ansprache im Goethejahr 1949* (Weimar: Thüringer Volksverlag, 1949)

ders., *Briefe 1937–1947*, hg. von Erika Mann (Frankfurt a. M.: S. Fischer, 1963)

ders., *Briefwechsel mit seinem Verleger Gottfried Bermann Fischer 1932–1955*, hg. von Peter de Mendelssohn (Frankfurt a. M.: S. Fischer, 1973)

ders., *Tagebücher 1933–1934*, hg. von Peter de Mendelssohn (Frankfurt a. M.: S. Fischer, 1977)

ders., *Tagebücher 1935–1936*, hg. von Peter de Mendelssohn (Frankfurt a. M.: S. Fischer, 1978)

ders., *Tagebücher 1937–1939*, hg. von Peter de Mendelssohn (Frankfurt a. M.: S. Fischer, 1980)

ders., *Tagebücher 1940–1943*, hg. von Peter de Mendelssohn (Frankfurt a. M.: S. Fischer, 1982)

ders., *Tagebücher 1944 – 1.4.1946*, hg. von Inge Jens (Frankfurt a. M.: S. Fischer, 1986)

Mantau-Sadila, Hans Heinz, *Deutsche Führer, Deutsches Schicksal. Das Buch der Künder und Führer des dritten Reiches* (Berlin: Verlag und Versand für Deutsche Literatur Hans Eugen Hummel, o. J.)

Marchicelli, Graziella, »Futurism and Fascism: The Politicization of Art and the Aestheticization of Politics, 1909–1944«, PhD diss. (University of Iowa, 1996)

Marks, Sally, »Black Watch on the Rhine: A Study in Propaganda, Prejudice and Prurience«, *European Studies Review* 13 (1983), S. 297–334

Martens, Erika, *Zum Beispiel Das Reich. Zur Phänomenologie der Presse im totalitären Regime* (Köln: Verlag Wissenschaft und Politik, 1972)

Martin, Benjamin G., *The Nazi-Fascist New Order for European Culture* (Cambridge, MA: Harvard University Press, 2016)

Martynkewicz, Wolfgang, *Salon Deutschland. Geist und Macht 1900–1945* (Berlin: Aufbau, 2009)

Matthes, Wilhelm, »Max Trapp«, *Zeitschrift für Musik* 104 (Oktober 1937), S. 1073–1085

Maurer Zenck, Claudia, »Erich Itor Kahn: Ein unbekannter Mittler der Neuen Musik«, *Musica* 6 (1986), S. 525–531

dies., »Challenges and Opportunities of Acculturation: Schoenberg, Krenek and Stravinsky in Exile«, in: Reinhold Brinkmann und Christoph Wolff (Hg.), *Driven into Paradise: The Musical Migration from Nazi Germany to the United States* (Berkeley: University of California Press, 1999), S. 172–193

Mäusli, Theo, »The Swiss Music Scene in the 1930s: A Mirror of European Conditions?«, in Michael H. Kater und Albrecht Riethmüller (Hg.), *Music and Nazism: Art under Tyranny, 1933–1945* (Laaber: Laaber, 2003), S. 259–270

McGilligan, Patrick, *Fritz Lang: The Nature of the Beast* (New York: St. Martin's Press, 1997)

Mechow, Karl Benno von, *Das ländliche Jahr. Roman* (München: Langen Müller, 1935)

Meckel, Anne, *Animation – Agitation. Frauendarstellungen auf der »Großen Deutschen Kunstausstellung« in München 1937–1944* (Weinheim: Deutscher Studien Verlag, 1993)

Meinecke, Friedrich, *Die deutsche Katastrophe. Betrachtungen und Erinnerungen* (Wiesbaden: Brockhaus, 1946)

Meldungen aus dem Reich. Die geheimen Lageberichte des Sicherheitsdienstes der SS 1938–1945, 17 Bde., hg. von Heinz Boberach (Herrsching: Pawlak, 1984)

Mendelsohn, Peter de, »Gegenstrahlungen. Ein Tagebuch zu Ernst Jüngers Tagebuch«, *Der Monat* 14 (1949), S. 149–174

ders., *Zeitungsstadt Berlin. Menschen und Mächte in der Geschichte der deutschen Presse* (Berlin: Ullstein, 1959)

Menz, Egon, »Sprechchor und Aufmarsch. Zur Entstehung des Thingspiels«, in: Horst Denkler und Karl Prümm (Hg.), *Die deutsche Literatur im Dritten Reich. Themen – Traditionen – Wirkungen* (Stuttgart: Philipp Reclam jun., 1976), S. 330–346

Menz, Gerhard, *Der Aufbau des Kulturstandes. Die Reichskulturkammergesetzgebung, ihre Grundlagen und ihre Erfolge* (München: C. H. Beck, 1938)

Merker, Reinhard, *Die bildenden Künste im Nationalsozialismus. Kulturideologie, Kulturpolitik, Kulturproduktion* (Köln: DuMont Buchverlag, 1983)

Merrill-Mirsky, Carol (Hg.), *Exiles in Paradise* (Los Angeles: The Museum, 1991)

Merzdorf, Helmut, »Geschichtliche Romane«, *Nationalsozialistische Monatshefte* 6, Nr. 61 (April 1935), S. 373f.

Michalzik, Peter, *Gustaf Gründgens. Der Schauspieler und die Macht* (Berlin: Quadriga, 1999)

Michaud, Eric, *The Cult of Art in Nazi Germany: Cultural Memory in the Present* (Stanford: Stanford University Press, 2004)

Miegel, Agnes, *Ostland. Gedichte* (Jena: Eugen Diederichs, 1941)

Miller Lane, Barbara, *Architecture and Politics in Germany, 1918–1945* (Cambridge, MA: Harvard University Press, 1968)

Milton, Sybil H., »Culture Under Duress: Art and the Holocaust«, in: Frederick C. DeCoste und Bernard Schwartz (Hg.), *The Holocaust's Ghost: Writings on Art, Politics, Law and Education* (Edmonton: University of Alberta Press, 2000), S. 84–96

Minetti, Bernhard, *Erinnerungen eines Schauspielers*, hg. von Günther Rühle (Stuttgart: Deutsche Verlags-Anstalt, 1987)

Mitscherlich, Alexander, und Margarete Mitscherlich, *Die Unfähigkeit zu trauern. Grundlagen kollektiven Verhaltens* (München: Piper, 1967)

Moeller, Felix, *Der Filmminister. Goebbels und der Film im Dritten Reich* (Berlin: Henschel, 1998)

ders., »›Ich bin Künstler und sonst nichts‹: Filmstars im Propagandaeinsatz«, in: Hans Sarkowicz (Hg.), *Hitlers Künstler. Die Kultur im Dienst des Nationalsozialismus* (Frankfurt a. M.: Insel, 2004), S. 135–175

Moldenhauer, Hans, und Rosaleen Moldenhauer, *Anton von Webern: A Chronicle of His Life and Work* (New York: Knopf, 1979)

Möller, Eberhard Wolfgang, »Dichtung und Dichter im nationalsozialistischen Staat«, *Das Programm. Blätter des Bayerischen Staatstheaters in München* 3, Nr. 12 (1936), S. 178–185

ders., *Das Frankenburger Würfelspiel* (Berlin: Theaterverlag Langen Müller, 1936)

ders., *Rothschild siegt bei Waterloo: Ein Schauspiel*, 3.–4. Aufl. (Berlin: Langen-Müller, 1937)

ders., *Der Untergang Karthagos. Ein Drama in drei Akten* (Berlin: Theaterverlag Langen Müller, 1938)

Möller, Horst, *Exodus der Kultur. Schriftsteller, Wissenschaftler und Künstler in der Emigration nach 1933* (München: C. H. Beck, 1984)

Molzahn, Ilse, *Nymphen und Hirten tanzen nicht mehr. Roman* (Berlin: Rowohlt, 1938)

Mommsen, Hans, *Beamtentum im Dritten Reich. Mit ausgewählten Quellen zur nationalsozialistischen Beamtenpolitik* (Stuttgart: Deutsche Verlags-Anstalt, 1966)

ders., »Hitlers Stellung im nationalsozialistischen Herrschaftssystem«, in: Gerhard Hirschfeld und Lothar Kettenacker (Hg.), *Der »Führerstaat«. Studien zur Struktur und Politik des Dritten Reiches* (Stuttgart: Klett-Cotta, 1981), S. 43–70

Monod, David, *Settling Scores: German Music, Denazification and the Americans, 1945–1953* (Chapel Hill: University of North Carolina Press, 2005)

Moser, Otto Heinrich, »Am Rande«, *SS-Leitheft* 9 (Juni 1943), S. 28–32

Mosse, George L., *Nazi Culture: Intellectual, Cultural and Social Life in the Third Reich* (New York: The Universal Library, 1968)

Mühlberger, Detlef (Hg.), *Hitler's Voice: The Völkischer Beobachter, 1920–1933*, 2 Bde. (Bern: Peter Lang, 2004)

Mühlen, Patrik von zur, *Fluchtziel Lateinamerika. Die deutsche Emigration 1933–1945. Politische Aktivitäten und soziokulturelle Integration* (Bonn: Verlag Neue Gesellschaft, 1988)

Mühr, Alfred, *Mephisto ohne Maske. Gustaf Gründgens: Legende und Wahrheit*, 2. Aufl. (München: Langen Müller, 1981)

Müller, Martin, und Wolfgang Mertz (Hg.), *Diener der Musik. Unvergessene Solisten und Dirigenten unserer Zeit im Spiegel der Freunde* (Tübingen: Wunderlich, 1965)

Müller-Blattau, Joseph, *Geschichte der deutschen Musik*, 5. Aufl. (Berlin: Vieweg, 1944)

Müller-Wesemann, Barbara, *Theater als geistiger Widerstand. Der Jüdische Kulturbund in Hamburg 1934–1941* (Stuttgart: M&P, 1997)

Münster, Hans A., »Der Wille zu überzeugen – ein germanischer Wesenszug in der Volksführung des neuen Staates«, in: Hans A. Münster, *Die drei Aufgaben der deutschen Zeitungswissenschaft* (Leipzig: Robert Noske, [1934]), S. 3–22

ders., *Zeitung und Politik. Eine Einführung in die Zeitungswissenschaft* (Leipzig: Robert Noske, 1935) ders., *Publizistik: Menschen – Mittel – Methoden* (Leipzig: Bibliographisches Institut, 1939)

Muschler, Reinhold Conrad, »Georg Vollerthun«, *Zeitschrift für Musik* 100, Nr. 10 (Oktober 1933), S. 989–992

ders., »Nationalsozialistischer Film?« *Deutsche Kultur-Wacht* 2/21 (26. August 1933), S. 7f.

Müssener, Helmut, *Exil in Schweden. Politische und kulturelle Emigration nach 1933* (München: Carl Hanser, 1974)

Nachenius, J. C., »Die germanische Solidarität Europas. Eine Stimme aus den Niederlanden«, *SS-Leitheft* 9 (September–Oktober 1943), S. 9f.

Nadar, Thomas R., »The Director and the Diva: The Film Musicals of Detlef Sierck and Zarah Leander: *Zu neuen Ufern* and *La Habanera*«, in: Robert C. Reimer (Hg.), *Cultural History through a National Socialist Lens: Essays on the Cinema of the Third Reich* (Rochester, NY: Camden House, 2000), S. 65–83

Nagler, Jörg, »Internment of German Enemy Aliens in the United States during the First and Second World Wars«, in: Kay Saunders und Roger Daniels (Hg.), *Alien Justice: Wartime Internment in Australia and North America* (St. Lucia, Queensland: Queensland University Press, 2000), S. 66–79

Naso, Eckart von, *Ich liebe das Leben. Erinnerungen aus fünf Jahrzehnten* (Hamburg: Wolfgang Krüger Verlag, 1953)

Naumann, Hans, und Eugen Lüthgen, *Kampf wider den undeutschen Geist. Reden, gehalten bei der von der Bonner Studentenschaft veranstalteten Kundgebung wider den undeutschen Geist auf dem Marktplatz zu Bonn am 10. Mai 1933* (Bonn: Gebr. Scheur, 1933)

Nerdinger, Winfried, »Bauhaus-Architekten im ›Dritten Reich‹«, in: ders. (Hg.), *Bauhaus-Moderne im Nationalsozialismus. Zwischen Anbiederung und Verfolgung* (München: Prestel, 1993), S. 153–178

ders., »Modernisierung – Bauhaus – Nationalsozialismus«, in: ders. (Hg.), *Bauhaus-Moderne im Nationalsozialismus: Zwischen Anbiederung und Verfolgung* (München: Prestel, 1993), S. 9–23

Ney, Elly, »Bekenntnis zu Ludwig van Beethoven«, in: Alfred Morgenroth (Hg.), *Von deutscher Tonkunst: Festschrift zu Peter Raabes 70. Geburtstag* (Leipzig: C. F. Peters, 1942), S. 59–68

Niessen, Carl, »Der Schauplatz der Oper«, in: Niessen (Hg.), *Die deutsche Oper der Gegenwart* (Regensburg: Gustav Bosse, 1944), S. 24–334

Niewyk, Donald L., »The Economic and Cultural Role of the Jews in the Weimar Republic«, *Leo Baeck Institute Yearbook* 16 (1971), S. 163–173

Niven, Bill [William], »Ernst Wiechert and his Role between 1933 and 1945«, *New German Studies* 16 (1990/91), S. 1–20

ders., »The Birth of Nazi Drama? Thing Plays«, in: John London (Hg.), *Theatre under the Nazis* (Manchester: Manchester University Press, 2000), S. 54–95

ders., *Hitler and Film: The Führer's Hidden Passion* (New Haven: Yale University Press, 2018)

Nolde, Emil, *Jahre der Kämpfe* (Berlin: Rembrandt, 1934)

ders., *Jahre der Kämpfe 1902–1914*, 2. Aufl. (Flensburg: Christian Wolff, [1957])

ders., *Mein Leben* (Köln: DuMont, 1976)

Novak, Andreas, »*Salzburg hört Hitler atmen*«. *Die Salzburger Festspiele 1933–1944* (München: Deutsche Verlags-Anstalt, 2005)

Nowak, Bruno, *Der Bauer. Ein Spiel der Mahnung* (Berlin: Theaterverlag Albert Langen/Georg Müller, 1935)

Nufer, Wolfgang, »Erneuerung des Spielplans«, *Deutsche Bühne* 1, Nr. 3 (Oktober 1933), S. 75f.

ders., »Zur Lage des deutschen Theaters«, *Die Bühne* 2, Nr. 13/14 (Juli 1936), S. 419–422

O'Brien, Mary-Elizabeth, »The Spectacle of War in *Die grosse Liebe*«, in: Robert C. Reimer (Hg.), *Cultural History through a National Socialist Lens: Essays on the Cinema of the Third Reich* (Rochester, NY: Camden House, 2000), S. 197–213

ders., »The Celluloid War: Packaging War for Sale in Nazi Home-Front Films«, in: Richard A. Etlin (Hg.), *Art, Culture and Media under the Third Reich* (Chicago: University of Chicago Press, 2002), S. 158–180

Olden, Rudolf, *Hitler* (New York: Friede Covici, 1936)

Ollendorf-Reich, Ilse, *Wilhelm Reich: A Personal Biography* (New York: St. Martin's Press, 1969)

Painter, Karen, *Symphonic Aspirations: German Music and Politics, 1900–1945* (Cambridge, MA: Harvard University Press, 2007)

Palmer, Lilli, *Dicke Lilli – gutes Kind* (München: Droemer Knaur, 1974)

Palmier, Jean-Michel, *Weimar in Exile: The Anti-Facist Emigration in Europe and America* (London: Verso, 2006)

Pantel, Gerhard, *Befehl Deutschland. Ein Tagebuch vom Kampf um Berlin* (München: Eher, 1936)

Paret, Peter, *An Artist against the Third Reich: Ernst Barlach, 1933–1938* (Cambridge: Cambridge University Press, 2003)

Pargner, Birgit, *Marianne Hoppe. »Erst Schönheit, dann Klugheit und dann das helle saubere Herz«* (München: Henschel, 2009)

Pâris, Alain (Hg.), *Lexikon der Interpreten klassischer Musik im 20. Jahrhundert* (München: DTV/Bärenreiter, 1992)

Paust, Otto, *Nation in Not. Roman* (Berlin: Wilhelm Limpert-Verlag, 1936)

ders., *Menschen unterm Hammer. Roman* (Berlin: Wilhelm Limpert-Verlag, 1939)

Payk, Marcus M., »Der ›Amerikakomplex‹: ›Massendemokratie‹ und Kulturkritik am Beispiel von Karl Korn und dem Feuilleton der ›Frankfurter Allgemeinen Zeitung‹ in den fünfziger Jahren«, in: Arnd Bauernkämpfer, Konrad H. Jarausch und Marcus Payk (Hg.), *Demokratiewunder. Transatlantische Mittler und die kulturelle Öffnung Westdeutschlands, 1945–1970* (Göttingen: Vandenhoeck & Ruprecht, 2005), S. 190–217

Payr, Bernhard, *Das Amt für Schrifttumspflege. Seine Entwicklungsgeschichte und seine Organisation* (Berlin: Junker und Dünnhaupt, 1941)

PEM [Paul Erich Marcus], *Heimweh nach dem Kurfürstendamm. Aus Berlins glanzvollsten Tagen und Nächten* (Berlin: Lothar Blanvalet, 1962)

Pepping, Ernst, *Stilwende der Musik* (Mainz: B. Schott's Söhne, 1934)

Peters, J., »Das Werk Ernst Wiecherts«, *Die Bücherei* 7, Nr. 1/2 (1940), S. 1–28

Peters, Olaf, *Neue Sachlichkeit und Nationalsozialismus. Affirmation und Kritik, 1931–1947* (Frankfurt a. M.: Dietrich Reimer, 1998)

ders., »Genesis, Conception, and Consequences: The ›Entartete Kunst‹ Exhibition in München in 1937«, in: Olaf Peters (Hg.), *Degenerate Art: The Attack on Modern Art in Nazi Germany, 1937* (München: Prestel, 2014), S. 106–125

Petersen, Jan, *Unsere Straße. Eine Chronik. Geschrieben im Herzen des faschistischen Deutschlands 1933/34* (Berlin: Aufbau, 1967)

Petersen, Julius, *Geschichtsdrama und nationaler Mythos. Grenzfragen zur Gegenwartsform des Dramas* (Stuttgart: J. B. Metzler, 1940)

Petropoulos, Jonathan, *Art as Politics in the Third Reich* (Chapel Hill: University of North Carolina Press, 1996)

ders., *The Faustian Bargain: The Art World in Nazi Germany* (New York: Oxford University Press, 2000)

ders., »From Seduction to Denial: Arno Breker's Engagement with National Socialism«, in Richard A. Etlin (Hg.), *Art, Culture and Media under the Third Reich* (Chicago: University of Chicago Press, 2002), S. 205–229

ders., *Artists under Hitler: Collaboration and Survival in Nazi Germany* (New Haven: Yale University Press, 2014)

Petry, Christian, *Studenten aufs Schafott. Die Weiße Rose und ihr Scheitern* (München: Piper, 1968)

Petsch, Joachim, »›Unersetzliche Künstler‹: Malerei und Plastik im ›Dritten Reich‹«, in: Hans Sarkowicz (Hg.), *Hitlers Künstler. Die Kultur im Dienst des Nationalsozialismus* (Frankfurt a. M.: Insel, 2004), S. 245–277

Petzet, Wolfgang, *Theater. Die Münchner Kammerspiele 1911–1972* (München: Kurt Desch, 1973)

Pfanner, Helmut F., *Exile in New York: German and Austrian Writers after 1933* (Detroit: Wayne State University Press, 1983)

ders., *Hanns Johst. Vom Expressionismus zum Nationalsozialismus* (The Hague: Mouton, 1970)

Pfeiffer, Richard, »Jagdhaus ›Karinhall‹«, *Die Völkische Kunst* 1, Nr. 1 (Januar 1935), S. 19–24

Pfeiffer-Belli, Wolfgang (Hg.), *Harry Graf Kessler. Aus den Tagebüchern 1918–1937* (München: DTV, 1965)

Phelps, Reginald H., »Die Hitler-Bibliothek«, *Deutsche Rundschau* 9 (1954), S. 923–931

Picker, Henry, *Tischgespräche im Führerhauptquartier 1941–1942*, hg. von Gerhard Ritter (Bonn: Athenäum, 1951)

Pinder, Wilhelm, »›Was ist deutsch an der deutschen Kunst?‹ Zu der Schrift von K. K. Eberlein«, *Zeitschrift für Kunstgeschichte* 2, Nr. 6 (1933), S. 405–407

Pine, Lisa, *Hitler's »National Community«: Society and Culture in Nazi Germany*, 2. Aufl. (London: Bloomsbury Academic, 2017; 1. Aufl. 2007)

Piper, Ernst (Hg.), *Ernst Barlach und die nationalsozialistische Kunstpolitik. Eine dokumentarische Darstellung zur »entarteten Kunst«* (München: R. Piper, 1983)

Pohle, Heinz, *Der Rundfunk als Instrument der Politik. Zur Geschichte des deutschen Rundfunks von 1923/38* (Hamburg: Verlag Hans Bredow-Institut, 1955)

Pongs, Hermann, *Krieg als Volksschicksal im deutschen Schrifttum. Ein Beitrag zur Literaturgeschichte der Gegenwart* (Stuttgart: J. B. Metzler'sche Verlagsbuchhandlung, 1934)

Posch, Franz, »Salzburger Festspiele«, *Zeitschrift für Musik* 109, Nr. 10 (Oktober 1942), S. 451–453

Potter, Pamela M., »The Nazi ›Seizure‹ of the Berlin Philharmonic, or the Decline of a Bourgeois Musical Institution«, in: Glenn R. Cuomo (Hg.), *National Socialist Cultural Policy* (New York: St. Martin's Press, 1995), S. 39–65

dies., *Most German of the Arts: Musicology and Society from the Weimar Republic to the End of Hitler's Reich* (New Haven: Yale University Press, 1998)

dies., »Musical Life in Berlin from Weimar to Hitler«, in: Michael H. Kater und Albrecht Riethmüller (Hg.), *Music and Nazism: Art under Tyranny, 1933–1945* (Laaber: Laaber, 2003), S. 90–101

dies., »Music in the Third Reich: The Complex Task of ›Germanization‹«, in: Jonathan Huener und Francis R. Nicosia (Hg.), *The Arts in Nazi Germany: Continuity, Conformity, Change* (New York: Berghahn, 2007), S. 85–110

dies., *Art of Suppression: Confronting the Nazi Past in Histories of the Visual and Performing Arts* (Oakland: University of California Press, 2016)

Prieberg, Fred K., *Musik im NS-Staat* (Frankfurt a. M.: Fischer Taschenbuch, 1982)

ders., *Kraftprobe. Wilhelm Furtwängler im Dritten Reich* (Wiesbaden: Brockhaus, 1986)

ders., *Musik und Macht* (Frankfurt a. M.: Fischer Taschenbuch, 1991)

ders., »Musik unterm Davidsstern«, in: *Geschlossene Vorstellung. Der Jüdische Kulturbund in Deutschland 1933–1941* (Berlin: Hentrich, 1992), S. 113–126

Pritzker-Ehrlich, Marthi (Hg.), *Jüdisches Emigrantenlos 1938/39 und die Schweiz. Eine Fallstudie* (Bern: Peter Lang, 1998)

Prochnik, George, *The Impossible Exile: Stefan Zweig at the End of the World* (New York: Other Press, 2014)

Pross, Harry, »Einleitung«, in: Hans Dieter Müller (Hg.), *Facsimile Querschnitt durch* Das Reich (München: Scherz, 1964), S. 4–6

Pross, Helge, *Die deutsche akademische Emigration nach den Vereinigten Staaten 1933-1941* (Berlin: Duncker und Humblot, 1955)
Prümm, Karl, »Das Erbe der Front. Der antidemokratische Kriegsroman der Weimarer Republik und seine nationalsozialistische Fortsetzung«, in: Horst Denkler und Karl Prümm (Hg.), *Die deutsche Literatur im Dritten Reich. Themen – Traditionen – Wirkungen* (Stuttgart: Philipp Reclam jun., 1976), S. 138-164
Putlitz, Wolfgang zu, *Laaske, London und Haiti: Zeitgeschichtliche Miniaturen* (Berlin: Verlag der Nation, 1966)
Pyta, Wolfram, *Hitler. Der Künstler als Politiker und Feldherr. Eine Herrschaftsanalyse* (München: Siedler, 2015)

Quadflieg, Will, *Wir spielen immer. Erinnerungen* (Frankfurt a. M.: S. Fischer, 1976)

Raab, Jutta, »Internierung – Bombardierung – Rekrutierung. Musiker-Exil in Großbritannien«, in: Hans-Werner Heister, Claudia Maurer Zenck und Peter Petersen (Hg.), *Musik im Exil. Folgen des Nazismus für die internationale Musikkultur* (Frankfurt a. M.: S. Fischer, 1993), S. 171-186
Raab Hansen, Jutta, *NS-verfolgte Musiker in England: Spuren deutscher und österreichischer Flüchtlinge in der britischen Musikkultur* (Hamburg: von Bockel Verlag, 1996)
Rabenalt, Arthur Maria, *Joseph Goebbels und der »Großdeutsche« Film. Ausgewählt, durch historische Fakten ergänzt*, hg. von Herbert Holba (München: F. A. Herbig, 1985)
Raschke, Martin, *Das Erbe. Eine Erzählung* (Frankfurt a. M.: Rütten & Loening, 1935)
ders., *Der Pomeranzenzweig. Erzählung* (Leipzig: Paul List, 1940)
ders., »Junges Europa«, *Das Innere Reich* (April – September 1942), S. 152-154
ders., »Aus letzten Briefen«, *Das Innere Reich*, Nr. 4 (1943/4), S. 337-341
Rasp, Hans-Peter, *Eine Stadt für tausend Jahre. München – Bauten und Projekte für die Hauptstadt der Bewegung* (München: Süddeutscher Verlag, 1981)
Rasponi, Lanfranco, *The Last Prima Donnas* (New York: Knopf, 1982)
Rathkolb, Oliver, *Führertreu und Gottbegnadet. Künstlereliten im Dritten Reich* (Wien: Österreichischer Bundesverlag, 1991)

Rave, Paul Ortwin, *Kunstdiktatur im Dritten Reich*, hg. von Uwe M. Schneede (Berlin: Argon, [1949])

Reich, Willi, *Schoenberg: A Critical Biography* (London: Longmans, 1971)

Reich-Ranicki, Marcel, »Lion Feuchtwanger oder der Weltruhm des Emigranten«, in: Manfred Durzak (Hg.), *Die deutsche Exilliteratur 1933–1945* (Stuttgart: Philipp Reclam jun., 1973), S. 443–456

Reichel, Peter, »Der Nationalsozialismus vor Gericht und die Rückkehr zum Rechtsstaat«, in: Peter Reichel, Harald Schmid und Peter Steinbach (Hg.), *Der Nationalsozialismus. Die Zweite Geschichte. Überwindung – Deutung – Erinnerung* (München: C. H. Beck, 2009), S. 22–61

Reifenberg, Benno, »Die zehn Jahre/1933–1943«, in: Max von Brück u. a., *Ein Jahrhundert Frankfurter Zeitung 1856–1956, begründet von Leopold Sonnemann* (Frankfurt a. M.: Frankfurter Societäts-Druckerei, [1956]), S. 40–54

Reimer, Robert C., »Turning Inward: An Analysis of Helmut Käutner's *Auf Wiedersehen, Franziska*; *Romanze in Moll*; und *Unter den Brücken*«, in: Reimer (Hg.), *Cultural History through a National Socialist Lens: Essays on the Cinema of the Third Reich* (Rochester, NY: Camden House, 2000), S. 214–239

Reinecker, Herbert, *Das Dorf bei Odessa. Schauspiel in einem Aufzug* (Berlin: Deutscher Bühnenvertrieb im Zentralverlag der NSDAP, 1942)

Reinhardt, Gottfried, *The Genius: A Memoir of Max Reinhardt* (New York: Knopf, 1979)

Reinhold, Daniela, »Repräsentation und Zerstreuung. Aspekte faschistischer Spielplanpolitik im Musiktheater am Beispiel der Sächsischen Staatsoper Dresden«, *Beiträge zur Musikwissenschaft* 28, Nr. 1 (1986), S. 39–52

Remarque, Erich Maria, *Im Westen nichts Neues* (Berlin: Propyläen, 1929)

ders., *Der Funke Leben. Roman* (Köln: Kiepenheuer & Witsch, 1952)

Rentschler, Eric, *The Ministry of Illusion: Nazi Cinema and its Afterlife* (Cambridge, MA: Harvard University Press, 1996)

ders., *The Use and Abuse of Cinema: German Legacies from the Weimar Era to the Present* (New York: Columbia University Press, 2015)

Rexroth, Dieter (Hg.), *Paul Hindemith. Briefe* (Frankfurt a. M.: Fischer Taschenbuch, 1982)

Rexroth, H. G., *Der Wehrmutstrauch. Aufzeichnungen aus dem Kriege* (Hamburg: H. Goverts, 1944)

Riethmüller, Albrecht, »Die Bestimmung der Orgel im Dritten Reich«, in: Hans Heinrich Eggebrecht (Hg.), *Orgel und Ideologie. Bericht über das fünfte Colloquium der Walcker-Stiftung für orgelwissenschaftliche Forschung, 5. – 7. Mai 1983 in Göttweig* (Murrhardt: Musikwissenschaftliche VG, 1984), S. 28–69

ders., »Komposition im Dritten Reich um 1936«, *Archiv für Musikwissenschaft* 38 (1981), S. 241–278

ders., »Die ›Stunde Null‹ als musikgeschichtliche Größe«, in: Matthias Herrmann und Hanns-Werner Heister (Hg.), *Dresden und die avancierte Musik im 20. Jahrhundert, Teil II: 1933–1966* (Laaber: Laaber, 2002), S. 75–86

ders., »Stefan Zweig and the Fall of the Reich Music Chamber President, Richard Strauss«, in: Michael H. Kater und Albrecht Riethmüller (Hg.), *Music and Nazism: Art under Tyranny, 1933–1945* (Laaber: Laaber, 2003), S. 269–291

ders., »Zarah Leander singt Bach. Antiamerikanisches in Carl Froelichs Film ›Heimat‹ (1938)«, in: Angelika Linke und Jakob Tanner (Hg.), *Attraktion und Abwehr. Die Amerikanisierung der Alltagskultur in Europa* (Köln: Böhlau, 2006), S. 161–176

Rischbieter, Henning (Hg.), *Theater im »Dritten Reich«. Theaterpolitik, Spielplanstruktur, NS-Dramatik* (Seelze-Velber: Kallmeyer, 2000)

ders., »›Schlageter‹ – Der ›Erste Soldat des Dritten Reichs‹. Theater in der Nazizeit«, in: Hans Sarkowicz (Hg.), *Hitlers Künstler. Die Kultur im Dienst des Nationalsozialismus* (Frankfurt a. M.: Insel, 2004), S. 210–244

Röder, Werner, und Herbert A. Strauss (Hg.), *Biographisches Handbuch der deutschsprachigen Emigration nach 1933* (München: K. G. Saur, 1980)

Rosenberg, Alfred, *Revolution in der bildenden Kunst?* (München: Eher, 1934)

ders., *Gestaltung der Idee. Blut und Ehre II. Band. Reden und Aufsätze von 1933–1935*, hg. von Thilo von Trotha, 2. Aufl. (München: Eher, 1936)

ders., *Blut und Ehre. Ein Kampf für die deutsche Wiedergeburt: Reden und Aufsätze von 1919–1933*, hg. von Thilo von Trotha, 26. Aufl. (München: Eher, 1942)

ders., *Die Tagebücher von 1934 bis 1944*, hg. von Jürgen Matthäus und Frank Bajohr (Frankfurt a. M.: S. Fischer, 2015)

ders. und Wilhelm Weiß (Hg.), *Der Reichsparteitag der Nationalsozialistischen*

Deutschen Arbeiterpartei, 19./21. August 1927. Der Verlauf und die Ergebnisse (München: Franz Eher Nachf., 1927)
Ross, Alex, *The Rest is Noise: Listening to the Twentieth Century* (New York: Farrar, Straus and Giroux, 2007)
ders., »The Hitler Vortex: How American Racism Influenced Nazi Thought«, *The New Yorker* (30. April 2018), S. 66–73
ders., *Wagnerism. Art and Politics in the Shadow of Music* (New York: Farrar, Straus and Giroux, 2020)
Roth, Bert (Hg.), *Kampf. Lebensdokumente deutscher Jugend von 1914–1934* (Leipzig: Philipp Reclam jun., 1934)
Rothacker, Gottfried, *Das Dorf an der Grenze. Roman* (München: Langen Müller, 1936)
Rovit, Rebecca, »Collaboration or Survival, 1933–1938: Reassessing the Role of the *Jüdischer Kulturbund*«, in: Glen W. Gadberry (Hg.), *Theatre in the Third Reich, the Prewar Years: Essays on Theatre in Nazi Germany* (Westport: Greenwood, 1995), S. 141–156
dies., »Jewish Theatre: Repertory and Censorship in the Jüdischer Kulturbund, Berlin«, in: John London (Hg.), *Theatre under the Nazis* (Manchester: Manchester University Press, 2000), S. 187–221
Rühmann, Heinz, *Das war's. Erinnerungen* (Frankfurt a. M.: ExLibris, 1985)
Ruppelt, Georg, *Schiller im nationalsozialistischen Deutschland. Der Versuch einer Gleichschaltung* (Stuttgart: Metzler, 1979)
Ryding, Erik, und Rebecca Pechefsky, *Bruno Walter: A World Elsewhere* (New Haven: Yale University Press, 2001)

Sachs, Harvey, *Music in Fascist Italy* (London: Weidenfeld & Nicolson, 1987)
Said, Edward W., *Reflections on Exile and Other Essays* (Cambridge, MA: Harvard University Press, 2001)
Salburg, Edith Gräfin, *Der Tag des Ariers. Ein Buch der Zeit* (Berlin: Schlieffen, 1935)
dies., *Kamerad Susanne. Ein Erleben* (Dresden: Wilhelm Heyne, 1936)
dies., *Eine Landflucht. Buch aus der Zeit* (Leipzig: Hase & Koehler, 1939)
Salomon, Ernst von, *Die Geächteten. Roman* (Reinbek: Rowohlt, 1968, 1. Aufl. 1929)
ders., *Der Fragebogen* (Hamburg: Rowohlt, 1951)

Sänger, Fritz, *Politik der Täuschungen. Mißbrauch der Presse im Dritten Reich. Weisungen, Informationen, Notizen, 1933–1939* (Wien: Europaverlag, 1975)
ders., *Verborgene Fäden. Erinnerungen und Bemerkungen eines Journalisten* (Bonn: Verlag Neue Gesellschaft, 1978)
Sarkowicz, Hans, »Die literarischen Apologeten des Dritten Reiches. Zur Rezeption der vom Nationalsozialismus geförderten Autoren nach 1945«, in: Jörg Thunecke (Hg.), *Leid der Worte. Panorama des literarischen Nationalsozialismus* (Bonn: Bouvier Verlag Herbert Grundmann, 1987), S. 435–459
ders., »›Bis alles in Scherben fällt…‹: Schriftsteller im Dienst der NS-Diktatur«, in: ders. (Hg.), *Hitlers Künstler. Die Kultur im Dienst des Nationalsozialismus* (Frankfurt a. M.: Insel, 2004), S. 176–209
ders. und Alf Mentzer, *Literatur in Nazi-Deutschland. Ein biografisches Lexikon: Erweiterte Neuausgabe* (Hamburg: Europa, 2002)
Sauder, Gerhard (Hg.), *Die Bücherverbrennung. Zum 10. Mai 1933*, 2. Aufl. (München: Carl Hanser, 1983)
Saunders, Thomas J., *Hollywood in Berlin: American Cinema and Weimar Germany* (Berkeley: University of California Press, 1994)
Scanzoni, Signe, und Götz Klaus Kende, *Der Prinzipal: Clemens Krauss. Fakten, Vergleiche, Rückschlüsse* (Tutzing: Hans Schneider, 1988)
Schäche, Wolfgang, *Architektur und Städtebau in Berlin zwischen 1933 und 1945. Planen und Bauen unter der Ägide der Stadtverwaltung* (Berlin: Gebr. Mann Verlag, 1991)
Schaenzler, Nicole, *Klaus Mann. Eine Biographie* (Berlin: Aufbau-Taschenbuch, 2001)
Schäfer, Hans Dieter, *Berlin im Zweiten Weltkrieg. Der Untergang der Reichshauptstadt in Augenzeugenberichten* (München: Piper, 1985)
Schäferdiek, Willi, *Lebens-Echo. Erinnerungen eines Schriftstellers* (Düsseldorf: Droste, 1985)
Scheding, Florian, »›Problematic Tendencies‹: Émigré Composers in London, 1933–1945«, in: Erik Levi (Hg.), *The Impact of Nazism on Twentieth-Century Music* (Wien: Böhlau, 2014), S. 247–271
Schenzinger, Karl Aloys, *Der Hitlerjunge Quex. Roman* (Berlin: Zeitgeschichte-Verlag, 1932)
ders., *Anilin. Roman* (Berlin: Zeitgeschichte-Verlag, 1937)
Schindler, Edgar, »›Blut und Boden‹. Die Herbstkunstausstellung der Gau-

dienststelle München-Oberbayern der NS-Kulturgemeinde«, *Das Bild* (1935), S. 369–372

ders., »Gedanken zur deutschen bildenden Kunst der Zukunft«, *Das Bild* (1936), S. 159f., 288–292, 317f., 355f.

Schinköth, Thomas, »Mit Leistung gegen ›undeutsche‹ Einflüsse – die ›NS-Kulturgemeinde‹«, in: Matthias Herrmann und Hanns-Werner Heister (Hg.), *Dresden und die avancierte Musik im 20. Jahrhundert, Teil II: 1933–1966* (Laaber: Laaber, 2002), S. 63–74

ders., »Zwischen Psalm 90 und *Führerworten*: Der Komponist Gottfried Müller«, in: Matthias Herrmann und Hanns-Werner Heister (Hg.), *Dresden und die avancierte Musik im 20. Jahrhundert, Teil II: 1933–1966* (Laaber: Laaber, 2002), S. 305–309

Schirach, Baldur von, *Kantaterede* (Weimar: Gesellschaft der Bibliophilen, 1941)

Schirmbeck, Peter, »Zur Industrie- und Arbeiterdarstellung in der NS-Kunst. Typische Merkmale, Unterdrückung und Weiterführung von Traditionen«, in Berthold Hinz u. a. (Hg.), *Die Dekoration der Gewalt. Kunst und Medien im Faschismus* (Gießen: Anabas, 1979), S. 61–74

Schlegel, Werner, *Dichter auf dem Scheiterhaufen. Kampfschrift für deutsche Weltanschauung* (Berlin: Verlag für Kulturpolitik, 1934)

Schlenker, Ines, *Hitler's Salon: The Grosse Deutsche Kunstausstellung at the Haus der Deutschen Kunst in München, 1937–1944* (Bern: Peter Lang, 2007)

dies., »Defining National Socialist Art: The First ›Grosse Deutsche Kunstausstellung‹ in 1937«, in: Olaf Peters (Hg.), *Degenerate Art. The Attack on Modern Art in Nazi Germany, 1937* (München: Prestel, 2014), S. 90–105

Schlösser, Rainer, *Politik und Drama* (Berlin: Zeitgeschichte, 1935)

ders., *Das Volk und seine Bühne. Bemerkungen zum Aufbau des deutschen Theaters* (Berlin: Langen Müller, 1935)

ders., »Lebendiges Theater!« *Der Autor* 15, Nr. 1 (Januar 1940), S. 3f.

ders., *Uns bleibt die heilige deutsche Kunst. Rede des Reichsdramaturgen Obergebietsführer Dr. Rainer Schlösser anlässlich der Kulturtage der Hitler-Jugend des Gebietes Sachsen am 7. November 1943 in der Staatsoper zu Dresden* (o. O., o. J.)

Schmitz, Eugen, »Oper im Aufbau«, *Zeitschrift für Musik* 106, Nr. 4 (April 1939), S. 380–382

ders., »Zum 70. Geburtstag Paul Graeners«, *Zeitschrift für Musik* 109 (Januar 1942), S. 1-4
Schnell, Ralf, *Literarische Innere Emigration 1933-1945* (Stuttgart: Metzlersche Verlagsbuchhandlung, 1976)
ders., *Geschichte der deutschsprachigen Literatur seit 1945* (Stuttgart: J. B. Metzler, 1993)
ders., *Dichtung in finsteren Zeiten. Deutsche Literatur und Faschismus* (Reinbek: Rowohlt, 1998)
Schoeps, Karl-Heinz Joachim, *Literatur im Dritten Reich (1933-1945)*, 2. Aufl. (Berlin: Weidler, 2000)
Scholz, Robert, »»Kunstgötzen stürzen««, *Deutsche Kultur-Wacht* 10 (1933), S. 5f.
ders., »Kunstpflege und Weltanschauung«, *Die Völkische Kunst* 1, Nr. 6 (1935), S. 148f., 176
ders., *Lebensfragen der bildenden Kunst* (München: Eher, 1937)
Scholz, Wilhelm von, *Die Gedichte. Gesamtausgabe 1944* (Leipzig: Paul List, 1944)
Schonauer, Franz, *Deutsche Literatur im Dritten Reich. Versuch einer Darstellung in polemisch-didaktischer Absicht* (Olten: Walter, 1961)
Schönberg, Arnold, *Harmonielehre*, 3. Aufl. (Wien: Universal Edition, 1922)
Schorer, Georg, *Deutsche Kunstbetrachtung* (München: Verlagsgemeinschaft Deutscher Volksverlag, [1939])
Schowalter, August (Hg.), *Ohm Krüger. Die Lebenserinnerungen des Burenpräsidenten* (Berlin: Deutscher Verlag, [1941], 1. Aufl. 1902)
Schramm, Wilhelm von, *Neubau des deutschen Theaters. Ergebnisse und Forderungen* (Berlin: Schlieffen, 1934)
Schubert, Dietrich, *Otto Dix in Selbstzeugnissen und Bilddokumenten* (Reinbek: Rowohlt, 1980)
Schulte-Sasse, Linda, *Entertaining the Third Reich: Illusions of Wholeness in Nazi Cinema* (Durham, NC: Duke University Press, 1996)
Schultze-Naumburg, Paul, *Kampf um die Kunst* (München: Eher, 1932)
ders., *Kunst aus Blut und Boden* (Leipzig: A. E. Seemann, 1934)
Schumann, Coco, *The Ghetto Swinger: A Berlin Jazz Legend Remembers* (Los Angeles: DoppelHouse Press, 2016)
Schumann, Gerhard, »Krieg – Bericht und Dichtung«, in: Rudolf Erckmann

(Hg.), *Dichter und Krieger. Weimarer Reden 1942* (Hamburg: Hanseatische Verlagsanstalt, 1943), S. 59–71

Schwarz, Birgit, *Geniewahn. Hitler und die Kunst* (Wien: Böhlau, 2009)

Schwarz, Roswita, *Vom expressionistischen Aufbruch zur Inneren Emigration. Günther Weisenborns weltanschauliche und künstlerische Entwicklung in der Weimarer Republik und im Dritten Reich* (Frankfurt a. M.: Peter Lang, 1995)

Schwerter, Werner, »Heerschau und Selektion«, in: Albrecht Dümling und Peter Girth (Hg.), *Entartete Musik. Dokumentation und Kommentar zur Düsseldorfer Ausstellung von 1938*, 3. Aufl. (Düsseldorf: Der Kleine Verlag, 1993), S. 111–126

Sebald, W. G., *Luftkrieg und Literatur. Mit einem Essay zu Alfred Andersch* (München: Carl Hanser, 1999)

Sechs Bekenntnisse zum neuen Deutschland. Rudolf G. Binding, E. G. Kolbenheyer, die »Kölnische Zeitung«, Wilhelm von Scholz, Otto Wirz, Robert Fabre-Luce antworten Romain Rolland (Hamburg: Hanseatische Verlagsanstalt, 1933)

Seghers, Anna, *Das siebte Kreuz* (Mexiko: El Libro Libre, 1942)

dies., *Transit. Roman* (Reinbek: Rowohlt, 1970; 1. Aufl. 1943)

Sheean, Vincent, *First and Last Love* (Westport: Greenwood, 1979)

Shirakawa, Sam H., *The Devil's Music Master: The Controversial Life and Career of Wilhelm Furtwängler* (New York: Oxford University Press, 1992)

Shirer, William L., *The Rise and Fall of the Third Reich: A History of Nazi Germany* (New York: Simon and Schuster, 1960)

Shorter, Edward, *A Historical Dictionary of Psychiatry* (New York: Oxford University Press, 2005)

Sieburg, Friedrich, *Es werde Deutschland* (Frankfurt a. M.: Societäts-Verlag, 1933)

ders., *Neues Portugal. Bildnis eines alten Landes* (Frankfurt a. M.: Societäts-Verlag, 1937)

Silex, Karl, *Mit Kommentar. Lebensbericht eines Journalisten* (Frankfurt a. M.: S. Fischer, 1968)

Simpson, Christopher, »Elisabeth Noelle-Neumann's ›Spiral of Silence‹ and the Historical Context of Communication Theory«, *Journal of Communication* 46 (1996), S. 149–173

Siska, Heinz W. (Hg.), *Wunderwelt Film. Künstler und Werkleute einer Weltmacht* (Heidelberg: Verlagsanstalt Hüthig & Co., 1943)

Slansky, Peter, *Filmhochschulen in Deutschland. Geschichte – Typologie – Architektur* (München: edition text + kritik, 2011)

Slesina, Horst, *Soldaten gegen Tod und Teufel. Unser Kampf in der Sowjetunion. Eine soldatische Deutung* (Düsseldorf: Völkischer Verlag, [1942])

Slonimsky, Nicolas, *Music Since 1900*, 4. Aufl. (New York: Scribner's, 1971)

Söderbaum, Kristina, *Nichts bleibt immer so. Rückblenden auf ein Leben vor und hinter der Kamera*, 3. Aufl. (Bayreuth: Hestia, 1984)

Söhnker, Hans, *...und kein Tag zuviel* (Hamburg: R. Glöss + Co., 1974)

Sontheimer, Kurt, *Antidemokratisches Denken in der Weimarer Republik. Die politischen Ideen des deutschen Nationalismus zwischen 1918 und 1933*, 4. Aufl. (München: Nymphenburger Verlagshandlung, 1962)

Sösemann, Bernd, »Voraussetzungen und Wirkungen publizistischer Opposition im Dritten Reich«, *Publizistik* 30 (1985), S. 195–215

ders., »Journalismus im Griff der Diktatur. Die ›Frankfurter Zeitung‹ in der nationalsozialistischen Pressepolitik«, in: Christoph Studt (Hg.), »*Diener des Staates*« *oder* »*Widerstand zwischen den Zeilen*«*? Die Rolle der Presse im* »*Dritten Reich*« (Berlin: Lit Verlag, 2007), S. 11–38

Speer, Albert, »Vorwort«, in: Rudolf Wolters, *Neue Deutsche Baukunst* (Berlin: Volk und Reich, 1940), S. 7–14

ders., *Erinnerungen*, 8. Aufl. (Frankfurt a. M.: Propyläen, 1970)

Spieker, Markus, *Hollywood unterm Hakenkreuz. Der amerikanische Spielfilm im Dritten Reich* (Trier: Wissenschaftlicher Verlag, 1999)

Spoto, Donald, *Blue Angel: The Life of Marlene Dietrich* (New York: Doubleday, 1992)

Spotts, Frederic, *Bayreuth: A History of the Wagner Festival* (New Haven: Yale University Press, 1994)

ders., *Hitler and the Power of Aesthetics* (Woodstock: Overlook Press, 2003)

ders., *Cursed Legacy: The Tragic Life of Klaus Mann* (New Haven: Yale University Press, 2016)

Sprengel, Peter, *Abschied von Osmundis. Zwanzig Studien zu Gerhart Hauptmann* (Dresden: Neisse Verlag, 2011)

SS im Einsatz. Eine Dokumentation über die Verbrechen der SS (Berlin: Deutscher Militärverlag, 1967)

Stang, Walter, »Nationalsozialismus und Theater. Zur Einführung«, *Süddeutsche Monatshefte* 31 (April 1934), S. 387–391

ders., »Weltanschauung und Kulturpflege«, *Bausteine zum deutschen Nationaltheater* 2, Nr. 7 (Juli/August 1934), S. 193–200

ders., *Grundlagen nationalsozialistischer Kulturpflege* (Berlin: Junker & Dünnhaupt, 1935)

Stargardt-Wolff, Edith, *Wegbereiter großer Musiker* (Berlin: Bote und Bock, 1954)

Starr, S. Frederick, *Red and Hot: The Fate of Jazz in the Soviet Union, 1917–1980* (New York: Oxford University Press, 1983)

Statistisches Jahrbuch für das Deutsche Reich 1924/25 (Berlin: Paul Schmidt, 1925)

Statistisches Jahrbuch für das Deutsche Reich 1938 (Berlin: Paul Schmidt, 1938)

Stauffer, Teddy, *Forever is a Hell of a Long Time: An Autobiography* (Chicago: Henry Regnery, 1976)

Stege, Fritz, »Gibt es eine ›deutsche Jazzkapelle‹? Die Lehren des Tanzkapellen-Wettbewerbs im Rundfunk«, *Zeitschrift für Instrumentenbau* 56 (1936), S. 251–253

Stefan Wolpe. Von Berlin nach New York. 14., 15. und 16. September 1988. Sechs Konzerte in der Musikhochschule Köln (Aula), [hg. von: Westdeutscher Rundfunk Köln] (Saarbrücken: Pfau 1998)

Steguweit, Heinz, *Petermann schließt Frieden oder Das Gleichnis vom deutschen Opfer. Ein Weihnachtsspiel* (Hamburg: Hanseatische Verlagsanstalt, 1933)

ders., *Der Herr Baron fährt ein. Eine Komödie in drei Akten* (Leipzig: Dietzmann-Verlag, 1934)

ders., *Heilige Unrast. Roman* (Hamburg: Hanseatische Verlagsanstalt, 1935)

ders., *Und alles ist Melodie. Verse, Lieder und Balladen* (Hamburg: Hanseatische Verlagsanstalt, 1936)

ders., *Mit vergnügten Sinnen. Kleine Hauspostille* (Hamburg: Hanseatische Verlagsanstalt, 1938)

Stein, Erwin (Hg.), *Arnold Schoenberg: Letters* (New York: St. Martin's Press, 1965)

Stein, Fritz, »Chorwesen und Volksmusik im neuen Deutschland«, *Zeitschrift für Musik* 101 (1934), S. 281–288

Steinbeck, Dietrich, »Jürgen Fehlings ›Tannhäuser‹ von 1933«, in: Gerhard Ahrens (Hg.), *Das Theater des deutschen Regisseurs Jürgen Fehling* (Berlin: Quadriga Verlag J. Severin, 1985), S. 134–137

Steinborn, Willi, »Der Erzähler Martin Raschke«, *Die Neue Literatur* 41, Nr. 3 (1940), S. 61–65

Steiner, Maria, *Paula Wessely. Die verdrängten Jahre* (Wien: Verlag für Gesellschaftskritik GmbH, 1996)

Steinert, Marlis, *Hitlers Krieg und die Deutschen. Stimmung und Haltung der deutschen Bevölkerung im Zweiten Weltkrieg* (Düsseldorf: Econ, 1970)

Steinkamp, Maike, »Eine wahrhaft deutsche Schöpfung. Der Kampf um Emil Noldes ›Abendmahl‹ vom Kaiserreich zur frühen DDR«, in: Uwe Fleckner (Hg.), *Das verfemte Meisterwerk. Schicksalswege moderner Kunst im »Dritten Reich«* (Berlin: Akademie Verlag, 2009), S. 283–306

Steinweis, Alan E., »Weimar Culture and the Rise of National Socialism: The Kampfbund für deutsche Kultur«, *Central European History* 24 (1991), S. 402–423

ders., *Art, Ideology, and Economics in Nazi Germany: The Reich Chambers of Music, Theater, and the Visual Arts* (Chapel Hill: The University of North Carolina Press, 1993)

ders., »Conservatism, National Socialism, and the Cultural Crisis of the Weimar Republic«, in: Larry Eugene Jones und James Retallack (Hg.), *Between Reform, Reaction, and Resistance: Studies in the History of German Conservatism from 1789 to 1945* (Providence: Berg, 1993), S. 329–346

ders., »Anti-Semitism and the Arts in Nazi Ideology and Policy«, in: Jonathan Huener und Francis R. Nicosia (Hg.), *The Arts in Nazi Germany: Continuity, Conformity, Change* (New York: Berghahn, 2007), S. 15–30

Stelzner, Fritz, *Schicksal SA. Die Deutung eines großen Geschehens von einem, der es selbst erlebte* (München: Eher, 1936)

Stern, Carola, *Auf den Wassern des Lebens. Gustaf Gründgens und Marianne Hoppe* (Köln: Kiepenheuer & Witsch, 2005)

Sternburg, Wilhelm von, *»Als wäre alles das letzte Mal«. Erich Maria Remarque. Eine Biographie* (Köln: Kiepenheuer & Witsch, 1998)

Stites, Richard, *Russian Popular Culture: Entertainment and Society since 1900* (Cambridge: Cambridge University Press, 1992)

Stockhorst, Erich, *Fünftausend Köpfe. Wer war was im Dritten Reich* (Velbert: blick + bild Verlag, 1967)

Stollmann, Rainer, »Die krummen Wege zu Hitler. Das Nazi-Selbstbildnis im SA-Roman«, in Martin Damus u. a., *Kunst und Kultur im deutschen Faschismus* (Stuttgart: Metzler, 1978), S. 191–215

Stone, Marla Susan, *The Patron State: Culture and Politics in Fascist Italy* (Princeton: Princeton University Press, 1998)

Stöve, Günther, »Über die geschichtliche Dichtung«, *Bücherkunde* 7, Nr. 6 (Juni 1940), S. 147–154

Strätz, Hans-Wolfgang, »Die studentische ›Aktion wider den Undeutschen Geist‹ im Frühjahr 1933«, *Vierteljahrshefte für Zeitgeschichte* 16 (1968), S. 347–372

Strauß, Emil, *Lebenstanz. Roman* (München: Langen Müller, 1940)

Streit, Christian, *Keine Kameraden. Die Wehrmacht und die sowjetischen Kriegsgefangenen, 1941–1945*, 2. Aufl. (Stuttgart: Deutsche Verlags-Anstalt, 1978)

Strobl, Gerwin, *The Swastika and the Stage: German Theatre and Society, 1933–1945* (Cambridge: Cambridge University Press, 2007)

Strobl, Karl Hans, *Dorf im Kaukasus. Roman* (Budweis-Berlin: Verlagsanstalt Moldavia, 1944; Erstveröff. 1936)

Strothmann, Dietrich, *Nationalsozialistische Literaturpolitik. Ein Beitrag zur Publizistik im Dritten Reich*, 3. Aufl. (Bonn: H. Bouvier, 1968)

Symonette, Lys, und Kim H. Kowalke (Hg.), *Speak Low (When You Speak Love): The Letters of Kurt Weill and Lotte Lenya* (Berkeley: University of California Press, 1996)

Talbot, George, *Censorship in Fascist Italy, 1922–43* (Houndmills: Palgrave Macmillan, 2007)

Taylor, John Russell, *Strangers in Paradise. The Hollywood Emigrés, 1933–1950* (New York: Holt, Rinehart & Winston, 1983)

Tegel, Susan, *Nazis and the Cinema* (London: Hambledon Continuum, 2007)

Tergit, Gabriele, »Die Exilsituation in England«, in: Manfred Durzak (Hg.), *Die deutsche Exilliteratur 1933–1945* (Stuttgart: Philipp Reclam jun., 1973), S. 135–144

Teut, Anna (Hg.), *Architektur im Dritten Reich 1933–1945* (Berlin: Ullstein, 1967)

Thacker, Toby, *Music after Hitler, 1945-1955* (Aldershot: Ashgate, 2007)
Theater von A-Z. Handbuch des deutschen Theaterwesens (Berlin: Theater-Tageblatt GmbH, 1934)
Theweleit, Klaus, *Männerphantasien*, 2 Bde. (Frankfurt a. M. und Basel: Roter Stern/Stroemfeld, 1977/1978; Neuausg.: Berlin: Matthes und Seitz, 2019)
Thies, Jochen, *Hitler's Plans for Global Domination: Nazi Architecture and Ultimate War Aims* (New York: Berghahn, 2012)
Thomae, Otto, *Die Propaganda-Maschinerie. Bildende Kunst und Öffentlichkeitsarbeit im Dritten Reich* (Berlin: Gebr. Mann, 1978)
Thomas Mann, Agnes Meyer. Briefwechsel 1937-1955, hg. von Hans Rudolf Vaget (Frankfurt: S. Fischer, 1992)
Tiedt, Yvonne, *Es leuchten die Sterne. Die große Zeit des deutschen Films* (Bergisch Gladbach: Lingen, 1995)
Tonietti, Tito M., »Albert Einstein and Arnold Schönberg: Correspondence«, *NTM Zeitschrift für Geschichte der Wissenschaften, Technik und Medizin* 5 (1997), S. 1-22
Traber, Habakuk, und Elmar Weingarten (Hg.), *Verdrängte Musik. Berliner Komponisten im Exil* (Berlin: Argon, 1987)
Traub, Hans, *Der Film als politisches Machtmittel* (München: Münchener Druck- und Verlagshaus, 1933)
ders., *Die UFA* (Berlin: [Ufa-Buchverlag], 1943)
Tremel-Eggert, Kuni, *Barb. Der Roman einer deutschen Frau* (München: Eher, 1935)
ders., *Der Schmied von Haßberg. Roman* (München: Eher, 1937)
Trepte, Curt, und Jutta Wardetzky (Hg.), *Hans Otto. Schauspieler und Revolutionär* (Berlin: Henschel, 1970)
Trommler, Frank, »A Command Performance? The Many Faces of Literature under Nazism«, in: Jonathan Huener und Francis R. Nicosia (Hg.), *The Arts in Nazi Germany: Continuity, Conformity, Change* (New York: Berghahn, 2007), S. 111-133
Trotha, Thilo von, »Rasse und Bühne«, *Deutsche Bühnenkorrespondenz* 3, Nr. 31 (21. April 1934), S. 1f.
Trunz, Erich, *Deutsche Dichtung der Gegenwart. Eine Bildnisreihe* (Berlin: Georg Stilke, 1937)

Tschechowa, Olga, *Meine Uhren gehen anders* (München: Herbig, 1973)

Türcke, Berthold, »Fortgegangene Klänge. Die Wiener Schule – ihr symbiotisches Verhältnis von Komposition und Interpretation im Exil«, in: Friedrich Geiger and Thomas Schäfer (Hg.), *Exilmusik. Komposition während der NS-Zeit* (Hamburg: Von Bockel Verlag, 1999), S. 20–55

Ullrich, Luise, *Komm auf die Schaukel, Luise. Balance eines Lebens*, 2. Aufl. (Percha: R. S. Schulz, 1973)

Ullrich, Volker, *Hitler: Ascent 1889–1939* (London: The Bodley Head, 2016)

Vaget, Hans Rudolf, »Schlechtes Wetter, gutes Klima. Thomas Mann und die Schweiz«, in: *Thomas Mann-Handbuch*, hg. von Helmut Koopmann (Stuttgart: Kröner, 1990), S. 68–77

ders., *Seelenzauber. Thomas Mann und die Musik* (Frankfurt a. M.: S. Fischer, 2006)

ders., *Thomas Mann, der Amerikaner. Leben und Werk im amerikanischen Exil 1938–1952* (Frankfurt a. M.: S. Fischer, 2011)

ders., »Nazi Cinema and Wagner«, *Wagner Journal* 9, Nr. 2 (2015), S. 35–54

ders., »*Wehvolles Erbe*«. *Richard Wagner in Deutschland. Hitler, Knappertsbusch, Mann* (Frankfurt a. M.: S. Fischer, 2017)

Varga, William P., *The Number One Nazi Jew-Baiter: A Political Biography of Julius Streicher, Hitler's Chief Anti-Semitic Propagandist* (New York: Carlton Press, 1981)

Varnay, Astrid, *Fifty-Five Years in Five Acts: My Life in Opera* (Boston: Northeastern University Press, 2000)

Velmede, August Friedrich (Hg.), *Dem Führer. Worte deutscher Dichter. Zum Geburtstag des Führers 1941. Tornisterschrift des Oberkommandos der Wehrmacht [Abteilung Inland]*, Heft 37 (o. O., o. J.)

Vesper, Will, *Wer? Wen? Ein Lustspiel* (Leipzig: H. Haessel, 1927)

ders., *Geschichten von Liebe, Traum und Tod. Gesamtausgabe meiner Novellen* (München: Langen Müller, 1937)

Viertel, Salka, *The Kindness of Strangers* (New York: Holt, Rinehart, and Winston, 1969)

Vogelsang, Konrad, *Filmmusik im Dritten Reich: Die Dokumentation* (Hamburg: Facta Oblita, 1990)

Volck, Herbert, *Rebellen um Ehre. Mein Kampf für die nationale Erhebung 1918–33* (Gütersloh: Bertelsmann, 1939; 1. Aufl. 1932)
Volker, Reimar, *»Von oben sehr erwünscht«. Die Filmmusik Herbert Windts im NS-Propagandafilm* (Trier: Wissenschaftlicher Verlag, 2003)
Volz, Hans, *Daten der Geschichte der NSDAP*, 9. Aufl. (Berlin: A. G. Ploetz, 1939)
ders. (Hg.), *Von der Großmacht zur Weltmacht 1937* (Berlin: Junker & Dünnhaupt, 1938)
Vossler, Frank, *Propaganda in die eigene Truppe. Die Truppenbetreuung in der Wehrmacht 1939–1945* (Paderborn: Schöningh, 2005)

Wagner, Nike, *Wagner Theater* (Frankfurt a. M.: Insel, 1998)
Wähler, Martin, »Das politische Kampflied als Volkslied der Gegenwart«, *Mitteldeutsche Blätter für Volkskunde* 8, Nr. 5 (Oktober 1933), S. 145–156
Waibel, Harry, *Diener vieler Herren. Ehemalige NS-Funktionäre in der SBZ/DDR* (Frankfurt a. M.: Peter Lang, 2011)
Walk, Joseph (Hg.), *Das Sonderrecht für die Juden im NS-Staat. Eine Sammlung der gesetzlichen Maßnahmen und Richtlinien – Inhalt und Bedeutung* (Heidelberg: C. F. Müller, 1981)
Walter, Bruno, *Thema und Variationen. Erinnerungen und Gedanken* (Frankfurt a. M.: S. Fischer, 1988)
Walter, Hans-Albert, »Deutsche Literatur im Exil. Ein Modellfall für die Zusammenhänge von Literatur und Politik«, *Merkur* 25, Nr. 1 (Januar 1971), S. 77–84
Walter, Michael, *Hitler in der Oper. Deutsches Musikleben 1919–1945* (Stuttgart: J. B. Metzler, 1995)
ders., *Richard Strauss und seine Zeit* (Laaber: Laaber, 2000)
Wanderscheck, Hermann, *Deutsche Dramatik der Gegenwart. Eine Einführung mit ausgewählten Textproben* (Berlin: Bong & Co., [1938])
Wapnewski, Peter, *Mit dem anderen Auge. Erinnerungen 1922–1959* (Berlin: Berlin Verlag, 2005)
Wardetzky, Jutta, »Ein politischer Schauspieler. Biografie mit zeitgenössischen Dokumenten«, in: Curt Trepte und Jutta Wardetzky (Hg.), *Hans Otto: Schauspieler und Revolutionär* (Berlin: Henschel, 1970), S. 15–75

dies., *Theaterpolitik im faschistischen Deutschland. Studien und Dokumente* (Berlin: Henschel, 1983)

Wasserstein, Bernard, *Britain and the Jews of Europe, 1939–1945* (Oxford: Oxford University Press, 1979)

Weber, Thomas, *Hitler's First War: Adolf Hitler, the Men of the List Regiment and the First World War* (Oxford: Oxford University Press, 2010)

ders., *Becoming Hitler: The Making of a Nazi* (New York: Basic Books, 2017)

Wegner, Matthias, *Exil und Literatur: Deutsche Schriftsteller im Ausland, 1933–1945*, 2. Aufl. (Frankfurt a. M.: Athenäum, 1968)

ders., *Klabund und Carola Neher. Eine Geschichte von Liebe und Tod* (Berlin: Rowohlt, 1996)

Wehler, Hans-Ulrich, *Deutsche Gesellschaftsgeschichte*, Bd. 4: *Vom Beginn des Ersten Weltkriegs bis zur Gründung der beiden deutschen Staaten 1914–1949* (München: C. H. Beck, 2003)

ders., *Deutsche Gesellschaftsgeschichte*, Bd. 5: *Bundesrepublik und DDR 1949–1990* (München: C. H. Beck, 2008)

Weigert, Hans, *Die Kunst von heute als Spiegel der Zeit* (Leipzig: E. A. Seemann, 1934)

Weimarer Reden des Großdeutschen Dichtertreffens 1938 (Hamburg: Hanseatische Verlagsanstalt, 1939)

Weinberg, Gerhard L., *A World at Arms: A Global History of World War II* (Cambridge: Cambridge University Press, 1994)

Weise, Georg, »Die Aussprache über das Nordische in der deutschen Kunst«, *Zeitschrift für Deutschkunde* 49 (1935), S. 397–412

Weisenborn, Günther, *Das Mädchen von Fanö. Roman* (Berlin: Gustav Kiepenheuer, 1935)

Weiss, Heinz (Hg.), *Rundfunk im Aufbruch: Handbuch des deutschen Rundfunks 1934 mit Funkkalender* (Lahr: Moritz Schauenburg, [1934])

Weißler, Sabine, »Bauhaus-Gestaltung in NS-Propaganda-Ausstellungen«, in: Winfried Nerdinger (Hg.), *Bauhaus-Moderne im Nationalsozialismus. Zwischen Anbiederung und Verfolgung* (München: Prestel, 1993), S. 48–63

Welch, David, *Propaganda and the German Cinema, 1933–1945* (Oxford: Clarendon Press, 1983)

Weller, Tüdel, *Rabauken! Peter Mönkemann haut sich durch* (München: Eher, 1938)

Wendland, Winfried, *Kunst und Nation. Ziel und Wege der Kunst im Neuen Deutschland* (Berlin: Reimar Hobbing, 1934)

Werbick, Peter, »Der faschistische historische Roman in Deutschland«, in: Martin Damus u. a., *Kunst und Kultur im deutschen Faschismus* (Stuttgart: Metzler, 1978), S. 157–190

Werckmeister, Otto Karl, »Hitler the Artist«, *Critical Inquiry* 23 (1997), S. 270–297

Werkhäuser, Fritz Richard (Hg.), *150 Jahre Theater der Stadt Koblenz* (Koblenz: Nationalverlag, 1937)

Werner, Ilse, *So wird's nie wieder sein... Ein Leben mit Pfiff*, 5. Aufl. (Bayreuth: Hestia, 1982)

Werr, Sebastian, *Heroische Weltsicht. Hitler und die Musik* (Köln: Böhlau, 2014)

Werwigk, Sara Eskilsson, »Ein Gemälde geht ins Exil. Auf den Spuren der ›Kreuzabnahme‹ von Max Beckmann«, in: Uwe Fleckner (Hg.), *Das verfemte Meisterwerk. Schicksalswege moderner Kunst im »Dritten Reich«* (Berlin: Akademie Verlag, 2009), S. 105–136

Westecker, Wilhelm, *Krieg und Kunst. Das Erlebnis des Weltkrieges und des Großdeutschen Freiheitskrieges* (Wien: Wiener Verlag, 1944)

Wetzel, Kraft, und Peter A. Hagemann, *Zensur. Verbotene deutsche Filme 1933–1945* (Berlin: Volker Spiess, 1978)

Wezel, Emil, »Ein kleiner Wunschzettel zur Sonderausgabe von Büchern für die Waffen-SS«, *SS-Leitheft* 9 (August 1943), S. 27–30

Wicclair, Walter, *Von Kreuzburg bis Hollywood* (Berlin: Henschel, 1975)

Wiechert, Ernst, »Brief an einen jungen Dichter«, in: Heinz Kindermann (Hg.), *Des deutschen Dichters Sendung in der Gegenwart* (Leipzig: Philipp Reclam jun., 1933), S. 175–179

ders., *Der Totenwolf. Roman* (Berlin: G. Grote'sche Verlagsbuchhandlung, 1935; 1. Aufl. 1924)

ders., *Das einfache Leben. Roman* (München: Langen Müller, 1939)

ders., *Jahre und Zeiten. Erinnerungen* (Erlenbach-Zürich: Eugen Rentsch, 1949)

Wilkens, Josef, »Das Schriftleitergesetz im Urteil des In- und Auslandes«, *Zeitungswissenschaft* 8, Nr. 6 (1933), S. 361–394

Willett, John, »Die Künste in der Emigration«, in: Gerhard Hirschfeld (Hg.),

Exil in Großbritannien. Zur Emigration aus dem nationalsozialistischen Deutschland (Stuttgart: Klett, 1983), S. 183–204

Willett, John, *The New Sobriety, 1917–1933: Art and Politics in the Weimar Period* (London: Thames and Hudson, 1978)

Willrich, Wolfgang, »Eine hohe Aufgabe Deutscher Kunst. Die Darstellung des vollwertigen Germanischen Menschen«, *Volk und Rasse* 9 (September 1934), S. 275–288

ders., *Kunst und Volksgesundheit* (Berlin: Reichsausschuss für Volksgesundheitsdienst, 1935)

ders., *Säuberung des Kunsttempels. Eine kunstpolitische Kampfschrift zur Gesundung deutscher Kunst im Geiste nordischer Art* (München: J. F. Lehmanns, 1937)

Wingler, Hans M., *The Bauhaus: Weimar, Dessau, Berlin, Chicago* (Cambridge, MA: MIT University Press, 1986)

Winkler, Heinrich August, »Die deutsche Gesellschaft der Weimarer Republik und der Antisemitismus«, in: Bernd Martin und Ernst Schulin (Hg.), *Die Juden als Minderheit in der Geschichte*, 2. Aufl. (München: DTV, 1982), S. 271–289

Wirsing, Giselher, *Das Zeitalter des Ikaros. Von Gesetz und Grenzen unseres Jahrhunderts* (Jena: Eugen Diederichs, 1944)

Wischmann, Friedrich, *Vogt Boy Fedders: Ein Schauspiel in fünf Akten* (Leipzig: Dietzmann-Verlag, 1935)

Wistrich, Robert, *Who's Who in Nazi Germany* (New York: Macmillan, 1982)

Wolf, Arie, »Stationen des geistigen Wandels des Haifaer Exilanten Arnold Zweig«, in: Arthur Thilo Alt und Julia Bernhard (Hg.), *Arnold Zweig. Sein Werk im Kontext der deutschsprachigen Exilliteratur. Akten des IV. Internationalen Arnold-Zweig-Symposiums (Durham [N.C.])* (Bern: Peter Lang, 1999), S. 212–227

Wühr, Hans, »Graphik: Politische Kunst«, *Die Kunst im Dritten Reich* 2, Nr. 6 (Juni 1938), S. 164–168

Wulf, Joseph (Hg.), *Die bildenden Künste im dritten Reich. Eine Dokumentation* (Gütersloh: Sigbert Mohn, 1963)

ders. (Hg.), *Musik im Dritten Reich. Eine Dokumentation* (Reinbek: Rowohlt, 1966) ders. (Hg.), *Presse und Funk im Dritten Reich. Eine Dokumentation* (Reinbek: Rowohlt, 1966)

ders. (Hg.), *Theater und Film im Dritten Reich: Eine Dokumentation* (Reinbek: Rowohlt, 1968)

ders. (Hg.), *Literatur und Dichtung im Dritten Reich. Eine Dokumentation* (Frankfurt a. M.: Ullstein, 1983)

Zander, Otto, und Kurt Willimczik (Hg.), *Reichstheatertage der HJ in Hamburg vom 23. bis 30. Oktober 1938* (Berlin: Wilhelm Limpert, 1938)

Zeller, Bernhard (Hg.), *Klassiker in finsteren Zeiten 1933–1945. Eine Ausstellung des Deutschen Literaturarchivs im Schiller-Nationalmuseum, Marbach am Neckar*, 2. Aufl., 2 Bde. (Marbach: Schiller-Nationalmuseum, 1983)

Zerkaulen, Heinrich, *Jugend von Langemarck. Ein Schauspiel in drei Akten und einem Nachspiel* (Leipzig: Dietzmann-Verlag, 1933)

ders., *Hörnerklang der Frühe. Roman* (Berlin: Hochwart-Verlag Junker, 1934)

Ziegler, Hans Severus, *Wende und Weg. Kulturpolitische Reden und Aufsätze* (Weimar: Fritz Fink, 1937)

ders., *Entartete Musik. Eine Abrechnung* (Düsseldorf: Völkischer Verlag, [1938])

Ziegler, Wilhelm (Hg.), *Ein Dokumentenwerk über die englische Humanität. Im Auftrage des Reichsministeriums für Volksaufklärung und Propaganda* (Berlin: Deutscher Verlag, [1940])

Ziesel, Kurt (Hg.), *Krieg und Dichtung. Soldaten werden Dichter – Dichter werden Soldaten. Ein Volksbuch* (Wien: Luser, 1940)

Zillich, Heinrich, »Die deutsche Dichtung und die Welt der Geschichte. Vortrag, gehalten beim Ersten Großdeutschen Dichtertreffen in Weimar am 28. Oktober 1938«, *Das Innere Reich* (Januar 1939), S. 1179–1196

Zimmermann, Peter, »Von der Literatur der Konservativen Revolution zur Gleichschaltung des kulturellen Sektors«, in: Jan Berg u. a., *Sozialgeschichte der deutschen Literatur von 1918 bis zur Gegenwart* (Frankfurt a. M.: Fischer Taschenbuch, 1981), S. 364–416

Zöberlein, Hans, *Der Glaube an Deutschland: in Kriegserleben von Verdun bis zum Umsturz*, 37. Aufl. (München: Eher, 1941; 1. Aufl. 1931) ders., *Der Befehl des Gewissens. Ein Roman von den Wirren der Nachkriegszeit und der ersten Erhebung* (München: Eher, 1937)

Zuckmayer, Carl, *Als wär's ein Stück von mir. Horen der Freundschaft* (Frankfurt a. M.: Fischer-Bücherei, 1971)

ders., *Geheimreport*, hg. von Gunther Nickel und Johanna Schrön, 2. Aufl. (München: DTV, 2007)

Zündende Lieder – verbrannte Musik. Folgen des Nationalsozialismus für Hamburger Musiker und Musikerinnen. Katalog zur Ausstellung in Hamburg im November und Dezember 1988 (Hamburg: VSA-Verlag, 1988)

Zweig, Arnold, *Insulted and Exiled: The Truth about the German Jews* (London: J. Miles, 1937)

Zweig, Stefan, *Die Welt von Gestern. Erinnerungen eines Europäers* (Berlin: G. B. Fischer, 1965; EA Stockholm, 1942)

Personenregister

Abendroth, Walter 355
Abraham, Paul 177
Achmatowa, Anna 382
Adenauer, Konrad 12, 351, 355
Adler, Jankel 154
Adler, Karl 170, 171
Adorno, Theodor W. 132, 145, 147, 307, 327, 349, 360
Albers, Hans 111, 161, 194, 195, 312, 350, 351
Albrecht, Gerd 37
Albuquerque, Alfonso de 97
Alejchem, Sholem 170
Alewyn, Richard 161
Alexander der roße 252
Altdorfer, Albrecht 270
Amann, Max 347
Ambesser, Axel von 159
Anacker, Heinrich 92
Anderson, Maxwell 314
Arendt, Hannah 309

Baarová, Lída 112
Bach, Friedemann 223
Bach, Johann Sebastian 104, 112, 122, 125, 131, 173, 186
Bachmann, Ingeborg 342
Baeck, Leo 165
Bahr, Hermann 283
Baird, Jay W. 208
Baker, Josephine 377
Baldung, Hans 138
Balzer, Hugo 65
Barbarossa 99
Barbusse, Henri 35
Barlach, Ernst 25, 48, 49, 50, 52, 54, 55, 58, 59, 70, 141, 150
Barrie, J. M. 298
Bartels, Adolfs 117

Bassermann, Albert 295
Baudissin, Klaus Graf von 33, 34, 59, 353
Bauer, Josef Martin 262
Bauer, Walter 91
Baum, Vicki 326
Baumann, Hans 128, 252
Baumeister, Willi 33
Baumgartner, Thomas 139
Becher, Johannes R. 367
Beckmann, Max 34, 60, 138
Beethoven, Ludwig van 66, 68, 78, 104, 124, 131, 173, 237, 276
Beger, Bruno 235
Behrens, Peter 32
Benjamin, Walter 99, 155, 309
Benn, Gottfried 45, 46, 47, 48, 49, 50, 53, 54, 55, 57, 373, 374
Berann, Heinrich 271
Berens-Totenohl, Josefa 149, 343
Berg, Alban 14, 27, 28, 147, 327
Bergengruen, Werner 88, 178, 371, 372
Berger, Erna 248
Bergner, Elisabeth 155, 294, 295, 298, 299, 302
Berstl, Julius 297, 301
Bertram, Ernst 36
Best, Walter 90
Bethge, Friedrich 149, 366
Beumelburg, Werner 85, 86
Binding, Rudolf G. 188
Bismarck, Otto von 134, 221, 231
Blacher, Boris 66
Blome, Kurt 92
Blücher, Graf Gebhard Leberecht von 183
Blum, Léon 289
Blumensaat, Georg 128
Blunck, Hans Friedrich 18, 21, 89, 90, 96, 352

Bock, Fedor von 223
Bockelmann, Rudolf 127, 247
Böcklin, Arnold 79
Böhm, Karl 122, 127
Böhme, Herbert 352
Böhmer, Bernhard 50
Böhmer, Marga 50
Bois, Curt 344
Böll, Anne-Marie 259
Böll, Heinrich 259, 260, 351
Borchert, Ernst Wilhelm 362
Bormann, Martin 90, 272, 348
Bosse, Gustav 316
Bouhler, Philipp 370
Boveri, Margret 191, 192, 354
Bracher, Karl Dietrich 72, 73
Brahms, Johannes 78, 129, 173
Brancusi, Constantin 47
Braque, Georges 47
Brauchitsch, Walter von 223
Brecher, Gustav 26
Brecht, Bertold 14, 16, 17, 18, 26, 27, 68, 125, 126, 156, 286, 287, 288, 296, 298, 299, 301, 302, 305, 326, 337, 343; Abb. 5, 8
Bredow, Habs 29, 153
Breker, Arno 135, 141, 142, 144, 274, 275, 363
Bresgen, Cesar 128
Brodbeck, Albert 187
Browning, Christopher R. 153
Bruckmann, Elsa 18
Bruckmann, Hugo 18, 157
Bruckner, Anton 104, 131, 173, 264, 276
Brüning, Heinrich 113, 132
Buber, Martin 165
Bühner, Karl Hans 24
Burg (Hirschburg), Eugen 194
Burg, Hansi 194, Abb. 4
Burkart, Willi 120
Burte, Hermann 147
Busch, Adolf 315
Busch, Ernst 27
Busch, Fritz 310, 314, 315, 316, 317
Busch, Grete 315
Busch, Wilhelm 277

Calabrese, Giuletto 376
Carossa, Hans 92, 178, 196, 263, 342, 372
Cäsar 99, 156
Caspar, Horst 216
Cassirer, Paul 48, 51, 155
Cavour, Graf Camillo Benso 252
Celibidache, Sergio 345
Chagall, Marc 60, 62, 379
Chamberlain, Houston, Stewart 77, 104
Chamberlain, Neville 334
Christoph, Frank E. 264
Churchill, Winston 190
Cissarz, Johann Vincenz 139
Clausewitz, Carl von 76
Cranach d. Ä., Lucas 270
Cret, Paul Philippe 143
Czinner, Paul 298

Dagover, Lil 159, 276, 358
Daladier, Édouard 334
Darré, Richard Walter 95, 151
David, Johann Nepomuk 125
David, König (AT) 181
de Lagarde, Paul 77
de Mendelssohn, Peter 259
de Robertis, Francesco 378
Defregger, Franz 21, 138
Delaunay, Robert 142, 193
Demandowsky, Ewald von 358
Dembitzer, Salomon 324
Diebitsch, Karl 139, 140
Dieterle, Wilhelm 156, 300
Dietrich, Marlene 15, 111, 194, 295, 302, 304, 310, 311, 312, 313, 314, 318, 321, 344; Abb. 13
Dietrich, Otto 348
Dinter, Artur 180
Distler, Hugo 124, 246
Dix, Otto 18, 34, 46, 61, 138, 271
Döblin, Alfred 17, 155, 301, 343
Dönitz, Karl 269
Donizetti, Gaetano 132
Dorsch, Käthe 146, 152, 373
Dostojewski, Fjodor 306
Dovifat, Emil 38, 356

Personenregister 523

Downes, Olin 295
Doyle, Arthur Conan 195
Drewes, Heinz 348
Dürer, Albrecht 137, 138, 139, 147, 270, 271
Dwinger, Edwin Erich 85, 86, 92, 177, 179, 252, 352

Eber, Elk 135, 268, 269; Abb. 17
Eberlein, Kurt Karl 55
Ebermayer, Erich 102, 146, 347, 367, 370, 371
Eckart, Dietrich 77, 93, 100, 115, 116, 148
Eggers, Kurt 85
Egk, Werner 125, 126, 127, 234, 245, 246, 367, 368; Abb. 29
Ehrenburg, Ilja 382
Eichhorst, Franz 136, 270; Abb. 24
Eichmann, Adolf 355
Einstein, Albert 172, 292, 327, 329, 332
Eisenstein, Sergej 379, 382, 383
Eisler, Hanns 298, 305, 327
Eksteins, Modris 313
Enderis, Guido 38
Erikson, Erik H. 305
Erler, Fritz 134
Ernst, Paul 158
Euringer, Richard 363
Evans, Richard J. 201
Ewerbeck, Betina 92

Falckenberg, Otto 26
Fall, Leo 67, 177
Farinacci, Roberto 377, 378
Fechter, Paul 158, 353
Fehling, Jürgen 28, 44, 58, 116, 161, 346, 365
Feininger, Lyonel 54
Feistel-Rohmeder, Bettina 33
Felsmann, Barbara 209
Feuchtwanger, Lion 195, 296, 301, 304, 307, 342
Feuerbach, Anselm 79
Feuermann, Emanuel 41
Finck, Friedrich August von 222
Fischer, Gottfried Bermann 289, 323, 326
Fischer, Jens Malte 130

Fischer, Samuel 289, 308, 323
Flechtheim, Alfred 49, 155
Flesch, Carl 172
Flesch, Hans 153, 154
Forst, Willi 106
Fortner, Wolfgang 125, 147, 246, 350
Franco, Francisco 377
François-Poncet, André 273
Frank, Bruno 327
Frank, Hans 130, 137, 243, 348, 367
Frank, Rudolf 195
Frankenthal, Käthe 292
Frankfurter, David 168
Frenssen, Gustav 251
Freud, Sigmund 36, 47, 94, 292, 294, 334, 335
Freudenthal, Beatrice 171
Freundlich, Otto 61, 193
Freytagh-Loringhoven, Axel Freiherr von 164, 165
Frick, Wilhelm 19, 64
Friedländer, Saul 91, 155, 159, 258
Friedrich II., König von Preußen 221, 222, 223, 234
Friedrich, Caspar David 56, 147
Fritsch, Theodor 52
Fröhlich, Gustav 161, 358
Funke, Manfred 73
Furtwängler, Wilhelm 23, 41, 127, 129, 160, 248, 316, 319, 320, 345, 357, 366

Gál, Hans 294, 344
Garbo, Greta 77, 300
Gauguin, Paul 61
Gay, Peter (Peter Fröhlich) 14, 287, 290
Gebühr, Otto 194, 223
Géczy, Barnabas von 119
Geiger-Kullmann, Rosy 170
Gentile, Giovanni 378
George, Heinrich 19, 107, 216
George, Stefan 196
Gerhardinger, Constantin 272, 273
Gieseking, Walter 357
Giesler, Hermann 144, 150, 275
Gilman, Sander L. 84, 85

Globke, Hans 352
Gluck, Christoph Willibald 132
Goebbels, Magda 281
Goethe, Johann Wolfgang von 18, 47, 118, 127, 212, 237, 251, 306, 338, 339, 341, 356
Goetz, Curt 295
Goldberg, Szymon 160
Goldschlag, Gerhard 174
Goldschmidt, Berthold 294
Goldwyn, Samuel 305
Goodman, Benny 239
Göring, Emmy (geb. Sonnemann) 44, 121, 152, 316, 371
Göring, Hermann 23, 39, 43, 44, 56, 63, 113, 115, 116, 121, 131, 132, 134, 135, 137, 138, 144, 145, 146, 147, 148, 149, 150, 152, 161, 165, 203, 204, 207, 212, 218, 224, 250, 253, 258, 271, 282, 316, 317, 318, 319, 320, 347, 348, 373
Gorki, Maxim 156, 381
Gorski, Peter 343
Gottschalk, Joachim 216
Gradl, Hermann 136
Graener, Paul 21, 65, 104, 128, 129
Granach, Alexander 155
Grass, Günter 342
Grassi, Ernesto 347
Greiser, Arthur 244
Greiser, Maria 244
Griese, Friedrich 92, 93, 343, 352
Grimm, Hans 93, 94, 149, 352
Gritzbach, Erich 135
Gropius, Walter 14, 18, 31, 32, 155, 304, 344
Grosz, George 18, 46, 61, 295, 301, 306, 307, 309
Gründgens, Gustaf 16, 19, 44, 116, 155, 224, 250, 252, 282, 283, 343, 346, 372
Grünewald, Matthias 56
Grützner, Eberhard von 79
Guderian, Heinz 223, 269
Gumpert, Martin 293, 338
Günther, Hans F. K. 77
Gustloff, Wilhelm 168
Guttmann, Wilhelm 171

Hadamovsky, Eugen 188
Haentzschel, Georg 239
Hahn, Otto 374
Halbe, Max 92, 118
Halder, Franz 223
Hammer, Gene 359
Händel, Georg Friedrich 104, 172, 173, 174
Hanfstaengel, Ernst 78
Hanfstaengl, Erna 52
Hanfstaengl, Ernst 52, 77
Hardt, Ernst 29
Harlan, Veit 107, 110, 183, 184, 216, 226, 324, 355, 357, 359
Hartlaub, Gustav F. 33
Hartmann, Karl Amadeus 345, 365, 368
Hartmann, Paul 107, 224
Hartmann, Robert Müller 171
Hartseil, Wilhelm 120
Hasenclever, Walter 26
Hatheyer, Heidemarie 224
Hauptmann, Gerhart 16, 92, 110, 118, 365, 366, 367; Abb. 23
Hausmann, Manfred 256, 260, 341
Havemann, Gustav 21, 122
Hebbel, Friedrich 251
Heckel, Ernst 23
Heesters, Johannes 78
Heger, Robert 123, 276, 319, 320
Heiber, Helmut 53
Heiden, Konrad 335
Heine, Heinrich 195
Heinrich der Löwe 83
Heise, Carl Georg 33
Hemingway, Ernest 346
Henze, Hans Werner 125, 350
Hepburn, Katharine 217
Hess, Rudolf 134, 135, 348
Hesterberg, Trude 15, 321
Heuss, Theodor 236, 363
Heydrich, Reinhard 201, 299, 331
Hielscher, Margot 217, 283, 284, 285, 358, 359
Hiemer, Ernst 177
Hildebrandt, Heinrich 49

Hilpert, Heinz 251, 280, 345
Hilz, Sepp 270, 271, 365
Himmler, Heinrich 52, 101, 116, 146, 151, 164, 203, 214, 257, 281, 291, 347, 348, 354, 355, 362, 363
Himmler, Marga 52
Hindemith, Paul 14, 21, 27, 28, 41, 46, 65, 67, 71, 123, 124, 126, 154, 170, 304, 307
Hindenburg, Paul von 164
Hinkel, Hans 165, 167, 173, 175, 257, 275, 278, 317
Hinz, Werner 222
Hippler, Fritz 56
Hobhouse, Emily 220
Hoepner, Erich 223
Hoffmann, Heinrich 267, 268
Hofmannsthal, Gerty von 274
Hofmannsthal, Hugo von 274
Hohenzollern 134
Holbein, Hans 138
Hölderlin, Friedrich 47, 79, 350
Hollaender, Friedrich 15, 197
Holstein, Friedrich von 222
Holthusen, Hans Egon 356
Hommel, Conrad 135
Hoppe, Marianne 225, 282
Hörbiger, Paul 279, 281
Hore-Belisha, Leslie 190
Horkheimer, Max 327
Horn, Camilla 45
Horowitz, Joseph 307
Höß, Rudolf 90
Hotter, Hans 76, 247
Hoyer, Hermann Otto 134, 135
Huber, Kurt 368
Huch, Ricarda 25, 26, 46, 364
Huener, Jonathan 11
Hugenberg, Alfred 77
Hull, David 11
Hüsch, Gerhard 123
Huston, John 300

Ibsen, Henrik 77, 115, 156
Ireland, John 295

Ivogün, Maria 121, 122
Iwan der Schreckliche (russ. zar) 383

Jäckel, Eberhard 72, 73
Jagoda, Genrich 383
Jänicke, Erna 27
Jankuhn, Herbert 363
Jannings, Emil 77, 110, 111, 216, 220, 221, 310, 311, 312
Jansen, Werner 89, 90, 92, 181
Jelusich, Mirko 182
Jenkins, Newell 368
Jens, Walter 342
Jeschow, Nikolai 383
Jessner, Leopold 16, 155, 156, 189
Johst, Hanns 57, 82, 93, 115, 116, 147, 159, 254, 257, 258, 259, 260, 383
Joost, Oskar 120
Joyce, James 346
Jugo, Jenny 44, 107, 358
Jung, Otto 163
Jünger, Ernst 88, 191, 257, 258, 259, 260, 269, 313, 354, 371, 372; Abb. 30
Jünger, Perpetua (Gretha) 259
Jungmann, Elisabeth 188
Jury, Hugo 122

Kahn, Erich Itor 173, 295
Kaiser, Fritz 61
Kaiser, Georg 16, 26, 43, 170
Kaiser, Joachim 345
Kalter, Sabine 170, 171, 196, 199
Kandinsky, Wassily 16, 19, 23, 33, 47, 59, 378, 379
Karajan, Herbert von 357
Kardorff, Ursula von 211, 212, 213, 231
Karl Alexander, Herzog von Württemberg 183
Karl der Große (dt. Kaiser) 83
Kaspar, Hermann 144
Kästner, Erich 342
Katharina die Große (russ, Zarin) 94
Kaufmann, Wilhelm von 156
Kempff, Wilhelm 276, 279, 281

Kerr, Alfred 366
Kershaw, Ian 73, 74, 75, 333
Kessler, Harry Graf 286, 308
Kiepura, Jan 106
Kindermann, Heinz 353
King, Henry 169
Kipnis, Alexander 171
Kircher, Otto 251
Kircher, Rudolf 38, 233
Kirchner, Ludwig 23, 58, 60, 141
Kitchen, Martin 143
Klee, Paul 16, 19, 32, 33, 54
Kleiber, Erich 23, 28
Kleist, Heinrich von 251
Klemperer, Johanna 304
Klemperer, Otto 14, 28, 155, 196, 304, 308, 326, 330
Klepper, Jochen 40
Klimsch, Fritz 141
Klingenberg, Heinz 108
Klucke, Walther Gottfried 251
Knappertsbusch, Hans 127, 150, 247, 276, 357, 369
Knef, Hildegard 358, 362
Knirr, Heinrich 134
Knopf, Alfred A. (Verleger) 323, 339
Koeppen, Anne Marie 180
Koestler, Arthur 294, 296, 301, 306, 309
Kokoschka, Oskar 271, 303, 304
Kolb, Annette 329
Kolbe, Georg 141
Kolbenheyer, Erwin Guido 353
Kolisch, Rudolf 295
Kollwitz, Käthe 55, 141
König, Leo von 135
Korn, Karl 184, 371
Korngold, Erich Wolfgang 300, 307, 344
Kortner, Fritz 19, 155, 156, 295, 305
Kowalski, Max 174
Kracauer, Siegfried 99, 105, 155
Krahl, Hilde 202, 224
Krauss, Clemens 248, 249, 316, 369
Krauss, Werner 183, 216, 222, 252
Kreisler, Fritz 122

Krenek, Ernst 14, 295, 297, 301, 344
Kreuder, Peter 273
Kreutzer, Leonid 170, 171
Kriegel, Willy 271, 272
Krüger, Paul 221
Krupp, Alfred 134
Kube, Wilhelm 278
Kuhlmann, Carl 183

Lafferentz, Bodo 275, 276
Lafferentz, Verena („Nickel") 275
Lagerlöf, Selma 346
Landsberger, Hans 156
Lang, Fritz 20, 108, 155, 299, 304, 305
Langenbucher, Hellmuth 147, 158
Langer, Norbert 89
Langeweyde, Georg Sluterman von 136
Langhoff, Wolfgang 22
Lanzinger, Hubert 134; Abb. 9
Lasker-Schüler, Else 46
Laubinger, Otto 114, 195
Laughton, Charles 302
Laux, Karl 67
Leander, Zarah 111, 112, 217, 225, 239, 312, 344
Lederer, Francis 299
Lehár, Franz 78
Lehmann, Lotte 310, 314, 315, 317, 318, 319, 320, 321
Lehmann-Haupt, Hellmut 141
Lehmbruck, Wilhelm 61, 141
Leibl, Wilhelm 21, 138, 147, 271
Leider, Frida 161
Leigh, Vivien 217
Lemnitz, Tiana 121, 122
Leni (Levi), Paul 156
Lenin, Wladimir Iljitsch (Uljanow) 36, 379, 380
Lenya, Lotte 295
Lenz, Siegfried 50, 364
Lessing, Gotthold Ephraim 165, 169
Levi, Erik 11, 123, 129
Levie, Werner 175
Ley, Robert 57, 113, 127, 135, 280, 348

Liebeneiner, Wolfgang 149, 216, 217, 221, 224, 227, 358
Liebermann, Ernst 140
Liebermann, Max 25, 51, 62
Lienhard, Friedrich 117
Liessem, Wera 108
Lindberg, Paula 170
Linfert, Carl 34, 138, 184, 192
Lippert, Albert 183
Lippmann, Hanns 156
Lippmann, Walter 354
Liszt, Franz 241
Litvak, Anatole 299
Löhner-Beda, Fritz 68
Longerich, Peter 185
Lorenz, Gerhard 181, 264
Lortzing, Albert 131, 132
Lualdi, Adriano 130
Lubitsch, Ernst 194
Lunatscharski, Anatoli 379

MacDonald, Jeanette 169
Mackeben, Theo 197
Mackenzie King, William Lyon 290
Mahler, Gustav 155, 172, 174, 177, 304
Mahler-Werfel, Alma 300, 302, 304, 305, 308
Maillol, Aristide 141
Majakowski, Wladimir 379
Makart, Hans 79
Malewitsch, Kasimir 379
Malipiero, Gian Francesco 47
Mandelstam, Ossip 382
Mann, Erika 16, 293, 297, 310, 321, 322, 323, 332
Mann, Heinrich 25, 36, 90, 195, 301, 306, 311, 321, 322
Mann, Katia 305, 306, 321, 322, 329, 330
Mann, Klaus 221, 283, 291, 293, 296, 304, 306, 309, 310, 324, 343, 370
Mann, Nelly 301, 306
Mann, Thomas 7, 10, 16, 22, 35, 78, 206, 284, 286, 289, 291, 293, 296, 301, 304, 305, 306, 309, 321, 322, 323, 324, 325, 326, 327, 328, 329, 330, 333, 334, 335, 336, 337, 339, 340, 341, 342, 356, 360, 361, 366, 370, 371, 386; Abb. 26
Mannheim, Lucie 155
Manowarda, Josef von 247
Manstein, Erich von 207
Marc, Paul 54, 57
Marcks, Gerhard 33
Maria Theresia (Kaiserin von Österreich-Ungarn) 222, 373
Marian, Ferdinand 183; Abb. 19
Marinetti, Filippo Tommaso 47, 375
Marx, Karl 36
Matisse, Henri 60
May, Joe 106
May, Karl 77
Mayer, Carl 156
Mayer, Louis B. 298, 299
Mechow, Karl Benno von 92, 94
Meidner, Ludwig 61, 154
Meinecke, Friedrich 349, 356, 357, 361, 372
Meitner, Lise 373
Mendelssohn, Erich 155
Mendelssohn, Felix 125, 172, 175
Mengele, Josef 198
Menzel, Adolph von 79
Meyer, Agnes 324, 330, 332
Meyer, Eugene 324, 328
Meyerhold, Wsewolod 379, 382
Michelangelo 274
Miegel, Agnes 263, 365
Mies van der Rohe, Ludwig 31, 304
Milhaud, Darius 66
Miller-Lane, Barbara 58
Millowitsch, Willy 276
Minetti, Bernhard 82, 116, 118, 183
Misch, Ludwig 171, 173
Mitscherlich, Alexander 361
Mitscherlich, Margarete 361
Mocher Sforim, Mendele 170
Moholy-Nagy, László 15, 297, 298, 304
Mölders, Werner 269
Molière (Jean-Baptiste Poquelin) 170
Möller, Eberhard Wolfgang 116, 117, 126, 183

Molnár, Ferenc (Franz) 170
Molo, Walter von 341, 371
Molzahn, Johannes 62
Mombert, Alfred 196
Mommsen, Hans 72, 73, 74
Monteverdi, Claudio 175
Montgomery, Bernard 205
Moore, Gerald 122
Morgenthau, Henry jr. 191, 337
Mosse, George L. 81
Mozart, Wolfgang Amadeus 66, 78, 104, 131, 132, 172, 173
Mühsam, Erich 195, 308
Müller, Renate 106
Müller-Blattau, Joseph 356
Müller-Hartmann, Robert 171
Munch, Edvard 60
Mündler, Eugen 235
Mussolini, Benito 40, 47, 141, 193, 238, 252, 304, 375, 376, 377, 381, 384
Mutschmann, Martin 242

Napoleon Bonaparte (Kaiser v. Frankreich) 99, 226
Naso, Eckart von 282
Naumann, Hans 36
Neher, Carola 288, 382
Neher, Caspar 43, 125
Nénot, Henri Paul 143
Neun (Neumann), Hubert 372
Ney, Elly 123, 246, 247, 248, 276, 279, 315, 356
Nicosía, Francis R. 11
Niel, Herms 247
Niemöller, Martin 178
Nierentz, Hans-Jürgen 92
Nietzsche, Friedrich 46, 47, 141, 274
Niven, William (Bill) 11
Noelle (-Neumann), Elisabeth 354, 355, 372
Nolde, Ada 53
Nolde, Emil 48, 50, 51, 52, 53, 54, 55, 56, 58, 60, 61, 149, 363, 364
Norkus, Herbert 108

Oberländer, Theodor 352
Ondra, Anny 107
Oppenheimer, Joseph Süß 183
Orff, Carl 124, 125, 126, 127, 161, 171, 244, 245, 246, 345, 368, 371
Ossietzky, Carl von 36
Otto, Hans 22

Padua, Paul Matthias 140, 272
Palfi, Lotte 300
Palmer, Lilli 193, 194, 285, 294, 344
Papen, Franz von 102
Paracelsus 141
Paret, Peter 54
Partos, Ödön 171
Pasternak, Boris 382
Paulus, Friedrich 205, 206, 207, 209
Paust, Otto 92
Pechstein, Max 52, 54, 57, 60
Peiner, Werner 138
Pepping, Ernst 125, 147
Pergolesi, Giovanni Battista 132
Peron, Juan 269
Petersen, Jan 22
Petersen, Jürgen 182, 183
Petersen, Wilhelm 270
Petrassi, Gottfredo 376
Petropoulos, Jonathan 11, 267
Petruschka, Sigmund 197, 199
Peyser, Herbert F. 167
Pfitzner, Hans 66, 104, 129, 130, 243, 244, 246, 367
Picasso, pablo 47, 60, 193, 259
Pinder, Wilhelm 55
Piper, Reinhard 49
Piscator, Erwin 16, 156
Planck, Max 236
Platte, Rudolf 276
Plettenberg, Wolter von 97
Poelzig, Hans 31
Pommer, Erich 155, 344
Pomsel, Brunhilde 210
Pongs, Hermann 353
Ponto, Erich 183

Porsche, Ferdinand 76
Porten, Henny 77, 152, 156
Potter, Pamela M. 11, 131
Preetorius, Emil 132, 150
Prieberg, Fred K. 11
Prien, Günther 269
Pringsheim, Alfred 328
Pringsheim, Hedwig 328
Prokowjew, Sergej 384
Protasanow, Jakow 380
Proust, Marcel 47
Puccini, Giacomo 131, 132
Puchinger, Erwin 271
Pulver, Lieselotte 358
Puschkin, Alexander 381

Raabe, Peter 243, 245
Rabenalt, Arthur Maria 194
Raddatz, Carl 217, 219
Rading, Adolf 31
Ramin, Günther 121, 131
Raphaeli, Leo 168
Rasch, Hugo 319
Raschke, Martin 254, 255, 256, 257
Rath, Ernst von 98
Rathaus, Karol 173
Raubal, Geli 157
Raucheisen, Michael 121, 122, 246
Ravel, Maurice 125
Redslob, Edwin 33
Reger, Max 129
Reich, Wilhelm 292
Reifenberg, Benno 99
Reinecker, Herbert 252
Reinhardt, Gottfried 301, 302
Reinhardt, Max 16, 113, 189, 296, 300, 301, 302, 344
Reinhart, Hans 196
Reizenstein, Franz 294
Remarque, Erich Maria 36, 88, 289, 310, 313, 314, 321, 324, 327, Abb. 13
Rentschler, Eric 11
Reutter, Hermann 27
Rexroth, H. G. 261

Ribbentrop, Joachim von 271
Richter, Hans Werner 342
Richter, Ludwig 137
Richthofen, Manfred Albrecht Freiherr von 134
Riefenstahl, Leni 21, 109, 110, 111, 117, 133, 150, 163, 203, 312, 345, 357, 385
Riethmüller, Albrecht 129
Rilke, Rainer Maria 196
Ritter, Karl 218
Robeson, Paul 298
Robinson, Edward G. 299
Rode, Wilhelm 247
Röder, Werner 288
Rodin, Auguste 141
Röhm, Ernst 52, 109, 110, 382
Rökk, Maria 209, 226
Rolland, Romain 188
Rommel, Erwin 201, 205, 269, 331
Roosevelt, Eleanor 354
Roosevelt, Franklin D. 192, 325, 329, 336, 337
Rosbaud, Hans 248
Rosegger, Peter 95, 147
Rosenberg, Alfred 17, 18, 31, 32, 34, 41, 43, 49, 52, 54, 55, 56, 57, 59, 71, 100, 112, 113, 119, 132, 134, 135, 149, 151, 173, 216, 256, 277, 347, 348, 364, 366, 379
Rosenman, Samuel 191
Rosenstock, Joseph 170
Rosner, Adi 197
Ross, Alex 12, 83, 132
Roth, Joseph 309, 326
Rotholz, Louis 198
Rothschild, Nathan 183
Rottenberg, Ludwig 67, 174
Rubinstein, Helena 275
Ruck, Albert 196
Rühmann, Heinz 161, 358
Rumpf, Heinrich 30
Rust, Bernhard 27, 59, 63, 148, 149, 347, 348

Said, Edward W. 303
Salazar, António de Oliveira 97
Salburg, Edith Gräfin 86, 181

Saliger, Ivo 140
Salomo (König, AT) 181
Satie, Erik 66
Schäfer, Wilhelm 178
Schardt, Alois 55
Scharnhorst, Gerhard von 134
Scharoun, Hans 31, 344
Scheffer, Paul 235
Scheibe, Richard 141
Schenzinger, Karl Aloys 94, 108
Scherchen, Hermann 14, 126
Schiller, Friedrich von 43, 118, 119, 251, 350
Schillings, Max von 25, 147
Schindler, Edgar 138
Schinkel, Karl Friedrich 79
Schirach, Baldur von 53, 123, 125, 127, 243, 244, 268, 367
Schirach, Rosalind von 123
Schlageter, Albert Leo 57, 66, 87, 147
Schlemmer, Oskar 16, 34, 353
Schlösser, Rainer 39, 43
Schlusnus, Heinrich 127
Schmeling, Max 107
Schmidt, Helmut 364
Schmidt-Rottluff, Karl 23
Schmitz, Sybille 359
Schmitz-Wiedenbrück, Hans 272, 273
Schmutzler, Leopold 140
Schneider, Carl 62, 63
Schnell, Ralf 11
Schnitzler, Arthur 26, 92, 170, 181
Scholl, Hans 368
Scholl, Sophie 368
Scholtz-Klink, Gertrud 148
Scholz, Robert 32
Scholz, Wilhelm von 263
Schönbeck, Hans-Erdmann 207
Schönberg, Arnold 14, 21, 25, 27, 64, 66, 67, 68, 124, 125, 126, 129, 155, 172, 173, 177, 196, 295, 304, 305, 307, 308, 326, 327, 345, 376
Schönberg, Jacob 174
Schönfelder, Gertie 282
Schostakowitsch, Dmitri 383
Schreiber, Otto Andreas 56, 57

Schreker, Franz 68, 154, 160
Schreyer, Lothar 16
Schröder, Rudolf Alexander 365
Schubert, Franz 78
Schultze, Norbert 246, 247
Schultze-Naumburg, Paul 18, 19, 20, 21, 33, 62, 144, 150, 350
Schumann, Alfred 198
Schumann, Coco (Heinz) 198, 242
Schumann, Gerhard 116, 252, 353, 372
Schumann, Hedwig 198
Schumann, Horst 355
Schumann, Robert 64, 173
Schuschnigg, Kurt 304
Schwarz van Berk, Hans 235
Schwarzkopf, Elisabeth 121, 122, 244, 357
Schweitzer, Albert 355
Schweitzer, Hans 353
Schwerdtfeger, Walter 42
Schwitters, Kurt 62, 298
Sebald, W. G. 257
Seger, Julius 194, 195
Seghers, Anna 324
Seiber, Mátyás 294
Seidel, Ina 178, 263
Seiss, Isodor 124
Sekles, Bernhard 170, 177
Semper, Gottfried 79
Serkin, Rudolf 124, 307, 315
Shakespeare, William 43, 58, 118, 125, 170, 222, 252
Shaw, George Bernard 44, 252, 302, 303
Sieber, Maria Elisabeth 312
Sieber, Rudolf 312
Sieburg, Friedrich 97, 99
Sierck, Detlev (Douglas Sirk) 344
Silex, Karl 231
Simon, Erich 320
Simon, Heinrich 292
Simson, Marianne 359
Sinclair, Upton 35
Singer, Kurt 165, 166, 170, 175
Sinzheimer, Max 170
Slesina, Horst 181

Personenregister 531

Söderbaum, Henrik Gustav 323
Söderbaum, Kristina 184, 323
Sontag, Susan 110
Sösemann, Bernd 11
Speer, Albert 112, 135, 141, 142, 143, 144, 146,
    150, 264, 274, 275, 281, 354, 381
Spengler, Wilhelm 236
Spiegel, Ferdinand 269, 270, 382
Spitzweg, Carl 79
Spoerl, Heinrich 277
Spranger, Eduard 236
Staal, Viktor 209
Stadelmann, Li 121, 124
Stahl, Franz Xaver 139
Stalin, Joseph 190, 206, 238, 336, 380, 381,
    382, 383, 384
Stang, Walter 19, 251
Staudte, Wolfgang 362
Stauffenberg, Claus Graf Schenk von 259,
    359
Stech, Willi 121
Steguweit, Heinz 86, 92, 95, 145
Stein, Karl Freiherr vom 83
Steinberg, Hans Wilhelm (William) 170
Steinweis, Alan 40, 154
Stelzner, Fritz 95
Sternberg, Josef von 197, 310, 311, 312
Sternberger, Dolf 99
Sternheim, Carl 16, 181
Stiedry, Fritz 329
Strasser, Gregor 158
Strasser, Otto 76
Straus, Oscar 67
Strauß, Richard 131
Strauß, Emil 263
Strauß, Johann 78, 300
Strauss, Richard 13, 41, 53, 66, 81, 104, 122,
    129, 130, 132, 147, 173, 242, 243, 244, 246,
    249, 315, 317, 319, 322, 340, 345, 357, 366,
    367
Strawinsky, Igor 65, 66, 67, 125, 126, 132, 174
Strecker, Wilhelm 174
Streicher, Julius 84, 158, 177, 236, 312; Abb.
    10

Strienz, Wilhelm 218, 248
Strindberg, August 22
Strnad, Oskar 28, 106
Strobl, Karl Hans 181
Stuck, Franz von 51
Stuckenschmidt, Hans Heinz 14
Stürmer, Bruno 357
Sudermann, Hermann 26
Swing, Raymon Gram 337

Taruskin, Richard 126
Tatlin, Wladimir 379
Taube, Michael 165, 170, 171
Theweleit, Klaus 86
Thiele, Hertha 27, 108
Thiemig, Helene 296
Thiess, Frank 341
Thoma, Hans 21, 137, 138
Thompson, Dorothy 329
Thorak, Josef 141, 142, 274, 275
Tietjen, Heinz 132, 150, 249, 316, 319, 320
Todt, Fritz 257, 370
Toller, Ernst 26, 309
Tolstoi, Leo 381
Toscanini, Arturo 319, 329
Trapp, Max 21, 129
Trapp-Familie 358
Tremel-Eggert, Kuni 95
Trenker, Luis 21
Troost, Gerdy 267
Troost, Paul Ludwig 142, 150, 267
Trotha, Thilo von 115, 251
Trotzki, Leo 380
Tschaikowsky, Pjotr Iljitsch 132, 172
Tschechow, Anton 107, 381
Tschechowa, Olga 106, 107, 194, 279, 281
Tucholsky, Kurt 155, 308
Twardowski, Hans Heinrich von 299

Udet, Ernst 203, 218
Ullrich, Luise 107, 281
Ullrich, Volker 75, 76

Vaget, Hans R. 12, 132
Vaughan Williams, Ralph 295
Verdi, Giuseppe 131, 132, 174, 175
Vesper, Will 89, 90, 94, 95, 157, 254
Viertel, Berthold 302
Viertel, Peter 365
Viertel, Salka 302, 305, 365
Vogel, Vladimir 28
Vogl, Adolf 157
Vogl, Else 157
Volck, Herbert 179
Vollerthun, Georg 42, 147
Vorhoelzer, Robert 31

Wachler, Ernst 117
Wachsmann (Waxmann), Franz 197
Wagner, Adolf 33, 43, 271
Wagner, Albert 218
Wagner, Richard 18, 27, 28, 47, 53, 66, 76, 78, 109, 122, 131, 132, 154, 173, 177, 218, 243, 275, 276, 322, 326, 339, 385
Wagner, Rudolf 43
Wagner, Siegfried 28
Wagner, Wieland 249
Wagner, Winifred 18, 132, 160, 248, 249, 371
Wagner, Wolfgang 249
Wagner-Régeny, Rudolf 125, 126, 127, 148
Walden, Herwarth 59
Waldoff, Claire 312

Walter, Bruno 122, 155, 196, 293, 302, 304, 307, 308, 319, 321, 327, 329
Walter, Else 319
Wangenheim, Gustav von 288
Waschneck, Erich 182
Wassermann, Jakob 155
Weber, Carl Maria vonHugo 127
Wolff, Theodor 192, 193
Wolfsdorf, Fritz 251
Wolpe, Stefan 297
Wühr, Hans 136
Wulf, Joseph 11

Zambona, Ilse Jutta 313
Zeppelin, Ferdinand Graf von 134
Zerkaulen, Heinrich 86, 116
Ziegler, Adolf 59, 60, 62, 63, 137, 140, 272, 273
Ziegler, Hans Severus 18, 19, 64, 65, 66, 67, 68, 69, 147, 158, 173; Abb. 15
Ziegler, Wilhelm 220
Ziemann, Sonja 358,
Zöberlein, Hans 85, 87, 149, 177, 180,
Zuckmayer, Carl 26, 297, 301, 327,
Zumbusch, Leo von 36
Zweig, Arnold 303, 308,
Zweig, Lotte 309
Zweig, Stefan 170, 195, 243, 296, 303, 305, 307, 309, 330

Bildnachweis

1. Wassily Kandinsky, *Auf Weiß II* (1923). Heritage Images/Fine Art Images/akg-images.
2. Aquarell, Adolf Hitler zugeschrieben. Adrian Sherratt/Alamy Stock Photo.
3. Fotoporträt Carl Orff (1920). Lebrecht Music & Arts/Alamy Stock Photo.
4. Fotoporträt Hansi Burg (1926). picture alliance/ullstein bild - ullstein bild | ullstein bild.
5. Carola Neher, Rudolf Forster und Valeska Gert bei den Dreharbeiten zur *Dreigroschenoper* (1931). akg-images/Glasshouse Images.
6. Hohe NS-Funktionäre bei einer Gymnastikvorführung in Stuttgart (1933). akg-images/Glasshouse Images.
7. Kohlezeichnung Adolf Hitler von H. Oloffs. akg-images/WHA/World History Archive.
8. Bertolt Brecht. akg-images.
9. Hubert Lanzinger, *Der Standartenträger* (Gemälde). akg-images/Erich Lessing
10. Titelseite von Julius Streichers Zeitung *Der Stürmer*; Sonderausgabe vom 1. Mai 1934. PRISMA ARCHIVO/Alamy Stock Photo.
11. Selbstporträt Arnold Schönberg (1935). akg-images.
12. V.l.n.r.: Adolf Hitler, Willy Liebel (Oberbürgermeister von Nürnberg), Walter Brugmann (ein Mitarbeiter Speers) und Albert Speer am Nürnberger Reichsparteitagsgelände (26. Juni 1937). akg-images.
13. Marlene Dietrich und Erich Maria Remarque in Paris (1937). Collection Dupondt/akg-images.
14. Skulptur *Der neue Mensch* von Otto Freundlich auf dem Cover des Katalogs zur Ausstellung »Entartete Kunst« in München (Juli 1937). Archiv des Autors.
15. Cover des Katalogs zur Ausstellung »Entartete Musik« in Düsseldorf (Mai 1938). akg-images.
16. Seite aus dem Katalog zur Ausstellung »Entartete Musik« in Düsseldorf (Mai 1938). Archiv des Autors.
17. Elk Eber, *So war die SA* (Gemälde, 1938). akg-images.
18. Plakat für den Film *Wunschkonzert*, mit Ilse Werner in der Hauptrolle (1940). akg-images.
19. Ferdinand Marian im Propagandafilm *Jud Süß* (1940). akg-images/TT News Agency/SVT.
20. Buchumschlag von Ernst Hiemer, *DerPudelmopsdackelpinscher* (1940). Archiv des Autors
21. Porträt Ernst Rommel. Gemälde von Wolfgang Willrich (1940/41). akg-images/arkivi.
22. Fotografie: Ein Propagandakorrespondent übergibt einem Motorradfahrer seine Filmrollen (um 1941). INTERFOTO/Alamy Stock Photo.
23. Fotografie: Gerhart Hauptmann sitzt Arno Breker Modell, 26. Oktober 1942. Heritage-Images/Art Media/akg-images.
24. Franz Eichhorst, *Erinnerungen an Stalingrad* (Gemälde, 1943). History and Art Collection/Alamy Stock Photo.
25. Plakat zum Film *Baron Münchhausen* mit Hans Albers in der Titelrolle (1943). Heritage-Images/Art Media/akg-images.
26. Thomas Mann bei der Aufnahme einer Rundfunkrede in Los Angeles (1943). Pictorial Press Ltd/Alamy Stock Photo.
27. Margot Hielscher (1949). akg-images.
28. Gustaf Gründgens als Mephisto in Goethes *Faust* (1942). akg-images/TT News Agency/SVT.
29. Werner Egk (Mai 1981). picture-alliance/ dpa | dpa.
30. Ernst Jünger (30.11.1995). picture-alliance/dpa | Frank Mächler.

Wissen verbindet uns

Die wbg ist ein Verein zur Förderung von Wissenschaft und Bildung. Mit 85.000 Mitgliedern sind wir die größte geisteswissenschaftliche Gemeinschaft in Deutschland. Wir bieten Entdeckungsreisen in die Welt des Wissens und ein Forum für Diskussionen. Unser Fokus ist nicht kommerziell, Gewinne werden reinvestiert.

Wir wollen Themen sichtbar machen, die Wissenschaft und Gesellschaft bereichern. In unseren Verlags-Labels erscheinen jährlich rund 120 Publikationen, darunter viele Werke, die ansonsten auf dem Buchmarkt nicht möglich wären. Wir bieten außerdem Zeitschriften, Podcasts und die wbg-KulturCard. Seit 2019 vergeben wir den höchstdotierten deutschsprachigen WISSEN!-Sachbuchpreis.

Vereinsmitglieder fördern unsere Arbeit und genießen gleichzeitig viele Preis- und Kulturvorteile.

Werden auch Sie wbg-Mitglied.
Zur Begrüßung schenken wir Ihnen ein wbg-Buch Ihrer Wahl bis € 25,–

Mehr Infos unter wbg-wissenverbindet.de
oder rufen Sie uns an unter 06151 3308 330

wbg Wissen Bildung Gemeinschaft